1

Les régions du gui
(voir la carte à l'intérieur de la couverture ci-contre)

Pérou

Le Guide Vert, mode d'emploi :
un guide en 3 parties

Organiser son voyage :

- Avant de partir.
- À faire sur place de A à Z.
- Des activités pour tous.
- Un agenda des événements.

Comprendre la destination :

- La destination aujourd'hui.
- Histoire.
- Art et culture.
- Gastronomie.
- Nature...

Découvrir la destination :

- Notre sélection de sites.
- Des circuits conseillés.
- Des cartes.
- Notre sélection d'adresses pour tous les budgets.

En fin de guide :
l'explication des symboles et la table des cartes et plans

Le Guide Vert :
découvrir la destination

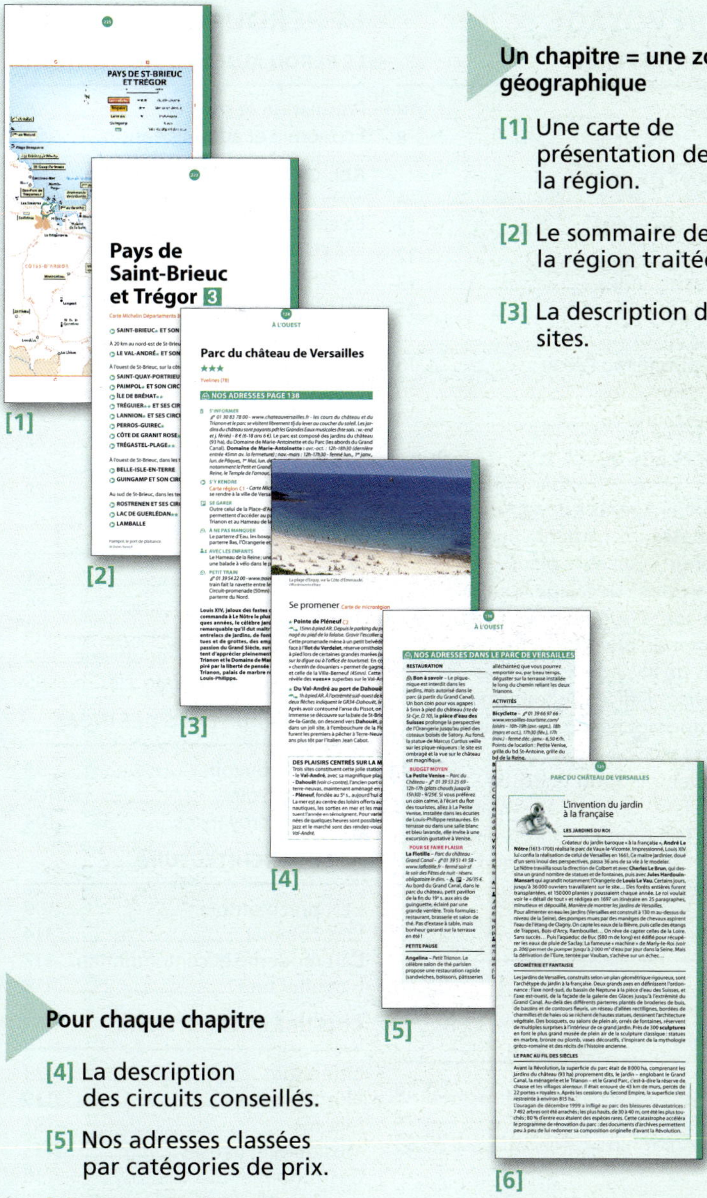

Un chapitre = une zone géographique

[1] Une carte de présentation de la région.

[2] Le sommaire de la région traitée.

[3] La description des sites.

Pour chaque chapitre

[4] La description des circuits conseillés.

[5] Nos adresses classées par catégories de prix.

[6] Des pages thématiques pour en savoir plus.

Retrouvez-nous sur : ***Voyage.ViaMichelin.fr***

Sommaire

1/ ORGANISER SON VOYAGE

ALLER AU PÉROU

AVANT DE PARTIR

TYPES DE SÉJOUR

MÉMO

2/ COMPRENDRE LE PÉROU

LE PÉROU AUJOURD'HUI

RELIGIONS ET CROYANCES

GÉOGRAPHIE

HISTOIRE

LE PÉROU AU TEMPS DES INCAS

ART ET ARCHITECTURE

CULTURE ET TRADITIONS

LANGUES DU PÉROU

3/ DÉCOUVRIR LE PÉROU

1 LIMA ET SES ENVIRONS

2 CUZCO ET LA VALLÉE SACRÉE DES INCAS

3 AUTOUR DU LAC TITICACA

4 AREQUIPA ET LE SUD DU PÉROU

5 PANAMÉRICAINE SUD

6 CORDILLÈRE CENTRALE

7 CORDILLÈRE BLANCHE

8 PANAMÉRICAINE NORD

9 HAUTES TERRES DU NORD

10 AMAZONIE

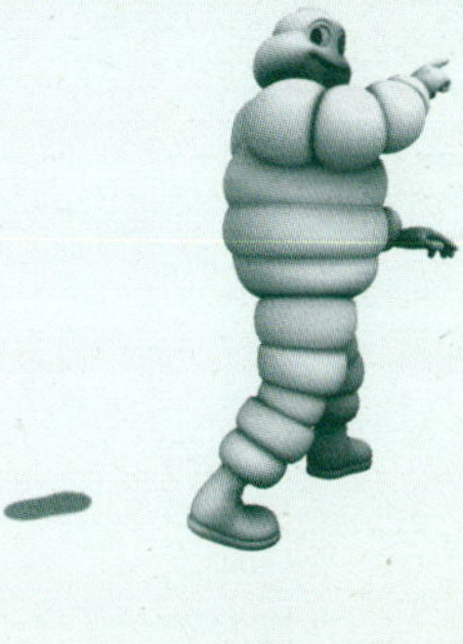

1/ ORGANISER SON VOYAGE

M. Barraud/Ojo Images/Photononstop

Aller au Pérou

En avion

Air France (✆ 36 54 *(0,34 €/mn)* - www.airfrance.com) propose un **vol direct Paris-Lima** (12h15) cinq fois par semaine (mar., jeu., vend., sam. et dim.). **KLM** assurant déjà un vol quotidien entre Amsterdam et Lima, les clients du groupe Air France-KLM disposent donc de 12 vols par semaine pour rejoindre la capitale péruvienne.
La compagnie **Iberia** (bureau à l'aéroport Orly Ouest, hall 1 - ✆ 0 825 800 965 (en français) - 9h-20h) propose un vol direct Lima-Madrid.
La compagnie **LAN** (www.lan.com) vend également une liaison directe depuis Bruxelles.
Les compagnies américaines **American Airlines** (www.american airlines.fr) et **Delta Airlines** (www.deltaairlines.fr) relient Paris à Lima avec des escales à New York, Miami, Atlanta ou Houston – dans ce cas, il faut être muni du passeport biométrique ou faire une demande ESTA en ligne. Rens. : www.service-public.fr.
AirEuropa (www.aireuropa.com) relie Paris à Madrid, puis Madrid à Lima ; **AeroMexico** (www.aero mexico.com) relie Paris à Mexico, puis Mexico à Lima ; la **TAM** (brésilienne) propose des vols Paris-Lima avec escale à São Paulo ; et **Avianca** (www.avianca.net), des vols vers Lima avec deux escales à Madrid et à Bogota.
Ces dernières solutions sont un peu plus économiques, mais nettement plus longues : aux alentours de 25h de voyage.

Les tarifs oscillent entre 800 € en basse saison et 1 700 €, voire plus, en haute saison (juin-sept.). Attention au mois de décembre, autre pic de tarif, car les expatriés rentrent au Pérou pour passer les fêtes de Noël.
Voir également « Nos adresses à Lima », p. 178.

OFFRES DISCOUNT

Les sites des comparateurs de vol offrent un choix de voyages discount et de vols à prix intéressants, que ce soit à l'avance ou à la dernière minute.

www.voyagermoinscher.com

www.opodo.fr

www.easyvol.fr

www.expedia.fr

www.ebookers.fr

www.govoyages.com

www.anyway.fr

www.promosejours.com

Avec un voyagiste

Les agences réservent les billets d'avion à prix négociés, organisent les classiques voyages en groupe, mais aussi des circuits individuels à la carte. Vous pouvez également réserver par leur intermédiaire toutes les prestations utiles sur place : hôtel, location de voitures, vols intérieurs…

Spécialistes de l'Amérique latine et du Pérou

Alma Latina – 25-27 av. Raymond-Poincaré, 75116 Paris - ✆ 01 53 70 23 68 - www.alma-latina-tours.com. Agence spécialisée sur l'Amérique latine.

Altiplano – 18 r. du Pré-d'Avril, 74940 Annecy-le-Vieux - ✆ 04 50 46 90 25 - www.altiplano.org. Circuits Pérou et Pérou-Bolivie classiques avec possibilité d'extensions (Amazonie, nord-Pérou, Paracas…).

Enjoy Perú – www.enjoyperu.com (seult sur Internet). Propose des circuits généralistes et thématiques (Amazonie, tourisme d'aventure) allant de 5 à 19 jours. Le site est riche en informations et en idées de séjours. Enjoy Perú publie également une intéressante revue bilingue (espagnol/anglais) consacrée au tourisme.
Le siège est à Lima : Schell 343, ofic. 607, Miraflores, Lima 18 - ✆ (511) 702 2000.

Maison des Amériques latines – 3 r. Cassette, 75006 Paris - ✆ 01 53 63 13 40 - www.maisondesameriqueslatines.com. Circuits touristiques et voyages sur mesure.

Pérou Insolite – Urb. Los Alamos E-1, Vallecito, Arequipa - ✆ (054) 600 138/139 - www.perouinsolite.com. Agence fondée par deux Français passionnés par le Pérou et installés à Arequipa. Propose un circuit « Pérou Liberté » de 14 jours et divers circuits axés sur le sud-Pérou.

Picaflor Voyages – 5 r. Tiquetonne, 75002 Paris - ✆ 01 40 28 93 33 - www.picaflor-voyages.com.

Propose un circuit de 12 jours « Lumières du Pérou » à un tarif très concurrentiel.

Puka Nina – Avenida 7 (Ex-Los Kantus) H-15-5 San Jerónimo, Cuzco - ✆ (084) 274 090/984 114 235 - www.pukanina.com. Si vous habitez la France, appelez au ✆ 0 811 310 310 (tarif local) depuis votre téléphone fixe et suivez les instructions données par l'opérateur puis composez le ✆ (0051) 84 274 090. Dirigée par un couple franco-péruvien, Nicole et Herbert de Cartagena, cette agence de Cuzco est l'une des plus compétentes pour organiser des circuits culturels autour des sites archéologiques de Cuzco, de la Vallée sacrée, de Machu Picchu ou d'autres régions. Nicole et Herbert, découvreurs du site de Mameria en 1979 et auteurs d'ouvrages sur l'archéologie amazonienne, sont des spécialistes de la civilisation inca et connaissent le pays comme leur poche. Les prestations sont fiables, et les circuits conçus avec un vrai respect des populations locales. Également un circuit de découverte aérienne des principaux sites (survol de la Vallée sacrée des Incas en montgolfière).

Terra Andina – Av. 28 de Julio 562F, Miraflores Lima 18 ; calle Tandapata, 296, San Blas Cuzco - ✆ 0 870 466 620 (prix d'un appel local en France) ou (084) 252 132 - lun.-vend. 16h-18h, 20h30-22h30 (heure française) - www.tourismeperou.com. Agence francophone installée au Pérou, spécialisée dans les voyages personnalisés ou à la carte. Conseillers téléphoniques francophones.

Terres magiques des Incas – Urb. La Florida A4, ofic. 103, Cuzco - ✆ (084) 231 300 - www.terresmagiques.com. Agence franco-péruvienne qui propose des séjours classiques et des excursions dans les régions de Cuzco, Puno et Arequipa.

Un Monde Pérou – 24 r. Chauchat, 75009 Paris - ✆ 0892 234 254 *(0,34 €/mn)* - www.unmonde perou.com. Une gamme très complète de circuits spécialisés ou à la carte de 12 à 22 j.

Voyage Inédit – 33 r. des Petites Écuries, 75010 Paris - ✆ 0825 620 025 *(0,15 €/mn)* - www.voyageinedit.com. Spécialiste du voyage à la carte, cette jeune agence privilégie un tourisme plus intimiste, loin des sentiers battus.

Généralistes

Les Ateliers du Voyage – 54-56 av. Bosquet, 75007 Paris - ✆ 01 45 56 58 28 - www.ateliers duvoyage.com. Filiale du groupe Kuoni, cette agence met à disposition les conseillers téléphoniques de sa subdivison Arroyo, spécialisée dans l'Amérique latine.

Clubaventure – 18 r. Séguier, 75006 Paris - ✆ 0826 88 20 80 *(0,15 €/mn)* - www.clubaventure.fr. Organise des treks classiques autour de Cuzco, mais aussi dans la cordillère de Huayhuash, ou un grand tour de la cordillère de Vilcanota.

Comptoir des Voyages – ✆ 0892 239 339 *(0,34 €/mn)* - www.comptoir.fr. Agences à Paris, Lyon et Toulouse.

Nomade Aventure – 40-49 r. de la Montagne-Sainte-Geneviève, 75005 Paris - ✆ 01 46 33 71 71 - www.nomade-aventure.com. Circuits et treks classiques, la plupart orientés dans la région de Cuzco.

Nouvelles Frontières – ✆ 01 49 20 65 87 - www.nouvelles-frontieres.fr. Nombreuses agences en province et à Paris.

La Route des Voyages – www.route-voyages.com. Implantée dans le sud de la France, cette agence généraliste propose une multitude de courts séjours, d'excursions et de circuits à la carte, en liaison avec les agences de tourisme locales.
Agences principales : 59 r. Franklin, 69002 Lyon - ✆ 04 78 42 53 58 ; 10 r. du Parlement-St-Pierre, 33000 Bordeaux - ✆ 05 56 90 11 20 ; 9 r. St-Antoine-du-T, 31000 Toulouse - ✆ 05 62 27 00 68.

Voyages culturels

Arts et vie – 25 r. de Vaugirard, 75015 Paris - ✆ 01 40 43 20 29 - www.artsetvie.com. Circuit de 16 j. au Pérou et en Bolivie. Bureaux également à Lyon, Marseille, Grenoble et Nice.

Clio – 27 r. du Hameau, 75015 Paris - ✆ 01 53 68 82 82 - www.clio.fr. Grand circuit Pérou-Bolivie de 18 j. incluant de nombreuses visites de sites, églises, musées.

Comptoirs du Monde – 22 r. St-Paul, 75004 Paris - ✆ 01 44 54 84 54 - www.comptoirsdumonde.fr. Circuit classique de 14 ou 18 j.

Intermèdes – 60 r. de la Boétie, 75008 Paris - ✆ 01 45 61 90 90 - www.intermedes.com.
Ce spécialiste du voyage culturel propose un voyage archéologique sur les sites peu connus du nord Pérou (16 j.) ou la découverte en compagnie d'un spécialiste des sites majeurs de ces civilisations (20 j).

Voyages d'aventure

Aventure et Volcans – 73 cours de la Liberté, 69406 Lyon Cedex 03 - ✆ 04 78 60 51 11 - www.aventurevolcans.com. L'agence lyonnaise propose un circuit de 17 j. au cours duquel la visite des grands sites est combinée avec l'ascension des volcans Sabancaya et Ubinas, dans la région d'Arequipa.

Terres d'Aventure – 6 r. St-Victor, 75005 Paris - ✆ 0825 874 800 *(0,15 €/mn)* - www.terdav.com. Quelques treks classiques, mais aussi – pour les grimpeurs de bon niveau – l'ascension du nevado

Huascarán (6 768 m), le plus haut sommet des Andes péruviennes, ou du Chaupi Orco (6 044 m) à la frontière Pérou-Bolivie.

Trek Online – 51 r. Gay-Lussac, 75005 Paris - 01 43 25 27 74 - www.trekonline.com. Beau catalogue d'ascensions dans la Cordillère blanche et le sud-Pérou.

UCPA – 62 r. de la Glacière, 75013 Paris - 0 892 680 599 *(0,34 €/mn)* - www.ucpa-vacances.com. Séjour multi-activités de 15 j. dans les Andes avec VTT autour de Cuzco, rafting sur le Río Urubamba, canoë-kayak sur le lac Titicaca…

Écotourisme et tourisme équitable - Séjours chez l'habitant

Écotours – 33 r. Étienne-Chevalier, 95100 Argenteuil - 01 39 61 23 00 - www.ecotours.fr. Circuit « Route des Andes » en 22 j. avec hébergement chez l'habitant, en gîte ou dans de petits hôtels.

Inka Natura Travel – Manuel Bañon 461, San Isidro, Lima - (511) 440 2022/422 8114 - www.inkanatura.net (bilingue anglais/espagnol). Cette agence liménienne est spécialisée dans le « tourisme vert » au Pérou. Son champ d'action principal est l'Amazonie, notamment la région du Madre de Dios : elle organise des circuits de découverte à partir de ses *lodges* situés dans la zone périphérique du Parc national du Manu et de la réserve de Tambopata.

Latitud Sur – Jr. Arica 130, Iquitos - (5165) 96 597 69 81 (contact en France 04 90 08 50 05) - www.latitud.sur.org. Basée à Iquitos, cette agence associative participe, entre autres actions, à la mise en place de structures de tourisme communautaire dans les villages. Organise des croisières à la carte sur l'Amazone à bord de son bateau *Selva Viva*. Développe un tourisme alternatif et solidaire au sein des peuples shuar, achuar, zapara, shiwiar, indiens d'Amazonie (Équateur, Pérou).

Puka Nina – *Voir p. 9.*

Solidaire Inca Tour – 06 88 97 51 51 - www.solidaireincatour.com. Agence créée par un Français expatrié au Pérou (adresse à Lima : calle Murray mz. V, lote 16, urb. La Calera de La Merced, Surquillo - (511) 449 85 88/996 679 700). Plusieurs circuits de visite classiques et de tourisme d'aventure. Subventionne des enfants issus de milieux défavorisés, dans la région de Piura et de Chiclayo, afin de leur apprendre des langues étrangères.

Vision du Monde – 3 rte de Chambéry, 38300 Bourgoin-Jallieu - 04 74 43 91 82 - www.visiondumonde.org. Propose un programme « Rencontre quechua » de 16 à 21 j. avec nuits et repas chez l'habitant. Premier prix autour de 3 065 € sur la base de 7 à 12 pers.

Voir aussi « Sites Internet », p. 14.

Avant de partir

Fiche d'identité

Nom officiel : Perú
Superficie : 1 285 000 km²
Population : 29 millions d'hab. (à 72,4 % urbanisés)
Capitale : Lima (9 millions d'hab.)
Principales villes : Arequipa (1 million d'hab.) ; Trujillo (818 000 hab.)
Densité : 23 hab./km² (France : 120)
Régime politique : démocratie présidentielle
Chef de l'État : Ollanta Humala, depuis juin 2011
Monnaie : Nuevo Sol (S/1 = ± 0,28 €)
Langue officielle : espagnol (*castellano*, 80 %) ; autres langues : quechua (16,5 %), aymara (3 %)
Indicatif : + 51
Décalage horaire avec la France : -6h en été, -7h en hiver

Météo

Situé en dessous de l'équateur, le Pérou est censé connaître l'hiver lorsque l'Europe est en été, et vice versa. Ce serait trop simple. Infiniment plus varié, le climat péruvien doit ses contrastes à sa géographie tourmentée.

Sur la **côte Pacifique**, la saison estivale s'étend de fin octobre à mai-juin. Les vacances scolaires péruviennes, en janvier et février, sont l'occasion de migrations massives des Liméniens vers les plages les plus proches. À partir du mois de juin, l'hiver se traduit à Lima par des journées grises et humides ne dépassant pas 15 °C, mouillées par un fin crachin, la *garúa*, et des nuits qui tombent à 16h. Aussi, mieux vaut-il visiter la capitale de décembre à avril. Deux exceptions notables où l'on peut se baigner quelle que soit la saison, même en hiver : la côte nord aux environs de Tumbes, près de l'Équateur, et les plages de la côte sud, d'Arequipa à la frontière du Chili. Ces tendances sont parfois bouleversées par des dérèglements climatiques majeurs, tels le Niño ou la Niña *(voir p. 74)*, qui altèrent de façon cyclique le climat de la côte Pacifique et occasionnent des dégâts parfois catastrophiques.

Dans la **sierra** en revanche, l'été de la côte correspond à la saison des pluies. La période idéale pour grimper dans les Andes et faire le circuit Cuzco-Machu Picchu est donc l'hiver (mai-octobre) ou plus exactement la saison sèche. Toutefois, même s'il fait chaud pendant la journée, les nuits sont glaciales à Cuzco et à Puno. Cette période (juin-septembre) correspond à peu près à la haute saison touristique dans la région. Il est donc plus difficile d'y trouver un hébergement, des places pour le train de Machu Picchu ou des disponibilités dans les groupes partant en randonnée. En outre, les prix sont au plus haut ; tenez-en compte.

Dans le **bassin de l'Amazone**, le temps est toujours chaud et humide (30 à 40 °C en permanence dans les mois chauds, sans grande différence entre le jour et la nuit). En raison des précipitations torrentielles, la saison des pluies (de décembre à avril) est vraiment à éviter.

Quelques régions, enfin, jouissent d'un ciel bleu sans nuages et d'une douce chaleur pendant les douze mois de l'année : la région **nord**

	ALTITUDE (EN M)	TEMP. MAXI (EN °C)	TEMP. MINI (EN °C)	SAISON DES PLUIES
Arequipa	2 335	23,0	5,5	(rarissime)
Cuzco	3 400	21,0	1,0	Déc.-mars
Huaraz	3 090	24,6	4,0	Janv.-mars
Iquitos	105	31,7	20,8	Janv.-avr.
Lima	100	26,1	14,6	(rarissime)
Puerto Maldonado	183	32,2	16,6	Nov.-mars
Puno	3 820	15,8	-1,4	Janv.-mars
Trujillo	35	25,8	14,0	(rarissime)
Tumbes	0	34,5	15,5	(rarissime)

des Andes, proche de l'Équateur, et l'**extrême sud du Pérou** (Arequipa, Moquegua, Tacna). On peut y chercher refuge en toute saison… Le meilleur site à consulter pour les prévisions météo du Pérou est celui du Service national de Météorologie et d'Hydrologie : **www.senamhi.gob.pe**.

Adresses utiles

OFFICE DE TOURISME

L'office de tourisme est hébergé dans l'**ambassade du Pérou** – 50 av. Kléber, 75116 Paris - ✆ 01 53 70 42 00 - www.amb-perou.fr - lun.-vend. 9h-18h. L'ambassade renvoie vers les sites Internet officiels : www.peru.info ou www.perucultural.org.pe.

REPRÉSENTATIONS DIPLOMATIQUES

France – **Ambassade du Pérou** - 50 av. Kléber, 75116 Paris - ✆ 01 53 70 42 00 - www.amb-perou.fr - lun.-vend. 9h-18h.

Consulat général - 25 r. de l'Arcade, 75008 Paris - ✆ 01 42 65 25 10 - lun.-vend. 9h-12h45, 14h-15h45.

Consulats honoraires : Bordeaux - 20-22 r. St-Remi - ✆ 05 56 52 13 10 ; **Le Havre** - 4 quai Guillaume-Le-Testu - ✆ 02 35 19 21 00 ; **Marseille** - 1 pl. Félix Baret - ✆ 04 91 04 03 86 ; **Nice** - 23 ch. de la Baronne, 06110 Le Canet - ✆ 06 07 77 25 00 ; **Toulouse** - 8 av. Frizac - ✆ 05 61 14 66 77 ; **Monaco** - Europa Résidence, pl. des Moulins, Monte-Carlo - ✆ (00377) 92 16 58 88.

Belgique – **Ambassade du Pérou** - Av. de Tervueren 179, 1150 Bruxelles - ✆ 733 3319/3185.

Suisse – **Ambassade du Pérou** - Thunstrasse 36, 3005 Berne - ✆ 351 8555 - lun.-vend. 9h-12h, 14h-17h.

Canada – **Ambassade du Pérou** - 550 Sherbrooke Ouest St., Office 970, Montréal, Québec H3A 1B9 - ✆ (514) 844 5123/4998 - www.consuladoperumontreal.com - lun.-vend. 9h-15h, et le 4e sam. du mois 9h-13h.

CENTRE CULTUREL ET LIBRAIRIE SPÉCIALISÉE

La Maison de l'Amérique latine – 217 bd St-Germain, 75007 Paris - ✆ 01 49 54 75 00 - www.mal217.org. Programme de temps à autre des expositions relatives à l'artisanat et à la culture du Pérou et projette des films de jeunes réalisateurs péruviens. Si vous souhaitez acquérir des ouvrages récents ou anciens sur le Pérou en français et en langue espagnole, la meilleure librairie à Paris est **L'Harmattan** (16 r. des Écoles, 75005 Paris - ✆ 01 40 46 79 11 - www.librairieharmattan.com).

RÉSERVATIONS

Si vous voyagez en haute saison, nous vous conseillons de réserver vos **billets d'avion** pour les vols intérieurs (notamment à destination ou en provenance de Cuzco, *voir p. 223*) ainsi que votre première nuit d'hôtel, si vous prévoyez de la passer à Lima ou à Cuzco. Vous pouvez utiliser les services d'une agence de voyages *(voir p. 8)*. Imprimez et emportez avec vous la confirmation de votre réservation. Si vous désirez effectuer le Chemin de l'Inca, sachez qu'un *numerus clausus* a été mis en place pendant les mois d'affluence (juil.-août). Mieux vaut réserver vos places plusieurs mois à l'avance en consultant les sites Internet des agences de tourisme de Cuzco *(voir p. 238)*. Idem pour le site du Machu Picchu et le train Perurail (www.perurail.com) *(voir p. 265)*.

SITES INTERNET

Les sites consacrés au Pérou sont légion. Toutefois, hormis ceux émanant du gouvernement péruvien, ils ne sont pas toujours actualisés et leur contenu est placé sous la responsabilité de leurs auteurs.

www.rfi.fr/Perou – L'information sur le Pérou 24h/24 avec le site de RFI.fr.

www.peru.info – Le site officiel de PromPerú, organisme officiel du ministère du Tourisme péruvien. Généralités sur le pays, pages thématiques et liste des bureaux d'informations touristiques dans chaque grande ville. Brochures de présentation et d'information à télécharger au format pdf.

www.rico-perou.com – Site généraliste à vocation touristique. Pages thématiques sur un large éventail de sujets et liens utiles vers les voyagistes associatifs.

www.abc-latina.com/perou – Bon site de présentation du pays avec une page descriptive des sites les plus connus. Comparateur de prix pour les tarifs aériens et les circuits organisés.

www.amb-perou.fr – Site de l'ambassade du Pérou en France (en français et en espagnol). Présente des données chiffrées sur le pays et donne des liens vers les associations et les activités culturelles à Lima.

www.perou.org – Site réalisé par un couple d'amoureux du Pérou. Nombreux domaines traités, vaste galerie de photos. Bien qu'un peu bric-à-brac, c'est une mine de conseils et de renseignements.

daniel.duguay.free.fr – « Dictionnaire des Incas », site encyclopédique consacré aux cultures anciennes et aux principaux sites archéologiques. Passe en revue l'histoire de l'archéologie péruvienne. Abondante iconographie et bibliographie commentée.

www.incatrail-peru.com – Un site (multilingue) d'une grande richesse pour ceux qui s'apprêtent à effectuer le Chemin de l'Inca vers Machu Picchu. Tous les détails sur le chemin, la visite du site lui-même, les ruines avoisinantes, la faune et la flore de la région…

Blogs, forums et témoignages

www.expat-blog.com/fr/annuaire/amerique-du-sud/perou/ – Le blog des expatriés français au Pérou. Présentation du pays, données économiques, conseils, possibilités de trouver un job sur place…

www.voyages-transversales.com/peroucasa.htm – Très intéressant, ce portail non commercial oriente les particuliers qui souhaitent louer des chambres chez l'habitant. Les annonces (description succincte des lieux, localisation, tarif et contact e-mail) émanent souvent de familles franco-péruviennes habitant surtout Lima, Cuzco et Arequipa.

Formalités

Les informations ci-après sont données à titre indicatif et susceptibles d'être modifiées. Renseignez-vous auprès du consulat du Pérou au moins un mois avant votre départ.

VISA

Les citoyens de l'Union européenne, de la Suisse et du Canada n'ont pas besoin de visa pour un séjour touristique au Pérou inférieur ou égal à **trois mois**. Le visa s'obtient à l'entrée sur le territoire. Il peut aller de 30 à 183 jours. Un passeport en cours de validité suffit, à condition qu'il soit valable 6 mois après la date de retour. Conservez dans votre passeport la carte que vous devrez remplir dans l'avion, elle est en principe réclamée au retour et peut être d'ailleurs systématiquement demandée (en même temps que le passeport) lors de tout contrôle policier, routier ou autre à l'intérieur du pays.

Prorogation de visa de tourisme. La prorogation coûte 27 €. Attention, ce visa n'est pas renouvelable une fois sur place. En revanche, si votre situation change en cours de séjour, vous pouvez désormais modifier le type de visa sans ressortir du Pérou auprès de la Direction des Migrations (Oficio de Migraciones – Av. España 734, district de Breña, Lima). Pour plus de rens. : www.diplomatie.gouv.fr.

Vous pouvez déposer une demande de visa de **long séjour** auprès de l'ambassade du Pérou en France (www.amb-perou.fr - *voir p. 13*). Pour toute question, vous pouvez aussi contacter l'ambassade de France au Pérou (Av. Arequipa 3415, San Isidro, Lima - ✆ (01) 215 84 00 - www.ambafrance-pe.org).

Une autre solution consiste à franchir une frontière (Équateur, Bolivie ou Chili). L'Oficio de Migraciones vous accordera alors un visa allant de 1 à 6 mois. L'amende relative au dépassement de séjour est d'environ 1 dollar/j. et se paye à la sortie du territoire.

PERMIS DE CONDUIRE

Le permis international est obligatoire pour louer une voiture. Mais il n'est valable que 90 jours après l'entrée au Pérou (www.ambafrance-pe.org/Permis-de-conduire). Après cette période, il faut l'échanger pour un permis local dans les bureaux du Touring y Automóvil Club del Perú. Pour l'obtention d'un permis national, il faut consacrer une journée complète aux examens demandés (santé, code de la route, pratique de la conduite).

Pour plus de rens., contacter :

Touring y Automóvil Club del Perú – Av. César Vallejo 699, Lima 14 - ✆ (01) 221 2432/611 9999 - www.touringperu.com.pe.

Bon à savoir – Les consulats français ne délivrent pas de duplicata de permis de conduire. Si vous êtes de passage, la déclaration de perte/vol remise par le consulat vous servira pour l'obtention d'un duplicata du permis perdu ou volé auprès de la préfecture de votre lieu de résidence en France.

VACCINATION

Avant de partir au Pérou, assurez-vous que vos vaccins (notamment diphtérie et tétanos) sont à jour. Pour ceux qui souhaitent se rendre en Amazonie, il est recommandé de se faire vacciner contre les **hépatites A et B** et contre la **fièvre jaune**, 10 à 15 jours avant le départ. Attention cette vaccination est obligatoire si vous faites escale au retour au Brésil, à moins que vous ne demeuriez dans la zone de transit. N'oubliez pas que certaines vaccinations nécessitent plusieurs injections : il faut y penser au moins deux mois à l'avance. Cependant, même à 15 jours du départ, sachez qu'il vaut mieux être incomplètement vacciné que pas du tout. Il est possible de pratiquer une première injection en France et une seconde au Pérou. Dans ce cas, emportez votre carnet de vaccination après avoir demandé conseil à votre médecin ou auprès de la Direction générale de la Santé, laquelle peut vous fournir la liste complète des centres internationaux de vaccination.

Direction générale de la Santé – ✆ 01 40 56 60 00.

Centre de vaccination de l'Institut Pasteur – 209 r. de Vaugirard, 75015 Paris - ✆ 0 890 710 811 *(0,15 €/mn)* - http://cmip.pasteur.fr.

Centre de vaccination Air France – 148 r. de l'Université, 75007 Paris - ✆ 01 43 17 22 00 - www.centredevaccination-airfrance-paris.com.

Santé Voyages – ✆ 01 40 25 88 86 (Paris) ; ✆ 05 56 79 58 17 (Bordeaux) ; ✆ 04 91 69 11 07 (Marseille) - www.santevoyage-guide.com.

Assurances

Si vous avez souscrit une assurance multirisque habitation, celle-ci comprend probablement une garantie rapatriement et frais médicaux. Renseignez-vous auprès de votre assureur. Des garanties semblables vous sont offertes lorsque vous payez votre billet d'avion avec votre **carte de crédit** (perte ou vol de bagages, rapatriement d'urgence) ou si vous passez par un tour-opérateur. Là encore, renseignez-vous avant de partir. Consultez aussi les conditions de votre **mutuelle santé**.

Europ Assistance – 1 promenade de la Bonnette, 92230 Gennevilliers - ✆ 01 41 85 94 95 - www.europ-assistance.fr.

Mondial Assistance – 2 r. Fragonard, 75017 Paris - ✆ 01 40 25 52 04 - www.mondial-assistance.fr.

Sur place, conservez soigneusement les factures (de médicaments ou de frais de santé) ou les déclarations de perte ou de vol faites auprès de la police si, par malheur, il devait arriver quelque chose de fâcheux.

Téléphoner au Pérou

Pour téléphoner au Pérou depuis l'Europe, composez l'indicatif international suivi du code du Pérou **00 51** (ou 011 51 depuis le Canada), puis l'indicatif local, sans le 0 qui est réservé à l'usage intérieur (par exemple, 1 pour Lima au lieu de 01, ou 84 pour Cuzco au lieu de 084), puis le numéro de votre correspondant (généralement sept chiffres à Lima, six en province).

Voir la liste des indicatifs départementaux du Pérou, p. 42. Pour l'usage des téléphones mobiles sur place, reportez-vous à la rubrique « Téléphone », p. 42.

Se loger

À l'exception de quelques bourgades ou petites capitales de provinces reculées des Andes, les villes moyennes du Pérou, dès lors qu'elles sont situées sur un axe touristique important, disposent d'une gamme d'hôtels confortables, à des prix sans surprise.

Les hôtels modulent leurs tarifs selon une basse et une haute saison, et affichent la fourchette haute à la réception. Les grands hôtels des quartiers élégants de Miraflores et de San Isidro à Lima pratiquent des tarifs semblables à ceux des villes des États-Unis, de Madrid ou de Bruxelles. Lima comme les principales villes touristiques (au premier rang desquelles Cuzco) sont considérées comme des villes chères par rapport à la province.

Bon à savoir – En basse saison, avant de réserver votre chambre, demandez quelle est la remise consentie. En général, l'hôtelier vous la propose d'emblée. En province, elle peut atteindre 25 à 50 % du tarif indiqué, un peu moins à Lima et Cuzco, qui connaissent un meilleur taux de remplissage.

Les établissements sont classés par fourchettes de prix, sur la base d'une chambre double en haute saison. Le petit déjeuner est généralement inclus, hormis dans les catégories les plus basses. En basse saison, de fortes remises sont consenties.

Retrouvez notre sélection d'hébergements dans « Nos adresses à… » situées en fin de description des principaux sites de la partie « Découvrir ».

CHEZ L'HABITANT

Il n'existe guère d'organisme national, ni même départemental centralisant des informations fiables sur ce type d'hébergement. Les offices de tourisme locaux ne fournissent jamais de liste car ils préfèrent envoyer les touristes à l'hôtel. Le principe du bed & breakfast est également inconnu. Rien d'officiel donc, mais il faut savoir que des familles louent des chambres à Lima, Cuzco ou

SERVICES OU ARTICLES*	PRIX MOYEN EN SOLS	ÉQUIVALENT EN EUROS
Un vol aller-retour depuis l'Europe		À partir de 800
Un séjour de deux semaines tout compris, vol inclus depuis l'Europe (prix par personne, base de deux personnes), acheté auprès d'un tour-opérateur		2 000/3 000
Un séjour de 5 jours tout compris, vol inclus depuis Lima, acheté auprès d'un tour-opérateur local		300/500
Une nuit en chambre double dans un hôtel simple	80/120	22/26
Une nuit dans un bon hôtel type 2 étoiles	150/200	50/60
Une nuit dans un hôtel de charme	250/300	60/90
Un menu du jour au marché ou dans un restaurant populaire	10	3
Un repas classique dans un restaurant ordinaire	40/50	13/15
Un repas gastronomique à la carte (sans le vin)	60/80	20/25
Une course en taxi à Lima (de l'aéroport au centre historique)	20	6
Une course en taxi en province	8	2,50
Un aller Lima-Arequipa (15 heures de trajet) en bus tout confort	145	40
Un retour simple Puno-Lima en avion		140
Une journée d'excursion tout compris, achetée dans une agence de tourisme locale		20/30
Une semaine de location de voiture (le premier modèle)		130
Un trajet à Lima en microbus ou en colectivo	1/1,5	0,25/0,4
Un pisco sour au bar de l'hôtel	15/20	4,5
Un café americano pris en terrasse	8/12	0,5
Une grande bouteille d'eau minérale	4	1

** Nous indiquons les prix, toutes taxes comprises, affichés en haute saison, sur la base de 1 € =S/3,50 (sols).*

Arequipa. Ces adresses s'obtiennent de bouche à oreille ou par le biais de quelques sites Internet *(voir p. 14)*.

AUBERGES DE JEUNESSE

Les auberges de jeunesse telles que nous les connaissons, relevant d'un mouvement associatif, sont remplacées au Pérou par les **albergues** ou les **pensiones**. Destinées aux jeunes voyageurs et aux routards, elles abritent des dortoirs de 5 à 10 lits partageant une salle de bains commune (eau chaude non systématique). Animés par un va-et-vient incessant et d'une propreté inégale, ces établissements au confort minimal constituent une solution économique (comptez S/25-30 par pers. et par nuitée). Eu égard à la fréquence des petits larcins, on se gardera d'y laisser bagages et objets de valeur pendant la journée. Créés sur un concept d'importation anglo-saxonne, les **backpackers' inns** sont plus récents et mieux équipés. Ils relèvent en général de chaînes spécialisées dans l'hébergement *low-cost*, telles **Fly Dog** (Miraflores et Cuzco) ou **The Point Hostels**. Pour un tarif équivalent à celui pratiqué par les *pensiones*, les chambres et les salles communes présentent un meilleur confort et une plus grande sécurité.

PETITS HÔTELS

Selon la législation péruvienne, seuls les établissements dotés d'un restaurant portent le nom d'hôtel. Sinon ils relèvent de la catégorie **alojamiento, hospedaje** ou **hostal**, laquelle englobe quelques excellents petits hôtels de charme, aux tarifs modiques (S/60 à S/80 la double, petit déjeuner souvent inclus). Quant aux hôtels proprement dits, ils sont souvent simples, sans charme, leur restaurant présente peu d'intérêt, et ils affichent des tarifs supérieurs.

GRANDS HÔTELS

Cette catégorie, à l'ample fourchette tarifaire, garantit un **très bon confort** et un excellent service, sans parler des équipements : piscine, jacuzzi, sauna, navette gratuite, agence de tourisme… Certains de ces hôtels occupent de belles maisons coloniales, comme à Cuzco, Lima, Arequipa et Trujillo : les prix sont à l'avenant, mais souvent élevés sans négociation.

BEACH RESORTS ET BUNGALOWS

Les plages de la côte Pacifique, notamment celles du nord, et quelques destinations amazoniennes comme Tarapoto ont vu fleurir ce type d'hébergement, assimilé au **village de vacances** et plutôt destiné aux familles, avec parc, piscine, activités de loisirs… Souvent complets pour les week-ends, ils se réservent plusieurs semaines à l'avance depuis Lima. Les agences de tourisme délivrent des séjours incluant le transport AR en bus ou en avion, un forfait séjour et quelques excursions supplémentaires.

NOS CATÉGORIES DE PRIX

	Hébergement	Restauration
Premier prix	de 80 à 120 sols (22 à 26 €)	moins de 20 sols (6 €)
Budget moyen	de 120 à 200 sols (26 à 60 €)	de 20 à 40 sols (6 à 13 €)
Pour se faire plaisir	de 200 à 300 sols (60 à 90 €)	de 40 à 60 sols (13 à 20 €)
Une folie	plus de 300 sols (90 €)	plus de 60 sols (20 €)

Cartes et Guides MICHELIN :
pour un voyage réussi !
QUEL ITINÉRAIRE ?
OÙ DORMIR ?
OÙ DÎNER ?
QUE VISITER ?
À QUEL PRIX ?
MICHELIN
BOURGOGNE
MICHELIN
France
MICHELIN
France
MICHELIN
www.michelin-boutique.com
www.voyage.viamichelin.fr
MICHELIN
Atlas Routier
France
MICHELIN
FLORIDE
MICHELIN
FRANCE
MICHELIN
MADRID
MICHELIN
Une meilleure façon d'avancer

LODGES

Propres à l'Amazonie, les *lodges* sont de petits villages construits selon le mode traditionnel, sur pilotis de bois, avec toiture de chaume, fenêtres grillagées, douche. Ils sont situés loin des agglomérations, généralement à 2 ou 3h de navigation, en bordure de fleuve, dans des **endroits paradisiaques**. On s'y éclaire le soir à la lanterne. Le séjour est agrémenté d'une randonnée de découverte botanique et de la traditionnelle visite à la tribu locale. Le mode de réservation est identique à la catégorie précédente. Comptez tout de même entre 100 et 200 US$ par personne et par jour (transport et repas compris).

Se restaurer

Contrairement aux hôtels, les restaurants pratiquent des tarifs constants. Certains restaurants gastronomiques de Lima et de Cuzco affichent des prix équivalents à ceux en cours dans les capitales internationales.

Retrouvez notre sélection d'établissements, classés par fourchettes de prix, dans « Nos adresses à… » situées en fin de description des principaux sites de la partie « Découvrir ».

LES TROIS REPAS

Le petit déjeuner

Servi dans les hôtels simples, le **desayuno continental** ressemble à la traditionnelle collation française : café (servi parfois dans une carafe qu'on va verser dans l'eau chaude de sa tasse avec la même posologie qu'un sirop) ou thé, jus d'orange, quelques tranches de pain et un peu de confiture. Les établissements plus huppés servent un **desayuno americano**, c'est-à-dire le même accompagné d'œufs brouillés ou sur le plat. Si vous voulez assister (ou participer, pour les affamés) au *desayuno* du travailleur péruvien, lequel ne prend généralement pas d'autre repas avant le soir, rejoignez les marchés de bon matin et laissez-vous guider par l'épaisse odeur de friture. Derrière leurs kiosques, les Indiennes préparent déjà les *chicharrones* (grillons de porc frits avec la couenne), les *antichuchos* (brochettes de cœur de bœuf), le *mondongo* (tripes) ou encore le *sancochado* (soupe épaisse à base de pommes de terre et de morceaux de viande). Si vous vous contentez d'un sandwich au poulet ou au jambon de pays, débordant d'oignons rouges, vous n'êtes pas un vrai *latino*.

Le déjeuner

Pour les Péruviens qui le prennent, l'**almuerzo** est le principal repas de la journée. Les restaurants populaires et certains hôtels proposent un *menú del día* bon marché (souvent inférieur à S/10), incluant une petite entrée ou une soupe, un plat garni assez copieux et un dessert (flan ou gélatine), le tout accompagné d'une boisson naturelle *(refresco)*.

Le dîner

La **cena** se résume traditionnellement à une soupe, souvent bien garnie. Les restaurants touristiques ou gastronomiques, ainsi que les *chifas*, ou restaurants chinois, servent toujours une large gamme d'entrées, de plats (viandes et poissons) et de desserts sur des cartes longues comme le bras.

LES HORAIRES

Les horaires des Péruviens étant élastiques, les restaurants servent en continu, sauf mention contraire, de 9h du matin jusqu'à tard le soir.

À L'HÔTEL

Si vous avez choisi une option de séjour tout-inclus, la plupart des hôtels préparent un buffet libre-service ou servent un menu unique, souvent de cuisine internationale, correct mais un peu décevant au vu de la gastronomie locale. Le menu du jour des petits hôtels de province *(voir p. 18)* est souvent plus typique.

AU MARCHÉ

Une solution saine et économique avec, en prime, une immersion dans la « péruanité ». Les robustes cuisinières du *mercado* ont à peine fini de servir le petit déjeuner qu'elles préparent déjà le *ceviche*, font cuire les pâtes et coupent la viande pour le *lomo saltado* de midi. Elles remettront ça pour le repas du soir. Si le confort est rudimentaire – tabourets de bois et comptoir en carrelage –, les produits sont frais et les portions copieuses. La cuisine se fait sous vos yeux au milieu de délicieux fumets…

SUR LE POUCE

Dans tous les quartiers de Lima et d'ailleurs, au bord du trottoir ou sur les pas de porte, fleurissent les kiosques et les charrettes de **vendeurs** de gâteaux, brochettes, *empanadas* (chaussons farcis à la viande) ou sandwichs au poulet, le tout frit en pleine rue, à côté des fumées d'autobus. On s'en doute, les conditions d'hygiène ne sont pas toujours optimales. Estomacs fragiles, s'abstenir.
Un autre type de restauration a essaimé dans les rues de Lima : les **fast-foods** au décor rutilant, orientés sandwichs, paninis et beignets de poulet, servis avec des tonnes de ketchup, de mayonnaise et de moutarde américaine.

LES RÔTISSERIES DE POULET

C'est la meilleure traduction pour *pollos a la brasa*. Les Péruviens raffolent de ces poulets rôtis à la broche au feu de bois et parfumés aux herbes, préparés dans des rôtisseries où l'on peut s'attabler. C'est la sortie familiale typique du samedi soir dans les milieux populaires. Excellents, les volatiles sont hélas accompagnés de frites graisseuses et de sauces industrielles. Pour la boisson, le choix est maigre : Coca, Fanta ou Inca Kola…

Sur place de A à Z

ACHATS

Horaires

Commerces – Ils sont en général ouverts tous les jours de 9h à 20h.
Marchés – La plupart sont ouverts de 7h à 18h environ.
Voir aussi « Jours fériés » p. 25.

Marchandage

Il doit se pratiquer avec discernement et à bon escient. On peut négocier le tarif d'une chambre d'hôtel, celui d'une excursion dans une agence de tourisme et, bien entendu, le prix d'une couverture en alpaga ou d'une poterie au marché, à condition de rester dans les limites du raisonnable.

Expédier ses achats

Si vous devez envoyer un colis, adressez-vous aux sociétés de type DHL, FedEx ou UPS, présentes dans les grandes villes du Pérou. Serpost *(voir p. 28)* assure également ce service, à un tarif moins onéreux que ses concurrents. Il faut tout de même compter aux alentours de 20 $ pour l'envoi d'un colis de 5 kg à destination de l'Europe ou du Canada.
Voir aussi « Souvenirs » p. 32.

AGENCES DE TOURISME

Les principales villes touristiques du Pérou fourmillent d'agences de tourisme privées, grandes ou petites, dont la palme du nombre revient sans conteste à Cuzco. Elles réservent les billets d'avion sur les lignes intérieures ou les billets de bus, organisent des excursions, des tours ou des treks accompagnés, fournissent des conseils sur les principales randonnées de leur région ou sur toute autre activité sportive… Les prix ne diffèrent pas beaucoup de l'une à l'autre car, en général, elles mutualisent leurs services et leur personnel (véhicules, chauffeurs, guides).

AMBASSADES

France – Av. Arequipa 3415, San Isidro, Lima - ✆ (01) 215 8400 - www.ambafrance-pe.org.
Belgique – Av. Angamos Oeste 392, Miraflores, Lima - ✆ (01) 241 7566, en cas d'urgence : (01) 999 96 55 50 - www.diplomatie.be/limafr - lun.-vend. 8h30-16h.
Suisse – Av. Salaverry 3240, San Isidro, Lima - ✆ (01) 264 0305 - www.eda.admin.ch/lima - lun.-jeu. 8h-13h, 14h-16h30, vend. 8h-14h.
Canada – Bolognesi 228, Miraflores, Lima - ✆ (01) 319 3200 - www.perou.gc.ca, lun.-jeu. 8h-12h30, 13h15-17h, vend. 8h-12h30.

ARGENT

Monnaie

Le Sol de Oro fut la monnaie nationale de 1931 à 1985 avant d'être remplacé par l'Inti jusqu'en 1991. Sa dévaluation fut si forte que l'Inti céda la place à son tour au **nuevo sol** (couramment appelé « sol »), abrégé sous la forme **S/.** Il est divisé en centimes de sol (**centimos**, ou *centavos* comme disent les anciens), en pièces de 5, 10, 20 et 50. Indexé sur le dollar à l'époque du président Fujimori, il s'est lentement dévalué ces dernières années.
Bon à savoir – Le mieux est d'emporter des euros (coupures

de 20 et de 50) que l'on changera par petites sommes tout au long du voyage. Il peut être intéressant de prendre aussi quelques dollars. Le sol étant en léger mais constant recul vis-à-vis de l'euro, on bénéficie en général d'un taux de change un peu plus intéressant en fin de voyage, surtout dans les villes de province.

Les coupures que l'on vous échangera sont de 10, 20, 50 et 100 sols. Vérifiez qu'aucune n'est déchirée ni raccommodée, car on vous la refuserait par la suite. Insistez pour obtenir des petites coupures, sans quoi vous réglerez avec peine les petites dépenses. Dans la rue ou au marché, les billets de S/100, voire de S/50 sont souvent refusés, faute de monnaie, par un « *Sencillo por favor* » (L'appoint, s'il vous plaît). La coupure de S/100 a en outre la mauvaise réputation d'être la plus falsifiée.

Cours de la devise

Le Pérou compte parmi les pays où la vie est la moins chère en Amérique latine. L'euro est échangé aux alentours de S/3,50 et le dollar autour de S/2,70.

Le sol est utilisé dans les dépenses quotidiennes mais les grandes transactions se font en **dollars**. Nous donnons donc, dans l'ensemble du guide, les tarifs d'hôtellerie les plus élevés, les prestations touristiques importantes et les transports aériens en **dollars ($)** suivant l'usage péruvien. Les dépenses (repas, chambres d'hôtel, taxis, autobus) sont fournies en **sols (S/)**. Cela dit, les billets verts, comme les euros, sont facilement acceptés si par hasard vous vous trouvez à court de sols.

LA PIÈCE DE 5 NOUVEAUX SOLS

Le nuevo sol représente les armoiries du Pérou. Y sont symbolisées les trois richesses du pays : la vigogne (cousin du lama), l'arbre quinquina et l'or. Un colibri, celui que l'on retrouve dans les fameuses lignes de Nazca, est dessiné sur le côté face.

Carte de crédit

La carte de crédit est largement acceptée : mais attention aux **commissions** prises par les hôtels, les établissements commerciaux (jusqu'à 8 %) et par les banques, notamment pour les transactions en devises étrangères.

Chèques de voyage

L'usage des chèques de voyage est évidemment rassurant (remboursement quasi immédiat en cas de perte ou de vol). S'ils sont peu compétitifs en termes de change (commission de 10 %) ils sont aussi de moins en moins utilisés. Ne comptez pas les changer dans les endroits reculés.

BANQUE / CHANGE

Agences de change

On peut changer ses espèces ou ses chèques de voyage dans les petites agences de change de type LAC Dollar ou Western Union (kiosque ou guichet).

Banques

Dans les banques, l'attente peut être longue, car les Péruviens aussi viennent changer des dollars.

Le taux de change pratiqué par les banques et les agences de change est moins intéressant que celui proposé par les changeurs de rue.

Changeurs de rue

Officiellement identifiés par leur gilet jaune ou leur blouson orné d'un grand S à double barre, où est épinglé un badge, ils se tiennent près des banques et des commerces, en général non loin d'un policier.

Distributeurs

Le retrait d'argent liquide (en dollars ou en sols) est possible à partir des distributeurs de billets des banques ou des centres commerciaux. Très désavantageux : les commissions perçues par les banques sont parfois élevées.
À Lima et dans les grandes villes de province, les distributeurs sont nombreux et tout à fait sécurisés. Les banques HSBC acceptent sans problème les cartes Visa, Mastercard et dans une moindre mesure American Express.

CARTES ET PLANS

Outre la **carte Michelin Pérou, National n° 763** (au 1 : 1 500 000e), il existe des cartes départementales et des feuilles topographiques (dressées par l'armée) à grande échelle (du 1 : 500 000e au 1 : 50 000e), utiles pour préparer treks et randonnées. Ces dernières sont en vente à l'Instituto Geográfico Nacional.
Instituto Geográfico Nacional – Av. Aramburú 1190-1198, Surquillo, Lima - www.ign.gob.pe - lun.-vend. 8h-16h. Également une bibliothèque et un musée de la Cartographie péruvienne *(✆ (01) 475 3030 - lun.-vend. 9h-12h)*. Sur le site Internet, cartes thématiques en téléchargement libre.
Avant de vous lancer dans Lima, procurez-vous la **Guía de Lima Metropolitana** *(voir p. 184)*.
Pour les treks dans la Cordillère blanche, quelques cartes détaillées sont en vente sur place, notamment à Huaraz. Toutefois, nous vous conseillons d'acheter avant votre départ les excellentes **Alpenvereinskarte Cordillera Blanca** en deux feuilles, au 1 : 100 000e, dressées par le Club alpin autrichien (éd. 2006). Il en existe une aussi sur la cordillère de Huayhuash : il n'y a pas mieux.

CIGARETTES

Il est en principe interdit de fumer dans les lieux publics. Les restaurants affichent donc le panneau « No fumar » dans leurs salles. Toutefois, si vous demandez l'autorisation de fumer au garçon, il vous apportera volontiers un cendrier.
Ne cherchez pas de bureau de tabac à Lima. Les cigarettes au paquet *(cajetilla)* ou en cartouche *(paquete)* sont vendues dans les épiceries *(bodegas)*. Très bon marché, les marques locales sont plutôt *light*. Les marques américaines sont importées du Venezuela quand elles ne sont pas d'infâmes copies qui piquent la gorge. Les Inkas, cigarettes brunes encore plus fortes que nos Gauloises, ne se trouvent quasiment plus, sinon sur les marchés de province. Envie de ralentir la cigarette ? Achetez-en de temps en temps à l'unité dans les kiosques des marchands ambulants, où vous trouverez aussi bonbons *(caramelitos)* et chewing-gums *(chicles)* en abondance.

DÉCALAGE HORAIRE

Le décalage horaire au Pérou est de moins 5h GMT, et de moins 6h pour la France, la Belgique ou la Suisse. Lorsqu'il est midi à Paris, il est 6h du matin à Lima. L'heure d'été n'étant pas pratiquée, ce décalage est à augmenter d'une heure entre le dernier dimanche de mars et le dernier dimanche d'octobre (-7h ; midi à Paris, 5h du matin à Lima).

DOUANE

Les douaniers péruviens ne sont pas trop regardants sur ce que le touriste apporte (ils montrent plus de curiosité envers les Péruviens qui reviennent de l'étranger, toujours suivis d'une tonne de bagages). En revanche, ils deviennent tatillons à la sortie : il est strictement interdit d'exporter des antiquités précolombiennes (céramique, bijoux), délit passible d'une peine de prison. Si vous rapportez des copies d'antiquités, conservez les factures. En cas de doute, un inspecteur de l'INC (Institut national de la culture) peut être requis pour expertiser vos achats. L'artisanat et les souvenirs ne posent aucun problème. Les boissons non plus, dans le respect des règles douanières.

DROGUE

Si vous ne souhaitez pas connaître les centres pénitentiaires de Canto Grande ou de San Juan de Lurigancho, ou quelque autre geôle de province, abstenez-vous formellement de tout transport ou trafic de drogue, marijuana comprise. Le tarif pour un petit passeur à l'aéroport (même sans antécédent) est de 5 ans. Si vous rendez un service, vérifiez le contenu du paquet que les *amigos* vous demandent de rapporter à l'étranger. On appelle *burro* (âne) l'individu qui se fait arrêter avec quelques sachets de poudre à l'embarquement, pendant que passent les trafiquants.

EAU

Il vaut mieux éviter de boire l'eau du robinet. Les épiceries et les supermarchés vendent un grand choix d'eaux minérales, généralement bon marché, avec ou sans bulles. En pleine nature, faites bouillir l'eau.

ÉLECTRICITÉ

Le courant péruvien est passé à 220 V.

HORAIRES D'OUVERTURE

Administrations publiques – Ouvertes en semaine, en hiver, de 9h à 17h et, en été, de 8h à 15h. Fermées les jours fériés et le week-end.

Banques – En semaine de 9h à 13h et de 15h à 18h. Fermées les jours fériés et le week-end, sauf certaines qui restent ouvertes le samedi de 9h à 13h.

Voir aussi « Jours fériés » ci-dessous.

INTERNET

L'usage de l'ordinateur personnel ne s'étant pas encore généralisé au Pérou, les cybercafés et les kiosques Internet sont omniprésents dans les villes, notamment à Lima, Cuzco et Chiclayo, et pratiquent des tarifs plus qu'abordables (autour de S/1,5 les 30mn).

JEUX DE HASARD

Depuis une dizaine d'années fleurissent dans les villes péruviennes, et notamment dans la banlieue de Lima, toutes sortes de casinos populaires, ouverts 24h/24, installés même au sous-sol de certains hôtels. Ils sont pourvus de machines à sous, les *traga-monedas* (avale-monnaie), où les accros du jeu et les retraités viennent dilapider leur maigre pension.

JOURS FÉRIÉS

Les jours fériés *(días feriados)* au Pérou se signalent évidemment par la fermeture des services publics et des banques, mais aussi par une curieuse habitude, surtout lors de la Fête nationale : les secteurs qui poursuivent une activité (hôtels, transports, taxis) doublent leurs tarifs, au motif qu'ils ne profitent pas de la journée légalement chômée.

1er janvier – Jour de l'an (Día de Año Nuevo)

Jeudi saint – (Jueves Santo), 28 mars 2013, 17 avril 2014

Vendredi saint – (Viernes Santo), 29 mars 2013, 18 avril 2014

Dimanche de Pâques – (Domingo de Pascua)

1er mai – Fête du Travail (día del Trabajo)

13 juin – Corpus Christi

24 juin – Journée du Paysan et fête de la Saint-Jean (día del Campesino, día de San Juan Bautista)
29 juin – Fête de saint Pierre et saint Paul (día de San Pedro y San Pablo)
28-29 juillet – Fête nationale (Fiestas Patrias)
30 août – Fête de sainte Rose de Lima (fiesta de Santa Rosa de Lima)
8 octobre – Commémoration de la bataille d'Angamos
1er novembre – Toussaint (Todos los Santos)
8 décembre – Fête de l'Immaculée Conception (fiesta de la Inmaculada Concepción)
25 décembre – Noël (Navidad).
Voir aussi « Agenda », p. 50.

MÉDIAS

Presse écrite

Forte d'une histoire tumultueuse, la presse péruvienne compte une pléthore de titres, abondance qui n'est pas forcément synonyme d'indépendance ni de qualité. Cependant, le Pérou peut s'enorgueillir de posséder l'un des plus anciens journaux d'Amérique latine, **El Comercio** (www.elcomercio.com.pe), fondé vers 1850. Sa maquette, la typographie de son titre, autant que son caractère sérieux le rapprochent du *Monde* français. De fondation plus récente, **La República** (www.larepublica.pe) doit son audience et son renom à la dénonciation sans faille des scandales financiers et des abus de pouvoir perpétrés à l'époque de Fujimori. **El Expreso** (www.expreso.com.pe) se distingue par le mordant de ses éditorialistes. **El Correo** et **La Crónica** complètent le panorama des journaux.
Ojo est l'un des quotidiens les plus vendus de la presse populaire, spécialisée dans les faits divers et les scandales.
Quant aux magazines d'information, **Caretas** (www.caretas.com.pe), connu depuis longtemps pour sa férocité envers la classe politique, s'est forgé une aura d'indépendance pour ses multiples interdictions pendant la période des militaires. La revue a couvert l'époque du Sentier lumineux avec objectivité, mais s'est assagie par la suite pour faire la part un peu trop belle aux événements mondains.

Télévision

La télévision péruvienne compte neuf chaînes nationales, dont les plus regardées sont America Televisión, ATV Televisión, Panamericana, Frecuencia Latina et Canal 7. Elles diffusent beaucoup de *telenovelas* mexicaines ou brésiliennes et des reality shows.
Bon à savoir – Plus péruvien, les samedi et dimanche matin à partir de 7h sur Canal 7, ne manquez pas **Miski Takiy** (www.tvperu.gob.pe/miski-takiy.html) un programme consacré à la musique des Andes. Il présente des groupes et des chanteurs venus des provinces reculées, interprétant en costume traditionnel *huaynos, yaravis* ou *tonderos*…

OFFICES DE TOURISME

Émanation du ministère du Tourisme, l'organisme **PromPerú** est présent dans chaque ville importante, sous le sigle **iPerú**. Ces bureaux locaux, où l'on parle parfois anglais, diffusent les renseignements essentiels : listes d'hôtels et de sites touristiques, quelques noms de restaurants, principales agences de tourisme, adresses de la police… N'espérez pas toujours trouver plans de ville, dépliants et prospectus divers, leur documentation écrite est rarement abondante.
PromPerú – Edificio Mitinci, piso 13, calle Uno Oeste, urb. Córpac, Lima 27 - ✆ (01) 224 3118/224 3125 -

lun.-vend. 9h-18h. Information touristique : ✆ (01) 224 9355 - www.peru.info.net (multilingue).

Servicio de Protección al Turista – Calle La Prosa 138, Lima 41 - ✆ (01) 224 7888 (24h/24). Numéro gratuit depuis la province : ✆ 0 800 425 79 - lun.-vend. 8h30-16h30.

Policía de Turismo – Division de la PNP (Policía Nacional del Perú), la police touristique est chargée de surveiller les lieux touristiques fréquentés et de venir en aide aux voyageurs. Ses membres, en plus de l'uniforme habituel, se reconnaissent à leur écusson et parlent, en principe, une ou deux langues étrangères, dont l'anglais. On s'adressera de préférence à eux en cas de perte, de vol ou de litige quelconque.

Retrouvez les adresses et les numéros d'appel classés par localité dans ce guide.

Centres culturels

Biblioteca Nacional – www.bnp.gob.pe. **Nouveau bâtiment** - Av. de la Poesia 160, San Borja, Lima - ✆ (01) 513 6900. **Ancien bâtiment** - Av. Abancay cuadra 4 s/n, Lima - ✆ (01) 428 7690 *(voir p. 178)*.

Alliance française – Av. Arequipa 4598, Miraflores, Lima - ✆ (01) 445 2186 - alianzafrancesa.org.pe *(voir p. 178)*.

Institutions publiques

INC (Instituto Nacional de Cultura) – Av. Javier Prado Este 2465, San Borja, Lima - ✆ (01) 475 0392. Gère le patrimoine historique et archéologique du Pérou (sites, musées).

Instituto Geográfico Nacional – *Voir « Cartes et plans », p. 24.*

INRENA (Instituto Nacional de Recursos Naturales) – Calle Diecisiete, urb. El Palomar, Lima 27 - ✆ (01) 224 3298/2858 - lun.-vend. 9h-17h. Organisme de tutelle des parcs et réserves relevant de l'État. Renseignements et autorisations particulières.

PHOTOGRAPHIE

Par la diversité de ses paysages, le pittoresque de ses vallées, la photogénie de ses villages, l'aspect grandiose ou mystérieux de ses monuments, le Pérou se prête à la photographie de voyage. N'oubliez pas cependant que dans les Andes, les Indiens n'aiment guère se faire photographier, en raison d'une vieille croyance selon laquelle la capture photographique équivaut un peu à celle de l'âme. Sur la place ou au marché, demandez poliment l'autorisation avant de réaliser des portraits. En cas de refus, n'insistez pas.

POSTE

La poste péruvienne (ex-*Correos y Telégrafos*) a été privatisée sous le nom de **Serpost** (www.serpost.com.pe). Elle a conservé des bureaux uniquement dans les grandes villes et propose la gamme de services habituels : courrier, colis, transferts d'argent. Vers l'Europe, l'envoi d'une lettre de moins de 50 g coûte un peu plus de S/10 (S/5 pour une carte postale). Le délai d'acheminement est assez long : jamais moins de deux semaines. Les **timbres** sont en vente dans les bureaux de Serpost.

POURBOIRE

Au Pérou, la **propina** fait partie des mœurs. On en donne aux porteurs, aux guides, au chauffeur du bus (à la fin d'une excursion), au gamin qui va vous chercher des chaises longues sur la plage…

SANTÉ

Maladies

Régions amazoniennes – L'hépatite et la dysenterie sont endémiques dans les régions amazoniennes. En outre, la saison des pluies favorise la multiplication

des moustiques porteurs du virus de la **dengue**. L'Amazonie péruvienne est également classée en zone 3 (la plus haute) pour les risques de **paludisme**. Munissez-vous aussi d'une boîte d'Aspivenin si vous comptez faire de la marche en forêt ; pour ce qui est des crèmes ou lotions antimoustiques, vous en trouverez de très efficaces sur place : elles portent le nom générique de *repelente*.
Un cas mortel de fièvre jaune a été signalé dans la région d'Ayacucho en 2012. Rens. : www.pasteur.fr.
En montagne – En montagne ou même sur la côte Pacifique, une crème solaire à protection maximale (écran total) s'impose : le soleil des Incas tape très fort et brûle vite les peaux fragiles, si l'on n'y prend pas garde.
Les altitudes du Pérou sont parfois très élevées : personne n'est à l'abri du mal des montagnes, le fameux **soroche**, qui se traduit notamment par des saignements de nez, des maux de tête et un état assez dépressif. Sur place, certains hôtels offrent à volonté de la tisane de feuille de coca *(mate de coca)* pour atténuer les effets du mal des hauteurs. Mais en mâcher les feuilles est beaucoup plus efficace. Il existe aussi des pastilles à sucer, à base de glucose : la Coramine (en vente sur place), que l'on peut éventuellement remplacer par des bonbons acidulés (avec sucre). Si l'on éprouve des problèmes cardiaques ou bien de l'asthme, il est conseillé d'aller consulter un médecin avant de partir.
Infections intestinales – Autre désagrément courant, l'infection intestinale, autrement dit la **turista**, guette les voyageurs, même les plus précautionneux qui évitent de manger des fruits frais ou fuient les gargotes à la propreté douteuse… Inutile de vous charger d'une tonne de médicaments : les pharmaciens péruviens savent conseiller le remède adéquat. Emportez tout de même quelques tablettes d'Imodium, ça peut servir.
Hallucinogènes – L'ambassade de France à Lima met en garde les voyageurs contre l'usage de l'**ayahuasca**, une plante hallucinogène utilisée par les chamans (sorciers) du nord du Pérou (notamment dans la région de Huancabamba, *voir p. 79*). Son absorption, jadis confinée au domaine confidentiel des pratiques magico-religieuses entre autochtones, est en passe de devenir l'objet d'un « narco-magico-tourisme » dont le but inavoué est évidemment plus lucratif que sanitaire.
Pour plus de détails sur la situation sanitaire et immunologique actuelle du Pérou, consultez le site de la CIMED (Comité d'informations médicales des Français de l'étranger) classé en fiches par pays : www.cimed.org/fiches_carte.asp.

Pharmacies

Nombreuses à Lima et dans les grandes villes du Pérou, les pharmacies sont en général ouvertes tous les jours, jusqu'à une heure avancée de la nuit. **Inka Farma** et **Superfarma** sont les chaînes les plus courantes. Elles peuvent être d'un grand secours pour le voyageur souffrant de troubles d'ordre gastrique, d'allergies cutanées, d'insolations, de piqûres d'insectes ou de troubles consécutifs à l'altitude. Les médicaments sont vendus à l'unité et coûtent nettement moins cher que les nôtres. Inutile de s'encombrer des produits usuels avant le départ.

Centres de vaccination à Lima

Hospital Dos de Mayo – Parque de la Medicina (av. Grau) - ✆ (01) 328 0028 - www.hdosdemayo.gob.pe - lun.-vend. 10h30-12h30, 14h-16h30, sam. 10h30-12h30.
Centro de Vacunación del Ministerio de Salud – Av. del Ejército cuadra 17, San Isidro -

✆ (01) 2646889 - www.minsa.gob.pe - lun.-vend. 8h-13h, 14h-16h30.
Centro de Medicina del Viajero & Vacunación Internacional – Universidad San Marcos, ciudad Universitaria, av. Venezuela cuadra 34 - ✆ (01) 9805 3121 - www.gipeit.com.pe.
À titre indicatif, le vaccin contre la fièvre jaune coûte S/60 (env. 17 €).

Numéros d'urgence nationaux

Aló EsSalud – ✆ 472 2300 - www.serviciosalciudadano.gob.pe.
Cruz Roja Peruana – ✆ 265 8783.

Autres urgences

Le site de la MFE (Maison des Français de l'étranger, www.mfe.org), à la page « Pérou » et à la rubrique « Santé », fournit la liste des médecins généralistes, chirurgiens-dentistes et laboratoires d'analyses reconnus par la communauté française au Pérou. On peut consulter sur le même site le tableau sanitaire actualisé des maladies endémiques recensées au Pérou.
Nous indiquons, sous chaque ville traitée dans le guide, les coordonnées des établissements hospitaliers assurant des soins d'urgence en traumatologie et en cardiologie.

SAVOIR-VIVRE

Le salut – Pour commencer, sachez au moins dire *buenos días* le matin, *buenas tardes* l'après-midi et *buenas noches* après le repas du soir.
Ne soyez pas avare en *muchísimas gracias*.
La politesse – Les Péruviens tiennent beaucoup à quelques formes de courtoisie élémentaires, héritées de la tradition hispanique, en dépit de leur abord emphatique. On ne tutoie pas les adultes de but en blanc, hormis les jeunes enfants. À l'hôtel, au restaurant, au café, on n'appelle pas le garçon ou la serveuse par hep ! ou pssst ! mais par *señor, señora* ou *señorita*. Si vous semblez en outre produire quelque effort en espagnol, le serveur vous gratifiera du titre de *caballero* (chevalier), voire, si vous êtes plus avancé en âge, de *maestro* ou de *doctor* (en province surtout).
La patience – Vertu cardinale au Pérou. L'impatient, râleur et agité, suscite plus de mépris que d'intérêt. Si le bus n'arrive pas, si le guichet n'ouvre pas, prenez votre mal en patience. Faites comme les gens du cru : attendez sans broncher ou bien calez-vous dans un coin et dormez.
La ponctualité – Vertu chahutée au Pérou, où rares sont les horaires respectés. Il faut en tenir compte. Si vous êtes invité à déjeuner le dimanche à midi par des amis péruviens, ne commettez pas l'erreur d'arriver avant quatorze heures. Vous risqueriez de trouver la famille en pyjama. Si vous réservez un taxi pour l'aéroport, avancez l'heure de prise en charge et vous mettrez une chance de votre côté pour ne pas manquer l'avion. *Es así* (c'est comme ça).
Le vêtement – Les Péruviens ont revisité le modèle américain d'une façon plus libérale. En été, à Lima et même en province, personne ne s'offusque des tenues féminines fort légères, et les messieurs pratiquent leur footing ou vont au marché en short et en débardeur. Vous pouvez vous vêtir de même, sauf évidemment pour visiter les églises, fréquenter les restaurants élégants ou vous promener dans les rues de Lima tard le soir.

SÉCURITÉ

Dans les années 1980 et 1990, le Pérou passait, avec la Colombie, pour l'un des pays les plus dangereux d'Amérique du Sud. À la guérilla menée par le Sentier lumineux, qui entraîna la fermeture au tourisme de régions entières des Andes et de l'Amazonie, s'ajoutait l'état de misère et de pauvreté des grandes agglomérations.

Violence politique

Quelques groupes se réclamant de l'idéologie du Sentier lumineux subsistent dans le bassin du Río Huallaga (département de San Martín) ou aux confins des départements de Junín et d'Apurímac. Ils font parler d'eux de temps à autre par des attaques de postes militaires. Jusqu'à nouvel ordre, ces résurgences terroristes n'ont pas atteint la route Ayacucho-Andahuaylas-Abancay *(p. 396)*, l'axe de communication de la Cordillère centrale particulièrement surveillé par les autorités.

L'agitation politique est une constante de la vie sociale au Pérou. Vous serez sans doute témoin d'une manifestation, d'un défilé ou d'une *protesta* quelconque, encadrés ou non par la police.

Pour plus d'informations, consultez le site du ministère des Affaires étrangères : **www.diplomatie.gouv.fr**, onglet « Conseils aux voyageurs ».

Vol

Bien plus que les groupes résiduels du Sentier lumineux et du MRTA, les **pirañitas** (voleurs à la tire) constituent un réel danger pour les voyageurs. Si les techniques des pickpockets sont innombrables, le **vol à l'arraché** (sac, montre, collier) reste le plus pratiqué. Assez efficace également, la méthode du « bouchon » consiste à bloquer le trottoir devant quelqu'un, en feignant à trois ou quatre de ne pas pouvoir passer, pendant qu'un comparse fouille ou découpe son sac à dos. Si vous voyez venir le truc, jouez des coudes et de la voix. Les malandrins s'évanouiront aussitôt, car ils craignent avant tout de se faire repérer. Aussi, portez votre sac à dos sur le ventre dans les endroits populeux et soyez aussi invisible que possible dans les marchés et les rues commerçantes : pas de bijoux, pas de montre au poignet. Cachez votre argent, mais laissez quelques billets dans votre poche, histoire d'anticiper les frustrations de votre agresseur.

Rarissimes dans les centres-villes touristiques, des braquages au couteau et des agressions physiques ont été signalés dans les faubourgs périphériques et parfois même sur certains parcours de randonnée (d'où l'utilité de se déplacer en groupe, avec un guide). En cas de problème ou de vol, rendez-vous dans les plus brefs délais à la **Policía de Turismo** *(voir p. 28)*. Si l'incident s'est produit depuis un moment, la police ne pourra pas grand-chose pour vous, mais vous sortirez au moins avec un procès-verbal qui vous aidera pour les assurances.

Séismes

Le Pérou est situé dans une zone de forte activité sismique. Le site du ministère des Affaires étrangères (**www.diplomatie.gouv.fr**, onglet « Conseils aux voyageurs ») indique la conduite à tenir en cas de tremblement de terre.

Quelques conseils : tout séisme important est suivi d'une série de secousses secondaires. À l'intérieur, abritez-vous sous une table solide ou un meuble résistant ou restez debout sous un encadrement de porte ; à l'extérieur, rejoignez si possible un espace libre, loin des arbres, poteaux électriques, murs ou bâtiments ; dans la voiture, arrêtez-vous au bord de la route et attendez à l'intérieur la fin des secousses.

Les hôtels et les bâtiments publics disposent d'une zone sécurisée, sous les structures les plus solides de l'édifice, généralement signalées par l'écriteau *Zona segura en caso de seismo*.

Enfin, en cas de tremblement de terre, pensez à prendre contact avec vos familles ou vos proches afin de les rassurer ou, en cas de problème de communication avec l'extérieur, avec l'ambassade de France *(voir p. 22)*.

SOUVENIRS

L'artisanat péruvien est l'un des plus riches d'Amérique latine. Les marchés et les foires artisanales laissent à la fois pantois d'admiration et furieux de n'avoir droit qu'à une misérable valise de 20 kg. Face à ce choix embarrassant, que rapporter ?
Que vous lisiez l'espagnol ou non, vous trouverez aisément dans les librairies de Lima, Cuzco ou Arequipa l'ouvrage d'Alfonsina Barrionuevo, *Artistas populares del Perú*, constamment réédité *(voir p. 53)*. Fort bien illustré, cet ouvrage énumère et commente les genres artisanaux du pays, classés par région. Sinon, passez un moment au **Museo Nacional de la Cultura Peruana** à Lima *(voir p. 163)* ou encore au **Museo de la Nación** *(voir p. 165)*, où sont rassemblés de magnifiques exemples d'art populaire.

Conseils préliminaires

Ne misez pas uniquement sur vos derniers jours à Lima pour procéder à vos emplettes. Vous risqueriez de payer plus cher ce que vous avez vu en province. Assurez-vous que les objets ou bijoux en argent portent bien un poinçon au chiffre 9,25 (pour l'or, un 18K doit figurer).
Si vous craquez pour un bel objet, n'hésitez pas à demander un rabais, c'est une pratique courante. Sur les marchés, les foires artisanales et dans les boutiques, le paiement se fait en liquide. Les grandes bijouteries et les boutiques de luxe acceptent le paiement par CB, mais vous y laisserez une commission.

Argenterie

Avant d'être le pays de l'or, le Pérou est le royaume de l'argent. Les bijouteries de Cuzco, Arequipa ou Ayacucho regorgent de merveilles : bracelets, chaînes, colliers, broches (les *tupus* incas qui servaient à fixer les châles sur la poitrine), pendentifs ou boucles d'oreilles, inspirés de modèles anciens ou librement adaptés. Assez bon marché, l'argent reste une affaire car il est travaillé pur, alors qu'en Europe il est souvent allié au nickel.
À Lima, les bijouteries du centre historique et de la rue Alcanfores, dans le quartier de Miraflores, vendent toujours ces plats-miroirs à bordure d'argent ciselé sur lequel sont posés deux coqs en bataille, également travaillés en argent. Offerts en cadeau de mariage, ils constituaient jadis l'une des pièces maîtresses de l'argenterie domestique.
À Ayacucho s'est développé un délicat artisanat du filigrane d'argent, dont le plus réussi est le paon à la queue dressée, faite de minuscules fils d'argent qui paraissent brodés.

Céramique

Les pièces traditionnelles – Les boutiques d'artisans et les échoppes des marchés vendent des reproductions de pièces mochica ou nazca, plutôt bien réalisées, à des prix tout à fait modiques, sauf les poteries que quelques escrocs tenteront de vous vendre comme authentiques. Si par chance c'était le cas, sachez que leur sortie du territoire national est interdite et même sévèrement réprimée *(voir p. 24)*. Rabattez-vous sur les copies. Les boutiques des musées ou les galeries d'artisanat des grandes villes diffusent tous les styles, à des tarifs plus élevés : vicús, chavín, chancay, mochica, nazca.
Les pièces contemporaines – Héritiers de cette lointaine tradition, les artisans potiers contemporains rivalisent de talent et d'ingéniosité. On s'émerveille devant les pots arrondis, peints de scènes aux couleurs vives, de la céramique de **Chulucanas** (nord du Pérou). Modernes, élégants et très décoratifs, quelques beaux exemplaires sont en vente à Piura, notamment sur les marchés artisanaux de Chulucanas

et Catacaos *(voir p. 464)*, mais aussi dans les boutiques de Miraflores. On peut préférer la céramique en argile rougeâtre de **Quinua**, près d'Ayacucho, avec ses sujets d'inspiration religieuse traités de façon naïve : églises, candélabres, personnages de la crèche ou musiciens *(voir p. 390)*. Les meilleurs endroits pour réaliser vos achats sont le village de Quinua, le marché d'Ayacucho et le quartier d'artisans de Santa Ana dans la même ville *(voir p. 395)*. À Lima, où beaucoup de paysans originaires d'Ayacucho ont émigré, vous en trouverez également une grande quantité. À Cuzco, marchés et boutiques débordent de crèches peuplées d'une foule d'anges, de personnages et d'animaux, de statuettes de paysans, de vagabonds et de mendiants dans le style « écorché vif », dont le maître incontesté fut le Cusquénien **Edilberto Mérida** *(voir p. 236)*. Des plats et des vases dans le **style kero**, décorés de motifs incas, sont vendus sur les marchés de Cuzco, Pisac et Chinchero. Sur la route de Cuzco à Puno, la bourgade de **Pucará** est fameuse pour ses petits taureaux en argile rougeâtre, décorés de fleurs et de rubans, censés calmer les esprits et porter bonheur. Cette céramique illustre la vieille tradition du *señalacuy*, cérémonie du marquage du bétail. Une vaisselle assez rustique, portant des motifs de poissons et de fleurs, est produite sur place et dans tout le sud-Pérou. Remarquable également, quoique plus rustique, est la céramique **shipibo** (bassin amazonien) avec ses vases anthropomorphes à base très aplatie et couverte de curieux motifs géométriques aux lignes invariablement noires sur fond blanc. De très beaux exemplaires sont diffusés dans les boutiques de Miraflores, mais les pièces coûtent trois fois moins cher à Iquitos, Tarapoto ou Pucallpa.

Chapeaux

Le Pérou est l'endroit rêvé pour se constituer une splendide collection de couvre-chefs. Chaque province a son chapeau à larges bords, plus imaginatifs chez les femmes que chez les hommes, catégorie où prédomine le traditionnel feutre de couleur sombre. Les Indiennes de Huancayo ne portent surtout pas le même qu'à Huancavelica, Ayacucho ou Andahuaylas. Les rubans diffèrent également. Quant au traditionnel chapeau melon, il signale le monde aymara, dans la région du lac Titicaca, où il se retrouve en piles sur les marchés. Les chapeaux en paille tressée sont plutôt la spécialité du nord : Trujillo, Chiclayo et Piura en fabriquent de fort beaux. C'est aussi l'une des spécialités de Celendín, une bourgade dans la région de Cajamarca.

Cuir

À Lima, le Mercado indio de Miraflores ou le Gran Mercado Inka de l'av. La Marina propose un choix d'articles en cuir repoussé allant du porte-monnaie au coffre de style colonial, en passant par les broches à cheveux, les plateaux et les sous-verres. Le cuir repoussé intervient aussi dans la décoration de petits meubles : poufs, tabourets, tables gigognes et même bars à roulettes, lesquels sont démontés avant d'être emballés pour le voyage.

Figurines

Cette catégorie regroupe les objets les plus divers, depuis le classique **jeu d'échecs** en pierre taillée ou en bois, où les Espagnols affrontent les Incas, jusqu'aux **personnages de la crèche** en terre cuite, fabriqués à Cuzco et à Ayacucho : paysans, marchands, mendiants, mais aussi les inévitables camions et autobus en terre cuite, peints de couleurs vives. Les artisans de Cuzco ont conservé la tradition du **Niño Dios cuzqueño**, figurine du petit Jésus assis sur une chaise, tandis que sont toujours diffusés les fameux sujets religieux à long cou et coiffés d'un grand chapeau (la Vierge, saint Joseph) qui firent le renom d'**Hilario Mendívil** (son atelier se visite toujours sur la place San Blas à Cuzco, *voir p. 236*).

À Ayacucho, des Rois mages et des chérubins sont sculptés dans l'**albâtre**, que l'on appelle ici la « pierre de Huamanga ». Souvent disposées dans un coffret, ces petites figurines finement travaillées étaient prisées à l'époque coloniale. En vente dans le quartier de Santa Ana *(p. 395)*.

La vedette incontestée de la figurine populaire des Andes (et surtout de l'*altiplano*) est le célèbre **Ekeko**, que l'on offre en guise de porte-bonheur. Modelé en terre cuite, ce personnage rondouillard porte moustache, bonnet et costume peint de couleurs vives, autour duquel sont accrochées les représentations symboliques du bonheur et de la prospérité : voiture, télévision, billets de banque, sac de confettis, cœur (l'amour), petite maison (la famille). Pour que le charme opère, il ne doit jamais être revendu ni cassé, bien entendu. Il faut aussi le satisfaire en lui insufflant dans la bouche une bouffée de cigarette ou en lui humectant les lèvres de quelques gouttes de pisco…

Instruments de musique

Les meilleures guitares classiques du Pérou proviennent, dit-on, d'Ayacucho, et surtout d'Arequipa, où les luthiers ont pignon sur rue (près du puente Bolognesi, en contrebas de la place d'Armes).

Les instruments à vent en argile (flûtes, ocarinas) sont proposés sur les marchés en quantités industrielles, de même que **kenas** et **zampoñas**. Le traditionnel **charango** (instrument à cordes) est une spécialité de Puno et de la région du lac Titicaca : il était jadis réalisé avec une carapace de tatou, jusqu'à ce que l'espèce se trouve en voie de disparition.

Lainages

Une fois de plus, le chineur a l'embarras du choix ! **Ponchos**, couvertures, pull-overs, gants, bas, bonnets à oreillettes (le fameux **chullo**), et même blousons ou chemises en laine d'alpaga, faits main par les Indiennes sur de vieux métiers à tisser, ou fabriqués à la machine. Assez souvent, la laine d'alpaga est mélangée à du coton, mais la qualité reste remarquable. Les endroits les plus réputés pour ce genre d'emplettes sont les marchés de **Cuzco**, **Puno** et Juliaca, dont les étals débordent et où les Indiennes se disputent le chaland. Il est de bon ton de marchander, tout en restant dans des limites décentes. N'oubliez pas que l'artisanat et l'industrie du textile font vivre une bonne partie des familles indiennes de l'*altiplano*, plus sûrement que la culture des maigres lopins de terre qui ne suffisent guère à les nourrir.

Le marché d'Arequipa est également très intéressant.

Les boutiques de luxe de Miraflores vendent des ponchos et des créations originales en *baby alpaca* qui sont de petites merveilles, mais il faut en payer le prix.

Livres

Plus que dans le centre de Lima, Miraflores compte de belles librairies. Les livres neufs sont chers au Pérou, mais il existe des échoppes de bouquinistes et un marché de livres d'occasion dans le jr. Quilca *(voir p. 194)*. Dans le même quartier (jr. Camaná), les numismates, philatélistes et collectionneurs de billets trouveront quelques marchands de rue spécialisés dans ces collections.

Masques

Comme en Bolivie, le Pérou produit de magnifiques (mais

encombrants) masques de **carnaval** et de **diablada**. Si le masque de *supay* (le diable), avec son museau allongé, ses crocs et ses cornes de verre acérés, semble assez difficile à enfourner dans une valise, il reste les effigies de villageois ou d'animaux, en cuir, bois ou carton, proposées à Cuzco et à Puno. Dans le nord du Pérou, Chiclayo s'est récemment fait une spécialité de la reproduction de **masques sicán**, imitant ceux que l'on peut voir dans les musées de Lambayeque (avec lamelles d'or et incrustation de turquoises), tandis que Chachapoyas a inspiré de nombreux artisans qui reproduisent en terre cuite les **masques funéraires** typiques de la région, généralement décorés de tons crème et brun.

Mates burilados

Ce sont des calebasses, rondes ou allongées, décorées en pyrogravure d'une infinité de petites scènes naïves de la vie andine. Tous les marchés vendent ces classiques souvenirs du pays. On dit qu'ils sont la première forme d'expression artistique du Pérou précolombien, ce dont témoignent les exemplaires découverts lors des fouilles du site pré-céramique de Las Haldas (côte nord). Certains sont de véritables œuvres d'art. Les trois principaux centres ou écoles du *mate burilado* sont Piura, Huancayo et Ayacucho.

Miroirs

Autre spécialité du pays, les miroirs de style colonial présentent divers aspects : rectangulaires avec un cadre de bois sculpté et doré, circulaires avec un cadre doré incrusté de petits morceaux de verre disposés en soleil (le splendide **miroir de Cajamarca**), ou à large cadre divisé en petits compartiments émaillés où sont représentées des scènes paysannes (typiques d'Ayacucho et de Cuzco). Il en existe mille variétés et vous ne saurez lequel choisir. Les prix varient considérablement. Là encore, privilégiez les marchés de province.

Musique

Les marchés et les boutiques des centres-villes regorgent de CD de musique andine, de salsa, de valse péruvienne, de tecnocumbia, de rock latino et de compilations de chanteurs à succès des années 1960. Difficile de distinguer l'édition légale et la copie frauduleuse.

Nappes et tapisseries

Sur les mêmes marchés se vendent des nappes à rayures et à motifs colorés (semblables à leurs cousines guatémaltèques), des couvertures en laine et des tapisseries décoratives (laine et coton) aux couleurs éclatantes, représentant le plus souvent des paysages de la sierra ou des scènes villageoises. Jadis spécialité de **San Pedro de Cajas**, un petit village de la Cordillère centrale, ce genre de tapisseries a connu un tel succès qu'il a produit des émules largement diffusés. Les grandes tapisseries murales ornées de **motifs paracas** ou **huari**, étonnamment contemporains, sont aussi prisées pour leur valeur décorative : de magnifiques exemplaires trônent au Mercado indio de Miraflores où, en négociant bien, on peut les emporter à la moitié du prix annoncé.

Or (bijoux)

Si vous souhaitez acheter quelques bijoux en or (chaîne, bague, chevalière, collier), assurez-vous de l'existence du poinçon 18K et effectuez vos achats de préférence dans une bijouterie. Vous pouvez même apporter au Pérou quelques bijoux défraîchis auxquels on redonnera une seconde jeunesse dans un bain d'or. Les bijoutiers de la rue Alcanfores à Miraflores s'en sont fait une spécialité.

Peinture

Outre l'abondance de copies de tableaux religieux de l'école de Cuzco (que l'on hésitera peut-être à accrocher dans son salon), s'est développée dans les galeries de Cuzco, Lima (quartier du Mercado indio à Miraflores) et Arequipa une veine de peinture à **vocation touristique** dans le style montmartrois, où le Machu Picchu et les vieilles rues incas tiennent lieu de tour Eiffel et de Sacré-Cœur. Cependant, vous préférerez peut-être les soleils couchants sur la forêt vierge vendus à Iquitos... Que ce soit avec l'artiste ou avec le boutiquier, le prix est à négocier sans faiblir. Au niveau supérieur, quelques galeries de Cuzco et de Miraflores exposent de jeunes créateurs en **art contemporain**. Les prix ne sont pas les mêmes. En passant à Cuzco, on aura une idée du fourmillement créatif qui agite la jeune classe péruvienne en faisant le tour de l'étonnant patio de l'**école des Beaux-Arts** (entrée libre pour les touristes) dans la rue Mantas, à côté de l'église de La Merced.

Pisco

Il est désormais interdit de transporter des liquides dans les bagages à main en avion. Si vous ne pouvez plus vous passer du pisco, il faudra vous résoudre à en glisser une ou deux bouteilles dans votre valise en soute. Les supermarchés vendent des bouteilles de pisco en forme de statuettes de style nazca, qui constituent un cadeau aussi plaisant qu'apprécié.

Retables

La tradition populaire du retable peint provient d'Ayacucho *(voir p. 388)*. Ce sont des boîtes en bois, à deux volets, ornés d'une multitude de petits personnages et de détails, sujets religieux ou scènes paysannes (la cueillette des figues de Barbarie), marchands (souvent des boutiques de chapeliers) ou danseurs. Il faut évidemment acheter son retable à Ayacucho même, dans le quartier de Santa Ana. Sinon, ils sont en vente absolument partout. Ils existent dans tous les formats, du plus petit au très grand.

SPORT ÉQUESTRE

Les cavaliers ne doivent pas manquer les présentations de *caballo de paso* (cheval de pas) à Trujillo *(p. 451)* et trouveront quelques loueurs de chevaux pour effectuer des randonnées, notamment dans la Vallée sacrée, près de Cuzco. Se renseigner auprès des agences de tourisme locales.

Tambopampa - www.tambopampa.com. Unique en son genre, cette société de tourisme équestre, basée à Ica, s'appuie sur un élevage de *caballos de paso* et propose des randonnées équestres d'une durée de 2 à 7 jours à travers les déserts côtiers de la côte centrale. Contact en France : ✆ 06 22 25 11 03.

SPORTS DE GLISSE

Surf

Le paradis du surf au Pérou est sans conteste la côte nord, notamment la plage de **Puerto Chicama**, connue pour son *break* de près de 2 km, le plus long du monde, mais aussi celles de Pacasmayo, Huanchaco, Cabo Blanco, Máncora et Punta Sal *(voir p. 451)*.

Autour de Lima, les plages citadines de la Costa Verde et de La Herradura sont les plus fréquentées *(voir p. 196)*. Plus au sud, il faut citer Punta Hermosa, Caballeros, Pico Alto dont les vagues peuvent atteindre 8 à 10 mètres, Punta Negra, qui accueille des championnats internationaux de surf, et Cerro Azul, près de Cañete *(voir p. 345)*.

Pendant l'hiver (avr.-déc.), l'eau est assez froide (entre 15 et 20 °C) : l'usage d'une combinaison est recommandé. Dans les stations balnéaires de la côte nord et à Lima, on trouvera quelques boutiques spécialisées où louer du matériel.

Sandboard

Il se pratique sur les pentes du cerro Blanco près de Nazca *(voir p. 360)*, une gigantesque colline de sable de plus de 2 000 m d'altitude, et surtout sur les dunes de sable fin qui entourent la **Laguna de Huacachina** près d'Ica *(voir p. 359)*. Cet endroit – d'ordinaire si paisible – attire les adeptes d'une activité nettement moins responsable sur le plan écologique : le buggy des sables, ou *arenero*, équipé d'arceaux renforcés pour résister aux tonneaux. Bruyant et super-polluant.

SPORTS DE MONTAGNE

Andinisme et escalade

L'ascension des sommets péruviens, notamment ceux de la Cordillère blanche, culminant à plus de 6 000 m, est réservée aux grimpeurs chevronnés. La capitale de l'andinisme péruvien est **Huaraz** *(voir p. 415)*, où l'on trouve une Maison des guides qualifiés et plusieurs magasins et agences consacrés à la haute montagne. La seconde capitale est **Arequipa**, qui possède également des guides qualifiés pour conduire des ascensions vers les superbes sommets de sa chaîne volcanique *(voir p. 326)*.

Adresses utiles

Casa de Guías (Maison des guides) – Parque Ginebra s/n 28 G, Huaraz - ✆ (043) 421 811 - www.casadeguias.com.pe. Toute escalade d'un sommet de la Cordillère blanche doit obligatoirement être déclarée et accompagnée d'un guide *(voir p. 406)*.

Federación Peruana de Andinismo y Deportes de Invierno – José Díaz s/n cuadra 3, Lima 1 - ✆ (01) 424 0063 - lun.-vend. 10h-17h.

Club Andino Peruano – Av. Dos de Mayo 1545, ofic. 216, Lima - ✆ (01) 221 4866. L'un des plus anciens clubs de haute montagne du Pérou, fondé en 1960.

Andex Perú – Francisco Graña 522, Santa Catalina, Lima 13 - ✆ (01) 444 0387/446 6860 - lun.-vend. 8h30-17h30.

Parapente

Très prisé, le parapente se développe à Lima et près des endroits touristiques de la côte sud (Pachacámac, Lunahuaná, Paracas, et même au-dessus des lignes de Nazca). À Lima, on s'élance depuis le parque Raimondi ou le parque Salazar, sur la corniche de Miraflores qui domine le circuit des plages.

Fly Adventure Perú – C. Alfredo León 234, Miraflores, Lima - ✆ (01) 241 5693 - www.flyadventure.net. Cette agence spécialisée propose matériel, vols en tandem et stages d'initiation.

Trekking et randonnée

Astiquez vos chaussures, vérifiez les lampes, préparez gamelles et duvets, le Pérou vous propose des randonnées inoubliables dans la cordillère des Andes. La saison sèche en montagne (juin-oct.) est la plus propice pour profiter de ses efforts. Il est conseillé (et même parfois obligatoire) d'effectuer les grands treks en groupe pour d'évidentes raisons de sécurité. Les agences de tourisme locales proposent des forfaits incluant assurances, guides, porteurs, tentes et cuisiniers, et parfois des animaux de bât avec leur muletier *(arriero)*. Pour un tarif moyen, comptez env. 60/80 $/j., auxquels il faudra ajouter les droits d'entrée dans les parcs et les réserves nationales, ainsi que les pourboires espérés par l'équipe à la fin de l'expédition. Les principaux treks sont décrits dans ce guide, qu'ils partent de Huaraz, Cuzco, Arequipa ou encore Chachapoyas. Par ordre de notoriété,

vient en tête le **Camino del Inca** menant à Machu Picchu, quelque peu embouteillé en haute saison *(voir p. 271)*. Les treks de l'**Ausangate** dans la cordillère de Vilcanota, de **Llanganuco-Santa Cruz** *(p. 411)* et de la **cordillère de Huayhuash** *(p. 418)* sont beaucoup plus sportifs.
La région de Cuzco recèle une formidable variété de parcours : celui du **nevado Salkantay** *(p. 263)* tutoie les cimes, celui du **Choquequirao** *(p. 263)* s'élance à la recherche des cités perdues, ou encore celui qui conduit à **Vilcabamba la Vieja** s'enfonce dans la jungle.
Dans le sud-Pérou, on retiendra les treks du **Cañón del Colca** et du **Cañón del Cotahuasi** parmi les plus spectaculaires *(voir p. 318)*.
Tout au nord, dans la région de Chachapoyas, le trek du **Gran Vilaya** *(voir p. 486)*, plus méconnu, permet d'atteindre la forteresse de Kuélap après un étonnant périple au milieu de forêts de nuages.
Liens et adresses utiles
www. journaldutrek.com/ trekking/perou – Site d'information, conseils et comparateur de prix.
www.tourisme-perou.com/ aventure/trekking – Site de l'agence Terra Andina consacré à la description des treks les plus fréquentés du Pérou.
www.allibert-trekking.com – Rendez-vous à la page Pérou du site de l'agence savoyarde Allibert, spécialiste de la montagne, où sont recensés et décrits différents treks.
www.peru-trekking.com – Site (en français) de l'agence Peru Trekking, basée à Cuzco et Huaraz, spécialiste des randonnées dans ces deux régions.
South American Explorers – Jr. Piura 135, Miraflores, Lima - ✆ (01) 445 3306 - www.saexplorers.org. D'origine américaine, cette association à but non lucratif se consacre à l'information géographique des voyageurs et des scientifiques. Sa bibliothèque est riche en ouvrages et en cartes détaillées.

SPORTS MOTORISÉS

Assez rare au Pérou où les routes sont dangereuses, la location de **motos** est franchement déconseillée. Si vous effectuez un raid le long de la route Panaméricaine, il faudra déployer une vigilance de tous les instants. Méfiez-vous autant des autres véhicules que de l'état de la chaussée, et évitez de rouler la nuit. Aux étapes, cherchez un endroit sécurisé pour garer votre véhicule.
La moto tout-terrain a connu son heure de gloire, aujourd'hui révolue : des inconscients pratiquaient l'enduro sur la pampa del Ingenio à Nazca, là même où se trouvent les fameuses lignes !
Assez simples à piloter, les **engins motonautiques**, scooter des mers et jet-ski, n'appellent pas moins un respect rigoureux des consignes de sécurité. N'oubliez pas que les zones de baignade et de plongée sont peu ou pas matérialisées. Là aussi, la pratique est en régression, après une série d'accidents mortels survenus près des plages de Lima.
En tout état de cause, pensez à contracter les assurances optionnelles proposées par les loueurs de jet-skis, quads et motos.

SPORTS NAUTIQUES

Plongée et pêche sous-marine

Avec son infinité de criques et d'îlots rocheux, le littoral péruvien est un paradis pour ce genre d'activités, que pratiquent volontiers les habitants des grandes villes de la côte, étant donné l'exceptionnelle variété d'espèces. Cependant, les eaux sont plus froides et moins claires que dans les Caraïbes, hormis dans la région de Tumbes, proche de l'équateur. Les endroits les plus réputés se situent, au nord, à Tortugas, aux îles Guañape – où se déroulent des championnats –, à Colán, près de Paita, et le long des plages de Máncora et de Punta Sal, près de Tumbes ; au sud, à Pucusana, à Asia, dans la réserve nationale de Paracas et le long de la côte rocheuse entre Punta Lomas et Camaná, en particulier à San Juan de Marcona et à Puerto Inca.

Federación Peruana de Deportes Subacuáticas – Estadio Nacional Puerta 4, 2º piso, Lima - ✆ (01) 243 481.

Perú Divers – Av. Santa Teresa 486, Chorrillos, Lima 09 - ✆ (01) 251 6231 - www.perudivers.com. L'une des rares à Lima à être certifiée **PADI** (Professional Association of Diving Instructors), cette agence propose des cours de plongée ainsi que des tours accompagnés non loin de la capitale : îles Palomino, rochers de Pucusana et Isla Grande, face à Ancón, autour de l'épave du cargo naufragé « El Ferrol ».

Rafting

Cette discipline a pris son essor au Pérou en 1982, lorsque le Polonais Yurek Majcherzyck a conduit l'expédition CanoAnde dans le Cañón del Colca afin de descendre la rivière et ses 300 rapides en canoë et en rafting. Un classement international répertorie les rapides selon un degré de difficulté allant de I à VI, la dernière catégorie n'étant en général réalisable qu'en comptant avec un portage de l'embarcation.

Río Tumbes, section comprise entre Figueroa et Rica Playa, dans la zone de forêt sèche équatoriale du Parc national des Cerros de Amotape *(voir p. 471)*. Rapides de classes II à IV. Durée : 2 jours.

Ríos Mayo et Huallaga, à partir de Tarapoto, dans la *selva alta*, à travers de sublimes paysages amazoniens. Rapides de classes II et III. Durée : 2 jours.

Río Santa, cours supérieur, entre Yungay et Caraz, dans le callejón de Huaylas. Rapides de classes II à IV.

Río Cañete, à 180 km au sud de Lima, dans les environs de Lunahuaná (1 700 m d'alt.). C'est la destination de canotage la plus fréquentée par les Liméniens, vu son accès relativement facile. Plusieurs écoles y pratiquent des cours d'initiation. Le tronçon le plus intéressant comprend des rapides de classes II et IV. Durée : 1 à 2 jours.

Río Urubamba, entre Písac, Calca et Ollantaytambo, près de Cuzco *(voir p. 238)*, dans le magnifique décor de la Vallée sacrée des Incas. Rapides de classes II à IV. Durée : 2 jours.

Cañón del Apurímac, départ au Puente Cúnyac, sur la route Abancay-Cuzco *(voir p. 401)*. Réputé pour sa grande profondeur, le parcours descend entre d'époustouflantes parois de 3 000 m de haut et s'achève près de la station thermale de Ccónoc, à Curahuasi. Rapides de classes II à IV. Durée minimum : 3 jours.

Cañón del Colca, départ à Chivay, dans la région d'Arequipa *(voir p. 326)*. Célèbre pour ses condors et ses 300 rapides, le parcours – plutôt réservé aux connaisseurs – s'achève près de Cabanaconde (env. 40 km). Rapides de classes II à IV. Durée : 2 jours.

Río Majes, c'est le nom que prend le Colca près de la côte. Moins spectaculaires, les rapides de cette zone sont de classes II et III. On peut les franchir en canot pneumatique, kayak ou même hydrospeed. Durée : 1 jour.

Cañón del Cotahuasi, depuis le petit village de Cotahuasi, à 375 km d'Arequipa par de mauvaises routes *(voir p. 326)*. Reconnu comme le plus profond du monde et difficile d'accès, le formidable *río* réserve ses rapides de classes III et IV à ceux qui n'ont pas froid aux yeux. Durée minimum : 2 jours, avril-oct.

Río Tambopata, à partir de Puno. C'est le *nec plus ultra*. Reconnu comme le parcours le plus spectaculaire du Pérou, il traverse une végétation exubérante jusqu'au bassin du Río Madre de Dios, en traversant le Parc national de Bahuaja Sonene et la réserve nationale de Tambopata. Il ne s'agit plus d'un parcours mais d'un véritable voyage, avec des rapides de classes III et IV, dans un climat tropical avoisinant les 38 °C, en pleine nature vierge et au sein d'une région totalement inhabitée. Il nécessite une logistique complexe et des autorisations délivrées par la direction des parcs et réserves concernés. Durée minimum : 8 jours *(voir p. 504)*.

TAXI

Fort nombreux, les taxis font la joie des fans de l'indestructible coccinelle (mais oui, il en reste quelques-unes !) et, surtout, des amateurs d'émotions fortes.

Les *taxistas* occasionnels ou professionnels circulant sans compteur, le prix de la course se marchande âprement à la portière avant de monter. Renseignez-vous auprès d'un habitant pour connaître à quel tarif se négocie la course. Le prix passe du simple au triple selon que le chauffeur perçoit son client comme un hispanophone distingué ou comme un *gringo* indécis. Ne dites pas trop que vous êtes pressé, car votre taxi risque bien de se transformer en un redoutable Fangio aux pneus lisses…

Indépendants

Outre le cabochon lumineux fixé sur le toit, les taxis **professionnels** affichent leur numéro d'immatriculation sur les deux côtés de la carrosserie. Les **occasionnels**, qui s'improvisent taxi après le travail, collent une étiquette adhésive à l'intérieur du pare-brise, qu'ils s'empressent de retirer lorsqu'ils aperçoivent un uniforme au carrefour. Ils n'en sont pas moins chers pour autant.

Compagnies

À côté des amateurs (et des truands), des compagnies sérieuses mettent l'accent sur la **sécurité** des passagers. Mieux vaut utiliser leurs services, notamment pour certains trajets nocturnes à Lima (du centre-ville vers l'aéroport par exemple). Parmi les plus recommandables : **Taxi-Seguro** – réservations ✆ 241 9292 - www.taxiseguro.com.pe ou **Moli Taxi** – ✆ 479 0030 (24h/24). Les chauffeurs sont expérimentés et reliés en permanence à leur terminal. Comptez S/50-40 pour vous rendre à l'aéroport, tarif réglementé qui s'avère parfois moins onéreux qu'avec un profiteur.

À l'aéroport

À votre arrivée à Lima ou à Cuzco, mieux savoir dans quel hôtel vous descendez si vous ne voulez pas avoir de mauvaises surprises. Comptez S/20 aller pour gagner le centre historique de Lima. Généralement un véhicule de l'hôtel où vous avez réservé viendra vous chercher moyennant S/40, correspondant à l'aller-retour. Vous pouvez également prendre des taxis pré-payés (un peu plus chers).

TÉLÉPHONE

Si vous désirez emporter votre téléphone mobile *(celular)*, assurez-vous qu'il soit tri-bande (norme GSM 1900) et faites activer l'option adéquate par votre opérateur.

Si vous devez téléphoner fréquemment une fois arrivé au Pérou, le plus judicieux est de louer un téléphone mobile en arrivant à l'aéroport de Lima, au kiosque Peru Rent a Cell, dans la zone de livraison des bagages, et de l'utiliser avec une carte prépayée *(tarjeta PrePago)* (en vente sur Internet, dans les supermarchés ou dans les boutiques de téléphonie).

Moins pratique, mais pour téléphoner à moindre coût, mieux vaut ne pas utiliser le portable et fréquenter les *locutorios* (boutiques de téléphonie) ou les cybercafés, où vous utiliserez votre carte prépayée ou les services de voix sur réseau IP.

Téléphones mobiles

Pour **appeler un mobile péruvien** :

- depuis la France : composez le 00 51, suivi de l'indicatif départemental précédé du 9, puis le numéro à 6 chiffres (7 chiffres pour Lima) ;
- depuis le Pérou : composez l'indicatif départemental précédé du 9 (si vous changez de département), suivi du numéro du mobile.

Pour **appeler un mobile en France** :

- composez le 00 33, puis le numéro du mobile sans le 0.

Appels internationaux

Pour appeler l'étranger d'un poste fixe au Pérou, composez le 00 suivi de l'indicatif du pays (33 pour la **France** et Monaco, 32 pour la **Belgique**, 352 pour le **Luxembourg**, 41 pour la **Suisse**, 1 pour le **Canada**), puis l'indicatif local sans le 0, puis le numéro de votre correspondant.

Appels locaux

Pour appeler entre deux villes situées dans des départements différents, composez le 0, puis le code départemental à deux chiffres (ou 1 pour Lima), puis le numéro de votre correspondant.

Les téléphones publics de la Telefónica acceptent la monnaie et les cartes vendues dans les kiosques et les supermarchés. On ne peut pas effectuer d'appel en PCV à partir d'un téléphone public.

LISTE DES INDICATIFS TÉLÉPHONIQUES DÉPARTEMENTAUX

01 Lima et Callao	044 La Libertad (Trujillo)
041 Amazonas	074 Lambayeque
043 Ancash (Huaraz, Casma, Chimbote)	065 Loreto (Iquitos)
083 Apurímac (Abancay)	082 Madre de Dios (Puerto Maldonado)
054 Arequipa	053 Moquegua
066 Ayacucho	063 Pasco (Cerro de Pasco, Oxapampa)
076 Cajamarca	073 Piura
084 Cuzco	051 Puno
067 Huancavelica	042 San Martin (Moyobamba, Tarapoto)
062 Huánuco	052 Tacna
056 Ica	072 Tumbes
064 Junín (Huancayo, Tarma)	061 Ucayali (Pucallpa)

Renseignements

✆ 103 (réponse en espagnol).

Pour appeler le Pérou depuis l'étranger, voir p. 16.

TRANSPORTS

Voir aussi « Taxi », p. 40 et « Voiture », p. 45.

Avion

Vols intérieurs – Lima est reliée aux principales villes du Pérou par des vols quotidiens. Les billets sont en vente dans n'importe quelle agence de tourisme, payables en sols, dollars, euros ou par carte de crédit, et reviennent moins cher qu'en France ou que sur Internet. Progressivement modernisés, les aéroports de province sont fonctionnels, mais il peut arriver qu'un vol soit annulé ou retardé, en général pour des raisons climatiques. En raison du surbooking en période de pointe, n'oubliez jamais de confirmer votre vol 48h à l'avance. En fonction du jour de la semaine : vous paierez plein tarif en voyageant samedi ou dimanche, et vous bénéficierez d'un prix plus doux le lundi ou le mardi. La principale compagnie aérienne nationale est actuellement **LAN**, laquelle grignote des parts de marché sur ses concurrents jusqu'à détenir un quasi-monopole sur certaines destinations, ce qui n'est jamais annonciateur de prix avantageux.

Pour connaître le détail des vols intérieurs, reportez-vous à la rubrique « Nos adresses à… » de chaque ville traitée dans ce guide.

Aéroports et aérodromes

Les liaisons quotidiennes entre grandes villes transitent en général par Lima. Les principaux aéroports en région se situent à Tumbes, Piura, Chiclayo, Trujillo et Cajamarca pour le nord du pays ; à Ayacucho, Cuzco et Juliaca pour la région andine ; à Arequipa et Tacna pour le sud ; à Iquitos, Tarapoto, Pucallpa et Puerto Maldonado pour la région amazonienne. Quelques villes de moyenne importance, comme Nazca, Moyobamba, Tingo Maria, Andahuaylas ou Huánuco, disposent d'aérodromes prévus pour les bimoteurs. Ces liaisons sont en général bi-hebdomadaires et sont tributaires des conditions météorologiques.

Tarifs et taxes – Les tarifs aériens des principales liaisons domestiques (prix d'un aller simple hors promotion) tournent actuellement autour de 140/170 € pour les destinations touristiques les plus demandées (Cuzco, Arequipa, Iquitos ou Puno).

Pour les vols intérieurs, à Lima comme dans les aéroports de province, il faudra s'acquitter d'une taxe d'aéroport (de 3,45 $ par ex. entre Lima et Puno (Juliaca)).

Attention : le jour de votre départ, à l'aéroport de Lima, vous devrez verser (pour les vols nationaux) une taxe d'une trentaine de $ (ou l'équivalent en sols) aux guichets du Banco de la Nación. Cette taxe est versée au bénéfice de la CORPAC (l'organisme gestionnaire des aéroports et de la circulation aérienne).

Bus

Nombreuses sont les compagnies d'autobus qui effectuent des trajets de longue distance. Outre leurs tarifs nettement **plus économiques** que ceux des liaisons aériennes, ils offrent en matière de confort un éventail de catégories allant du pullman avec sièges-couchettes (*cama* ou *semi cama* selon l'inclinaison des sièges), écrans TV, toilettes et hôtesse, jusqu'au vieux bus provincial dont les sièges défoncés transforment un trajet de 300 km en douze longues heures de torture. De quoi se constituer quelques souvenirs…

Pour connaître le détail des liaisons intérieures, reportez-vous à la rubrique « Arriver ou partir » de chaque ville traitée dans ce guide.

Camion
Ce moyen de transport est réservé aux durs à cuire. À l'entrée et à la sortie des bourgades reculées, des camions de fret aux couleurs vives et aux noms évocateurs peints sur le pare-brise embarquent des Indiens pour les conduire une ou plusieurs bourgades plus loin. C'est ainsi qu'*El Poderoso* (le Tout-puissant), *Jesús me guía* (Jésus me guide) ou, mieux encore, *El Amigo de la Muerte* (l'Ami de la mort), pour ne citer que quelques exemples, arrondissent leurs fins de mois. S'il reste de la place, les *gringos* peuvent monter aussi, moyennant une petite participation. Vous aurez ainsi la joie de tressauter pendant des heures, assis sur des sacs à patates au beau milieu de moutons ou de poules.

Train
Les trains péruviens ne sont malheureusement plus ce qu'ils étaient. Même si la réouverture du **Ferrocarril Central Andino** *(voir p. 382)* sur la ligne Lima-Huancayo – longtemps la plus haute du monde – a sauvé un fleuron du patrimoine ferroviaire, le rail n'assure plus son lien social et économique entre régions et populations éloignées, maintenant qu'il est concurrencé par la route et par l'avion. Les dernières lignes ont été privatisées à des fins touristiques : celle qui relie **Cuzco** à **Machu Picchu** *(voir p. 265)* ne va plus jusqu'à Quillabamba mais s'arrête à son terminus d'Aguas Calientes, point de départ de la grande attraction du Pérou. Idem pour la ligne **Cuzco-Juliaca-Puno** *(voir p. 225)*, sans doute la plus belle du Pérou, dont les voitures jadis rouge et jaune ont été peintes en bleu foncé pour singer le look de l'Orient-Express. La faible rentabilité de l'autre grande ligne, qui reliait **Juliaca** à **Arequipa** à travers les cordillères volcaniques du sud-Pérou, a entraîné sa suspension *sine die*.

Bateau
Dans le bassin amazonien, ce moyen de transport est parfois le seul qui permette d'accéder à des villages isolés, des missions ou des communautés indigènes dépourvus d'aérodrome et de routes. Les rares trajets commerciaux par bateaux de voyageurs sont la descente du Río Ucayali entre **Pucallpa** et **Iquitos**, qui se fait environ en 3 à 5 jours *(voir p. 497)*, la liaison **Iquitos-Yurimaguas** (4-6 jours) et **Iquitos-Leticia** ou Tabatinga (frontière de la Colombie et du Brésil). Dans tous les cas, il faut s'armer de patience, s'attendre à un confort assez rudimentaire et songer à faire des provisions (eau minérale, bière, biscuits) car la restauration à bord est souvent sommaire. Les jours et heures des départs n'étant jamais bien certains, on ne pourra guère obtenir de renseignements sûrs autrement qu'en guettant les bateaux sur place.

TRANSPORTS URBAINS

Microbus et combis
Le terme de **microbus** recouvre une gamme assez hétéroclite de véhicules, dont le parc – plutôt disparate et usagé – présente encore quelques vieux bus scolaires américains des années 1960, recyclés et peinturlurés. Ils circulent

dans les moindres recoins des villes, en particulier à Lima, pour un tarif très bas (S/1) et unique quelle que soit la distance parcourue. Malheureusement, aucun plan des lignes n'étant disponible, il faut une bonne connaissance de Lima et de sa périphérie pour s'y retrouver. Concurrençant les microbus sur les mêmes itinéraires, les **combis** sont de petites camionnettes de fabrication japonaise ou coréenne, qui disposent de places assises et sont censées rouler plus vite. On s'y entasse (pour ne pas dire recroqueville) à une dizaine pour un tarif légèrement supérieur (S/1,50). Aux portières des uns et des autres, des rabatteurs hèlent le passant à chaque coin de rue. À la différence du combi, dans un microbus on peut au moins se tenir debout, en s'accrochant bien…

Colectivos

Troisième de la famille, le **colectivo** était jadis une grosse voiture américaine où l'on prenait place à quatre derrière et deux à côté du chauffeur. Quelques-uns circulent encore en province et aux sorties de Lima, pour desservir certaines localités périphériques assez éloignées, mais vous chercherez en vain la ceinture de sécurité. Le tarif est établi en fonction de l'éloignement de la destination. Peu à peu, le terme de *colectivo* a été appliqué aux combis et l'on emploie indifféremment l'un ou l'autre mot. Enfin, des autobus (pas tout jeunes non plus) transportent tous les jours les employés et travailleurs des villes distantes de 50 à 150 km de Lima, comme Huaral et Huacho au nord, Mala et Cañete au sud. Ils sont en général affreusement bondés aux heures de pointe.

Piétons

Si vous circulez à pied, prenez garde lorsque vous traversez la rue : en ville, les voitures ne s'arrêtent **jamais** pour laisser passer les piétons. Il faut attendre patiemment que le flot s'écoule avant de tenter sa chance. Si vous traversez en courant au-devant d'un pare-chocs, vous risquez au mieux de vous entendre traiter de *bruto* (imbécile) ou même de *loco* (fou), et vous ne l'aurez pas volé.

VOITURE

Réseau routier

En 1975, seulement 10 % des routes péruviennes étaient **asphaltées**, peut-être 15 % aujourd'hui. L'état du réseau routier, et des transports en général, constitue l'un des problèmes structurels du Pérou. La géographie tourmentée et les caprices du climat andin expliquent en partie cette carence.
L'axe vital de l'économie péruvienne demeure la **route Panaméricaine**, dénommée Panamericana Norte, entre Lima et Tumbes, près de la frontière équatorienne, et Panamericana Sur, entre Lima et Tacna, près de la frontière chilienne. Ce long ruban routier court le long de la façade pacifique sur près de 2 650 km, régulièrement jalonné de barrières de péage. Rarement doublée en voie express (à l'exception des courts tronçons au nord et au sud de Lima, qui desservent les stations balnéaires proches de la capitale), la Panaméricaine reste à deux voies et s'avère dangereuse.
Le réseau restant, dit **afirmado** (empierré) ou **de tierra** (en terre), est en assez piteux état. Il relie les milliers de bourgades, de villages et de communautés perdus dans les Andes. Voyager sur ces routes équivaut à entreprendre d'interminables aventures, ponctuées de virages en lacets, de cahots, de cols en haute altitude, de vues à couper le souffle et de haltes dans de pauvres auberges au sol en

Distances en km

La distance entre deux villes est indiquée à l'intersection des bandes horizontales et verticales.

LIMA ↔ Cajamarca = 856 km

	Abancay	Arequipa	Ayacucho	Cajamarca	Chachapoyas	Chiclayo	Chimbote	Cusco	Huancayo	Huánuco	Huaraz	Ica	Ilo	Juliaca	LIMA	Moquegua	Nazca	Pisco	Piura	Pucallpa	Puno	Tacna	Tarapoto	Tarma	Trujillo
Arequipa	715																								
Ayacucho	370	1135																							
Cajamarca	1765	1865	1439																						
Chachapoyas	2132	2234	1808	336																					
Chiclayo	1677	1779	167	260	445																				
Chimbote	1329	1431	1005	434	803	348																			
Cusco	195	518	582	1958	2337	1872	1524																		
Huancayo	656	1120	235	1173	1542	1087	739	855																	
Huánuco	1065	1419	678	1266	1635	1180	832	1260	370																
Huaraz	1326	1428	1002	631	1000	545	197	1521	708	355															
Ica	604	706	429	1158	1528	1073	725	799	457	715	722														
Ilo	1281	323	1308	2126	2447	2042	1702	841	2399	1679	1681	947													
Juliaca	548	265	918	2130	2460	2055	1715	345	1592	1692	1694	960	597												
LIMA	907	1009	583	856	1225	770	422	1102	317	410	419	303	1262	1275											
Moquegua	846	221	1275	2001	2370	1915	1567	651	1255	1556	1564	842	95	502	1145										
Nazca	462	567	568	1298	1667	1212	864	665	559	852	861	128	819	832	443	724									
Pisco	671	776	348	1093	1462	1007	659	874	526	649	656	81	1028	1041	242	933	209								
Piura	1945	2047	1621	528	523	268	616	2140	1272	1448	813	1341	2251	2312	1038	2183	1469	1264							
Pucallpa	1440	1784	1053	1641	2010	1555	1207	1635	761	375	729	1088	2081	2049	785	1930	1216	1011	1823						
Puno	584	323	971	2188	2557	2102	1754	389	1242	1648	1751	1024	357	45	1332	262	877	1086	2370	2024					
Tacna	963	368	1419	2149	2518	2063	1715	768	1447	1703	1712	930	151	654	1293	158	876	1085	2331	2078	419				
Tarapoto	1650	2021	1280	685	349	704	1152	1845	961	602	866	1317	2281	2190	1012	2158	1454	1251	776	736	2235	2310			
Tarma	870	1241	500	1088	1457	1002	654	1065	185	248	651	535	1494	1507	232	1377	675	474	1270	623	1552	1529	858		
Trujillo	1468	1570	1154	295	664	209	139	1663	856	971	336	864	1829	1842	561	1706	999	794	477	1346	1893	1854	982	793	
Tumbes	227	2329	1903	810	805	550	898	2430	1553	1730	1095	1623	2536	2597	1320	2465	1754	1549	282	2105	2652	2613	1061	1552	759

terre battue. On peut y passer trois ou quatre heures pour parcourir 100 km, quand elles ne sont pas coupées par des éboulements à la saison des pluies. C'est pourtant sur ces chemins improbables que l'on croise l'authentique Pérou.

En ville

La conduite au Pérou n'est pas une sinécure. Honnêtement, mieux vaut s'en dispenser. **Lima** est un rodéo permanent où la règle établie veut que l'on passe le premier, souvent à l'intimidation, parfois même en tapant du bras sur la carrosserie du voisin, sinon on n'est pas un vrai *latino*. L'usage du clignotant est très facultatif, tout comme le respect des *semaforos* (feux de signalisation). La priorité ne s'applique que lorsque le véhicule qui vient de droite (à vive allure) n'est plus distant que de deux mètres. En cas d'accrochage, même bénin, on peut attendre des heures au commissariat en attendant de remplir dieu sait quels papiers… Les taxis et les omnibus sont d'ailleurs si bon marché qu'on peut laisser le soin de la conduite aux as du volant locaux.

En région

Mêmes réserves pour la province où les routes manquent généralement de signalisation précise, surtout pour les obstacles ponctuels (dos-d'âne ou trous béants dans la chaussée, par exemple). Enfin, la nuit, sur les routes interrégionales, camions et autobus se livrent à des poursuites infernales auxquelles il vaut mieux ne pas se mêler…
Si vous avez persisté dans la témérité en louant une voiture, voici une adresse utile à Lima en cas de pépin :

Triple A (assistance et dépannage) – Av. Javier Prado Oeste 1115 - ✆ (01) 441 0352/421 3533/421 3538 - lun.-vend. 9h-19h, sam. 9h-16h.

Voiture de location

Les grandes sociétés de location sont présentes dans les principales villes du Pérou *(voir « Nos adresses à Lima » p. 183)*. Eu égard à l'état des routes, et sachant qu'il n'existe pas au Pérou de services courants de location de voiture avec chauffeur, ou alors très exclusifs et à des tarifs exorbitants, la location de véhicule particulier pour les grands trajets ou dans la périphérie lointaine de Lima se fait à vos risques et périls.

Types de séjours

Un trek dans la cordillère ? *Farniente* sur une plage du Pacifique ? Les musées d'art précolombien, l'art espagnol ? Découvrir Machu Picchu ? Flâner sur les marchés, parcourir les villes baroques, descendre en rafting dans les gorges vertigineuses, suivre les processions de la Semaine sainte ? La liste des séjours est longue et le choix difficile, tant le Pérou recèle de richesses.

LA MAIN DE L'HOMME	
Les villes d'art	Lima et ses musées *(p. 164)*, Cuzco *(p. 200)*, Cajamarca dans son écrin de montagnes *(p. 476)*, la souriante Trujillo, ville de l'éternel printemps *(p. 440)*, Lambayeque au cachet espagnol intact *(p. 454)*, Ayacucho, joyau d'art colonial *(p. 384)*, la blanche Arequipa et le labyrinthe de patios colorés du couvent Santa Catalina *(p. 306)*.
Les sites précolombiens	Machu Picchu bien sûr *(p. 253)*, les géoglyphes mystérieux des lignes de Nazca *(p. 364)*, la très ancienne Chavín de Huántar *(p. 423)*, Chan Chan, capitale du royaume chimú *(p. 444)*, la forteresse de Kuélap, cité des Indiens chachapoyas *(p. 483)*, le sanctuaire de Pachacamac *(p. 175)* et la ville millénaire de Caral *(p. 436)*, proches de Lima. Et même, une escapade en Bolivie, pour visiter le site de Tiahuanaco *(p. 296)*.
Des expériences ferroviaires inoubliables	Entre Lima et Huancayo, le Ferrocarril Andino et ses ponts lancés au-dessus de gorges profondes *(p. 380)*, entre Huancayo et Huancavelica, le Tren Macho le long d'un étroit défilé *(p. 381)*, le train Cuzco-Machu Picchu *(p. 265)*, la ligne Cuzco-Puno *(p. 280)*.
FÊTES ET TRADITIONS	
Fêtes religieuses et folkloriques	Fêtes de l'Inti Raymi et du Corpus Christi à Cuzco *(p. 239)*, fête de la Candelaria à Puno *(p. 284)*, carnavals de Cajamarca, d'Abancay *(p. 401)* et d'Arequipa *(p. 326)*, procession du Señor de los Milagros à Lima *(p. 197)*, Semaine sainte à Ayacucho *(p. 395)* ou à Catacaos *(p. 464)*, Fête des vendanges à Ica *(p. 363)*, Concours de marinera à Trujillo, pour voir danser des centaines de couples *(p. 451)*.
Démonstrations de caballo de paso	Festival de la Primavera à Trujillo *(p. 451)*, concours de Pachacamac.
Odeurs et couleurs sur les marchés et les foires du Pérou	Le marché dominical de Huancayo *(p. 380)*, les marchés andins de Pisac *(p. 242)* et Chinchero *(p. 245)*, le marché de l'*altiplano* à Puno *(p. 284)*, le marché d'Andahuaylas *(p. 397)*, les marchés artisanaux de Catacaos et Monsefú dans le nord-Pérou *(p. 464)*, le marché flottant de Belén à Iquitos *(p. 493)*, les quartiers d'art et d'artisanat de San Blas à Cuzco *(p. 235)* et de Santa Ana à Ayacucho *(p. 388)*, les villages de potiers de Quinua près d'Ayacucho *(p. 390)* et de Chulucanas près de Piura *(p. 464)*, le Mercado Modelo de Chiclayo *(p. 461)*, le Mercado Central de Lima *(p. 193)*, le marché aux poissons de Callao *(p. 173)*.

NATURE SAUVAGE	
Les neiges éternelles	Les 6 000 m du Parc national Huascarán dans la Cordillère blanche *(p. 408)* et ceux, encore plus terribles, de la cordillère de Huayhuash *(p. 418)*.
Les grands canyons	Le Cañón del Colca *(p. 327)*, le Cañón del Cotahuasi *(p. 318)* et le Cañón del Apurímac *(p. 400)*.
Les paysages aquatiques	Le lac Titicaca et ses îles *(p. 285)*, le Parc national du Manu *(p. 503)* et la réserve de Tambopata *(p. 504)* en Amazonie, la réserve nationale de Paracas *(p. 350)*, les mangroves de Puerto Pizarro *(p. 472)*.
Les habitants de la mer, des montagnes et des forêts	La faune des Andes dans la réserve de Salinas y Aguada Blanca *(p. 318)*, les condors du Cañón del Colca *(p. 331)*, la faune aquatique et les mammifères marins des mangroves de Puerto Pizarro *(p. 472)*, des Islas Guañape *(p. 439)*, des Islas Palomino *(p. 196)* et des Islas Ballestas *(p. 351)*, la faune exceptionnelle de la forêt amazonienne *(p. 491)*.
FARNIENTE	
Enfin au niveau de la mer, les plages du Pacifique	Au nord, Chancay *(p. 435)*, Tortugas *(p. 437)*, Huanchaco *(p. 447)*, Puerto Chicama *(p. 451)*, Pimentel *(p. 454)*, Colán *(p. 466)*, Cabo Blanco *(p. 467)*, Máncora *(p. 467)*, Punta Sal *(p. 467)* ; plus au sud, après Lima, Pucusana, Asia, Cerro Azul ou Cañete *(p. 345)*.
SENSATIONS FORTES	
Les treks mythiques au Pérou, parmi tant d'autres	Cuzco et le Chemin de l'Inca *(p. 261)*, le trek de Choquequirao à Machu Picchu *(p. 399)*, le trek du nevado Salkantay *(p. 263)*, le cañón del Colca *(p. 331)*, le cañón del Cotahuasi *(p. 318)*, Huaraz et le trek Llanganuco-Santa Cruz *(p. 411)*, le tour de la cordillère de Huayhuash *(p. 418)*, Chachapoyas et le trek du Gran Vilaya *(p. 486)*, le trek de l'Ausangate dans la cordillère de Vilcanota *(p. 38)*.
Au bonheur du surf, amateurs de vaguelettes, s'abstenir !	À Puerto Chicama, le plus long *break* du monde (2 km) *(p. 451)*, à Máncora, ses vagues et ses nuits *(p. 467)*, à Cabo Blanco, des tubes parfaits de 3 m *(p. 467)*, à La Herradura (Lima), un fameux *break* de gauche *(p. 196)*, à Pico Alto (sud de Lima), la vague peut monter à 8 m.
Rafting dans les gorges et les rapides qui dégringolent des Andes	Pour commencer, Lunahuaná et le Río Cañete, le Río Santa (Huaraz), le Río Majes (cours inférieur du Colca) ; plus sérieusement, le Río Urubamba dans la Vallée sacrée des Incas (Cuzco) et les gorges de l'Apurímac (Cuzco), le Cañón del Colca avec ses 300 rapides et celui du Cotahuasi, encore plus profond (Arequipa) ; vraiment très sérieux, la descente du Río Tambopata (Madre de Dios), qui dure huit jours *(voir p. 40)*.
Vers les sommets. Pour alpinistes confirmés, qui deviendront des andinistes	Les grands sommets de la Cordillère blanche *(p. 415)* : Huascarán (6 768 m), Huandoy (6 395 m), Chopicalqui (6 354 m), Alpamayo (5 947 m) ; dans la cordillère de Huayhuash, le Yerupajá (6 634 m) ; les sommets proches d'Arequipa, l'Ampato, le Coropuna, le Chachani.

Mémo

Agenda

Voici les événements les plus remarquables parmi les 3 000 fêtes civiles et religieuses que connaît le Pérou.

JANVIER-FÉVRIER

Semana de Lima – Fêtes commémoratives de la fondation de la ville (18 janvier 1535).

Concurso Nacional de Marinera, Trujillo – *dernière semaine de janv.* Largement retransmis à la télévision, ce grand concours récompense les meilleurs danseurs de *marinera (p. 451).*

Fiesta de la Virgen de la Candelaria (Chandeleur), Puno – *deux premières sem. de fév.* Un des grands événements folkloriques de l'*altiplano (voir p. 284).* Messes, feux d'artifices et *diabladas (voir p. 135).* La Vierge de la Candelaria est associée, selon la tradition métisse, à Pachamama ou « Terre-mère ».

Carnaval – *fév.-mars.* Célébré dans l'ensemble du pays, le carnaval connaît ses versions les plus spectaculaires à Cajamarca, Huánuco, Ayacucho, Abancay et Cuzco. Sur la côte centrale, le **Verano Negro** de Chincha présente une coloration très afro-péruvienne (danses, percussions). À Lima, les gamins des rues s'amusent à jeter des ballons remplis d'eau sur les passants.

MARS-AVRIL

Festival internacional de la Vendimia, Ica – *début mars.* La fête des vendanges du principal vignoble péruvien est prétexte à un concours de vins et de pisco, à des présentations de *caballos de paso* et à des combats de coqs *(p. 363).*

Señor de los Temblores, Cuzco – *lundi de Pâques.* Procession du Cristo moreno, le saint patron de la ville, en souvenir du tremblement de terre de 1650. Le public jette des fleurs rouges sur son passage *(p. 207 et 239).*

Procesión del Señor cautivo, Monsefú – *14 mars.* Processions, danses et expositions d'artisanat typique du nord-Pérou *(p. 454).*

Semana Santa – Célébrée dans l'ensemble du pays, la Semaine sainte présente sa version la plus fervente à Ayacucho *(p. 395).* Festivités remarquables aussi à Huancayo, Huaraz et Arequipa.

MAI-JUIN

Fiesta de las Cruces, surtout dans l'*altiplano – début mai.* Processions en l'honneur de la sainte Croix.

Fiestas del Señor de Muruhuay, Tarma (à l'est de La Oroya, après la bifurcation pour Huanuco) – *tout le mois de mai.* À l'occasion du pèlerinage annuel au village de Muruhuay, danses typiques et banquets populaires au cours desquels sont préparés la traditionnelle *pachamanca* et le *picante de cuy* (ragoût épicé de cochon d'Inde).

Corpus Christi, Cuzco – *fin mai-début juin.* La Fête-Dieu est l'un des plus grands événements religieux de Cuzco : procession des effigies patronales des neuf paroisses de la ville et des villages voisins, suivie par celle de la custode d'or de la cathédrale, montée sur un *anda* (équivalent du *paso* espagnol) en argent repoussé *(p. 207 et 239).*

San Juan Bautista – *24 juin.* Fêté dans l'ensemble du pays, le jour de la Saint-Jean a également été décrété día del Campesino (journée du Paysan).
Inti Raymi, Cuzco – *24 juin.* Reconstitution de la fête du Soleil des Incas *(p. 239).*

JUILLET-AOÛT

Virgen del Carmen, région de Cuzco et *altiplano* – *16 juil.* Revêt une grande ampleur à Pisac et surtout à Paucartambo.
Fiestas Patrias – *28 juil.* Fête nationale du Pérou.
Corpus de San Cristóbal, région de Cuzco – *2-3 août.* Saint Christophe, patron des voyageurs, est aussi à Cuzco celui des chauffeurs d'autobus, de camion et de taxi.
Procesión de la Bandera, Tacna – *28 août.* Cérémonie patriotique commémorant la réintégration de Tacna au Pérou.
Festival de Santa Rosa de Lima, Lima – *30 août.* Procession célébrant sainte Rose, sainte patronne de Lima et des Amériques *(p. 160 et 197).*

SEPTEMBRE-OCTOBRE

Festival internacional de la Primavera (festival du Printemps), Trujillo – *dernière semaine de sept.* Danses, concerts et concours de *caballo de paso.*
Procesión del Señor de los Milagros, Lima – *18-20 oct.* Sortie en procession, pendant trois jours, de l'effigie du Christ à partir de l'église de Las Nazareñas *(p. 161 et 197).*

NOVEMBRE-DÉCEMBRE

Todos los Santos (Toussaint) – *1er-2 nov.* La Toussaint et la fête des Morts (día de Muertos) sont religieusement respectées au Pérou. En dehors des messes et des visites aux cimetières, fleuris pour la circonstance, les ménagères ont coutume de réaliser des « bonshommes de pain », appelés *angelitos.*
Semana de Puno – *première semaine de nov.* Danses et défilés, dont le clou est la représentation théâtralisée du départ de Manco Cápac et Mama Ocllo, les fondateurs de la dynastie inca, vers les îles flottantes Uros *(voir p. 284).*
Festival de Ayaviri – *8-13 déc.* À une centaine de kilomètres au nord de Juliaca, l'un des plus beaux festivals de musique et de danse de l'*altiplano.*
Navidad (Noël) – *24-25 déc.* Noël retrouve son caractère sacré dans les Andes et sur l'*altiplano.*

Bibliographie

LITTÉRATURE

ARGUEDAS José María (1911-1969), **Les Fleuves profonds**, Gallimard, 2002. **El Sexto**, Métailié, 2011. **Diamants et silex,** Éditions de l'Herne, 2012. Par l'un des principaux représentants de l'indigénisme, promoteur d'un métissage des cultures andines d'origine quechua et urbaine d'origine européenne.
BRYCE-ECHENIQUE Alfredo (1939), **Un monde pour Julius**, Métailié, Suites (Poche), 2003. **La Vie exagérée de Martin Romaña**, Seuil, Points, 1991. **Le Verger de mon aimée**, Métailié, 2006.
RIBEYRO Julio Ramón (1929-1994), **Charognards sans plumes**, Gallimard, 1995. Un recueil de nouvelles par l'une des figures du réalisme urbain.
RONCAGLIOLO Santiago, **La quatrième épée**, Éditions du Cerf, 2012. L'histoire d'Abimael Guzmán et du Sentier lumineux.
SCORZA Manuel (1928-1983), **Roulement de tambours pour Rancas**, Métailié, Suites (Poche), 2003. **Garabombo l'invisible**,

Belfond, 1988. **Le Cavalier insomniaque**, Belfond, 1998. **Le Chant d'Agapito Robles**, Belfond, 1998. **La Tombe de l'éclair**, Belfond, 1983. Ces ouvrages composent le cycle de « La Guerre silencieuse », qui retrace la lutte interminable d'une communauté paysanne de la Cordillère centrale pour faire reconnaître ses droits à sa propre terre.

TRISTÁN Flora (1803-1844), **Pérégrinations d'une paria**, Babel, 2004. **Promenade dans Londres,** Gallimard, Folio, 2008. (À noter : la biographie que Nicole Avril vient de lui consacrer, **Brune, moi, Flora Tristán,** Plon, 2012).

VALLEJO César (1892-1938), **Poésie complète**, trad. de Gérard de Cortanze, Flammarion, 2009. **Poèmes humains**, suivis de **Espagne, écarte de moi ce calice**, trad. de François Maspéro, Éditions du Seuil, 2011. **Tungstène**, Le temps des cerises, 2011. Le plus grand poète hispano-américain, avec Pablo Neruda et Vicente Huidobro.

VARGAS LLOSA Mario (1936), **La Ville et les chiens**, Gallimard, Folio, 1981. **La Maison verte**, Gallimard, L'Imaginaire, 1981. **La Guerre de la fin du monde**, Gallimard, 1986. **La Tante Julia et le scribouillard**, Gallimard, Folio, 1985. **Histoire de Mayta**, Gallimard, Folio, 2004. **L'homme qui parle**, Gallimard, Folio, 1992. **Lituma dans les Andes**, Gallimard, Folio, 1997. **Dictionnaire amoureux de l'Amérique latine,** Plon, 2005. **Le Rêve du Celte**, Gallimard, 2011.

ESSAIS

Le meilleur analyste de la société péruvienne actuelle, de son histoire et des conflits qui la traversent, est certainement le romancier, prix Nobel de littérature, **Mario Vargas Llosa** *(voir p. 129),* lequel a même participé à la vie politique du Pérou. Outre ses romans, on lira son récit autobiographique **Le Poisson dans l'eau** (Gallimard, Folio, 1997), où il raconte sa campagne électorale pour la présidentielle de 1990. Un texte éclairant sur le Pérou depuis les années 1960.

BARBIER Chrystelle, **Pérou, ombres et lumières**, Toute Latitude, 2007. Radiographie d'une nation essentielle à l'imaginaire planétaire, par la correspondante du journal *Le Monde* à Lima.

HISTOIRE ET CIVILISATION

BAUDOIN Bernard, **Les Incas, adorateurs du dieu Soleil**, Vecchi, 2002.

BINGHAM Hiram, **La Fabuleuse Découverte de la cité perdue des Incas**, Pygmalion, 2008. Réédition du grand classique publié par le découvreur de Machu Picchu, illustré de photographies prises à l'époque.

CHÂTEAUREYNAUD Georges-Olivier, **La Conquête du Pérou**, Rocher, 1999.

ITIER César, **Les Incas**, Belles-Lettres, 2008.

KONING Hans, **Petite Histoire de la conquête des Amériques**, L'échappée, 2010.

LAVALLÉE Danièle, LUMBRERAS Luis Guillermo, **Les Andes, de la préhistoire aux Incas**, Gallimard, L'Univers des formes, 1998. Une véritable grammaire de l'art des cultures pré-incaïques. Certainement le meilleur ouvrage en français sur le sujet.

PALMA Ricardo, **Traditions péruviennes**, Presses universitaires de Bordeaux, 2002. Une série de récits, entre réalité et fiction, sur la civilisation péruvienne, rédigés par un homme né dix ans après l'indépendance du Pérou.

PRESCOTT William H., **Histoire de la conquête du Pérou**, Pygmalion, 1997, 2 vol. L'Américain W. Prescott (1796-1859) fut le premier historien « moderne » de la conquête du Pérou. En dépit de son grand âge, son ouvrage est toujours aussi passionnant.

ROSTWOROWSKI María, **Le Grand Inca Pachacútec Inca Yupanqui**, Tallandier, 2008. Regard de l'historienne péruvienne sur le règne du bâtisseur de l'empire inca.

LIVRES D'ART, PHOTO

BARD Patrick, **Le Chemin de l'Inca : Qhapac Nan**, Seuil, 2006.
CASTRO PRIETO Juan Manuel, **Pérou, chemins perdus**, Chêne, 2003. Livre de portraits et de paysages en noir et blanc, par un amoureux du Pérou.
CHAMBI Martín, **Le Pérou de Martín Chambi 1920-1950**, Lunwerg, 2009. Splendide ouvrage consacré à l'un des maîtres de la photographie péruvienne, surnommé le « poète de la lumière » *(lire aussi l'encadré p. 213)*. **Perú**, Dialogue entre Martín Chambi et Juan Manuel Castro Prieto, La Fábrica, 2011.
DEHAU Étienne, CARVALLO Fernando, **Pérou, vision de l'empire du Soleil**, Hermé, 2003.
GRANIER Laurent, SON Megan, **À la recherche de la grande route inca**, Géo, 2008.
GUERNY Laure de, **Voyage au Pérou sur les pas de Flora Tristán**, Garde-Temps, 2004.
LAVALLÉE Danièle, **Paracas, trésors inédits du Pérou ancien**, Flammarion, 2008. Superbe ouvrage consacré aux textiles de la culture paracas, par l'une des meilleures spécialistes du Pérou précolombien (catalogue de l'exposition présentée au musée du quai Branly).
VINCENTI Serge, LOZAC'H Catherine, LABOUCHE Didier, **Pérou, Terra andina**, Géorama, 2007.

ARTISANAT

BARRIONUEVO Alfonsina, **Artistas populares del Perú**, Lima, SAGSA, 1982.

Filmographie

GÁLVEZ Héctor, **Paraíso**, 2009. Espoirs et réalités de la jeunesse d'un bidonville de la banlieue de Lima : Jardínes del Paraíso.
HERZOG Werner, **Aguirre, la colère de Dieu**, 1972. En Amazonie, Aguirre, l'un des lieutenants de Gonzalo Pizarro, poursuit coûte que coûte sa quête de l'Eldorado. Existe en DVD (1999).
HERZOG Werner, **Fitzcarraldo**, 1982. En Amazonie, au 19e s., Fitzcarraldo projette de construire un opéra. Existe en DVD (1999).
FUENTES-LEÓN Javier, **Contracorriente**, 2011. Un plaidoyer fantastique pour l'homosexualité.
KOUNEN Jan, **D'autres mondes**, 2004. Documentaire sur la tribu indienne des Shipibos-Conibos et sur le chamanisme. Existe en DVD (2007).
LLOSA Claudia, **Fausta, la teta asustada**, 2009, Ours d'or au festival de Berlin. L'héritage traumatisant des années de guérilla du Sentier lumineux et les violences subies par les femmes à cette époque. Existe en DVD (2009).
LOMBARDI Francisco, **Mariposa negra**, 2006. L'enquête d'une jeune femme après l'assassinat de son fiancé.
MÉNDEZ Josué, **Días de Santiago**, 2004. Un jeune soldat démobilisé tente de se réadapter à la vie liménienne. Existe en DVD (2007).
MONTREUIL Ricardo de, **La Femme de mon frère**, 2005. **Máncora**, 2008.
TAMAYO Augusto, **Una sombra al frente**, 2007. À la fin du 19e s., un jeune ingénieur s'évertue à améliorer les voies de communication entre Lima et l'Amazonie.
VEGA Daniel et Diego, **Octubre**, 2010. Prix du Jury « Un Certain regard » au Festival de Cannes 2010.
Pour suivre l'actualité du cinéma péruvien en France, consultez le site : **www.peroupacha.com**.

2/ COMPRENDRE LE PÉROU

Statue de l'empereur inca Pachacútec, sur la Plaza de Armas de Cuzco.
H. Hughes/hemis.fr

Le Pérou aujourd'hui

Pays émergent, le Pérou est la 6e économie d'Amérique latine après le Brésil, le Mexique, l'Argentine, la Colombie et le Chili, et la 48e au rang mondial. Sorti d'une grave crise au début des années 1990 pour devenir aujourd'hui l'un des pays les plus compétitifs du continent sud-américain, le Pérou pourrait même connaître, au cours des prochaines années, un décollage comparable aux pays asiatiques, tels Taïwan ou la Corée du Sud. Le retour de l'eldorado pour cette nation hétérogène et ses 29 millions d'habitants ?

Population et société

La *peruanidad* (péruvianité) censée définir les traits de l'identité nationale est une question souvent débattue par les penseurs péruviens. Ils évoquent tour à tour le patriotisme, la foi religieuse, les penchants mystiques, un cocktail de méfiance et d'optimisme, le sens de la famille, le goût pour la fête, la corrida et les combats de coqs, et autres qualités supposées nationales. En réalité, géographiquement scindé, le Pérou affiche de multiples visages et la société péruvienne est profondément hétérogène.

Dès le 16e s., la colonisation s'est accompagnée d'un **métissage** des diverses composantes raciales. La venue de migrants originaires d'Europe, d'Afrique et d'Asie au cours de l'histoire a favorisé le brassage des populations. Indépendamment des différences physiques réelles – tantôt perceptibles, tantôt subtiles –, les Péruviens se différencient entre eux en employant des dénominations issues de la hiérarchie des castes coloniales : *blanco* (blanc), *criollo* (créole, c'est-à-dire descendant d'Européens nés au Pérou), *mestizo* (métis), *cholo* (amérindien urbanisé ayant adopté le mode de vie métis), *zambo* (afro-péruvien), *indio* (indien, en particulier d'Amazonie)… Selon le contexte, ces termes peuvent revêtir des connotations variables, neutres ou péjoratives. Parlant des habitants de l'*altiplano*, un Liménien bienveillant évitera de dire *cholos* ou *indios*, ce serait méprisant.

Il préférera les termes édulcorés de *serranos* (gens de la sierra), *campesinos* (paysans), *provincianos* (provinciaux) ou *andinos* (andins).

Toute la contradiction de la société péruvienne réside dans le fait qu'elle exalte à la fois le glorieux héritage des Incas et refuse d'en accepter les descendants indigènes et leurs traditions comme l'un des éléments constitutifs de sa modernité.

DÉMOGRAPHIE

Le Pérou compte actuellement un peu plus de **29 millions** d'habitants, soit à peine 5 % de la population totale de l'Amérique latine. Cependant, le nombre d'habitants a été multiplié par

Le marché de Pisac.
Eurasia Press / Photononstop

trois depuis 1960, et le taux de croissance démographique reste important (1,6 %). La population se caractérise par sa jeunesse : 30 % des Péruviens ont moins de 15 ans. Le taux de fécondité (2,32 enfants par femme) est élevé, en particulier dans les zones rurales et les communautés indigènes. La mortalité infantile a, elle, enregistré une chute spectaculaire, passant de 156 ‰ en 1950 à 22,18 ‰ aujourd'hui. L'espérance de vie s'est considérablement allongée, pour s'établir à 72,5 ans aujourd'hui (70,55 ans pour les hommes et 74,48 ans pour les femmes). Avec le redressement économique et la stabilité politique retrouvée, les Péruviens ont cessé leur exode, le solde migratoire étant redevenu quasiment nul. Environ 2 millions de Péruviens résident à l'étranger, soit près de 7 % de la population. La majorité d'entre eux habite aux États-Unis, où la communauté péruvienne figure parmi les plus importantes minorités étrangères. Sur le territoire national, la **densité de peuplement** reste faible (23 hab./km^2) et la répartition très inégale : environ 54 % des Péruviens vivent dans la plaine côtière, 33 % dans la *sierra* et 13 % dans les jungles amazoniennes. Plus de 77 % des habitants résident en milieu urbain. Lima, la capitale, compte près de 9 millions d'individus. Parmi les grandes villes figurent Arequipa (1 000 000 hab.), Trujillo (818 000 hab.), Chiclayo (600 000 hab.), Piura (450 000 hab.), Iquitos (406 000 hab.), Chimbote (370 000 hab.) et Cuzco (360 000 hab.). Conséquence de l'**exode rural** qui s'est développé à partir des années 1960, pour s'accélérer lors des années de guerre civile de 1980 à 2000, près de la moitié des habitants de Lima vivent aujourd'hui dans un habitat plus ou moins précaire. Face à l'afflux massif de ces déracinés venus des provinces pauvres des Andes, les autorités n'ont pas su gérer l'essor anarchique des banlieues qui se sont développées sur des terrains vagues autour de la capitale ainsi qu'aux environs des grandes villes de la côte. Certains campements se sont progressivement transformés en quartiers permanents, les **pueblos jovenes**, avec leurs églises, leurs écoles et leurs centres de santé. Privés d'eau courante, de tout-à-l'égout et d'électricité, les habitants de ces quartiers ont appris à se débrouiller pour survivre. Afin d'assurer leur subsistance, ils se sont lancés dans des métiers informels dont la liste évoque un inventaire à la Prévert: vendeurs de bonbons à la sauvette, menuisiers, « remplisseurs » de trous de bitume sur les grandes avenues, réparateurs de casseroles usagées et de vaisselle cassée, vendeurs d'appels téléphoniques, chauffeurs de taxi ou de *combi*, comptables... Le travail des enfants est l'un des problèmes de ce secteur qui, d'un autre côté, témoigne d'un grand dynamisme. Les banques et autres organismes de prêts ont d'ailleurs développé toute une gamme de crédits adaptés à ce microcapitalisme. Parmi les sagas à succès, on cite volontiers celle d'Erasmo Wong, fils d'immigrants chinois qui, à partir d'une petite épicerie familiale ouverte en 1952 à Lima, est parvenu à créer la plus grande chaîne de supermarchés du Pérou. Ou encore Alejando Toledo, le premier président indien du Pérou (2001-2006), qui travailla comme vendeur ambulant dans son enfance pour aider ses parents pauvres.

INDIENS, CRÉOLES ET MÉTIS

La **composition** de la population péruvienne est difficile à déterminer avec précision, car les statistiques à caractère racial ou ethnique sont officiellement prohibées au Pérou. Selon les travaux de la commission *Verdad y Reconciliación* (Vérité et Réconciliation, 2003), dont les estimations sont à prendre avec précaution, les **Amérindiens**, pour la plupart descendants des Incas, représenteraient environ 30 % de la population. Ce sont essentiellement des Quechuas et des Aymaras, qui peuplent les régions andines. De grandes minorités, tels les Asháninkas, Shipibo-Conibos, Machiguengas et Aguarunas, sont présentes dans l'Amazonie ou le piémont amazonien. Environ 52 % des habitants seraient des **métis** issus, à des degrés divers, de mélanges entre Amérindiens et descendants d'Européens. Dans certaines régions du Pérou, particulièrement sur la côte, on rencontre aussi de nombreux métis d'ascendance africaine. Près de 15 % de la population seraient des **Blancs** d'origine européenne (espagnole et aussi italienne). Enfin les 3 % restants seraient des **Noirs** et des **Asiatiques**. Entre 1849 et 1874, quelque 80 000 **Chinois** *(Tusans)* immigrèrent au Pérou en vue de travailler dans les plantations de canne à sucre ou dans les gisements de guano.
Le groupe indigène est sans doute plus important, mais la majorité des Péruviens se définissent comme métis d'un point de vue culturel et social, dans la mesure où ils parlent espagnol et vivent au diapason avec les modes de consommation occidentaux.
La société péruvienne tire ses grandes divisions de l'époque de la conquête espagnole, quand la population était répartie entre Créoles et Indiens. Dans un premier temps, le métissage entre les deux groupes s'opère peu, en raison de la chute drastique de la population autochtone au cours des premières décennies de présence espagnole. À cause des massacres et des épidémies, le nombre d'Amérindiens au Pérou passe de 11 millions d'habitants en 1500 à un peu plus d'un million vers le milieu du 17e s. Puis la composante métis ne cesse de gagner en importance, alimentée par l'apport de migrants européens et d'esclaves africains, puis par

des migrants chinois, européens encore (espagnols, italiens, portugais, français, allemands, autrichiens, croates) et plus récemment libanais *(turcos)* et japonais *(nikkei)*.

Les Créoles

La population **créole** d'origine européenne est formée par des descendants d'Espagnols. Les membres de ce groupe tiennent les grandes exploitations agricoles et minières, les principales industries, les banques, les sociétés d'affaires… La tendance au cosmopolitisme s'accentuant, s'immiscent dorénavant au sein de cette population d'origine coloniale des noms à consonance anglaise, italienne, allemande, autrichienne ou française, liés à des familles immigrées vers la fin du 19e s. et le début du 20e s.
Si le groupe créole se concentre en majorité dans les grandes villes de la côte (Lima, Trujillo, Chiclayo, Piura), un autre subsiste dans les villes de l'intérieur, telles Arequipa, Cuzco, Cajamarca ou Huancayo. Il s'agit en général de propriétaires terriens qui, en dépit de la perte de la majeure partie de leurs domaines à la suite de la réforme agraire en 1969, continuent de contrôler les affaires locales grâce à leurs appuis politiques. Rares sont les Créoles de Lima à voyager dans la *sierra*. Lorsqu'ils quittent les beaux quartiers de San Isidro, Miraflores ou La Molina, plutôt que d'arpenter les sommets andins, ils préfèrent passer le week-end dans une station balnéaire de la côte pacifique, sur les plages huppées qui leur sont réservées, ou encore faire du ski nautique à Key West ou du shopping à Atlanta. Manière pour eux d'affirmer leur appartenance au *primer mundo* (« premier monde »), comme ils disent, aux antipodes de la culture ancestrale des Indiens des Andes.

Les Indiens

Malgré des siècles d'oppression coloniale, puis d'exploitation par les grands propriétaires créoles, les **Indiens** ont su quant à eux conserver une bonne part de l'héritage culturel des civilisations précolombiennes, en l'adaptant à un mode de vie plus moderne.
Ils vivent en majorité dans la *sierra* du sud et du centre, parlent quechua ou aymara selon la région, et progressent en espagnol grâce aux avancées de l'alphabétisation. Agriculteurs ou éleveurs, ils mènent une existence rude, rythmée par les saisons. Ils produisent pour la plupart une agriculture de subsistance sur de petits lopins de terre privés, appelés *chacras*. Les étendues non arables de la *puna*, consacrées au pâturage, sont en majorité communales.
Les paysans se regroupent encore souvent selon un mode d'organisation hérité des Incas : l'**ayllu**. Ce sont des communautés composées de plusieurs familles, unies par des liens de solidarité, de réciprocité et de services mutuels *(ayni)*.
Les Indiens des Andes ne se qualifient pas entre eux du terme d'*indio* – terme péjoratif –, mais de **campesino** (paysan) ou de **comunero** (lorsqu'ils travaillent en communauté), vocables qui symbolisent leur intégration nationale. Aussi éloignés qu'ils vivent des centres urbains, les Indiens des Andes ne sont pas figés dans un passé préhispanique, sans considération pour les changements de l'histoire.
Loin de former une ethnie homogène, les Quechuas ou les Aymaras recoupent de multiples communautés, lesquelles se distinguent par leur tenue vestimentaire (couleurs, motifs, techniques de tissage), leur mode de travail, leur dialecte et leurs rituels. Les **mistis** (« Messieurs »),

INDIENS ET PAYSANS, MÊME COMBAT

Depuis la découverte en Amazonie d'importantes réserves de gaz et de pétrole, les affrontements sont réguliers entre les Indiens d'Amazonie et les compagnies pétrolières et minières exploitant leurs terres. Ces conflits sont d'autant plus nombreux que la moitié du Pérou (57 %) est située en Amazonie. Les conséquences de cette exploitation ne concernent donc pas seulement les Indiens, mais l'ensemble de la population péruvienne consciente des menaces qui pèsent sur l'avenir de la forêt tropicale et sur la grande majorité des ressources naturelles dont elle est tributaire. Face aux exploitations minières, Indiens et paysans se mobilisent. Dernière illustration en date, la « Marche nationale pour l'eau » partie de Cajamarca dans le nord du pays pour arriver à Lima. « Sans or on vit, sans eau on meurt », scandaient-ils pour dénoncer le projet Conga – l'investissement minier le plus important de l'histoire du Pérou auquel le président Ollanta a donné son aval en avril 2012 moyennant un certain nombre de réajustements sociaux et environnementaux au profit des populations indigènes les plus concernées.

petits propriétaires blancs ou métis occidentalisés, parlent le quechua et partagent des traits culturels avec les Indiens. Cependant, ils se situent de l'autre côté de la barrière raciale qui les sépare des **runas**, les paysans pauvres qui travaillent en communautés agricoles. Les Indiens des Andes continuent à faire l'objet de fortes discriminations. Pour mémoire, ce n'est qu'en 1979 que le droit de vote a été accordé aux analphabètes, ce qui fut longtemps le cas de la majorité d'entre eux.

Décimés par les maladies à l'époque de la conquête espagnole, puis par les razzias des exploitants de caoutchouc en quête d'esclaves, les Indiens d'**Amazonie** se tiennent encore à l'écart de l'organisation sociale. En 1974, une loi leur a enfin reconnu le droit de posséder des terres. Environ 250 000 Indiens, divisés en une soixantaine de groupes ethniques de taille très variable, vivent dans la jungle péruvienne. Lorsqu'ils ont fait l'objet d'une acculturation, ils sont venus peupler la périphérie d'Iquitos, de Pucallpa ou de Puerto Maldonado. Durant des années, les Asháninkas ont été victimes de la guerre civile entre l'armée et le Sentier lumineux qui occupait leur territoire. D'autres résistent mieux, comme les Shipibos, les Jivaros ou les Machiguengas.

Les métis

Entre les Créoles et les Indiens se tient le large groupe des **mestizos**, qui forment l'essentiel et le cœur même de la population péruvienne. Les métis occupent les couches modestes à moyennes de la société, aussi bien en province que dans les villes importantes. On les trouve dans un grand nombre de secteurs économiques. C'est dans leurs rangs que se recrutent la plupart des fonctionnaires, commerçants, artisans, employés, enseignants, militaires, personnel hospitalier, notaires, avocats… Le métissage touche également les élites, malgré la résistance des franges les plus conservatrices de la société créole. Si la hiérarchie raciale selon la couleur de la peau demeure marquée aux deux extrémités de la société péruvienne, les choses sont moins évidentes au sein de cette frange de la population, où les mélanges (métis d'Africains, d'Indiens, d'Asiatiques et d'Européens) furent nombreux et répétés. L'idéal demeure, certes, le type blanc caucasien : plus l'on s'en approche, plus grand est le prestige social. D'un autre côté, la majorité de la population péruvienne ayant la peau sombre et les traits amérindiens, la différenciation s'établit plutôt sur des critères socio-économiques et culturels. « L'argent blanchit », a-t-on coutume de dire ici. Un Indien employé en ville, qui choisit de s'habiller à l'occidentale et de parler espagnol, se range plus volontiers dans le groupe des métis, et en particulier dans celui des **cholos**, un terme à l'origine assez péjoratif, employé pour désigner les Indiens acculturés, migrants de fraîche date encore mal dégrossis. Avec la modernisation de la société et les flux migratoires qui ont marqué le Pérou depuis les années 1970, cette classe a néanmoins commencé à s'affirmer, aussi bien à Lima que dans les villes de province. Traditionnellement créole, urbaine et cosmopolite, Lima, avec l'afflux des migrants *cholos*, est maintenant une ville métissée, un véritable carrefour de cultures régionales. Au cours des dernières années, les principales réformes politiques et les changements de mentalité sont intervenus grâce aux *cholos*, car ceux-ci ont permis à la société péruvienne de renouer avec ses origines indiennes. Sensibles aux baisses de régime de l'économie, en raison de leur situation précaire et de leurs fortes aspirations aux changements, les *cholos* jouent un rôle politique important.

LA FAMILLE, UNE INSTITUTION

Quel que soit leur statut social, les familles péruviennes présentent un fort degré d'unité, de **cohésion** et d'intégration à travers les générations. La famille est une institution respectée. Il est courant que les grands-parents, les parents et les enfants vivent sous un même toit. Au niveau national, le nombre d'individus par foyer est de 5,1 en moyenne. Le modèle d'organisation reste celui du père de famille dominant, qui contrôle les ressources, la vie et l'image publique de la famille, tandis que la femme gère les affaires domestiques. Cependant, la crise économique des années 1980-2000 a contraint les femmes à chercher elles aussi du travail hors du foyer, tandis que leurs maris migraient pour trouver un emploi en ville. Le **schéma**

DES TYROLIENS DANS LA JUNGLE

Bienvenue à Pozuzo, unique colonie austro-allemande de la jungle amazonienne ! Situé dans la province d'Oxapampa (région de Pasco), ce petit village de 8 500 habitants abrite les descendants d'une colonie de migrants austro-allemands qui échouèrent là au milieu du 19e s. C'est en 1857 que le baron Cosme Damián Freiherr Schutz von Holzhausen, établi au Pérou, lance le projet de coloniser la jungle, en accord avec le gouvernement péruvien. Un premier groupe de 200 Tyroliens, rejoints par 100 Prussiens et Bavarois, embarquent à Anvers pour Callao. Ils remontent ensuite la côte en bateau à vapeur, avant de s'engager vers les terres promises. Entre-temps, le gouvernement ayant été renversé, les projets de desserte par route et chemin de fer vers cette partie de l'Amazonie avaient été abandonnés. Qu'à cela ne tienne, les colons tentent l'aventure. Après deux ans de voyage, ils parviennent au terme de leur odyssée sylvestre et fondent le village de Pozuzo. De nouveaux migrants, originaires d'Italie et de Croatie, les rejoindront vers la fin du 19e s. Oubliée des pouvoirs publics, la colonie resta isolée, à quatre jours de marche de la ville la plus proche (Huánuco), durant 115 ans. Finalement, une route fut réalisée en 1974. Aujourd'hui encore, bien que le village ait perdu de son caractère germanique, il reste de vrais blonds à Pozuzo. Les coutumes, danses, chants et vêtements tyroliens se perpétuent, et le village conserve une drôle d'architecture de style bavarois, comme celle de la casa Budweiser.

patriarcal s'est distendu au profit d'un essor des familles mononucléaires en ville et d'une diminution de la population mâle dans les campagnes. Remarquons toutefois que dans les familles quechua, à la différence des familles créoles, le système de la filiation, hérité de l'époque inca, est à la fois patrilinéaire et matrilinéaire : les garçons sont rattachés au père tandis que les filles relèvent exclusivement du lignage de leur mère.
Les Péruviens se comportent de façon franche et directe. Les hommes se saluent d'une poignée de main virile ou d'une franche accolade, ils se passionnent pour le football ou la corrida et se plaisent à se réunir pour faire la fête en buvant copieusement de la *chicha*, de la bière ou du pisco, tandis que les femmes péruviennes sont cantonnées à leur rôle traditionnel de mères de famille.

DÉFIS SOCIAUX

Plus d'un tiers de la population est touché par la **pauvreté**, même si ce fléau, à l'instar de l'insécurité, recule depuis dix ans. Ces améliorations concernent surtout les espaces urbains. Dans les régions rurales andines à majorité indienne, le niveau de pauvreté reste élevé, faute d'investissements significatifs en matière d'infrastructures, d'éducation, de santé et de protection de l'environnement.
La pénurie frappe jusqu'aux portes de Lima, dans les quartiers périphériques, où le plus grave problème est la distribution de l'**eau potable**. Un tiers des 9 millions d'habitants de Lima n'ont pas accès à l'eau potable. Dans les bidonvilles, l'eau est acheminée par camion-citerne à des prix prohibitifs et stockée dans des conditions souvent insalubres tandis que les plus riches paient l'eau à moindre coût grâce aux systèmes d'adduction parfaitement maîtrisés dans les beaux quartiers.
En matière de **santé**, seules Lima et les grandes villes côtières disposent de services hospitaliers modernes. Le reste du pays est à la traîne. Malgré la mise en place par le gouvernement de services médicaux gratuits pour les populations les plus démunies, ces dernières restent exclues du système de santé.
Concernant l'**éducation**, le taux d'alphabétisation s'est amélioré (91 %). Au faible niveau des enseignants s'ajoute le problème de l'absentéisme dû au grand nombre d'élèves peu motivés qui travaillent pour apporter un complément de revenu à leur famille. Malgré le principe de la scolarité obligatoire, nombre de familles n'envoient pas leurs enfants à l'école, faute de moyens (transport, cantine, fournitures…).
Enfin, la **centralisation** des actions sur Lima et dans quelques zones côtières freine le développement des régions les plus défavorisées des cordillères, des hauts plateaux et de l'Amazonie, et aggrave l'exode rural vers les villes du littoral.

Économie et administration

Actuellement, la plupart des indicateurs macroéconomiques sont au vert : un produit intérieur brut (PIB) en hausse constante depuis dix ans (299,7 milliards de dollars en 2011), une inflation de mieux en mieux maîtrisée (de 6,7 % en 2008 à 3 % en 2011), une croissance dynamique, la plus forte de tout le continent depuis 10 ans, une balance commerciale excédentaire (5,9 milliards de dollars en 2010) un chômage limité (env. 7 % en 2011) – à pondérer cependant avec un taux d'emploi informel estimé à 60 % de la population active. Autant d'éléments qui, associés à une situation politique stable et à une stratégie d'ouverture basée sur un cadre juridique et fiscal attrayant, font du Pérou l'un des pays les

plus attractifs de la région aux yeux des entrepreneurs étrangers, qui investissent massivement sur le territoire – 5e rang des pays sud-américains récepteurs d'IDE (Investissements directs étrangers), juste derrière l'Argentine.
Quelques bémols tempèrent cet optimisme : le Pérou souffre encore d'une importante **pauvreté** (34 % de la population vivent en dessous du seuil de pauvreté). La fracture sociale ne cesse de grandir entre riches et pauvres, créoles et indigènes, région côtière et Est du pays (où sévit une grande misère dans les Andes rurales). La dette publique représente encore 23,3 % du PIB en 2010 (contre 31 % en 2008) et l'économie est encore dollarisée, malgré la stabilité de la monnaie péruvienne. Basée sur l'exploitation et l'exportation de ses **ressources naturelles**, l'économie péruvienne reste en outre soumise à la volatilité des cours mondiaux des matières premières. Par ailleurs, les Péruviens s'opposent de plus en plus à l'exploitation des ressources naturelles de leur pays, commençant à effrayer les investisseurs internationaux.

AGRICULTURE, PÊCHE ET FORÊT

Grâce à la variété de ses climats et à l'irrigation des terres désertiques de la côte, le pays dispose d'un potentiel intéressant en **agriculture**. Celle-ci représente environ 7 % du PIB et emploie près de 10 % de la population. Les principales productions sont : canne à sucre, pomme de terre, cacao, café, asperge, artichaut, paprika, avocat, maïs, riz, coton, mangue, agrumes, blé, orge et ovins. Le pays est actuellement le premier producteur mondial d'asperges et de paprika, le deuxième pour les artichauts.
En dépit de l'étendue de ses régions tropicales et de ses côtes, le Pérou possède assez peu de **terres arables** (moins de 3 % du territoire). La répartition selon les régions est éloquente : la *costa* désertique, qui ne porte que 21 % des terres cultivables, représente pourtant 60 % du PIB agricole. La *sierra* (ou hauts plateaux), qui couvre 30 % du territoire, fournit 25 % du PIB agricole, et la *selva*, ou bassin amazonien, qui couvre 60 % de la superficie du pays, apporte 15 % du PIB agricole. Un immense fossé sépare les cultures vivrières des Andes des grandes exploitations agricoles et fermes coopératives ultramodernes de la plaine côtière, dont la production est destinée à l'exportation.
Hormis sur la côte, la superficie des exploitations est faible, en particulier dans la région de la *sierra*, où 63 % des fermes occupent moins de 3 ha. Conjuguée à un climat d'altitude peu favorable, cette **parcellisation** entraîne une faible rentabilité.
Pour développer l'agriculture, le gouvernement encourage les investissements privés dans des projets d'**irrigation** à grande échelle, comme dans la province de Cañete (région d'Ica). Dans les Andes, le plus important d'entre eux est celui de Majes-Siguas, qui doit augmenter de 46 000 ha les terres cultivables dans la région d'Arequipa, laquelle exporte déjà vers les marchés internationaux.
Berceau de la culture de la pomme de terre (env. 4 000 variétés), le Pérou est riche en ressources génétiques, qui devraient prendre une importance stratégique dans l'avenir. Concentrant sur leur sol 20 % de la biodiversité mondiale, les Péruviens ont de belles opportunités à saisir sur le marché du bio, pour lequel ils exportent déjà des produits tels que quinoa, banane, maca, camu-camu, achiote et maïs.
Le Pérou représente la **9e réserve forestière** mondiale (78 millions d'ha), où sont exploités les bois exotiques (acajou, cèdre, rouvre), le balsa, le caoutchouc et toute une variété de plantes médicinales, dont la cinchonine, à partir de laquelle est produite la quinine.

LA FEUILLE DE COCA

Cultivée par les paysans depuis près de 5 000 ans, la feuille de coca fait partie intégrante de l'identité des hauts plateaux andins. Sa culture est autorisée dans le cadre d'un usage traditionnel, via l'entreprise nationale Enaco. Ses différentes vertus lui conféraient aux yeux des Incas un statut de plante sacrée. Elle était réservée aux personnes de haut rang, qui l'utilisaient dans le cadre de cérémonies religieuses et festives. La coca possède des propriétés digestives, stimulantes et médicinales. Si le paysan amérindien passe sa journée à *chacchear* (mâcher) une boule faite de ces feuilles mêlées à de la chaux, le touriste fraîchement débarqué à Cuzco ne manque pas de goûter au *mate de coca*, une infusion efficace contre le *soroche* (mal d'altitude). Cependant, la coca contenant aussi un alcaloïde à partir duquel est produite la cocaïne (à l'aide d'acide sulfurique, de kérosène et d'autres produits chimiques), les producteurs traditionnels sont souvent assimilés à des narcotrafiquants. Le Pérou est le deuxième producteur mondial de feuilles de coca.

Les 1 400 espèces de plantes qui croissent sur son territoire représentent l'un des grands potentiels du pays, dont il devrait pouvoir extraire de nouvelles molécules pour la pharmacologie et les industries cosmétiques.

La **pêche** est un secteur vital pour le Pérou, deuxième acteur mondial de l'industrie de la pêche après la Chine avec 10 millions de tonnes de poissons capturés par an. Possédant 3 000 km de côtes, il profite des eaux poissonneuses du Pacifique, où prolifèrent près de 2 500 espèces de poissons, mollusques et crustacés. Les prises colossales (50 % des prises seraient dissimulées au débarquement) cachent des surpêches préjudiciables à la survie de certaines espèces. Par exemple, les senneurs péruviens, navires équipés d'un filet tournant de 500 m de long appelé la senne, constituent, selon l'Institut de Recherche et de Développement (IRD), la plus grande flottille de pêche commerciale au monde exploitant une seule espèce, l'anchois. Ce poisson, essentiellement transformé en huile et en farine exportées pour l'aquaculture et l'aviculture, est au cœur de l'économie du pays depuis des décennies. Or avec 5 millions de tonnes d'anchois débarquées chaque année dans les ports du Pérou, « l'ère de l'anchois » pourrait bientôt prendre fin avec des conséquences socio-économiques désastreuses pour le Pérou.

Mines, hydrocarbures et industries

Le secteur secondaire occupe environ 42 % de la population et représente près du tiers (23,6 %) du PIB. L'extraction des **ressources minières** représente 6 % du PIB national. Le Pérou est devenu un important producteur mondial de minerais : 1er pour l'argent, 2e pour le cuivre (après le Chili) et le zinc, 3e pour l'étain, 4e pour le plomb et 5e pour l'or. Le pays produit également du bismuth, du tellure et du mercure (3e rang mondial). Ce secteur constitue une part importante de l'économie et demeure l'un de ses principaux moteurs : plus de 60 % des exportations totales du pays. Sa forte croissance est attribuée au prix élevé des matières premières sur les marchés internationaux et à une demande de métaux constante émanant de l'Inde et de la Chine. Les principales entreprises productrices péruviennes sont Volcan Compañía Minera, Compañía de Minas Buenaventura et Compañía Minera Antamina.

De nombreuses sociétés étrangères, sud-africaines, brésiliennes, chinoises, mexicaines, canadiennes ou américaines, investissent dans les mines de cuivre, d'or et d'argent. Le Pérou constitue le 5e producteur de **gaz naturel** en Amérique du Sud et pourrait devenir un exportateur net de **pétrole** dans les années à venir (57,4 millions de barils en 2010). Cette production est principalement due à l'exploitation du site gazier de Camisea situé dans la basse vallée reculée de l'Urubamba, en Amazonie. Grâce à cette réserve de gaz naturel évaluée à 365 milliards de m^3, la production de gaz naturel a été multipliée par deux entre 2009 et 2010, et par vingt depuis son exploitation en 2004. Si sa gestion est très controversée sur le plan environnemental, une partie de sa production est désormais réservée au marché intérieur. C'était l'un des vœux électoraux du nouveau président Ollanta Humala.
Devant l'abondance des matières premières, l'économie du Pérou a longtemps reposé sur l'exportation de ces ressources, en laissant de côté le secteur secondaire. C'est seulement dans les années 1950-1960 que le pays entame un processus d'**industrialisation**, relancé à partir de 1990 par un appel aux investisseurs étrangers. Aciéries, raffineries de pétrole, constructeurs automobiles, cimenteries, industries agroalimentaires et chimiques se développent le long de la côte. L'industrie traditionnelle, à petite échelle, se consacre quant à elle aux textiles et aux produits artisanaux. Toutefois, l'industrie **textile** connaît un essor remarquable depuis ces dernières décennies. Le pays est aujourd'hui le premier producteur mondial de fibres fines d'alpaga et de vigogne. Les grandes marques de la mode (Calvin Klein, Adolfo Dominguez, Armani, Guess) viennent s'approvisionner sur le marché péruvien.

SERVICES ET COMMERCES

En pleine progression, le secteur tertiaire représente 58,5 % du PIB et emploie un peu moins de la moitié de la population. L'essentiel des activités (banques, grande distribution, administration, finances, enseignement, tourisme) se concentre à Lima, où surgissent de nouveaux quartiers d'affaires et de grands centres commerciaux à l'américaine.
Avec une moyenne de 2 millions de visiteurs par an, sauf lorsque les conditions climatiques rendent le Machu Picchu inaccessible comme en 2010, le domaine du **tourisme** génère d'importantes recettes et de nombreux emplois. De plus en plus diversifié (tourisme d'affaires, d'aventure, culturel, solidaire, écotourisme…), il enregistre une hausse spectaculaire chaque année. La caractéristique principale du tertiaire péruvien est le poids de l'**économie informelle** (environ 40 % du PIB et 70 % de l'emploi). C'est le règne du système D, depuis le petit commerce (la *bodega*, épicerie du coin, les vendeuses ambulantes) jusqu'à la construction et aux services. Le boom du téléphone portable en est l'illustration, avec une multitude de vendeurs à la sauvette qui offrent dans la rue, pour quelques sols, des portables, cartes comprises, branchés de façon illicite sur le réseau international et permettant des appels à bon compte. Des pans entiers de l'économie moderne échappent ainsi au contrôle de l'État, au fisc et à la législation sociale.
Enfin, la relative aisance de la classe moyenne à Lima et dans les principales villes de la côte ne doit pas cacher une situation difficile dans le reste du pays, en particulier dans les régions les plus reculées des Andes et de l'Amazonie, où les infrastructures de transport, d'adduction d'eau, de communication et de santé sont presque inexistantes.

RÉGIME POLITIQUE ET FONCTIONS ADMINISTRATIVES

La **Constitution de 1993**, rédigée par l'ancien dictateur/président Alberto Fujimori, a institué une république de type présidentiel. Détenteur du **pouvoir exécutif**, le président est à la fois le chef de l'État, du gouvernement et des forces armées. Il est élu au suffrage universel direct, en compagnie de deux vice-présidents, pour un mandat de cinq ans, renouvelable une fois. Le vote est obligatoire pour les plus de 18 ans, un devoir qui, s'il n'est pas accompli, est passible d'une amende. Le président actuel est **Ollanta Humala** *(voir encadré ci-dessous)*. Il a été investi président de la république péruvienne le 28 juillet 2011 pour une période de cinq ans non renouvelable.
Il a triomphé au second tour de l'élection présidentielle face à Keiko Fujimori, la fille d'Alberto Fujimori - ce dernier fut à la tête du pays entre 1990 et 2001 et est aujourd'hui incarcéré après une condamnation à 25 ans de prison pour crimes contre l'humanité.
Le pouvoir exécutif concentre la gestion des ressources et les nominations (le président désigne le conseil des ministres et le Premier ministre, lequel exerce essentiellement un rôle de porte-parole et de coordination), et prend l'initiative en matière législative.

Le **pouvoir législatif** est détenu par le Congrès, constitué d'une chambre unique de 120 membres élus au suffrage universel direct tous les cinq ans, en même temps que le président de la République. Le Congrès vote les lois, il exerce également les fonctions de contrôle et d'investigation des actions du pouvoir exécutif.

Le **pouvoir judiciaire** a pour plus haute juridiction la Cour suprême, composée du président et de 12 juges. Le Tribunal constitutionnel veille au respect de la Constitution et des droits individuels. La peine de mort a été abolie (sauf en cas de guerre et pour actes de terrorisme).

Le Pérou est divisé en **25 départements** *(departamentos)*, eux-mêmes composés de **192 provinces**, lesquelles regroupent **1 830 districts**. Les 25 départements sont : Amazonas, Ancash, Apurímac, Arequipa, Ayacucho, Cajamarca, Callao, Cuzco, Huancavelica, Huánuco, Ica, Junín, La Libertad, Lambayeque, Lima, Loreto, Madre de Dios, Moquegua, Pasco, Piura, Puno, San Martín, Tacna, Tumbes et Ucayali. Lima et Callao bénéficient d'un statut particulier. Depuis 2002, un processus de décentralisation a octroyé des compétences élargies aux départements, désormais administrés par un Conseil régional élu au suffrage universel direct pour trois ans. Quant aux provinces, elles sont coiffées par un conseil élu lui aussi pour trois ans et dirigé par un maire provincial.

OLLANTA HUMALA

Leader nationaliste, Ollanta Humala a suivi une formation militaire au Pérou au début des années 1980, puis à « l'École des Amériques » (centre d'enseignement militaire des États-Unis), située à l'époque au Panama. À partir de 1991, il est affecté dans la région de Huánuco, où il combat activement la guérilla du Sentier lumineux. Devenu lieutenant-colonel, il prend la tête d'un mouvement de révolte contre le gouvernement Fujimori en octobre 2000. L'opération ayant échoué, il est emprisonné puis amnistié après la fuite du président Fujimori. Après quelques années passées en France et en Corée du Sud comme attaché militaire de l'ambassade du Pérou, il se présente à l'élection présidentielle de 2006 mais perd contre Alán García. Il récidive en 2011 et obtient la magistrature suprême.

Religions et croyances

La religion occupe une place importante au Pérou, dans la vie quotidienne comme dans l'histoire du pays. Un parfum de religiosité flotte dans les rues de Lima, de Cuzco ou d'autres grandes villes, entre les innombrables églises combles à l'heure de la messe, l'artisanat coloré des retables bibliques (*retablos*) et les multiples fêtes populaires chrétiennes.

Les Péruviens restent attachés au culte des images pieuses, lesquelles leur servent d'intercesseurs auprès du divin. Dans les régions andines, la dévotion reste enracinée dans des cultes hérités du passé précolombien, que la religion catholique des colonisateurs n'est pas parvenue à faire oublier : adoration des forces naturelles, du Soleil et de la Terre-mère. Ces deux versants spirituels coexistent, se mélangent et fusionnent même parfois.

Le catholicisme

Hérité de la conquête espagnole, le catholicisme est la principale religion au Pérou (88 % de la population), où il fut d'ailleurs **religion d'État** jusqu'en 1979. Aujourd'hui encore, la Constitution péruvienne affirme que l'État « reconnaît l'Église catholique comme un élément important de la formation historique, culturelle et morale du Pérou et lui apporte sa collaboration ». Un accord signé avec le Vatican en 1980 garantit à l'Église catholique un statut spécifique, grâce auquel elle bénéficie d'un traitement préférentiel dans le secteur éducatif, de dégrèvements d'impôts et de diverses autres facilités. Les liens restent forts entre l'Église et les autorités civiles et militaires. Ainsi, l'investiture présidentielle est précédée d'une grand-messe à la cathédrale de Lima. Durant la Semaine sainte à Huancayo, les différents corps de l'État – l'armée, la police, les pompiers – défilent en compagnie des ecclésiastiques pour porter la statue du Christ dans un énorme cercueil de verre à travers la ville. Le catholicisme joue un rôle important dans la vie quotidienne des Péruviens, qui sont pour la plupart pieux et croyants. Près de 3 000 fêtes sont célébrées chaque année dans le pays autour d'un saint patron, qui s'inscrivent dans un calendrier chrétien instauré à l'époque de la vice-royauté. Elles sont l'occasion de grandes démonstrations de foi populaire. La principale, la procession du **Seigneur des Miracles** *(voir p. 197)*, célèbre à Lima le Christ noir du sanctuaire de Las Nazareñas. Elle rassemble chaque année, le 18 octobre, des centaines de milliers de dévots de tous horizons. À Cuzco, c'est le **Seigneur des Tremblements** *(voir p. 239)* que l'on promène à travers la ville, le lundi de la Semaine sainte, sur un palanquin d'argent suivi d'une vaste foule de pénitents. Des milliers de croyants jettent des pétales de fleurs rouges comme le sang du

Christ sur le passage du seigneur censé protéger la ville contre les séismes.

Le catholicisme que les colonisateurs ont imposé au cours des 16e et 17e s. est un produit de la **Contre-Réforme**, issu du concile de Trente, très rigoureux et rigide, au service du pouvoir espagnol. Ce catholicisme espagnol n'a pas cherché à convaincre mais à soumettre les Indiens à une nouvelle foi. Il était assorti d'un catéchisme axé sur le culte des saints, des images et des reliques, appuyé sur une iconographie baroque des ombres et des lumières, du ciel et de l'enfer, et appelant une glorification de la souffrance et du mysticisme. L'Église catholique est parvenue à imprégner en profondeur les pratiques populaires pour s'imposer comme le médiateur incontournable entre les habitants et le surnaturel.

Cependant, pour beaucoup de Péruviens, la religion catholique est davantage une affaire d'appartenance culturelle que de dévotion assidue, et le nombre de pratiquants diminue, en particulier dans les grandes villes.

En outre, comme dans plusieurs pays d'Amérique latine, l'Église catholique voit s'implanter d'autres confessions chrétiennes, notamment les **évangélistes** américains, qui touchent désormais plus de 10 % de la population. Depuis quelques années, nombre de personnes des classes défavorisées se tournent vers eux ou vers les adventistes, les mormons ou les témoins de Jéhovah, voire vers les mouvements New Age. Durant les décennies 1980-1990, la guerre contre le terrorisme a accéléré l'émigration des habitants des Andes vers les grandes villes de la côte, bouleversant les cadres de vie et de pensée. Présents sur le terrain social, les mouvements **protestants** ont alors vu leur nombre de fidèles augmenter.

Les cultes andins

Polythéistes, les peuples préhispaniques croyaient en plusieurs dieux, dont Viracocha, seigneur et créateur, et Pachamama, l'antique Terre-mère. Animistes, ils vénéraient le Soleil (Inti) et la Lune (Quilla), le tonnerre (Illara), les étoiles ainsi que d'autres éléments naturels tels que les sommets enneigés des Andes (les *apus*), séjour des ancêtres divinisés, et les *huacas*. Dans la langue quechua, le terme *huaca* désigne tout lieu ou objet peu ordinaire qui, associé à un esprit sacré, fait l'objet d'un culte : source, grotte, caverne, rivière, arbre ou immense rocher.

La renaissance néo-indienne qui s'opère un peu partout en Amérique latine est à l'œuvre au

Inti Raymi dans la région de Cuzco.
C. Howey / Fotolia.com

Pérou, où d'anciennes cérémonies sont remises à l'honneur. Ainsi l'**Inti Raymi**, la fête du Soleil de Cuzco, a fait sa réapparition en 1994 *(voir p. 239)*. Interdite au temps des Espagnols, elle était autrefois la plus grande cérémonie religieuse inca. Le 24 juin, lors du solstice d'hiver, des milliers de spectateurs convergent pour assister au sacrifice de deux lamas sur la grande place de Sacsayhuamán. Sous le regard attentif de leur seigneur l'Inca, les grands prêtres lisent dans les viscères et la graisse des animaux leurs présages pour l'année.

LE MONDE AUX ESPRITS

La croyance en des puissances invisibles, intervenant de façon mystérieuse dans la vie des hommes, est toujours ancrée chez les Amérindiens contemporains. Des cultes naturalistes d'antan sont encore pratiqués par les Péruviens des montagnes, en particulier ceux de la Pachamama et des *apus*, qui restent les fondements de la cosmovision andine et sont liés aux rites agricoles. Chaque jour, et plus spécialement lors des événements importants (semences, récoltes, tonte des troupeaux), les communautés autochtones se livrent à des rituels destinés à satisfaire les esprits : c'est le **pago** (ou *ch'alla* en quechua) ou hommage rendu aux divinités naturelles. Il s'agit, par exemple, d'un petit trou creusé dans le sol, dans lequel on enterre quelques feuilles de coca ou un peu de nourriture, et sur lequel on verse de la *chicha*, la bière de maïs, une façon de marquer sa gratitude envers la Pachamama nourricière.
Incarnation de la fécondité de la terre, la **Pachamama** est la divinité des forces souterraines, la protectrice du monde sauvage, des bois et des montagnes, mais aussi des nouveau-nés, des semences et des voyageurs. Elle est considérée comme un être vivant, à l'origine du Vivant. Il convient donc de lui faire des cadeaux pour s'attirer ses bonnes grâces. Des offrandes de boisson alcoolisée, de nourriture et de feuilles de coca sont également faites aux **apus**, les esprits des montagnes. Lorsque des voyageurs franchissent un col, chacun dépose sa pierre sur un petit monticule *(apacheta)* en signe de foi.
La **coca** est utilisée dans la préparation des offrandes rituelles qui éloignent les esprits mauvais, protègent les troupeaux et garantissent les récoltes. On fait aussi appel à des sorciers, qui lisent l'avenir dans ses feuilles. Tout en ouvrant le chemin vers les dieux, la plante facilite la relation des hommes entre eux. Nulle cérémonie, fête ou simple réunion familiale où ne circule la coca dont

une douce mastication commune assure le maintien de la paix. Pour des offrandes plus importantes, on pourra sacrifier un poulet ou un cochon d'Inde, voire un lama.

LE CULTE DES DÉFUNTS

L'ombre de la mort plane sur les Andes. Hérité des civilisations préhispaniques, le culte des défunts et des ancêtres est demeuré vivace au Pérou. Dans certaines communautés, on célèbre encore le trépas d'un proche durant plusieurs jours avec nourriture et boisson, en compagnie de l'âme du défunt qui vient partager le festin. Dans certaines maisons, les crânes des ancêtres sont exposés sur un autel et honorés régulièrement. Début novembre, lors de la Toussaint, les familles préparent de la nourriture qu'elles apportent dans les cimetières pour la partager avec leurs ancêtres défunts. Si les âmes des morts sont bien traitées, elles seront bienveillantes et amèneront la prospérité pour l'année à venir. Dans le cas contraire, un esprit méchant, le **nakaq** (l'égorgeur) ou le **kharisiri** (le vampire), peut se réveiller et s'accaparer le principe vital d'une personne (sa graisse) jusqu'à causer sa mort. Selon les lieux et les époques, le *nakaq* peut prendre l'apparence du *gringo*, du missionnaire, du guérillero, du narcotrafiquant, du militaire ou du policier.

AMULETTES ET PORTE-BONHEUR

Les croyances religieuses autochtones, teintées de magie, frayent souvent avec la **superstition** et son attirail de talismans, fétiches et amulettes. Pour commencer la construction d'une maison, il n'est pas rare qu'un fœtus de lama soit enterré sous les fondations afin d'apporter la prospérité à ses futurs occupants. Présent dans de nombreux foyers, où il trône au-dessus des fourneaux, l'**Ekeko** est une figurine porte-bonheur en terre cuite. Petit lutin gras et souriant, bras levés au ciel, il offre une vision pittoresque d'un dieu de l'abondance qui distribue les richesses à ceux qui l'honorent *(voir p. 34)*.

Le syncrétisme

Importé d'Espagne, le christianisme s'est imposé dans la colonie d'Amérique, chassant les symboles et les pratiques religieuses préhispaniques sans y parvenir tout à fait. Il ne faut pas croire pour autant que le catholicisme n'est qu'un vernis derrière lequel se cachent des croyances indigènes plus « authentiques ». Il convient par ailleurs de garder à l'esprit à quel point la rencontre de la religion des conquistadors et des cultes andins fut une expérience traumatisante : les évangélisateurs exigèrent des Indiens qu'ils renoncent au culte de leurs ancêtres, leur expliquant que ces derniers brûlaient en enfer car ils n'avaient pas adoré le vrai dieu. Pourtant, au fil du temps, les traditions quechua et catholique ont fini par s'entremêler. Sous l'influence du **métissage**, la Pachamama et la divinité lunaire ont pris le visage de la Vierge Marie, le dieu-soleil Inti celui du Christ, le dieu de la foudre est devenu saint Jacques… Si les Péruviens prient les saints, vont à la messe et récitent des prières en quechua, ils rendent aussi hommage à la Pachamama et vont chercher secours auprès du sorcier, lequel pratique la divination à l'aide de sacrifices d'animaux. Plusieurs exemples illustrent la coexistence des deux traditions. Les cérémonies du **mariage**, d'abord. Selon la tradition catholique, le mariage est un sacrement. Il est célébré à l'église avant d'être inscrit dans les registres paroissiaux.

QOYLLUR R'ITI, PÈLERINAGE DES CIMES

Dans la haute vallée de Sinakara, près du mont Ausungate, se déroule fin mai ou début juin une fête hors du commun, le Qoyllur R'iti. À une journée de piste de Cuzco, plus de 10 000 pèlerins quechua ou aymara viennent des quatre coins du pays et même de Bolivie afin de suivre le plus grand pèlerinage indien d'Amérique latine. Bergers, commerçants ou curieux grimpent sur un plateau à 4 500 m d'altitude, où une chapelle a été construite au pied des glaciers. Ils commémorent l'apparition miraculeuse du Christ à un berger en 1780. Durant plusieurs jours et nuits, malgré le froid glacial, rituels, danses folkloriques, fanfares et prières s'enchaînent, suivis aujourd'hui par quelques groupes de touristes. Si des messes célèbrent la Vierge, les Indiens rendent aussi hommage aux *apus*, les divinités de la montagne. Des hommes déguisés en ours, les *ukukus*, montent au sommet du glacier Colquepunku, demeure du seigneur Qoyllur R'iti (« étoile des neiges » en quechua). Au retour, ils chargent sur leurs épaules de grands blocs de glace afin d'arroser symboliquement leurs terres avec l'eau sacrée. Bien antérieure à 1780, l'origine de ce pèlerinage remonte à l'époque inca ou même pré-incaïque. Qoyllur R'iti était sans doute une manifestation du dieu Illapa, le maître de la foudre, de la pluie, de la neige et de la tempête. Après la conquête, le clergé catholique s'est efforcé de lui donner le visage du Christ. Un bel exemple d'appropriation d'un lieu sacré par une autre religion.

En pratique, les Indiens le font précéder d'une période d'essai, qui n'a rien de très catholique, et peut s'éterniser parfois des décennies. Le **sirvinakuy** (mariage à l'essai) implique aide mutuelle au sein du couple. Ce n'est que lorsque la famille compte un ou plusieurs enfants que le mariage religieux intervient, car il devient obligatoire pour les faire baptiser.
Autre exemple : les **fêtes** et les **pèlerinages**. À Puno, la fête de la Vierge de la Chandeleur (Virgen de la Candelaria), durant la première quinzaine de février, s'apparente à un grand carnaval de musiques folkloriques et de danses en costumes et masques colorés, en l'honneur de la Pachamama *(voir p. 284)*. La grande fête catholique du Corpus Christi, à Cuzco en juin *(voir p. 239)*, au cours de laquelle les paroisses conduisent leur saint en procession jusqu'à la cathédrale, rappelle la cérémonie au cours de laquelle les Incas exhibaient leurs momies.

Chamans et guérisseurs

Le recours aux *curanderos* (guérisseurs), voire aux *brujos* (sorciers) et autres *hechiceros* (jeteurs de sort) est une pratique répandue au Pérou, y compris parmi les classes moyennes urbaines.
La fonction principale du chaman est de soigner les **maladies**. Ses pouvoirs extralucides l'aident à identifier le mal dans le corps et à dialoguer avec les esprits qui lui communiquent son origine. Grâce à sa connaissance des plantes, il sait élaborer des remèdes qui cicatrisent les plaies, soignent les morsures ou les infections, soulagent la migraine, les rhumatismes, un ulcère ou une douleur au dos… On vient le voir quand la médecine classique est impuissante, ou bien en l'absence de médecin, ou encore si la consultation médicale est trop onéreuse (dans les villages ruraux). Dans les villes, on consulte parallèlement le médecin et le chaman.

Il existe même certains spécialistes de la santé, les **Kallawayas** de Bolivie, herboristes gitans qui sillonnent les Andes pour offrir leurs services. Très populaires dans le Sud andin, ils pratiquent une médecine à caractère homéopathique dont les résultats sont loin d'être négligeables. Leur pharmacopée comprend près d'un millier de plantes. Les Kallawayas auraient même été les médecins attitrés des Incas. Depuis 2003, l'Unesco a classé leur culture au Patrimoine mondial (oral et immatériel) de l'humanité.

Le *curandero* traite plutôt les cas de possession et d'envoûtement par des esprits malins. Il a recours à des **hallucinogènes** – mescaline du cactus San Pedro sur la côte ou liane *ayahuasca* dans l'Amazonie *(voir p. 79)* – pour entrer en contact avec le monde surnaturel. Le traitement s'apparente à un rituel de purification (par la fumée, les chants, les breuvages purgatifs ou l'imposition des mains) au cours duquel le chaman invoque les puissances naturelles, les démons et les génies, au nombre desquels figurent d'ailleurs des saints catholiques.

Associées à des bains rituels, les **mesas** (cérémonies) se déroulent autour d'une table-autel où reposent divers objets et symboles rituels, des herbes, des coquillages, de l'encens, de l'alcool et diverses offrandes pour les divinités.

Le recours aux chamans est particulièrement développé en **Amazonie**. Les groupes aborigènes des forêts possèdent en effet des connaissances poussées sur les usages et les propriétés des espèces végétales (feuilles, baies, écorces, tubercules). Ils les exploitent en tisanes, décoctions, potions, bains de feuilles et fumigations afin de soigner les corps, mais aussi de soulager les âmes, la guérison du patient passant en général par un cheminement psychologique. Grâce à l'utilisation de plantes psychotropes, dont l'*ayahuasca*, le malade expérimente le réveil d'un univers intérieur, qui se manifeste à lui à travers rêves et visions. Des souvenirs enfouis font surface, une remise en ordre s'opère, qui aide le sujet à recouvrer son identité réelle, à découvrir ses aspirations profondes et inassouvies.

La participation à des « cérémonies chamaniques », organisées dans des *lodges* pour touristes, est l'une des grandes attractions de l'Amazonie péruvienne. Dans un monde occidental en mal de repères et de certitudes, la vogue du tourisme ésotérique et mystique fait des adeptes. Orchestrée par des agences de voyages locales ou étrangères sans scrupule, elle dénature, hélas, l'âme des traditions amérindiennes par une exploitation mercantile.

Dans la région du lac Titicaca.
N. Pavitt / John Warburton-Lee/Photononstop

Géographie

Le Pérou s'étend entre le 3e parallèle sud (à la frontière de l'Équateur) et le 18e (à la frontière du Chili). Son territoire s'ordonne en trois zones naturelles qui forment autant de longues bandes, parallèles à l'océan : la *costa* ou bordure littorale (10 % du territoire), la zone montagneuse de la *sierra* (30 % du territoire), et enfin, à l'est du pays, la *selva* ou bassin amazonien (60 % du territoire). L'importance démographique et économique de chacun de ces ensembles est inversement proportionnelle à la surface qu'il occupe.

Troisième pays d'Amérique du Sud par sa superficie (1 285 000 km^2, soit près de deux fois et demie la superficie de la France), le Pérou est limité au nord par l'Équateur et la Colombie, à l'est par le Brésil, au sud par la Bolivie et le Chili, tandis que l'océan Pacifique baigne sa façade ouest. La majorité de la population réside dans les oasis et les villes du désert côtier ou à la lisière des hauts plateaux. Les Andes abritent un peu plus d'un tiers des habitants, comptant surtout des populations indiennes et paysannes. En revanche, les vastes étendues forestières de l'Amazonie sont presque vides.

La côte

Entre l'océan Pacifique et les montagnes de la cordillère des Andes, sur plus de 2 600 km de long et sur une largeur allant de 60 à 150 km, s'étire une côte sablonneuse et désertique, parmi les plus arides du monde. Sable gris et cactus, arbustes chétifs, étendues rocheuses et dunes de sable ondulant vers le ciel composent cette zone aride, laquelle serait inhabitable si une trentaine de rivières ne descendaient des Andes pour former des cônes d'épandage limoneux. Alimentés par les pluies saisonnières, ces petits fleuves côtiers forment autant d'**oasis** fertiles, des coulées de verdure où se serrent l'essentiel des cultures et des agglomérations.
Le climat désertique de la côte péruvienne s'explique par la présence de l'anticyclone du Pacifique sud. Ce dernier engendre des alizés du sud-est qui, en chassant les eaux chaudes superficielles, provoquent des remontées d'eaux froides depuis les profondeurs. C'est le **courant de**

Humboldt. Venu de l'Antarctique, il longe les côtes du Chili et du Pérou. Grâce à sa température moyenne, inférieure d'environ 7 à 8 degrés à celle des eaux tropicales à la même latitude, cette zone riche en plancton est l'une des plus poissonneuses du globe.
Pendant l'hiver austral (juin à novembre), la côte connaît sa « saison sèche », aux précipitations inexistantes, en dépit d'une très forte humidité ambiante : à Lima, en hiver, le plafond nuageux est très bas, souvent accompagné de brouillard *(neblina)* ou même d'un fin crachin *(garúa)*, et les températures oscillent entre 10 et 15 °C. Sur la côte nord, l'humidité est moindre : c'est cette aridité millénaire qui a permis de si bien conserver les momies péruviennes, ensevelies dans les sables.
Pendant l'été austral, le contre-courant équatorial, aussi appelé **El Niño** (littéralement « courant de l'Enfant Jésus », ainsi nommé parce qu'il apparaît peu après Noël), fait sentir son influence chaude et humide en repoussant le courant de Humboldt. Ces dernières années, sa vigueur anormale a parfois gravement déstabilisé l'équilibre climatologique de la côte péruvienne, provoquant des pluies diluviennes et des inondations catastrophiques dans le nord du Pérou. On a même parlé du « phénomène d'El Niño » comme de l'un des indices du réchauffement de la planète : il est certain que ses débordements étaient jadis récurrents, mais beaucoup plus espacés.
En dépit de l'aridité de la côte, la présence de l'eau dans les étroites vallées fluviales a permis le développement d'une riche agriculture grâce à un programme d'**irrigation**. Les surfaces irriguées (environ 800 000 ha) sont mises en valeur par des techniques modernes, incluant l'usage d'engrais chimiques et naturels, dont le guano produit par les déjections des oiseaux de mer. Aux cultures traditionnelles du coton, de la canne à sucre et du riz, viennent s'ajouter les cultures vivrières (maïs, luzerne, légumes et fruits), destinées à l'élevage bovin et à l'alimentation des villes, toujours plus peuplées.
Car la côte péruvienne est très **urbanisée**. Les sept huitièmes de la population des oasis vivent en zone urbaine : Lima, Arequipa, Trujillo, Chiclayo, Tumbes, Ica.
Lima s'étend sur une trentaine de kilomètres dans les plaines alluviales du Rímac et du Chillón jusqu'au Pacifique. Port et aéroport se trouvent à Callao. Autour du noyau colonial, assez dégradé et qui ne constitue qu'une petite partie de l'agglomération, s'ajoutent des quartiers modernes comme ceux de Miraflores, San Isidro et Barranco. Autour, d'immenses extensions pavillonnaires se sont « autoconstruites » sous la pression des habitants pauvres et migrants de fraîche date. Les *pueblos jovenes,* dits aussi les *barriadas,* rassemblent près de la moitié de la population totale de la capitale. Ayant connu un développement très rapide, Lima domine de façon écrasante le reste du Pérou : avec un tiers de la population du pays, la capitale regroupe 58 % de la production industrielle nationale, 62 % des activités commerciales, 80 % de l'activité bancaire, 85 % des administrations publiques, 68 % du parc automobile et des téléphones.
La deuxième ville du Pérou, **Arequipa**, compte un million d'habitants en incluant sa banlieue. Ville du désert du sud, elle est aussi une ville d'oasis, mais à 2 300 m entre la côte et l'*altiplano*.
Au nord de Lima, **Trujillo**, avec plus de 818 000 habitants, se situe au centre des oasis sucrières et constitue, comme la ville voisine de

Chiclayo (600 000 hab.), le centre urbain de l'arrière-pays andin. **Piura** (450 000 hab.) est la capitale d'un département frontalier, tourné vers les productions agricoles.

Fortement peuplés, ces noyaux urbains sont bien desservis par la **route Panaméricaine** et par des lignes aériennes régulières. Sur un tracé parallèle à la côte, il constitue l'axe lourd du Pérou contemporain.

Les Andes

Entre le Pacifique et le bassin amazonien, sur une bande d'une largeur variant de 100 km au nord à 400 km au sud, se dresse un tronçon de la **cordillère des Andes**. L'« épine dorsale » de l'Amérique du Sud s'étend de la Colombie et du Venezuela à la Terre de Feu sur environ 8 000 km. Cette masse montagneuse est le fruit d'un soulèvement récent (fin du tertiaire), résultant de la rencontre entre les deux plaques tectoniques pacifique et sud-américaine. Le phénomène s'est accompagné de l'apparition de volcans, surtout dans le Sud, et de l'étalement de nappes de lave venant recouvrir les plateaux, notamment dans le Centre et dans les Andes méridionales. Les crêtes s'élèvent de 4 500 à plus de 6 500 m et les cols ne s'abaissent que rarement en dessous de 4 000 m. Cette cordillère constitue donc une barrière difficile à franchir, où les foyers de peuplement se sont développés de façon éparse, sur les hauts plateaux et dans les dépressions montagnardes, au climat plus tempéré. Les versants sont quant à eux peu occupés, car les pentes y sont fortes et le climat difficile. Les versants pacifiques sont arides, car soumis aux alizés, tandis que les versants atlantiques, sous l'influence du flux tropical oriental, sont déjà occupés par la forêt. La continuité du relief montagneux n'exclut cependant pas les disparités de paysages, qui déterminent trois secteurs : septentrional, central et méridional.

Relativement étroites et basses, les **Andes septentrionales** ne comportent pas de *nevados* (sommets enneigés) ni de volcans. Elles forment un paysage plus vert que celui des Andes centrales et méridionales, notamment dans le bassin de Cajamarca, zone privilégiée d'agriculture et d'élevage. Le long sillon rectiligne, creusé entre la chaîne centrale et la chaîne orientale, est occupé par le **Río Marañón** qui s'incurve vers l'est et traverse la partie la plus basse des Andes dans un étroit défilé, le Pongo de Manseriche. Les paysages de cette zone, dite *selva alta* ou encore *montaña*, sont déjà amazoniens. Bien que ces montagnes, plus tièdes et plus arrosées que celles du Sud, soient fortement peuplées, elles restent assez mal desservies et isolées en raison des coupures du relief et de la rareté des villes. Beaucoup plus élevée, la **Cordillère blanche**, où culminent le Huascarán (6 768 m, le plus haut sommet du Pérou), le Huandoy (6 395 m) et le Chopicalqui (6 354 m), aligne sur 160 km ses sommets glacés, qui font la transition avec les Andes centrales. Elle est séparée de la **Cordillère noire**, qui lui fait face à l'ouest, par un profond sillon creusé par le Río Santa : le **callejón de Huaylas**. Cette vallée, l'une des plus belles et des plus riches du Pérou, fut dévastée par un terrible tremblement de terre qui provoqua un gigantesque éboulement du glacier du Huascarán (1970).

La Cordillère blanche se prolonge au sud par une vertigineuse barrière de pics enneigés : la **cordillère de Huayhuash**, réputée très difficile d'accès.

À la latitude de Lima, les **Andes centrales** présentent un aspect plus massif. Dans leur partie nord, de hauts sommets enneigés encadrent des plateaux situés à plus de 4 000 m d'altitude. En son centre, le haut plateau est occupé par le lac de Junín, d'origine glaciaire. Dans leur partie sud, on retrouve une physionomie plus classique de deux chaînes parallèles, coupées par une large vallée orientée nord-sud : la vallée du Río Mantaro, qui traverse le riche bassin agricole de Jauja et de Huancayo. Plus bas, elle se resserre brusquement dans un profond canyon avant de bifurquer à l'est pour rejoindre le sillon parallèle du Río Apurímac.

Les **Andes méridionales** sont encore plus tourmentées et ne présentent pas ces profondes coupures entre les cordillères ; leur longueur atteint près de 400 km. On y distingue d'abord une chaîne occidentale volcanique, avec les cônes élevés et superbes de la région d'Arequipa, dont le Coropuna (6 425 m) et le nevado Ampato (6 318 m). Les fleuves côtiers, nés sur les cimes, entaillent parfois de profondes vallées, tel l'extraordinaire canyon du Río Colca, trois fois plus profond que le Grand Canyon du Colorado. Vient ensuite une chaîne centrale qui culmine au nevado Salkantay (6 271 m), près de Cuzco, pour s'abaisser ensuite vers le bassin amazonien : c'est la **cordillère de Vilcabamba**, où se réfugièrent les derniers Incas et où le Río Urubamba se fraye un passage encaissé et rugissant au Pongo de Mainique. Puis enfin une chaîne orientale granitique, dont le plus haut maillon est la **cordillère de Vilcanota**, avec le nevado Ausangate (6 384 m). Ces trois chaînes, qui se rejoignent au nœud de Vilcanota, s'écartent ensuite pour laisser place à de vastes plateaux à plus de 4 000 m qui rejoignent l'*altiplano* bolivien et sont seulement coupés par l'étendue du **lac Titicaca** (3 800 m), vestige d'une grande mer intérieure du quaternaire.

D'immenses pâturages occupent ces surfaces où paissent le lama, l'alpaga et la vigogne, tandis que les versants des vallées (dans la région de Cuzco notamment) et les bords du lac Titicaca portent de très nombreuses cultures qui furent aménagées en terrasses au temps des Incas, et même auparavant.

Ce système des **andenes** constitue sans doute la meilleure illustration de l'emprise humaine sur les paysages montagnards depuis l'époque précolombienne. La population, en grande majorité indienne, est composée de petits agriculteurs qui pratiquent un peu d'élevage. Une partie d'entre eux parlent l'aymara, d'autres le quechua, la langue indienne la plus utilisée dans les Andes péruviennes. Dans l'ensemble, la pauvreté et le sous-développement dominent dans ces régions isolées.

UNE CORDILLÈRE DE MOINS EN MOINS BLANCHE...

La Cordillère blanche, l'un des massifs montagneux les plus spectaculaires du Pérou, a perdu 27 % de sa surface de glace en trois décennies, conséquence du réchauffement climatique, selon une récente étude d'experts en glaciologie de l'Autorité péruvienne de l'eau (ANA). Le glacier Pastoruri (5 240 m), près de Huaraz, qui a déjà perdu 40 % de sa surface, est menacé de disparition à brève échéance. La localisation tropicale des glaciers péruviens les rend particulièrement sensibles au réchauffement climatique. La disparition des glaces est d'autant plus préoccupante qu'elles constituent la principale ressource en eau douce des populations locales, excédées par ailleurs par la multiplication des projets miniers qui empoisonnent l'eau.

Les deux foyers de peuplement sont les villes du lac Titicaca – Puno et Juliaca –, ainsi que **Cuzco**, le centre de la culture inca. Ces villes ne constituent pas des pôles économiques pour autant, mais Cuzco bénéficie d'un patrimoine historique important, qui lui garantit un certain rayonnement.

La *selva*

À l'est des Andes, on pénètre tout de suite dans la forêt tropicale humide de l'Amazonie, une immense cuvette qui recouvre les trois quarts du territoire péruvien. Cet espace est occupé par la forêt dense et par des cours d'eau aux méandres innombrables. Nées sur le versant oriental des Andes, les **rivières** aux cours puissants constituent le réseau supérieur de l'Amazone: le Marañón, le Huallaga, l'Ucayali rejoignent le grand fleuve au nord-est, alors que le Madre de Dios établit sa jonction au sud-est, en territoire brésilien. La ligne de crête de faible altitude séparant ces deux bassins est connue sous le nom d'isthme de Fizcarraldo, du nom de l'aventurier rendu célèbre par le film de Werner Herzog *(voir p. 53)*. C'est le domaine de la **forêt dense**, où de très hauts arbres dominent un sous-bois impénétrable, composé de bambous, de lianes, de fougères et de plantes parasites.

Peu de routes traversent la *selva*, dont l'écosystème n'a pas été encore atteint en profondeur, à la différence du Brésil. Dans cet univers hostile et peu déboisé, seules quelques clairières ont permis l'installation de populations indigènes ou de colons. La ville d'**Iquitos**, sur le Marañón, au nord de la *selva* péruvienne, n'est apparue que tardivement, au 19e s., à l'époque de la ruée vers le caoutchouc. Uniquement accessible par avion ou par bateau depuis l'Atlantique, elle doit son développement récent à l'exploitation des hydrocarbures et à la volonté colonisatrice de l'État qui a reconnu l'importance stratégique de ce territoire peu peuplé et mal maîtrisé. Au cœur de la *selva central* qui déploie son étendue verte en bordure du Brésil, **Pucallpa** constitue l'autre grand port fluvial. Au sud, **Puerto Maldonado** attend de bénéficier de sa position sur le tracé de la route Interocéanique, qui reliera les deux océans en traversant le Brésil et le Pérou, le long de la Bolivie. Une fois achevé, l'axe désenclavera de nombreuses régions du Sud amazonien. En attendant, l'Amazonie péruvienne, à l'exception des deux centres urbains de Pucallpa et de Puerto Maldonado, reste coupée du réseau routier et ne peut être rejointe que par voie aérienne ou fluviale.

La **population** est formée de métis, petits agriculteurs, bûcherons, cueilleurs, installés le long des rivières. Quelques tribus d'Indiens nomadisent dans la forêt. L'occupation humaine est plus dense au pied des Andes, dans la frange des collines étagées de 300 à 1 200 m. Sur les derniers versants orientaux des Andes court une étroite bande de forêt, dite « d'altitude », que l'on qualifie de plusieurs noms: **selva alta**, ou *ceja de montaña* (« sourcil de montagne »), ou encore *bosque de neblinas* (forêt de nuages). Sur cette frange bien exploitée, on cultive le thé, le café, les fruits tropicaux, la yuca (ou manioc)… et aussi la coca, qui constitue un enjeu économique autant que politique. Ce dernier a lourdement pesé au cours des décennies 1980-1990, car la région servait de base de repli à la guérilla du Sentier lumineux, laquelle trouvait auprès des narcotrafiquants d'importants subsides en échange de sa protection.

Le climat

De par sa latitude, dans l'hémisphère sud, le Pérou possède un climat **tropical**, marqué par l'alternance d'une **saison sèche** (mai à octobre) et d'une **saison humide** (novembre à avril). Mais du fait des contrastes géographiques, les nuances régionales se compliquent. Trois facteurs importants interviennent: la présence du courant froid de Humboldt le long de la côte pacifique, la masse montagneuse des Andes et l'immense bassin amazonien à l'est.

Sur le littoral et le versant ouest des Andes règne un climat de type **subtropical aride** (température moyenne annuelle de 18 °C), avec des journées chaudes et des nuits plutôt fraîches. L'été (décembre à avril) est chaud (26 °C), ensoleillé et s'accompagne parfois de crachin. L'hiver (mai à octobre) est frais (13 °C) et brumeux. Durant cette période, le soleil est généralement invisible. Seule exception, la côte nord, à la frontière de l'Équateur, où il fait beau toute l'année.

Au cœur des Andes, le climat est de type plus **montagnard**, variant de subtropical chaud ou tempéré, dans les vallées, à quasiment glacial sur les hauts plateaux et les cols d'altitude. Aux niveaux intermédiaires de la cordillère (entre 2 500 et 3 500 m), la température annuelle moyenne varie entre 11 et 19 °C. La saison des pluies (novembre à avril) alterne avec la saison sèche à partir de mai, période idéale pour la randonnée. Les journées sont alors plutôt douces, mais les nuits froides.

La forêt amazonienne, enfin, est soumise à un climat **équatorial**, chaud et humide (température moyenne annuelle de 28 °C). La région connaît de fortes pluies toute l'année (les précipitations dépassent 1 500 mm/an presque partout), avec un pic durant les mois de décembre à avril, en particulier sur les versants orientaux des Andes. L'humidité est moins pénible de mai à septembre, la meilleure période pour un séjour en Amazonie.

La faune et la flore

Le Pérou dispose d'une extraordinaire variété d'écosystèmes et compte parmi les pays les plus riches de la planète pour sa biodiversité. En ce qui concerne la **flore**, on estime que le pays abrite environ 25 000 espèces (10 % du total mondial), dont 30 % sont endémiques, c'est-à-dire propres à ce territoire. La famille de plantes la plus représentée est celle des **orchidées**, riche de quelque 3 000 espèces.

La plaine côtière, aride et sablonneuse, est recouverte principalement d'une **végétation désertique** (plantes sclérophylles, arbustes, euphorbes, cactus), notamment de belles variétés de cactus candélabres. Plus dense et variée dans les oasis fluviales (palmiers notamment), la végétation littorale s'adapte dans le désert pour résister à la sécheresse; certaines plantes fleurissent uniquement durant la nuit et captent l'eau du brouillard.

La **végétation de la sierra** est adaptée elle aussi à la rudesse du climat: la flore est relativement éparse, les arbres et les plantes (cactus et eucalyptus, entre autres) se contentent d'une alimentation en eau restreinte. En haute et moyenne altitude poussent des plantes herbacées, compactes et résistantes – près du sol pour éviter le vent –, des arbrisseaux aux feuilles grasses et incurvées, des cactus, du coton mousseux, dont l'aspect angélique fait oublier les redoutables épines. Entre 2 400 et

3 500 m, sous l'action du froid et du vent, les arbres se ratatinent, se tordent et se couvrent de lichens. C'est la forêt naine, le domaine des buissons épineux de *tola* et des *polylepsis*, arbustes appartenant à la famille des pommiers et des fraisiers. Entre 3 500 et 4 500 m, la végétation se raréfie. C'est la **puna**, steppe d'altitude, émaillée de touffes d'*ichu*, une herbe jaune et drue, de lupins des Andes et de *puyas* apparentées à l'ananas, dont les très hautes hampes florales atteignent 9 m et s'ornent de milliers de petites fleurs blanches *(voir p. 408)*. Vaste plateau d'altitude, l'*altiplano* s'étire à 4 000 m entre la Cordillère orientale et la Cordillère occidentale. Les Indiens y cultivent la pomme de terre, le blé et l'orge. Le maïs, lui, ne pousse plus au-delà de 3 500 m. Au bord du lac Titicaca, les Indiens aymara récoltent les *totoras*, une sorte de roseaux avec lesquels ils construisent leurs villages flottants et leurs embarcations.

Dans le **bassin amazonien**, la flore revêt une richesse indescriptible. L'immense fromager *(ceiba)* au tronc gris et lisse comme une colonne, l'hévéa dont la sève fournit le caoutchouc, l'ébène ou le palissandre rivalisent de hauteur au sommet de la canopée, tandis que d'autres, palmiers, figuiers, étirent des racines tentaculaires au-dessus des marécages. Sur les flancs orientaux des Andes poussent l'acajou, le cèdre ou l'orchidée dont le fruit donne la vanille. Entre 1 200 et 2 400 m, la jungle se transforme en une luxuriante forêt des brouillards où les arbres retiennent les nuages pour maintenir la moiteur nécessaire à la survie des végétaux. Les racines prennent d'étranges formes entrelacées et, sous leurs branchages moussus, se nichent fougères et orchidées. On y croise palmiers, bambous géants ou arborescents et, parmi les fleurs, orchidées, broméliacées, bégonias, impatientes, calcéolaires, fuschias et passiflores.

Côté **faune**, le Pérou s'enorgueillit d'héberger 462 espèces de mammifères, 1 815 d'oiseaux, 395 de reptiles, 408 d'amphibiens, 2 000 de poissons et 4 000 de papillons. La **plaine côtière** et les îles sont habitées essentiellement par des oiseaux marins (mouettes, albatros, sternes, fous), des pélicans, des colonies de lions de mer, des flamants roses, des reptiles et des invertébrés. Les eaux océanes péruviennes abondent en anchois et autres espèces marines (sardines, églefins, soles, maquereaux, éperlans, flétans, homards, crevettes). Le lac Titicaca, ainsi que d'autres lacs et rivières de la *sierra*, sont également très poissonneux. Dans la **sierra**, les Indiens élèvent pour leur consommation de viande des cochons d'Inde, des moutons,

LA LIANE DES ESPRITS

Le nom d'*ayahuasca* (ou *yagé*) désigne un breuvage à base d'écorces de lianes de la famille des Banisteriopsis, consommé traditionnellement par les *chamans* des communautés amérindiennes d'Amazonie. La liane *ayahuasca*, ou « liane des esprits », est utilisée comme un moyen d'entrer en transe dans un but divinatoire ou bien comme outil de purification lors de rituels de guérison sacrés. Elle possède des alcaloïdes (harmanes) qui, associés à d'autres plantes psychotropes, provoquent des visions hallucinatoires. Pour les sociétés traditionnelles d'Amazonie, ces visions n'ont rien d'illusoire : pour eux, l'*ayahuasca* ouvre les portes d'une réalité « plus solide » ou « plus complète » que celle que nous laissent entrevoir nos sens à l'ordinaire.

des lamas et des alpagas. Parmi les animaux sauvages, on rencontre des troupeaux de vigognes et de guanacos (deux cousins du lama, désormais protégés), des rongeurs (chinchillas, viscaches), des lézards. Et de nombreux oiseaux : le condor, dont l'envergure dépasse 3 m ; plusieurs variétés de flamants ; le nandou, qui ressemble à une petite autruche ; le coq de roche du Pérou ; la bernache des Andes ; le tinamou orné ; le pic coucou, les oies et les ibis des Andes.

La **forêt tropicale** du versant oriental des Andes est le lieu de prédilection du jaguar, de l'ours à lunettes et du tapir. On y croise aussi le cougar, le tatou, le pécari, le fourmilier, plusieurs dizaines d'espèces de singes, des perroquets, des alligators, des tortues, ainsi que toute une variété de serpents et d'insectes. L'Amazonie compte quantité d'oiseaux colorés (aras, perruches, perroquets, colibris, toucans), qu'il est possible d'apercevoir à l'aube dans les clairières aux falaises argileuses. Parmi les mammifères de la forêt humide figurent les singes hurleurs, les paresseux, les pécaris, les fourmiliers, les tatous, les dauphins d'eau douce. Tout autour évoluent des papillons multicolores et de minuscules colibris, ainsi qu'un grand nombre de reptiles, de batraciens et d'insectes.

Anonyme, *La Bataille d'Ayacucho* (détail), v. 1830.
D.R.

Histoire

Née en 1821 à l'issue de la déclaration d'indépendance, la république péruvienne est fille d'un métissage colonial et républicain, héritière d'une culture plusieurs fois millénaire. Lorsque les Espagnols arrivèrent au Pérou, en 1532, les Incas avaient établi leur domination sur un empire allant de la Colombie jusqu'au Chili et à l'Argentine. L'éclat de leur civilisation était tel qu'il donna naissance au mythe de l'Eldorado. Avant eux, néanmoins, rayonnait déjà une tradition culturelle que des peuples brillants avaient contribué à forger.

Les cultures pré-incas

L'apparition de l'homme au Pérou remonte à environ 20 000 ans. Des vagues de peuplement en provenance d'Asie franchissent le détroit de Béring à la faveur de la glaciation et, après l'Amérique du Nord, gagnent le Sud à travers le Mexique, l'isthme central et les grandes forêts vierges de l'Orénoque et de l'Amazonie. Au paléolithique, vers 15000 avant notre ère, de petits groupes nomades traquent le gibier, cueillent des baies et des graines sauvages et s'abritent dans des grottes. Les plus anciens vestiges découverts dans la grotte de **Pikimachay**, située dans la vallée d'Ayacucho, dateraient de 17000 avant notre ère. Les traces humaines repérées dans les grottes de **Lauricocha** (Cordillère centrale) ou bien dans celles de **Toquepala**, près de Moquegua, remontent entre -12000 et -10000.
Le réchauffement climatique qui s'opère vers le 9e millénaire provoque une modification du milieu naturel et des conditions de vie. Les chasseurs-cueilleurs commencent à cultiver haricots, piments, courges, calebasses et maïs, dont la maîtrise est attestée vers 5000 av. J.-C. Les prairies des hauts plateaux sont utilisées pour l'élevage du lama et de l'alpaga, dont la domestication s'opère vers 4000 av. J.-C. Sur le littoral, la dynamique s'accélère vers le 3e millénaire, le long des oasis, à l'embouchure des rivières (Paloma, Chilca), où les populations se fixent afin d'exploiter les ressources marines puis de cultiver le maïs sur des terrasses irriguées. L'avènement de l'agriculture entraîne une

explosion de la démographie et l'apparition de véritables villes-États gravitant autour de centres cérémoniels, comme celui de **Caral**. Au début du 2e millénaire, la céramique apparaît. Des complexes architecturaux en briques sèches ou en pierre voient le jour, comme le temple des Mains croisées de **Kotosh** (1800 av. J.-C.).

LA CULTURE CHAVÍN

De -1000 à -200.

Au cours du premier millénaire avant notre ère, une civilisation à caractère théocratique se met en place sur le site de **Chavín de Huántar**, dans les hautes terres du nord du Pérou. Situé à 3 250 m d'altitude, à la convergence des deux versants de la cordillère des Andes, le site constituait un emplacement stratégique pour contrôler les échanges entre le littoral pacifique et la forêt tropicale. Principal centre cérémoniel et grand lieu de pèlerinage, Chavín fut l'un des sièges d'un pouvoir théocratique dont l'idéologie religieuse et culturelle toucha une grande partie du Pérou. Au centre de ce culte, un dieu aux traits de félin, tenant dans chaque main un sceptre ou un bâton, d'où son appellation de **dieu aux bâtons**, figure sur les monuments publics, les statues et les céramiques, depuis Cajamarca et Lambayeque au nord jusqu'à Ayacucho et Ica au sud. On retrouve également des représentations, en courbes stylisées, d'animaux – caïman, jaguar, puma, lama, serpent, aigle – dans l'ensemble de l'ère chavín. Société dirigée par une élite de prêtres, Chavín exerça sans doute une influence prépondérante sur les civilisations andines. Lors de leurs cérémonies religieuses, les prêtres de Chavín utilisaient un cactus hallucinogène, le San Pedro, pour entrer en transe et exercer leur fonction divinatoire en communiquant avec les dieux. La civilisation de Chavín a introduit le travail du bronze et de l'or en Amérique du Sud, dont la technique était très avancée pour l'époque. Elle pratiquait également d'autres formes d'artisanat, comme la poterie et le tissage.

LA CULTURE PARACAS

De -800 à 200.

Paracas marque le premier développement culturel important de la côte sud du Pérou. Le site, enseveli sous les sables d'une vaste presqu'île désertique, fut mis au jour par l'archéologue péruvien Julio C. Tello en 1925. La culture de Paracas présente deux phases successives qui se distinguent par leur mode d'inhumation. À la phase

LA PLUS ANCIENNE CIVILISATION CONNUE D'AMÉRIQUE DU SUD

Au centre de la côte nord du Pérou, à environ 200 km de Lima, de récentes fouilles archéologiques ont mis en lumière la civilisation de **Caral**, une société théocratique et complexe qui occupait, il y a plus de 5 000 ans, trois petites vallées de la région de Norte Chico. Il s'agit de la plus ancienne civilisation connue d'Amérique, dont l'âge d'or se situe dans une période allant de 2600 à 2000 av. J.-C. Contemporaine des pyramides de l'Égypte antique, elle émergea juste un millénaire après celle de Sumer. Maîtrisant l'agriculture irriguée, les hommes de Caral avaient bâti plus de vingt centres résidentiels majeurs, caractérisés par une architecture monumentale, de grandes structures cérémonielles circulaires, formées de terrasses, de pyramides et de temples, ainsi que de logements.

Cavernas (500-300 av. J.-C.), les ballots funéraires, confectionnés dans de précieux tissus, étaient déposés dans de profondes cavités, creusées dans le sable, avec de superbes céramiques peintes après cuisson usant d'une palette de couleurs variées. La phase suivante, **Necrópolis** (200 av. J.-C.-début de notre ère), est marquée par la présence de **fardos** (momies) placés dans de vastes chambres funéraires aménagées les unes contre les autres. Les pièces de textile de cette époque, les **mantos**, brillent par leur créativité, le raffinement et les vifs coloris de leur décor. L'influence de Chavín est perceptible dans l'iconographie, qui présente le dieu aux bâtons, des félins et des serpents. Aux environs de l'an 200, la culture de Paracas évolua graduellement pour se fondre dans celle de Nazca.

LA CULTURE NAZCA

De -200 à 600.

Entre le 3e s. av. J.-C. et le 1er s. de notre ère, grâce à la mise en place de systèmes d'irrigation intensive dans les vallées littorales, de vastes zones autrefois désertiques sont cultivées. À l'aide d'importants réseaux hydrauliques (puits et aqueducs souterrains), la culture nazca, comme la civilisation mochica au nord, parvient à unifier une large région côtière au sud du Pérou, de Pisco à Arequipa. Héritiers de la tradition de Paracas, les Nazcas installent des bourgades le long des rivières, dont la principale, **Cahuachi**, se développe dans la vallée de Nazca. Cette dernière comptait des secteurs résidentiels, des places, des jardins et une pyramide en adobe servant de sanctuaire. Les habitants vivaient dans des huttes de chaume situées à l'extérieur des zones cultivables, à la lisière du désert, de manière à maximiser la surface agricole. Les cultures vivrières étaient constituées de haricots, pommes de terre, melons, manioc, avocats, arachides, poivre et aussi coton. Les Nazcas utilisaient également des filets pour la pêche et pratiquaient la chasse au phoque. La culture nazca est connue pour ses splendides et prolifiques céramiques polychromes à motifs zoomorphes, dont la décoration évolua peu à peu vers la stylisation et l'abstraction. Mais elle est surtout célèbre pour ses géoglyphes, les fameuses **lignes de Nazca**, des figures géométriques ou zoomorphes gigantesques, tracées sur la pampa désertique, dont on ne saurait dire s'il s'agissait de repères astronomiques ou de parcours rituels pour les cérémonies. Autour de l'an 600, l'État nazca s'efface au profit de l'empire huari.

LA CULTURE MOCHICA

De 100 à 700.

Durant la même période, sur la côte nord du Pérou, apparaît une extraordinaire civilisation, celle des Mochicas (ou Moches), héritière de plusieurs petits foyers culturels nés dans les parages : les Cupisnique, Salinar, Vicús et Virú. Unifiant les vallées de la côte nord sur près de 600 km de long, la société mochica, peuple de paysans dominé par une classe de prêtres et de nobles guerriers, a laissé derrière elle les ruines de plusieurs centres cérémoniels autour de deux foyers principaux, **Moche** et **Sipán**.
Dans la vallée du Moche (près de l'actuelle Trujillo) surgissent les pyramides de la Lune et du Soleil, édifiées en millions de briques d'adobe et décorées de fresques polychromes et de bas-reliefs. Plus au nord, près de la ville actuelle de Chiclayo, le centre urbain de Sipán se développe également. De hauts dignitaires mochicas y sont enterrés dans un remarquable centre funéraire.

TOUR D'HORIZONS
L'histoire péruvienne est traditionnellement divisée en cinq périodes, avant l'arrivée des Européens:
- Horizon ancien (1200 à 200 av. J.-C.) : Chavín;
- Intermédiaire ancien (200 av. J.-C. à 500 apr. J.-C.) : Paracas, Nazca, Mochica, Recuay, Pucará;
- Horizon moyen (500 à 900) : Huari et Tiahuanaco;
- Intermédiaire tardif (900 à 1400) : Chimú, Chancay, Ica;
- Horizon tardif (1438 à 1532) : empire inca.

En 1987, l'archéologue Walter Alva mit au jour la tombe d'un jeune et important **seigneur**, enterré en compagnie de ses gardes et de ses officiers, de deux épouses et d'un fabuleux trésor composé de céramiques, d'objets et de bijoux d'orfèvrerie remarquables. Des sacrifices de prisonniers furent effectués à l'occasion de l'enterrement de ce dirigeant, qui régna probablement au cours du 3e s. La céramique mochica, aux couleurs sobres, frappe par son réalisme, en particulier ses vases-portraits à anse-goulot en étrier qui figurent en ronde-bosse des visages humains. Le principal dieu des Moches se nommait **Aiapaec**, créateur mais aussi « décapiteur ». On le trouve représenté tenant d'une main un couteau et de l'autre une tête par les cheveux, allusion aux sacrifices humains pratiqués par cette société.

LA CULTURE TIAHUANACO

De -100 à 1000.
Bien différente des cultures du littoral, la civilisation de Tiahuanaco, du nom du site archéologique aujourd'hui situé en territoire bolivien, se développe sur les bords du lac Titicaca, au milieu de l'*altiplano*, à près de 4000 m d'altitude. Civilisation encore mystérieuse, elle se caractérise par son architecture cyclopéenne, sa vaisselle polychrome et sa statuaire monumentale. Son extension maximale est mal connue, mais à son apogée, entre le 5e et le 11e s., elle dominait de vastes territoires sur les hauts plateaux de la partie méridionale du Pérou, de l'actuel nord du Chili et de l'ouest de la Bolivie. L'architecture soignée de la civilisation de Tiahuanaco, qui fit preuve d'une grande habileté dans la taille de la pierre, préfigure celle des Incas. Son principal site archéologique, la **cité du Soleil** (en Bolivie, *voir p. 296*), célèbre le dieu créateur Kon Tiki Viracocha. Elle comporte des édifices à vocation cérémonielle dont le principal est le temple de Kalasasaya, une vaste enceinte close. De ces ruines, on connaît également la fameuse porte du Soleil taillée dans un seul bloc d'andésite.

LA CULTURE HUARI

De 600 à 1000.
Parallèlement à Tiahuanaco, la cité-État de Huari (ou Wari) se développe dans la moyenne vallée du Mantaro, près d'Ayacucho, et parvient peu à peu à fédérer autour d'elle le monde andin morcelé. Appuyée par une puissante armée, l'expansion de Huari s'exerça en direction du nord jusqu'aux abords de Cajamara, incluant dans son sillage beaucoup de territoires des anciennes cultures mochica et nazca. Contemporaine de Tiahuanaco, Huari diffuse la même culture, qui ne se différencie que faiblement par le style de sa céramique. Il semblerait que les deux civilisations aient néanmoins été en rivalité aux limites de leurs

zones d'influence. Dans les régions qu'ils contrôlaient, les Huaris établirent un gouvernement fort et centralisé, soutenu par l'exploitation des matières premières régionales et l'existence d'un vaste réseau de routes, de terrasses et d'entrepôts agricoles, de casernes et de fortins militaires. Pendant les quelque cinq siècles de son hégémonie, Huari unifia les modèles de vie andins, annonçant les futurs empires chimú et inca.

LA CULTURE CHIMÚ

De 900 à 1470.
Vers le début du 10ᵉ s., le monde andin se morcelle à nouveau en une multitude de seigneuries. La culture **chancay** s'établit à Lima, les chefferies de **Chincha** et d'**Ica** s'imposent sur la côte sud. Sur la côte nord, dans la zone d'influence des Mochicas émerge le puissant royaume de **Chimú**, qui domine à son tour la région. Les ruines de **Chan Chan**, cité construite en adobe près de l'actuelle Trujillo, constituent le principal témoin de cette civilisation et l'un des plus importants sites archéologiques de l'Amérique précolombienne. Sa population est estimée à près de 80 000 personnes à son apogée. Leur existence était assurée grâce à de vastes étendues de terres irriguées par des canaux et des aqueducs. Dans l'immense cité, des citadelles enfermaient des palais, des temples, des entrepôts, des habitations, des places, des ateliers d'artisans et des marchés. À partir du 14ᵉ s., l'État chimú soumet les différentes ethnies des vallées voisines, dont les **Lambayeques**, et impose sa gestion centralisée sur la côte septentrionale. Régnant en despotes, les souverains chimús vivaient dans le luxe et le raffinement, dont témoignent les céramiques et les parures de cuivre, d'or, d'argent, de bronze et de *tumbaga* (alliage d'or et de cuivre) que les archéologues ont trouvées dans les sépultures. Liés à la mer et à ses rythmes autant qu'à l'agriculture, les Chimús vénéraient la Lune à laquelle ils sacrifiaient des enfants. Contrairement aux Incas, ils considéraient le Soleil comme destructeur, probablement en raison de la chaleur impitoyable du désert dans lequel ils vivaient. Ils parlaient une langue, le **quingnam**, qui disparut durant la colonisation espagnole. L'expansionnisme chimú, en se déplaçant vers le sud et vers l'est, était condamné à se heurter à l'impérialisme inca, qui s'exerçait parallèlement à l'intérieur des cordillères. Le heurt allait être fatal aux Chimús, qui furent soumis par les Incas en 1470.

L'empire inca

Au moment où les Chimús commencent la conquête de la côte nord, au 13ᵉ s., une petite tribu s'établit, non sans peine, dans la vallée de Cuzco, sur les terres fertiles qu'irriguent les rivières Huatanay et Tullymayo. D'où vient ce peuple ?

LES ORIGINES LÉGENDAIRES

1200 à 1350.
Comme toutes les ethnies andines, les Incas se sont attribué un lieu fondateur d'où ils faisaient procéder leurs ancêtres. Selon les chroniqueurs espagnols, il s'agissait de la grotte de **Pacaritambo**, située à 30 km au sud de Cuzco, d'où seraient sortis en des temps reculés quatre frères. L'un d'entre eux, **Manco Cápac**, lança en l'air un bâton d'or afin de déterminer l'endroit où s'établir. Le bâton retomba sur les terres du Wanaypata où, avec l'aide de sa sœur-épouse Mama Occlo, il bâtit la cité de Cuzco. Selon d'autres récits,

le couple originel de Manco Cápac et Mama Ocllo serait sorti des eaux du **lac Titicaca** par la volonté de Viracocha, le dieu créateur, et d'Inti, le dieu du Soleil, un mythe grâce auquel les Incas se plaçaient dans la filiation du royaume légendaire de Tiahuanaco. D'autres sources avancent une origine amazonienne aux Incas.

Quoi qu'il en soit, lorsque les premiers Incas arrivèrent dans la région de Cuzco, celle-ci était occupée par différents groupes: les Allcahuisas, les Sahuasirays et les Maras, avec lesquels il fallut composer. Les Incas constituèrent avec eux une confédération au sein de laquelle ils tinrent au départ une place mineure, voire subalterne. De leurs puissants alliés, les Incas adoptèrent quelques habitudes culturelles, notamment la langue, le **quechua**.

La confédération était divisée en deux moitiés: la moitié du haut, **hanan**, qui détenait les fonctions politiques et religieuses, et celle du bas, **urin**, constituée essentiellement par les Incas, lesquels occupaient la fonction militaire. Les premiers chefs incas ne portaient d'ailleurs que le titre de *sinchi*, chef de guerre. Utilisant leur statut de guerriers, les Incas lancèrent des raids de pillage contre les villages des environs de façon à renforcer leur position au sein de la confédération. C'est ainsi que Sinchi Roca, Lloque Yupanqui, Mayta Cápac puis Cápac Yupanqui conquirent des terres dans la région. À la mort de Cápac Yupanqui, le rapport de force entre les alliés s'était suffisamment modifié en faveur des Incas pour que ces derniers contrôlent la confédération. C'est ce que fit **Inca Roca** vers 1350 lorsque, à la tête de ses guerriers, il renversa les autorités du *hanan* afin de prendre leur place.

L'EXPANSION HISTORIQUE

1350-1471.

Avec Inca Roca commence la véritable dynastie des empereurs incas. Le souverain dirige plusieurs expéditions qui agrègent une dizaine de villages périphériques de la vallée de Cuzco au petit royaume. Le règne de son successeur, Yahuar Huácac, qui n'est pas aussi brillant, s'achève sur une conspiration. Cependant, dans la première moitié du 15e s., les Incas reprennent leur expansion avec **Viracocha Inca**. Ce souverain, qui avait pris pour nom celui de l'antique divinité andine, parvient à maîtriser les tribus récalcitrantes et à conquérir de nouvelles terres dans la haute vallée de l'Urubamba et sur le plateau des Kana et des Kanchi. Malgré tout, le territoire des Incas ne dépasse pas un rayon de 40 km autour de Cuzco. Vers la fin du règne de Viracocha, les Chankas *(voir p. 398)* et leurs alliés font peser une menace de plus en plus dangereuse sur le jeune État inca. Vers 1438, les Chankas envahissent les terres d'Abancay et marchent sur Cuzco. Viracocha Inca préfère abandonner la capitale. Son jeune fils, **Pachacútec**, défend la cité face aux envahisseurs. Contre toute attente, il remporte la victoire. En abattant la puissance chanka, les Incas lèvent le dernier obstacle qui les empêchait d'étendre leur hégémonie à l'ensemble des hautes terres andines. Autoproclamé empereur à la place de son père, Pachacútec lance alors ses troupes à la conquête du territoire des Chankas vaincus. Puis, de 1445 à 1450, il livre de durs combats pour s'emparer des chefferies de la région du lac Titicaca. Pendant ce temps, son frère, **Cápac Yupanqui**, marche vers le nord jusqu'à Cajamarca, à plus de 1 000 km de Cuzco. En 1463, Pachacútec lance enfin ses troupes sur la vallée de Moche et se saisit de Chan Chan.

Règnes des Incas		
1		Manco Cápac
2	(1230-1260)	Sinchi Roca
3	(1260-1290)	Lloque Yupanqui
4	(1290-1320)	Mayta Cápac
5	(1320-1350)	Cápac Yupanqui
6	(1350-1380)	Inca Roca
7	(1380-1400)	Yahuar Huácac
8	(1400-1438)	Viracocha Inca
9	(1438-1471)	Pachacútec
10	(1471-1493)	Túpac Yupanqui
11	(1493-1527)	Huayna Cápac
12	(1527-1532)	Huáscar
13	(1532-1533)	Atahualpa

L'empire chimú venait de céder à son tour. L'armée inca marche jusqu'à Quito, dans l'actuel Équateur, puis revient à Cuzco en 1470.

LA PUISSANCE DE L'EMPIRE

Sous l'action énergique de Pachacútec, surnommé le « Napoléon des Incas », un puissant empire venait de voir le jour.
Les Incas imposèrent le culte du **dieu Soleil** aux peuples qu'ils vainquirent, mais sans interdire les anciens cultes locaux. Cette marque de tolérance toute relative (elle se limita au domaine religieux) contribua à l'unification rapide de l'empire. Pour s'assurer la fidélité des territoires nouvellement conquis, les Incas procédèrent à des transferts de population : des **colons** venus de la région de Cuzco prenaient la place des autochtones, que l'on envoyait cultiver des terres lointaines.
Les Incas appelaient leur empire **Tahuantinsuyu**, « les quatre quartiers ». Le territoire s'ordonnait autour de Cuzco, le « nombril de la terre », en quatre secteurs orientés selon les points cardinaux. Au nord s'étendait le *Chinchasuyu*, au sud, autour du lac Titicaca, le *Collasuyu*, à l'ouest le *Contisuyu* et à l'est l'*Antisuyu*, correspondant aux territoires amazoniens. Les Incas élaborèrent un réseau routier depuis la Colombie méridionale jusqu'au Chili, au sud de l'actuel Santiago. Des routes transversales menaient jusqu'en Argentine.
Long de 5 000 km, le **Qhapac Nan** ou « grand chemin », dit aussi le Chemin de l'Inca, était jalonné à intervalles réguliers par des relais de poste : les *tambos*.
Grand conquérant, Pachacútec prit également soin d'organiser méthodiquement son royaume. Il l'appuya sur une armée forte et sur une bureaucratie efficace qui administrait les provinces, faisant ainsi régner la « paix inca ».

DE L'APOGÉE AU CRÉPUSCULE

1471-1531.
Le fils de Pachacútec, **Túpac Yupanqui**, continue l'œuvre paternelle en consolidant l'empire.

Alternant l'action diplomatique et la pression militaire, l'empereur entre en campagne contre les peuples de la côte méridionale (vallées de Chincha et de Cañete) et dirige une expédition contre les Anti, les tribus de la haute forêt amazonienne. La tentative d'expansion dans les basses terres tropicales se solde néanmoins par un échec. Túpac Yupanqui repart alors lutter, vers 1480, contre les foyers d'insurrection des hautes terres. Ayant soumis la région de Potosí, il conquiert le Chili central et septentrional. Il fonde de nombreuses **llactas** (capitales de province), telle Cajamarca, et la citadelle de **Sacsayhuamán**, au nord de Cuzco. Mais les complots au sein de la cour ont raison de l'empereur, qui meurt assassiné en 1493. L'un de ses jeunes fils monte sur le trône.

Huayna Cápac, 11e Inca, s'engage dans la guerre contre les Karas au nord de Quito vers 1511, qu'il parvient à soumettre en 1523 après une lutte épuisante. Avec la chute de cette dernière tribu rebelle, l'empire inca touche à son apogée : il s'étend alors sur le Pérou, la Bolivie, l'Équateur, une partie de la Colombie, de l'Argentine et du Chili, sur une superficie d'environ 950 000 km^2, soit l'équivalent de la France, de la Suisse, de l'Italie, de la Belgique et des Pays-Bas réunis. Mais déjà l'empire, enlisé dans de longues opérations de pacification, doit affronter un nouveau fléau : apportées par les Espagnols au cours d'une 1e expédition en 1527, des maladies inconnues, variole et rougeole, déciment les populations avec une effrayante rapidité. Autour de cette même année, l'empereur Huayna Cápac meurt lui aussi du fléau, laissant son royaume à ses deux fils qui se le disputent et le divisent : **Atahualpa** au nord et **Huáscar** au sud. La guerre civile fait rage, les chefferies se rebellent, le pouvoir central se disloque. Huáscar lance ses troupes au nord vers Quito, où campe la puissante armée d'Atahualpa. Le sort des armes lui paraît un moment favorable, mais Atahualpa lance une contre-offensive et prend peu à peu le dessus. Capturé, Huáscar est jeté en prison, son clan est massacré. Atahualpa semble pouvoir devenir le 13e empereur inca. Il est en route pour Cuzco lorsqu'il reçoit la nouvelle du débarquement d'hommes blancs et barbus dans la baie de Tumbes, au nord du pays.

La période coloniale

Lorsque Pizarro et ses hommes débarquent au Pérou en 1532, ils ne sont pas perçus comme une menace, au contraire. Selon une légende, le dieu Viracocha devait revenir de la mer dans le Tahuantinsuyu pour y rétablir la paix et la prospérité. Comme il ressemble à ce personnage mythique, Pizarro est accueilli sans crainte. En outre, même dotés de chevaux, d'arquebuses et de cuirasses, une poignée de 180 soldats espagnols dépenaillés et barbus ne semblent guère devoir inquiéter l'armée, forte de plusieurs dizaines de milliers de soldats aguerris, obéissant à la plus puissante des dynasties d'Amérique du Sud, laquelle régnait alors sur près de dix millions de sujets.

LA CONQUÊTE ESPAGNOLE

1532-1541.

L'expédition espagnole avait été préparée depuis longtemps. En 1527, **Francisco Pizarro** (1476-1541) avait exploré les rivages du Pérou et recueilli des informations sur les richesses de l'arrière-pays andin. L'arrivée des Espagnols ne constitue donc pas une surprise pour Atahualpa. Tout à sa lutte

École de Cuzco, *Mariage de la descendance impériale inca avec la Casa Loyola y Borja* (détail), 16e s. Lima, musée Pedro de Osma. *H. Hughes / Hemis.fr*

contre Huáscar, l'empereur inca pense pouvoir facilement écraser cette petite troupe de brigands le moment venu.

Après avoir noué des alliances avec les tribus de la côte septentrionale et fondé la ville de San Miguel de Piura, Pizarro gravit le versant occidental de la cordillère et entre à **Cajamarca** sans rencontrer la moindre résistance. La guerre civile qui oppose les deux prétendants au trône et le désordre général qui s'ensuit sont pour lui une aubaine à saisir. En novembre 1532, le conquistador tend une embuscade à Atahualpa, au cours de laquelle les Indiens sont impitoyablement massacrés et Atahualpa est fait prisonnier. Pour le libérer, les Espagnols exigent le versement d'une fabuleuse rançon. Sur ordre

MYSTÈRE ET BOULES DE CRISTAL

« Quand avez-vous obtenu votre visa pour le Pérou ? » demande, intrigué, l'ambassadeur péruvien à Hergé. « Je n'y suis jamais allé », lui avoue alors le créateur de Tintin. La scène, qui se déroule en Belgique peu après la parution de l'album *Le Temple du Soleil*, en 1949, est révélatrice. Le décor planté par Hergé dans la célèbre bande dessinée est si plausible, tellement « couleur locale », que le diplomate péruvien lui-même s'y laisse tromper. L'idée de situer de nouvelles aventures du jeune reporter chez les Incas est sans doute née de la découverte de la cité de Machu Picchu. Dans son numéro de février 1938, le magazine *National Geographic* publiait un reportage de 40 pages sur les Incas, décrivant la cité perdue comme leur dernier refuge secret face aux conquistadors. Les photos et les dessins inspirèrent très largement Hergé, lequel compléta ses informations en puisant chez Gaston Leroux (*L'Épouse du Soleil*, 1913) ou dans l'œuvre du chroniqueur indigène Felipe Guamán Poma de Ayala. Mais sous les traits colorés d'Hergé, Machu Picchu et ses Incas semblent davantage sortir d'un péplum exotique et ensoleillé que d'un livre d'histoire.

du souverain, les sujets apportent des quatre coins de l'empire près de 12 tonnes d'or et autant d'argent, vidant les temples de leurs richesses. Mais les Espagnols préfèrent se débarrasser de l'empereur, dont la puissance constitue une menace latente. Atahualpa est mis à mort le 29 août 1533 et les Incas jettent alors le trésor dans les eaux du lac Titicaca *(voir p. 289)*. Fort des nouvelles alliances conclues avec les Kañarr, les Chachapuyas et les Wankas, Pizarro attise la rébellion dans l'empire inca et marche sur Cuzco, dont il s'empare le 15 novembre 1533. En 1535, l'Espagnol fonde sur la côte une ville dont il fait sa capitale, Ciudad de los Reyes (la « cité des Rois »), aujourd'hui **Lima**.

Résistances

L'implantation espagnole au Pérou reste pourtant précaire, d'autant qu'une rivalité ne tarde pas à éclater entre les frères Pizarro et Diego de Almagro (1475-1538). Placé par les Espagnols à la tête du royaume, le jeune souverain Manco Cápac II, dit aussi **Manco Inca**, fils de Huayna Cápac, ne se satisfait plus de faire de la figuration, tandis que la population indienne est ulcérée par les déprédations quotidiennes des Espagnols. En avril 1536, Manco Inca organise secrètement la première rébellion contre les envahisseurs. À la tête de son armée, il campe dans la ville fortifiée d'Ollantaytambo et met le siège devant Cuzco. Les renforts espagnols envoyés de Lima sont écrasés et Manco Inca, qui marche désormais sur Lima, est sur le point de remporter la victoire. Mais son armée, épuisée, se voit obligée de se replier sur Vilcabamba, au nord de Cuzco, où l'Inca trouve un temps refuge, avant de s'enfoncer dans la jungle afin de continuer la lutte et d'organiser la résistance quechua. Assassiné en 1545, Manco Inca aura pour successeurs Titu Kusi puis Túpac Amaru. Celui-ci tente une ultime résistance contre les Espagnols, en vain. Capturé, le dernier Inca **Túpac Amaru** est mis à mort sur la grande place de Cuzco en 1572.

Après la retraite de Manco Inca, Pizarro reprend le contrôle de Cuzco et profite de sa position de force pour faire exécuter en 1538 son rival Diego de Almagro. Lui aussi victime d'une conspiration, Pizarro meurt assassiné le 26 juillet 1541. Pour mettre fin à la dispute entre les clans rivaux et rétablir l'ordre, la Couronne espagnole prend les choses en main en créant une vice-royauté chargée d'administrer les territoires d'Amérique du Sud.

LA VICE-ROYAUTÉ

1542-1821.

Quarante vice-rois se succédèrent au Pérou entre 1542 et 1821, dont le plus marquant d'entre eux, **Francisco de Toledo** (1515-1582, 5e vice-roi, de 1569 à 1581), organisa l'État colonial et fonda les **reducciones** (réductions), ces villages où furent concentrés les Indiens afin de les soumettre au servage et à la christianisation.

Plus vaste que l'empire inca, la vice-royauté péruvienne s'étendait initialement sur presque toute l'Amérique du Sud, depuis l'isthme de Panama jusqu'à la Patagonie, et de l'océan Pacifique jusqu'à la forêt amazonienne et l'océan Atlantique, à l'exception de l'est du Brésil et du Venezuela. Elle était organisée en neuf divisions administratives appelées *audiencias*, elles-mêmes subdivisées en *corregimientos*.

Les mesures prises par Francisco de Toledo bouleversèrent en profondeur l'ancien visage des Andes. Les richesses de l'empire inca furent mises en coupe réglée, tandis que se développait le système de l'**encomienda**, la répartition des terres et des Indiens au profit des colons et du clergé à

qui ils devaient payer un tribut et des services en nature.
Le Pérou devient une riche colonie espagnole, en particulier grâce à la découverte des mines d'argent de **Potosí** en 1545, lesquelles enrichissent considérablement la Couronne espagnole. Afin d'exploiter les mines, des milliers d'Indiens sont condamnés au travail forcé, où la majorité meurt dans des conditions de travail inhumaines.
Lors de la phase dite de « l'extirpation de l'idolâtrie », la **religion catholique** est imposée aux populations autochtones sous la contrainte, afin d'écraser définitivement le souvenir des Incas. Les momies et les idoles sont brûlées, les sanctuaires et les temples ravagés sont remplacés par des églises. En 1569, un tribunal de l'**Inquisition** est institué à Lima. Il est chargé d'instruire les procès pour hérésie dans toutes les colonies de l'Amérique espagnole. Cette évangélisation rapide et musclée eut surtout pour effet d'ancrer plus profondément les croyances anciennes, sur lesquelles vinrent se plaquer les symboles catholiques.
Condamnés au travail forcé *(mita)* dans les haciendas, les ateliers textiles ou les mines, déplacés de force en vue d'être regroupés dans des villages, soumis aux mauvais traitements des colons et surtout décimés par les épidémies de maladies infectieuses (variole, rougeole, grippe, peste, typhus) apportées par les Européens, les **populations indigènes** sont réduites à environ un million d'individus au 17e s., alors qu'ils étaient dix fois plus nombreux à la veille de la conquête.
La société coloniale est alors organisée selon un modèle profondément inégalitaire. Au sommet de la pyramide dominent les Espagnols issus de la péninsule Ibérique, en particulier la noblesse espagnole et les descendants des conquistadors. La classe moyenne est constituée des fonctionnaires royaux, des commerçants espagnols et créoles et de la noblesse indienne issue des Incas, qui avait pu faire valoir ses droits. Le peuple compte des créoles et des métis pauvres. Tout en bas de l'échelle figurent la population indigène et les esclaves noirs venus d'Afrique équatoriale.

À bout de souffle

À la suite de l'épuisement des mines de Potosí, à partir de 1630, la colonie espagnole amorce une phase de déclin qui provoque un long marasme économique. Des aspirations autonomistes voient le jour. Incapable de gérer son immense territoire avec efficacité, la vice-royauté du Pérou se voit peu à peu réduite par la création des vice-royautés de la **Nouvelle-Grenade** en 1739 (Colombie, Équateur, Panama et Venezuela), de la capitainerie générale du **Chili** en 1742, et de la vice-royauté du **Río de la Plata** en 1776 (Argentine, Bolivie, Paraguay, Uruguay).
Des insurrections éclatent dans le pays. De 1742 à 1756, **Juan Santos Atahualpa** mène une révolte dans la jungle des Andes centrales. Puis, en 1780, sous la conduite de José Gabriel Condorcanqui, dit **Túpac Amaru II**, quelque 60 000 indigènes se révoltent contre l'autorité espagnole et pour la reconnaissance des droits indigènes. L'insurrection est rapidement écrasée. En 1781, Túpac Amaru est exécuté, ainsi que des milliers d'autres révolutionnaires. Une nouvelle révolte est réprimée en 1814. Pendant ce temps, l'opposition à l'autorité espagnole gagne l'Amérique du Sud hispanique. En dépit des efforts de la vice-royauté pour introduire

quelques réformes, comme la suppression des *corregimientos* et la création d'une *audiencia* spéciale, chargée d'étudier les revendications des Indiens, les jours de la colonie semblent comptés. Profitant de la crise monarchique et de l'occupation de l'Espagne par Napoléon (1808-1814), et sous l'influence des idées révolutionnaires venues de France, les colonies d'Amérique du Sud décident de s'émanciper de la métropole.

L'indépendance et la république

Le mouvement d'émancipation de la colonie débute avec le soulèvement des propriétaires terriens d'origine espagnole. Des émeutes éclatent à Lima en 1813, à Cuzco en 1814. Les insurgés occupent Puno et Arequipa. L'indépendance est proclamée. Cependant, le vice-roi parvient à mater la révolte et à rétablir l'ordre.

L'ÉPOPÉE DES LIBÉRATEURS

1821-1840.
La libération viendra de l'extérieur du Pérou. En septembre 1820, le général **José de San Martín** (1778-1850), un Argentin qui avait battu les forces espagnoles au Chili, débarque avec ses troupes près de Pisco. Aidé des Britanniques, il met en déroute l'armée espagnole et proclame l'indépendance, le 28 juillet 1821, sur la grande place de Lima : « Le Pérou est, dès ce moment, libre et indépendant par la volonté générale des peuples et par la justice de sa cause que Dieu défend. Vive la patrie ! Vive la liberté ! Vive l'indépendance ! » San Martín reçoit le titre de *libertador* du Pérou. La *mita* est abolie, un Parlement est élu.

Une armée est mise sur pied, qui marche sur Cuzco où sont concentrées les troupes royalistes. San Martín se retire et les pleins pouvoirs sont confiés à un autre héros de la libération, le Vénézuélien **Simón Bolívar** (1783-1830).
La guerre d'indépendance contre les Espagnols s'achève en décembre 1824, lors de la victoire d'Ayacucho, avec l'aide du général **Antonio José de Sucre** (1795-1830), lieutenant en chef de Simón Bolívar.
Bolívar rêve de créer une confédération des pays andins, sur le modèle des États-Unis. Devant l'opposition des Péruviens, qui le soupçonnent d'aspirer à la tyrannie, il crée une nouvelle nation indépendante, l'ancien gouvernement de Charcas ou Haut-Pérou, qui devient la **Bolivie**, et abandonne la présidence du Pérou.
Durant quelques décennies, le pays connaît une forte instabilité politique, marquée par une succession de coups d'État et de dictatures, et par un conflit frontalier avec l'Équateur. Une tentative de **confédération avec la Bolivie**, sous la direction d'**Andrés de Santa Cruz**, de 1836 à 1839, échoue devant l'opposition de l'Argentine et surtout face au Chili, qui intervient militairement.

LE TEMPS DE LA FORTUNE

1840-1872.
Durant plus d'un quart de siècle, la République péruvienne connaît une ère de prospérité économique et politique sans précédent. En 1840, en effet, débute l'exploitation du **guano**, un riche fertilisant agricole recherché par l'Europe industrielle, tandis que des gisements importants de **nitrate** sont découverts dans le désert de Tarapacá. Le gouvernement décrète monopoles publics les dépôts de guano et de salpêtre.

Parallèlement, des plantations de coton et de canne à sucre se développent autour des haciendas le long de la côte. Les caisses de l'État gonflent sous la présidence de **Ramón Castilla**, métis natif de Tarapacá (1845-1851, puis 1855-1862). Fin politique et habile stratège, il gagne à sa cause les classes populaires par l'abolition des tributs imposés aux Indiens et la suppression de l'esclavage des Noirs. Grâce à cette politique et à l'heureuse conjoncture économique, les devises affluent au Pérou et la monnaie nationale s'apprécie. L'Espagne, qui reconnaît définitivement l'indépendance du pays en 1853, n'en tente pas moins un raid naval afin de s'approprier les îles Chinchas, riches en guano, en 1865. Doublée d'un conflit avec l'Équateur (1858-1860), une guerre éclate contre l'Espagne, qui oblige le Pérou à acheter des armes et des munitions en Europe. La paix définitive avec l'Espagne n'est signée qu'en 1879. Le boom du guano s'accompagne de la construction de ports et de grandes lignes de **chemin de fer**. Dès 1868, l'une d'elles relie le port de Callao de Lima aux contreforts de la Cordillère centrale.

CRISES ET GUERRE

1872-1884.
En 1872, le pays se révèle incapable de payer les emprunts contractés pour financer ses grands travaux. La banqueroute menace. Au même moment, en 1879, le **Chili**, qui convoite les districts d'Atacama et de Tarapacá riches en nitrate, déclare la guerre à la Bolivie et au Pérou, unis par un traité d'amitié. Les armées péruvienne et bolivienne se trouvent mal préparées pour la guerre. Quelques victoires n'empêchent pas l'ennemi d'occuper Lima, de piller et de saccager ses richesses. À l'issue d'un traité désastreux, signé en 1883, le Pérou cède définitivement au Chili le département de Tarapacá, ainsi que les territoires de Tacna et d'Arica (Tacna sera restituée en 1929). Placé en situation de faillite, le Pérou ruiné est contraint de céder l'exploitation de ses lignes de chemin de fer, de ses ports, de son guano et de son pétrole à des compagnies étrangères afin de régler sa dette extérieure. Vers 1900, les États-Unis commencent à leur tour à s'immiscer dans le contrôle de l'économie péruvienne, en acquérant la plupart des mines de la Sierra centrale.

DU RÈGNE DES CAUDILLOS À LA RÉFORME AGRAIRE

1884-1980.
Pendant le 20e s., le pays passe sous le joug de riches propriétaires fonciers et de dictateurs militaires. La reconstruction est lente. Aidée par des capitaux étrangers, elle se fait grâce au boom du caoutchouc dans la forêt amazonienne et à la fabrication de farine d'anchois sur le littoral. Après avoir été président de la République entre 1908 et 1912, **Augusto Leguía** (1863-1932) reprend le pouvoir en 1919 à la faveur d'un coup d'État militaire et exerce ensuite, jusqu'en 1930, une autorité quasi dictatoriale (enrichissant ses proches et ses amis, les grands propriétaires terriens, les patrons de mines et de manufactures et les financiers étrangers). Dans les usines et les haciendas, cela va conduire à la naissance d'une expression politique chez les ouvriers. En 1924, des intellectuels péruviens exilés, menés par **Víctor Raúl Haya de la Torre** (1895-1979), fondent l'Alianza Popular Revolucionaria Americana ou **APRA**, un mouvement de tendance marxiste, influencé par la révolution mexicaine. L'influent parti politique qu'est devenue

l'Alliance exigeant des réformes fondamentales contre l'oligarchie conservatrice, elle est mise hors la loi en 1930 par le président **Luis Miguel Sánchez Cerro** (1889-1933). Le général ordonne une violente répression contre les dirigeants apristes à Trujillo en 1932. L'APRA est de nouveau interdite par **Óscar R. Benavides** (1876-1945), président du pays jusqu'en 1939. L'oligarchie foncière des grandes familles créoles se maintient grâce aux dictatures et aux régimes conservateurs soutenus financièrement par les États-Unis. En 1945, le Pérou rompt ses relations avec l'Axe et déclare la guerre à l'Allemagne et au Japon. La fin de la Seconde Guerre mondiale coïncide avec celle du premier mandat du président **Manuel Prado** (1889-1967), lequel avait succédé en 1939 au maréchal Benavides. Le régime péruvien s'installe dans une forme de coalition entre l'armée et des éléments civils conservateurs, dont l'objectif principal est de barrer la route à l'APRA et à son chef, Haya de la Torre. Toutefois, afin de satisfaire une demande de liberté plus pressante de la part de la population, en particulier des étudiants et des intellectuels, le parti apriste est légalisé en 1945, tandis que la liberté de la presse et d'association est accordée. En échange, l'APRA soutient le gouvernement de la droite libérale du président **José Luis Bustamante** (1894-1989).

En renversant le président, le coup d'État militaire de 1948 marque le début d'une nouvelle phase de dictature. Les élections de 1962 sont remportées par les apristes, mais une junte militaire prend à nouveau le pouvoir. Elle organise des élections en 1963, remportées par **Fernando Belaúnde Terry** (1912-2002). Malgré ses intentions réformistes, celui-ci est finalement évincé en octobre 1968. Une fois encore, une junte militaire s'installe au pouvoir, sous la direction du général Velasco Alvarado.

Mais le général **Juan Velasco Alvarado** (1910-1977) ne ressemble pas aux dirigeants militaires traditionnels. C'est un réformiste, qui n'entend plus, désormais, défendre les intérêts de l'oligarchie. Au contraire, contre toute attente, il entreprend une **réforme radicale** du système économique et social en appliquant les mesures prônées par l'APRA : nationalisation des industries pétrolières et expulsion de l'International Petroleum Company, saisie des terrains d'élevage appartenant à des intérêts étrangers, contrôle des prix sur les biens et services fondamentaux, réforme agraire et transformation des grandes haciendas en coopératives agricoles, nationalisation de l'industrie de la pêche et des mines, reconnaissance du quechua comme seconde langue officielle.

La crise pétrolière et la récession économique de 1973 mettent un terme à cette révolution. L'économie se dégrade, l'inflation atteint des sommets. Après une série de grèves et de manifestations organisées pour exprimer l'insatisfaction populaire, un coup d'État militaire renverse le gouvernement Velasco en 1975. Le nouveau dirigeant, le général **Francisco Morales Bermúdez**, proclame l'état d'urgence et met fin aux réformes progressistes. Les dépenses publiques sont diminuées, certaines entreprises privatisées, un rapprochement avec les États-Unis est entrepris. Pour mater l'agitation sociale, le régime militaire utilise des méthodes répressives. Mais un plan de retour à la démocratie est toutefois défini, qui débute par l'élection d'une Assemblée constituante en 1978. Une nouvelle

Constitution voit le jour, qui accorde le droit de vote à tous, y compris aux 2 millions de paysans illettrés. Des élections présidentielles et législatives ont lieu le 18 mai 1980, qui marquent le retour au pouvoir du président Fernando Belaúnde.

Le Pérou contemporain

Le président Belaúnde, qui bénéficie du soutien des États-Unis, applique une politique résolument libérale et ouverte aux capitaux étrangers. Cette option a pour effet de rendre le pays plus vulnérable encore à la crise internationale.

LE DIFFICILE RETOUR DE LA DÉMOCRATIE

1980-2000.

En 1983, le Pérou cumule un déficit budgétaire et une inflation record. Le pouvoir d'achat de la population est en chute libre. Les élections de 1985 portent au pouvoir le candidat de l'APRA, **Alán García**, jeune leader qui tente d'appliquer une politique nationaliste et progressiste (nationalisation d'entreprises étrangères et du secteur financier). Un effort particulier est accompli en faveur des populations défavorisées des Andes et, en avril 1986, des titres de propriété sont distribués aux communautés indiennes. En mars 1987, une ambitieuse loi de décentralisation est promulguée.

Le retour de la démocratie s'accompagne de l'émergence, à partir des années 1980, du **Sendero Luminoso** (Sentier lumineux). Fondé par Abimael Guzmán, ancien professeur de philosophie à l'université d'Ayacucho, ce mouvement de guérilla d'inspiration maoïste se développe parmi les paysans et les étudiants amérindiens et entend mener une guerre populaire totale contre l'État péruvien. Associé par la suite aux narcotrafiquants, il se lance dans des massacres, des attentats terroristes et des enlèvements qui plongent le pays dans la guerre civile et le chaos. En 1984 apparaît également une autre organisation terroriste concurrente, le Mouvement révolutionnaire **Túpac Amaru** (MRTA). Prise en tenaille entre la violence terroriste du Sentier lumineux ou celle de Túpac Amaru et la répression aveugle de l'armée en retour, la population fait les frais de ce conflit armé. De 1980 à 2000, les massacres dus aux guérilleros ou à l'armée firent près de 70 000 morts ou disparus, d'où le nom de « sale guerre » donné à cette période.

Englué dans la violence terroriste, l'hyper-inflation (plus de 7 600 % en 1990), la récession économique, le trafic de drogue, les scandales de corruption et les tensions sociales, le gouvernement García ne parvient pas à trouver de solution pour sortir le pays de la crise. Mécontente, la population porte au pouvoir, aux élections de 1990, un homme quasiment inconnu, l'ingénieur agronome d'ascendance japonaise **Alberto Fujimori**, qui remporte le second tour du scrutin face à l'écrivain Mario Vargas Llosa. Pour redresser une situation économique catastrophique, Fujimori prend des mesures d'austérité drastiques (libération des prix, privatisation des entreprises publiques et des services, licenciements) qui se révèlent relativement efficaces.

Au milieu des années 1990, le Pérou renoue avec la croissance et la stabilité économique, tandis qu'une politique de grands travaux (construction de routes, d'écoles, de ponts) permet sa modernisation.

En matière de terrorisme, le gouvernement s'appuie sur l'armée pour mener une lutte impitoyable

contre les rebelles du Sentier lumineux. L'arrestation, en 1992, du chef du Sentier lumineux, Abimael Guzmán, marque néanmoins une victoire indiscutable qui signe la fin du mouvement. Pour contrer l'opposition des députés à ses réformes libérales, Fujimori opère un **coup d'État** civil en 1992. Il dissout le Congrès et modifie la Constitution en sa faveur.
La présidence de Fujimori est également marquée par une campagne de stérilisation forcée des populations indigènes. Entre 1995 et 2000, quelque 400 000 Indiens, hommes et femmes, des zones pauvres du pays ont ainsi été stérilisés.
La popularité de Fujimori, surnommé *El Chino*, ne faiblit pas. Il décroche un **second mandat** aux élections de 1995. Un accord de paix est signé avec l'Équateur, qui règle définitivement le conflit territorial en Amazonie, puis un autre avec le Chili en 1999. Le président sort victorieux de la sanglante prise d'otages de quatre mois à l'ambassade du Japon de Lima, organisée par le mouvement Túpac Amaru en 1996-1997.
Pourtant, en dépit d'une situation économique plutôt bonne, les nuages s'amoncellent au-dessus de Fujimori. Le plan d'austérité a considérablement aggravé la misère des plus démunis. Les salaires restent très bas, le chômage augmente, des scandales de corruption et de meurtres de paysans et d'étudiants par les escadrons de la mort de l'armée font surface. Le pays aspire à plus de liberté. En dépit de sa réélection en 2000, Fujimori est mis en cause dans diverses affaires : fraude électorale, homicide, détournements de fonds, trafic de drogue et corruption. Devant l'imminence de sa destitution, le président acculé prend la fuite pour le Japon en novembre 2000.

L'ACTUALITÉ RÉCENTE

De 2000 à aujourd'hui.
Déjà candidat en 2000, **Alejandro Toledo** remporte les élections de mai 2001. En l'absence de majorité parlementaire, le président doit composer avec les différents partis afin de mener une politique de développement économique et d'épuration judiciaire. Une commission est formée afin d'établir la vérité sur les crimes commis durant les années de la « sale guerre », entre 1980 et 2000. En mai 2003, afin d'endiguer une vague de protestations sociales, Toledo déclare l'état d'urgence, suspend certains droits civils et accorde des pouvoirs aux militaires pour restaurer l'ordre après des grèves menées par des enseignants et des agriculteurs. Une demande d'extradition concernant Fujimori est présentée dès 2003 aux autorités japonaises. Arrêté en 2005 au Chili, l'ancien président passe en procès. En avril 2009, il est condamné à 25 ans de prison pour de multiples chefs d'accusation, notamment pour violation des droits de l'homme et corruption.
En juin 2006, l'ancien président social-démocrate **Alán García** remporte la présidence pour une période de 5 ans. La campagne électorale de 2011 qui oppose **Keiko Fujimori**, la fille de l'ancien président autoritaire Alberto Fujimori, au nationaliste de gauche **Ollanta Humala**, voit finalement triompher ce dernier *(voir encadré p. 66)* grâce au soutien des organisations indigènes et paysannes. Le grand défi d'Ollanta sera à la fois de rassurer les investisseurs étrangers qui assurent l'extraction des minerais et des hydrocarbures, essentielle au dynamisme de l'économie péruvienne tout en ne trahissant pas ces électeurs qui condamnent ces exploitations minières, car elle porte atteinte à leur environnement.

Chronologie

LES CULTURES PRÉ-INCAS

1000-200 av. J.-C. - Culture chavín.
800 av. J.-C. - 200 apr. J.-C. - Culture paracas.
200 av. J.-C. - 600 apr. J.-C. - Culture nazca.
100-700 - Culture mochica.
100 av. J.-C. - 1000 apr. J.-C. - Culture tiahuanaco.
600-1000 - Culture huari.
900-1470 - Culture chimú.
1200 - Début de la culture inca.

L'EXPANSION DE L'EMPIRE INCA

Vers 1350 - Inca Roca prend la tête de la confédération de Cuzco.
1438-1471 - L'Inca Pachacútec se lance à la conquête du continent.
1471-1493 - Túpac Yupanqui étend l'empire jusqu'aux limites de l'Équateur.
1527 - Mort de l'Inca Huayna Cápac. Guerre de succession entre Huáscar et Atahualpa.

LA CONQUÊTE ESPAGNOLE

1532 - Francisco Pizarro débarque à Tumbes, au nord du pays.
1533 - Assassinat d'Atahualpa.
1535 - Pizarro fonde la ville de Lima.
1536 - Manco Inca assiège Cuzco.
1541 - Assassinat de Pizarro.

LA VICE-ROYAUTÉ

1542 - L'empereur Charles Quint crée la vice-royauté du Pérou.
1569 - Le vice-roi Francisco de Toledo met en place le système colonial. Mise en place du tribunal de l'Inquisition.
1572 - Révolte de Túpac Amaru.
1630 - Épuisement des mines d'argent de Potosí et marasme économique.
1767 - Les Jésuites sont expulsés du pays.
1780 - Révolte de Túpac Amaru II.

L'INDÉPENDANCE ET LA RÉPUBLIQUE

1821 - Le général San Martín proclame l'indépendance.
1824 - Défaite des Espagnols à Ayacucho. Simón Bolívar crée ensuite la Bolivie.
1854 - Abolition de l'esclavage et du tribut des Indiens.
1879-1883 - Guerre du Pacifique. Victorieux, le Chili obtient le département de Tarapacá.

LE PÉROU CONTEMPORAIN

1924 - Création de l'APRA.
1941-1942 - Guerre entre le Pérou et l'Équateur.
1945 - Le Pérou déclare la guerre à l'Allemagne et au Japon.
1948 - Coup d'État militaire.
1962 - Deuxième coup d'État militaire.
1968 - Troisième coup d'État. Le général Velasco nationalise le pétrole et lance la réforme agraire.
1980 - Retour de la démocratie. Début des activités terroristes du Sentier lumineux puis du MRTA.
1985 - Alán García est élu président.
1990 - Alberto Fujimori gagne les élections. Lutte contre l'inflation et le terrorisme.
1995 - Frictions frontalières avec l'Équateur. Réélection de Fujimori.
2000 - Destitué pour corruption, Fujimori s'enfuit au Japon.
2006 - Alán García est élu à nouveau président.
2007 - Un violent séisme ravage Pisco et sa région.
2009 - Fujimori est condamné à 25 ans de prison.
2010 - Mario Vargas Llosa reçoit le prix Nobel de littérature.
2011 - Ollanta Humala est élu président.
2012 - « Marche nationale pour l'eau », dirigée contre l'industrie minière, organisée à Lima. Capture d'« Artemio », le dernier dirigeant de la guérilla du Sentier lumineux.

Le Pérou au temps des Incas

Fascinant par sa magnificence légendaire, l'Empire inca ne fut, en définitive, que la phase ultime d'une tradition vieille de plusieurs millénaires. Groupe relativement modeste au début du 13e s., les Incas s'étaient établis dans la vallée de Cuzco, d'où ils élaborèrent un royaume centralisé et fédérateur. En 1532 pourtant, il se disloqua soudainement face à une poignée de conquistadors cupides, précipitant dans sa chute le destin de tout un peuple.

L'expansion rapide de l'État inca trouve son origine dans un système économique pratiqué depuis longtemps dans les Andes, qu'il porta à une échelle plus large et diversifiée. Un vaste réseau routier, la réciprocité et la redistribution collective en matière agricole, une énorme capacité d'organisation et le culte voué au Soleil, tels furent les principaux piliers du Tahuantinsuyu, un empire qui rayonna de la Colombie jusqu'au nord du Chili et de l'Argentine. Sous sa puissante autorité s'organisait la vie de près de huit millions de sujets.

L'État, le pouvoir

Au cours des périodes antérieures (chavín, mochica, tiahuanaco, chimú), la société se divisait en deux classes : les agriculteurs chargés de cultiver les terres, les prêtres astronomes qui établissaient le calendrier des cycles agricoles et organisaient le culte des divinités. Avec le développement des civilisations et la naissance des villes, de nouvelles classes de guerriers, d'artisans et de commerçants apparurent. L'ensemble reposait sur un système de communautés agricoles, les **ayllus**, elles-mêmes réunies au sein de chefferies et de petits royaumes. Au fil de leur expansion territoriale, les Incas intégrèrent ces structures économiques et sociales encore assez archaïques au sein d'un système administratif plus rationnel, où les ethnies les plus diverses se rejoignaient dans un même creuset politique.

L'EMPIRE ET SES RÉGIONS

L'Empire inca se nommait le **Tahuantinsuyu**, « les quatre directions » en quechua, et avait pour centre sa capitale, Cuzco. *Chinchasuyu*, vers le nord, comprenait la partie centre et nord de la côte et des Andes ; *Collasuyu*, au sud, correspondait aux hauts plateaux bolivien, argentin et chilien actuels ; *Antisuyu*, à l'est, s'étendait à la région de la forêt amazonienne ; enfin *Contisuyu*, vers l'ouest, recouvrait les régions depuis Cuzco jusqu'à l'océan Pacifique.

Anonyme, *L'Inca Atahualpa* (détail), v. 1750. Brooklyn Museum.
Brooklyn Museum

À son apogée, cet immense territoire de plus d'un million de kilomètres carrés était constitué d'une **mosaïque de peuples**. Divisées en seigneuries, les différentes ethnies parlaient plus d'une cinquantaine de langues, se pliaient à des coutumes hétérogènes et pratiquaient des cultes fort différents. L'empire peinait à imposer une unité politique, régulièrement entamée par des révoltes et des soulèvements. Outre la répression armée, les Incas se pourvurent de diverses institutions en vue de mieux contrôler le territoire. Parmi les principales, les **mitimaes** consistaient à déplacer des populations et parfois des tribus entières vers des zones éloignées de leur région d'origine. Ce système était également appliqué aux groupes résistants, qui étaient alors installés dans des régions pacifiées. Par le biais de ces migrations forcées, qui prirent une nouvelle ampleur sous le règne de Huayna Cápac au début du 16e s., l'État plaçait les populations sous surveillance et organisait un brassage propice à l'homogénéisation de l'empire. En vue de parfaire l'intégration, une langue commune, le *runa simi* – autrement dit le **quechua** – fut imposée aux peuples soumis. En outre, les chefs *(curacas)* des provinces conquises devaient prouver leur loyauté en envoyant leurs fils à Cuzco, où ils recevaient une éducation inca.

Le bon fonctionnement de l'empire reposait sur un immense réseau de **routes**, jalonné de ponts, de fortins militaires et de *tambos* (à la fois auberges d'étape et relais postaux), à l'entretien desquels devaient veiller les populations locales. L'un des principaux axes courait sur 3 500 km, le long de la côte Pacifique, de Quito à Santiago du Chili. Une autre route traversait les Andes de l'Équateur à l'Argentine. Souvent pavées, ces routes formaient un extraordinaire moyen de communication grâce aux *chasquis* (messagers) qui la parcouraient au pas de course, se relayant d'un *tambo* à l'autre.

Grâce à ces facteurs véloces, il ne fallait pas plus de cinq jours pour qu'un message impérial fût transmis de Cuzco à Quito.

Despotes avérés, les Incas savaient néanmoins se montrer **tolérants** envers les us et coutumes de leurs sujets. À la différence des Espagnols, ils acceptèrent la cohabitation de leurs usages avec ceux des ethnies intégrées. La singularité de chacune put ainsi se perpétuer en dépit de la politique unificatrice des vainqueurs. En matière de conquête, les Incas privilégiaient la **diplomatie**. Fins politiques, ils maniaient la menace et la séduction afin de faire miroiter aux tribus exogènes l'avantage qu'elles tireraient à se placer sous leur coupe : autonomie conservée, acquisition de nouvelles richesses, sécurité et protection dans le cadre de la paix impériale. En revanche, les récalcitrants étaient combattus avec la plus impitoyable férocité.

La **guerre**, d'ailleurs, était indispensable à la stabilité intérieure de l'empire car elle empêchait les factions rivales de s'entre-déchirer. Elle fédérait les peuples vaincus, qui trouvaient en participant aux combats l'occasion d'améliorer leur sort.

Entraîné dans une logique de conquête à outrance, l'Empire inca atteignit au début du 16e s. un point d'expansion proche de l'éclatement. Il lui était devenu impossible d'assurer l'ordre sur l'ensemble de son territoire.

UNE ORGANISATION PYRAMIDALE

Totalitaire par certains aspects, mais aussi préoccupé d'efficacité et soucieux du bien-être collectif, le gouvernement inca était **centralisé** et **hiérarchisé**. Au sommet de la pyramide se trouvait le souverain, le *Sapa Inca* (« seul Inca »), clé de voûte de l'empire, qui régnait en maître absolu. Une élite dirigeante, formée principalement des lignages *(panacas)* des souverains antérieurs, gravitait autour de lui. Une telle organisation explique à la fois la puissance et la fragilité de l'édifice inca. La division de la société était orientée selon un axe vertical, conformément à une vision du monde qui distinguait le *Hanan Pacha* (le monde du dessus), le *Kay Pacha* (le monde d'ici) et le *Urin Pacha* (le monde d'en bas).

En haut de l'édifice, diverses classes privilégiées constituaient la **noblesse**. Celle-ci comprenait d'abord le lignage mâle de l'empereur, puis tous ses parents vivant à Cuzco. Seules ces deux classes avaient droit au port d'énormes pendants d'oreilles. Ensuite venaient les nobles des provinces, les chefs des groupes territoriaux (*curacas* ou caciques), puis ceux qui s'étaient illustrés, d'une façon ou d'une autre, dans la guerre ou dans l'art de construire, et que l'Inca acceptait de compter parmi les nobles. À cela s'ajoutaient les **prêtres** qui, comme les nobles, étaient entretenus par le peuple. Une bonne part du haut clergé appartenait d'ailleurs au lignage impérial. Les fonctionnaires impériaux de haut rang faisaient également partie des classes privilégiées : dans l'ordre, les quatre *apus* (administrateurs des quatre régions de l'empire), puis les *tukriquqs* (gouverneurs de province), et enfin les *quipu-camayocs* (comptables chargés d'établir les statistiques grâce aux *quipus*, des faisceaux de cordelettes nouées).

Toutefois, les privilèges de la **bureaucratie** ne s'avéraient pas exorbitants. Les charges n'étaient pas héréditaires, les administrateurs pouvaient être mutés ou révoqués à tout instant et il leur était interdit de se constituer des domaines fonciers. Beaucoup de postes étaient détenus, non par les

membres de la famille impériale ni même par des Incas, mais par des hommes que le souverain avait choisis au sein des diverses ethnies de son empire et dont il avait distingué la valeur. Par ailleurs, une grande partie de l'autorité régionale restait entre les mains des *curacas* locaux, au moins tant qu'ils restaient fidèles à l'empereur et se soumettaient à sa tutelle.
Le siège du pouvoir impérial se tenait à **Cuzco**, centre de l'empire, où se dressait le vénérable temple du Soleil (Qoricancha) tapissé d'or. Les palais des lignages impériaux occupaient la partie centrale de la cité, tandis que les chefs de province étaient logés à la périphérie. Les quartiers correspondaient aux ethnies et à la place géographique de leur province dans l'empire.
Au sein du **peuple**, tout sujet adulte et valide était tenu de fournir à l'État des prestations de travail. Ainsi, diverses **corvées** *(mita)* agricoles, domestiques ou artisanales étaient accomplies au bénéfice de l'État, lequel ne percevait, en revanche, ni impôt ni tribut. Dès sa naissance, le paysan se trouvait pris dans une puissante machine administrative qui organisait son travail et sa vie en collectivité. Si son statut ne présentait rien de servile, rares étaient les occasions de s'élever au-dessus de sa condition. Les **artisans** – architectes, tailleurs de pierre, métallurgistes, potiers – formaient une classe à part, souvent enlevés à leur *ayllu* pour être attachés au service exclusif de l'Inca et de l'État. Ils jouissaient alors de certains avantages.
Enfin, une classe sociale au statut étrange, les **yanas**, regroupait les serviteurs attachés à l'empereur ou aux dignitaires. En dépit de leur statut d'esclaves, ils pouvaient posséder des biens et bénéficiaient de divers privilèges qu'ils acquéraient grâce aux liens d'intimité tissés avec leur maître.

L'INCA, FILS DU SOLEIL

« Dans ce royaume, aucun oiseau ne vole, aucune feuille ne bouge, si telle n'est pas ma volonté », dit un jour Atahualpa aux Espagnols. En portant la main sur lui, les conquistadors commirent à Cajamarca un épouvantable sacrilège, une humiliation tellement inconcevable que les soldats de la puissante armée inca en restèrent stupéfaits, incapables de réagir à l'enlèvement de leur maître *(voir p. 479)*. Véritable **dieu vivant**, l'Inca exerçait une autorité absolue, car il était considéré comme le descendant direct de Inti, le dieu Soleil. Toujours digne et resplendissant, il ne se déplaçait qu'en grande pompe, porté sur une litière tapissée de plumes de perroquet et incrustée de plaques d'or et d'argent, précédée d'une importante escorte armée. Ses sujets ne pouvaient l'approcher que pieds nus, les yeux baissés ou portant une charge sur la tête en signe d'humilité.
Face à ces signes d'adoration, le souverain n'affichait qu'indifférence et supériorité : la tête ceinte de la **mascapaicha** (frange d'or et de laine rouge), ses oreilles ornées de deux énormes disques d'or, il affectait de ne pas regarder son interlocuteur et ne s'adressait à lui que par des intermédiaires. Ses vêtements, en soyeuse laine de vigogne, étaient tabous : une fois portés, ils devaient être brûlés pour que personne ne pût les toucher.
En plus de ses nombreuses épouses et **concubines** (plus de 700, dit-on, pour le seul Atahualpa), l'Inca gardait auprès de lui ses oncles, frères, cousins et fils, ainsi qu'une armada de **serviteurs** : gardiens des vêtements royaux, des insignes, jardiniers, bergers,

architectes, porteurs d'eau, cuisiniers, balayeurs... Vers la fin de la dynastie, le principe de la pureté de son sang divin fut affirmé par l'institution du mariage de l'Inca avec sa sœur, la **Coya**, dont devaient descendre les héritiers du trône. Le caractère sacré de sa personne se manifestait plus encore après sa **mort**. L'Inca devenait alors un dieu et son corps était embaumé et momifié pour être conservé dans la grande salle du temple d'or. Lors de ses funérailles, nombre de ses femmes et de ses serviteurs se donnaient en sacrifice, volontaire ou contraint. Les descendants de sa lignée avaient la charge de perpétuer sa mémoire et de garder sa **momie**. Lors des grands événements, les momies des souverains étaient promenées dans les rues de Cuzco par chacun des lignages qui en avaient la charge. La mort de chaque Inca n'était pas sans poser un grave problème de **succession**. En l'absence de règle dynastique, le pouvoir revenait en théorie à l'homme que l'empereur avait désigné de son vivant, ou bien à celui que les dignitaires de l'État avaient jugé le plus capable. Mais dans les faits, le plus apte au pouvoir était tout simplement celui qui parvenait à s'en emparer. Le trône devait se conquérir par la force. Les interrègnes ouvraient donc des périodes de **violence**, au cours desquelles les fils de l'empereur, voire ses frères et ses neveux, se disputaient la *mascapaicha*, soutenus chacun par des factions concurrentes. Durant ces périodes troublées, l'empire retournait provisoirement au chaos, jusqu'à ce que l'un des guerriers rafle la mise.

La vie agricole

Au cours de l'histoire ancienne du Pérou, l'expansion des États conquérants alla toujours de pair avec celle des terres cultivées. L'Empire inca développa l'agriculture andine et le rendement des récoltes de façon spectaculaire. Grâce à de saines techniques agricoles et à une gestion efficace de la force de travail, les Incas portèrent la production de la terre jusqu'à des niveaux inconnus auparavant. Leur puissance reposait sur le travail collectif des peuples.

LES TECHNIQUES D'IRRIGATION

L'approvisionnement en eau a toujours posé problème dans les Andes, tant sur la côte désertique que dans la *sierra* aux vallées encaissées. Connue depuis le début de notre ère, la culture en **terrasses irriguées** *(andenes)* sur les versants des montagnes se répand largement dans l'Empire inca. Les champs sont formés de terrasses à dénivellation, délimitées par des murs de soutènement et des barrières d'arbustes pour contenir l'érosion et régulariser la distribution de l'eau. Au prix d'efforts immenses, les paysans andins gagnent des surfaces cultivables en aménageant les flancs des montagnes depuis le fond des vallées jusqu'à la limite des neiges. Près des fleuves et des lacs, les champs sont entourés de canaux en vue d'améliorer le drainage, et artificiellement surélevés afin de les protéger des inondations. Dans les plaines côtières, un réseau d'aqueducs, de bassins et de canaux de pierre est élaboré afin d'acheminer l'eau des montagnes et des fleuves vers les cultures. Excellents agronomes, les Incas savent acclimater les plantes et les céréales selon les différentes températures d'altitude. Les hauts plateaux sont consacrés à la culture de la pomme de terre et du quinoa, ainsi qu'à l'élevage des lamas, tandis que maïs, fèves, courges, tomates, avocats, potirons, haricots et piments poussent sur les terres moins élevées.

L'AYLLU, CELLULE DE BASE

L'économie andine traditionnelle est fondée sur la gestion de la force de travail, dans le cadre d'un système de réciprocité, de redistribution et d'échange. Sitôt une province conquise par les Incas, les terres sont divisées en **trois parties**. La récolte de la première partie est destinée aux cérémonies du dieu Soleil et à l'entretien du clergé. La deuxième partie est réservée au *Sapa Inca*, à sa famille, ses serviteurs et ses soldats. Cette part peut également servir de « caisse de secours » en cas de calamité naturelle. Enfin, la troisième partie est répartie au sein de l'**ayllu**, c'est-à-dire dans une communauté de familles unies par des liens de parenté et reconnaissant un ancêtre commun. À la tête de chaque *ayllu*, un *curaca* (cacique) est chargé de la répartition des terres et de l'organisation des tâches collectives. Chaque famille reçoit en propre une parcelle ou *tupu*, dont la superficie est adaptée à ses besoins. Les *tupus* comprennent des terrains situés à différentes altitudes, pour que les paysans puissent diversifier leurs cultures. Les *ayllus* sont regroupés en une série de chefferies de taille variable, elles-mêmes dirigées par des *curacas* nommés par l'Inca.
L'entraide (ayni) est la règle au sein de l'ayllu : les travailleurs cultivent les terres des vieux et des malades, des veuves et des orphelins, des soldats partis à la guerre, ou en acquittement d'une corvée. Chacun se doit d'aider son voisin en cas de besoin.

LA CORVÉE

Dans chaque *ayllu*, tout homme adulte est tenu de travailler au service du *curaca* local, ainsi que pour l'Inca et le clergé, en cultivant les terres que ces autorités détiennent sur son terroir ou en réalisant des grands travaux pour le compte de l'État (construction d'édifices civils et religieux, de chemins, de ponts, transport de marchandises, service militaire…). Le système périodique de la **mita** (corvée) remplace avantageusement l'impôt et l'esclavage. Plutôt que de prélever une partie des récoltes, le gouvernement inca préfère contrôler les bras et l'énergie de son peuple. On raconte même que, à la seule fin d'empêcher l'oisiveté, l'Inca allait jusqu'à ordonner des tâches dénuées de caractère utile, comme déplacer une colline, ou livrer une certaine quantité de poux en guise de tribut annuel.
La corvée du temps des Incas s'accompagne d'une forme de **redistribution** des biens et des récoltes. Durant la période de corvée, le *curaca* est tenu d'offrir à la main-d'œuvre mobilisée d'abondantes rations alimentaires en denrées rares, telles que viande, coca, bière et maïs. Il doit également les loger, leur procurer des vêtements et des outils. Au terme de leur service, il les renvoie chez eux avec quelques pièces de tissu et des animaux. En cas de mauvaise récolte, le *curaca* subvient aux besoins des familles menacées par la disette. Ce système d'allure collectiviste rencontre cependant ses **limites** et ses failles : ni les *curacas*, ni l'élite dirigeante inca ne redistribuent la totalité des produits du travail issu de la *mita*. Certains chefs ou certains sanctuaires provinciaux ont ainsi accumulé des richesses considérables à leur profit.
Instrument indispensable à la gestion des ressources humaines et de la main-d'œuvre, le **recensement** de la population et des biens aidait à déterminer le nombre d'hommes mobilisables

pour les corvées et pour la guerre, le nombre de jeunes filles disponibles pour le service du temple ou pour être offertes à des fonctionnaires méritants… Le travail minutieux des *quipucamayocs* (agents recenseurs), qui enregistraient ces données sur leurs cordelettes à nœuds, témoigne du haut degré d'organisation de la société inca.

Savoirs et croyances

Forts de l'héritage culturel du passé, notamment des apports de la civilisation chimú, les Incas ne se montrèrent pas de grands innovateurs. Ils surent néanmoins améliorer les techniques et les connaissances de leurs prédécesseurs. Excellents architectes, ils édifièrent des temples où ils pratiquaient des cérémonies complexes, fortement teintées de magie.

SCIENCES ET TECHNIQUES

Indépendamment des destructions espagnoles, l'apport des Incas dans le domaine scientifique est difficile à évaluer. Ne connaissant pas l'écriture, ils n'ont pas laissé d'ouvrages propres à mesurer l'étendue de leurs acquis. Sans écriture ni monnaie, cette civilisation, qui ne maîtrisait pas la roue, la charrue, le cheval ni le fer, disposait néanmoins d'un savoir avancé en matière de médecine, de mathématiques et d'astronomie. La **médecine** inca était pratiquée par des prêtres-sorciers lors de cérémonies de divination. Les maladies, croyait-on, étaient causées par une frayeur ou une séparation entre l'âme et l'esprit. Les Incas possédaient des connaissances étonnantes en matière de psychiatrie et de chirurgie du cerveau, mais aussi dans le domaine des plantes. On leur doit notamment la découverte de la **quinine**, laquelle soigne le paludisme *(voir p. 420)*. Ils maîtrisaient certaines techniques chirurgicales complexes, telles les trépanations crâniennes et les ablations d'os brisés. La coca servait d'anesthésiant chirurgical ou médical. En guise d'instruments chirurgicaux, ils utilisaient des *tumis* (couteaux de cuivre à lame arrondie), des aiguilles, des pinces en os, du coton et de la gaze. Malheureusement, les Indiens n'étaient pas immunisés contre les maladies apportées par les Espagnols : la variole et la rougeole firent des ravages dans leurs rangs.

UNE JUSTICE IMPLACABLE

« Ne mens pas, ne vole pas, ne paresse pas », telles sont les trois règles d'or. On ne plaisante pas avec la justice de l'Inca. Dans chaque communauté, la justice ordinaire est représentée par le *curaca*, ou chef du village, placé sous l'autorité du gouverneur inca de la province. Lorsqu'un délit est commis, l'accusé paraît devant lui, accompagné de témoins. Si le prévenu avoue son délit, il est puni selon la gravité de sa faute. Si, malgré la torture, il n'avoue pas, et si aucune preuve n'est fournie contre lui, on le remet en liberté. Les châtiments sont impitoyables. Les crimes majeurs concernent l'atteinte à la personne ou au prestige de l'Inca. Le simple soupçon de vouloir l'ensorceler, la révolte ou la simple tentative de rébellion, le vol au détriment de l'État valent automatiquement au coupable et à ses complices la mort précédée de tortures. Les familles, voire les communautés auxquelles ils appartiennent, sont assassinées et leurs biens confisqués.

En matière d'**astronomie**, les pratiques des Incas étaient très sophistiquées. Cette science leur était essentielle pour déterminer le calendrier des saisons agricoles et des fêtes religieuses. Grands observateurs des astres et des mouvements célestes, les Incas connaissaient la Voie lactée, qu'ils dénommaient *mayu* ou rivière. Ils savaient reconnaître les Pléiades, la Croix du Sud ou *Chakana*, Vénus…

Les éclipses de soleil et de lune, phénomènes inquiétants, réclamaient des sacrifices.

Cependant, l'essentiel du travail des prêtres résidait dans l'observation du **soleil** et dans la prévision de ses deux jours de passage au zénith, lesquels déterminaient le cycle de l'année. Les *intihuatanas*, plates-formes d'observation en pierre, servaient sans doute à cette fin. Tout autour de Cuzco, des piliers dressés en différents points de l'horizon permettaient d'identifier les zéniths et équinoxes solaires, de même que les différentes phases lunaires.

Dans la cosmologie inca, la Voie lactée et la rivière Urubamba de la Vallée sacrée formaient les deux grands flux irriguant l'univers et se rejoignaient, aux confins du monde, dans la grande mer cosmique.

On suppose que les Incas savaient effectuer différents calculs **mathématiques**, mais personne ne connaît la méthode de déchiffrement des *quipus*, ces livres de comptes à cordelettes.

Les Incas utilisaient aussi une sorte d'abaque appelée *yupana*, une tablette de pierre creusée de rangées de cavités dans laquelle des haricots blancs étaient placés.

Des chercheurs estiment qu'ils calculaient selon un système quadridécimal, et non décimal.

LES DIVINITÉS, LES CULTES

La foi en des pouvoirs mystérieux émanant de puissances invisibles est enracinée dans les Andes.

Les dieux vénérés à l'époque préhispanique sont nombreux et hiérarchisés, ce sont les ancêtres mythiques, fondateurs et civilisateurs. Parmi eux, la terre nourricière (Pachamama), les astres, les montagnes *(apus)* et les lieux sacrés (*huacas*) constituent les fondements de la **religion populaire** des paysans andins.

Elle repose sur un ensemble de cultes naturalistes et de croyances animistes. Susceptibles d'être influencées par les rites et les cérémonies, ces divinités communiquent avec l'être humain grâce à des relations qui doivent être renouvelées constamment et de façon cyclique. Superstitieux à l'extrême, l'Indien révérait quantité d'idoles et aussi de lieux naturels, source, caverne, montagne ou rocher, à l'aide d'offrandes et de prières. Les anciennes civilisations péruviennes vénéraient en outre des êtres surnaturels dont la représentation était en général associée à trois créatures animales : le **félin**, le **serpent** et le **rapace**. Le culte du dieu aux crocs et griffes de félin est visible aussi bien dans la culture de Chavín que chez les Mochicas et les Nazcas. Le dieu aux bâtons de Tiahuanaco affiche quant à lui des traits de félin, mêlés à des cheveux serpentiformes *(voir aussi « Histoire », p. 82)*.

Le **culte des morts** revêtait aussi une importance primordiale. Après le décès, le « double » continuait de réclamer attentions et offrandes. Aussi, chaque année, apportait-on aux sépultures des ancêtres de la nourriture et divers objets. L'importance des cérémonies d'inhumation, qui visaient à pourvoir les défunts

de tous les biens nécessaires à leur bonheur dans l'au-delà, est attestée aussi bien chez les Mochicas (tombe du seigneur de Sipán, *voir p. 454*), que chez les Paracas, célèbres pour leurs *fardos* funéraires richement décorés. Comme chez les anciens Égyptiens, la **momification**, qui visait à préserver l'intégrité de l'âme et du corps, était pratiquée dès le quatrième millénaire avant notre ère, du moins pour les personnages de haut rang. Sous les Incas, les nobles et les *curacas* étaient momifiés, devenant alors des *huacas*, des idoles sacrées que l'on portait en procession lors des fêtes religieuses et à qui l'on apportait offrandes et sacrifices.
Les Incas partageaient une vénération pour les **huacas**, parmi lesquelles figuraient aussi bien des lieux naturels (cavernes, rochers, lacs, montagnes) que des édifices sacrés ou des figures d'ancêtres. On estime qu'il existait près de cinq cents *huacas* à Cuzco et dans ses environs.
Toutefois, l'institution d'un État théocratique unifié autour de son empereur nécessitait de promouvoir un dieu au rang de divinité principale de l'empire. Le **dieu Soleil Inti** fut désigné ancêtre de la dynastie, dont la souveraineté céleste était en symétrie avec celle de l'Inca, son fils sur terre. L'adoration de l'un se confondait avec celle de l'autre. Déclaré **religion officielle**, le culte du Soleil fut imposé aux peuples soumis, sans que les religions locales ne soient pour autant interdites. Cependant, elles devaient reconnaître la prééminence d'Inti sur les autres divinités. Des temples furent élevés à la gloire du Soleil dans tout l'empire, au premier rang desquels figurait le Qoricancha de Cuzco. Dans chaque temple, la divinité était servie par des prêtres et des *acclas* (femmes choisies), dont le nombre approchait 4 000 à Cuzco. Gardien des momies des souverains défunts, le dieu Soleil avait pour épouse et pour sœur Mama Quilla, la Lune, laquelle présidait la salle où reposaient les momies de la *Colla* (femme de l'Inca). Elle représentait le principe féminin, associé à une effigie d'argent, tandis que le Soleil incarnait le masculin, associé à un disque d'or.
À côté d'Inti, **Viracocha**, le dieu créateur, occupait une place

LES BELLES DU SEIGNEUR

Originalité de l'Empire inca, les vierges du Soleil ont fait naître bien des fantasmes chez les conquistadors. Chaque année, dans les communautés des provinces, un fonctionnaire impérial se faisait présenter toutes les fillettes âgées de 8 à 10 ans. Les plus jolies étaient conduites dans des couvents, les *acclahuasis*, où des matrones expertes, les *mamacunas*, appartenant à l'ethnie inca, les initiaient aux rites et aux devoirs de femme. Chaque capitale de province possédait une telle « maison des femmes choisies ». Après leur puberté, les plus belles de ces jeunes femmes étaient destinées à devenir les épouses subsidiaires de l'Inca. D'autres étaient offertes en récompense à des dignitaires ou à des fonctionnaires méritants. D'autres enfin, qui ne présentaient pas le moindre défaut physique, étaient réservées aux sacrifices pour les dieux. Enfermées à vie dans leur couvent, les vierges du Soleil se consacraient au service d'Inti et filaient ou tissaient la laine dans des ateliers. Ces couvents-ateliers jouèrent un rôle important dans la production de tissage et de vêtements de l'empire.

Machu Picchu, le groupe des Trois-Portes.
J.-D. Sudres / Hemis.fr

de choix. L'Inca Pachacútec, en particulier, en fit son protecteur et lui érigea un temple pour abriter sa statue en or. Parfois représenté comme un vieil homme à la peau claire portant une barbe et une longue toge, la divinité trouve son origine chez les Aymaras. Viracocha était sans doute le dieu aux bâtons de Tiahuanaco, civilisation prestigieuse dont les Incas se voulaient les héritiers. D'après la légende, il émergea du lac Titicaca et créa le Soleil, la Lune et les étoiles, puis les tribus des Andes. Viracocha devint ensuite un héros civilisateur donnant aux hommes les lois, puis il rejoignit la mer et disparut à l'horizon. L'instauration du culte de Viracocha coïncide avec la période où les Incas tentèrent d'étendre leur emprise sur les territoires autour du lac Titicaca. Ce culte, toutefois, se limita au clergé et à la cour, sans trouver de véritable attache populaire.
Autre divinité vénérée par les Incas, **Illapa**, dieu du tonnerre, de l'éclair et de la pluie, parcourt le ciel armé d'une massue et d'une fronde, dont le projectile claque comme le grondement sec de l'orage. Il puise l'eau du grand fleuve de la Voie lactée et la répand sur terre. Divinité de la pluie, il était particulièrement révéré par les peuples de l'empire, qui lui dédièrent nombre de temples. Des sacrifices lui étaient consentis lorsque la sécheresse menaçait.

LES SACRIFICES

Fréquents chez les Incas, les sacrifices accompagnaient les cérémonies propiatoires, visant à attirer les faveurs des dieux, ou sinon à calmer ou à éviter leur colère. Dans bien des cas, les sacrifices prenaient place lors des **rites divinatoires**. Les Incas, très superstitieux, n'accomplissaient aucun acte important sans consulter auparavant les auspices. Les prêtres sacrifiaient le plus souvent des lamas, dont ils lisaient les entrailles afin de rendre leurs oracles. Chaque matin, à Cuzco, un lama était sacrifié à Inti.

Sans égaler les sacrifices de masse des Aztèques, les **sacrifices humains** étaient régulièrement pratiqués, chaque fois que l'invocation de la protection divine était nécessaire, en particulier lors de catastrophes naturelles, d'épidémies ou de troubles politiques. Les sacrifiés, hommes, femmes ou enfants, devaient être exempts de défauts physiques. On choisissait les plus beaux, on les nourrissait, on les enivrait avec de la *chicha* ou de la coca, puis on les égorgeait. Afin que les esprits des montagnes *(apus)* ne s'irritent pas, les Incas organisaient des cérémonies au cours desquelles des enfants étaient sacrifiés en offrande. Ceux-ci appartenaient pour la plupart à la noblesse : les vêtements rouge et blanc, couleurs réservées à l'élite, comme ceux trouvés sur la jeune Juanita sacrifiée sur le volcan Ampato *(voir p. 309)*, le prouvent. La plupart des enfants étaient enterrés vivants ou bien tués d'un coup de massue. Dans certains cas, on leur ouvrait la poitrine pour leur arracher le cœur, comme chez les Aztèques. Tous les ans, pour chaque sanctuaire provincial, un contingent de victimes était attribué. Parmi les groupes de jeunes filles fournies par les provinces à l'Inca, un certain nombre étaient destinées à être sacrifiées aux dieux.

LES FÊTES RELIGIEUSES

Essentiellement religieuses, les fêtes incaïques correspondaient aux moments importants du cycle agricole. Les douze mois lunaires du calendrier inca portaient au moins deux appellations différentes, décrivant soit des fêtes religieuses, soit les travaux agricoles du moment : labours, semailles, récoltes… Les fêtes, qui se tenaient en grande pompe à Cuzco, étaient accompagnées de danses et de chants, et arrosées avec force *chicha*.

Parmi les cérémonies les plus marquantes, **Warachikuy**, en décembre, était un rite de passage destiné aux adolescents de la noblesse inca. Elle avait pour but de révéler en eux les braves et fiers soldats tout dévoués à la gloire de l'empire et à leur seigneur l'Inca. Le rite incluait une série d'épreuves de force, d'endurance et d'agilité, et se terminait par la perforation des oreilles, le privilège de porter des disques auriculaires signalant leur nouvelle appartenance à la classe des guerriers. En septembre, on célébrait la **Coya Raymi**, la fête de la Lune.

La principale fête inca était l'**Inti Raymi**, cérémonie de la divinité solaire, le 24 juin, jour du solstice d'hiver. L'empereur s'y préparait à l'avance, en respectant jeûne et abstinence. Au lever du jour, sur la grande place de Cuzco, il offrait à l'astre naissant une libation de *chicha* dans une coupe d'or. Des lamas blancs étaient offerts en sacrifice, puis on allumait un vaste bûcher qui était mis à feu grâce aux rayons du soleil réfléchis par un miroir. Une flamme était déposée dans un foyer à l'intérieur du temple du Soleil, que les prêtres devaient alimenter jour et nuit durant l'année.

Art et architecture

Le Pérou contemporain est l'héritier de multiples civilisations, toutes plus riches les unes que les autres. Depuis l'apparition des premiers chasseurs-cueilleurs, voici environ 20 000 ans, jusqu'à l'apogée et au déclin de l'empire inca avec l'arrivée des conquistadors en 1532, puis durant la vice-royauté, le pays a connu un long processus d'évolution artistique. C'est sur la diversité et la richesse de ces apports que s'est bâti le Pérou actuel.

L'art précolombien

Fort d'un patrimoine culturel exceptionnel, dont une dizaine de lieux inscrits sur la liste du Patrimoine mondial de l'Unesco, le Pérou recense également près de 500 sites contenant des peintures rupestres et un nombre équivalent de gisements de pierres gravées.

L'ART PRÉHISTORIQUE

Les grottes de **Lauricocha**, dans la Cordillère centrale, ou bien celles de **Toquepala**, près de Moquegua, arborent des peintures pariétales représentant des scènes de chasse et datant d'environ 10000 avant notre ère. Sur d'autres sites (Huaca Prieta, Las Haldas, El Paraido), des peintures datant d'environ -4000 à -2000 attestent du culte de la fertilité et de la domestication des camélidés, au moment où émergent le pastoralisme et les premières sociétés agraires.
À la suite de fouilles réalisées en 2007, le site de **Ventarrón**, dans la vallée de Lambayeque, a révélé la plus ancienne fresque murale d'Amérique, vieille de 4 000 ans, qui pourrait établir un chaînon entre la mythique civilisation archaïque de Caral et la culture de Chavín. Elle représente un cerf capturé dans un filet. Vers 1500 avant notre ère, de nouveaux sujets et styles de représentation surgissent.
Les figures animales et humaines, peintes de couleurs diverses, sont figurées de manière stylisée, parfois par de simples traits. À partir de 1200 av. J.-C., la céramique et le métier à tisser font leur apparition.

LA CULTURE DE CHAVÍN

De 1000 à 200 avant notre ère, cette civilisation au caractère magico-religieux profondément ancré produisait des dessins et des céramiques très sophistiqués : son art sculptural est d'une telle originalité qu'on ne peut l'apparenter à rien d'autre dans le monde antique, bien que l'on puisse peut-être y deviner quelques influences mexicaines archaïques.
Des stèles attribuées à cette culture montrent des félins stylisés en creux et d'étranges **êtres composites**, mi-hommes, mi-bêtes, illustrant la croyance en un monde de métamorphoses, où l'homme devient jaguar ou oiseau. Les divinités portent des sceptres (dieu aux bâtons). Très complexe, le style de Chavín désoriente le spectateur et le transporte vers d'autres réalités. Certains éléments humains

(cheveux, moustache, poils) sont remplacés par des animaux, le plus souvent des serpents, mais aussi des crocs de jaguar, de puma ou de caïman et des griffes de condor. Une forte inspiration de la région tropicale, due à un lien avec l'Amazonie et ses cultures chamaniques, semble affleurer. Les artistes de Chavín éprouvent une prédilection pour la gravure et le faible relief. Le trait courbe et sinueux favorise les motifs figuratifs complexes et stylisés, les détails sont simplifiés et multipliés en séries modulaires que redouble une forte symétrie. La **céramique** est en général monochrome et sombre, noire, grise ou brune. On a surtout retrouvé des vases globulaires à anse-goulot en étrier et des bouteilles à haut col. Le décor, géométrique, est constitué de couleurs posées après cuisson. La civilisation de Chavín a également introduit le travail du **bronze** et de l'**or** en Amérique du Sud. La méthode de travail des métaux était très avancée pour l'époque.

LES GRANDES CIVILISATIONS CÔTIÈRES

La culture de **Paracas** (800 av. J.-C.-200 apr. J.-C.) fleurit sur la côte sud du Pérou. Influencée à l'origine par Chavín, elle s'en détache progressivement. Les premières céramiques de la phase Cavernas présentent une polychromie contrastée et une iconographie où dominent les animaux prédateurs. Les céramiques plus tardives s'ornent de motifs proches de ceux que l'on retrouve sur les textiles. Ils sont élaborés à l'aide de pigments colorés posés après cuisson. Un des thèmes iconographiques les plus fréquents est celui de l'être ocelé, personnage mythologique à tête de félin d'où jaillissent deux longs appendices serpentiformes, qui brandit un couteau et une tête-trophée. Paracas s'illustre surtout par ses **fardos**, ces linceuls dans lesquels on enveloppait les momies. Ornées de personnages surbrodés aux couleurs d'une incroyable fraîcheur, ces étoffes de coton éclatantes ont été miraculeusement conservées grâce à la sécheresse du climat. La variété des nuances de couleurs et le raffinement extrême des motifs brodés en font des trésors uniques au monde.
Toujours au sud, l'art de **Nazca** (200 av. J.-C.-600 apr. J.-C.), dont les immenses lignes tracées au sol *(voir p. 365)* ont fait délirer des générations de pseudo-découvreurs, se distingue par d'émouvantes **céramiques polychromes** à motifs zoomorphes. Les sujets des poteries invitent à penser que les Nazcas adoraient des divinités animales telles que l'épaulard, le lézard, certains félins, des oiseaux ou des serpents. La céramique nazca s'inscrit dans la continuité de celle des Paracas, dont elle reprend en partie l'iconographie. Toutefois, une nouveauté technique fondamentale apparaît : les couleurs sont désormais appliquées avant cuisson, et non plus séparées par des incisions. La typologie des céramiques s'enrichit également de vases sphériques à goulots reliés par une anse-pont, de gobelets, de bols, de terrines, de jarres ou de récipients anthropomorphes. Les couleurs, posées en aplat, sont délimitées par un contour noir formant divers motifs décoratifs. À la différence des céramiques de la côte nord, la céramique nazca ne joue pas sur les effets de relief, mais plutôt sur une polychromie vive et contrastée.
Découverte dans les années 1960, la culture des **Vicús** (500 av. J.-C.-500 apr. J.-C.), qui s'est développée à l'extrême nord de la côte péruvienne, reste assez mal connue en raison des trop nombreux

pillages de tombes. Elle possède deux styles de céramique : l'une, proche des styles équatoriens, fruste et grossière, l'autre, d'influence mochica, beaucoup plus raffinée. Les Vicús ont surtout été de remarquables métallurgistes, travaillant le cuivre, le bronze arsenical et le *tumbaga*.

Contemporaine de Nazca, la culture **mochica** ou moche (100-700 apr. J.-C.) est l'une des mieux connues du Pérou. Elle s'épanouit le long de la côte nord. Son art offre un aspect figuratif d'un réalisme puissant, proche de l'art européen. Peuple de conquérants et de guerriers, les Moches ont élaboré des céramiques illustrant souvent des scènes de combat, des trophées d'armes ou des cortèges de prisonniers conduits au sacrifice. L'exploration des tombes de dignitaires a révélé les restes humains de sacrifiés, prisonniers de guerre ou victimes de combats rituels au sein du même groupe ethnique.

L'abondante production **céramique**, réalisée par moulage, révèle un art sculptural, en général monochrome ou seulement coloré de dessins rouge brique sur fond beige. Les vases, figuratifs et le plus souvent en ronde-bosse, comprennent presque tous une anse-goulot en étrier. Ils prennent la forme de plantes, de fruits, de légumes ou d'animaux, parfois d'un être mythique, mi-humain, mi-félin, ou adoptent l'apparence d'une sorte de dragon à crête sur une forme en croissant évoquant la lune, que vénéraient les Mochicas. Particulièrement expressive, la céramique mochica est pleine de réalisme et de vie. Les scènes représentées sont d'une grande complexité. On y voit des personnages en train de rire ou bien malades, des *chamans* mastiquant de la coca et même des scènes érotiques d'une grande crudité.

Les Mochicas développent aussi des techniques de **métallurgie** plus élaborées que chez d'autres peuples andins. Ils travaillent des alliages de cuivre et d'argent, de cuivre et d'or, ou encore le bronze pour fabriquer des objets de décoration, masques et bijoux, mais aussi des outils agricoles et des armes. Les artistes mochicas pratiquent également la dorure et l'argentage du cuivre, l'incrustation des métaux avec des pierres semi-précieuses (turquoise, lapis-lazuli) ou avec de la nacre et des coquillages, selon des techniques de mise en forme diverses : découpage, martelage, incision, embossage, repoussé, coulage dans des moules simples ou à la cire perdue, granulation, tressage… D'où une grande variété de pièces, comme des masques funéraires, des colliers, des pectoraux, des boucles d'oreilles en or et pierres précieuses. La tombe du **seigneur de Sipán** *(voir p. 454)*, merveilleuse découverte archéologique, était remplie de somptueux bijoux qui témoignent de leur génie en matière d'orfèvrerie.

TIAHUANACO-HUARI

Le site de **Tiahuanaco** se trouve aujourd'hui en Bolivie, mais sa culture (100 av. J.-C.-1 000 apr. J.-C.) a autrefois rayonné sur tout le sud du Pérou. Célèbre pour son grand personnage sculpté sur la porte du Soleil, brandissant ses deux sceptres, le grand empire unificateur de Tiahuanaco a laissé une **architecture monumentale** et soignée, préfigurant celle des Incas. Témoignant d'une grande maîtrise de la taille de la pierre, les architectes ont en outre intégré la sculpture à leurs réalisations, comme à Chavín. Le style de Tiahuanaco évolua d'un certain réalisme (lignes et surfaces courbes) à des attitudes plus figées et des sculptures plus rectilignes. Toujours dressés sur le site archéologique, les monolithes de Ponce ou El Fraile sont des exemples de ce style géométrisé à l'extrême, les figures restant engoncées dans une forme de colonne.

La **céramique** reprend, à l'aide de décors peints et incisés, les thèmes représentés en sculpture : dieu aux bâtons, personnages ailés et oiseaux anthropomorphes. On y trouve aussi des figures (pumas, condors, hommes) inspirées de l'iconographie nazca. La forme la plus typique de poterie est le vase *kero*, un gobelet cérémoniel à bords évasés utilisé pour les libations, aux motifs géométriques traités dans une trichromie de rouge, blanc et noir, et souvent décoré d'une tête de puma en ronde-bosse.

Largement influencée par Tiahuanaco, la culture **huari** (7e-11e s.), dont le berceau se situe dans la vallée d'Ayacucho, est à l'origine de grands vases à décor en damier et d'urnes funéraires géantes aux dessins stylisés. Le dieu aux bâtons et les personnages ailés de la porte du Soleil de Tiahuanaco apparaissent dans une dominante ocre ou orangée. Sur d'autres vases, des plantes (maïs, quinoa), des guerriers et des animaux (lamas) sont représentés au milieu de motifs géométriques. La sculpture en pierre demeure rare, malgré les quelques statues figurant hommes ou animaux. Fabriqués en laine de lama ou d'alpaga et réalisés selon une technique de tapisserie d'une extraordinaire finesse, les **tissus** arborent une géométrisation très poussée.

CITÉS-ÉTATS ET SEIGNEURIES

Après le déclin de Huari, la culture **chimú** (900-1470) se dessine comme la plus puissante des seigneuries indépendantes sur la côte nord. Depuis sa capitale de Chan Chan, divisée en une dizaine de citadelles en pisé, elle voit prospérer un artisanat fécond, en particulier dans les domaines de la métallurgie et de l'orfèvrerie.

Raffinée et réputée, l'**orfèvrerie** est surtout connue à travers le matériel funéraire, où l'on constate la récurrence du motif caractéristique de l'œil effilé en amande. Afin de rehausser la valeur de certaines pièces, du cinabre (colorant rouge) est appliqué pour marquer un contraste avec l'or, et des pierres précieuses ou semi-précieuses (lapis-lazuli, cristal) sont incrustées. Marqué par une importante symétrie, le style chimú est aussi reconnaissable à la divinité Namlap, souvent représentée et caractérisée par une coiffe en demi-lune.

En matière de **céramique**, les poteries chimú, de qualité inférieure, présentent des ressemblances avec celles des Mochicas. En général noires et brillantes, elles arborent souvent une forme globulaire, avec une anse-goulot en étrier. De belle qualité, les tissus sont parfois décorés de plumes d'oiseaux de la forêt tropicale, de la côte ou des Andes.

Entre le 11e et le 15e s., la culture **chancay** se développe dans une vallée de la côte centrale, au nord de Lima. Ce peuple de pêcheurs et d'agriculteurs produit une céramique originale bicolore, à l'aide d'un engobe blanc rehaussé d'un fin décor brun-noir. Elle comprend des vases à décor géométrique, d'exécution plutôt simple, et des statuettes anthropomorphes avec vêtements en tissu. Les tombes ont révélé d'intéressants *fardos*, des momies enveloppées de tissus et portant des parures de plumes. Les tissages, en coton ou laine de camélidés, étaient des gazes d'une grande légèreté.

La culture **lambayeque-sicán**, qui surgit vers 700 ou

800 sur la côte nord du pays, édifie de monumentales pyramides tronquées. Elle a laissé d'extraordinaires chefs-d'œuvre d'orfèvrerie funéraire, des parures composées de couronnes de plumes d'or, pendeloques, épaulières, colliers, boucles d'oreilles larges comme des soucoupes et pectoraux d'une richesse inouïe, des vases en or et cinabre, de grands couteaux sacrificiels à la lame en demi-lune et au manche incrusté de coquillages et de turquoises. L'iconographie est marquée par l'omniprésence d'un personnage dit **Seigneur de Sicán**, portant une coiffure demi-circulaire et affichant des yeux étirés en virgule, des oreilles pointues et des lèvres aux commissures tombantes.

L'ART DES INCAS

Voir également « Littérature », p. 123 et « Musiques et danses », p. 133.
L'art des Incas (12e-16e s.) s'est épanoui dans le **travail de la pierre** et en particulier dans le domaine de l'architecture. Les fouilles ont exhumé statuettes, bas-reliefs et quelques rares sculptures en ronde-bosse. Ces dernières arborent des formes anthropomorphes, sans doute impériales, et zoomorphes, une constante dans la statuaire inca, ce dont témoignent aussi ces petites statuettes votives représentant des alpagas ou des lamas, appelées *conopas*. On les retrouve avec des serpents et des fauves sur les bas-reliefs des bassins rituels ou des temples.
Pour le reste, l'art inca surprend par son **austérité**, ses simples colliers de coquillages, ses textiles à damier, ses *keros* en bois aux bords évasés, simplement ornés d'un visage en bas-relief ou peints à l'encaustique de scènes colorées, d'animaux et de végétaux. L'art inca, qui souffre d'une certaine rigidité, ne témoigne pas de la fantaisie et de la créativité développées par les artistes mochica. En dépit des visées civilisatrices du pouvoir impérial, l'art inca n'influença que faiblement les peuples assujettis et ne modifia

RAZZIA SUR LES OBJETS D'ART

On les appelle les *huaqueros*, les pilleurs de tombes. Aiguillonnés par la pauvreté ou l'appât du gain, des milliers de villageois explorent sans ménagement les filons hérités du passé, de façon occasionnelle ou professionnelle. Aujourd'hui, la destruction du patrimoine relève davantage de réseaux criminels organisés, lesquels financent les recherches des populations locales. Dans certaines zones mal protégées, les *huaqueros* s'en donnent à cœur joie. Les sépultures mises à sac sont transformées en une succession de cratères jonchés de fragments d'os, de tissus et de poteries. Mochica, chimú, inca, paracas, nazca, chancay : aucune civilisation n'est épargnée. Et les dommages causés sont irréparables, privant la recherche archéologique de précieux indices. Il existe bien une loi interdisant les fouilles sauvages, mais elle n'est pas appliquée, faute de personnel pour surveiller les sites. Dans ce pays plusieurs fois millénaire, on ne compte que 100 sites archéologiques étudiés et protégés sur les 10 000 recensés. Chaque année, près de 800 millions de dollars d'objets précolombiens quittent clandestinement le Pérou. Les trésors coloniaux, tableaux, sculptures et objets liturgiques présents dans les églises et les monastères, sont eux aussi exposés au pillage. En théorie, l'exportation du patrimoine national est interdite. Le trafic d'art est un phénomène en pleine expansion au Pérou, qui voit son patrimoine culturel partir en lambeaux.

pas en profondeur les traditions des cultures andines antérieures. En revanche, il sut s'approprier certains acquis des civilisations conquises et les perfectionner.
La civilisation inca a ainsi récupéré la tradition des orfèvres chimú, dont les artisans, après la conquête en 1470, furent contraints de s'installer à Cuzco pour travailler au service des dignitaires de l'empire. Grâce à cet apport, l'**orfèvrerie** inca parvint à un haut degré de perfection dans la production d'objets en or, argent, platine, étain ou cuivre. Les artisans incas réalisent aussi de nombreux alliages. Ils utilisent comme principale technique la cire perdue. Les objets de métal sont souvent incrustés de pierres précieuses ou semi-précieuses, ou mis en couleur avec des acides naturels comme le cinabre. Les métaux sont travaillés pour la décoration des temples, les objets de culte et les bijoux (bracelets, pendentifs, pectoraux, disques d'oreilles) destinés à la famille impériale ou à l'élite dirigeante. Peu d'œuvres nous sont parvenues, les conquistadors ayant pillé les trésors pour récupérer le métal.
La **sculpture sur bois** s'exprime notamment dans des objets cérémoniels comme les *keros* zoomorphes supportés par des atlantes, ou les *pajchas* (louches rituelles). Cette production est difficile à dater car elle s'est poursuivie pendant la période coloniale.
Fondée sur la technique du moulage ou du colombin plutôt que sur celle du tour, la **céramique** a donné des vases à décor géométrique ou, plus rarement, en forme d'animaux, ainsi que de remarquables vases anthropomorphes inspirés par l'art des Chimús. La céramique inca est marquée par l'apparition de nouvelles formes comme l'aryballe (petite jarre pansue), muni de deux anses latérales, et le *florero* (récipient à long col évasé). Assez fine et harmonieuse, la vaisselle inca est loin d'égaler la qualité des poteries mochica ou nazca. Plutôt pauvre, le décor est constitué de formes géométriques peintes en noir et blanc sur fond rouge.
L'art **textile**, et notamment celui des tuniques *unku* (deux pièces rectangulaires assemblées, cousues et décorées de motifs géométriques), avait atteint chez les Incas un très haut niveau artisanal. Leurs éléments décoratifs portant sans doute un caractère narratif, les tissus étaient utilisés pour désigner ou symboliser un clan, une tribu, une divinité.

L'art colonial

16e-19e s.
Dès leur arrivée au Pérou, les colonisateurs espagnols s'efforcent d'asseoir leur conquête spirituelle sur les Amérindiens en éradiquant les symboles de leur culture idolâtre. Les effigies précolombiennes sont détruites et remplacées par des objets de culte et des images catholiques.
La question de l'évangélisation des masses indiennes se pose d'emblée. Dans le sillage du concile de Trente (1545-1563), qui vise à donner un nouvel élan à la foi catholique, l'accent est mis sur la fonction didactique de l'image afin de magnifier la gloire de Dieu.

LE MANIÉRISME

Fin du 16e s.-début du 17e s.
Dans un premier temps, l'Église se trouve dans la nécessité de faire venir des artistes d'Europe. Le premier peintre européen à rejoindre Lima et Cuzco est l'Italien **Bernardo Bitti** (1548-1610). Il est accompagné par deux confrères, **Mateo Pérez de Alesio** (1547-1607) et **Angelino Medoro** (1567-1633).

École de Cuzco, *Vierge* (détail). Arequipa, monastère Santa Teresa.
H. Hughes / Hemis.fr

Ces peintres enseignent à leurs disciples, indiens et métis, la leçon **maniériste** héritée de la Renaissance de Michel-Ange, madones au long cou, couleurs fraîches et figures aux lignes serpentines.
Puis c'est au tour des **artistes espagnols** d'envoyer leurs œuvres ou de venir travailler sur place : Juan Bautista Vázquez, Juan Martínez Montañés (1568-1649), Juan de Mesa, Pedro de Noguera, Gaspar de La Cueva ou Luis de Espíndola. Assimilant rapidement les formes, les contenus et les techniques de la peinture ibérique, les **artistes amérindiens** récemment convertis se voient contraints d'utiliser ce nouveau langage. Destiné à l'évangélisation, l'art imposé s'adresse aux Indiens illettrés auxquels il faut inculquer les mystères de la foi et le dogme de la Sainte-Trinité. C'est un outil de propagande, un moyen d'assujettir les populations à l'Église et à la Couronne, qui vise une production de masse et ne cherche pas l'art pour l'art. La vice-royauté contrôle la production, réalisée sur commande et d'après modèle. Les artistes indiens ont interdiction de signer leurs toiles. Confrontés à une iconographie gréco-romaine étrangère à leur univers quotidien, les artistes indiens ou métis s'adaptent avec une incroyable facilité. Malgré une facture naïve et parfois maladroite, leurs toiles débordent de fraîcheur et de gaieté.

LE BAROQUE

Milieu du 17e s.-18e s.
Avec un demi-siècle de retard sur l'Europe, le mouvement baroque traverse l'Atlantique en 1650.
À la peinture linéaire et claire du maniérisme succède un style où le clair-obscur et une forme de réalisme laissent place au rendu des détails anatomiques, au mouvement et aux effets de perspective, sous la double influence des écoles sévillane (Zurbarán, Murillo) et flamande (Rubens, Van Dyck). Les peintres indiens et métis s'inspirent des gravures sur cuivre flamandes, imprimées à Anvers et distribuées

dans la colonie. Ils copient les planches et les colorent en leur donnant une tonalité locale. Ils peuvent ainsi reproduire des œuvres de Rubens sans jamais les avoir vues.
Lima et Cuzco s'imposent vite comme les deux centres de production de la colonie. À Cuzco, deux maîtres dominent la scène au 17e s. : **Diego Quispe Tito** (1611-1681) et **Basilio de Santa Cruz Pumacallao** (actif de 1661 à 1700). Issus de la petite aristocratie indienne, ils affichent deux styles antagonistes. Le premier suit l'influence flamande, avec des couleurs vives, des coups de pinceau agiles et un goût pour les paysages idéalisés où voltigent anges et oiseaux. Le second utilise le fonds espagnol influencé par Murillo, et réalise des compositions dynamiques de grande dimension. Le style de l'**école de Cuzco** est alors apprécié dans toute la vice-royauté. La ville devient le centre d'un marché florissant où près d'un millier d'ateliers de peinture et de sculpture réalisent des œuvres qui partent par cargaisons entières vers la Bolivie, l'Argentine, le Guatemala, le Mexique et même les Philippines. Vers la fin du 17e s. et le début du 18e s., la peinture de Cuzco produit, outre des œuvres religieuses, des portraits de nobles et de grands notables, de recteurs d'université et autres supérieurs de couvent… La noblesse indienne, qui bénéficie d'une reconnaissance officielle, commande quantité de portraits mettant en scène son lignage aristocratique et ses liens avec les princes incas.

Vers un baroque métis (18e s.)

Au fil du temps, les peintres autochtones confèrent leur propre sensibilité à l'iconographie religieuse classique, qui s'imprègne d'une inspiration personnelle. Plus tolérante, l'Église – et en particulier les jésuites – laisse s'épanouir ce baroque métis, que certains ont qualifié de **renaissance inca**.
Le caractère européen s'estompe pour laisser place à l'affirmation d'un particularisme brillant, où s'incarnent les dieux, les hommes, les animaux, les oiseaux et les fruits de la terre, dans une ode à la création. Le naturalisme disparaît au profit de compositions sans perspective où s'insèrent des figures stéréotypées et hiératiques, dans un style médiéval, en particulier à Cuzco. Des personnages locaux apparaissent, les saints arborent des halos et des vêtements de brocart tandis que de luxuriantes frises florales les entourent. Revanche de l'histoire, les Indiens et leurs croyances, que l'on voulait abolies, colonisent à leur tour l'imaginaire européen : le Christ, identifié au Soleil inca, mange du cochon d'Inde dans la *Cène* de la cathédrale de Cuzco, une œuvre de l'artiste **Marcos Zapata** (v. 1710-1773). La Vierge est associée à la Lune ou encore à la Pachamama ; l'Enfant Jésus porte le bandeau de plumes inca ; les archanges arquebusiers incarnent le dieu de la foudre Illapa. L'absence d'académie pour définir les règles et les canons, la formation empirique des artisans expliquent en partie cette évolution vers un art à la profusion bariolée, à la verve naïve et à l'imaginaire débridé.

LE NÉOCLASSICISME

Fin du 18e s.-début du 19e s.
Cependant, après la révolte de Túpac Amaru II en 1780, une reprise en main est opérée par les Espagnols, lesquels font disparaître cette peinture indigéniste et déviante. Retour à l'ordre. Les réformes du roi Charles III (1716-1788) marquent un changement fondamental en Amérique. Les corridas, le théâtre

et les fêtes baroques, si prisés des Indiens, sont interdits. Des **académies d'art** se substituent aux associations d'artisans. Elles ont pour mission de diffuser l'art érudit, inspiré du rationalisme des Lumières. L'Église et les autorités s'emploient à faire disparaître l'art baroque, car on l'estime désormais décadent et de mauvais goût. Le centre artistique de Cuzco décline en faveur de **Lima**, qui prend la tête du mouvement néoclassique. À la fin du 18e s., la capitale connaît une véritable renaissance. Les artistes œuvrent dans un style réaliste, souvent naïf, qui s'illustre dans la peinture de portraits, de natures mortes et de scènes de genre.

L'art moderne et contemporain

19e s.-21e s.

À la fin du 19e s., le romantisme et l'impressionnisme français influencèrent les créateurs péruviens, à l'image d'**Ignacio Merino** (1817-1876), qui vint se former à Paris dans l'atelier de Delacroix, ou encore de **Daniel Hernández** (1856-1932), un peintre académique qui, après un séjour à Paris au début du siècle, introduisit l'impressionnisme au Pérou.
En 1918, la création de l'École des beaux-arts de Lima fit évoluer la peinture et la sculpture péruvienne de façon décisive.

L'ART INDIGÉNISTE

C'est aux Beaux-Arts de Lima que naît le mouvement indigéniste moderne, dont **José Sabogal** (1888-1956) est le chef de file. D'ascendance espagnole plus qu'indienne, il s'efforce néanmoins de remettre à l'honneur la culture et l'esthétique des civilisations précolombiennes. Sa rencontre, en 1922, avec les peintres muralistes mexicains (Riviera, Orozco, Tamayo et Siqueiros) l'incite à développer au Pérou un art figuratif centré sur le peuple indien et sur la réalité quotidienne, les luttes sociales, l'histoire et l'identité nationale. Son travail influença toute une génération de peintres, dont **Julia Codesido** (1892-1979) et **Mario Urteaga** (1875-1957).

ENTRE MODERNITÉ UNIVERSELLE ET SOURCES AMÉRINDIENNES

Influencé par le cubisme et l'expressionnisme européens, l'artiste autodidacte **Sérvulo Gutiérrez** (1914-1961) étudie à Paris avant de retourner vivre une existence de bohème à Lima. Mélange de fauvisme et d'esthétique indienne, son œuvre retient l'attention par la violence des couleurs, les effets de texture et un fort pouvoir expressif.
Ayant lui aussi fréquenté les milieux artistiques parisiens, **Fernando de Szyszlo** (né en 1925) est l'une des figures marquantes de l'art abstrait sud-américain. Ses toiles, d'un style lyrique, cherchent à associer l'héritage des mythes précolombiens et l'expression artistique moderne.
Peintre et sculpteur prolifique, **Victor Delfín** (né en 1927) puise également aux sources de la culture péruvienne, en particulier dans l'art de Paracas. Ami de Botero, de Mario Vargas Llosa et de Francisco Toledo, le peintre **Hugo Orellana Bonilla** (1932-2007) compte parmi les meilleurs peintres du Pérou. L'œuvre du peintre muraliste **Josué Sánchez Cerrón** (né en 1945) met en scène la vie quotidienne des Andes ainsi que la violence liée aux années noires du terrorisme imposé par le Sentier lumineux. Enfin, **Pablo Amaringo** (1938-2009), un *chaman* de la région amazonienne, s'est fait connaître par des peintures colorées où s'imbriquent en tous sens ses visions.

L'architecture

Vers le premier millénaire avant notre ère apparaît en Amérique du Sud une architecture religieuse élaborée, autour de pyramides tronquées, de grandes places et de plates-formes rectangulaires surélevées. L'architecture du littoral, en particulier la cité des Chimús, **Chan Chan**, est montée en briques de terre séchée (adobe), par opposition à la pierre, en particulier l'andésite, employée dans les hautes terres andines.

Développée durant l'époque de Chavín (1000-200 av. J.-C.), l'architecture monumentale en pierre s'épanouit sur le site de **Tiahuanaco**, près du lac Titicaca, en Bolivie, entre le 5e et le 10e s. Les blocs, taillés à partir d'outils de bronze ou de cuivre, puis polis avec du sable humide, sont assemblés à joints vifs, avec des crampons de bronze, ou par tenons, mortaises et encoches. Les bâtiments, d'allure austère, se caractérisent par leur effet monumental et leur apparence monolithique, à l'image de la célèbre porte du Soleil, haute de 3,7 m et taillée dans un seul bloc de pierre. En son centre est gravée l'image du dieu aux bâtons, divinité centrale entourée d'une frise représentant des divinités ailées. Les Incas reprendront et amélioreront les techniques de Tiahuanaco.

LES INCAS, MAÎTRES BÂTISSEURS

Sobriété, précision, fonctionnalité et parfaite maîtrise de la taille de la pierre caractérisent l'architecture inca. Pour imposer leur culte du dieu Soleil Inti, et aussi pour susciter le respect et la soumission des peuples conquis, les Incas se lancent, sous le règne de Pachacútec (1438-1471), dans la construction de sites impériaux cyclopéens et d'imposants bâtiments civils, religieux et militaires sur tout le territoire qu'ils dominent. Les monuments emblématiques de cette période incarnent la volonté de grandeur et de puissance des Incas : le temple **Qoricancha** à Cuzco, la forteresse de **Sacsayhuamán**, les sites d'**Ollantaytambo**, de **Pisac** et l'imposante cité perchée de **Machu Picchu**.

Pachacútec décide même de remodeler sa capitale, **Cuzco**, selon la forme d'un puma, symbole de force et de vivacité, qu'il inscrit au cœur même de son vaste empire. Tout part et tout va de cette ville phare, nombril du monde, splendeur incomparable qui fait la fierté des Incas.

L'utilisation de **pierres colossales** – certaines pesant plus de 50 t – est privilégiée pour les constructions importantes, temples et palais. Les Incas ignorant la roue, des centaines d'hommes sont réquisitionnés pour tirer et pousser à l'aide de rondins, de boue et de cordages ces blocs sur des kilomètres depuis les carrières. La pierre (andésite, granite, porphyre, diorite) est taillée à l'aide de galets de rivière, d'outils de cuivre ou de bronze, puis soigneusement polie afin que les blocs, polygonaux ou rectangulaires, s'ajustent parfaitement les uns aux autres et se tiennent sans mortier ni ciment. La stabilité des édifices est renforcée par des agrafes, tenons et mortaises et par l'inclinaison des murs vers l'intérieur.

Temples et palais sont en général bâtis sur un seul niveau, à partir d'une base rectangulaire. Les portes, les baies et les niches intérieures arborent une forme trapézoïdale. À l'intérieur des villes, protégées par une position en hauteur et par des enceintes en pierre, les bâtiments d'habitation ordinaires sont d'un aménagement plus simple : rectangulaire, sans subdivision intérieure ni cloisons, entre des murs réalisés en pierres brutes, liées avec de la terre et de la paille. Des tissus fermaient les portes, tandis que des peaux de lamas ou d'autres bêtes recouvraient le sol en terre battue. Les **toits**, pentus et à pans égaux, étaient élaborés avec une sorte de chaume appelée *ichu* dans la partie andine ou avec des palmes en zone amazonienne, sur une charpente en bois liée par des lianes ou des cordes.

Sur la côte, les Incas ont poursuivi la tradition locale de construction en adobe, comme à **Tambo Colorado**. Dans l'ensemble, les monuments incas dégagent une impression de majesté mais aussi une certaine lourdeur, due à la prépondérance des lignes horizontales, à l'absence d'éléments décoratifs et à l'aspect sévère des murs. Les arrondis sont rares, réservés aux lieux de culte du Soleil ou aux *chullpas* funéraires, inspirées de celles des peuples de l'*altiplano*. On admire néanmoins l'ingéniosité de ces architectes qui, sur des terrains souvent accidentés, savaient parfaitement insérer leurs constructions dans les éléments naturels tels que grottes, failles ou falaises. Les Incas édifièrent de nombreuses cités: Tumipampa, Cajamarca, Huánuco, Jauja, Pachacamac, Vilcashuamán, qui hélas n'ont pas survécu aux guerres qui suivirent l'invasion espagnole. Ils érigèrent aussi un vaste réseau de constructions utilitaires: *ñan* (chemins), *chaka* (ponts), *tambos* (relais), aqueducs, canaux, *colcas* (greniers) *kallankas* (salles communautaires)...

LA PÉRIODE COLONIALE

Le Pérou a gardé de nombreuses traces de son passé colonial. La gamme entière des styles architecturaux est déclinée entre les murs des cités péruviennes, depuis le plateresque jusqu'au néoclassicisme, en passant par le baroque métis et le churrigueresque. Outre les églises, monastères et couvents, les villes conservent bon nombre de *casonas*, collèges, hôpitaux, sièges de municipalité et autres bâtiments administratifs coloniaux.

Dès le début de la conquête, les Espagnols se lancent dans une entreprise de destruction généralisée du patrimoine local au profit de nouvelles réalisations architecturales. Seule échappe à la règle Cuzco, dont les soubassements des édifices sont souvent conservés. Les villes sont réorganisées sur le modèle importé par les conquistadors, lesquels affectionnent l'ordre et les espaces dégagés. Autour de la place d'Armes centrale, une cathédrale ou une église majeure, la résidence du gouverneur, l'hôtel de ville et le palais de justice. À proximité, les périmètres occupés auparavant par les temples et les palais incas accueillent les différents ordres religieux: franciscains, dominicains, mercédaires, augustins et jésuites.

Les premiers édifices présentent en général une allure **mudéjar**: arcs outrepassés ou polylobés, azulejos, toits plats à caissons. Les plus beaux exemples sont la chapelle d'Andahuaylillas au sud de Cuzco, surnommée la « chapelle Sixtine des Andes », le couvent San Francisco et la casa de Pilatos à Lima. Le goût pour le style mudéjar se perpétue dans la capitale, comme en témoignent les balcons en bois du palais de Torre Tagle, qui datent du 18e s.

À partir du milieu du 16e s., le mudéjar s'associe au gothique flamboyant pour donner naissance au style **plateresque**, marqué par l'ajout d'éléments décoratifs et par une grande exubérance ornementale. Les façades se chargent de blasons, de couronnes, de fruits et de pinacles. Le décor de la pierre, taillée comme de l'orfèvrerie (*platería* en espagnol), traduit en architecture l'enrichissement spectaculaire des colonies espagnoles, grâce à l'asservissement des Indiens et à la découverte des filons argentifères de Potosí. L'intérieur de la cathédrale et le couvent de La Merced à Cuzco, la cathédrale et l'église San Francisco de Cajamarca, l'église de la Compañía d'Arequipa témoignent du style plateresque. Les premières églises et cathédrales du 16e s. furent construites par des architectes espagnols, en particulier **Francisco Becerra** (1545-1605), qui dessina les cathédrales de Cuzco et de Lima sur le modèle de la cathédrale de Séville, avec trois nefs et un ensemble de chapelles, sacristies, cloîtres, couvents, librairies et autres salles. Cette conception d'une cité religieuse, vaste et autonome, culmine dans le couvent **Santa Catalina** d'Arequipa, commencé en 1579. Cette pittoresque et fascinante cité miniature regroupe ses ermitages de religieuses comme autant de maisons de poupées.

Pour répondre au rythme de développement effréné des villes coloniales, des artisans amérindiens sont formés. Ils pratiquent une reproduction fidèle des styles, des techniques et des thèmes importés d'Europe. Comme dans le domaine des beaux-arts, le style **baroque** s'impose à partir de 1650. Les églises se parent de coupoles dont les baies laissent les rayons lumineux irradier l'autel où s'incarne la grâce divine. L'exubérance, la théâtralité et le dynamisme de l'ornementation s'expriment par les volutes, spirales, cartouches et fresques colorés, les jeux d'ombre et de lumière, les miroirs et les dorures. L'architecture baroque ne tarde pas à se teinter d'une tonalité métisse. Sur les façades sculptées fleurissent des motifs tirés de la flore ou de la faune locales ou inspirés des thèmes préhispaniques (jaguars, serpents, sirènes). L'église de la Compañía de Cuzco, la façade de San Agustín à Arequipa et La Merced de Lima illustrent bien ce baroque indigène.

Le 18e s. voit enfin s'épanouir le style **churrigueresque**, équivalent espagnol du rococo en France, en Italie et en Europe centrale. Il se caractérise par la surcharge baroque des colonnes et des piliers torsadés (colonnes dites salomoniques ou spiralées), des corniches et des retables, par l'abondance des dorures,

LE SECRET DES MURS ÉLASTIQUES

L'une des techniques les plus intéressantes de l'architecture coloniale provient des traditions autochtones : la *quincha*. Il s'agit d'une armature en tige de canne, en bambou ou en bois souple, recouverte de boue séchée, que l'on utilise pour réaliser les voûtes, les coupoles, les corniches et les parties supérieures des murs des églises. Vers le milieu du 17e s., la technique se généralise. Léger et élastique, le matériau offre en effet une excellente résistance aux séismes. Il permet en outre des réparations rapides et à moindre coût. La majorité des édifices religieux de Cuzco et de Lima reconstruits à la fin du 17e s. et au 18e s. s'appuient sur cette technique. De l'extérieur, la *quincha* imite l'apparence de la brique ou de la pierre. C'est le cas du couvent San Francisco à Lima : sa grandiose façade en bossage semble réalisée en pierre de taille, alors qu'il s'agit en fait de *quincha*. Arequipa est la seule ville coloniale entièrement construite en pierre, le *sillar*, lequel lui confère son extraordinaire couleur blanche.

L'église de La Merced (17e-18e s.) à Lima.
H. Hughes / Hemis.fr

des miroirs et par la surenchère décorative. Certaines chapelles des cathédrales de Lima et de Cuzco, la façade de l'église de San Agustín à Lima, l'église San Blas à Cuzco incarnent ce goût pour la fantaisie des courbes et le déploiement flamboyant du décor.
Dès la fin du 18e s., le **néoclassicisme** réagit au trop-plein et impose ses règles d'équilibre, de sobriété et de rationalisme. Les églises sont corrigées, les symboles indigènes effacés pour privilégier les motifs inspirés de l'Antiquité grecque et romaine, les frontispices et les chapiteaux, les nefs et les coupoles au décor épuré. On en trouvera de bons exemples dans les cathédrales de Lima, d'Arequipa et de Trujillo.

L'ARCHITECTURE AUJOURD'HUI

Au cours des 19e et 20e s., l'architecture péruvienne n'a pas connu de développement majeur, se contentant de suivre les tendances européenne et américaine, en particulier l'éclectisme, où les styles de toutes les époques sont librement réinterprétés. Quelques modestes bâtiments de style Art nouveau et Art déco sont construits dans les quartiers du centre-ville et de Barranco à Lima. La **plaza San Martín** de Lima, inaugurée en 1921 pour le centenaire de l'indépendance du Pérou, est le seul exemple vraiment intéressant d'architecture nationale. Elle est entourée de bâtiments de styles néocolonial et néobaroque.
Chez les contemporains, signalons le cabinet d'avant-garde **Arquitectonica**, dont le siège est à Miami, en Floride, mais dont les fondateurs sont l'architecte **Bernardo Fort-Brescia** et sa femme **Laurinda Spear**. Le studio s'est fait connaître par des réalisations high-tech et audacieuses à travers le monde dont, à Lima, la Banco de Crédito (1988) et le Marriott Hotel de Miraflores, tout en verre.

Lexique

Période précolombienne

Acclahuasi - temple-couvent destiné aux vierges du Soleil qui se consacraient au culte du dieu.

Adobe - brique de terre séchée.

Andén - terrasse cultivable.

Chullpa - tour funéraire.

Fardo - sorte de corbeille dans laquelle reposaient les défunts.

Huaca - pyramide à degrés. Désigne aussi tout lieu naturel (grotte, rocher) habité par un esprit sacré.

Huaco - pièce en céramique placée dans un temple ou une tombe.

Huaquero - pilleur de tombes.

Kero - gobelet cérémoniel à bords évasés.

Llacta - cité inca, capitale de province.

Mate burilado - courge séchée et finement gravée de petites scènes.

Ñan - chemin.

Quipus - faisceau de cordelettes à nœuds servant aux comptables.

Tambo - relais-auberge.

Torreón - grosse tour.

Tumbaga - alliage d'or et de cuivre.

Période coloniale

Abside - extrémité arrondie ou polygonale d'une église, derrière l'autel.

Azulejo - carreau de faïence vernissée, de tradition arabe, fabriqué en Espagne et au Portugal, à décor bleu ou polychrome.

Campanile - clocher isolé, souvent près d'une église.

Casona - petit palais de la noblesse ou de la bourgeoisie espagnole, puis créole.

Chrisme - monogramme du Christ, formé des lettres grecques khi (X) et rhô (P) majuscules.

Churrigueresque - dans le style des Churriguera, famille d'architectes du 18e s. Désigne un décor baroque surchargé.

Colonne salomonique - colonne torse décorée d'un réseau végétal.

Coro - partie de l'église réservée au clergé, généralement située, dans les églises hispaniques, dans la partie centrale de la nef principale ; le *coro* peut être de plain-pied ou surélevé.

Estípite - pilastre en forme de pyramide inversée et tronquée.

Modillon - petite console soutenant une corniche.

Mudéjar - style arabo-andalou importé d'Espagne où apparaît l'influence musulmane.

Plateresque - style caractérisé par un décor sculpté en faible relief et un foisonnement ornemental.

Portal - portique à colonnes de bois ou de pierre supportant le premier étage des maisons et qui forme galerie ouverte autour de la place principale dans les villes et les villages.

Presbiterio - espace entourant le maître-autel et généralement séparé de la nef par quelques marches ou une grille.

Reducción - Réduction d'Indiens, village construit afin de regrouper la population pour mieux la contrôler et l'évangéliser *(voir aussi p. 90)*.

Rinceaux - ornements de sculpture ou de peinture empruntés au règne végétal et formant souvent une frise.

Sagrario - chapelle où est conservé le Saint-Sacrement ; parfois le *sagrario* est une église indépendante.

Salomonique - *voir Colonne*.

Trasaltar - mur postérieur du chœur, où se trouvent sculptures ou tombeaux.

Triptyque - ouvrage de peinture ou de sculpture composé de trois panneaux articulés pouvant se refermer.

Voûte étoilée - voûte à plan carré ou polygonal formée par des arcs entrecroisés.

Culture et traditions

La culture péruvienne est fortement marquée par la diversité des traditions qui ont forgé le Pérou d'aujourd'hui. Écrivains, musiciens, photographes, cinéastes ont élaboré un langage propre à leur pays, lointain héritier des rites précolombiens, miroir d'une géographie, creuset des plaintes et des enthousiasmes.

Littérature

LITTÉRATURE PRÉHISPANIQUE

Les Incas ne connaissaient pas l'écriture, sinon sous la forme des *quipus*, un instrument de cordelettes à nœuds, sur lesquels s'inscrivaient les instructions de l'État à destination des provinces. Formés spécialement à cette discipline, des *chasquis* (messagers) transportaient les consignes royales par des relais de poste à travers le territoire. Cette écriture en bouts de ficelle était utilisée davantage pour consigner des données chiffrées, des recensements statistiques sur la population et l'économie des différentes régions de l'empire, que pour la littérature.

De tradition orale, la littérature inca n'a donc jamais été fixée et demeure largement inconnue. Seuls quelques mythes et contes relatifs aux origines et aux empereurs de la dynastie ont été conservés. Les récits impériaux étaient transmis par des bardes nommés **amawta**, sous la forme de chansons de geste.

La **poésie** était également pratiquée, en particulier la poésie amoureuse. Dénommés *harawi* (poésie lyrique) et *haylli* (poésie épique), des poèmes évoquaient la vie quotidienne aussi bien que les obsèques, les fêtes, les noces, les bagarres, les guerres. Ils étaient récités, ou plutôt chantés, accompagnés de musique et de danse, par un poète qu'on appelait *harawec*.

À côté de la poésie, les **récits oraux** exprimaient la cosmologie du monde des Andes (les mythes de la création, le déluge…). Ils nous sont parvenus sous une forme différée, modelés par le travail des premiers chroniqueurs. La littérature péruvienne a conservé un célèbre récit en quechua hérité de l'époque inca, intitulé **Ollantay** *(voir p. 248)*. Consignée en 1770 par un religieux espagnol dominicain, Antonio Valdés, cette tragédie inca se montre digne des écrits de la Grèce antique.

LITTÉRATURE COLONIALE

16ᵉ s.-18ᵉ s.

Durant la vice-royauté, la production littéraire se limite à de petits cercles d'influence autour des Espagnols et de leurs descendants métis dans les grandes villes. La première imprimerie d'Amérique du

Sud s'implante à Lima (Ciudad de los Reyes), où est publiée en 1584 la *Doctrina christiana y catecismo para instrucción de los Indios* d'Antonio Ricardo, qui paraît en espagnol, quechua et aymara.

Chroniques d'un monde déchiré

Cependant, la littérature péruvienne commence réellement avec les chroniques. Des auteurs indigènes relatent l'histoire de la conquête et le terrible devenir des Indiens sous le règne espagnol. **Felipe Guamán Poma de Ayala** (v. 1535-v. 1616) publie en 1615 sa *Nueva Corónica y buen gobierno*, accompagnée d'illustrations à la plume, de facture naïve. Achevée alors que Guamán Poma avait près de 80 ans, la chronique fournit une masse d'informations précieuses sur la vie populaire dans les Andes centrales. C'est en même temps un violent réquisitoire contre l'administration et le clergé coloniaux. **Inca Garcilaso de La Vega** (1539-1616) est né à Cuzco du mariage entre un conquistador espagnol et la princesse Isabel Chimpu Ocllo, descendante de l'Inca Huayna Cápac. Il est considéré comme le premier grand écrivain péruvien. Ses *Comentarios reales de los Incas* (*Commentaires royaux des Incas*, 1609) forment un témoignage unique sur l'histoire des Incas, vue par un homme écartelé entre deux cultures, qui tente désespérément de combler la déchirure entre ces deux mondes.

Baroque et Lumières

Plus tard évoluent bon nombre d'auteurs baroques, tels le raffiné **Juan Espinosa Medrano** (1629-1688) à Cuzco, ou le prolifique poète et érudit **Pedro Peralta y Barnuevo** (1663-1743) à Lima. Tous deux cultivent le gongorisme, un style précieux et ampoulé pratiqué par le poète cordouan Góngora et ses émules. Natif de Lima, **Pablo de Olavide** (1725-1803), ami de Voltaire et de Diderot, diffuse l'esprit des Lumières en Espagne et au Pérou. Le roman fait son apparition avec la publication à Lima, en 1773, du *Lazarillo* de l'Espagnol **Alonso Carrió de La Vandera** (1715-1783), récit dans un style proche de la littérature picaresque d'un voyageur circulant depuis Buenos Aires jusqu'à Lima. Le romantisme s'incarne dans le poète et révolutionnaire péruvien **Mariano Melgar** (1790-1815), natif d'Arequipa, qui lui donne une tonalité métisse. Connu pour ses *yaravíes*, poétiques chants d'amour, il fut l'une des premières grandes figures de la lutte pour l'indépendance.

LE 19e SIÈCLE

À partir de l'indépendance du Pérou (1821), les courants littéraires de la jeune république sont marqués par le romantisme et le culte des traditions métisses, lancés par Mariano Melgar. Dans son sillage travaillent quelques poètes, tels Clemente Althaus, Manuel A. García, Carlos A. Salaverry, Luis B. Cisneros. En 1872 paraît le premier volume de la somme composée par **Ricardo Palma** (1833-1919) : les *Tradiciones peruanas*, monumentale compilation d'anecdotes historiques et de contes populaires, le plus souvent romancés par ses soins, qui couvrent l'époque des Incas, de la colonie et de la république. La qualité littéraire des *Traditions péruviennes* le classe comme l'un des maîtres péruviens du genre narratif.
Dérivé du romantisme, le courant du **costumbrismo** se tourne vers les coutumes folkloriques et les réalités sociales. Le dramaturge **Manuel Segura** (1805-1871) en est l'incarnation exemplaire, avec ses comédies de théâtre qui brossent un savoureux tableau du

Lima populaire, telle *El Sargento Canuto*, une satire caustique du militarisme.
Les courants réaliste et naturaliste accentuent la note sociale et les thèmes indigénistes, à l'image du poète, philosophe et polémiste **Manuel González Prada** (1844-1918), qui critique avec férocité l'Église, les aristocrates et la bourgeoisie bien-pensante. Après avoir vécu en France et en Espagne à la fin du 19e s., il diffuse les théories de l'anarcho-syndicalisme au Pérou. Ses deux grands ouvrages de réflexion sur le Pérou contemporain, *Pájinas libres* (*Pages libres*, 1894) et *Horas de lucha* (*Heures de lutte*, 1908), contribuèrent à diffuser la question sociale et indigène dans le pays.
Sur la lancée de González Prada, des écrivains prennent fait et cause pour les Indiens. Femme de lettres à l'esprit libre, dans un genre proche de celui de Flora Tristán, **Clorinda Matto de Turner** (1852-1909), native de Cuzco, publie trois romans entre 1889 et 1895, *Aves sin nido*, *Indole* et *Herencia*, qui décrivent avec réalisme les persécutions dont sont victimes les Amérindiens et la passivité complice dont fait preuve le clergé. Son œuvre déchaîna les foudres de l'Église catholique, qui l'excommunia. Condamnée à l'exil par les autorités, elle finit sa vie à Buenos Aires, où elle continua à publier des articles, essais et romans.

LE 20e SIÈCLE

À partir de 1920, avec la réforme universitaire et la naissance du mouvement politique de tendance marxiste de l'APRA *(voir p. 93)*, la littérature péruvienne connaît une vitalité extraordinaire, nourrie par les idéaux du modernisme et de l'indigénisme.

Le modernisme

Grâce au renouveau apporté par Manuel González Prada, dont l'œuvre tente de fusionner les genres poétiques provenant d'Europe, le modernisme se développe au début du siècle autour de quelques figures notoires. Poète et fondateur de revues littéraires, **José Santos Chocano** (1875-1934) obtient un immense succès national dans les années 1920, qui le fait connaître également aux États-Unis et en Europe. Voyageur à la vie tumultueuse (il fut le secrétaire de Pancho Villa et le panégyriste du dictateur guatémaltèque Cabrera), Chocano laisse derrière lui une œuvre variée. Ses travaux mêlent les influences romantique et parnassienne – que l'on retrouve dans son recueil de poèmes *La Selva virgen* (1896) – et l'approche moderniste, laquelle marque *Alma América* (1906), son chef-d'œuvre. Sa poésie, qui exalte la nature péruvienne et l'hispanité, paraît souvent tonitruante et ronflante, mais ne manque pas de force ni d'inspiration.
Créateur d'une poésie musicale et peuplée d'êtres surnaturels, **José María Eguren** (1874-1942) ouvre le chemin de l'innovation dans la poésie péruvienne. Héritières du symbolisme, ses œuvres *La Canción de las figuras* (1916) et *Simbólicas* (1911) reflètent la puissance de son monde intérieur, grâce à des images oniriques qui l'éloignent du formalisme et de la rhétorique moderniste.
Le plus célèbre des poètes péruviens est sans conteste **César Vallejo** (1892-1938). Il est considéré, avec Pablo Neruda, comme l'un des tout premiers en Amérique latine. En dépit de la brièveté de son œuvre, Vallejo a révolutionné la poésie hispano-américaine, tant par la forme que par le contenu. Né dans un petit village des Andes, au

sein d'une famille métisse de onze enfants, le poète rebelle a côtoyé la misère, et ce jusqu'à sa mort. Très jeune, il s'est intéressé à la poésie et a tenté de suivre des études littéraires tout en travaillant. Il fréquente les écrivains romantiques et modernistes péruviens, puis s'installe à Paris où il s'inscrit au Parti communiste et se lie avec différents courants d'avant-garde. Son œuvre (*Los Heraldos negros* [*Les Hérauts noirs*], 1919 ; *Trilce*, 1922) traduit au départ une influence moderniste, qui s'estompe peu à peu au profit d'une approche plus personnelle du quotidien. Le poète dénonce le malheur, l'injustice, la mort ; il chante l'amour, la solidarité et l'espérance de l'âme. Une vision très pessimiste du monde transparaît, où la souffrance et l'angoisse humaine semblent sans remède.
Parallèlement au modernisme, le surréalisme européen trouve ses représentants au Pérou en **César Moro** (1903-1956) et **Emilio Adolfo Westphalen** (1911-2001), qui fondent en 1938 la revue *El Uso de la palabra*. Fondateur de la revue d'avant-garde *Colónida*, **Abraham Valdelomar** (1888-1919) se distingue durant sa brève existence de dandy littéraire dans les domaines du conte et de la nouvelle. Ses contes créoles narrent avec une certaine tendresse des histoires des villes provinciales (Pisco surtout) et des légendes de l'époque inca.

L'indigénisme

C'est avec l'indigénisme que la littérature péruvienne trouve sa plus grande originalité. Fondé à Cuzco en 1926, le mouvement indigéniste **Resurgimiento** entend organiser une « croisade » pour libérer l'Indien de la misère et de l'injustice sociale, en même temps qu'il s'efforce de faire renaître la culture quechua. Ses théoriciens les plus réputés sont l'historien et ethnologue **Luis E. Valcárcel** et le sociologue **José Uriel García**.
L'écrivain **Enrique López Albújar** (1872-1966) interrogea très tôt le monde paysan des indigènes et des métis avec ses *Cuentos andinos* (*Contes andins*, 1920). Paru en 1928, son roman *Matalache* narre avec un réalisme cru les amours d'un esclave et d'une métisse à l'époque de l'indépendance.
L'indigénisme nourrit également les romans de **Ciró Alegría** (1909-1967), écrivain et activiste politique de l'APRA, plusieurs fois emprisonné pour ses activités subversives puis condamné à l'exil de 1934 à 1957. Son premier roman, *La Serpiente de oro* (*Le Serpent d'or*, 1935), évoque la misère des paysans de la vallée tropicale du Marañón et les crues meurtrières du grand fleuve. Considéré comme son chef-d'œuvre, *El mundo es ancho y ajeno* (*Vaste est le monde*, 1941) raconte les luttes d'une communauté indigène écrasée par l'oppression des propriétaires fonciers, de l'armée et du gouvernement civil. Issu d'une famille de grands propriétaires terriens dans les Andes péruviennes, Ciró Alegría relate les problèmes des Indiens sans pour autant appartenir à leur communauté.
C'est aussi le cas de son compatriote **José María Arguedas** (1911-1969), autre figure majeure du mouvement indigéniste. Né à Andahuaylas, au cœur d'une région andine déshéritée, Arguedas vit durant son enfance parmi les paysans indiens de la région, dont il assimile le langage, les croyances et les valeurs. Étudiant en lettres à l'université de Lima, son engagement à gauche lui vaut quelques séjours en prison. Professeur d'ethnologie, il sillonne ensuite les routes d'Amérique latine, fonde plusieurs revues littéraires, mais, souffrant de

La presse locale à Arequipa.
H. Hughes / Hemis.fr

dépression nerveuse, se suicide en 1969 dans son bureau de l'université de Lima. Son œuvre exprime la tendresse qu'il voue aux populations andines et la profonde connaissance qu'il a de l'âme indienne. Son meilleur roman, *Los Ríos profundos* (*Les Fleuves profonds*, 1956), explore avec brio le monde mythique des indigènes, ses rituels magiques et sa cosmogonie. Il s'agit d'un des meilleurs ouvrages d'introduction aux croyances du Pérou andin. Certains voient en ce romancier péruvien, à l'image du Cubain Alejo Carpentier, du Colombien Gabriel García Márquez, de l'Argentin Julio Cortázar et du Mexicain Carlos Fuentes, l'un des grands maîtres du réalisme magique qui constitue l'un des traits marquants de la littérature latino-américaine d'aujourd'hui. On peut lire à son sujet le livre que lui a consacré Vargas Llosa (*L'Utopie archaïque*, Gallimard, 1999).

Une version plus radicale de l'indigénisme est donnée par l'écrivain marxiste et fondateur du Parti communiste péruvien **José Carlos Mariátegui** (1894-1930), dont la pensée a marqué plusieurs générations d'intellectuels. Dans son œuvre la plus connue, *Siete ensayos de interpretación de la realidad peruana* (*Sept essais d'interprétation de la réalité péruvienne*, 1928), il commente l'histoire économique du pays et présente le « problème indien » en l'associant à la « question agraire ». Expliquant que le Pérou présente encore les caractéristiques d'une société féodale, il défend l'idée que la transition vers le socialisme pourrait s'opérer sous la forme d'un collectivisme traditionnel, comme le pratiquaient les Indiens à l'époque inca. La pensée de Mariátegui connaît un renouveau dans les années 1960, lors de l'apogée de la révolution à Cuba et de l'essor du guévarisme, et alors que le Pérou cherche à se défaire d'une pesante oligarchie soutenue par les grandes compagnies nord-américaines. Dans les années 1980, la guérilla maoïste du Sentier lumineux se réclamera aussi de sa pensée.

Le réalisme urbain

Les années 1950-1970.

Plus éloignée de la lutte politique et de cette tradition protestataire, la génération des années 1950 s'attache à promouvoir un roman « moderne », dans le sillage des avant-gardes européennes (James Joyce, nouveau roman) et de la littérature nord-américaine (Hemingway, Dos Passos, Faulkner). Composée en majorité d'écrivains natifs de la capitale, elle se tourne vers la peinture de la société urbaine de **Lima** et le récit de la migration andine vers la grande ville, alors en plein essor démographique. Le réalisme urbain s'intéresse aux phénomènes de déracinement, de pauvreté et de violence. Plus expérimentale, la narration subit l'influence du cinéma néoréaliste italien. Elle présente le quotidien de la grande ville changeante, introduisant quantité de personnages marginaux et problématiques, issus des couches défavorisées de la société.

Le meilleur représentant de cette veine est sans conteste **Julio Ramón Ribeyro** (1929-1994). Son recueil de nouvelles *Los Gallinazos sin plumas* (*Charognards sans plumes*, 1955) est inspiré des nouvelles d'Edgar Allan Poe et de Maupassant, tandis que son roman *Crónica de San Gabriel* (*Chronique de San Gabriel*, 1960) mêle réalisme et fantastique dans un style influencé par Kafka. Son œuvre, sensible et ironique, met en scène des individus en situation d'échec, humiliés et aliénés, des anti-héros incapables de trouver leur place dans une société qui les repousse. Installé à Paris à partir des années 1960, Ribeyro travailla pour l'agence France-Presse aux côtés de Mario Vargas Llosa, puis pour l'Unesco.

Réputé pour ses comédies théâtrales au contenu social, à la manière de Brecht, **Sebastián Salazar Bondy** (1924-1965), dans son virulent brûlot intitulé *Lima la horrible* (1964), prend lui aussi pour thème les bidonvilles de Lima où des milliers d'immigrants arrivent de la campagne à la recherche d'une vie meilleure.

L'époque voit dans le même temps fleurir un courant néo-indigéniste avec **Carlos Eduardo Zavaleta** (1928-2011), auteur de *El Cristo Villenas* (*Le Christ de Villenas*, 1955), et **Manuel Scorza** (1928-1983), poète et littérateur dont les idées engagées lui vaudront l'exil, d'abord au Mexique en 1948, puis en France en 1968. Son premier roman, *Redoble por Rancas* (*Roulements de tambours pour Rancas*, 1970), débute un cycle de cinq romans intitulé « La Guerre silencieuse », qui s'achève avec *Tumba del relámpago* (*La Tombe de l'éclair*, 1980). Il est dédié aux luttes, perdues d'avance, des paysans des montagnes andines, spoliés et violentés par les puissants, petits tyrans locaux ou grandes firmes occidentales.

Parmi les poètes, on retiendra, entre autres, les noms de **Alejandro Romualdo** (1926-2008), **Pablo Guevara** (1930-2006), **Javier Heraud** (1942-1963), **Antonio Cisneros** (né en 1942) et **Jorge Pimentel** (né en 1944).

LE BOOM LATINO-AMÉRICAIN

De 1960 à nos jours.

Dans les années 1960-1970, la révolution cubaine et les régimes dictatoriaux sud-américains font éclore un sentiment de révolte chez les écrivains latinos. Les thèmes de la dictature, de la violence et de l'absurde engendrés par un ordre social injuste se retrouvent chez nombre d'entre eux, donnant naissance à une écriture spécifique, émancipée de ses modèles européens ou nord-américains,

et caractérisée par son dynamisme, son éclatement, son tourbillon narratif.
Connue sous le nom de « boom latino-américain », cette révolution littéraire enfanta une explosion d'œuvres majeures, en particulier celles du prix Nobel de littérature **Mario Vargas Llosa**. Né à Arequipa en 1936, naturalisé espagnol depuis 1993, ce dernier jouit d'une immense renommée internationale. À la fois romancier, essayiste, journaliste, critique et auteur de théâtre, voyageur cosmopolite, habitué des cénacles intellectuels parisiens depuis son séjour dans la capitale à la fin des années 1950, candidat malheureux à l'élection présidentielle péruvienne en 1990 face à Fujimori, ce condor péruvien s'est efforcé de conjuguer la carrière littéraire de l'écrivain et les ambitions de l'homme politique (passé de la gauche guévariste au libéralisme de droite). Les horribles souvenirs qu'il a gardés de son séjour à l'Académie militaire de Lima durant l'adolescence constituent la trame de son premier roman, *La Ciudad y los perros* (*La Ville et les chiens*, 1963), lequel connaît un succès immédiat. En 1955, il soulève un tollé dans la bonne société de Lima en épousant sa tante par alliance, Julia Urquidi, considérablement plus âgée que lui. L'autobiographie alimente une fois encore la fiction, avec l'un de ses meilleurs romans, *La Tía Julia y el escribidor* (*La Tante Julia et le scribouillard*, 1977).
Dans *Conversación en la catedral* (*Conversation à la cathédrale*, 1969), il revient sur les années de plomb (1948-1956) de la dictature du général Odría. Dans *La Casa verde* (*La Maison verte*, 1966), l'auteur décrit la vie dans la lointaine forêt péruvienne et dans un lupanar de Piura. Régulièrement invité dans les universités du monde entier pour y donner des cours et des conférences, ce géant de la littérature a construit une œuvre éblouissante et baroque, à travers laquelle transparaît le destin de l'Amérique latine, ses illusions et ses espoirs, ses utopies et ses amertumes. Récompensé par une pluie de distinctions littéraires, il a reçu la consécration suprême en octobre 2010, avec l'attribution du prix Nobel de littérature.
Comme Vargas Llosa, dont il partage en partie la notoriété, **Alfredo Bryce-Echenique** (né en 1939) s'inspire de sa propre existence pour mener une critique acerbe d'un monde déchu et d'une société péruvienne gangrenée par la corruption et les inégalités sociales. Issu d'une famille de banquiers, éduqué au sein de la vieille oligarchie de Lima, Bryce-Echenique vit maintenant entre l'Espagne et le Pérou. Grand connaisseur de la France, il est diplômé en littérature française classique et contemporaine, et a enseigné à Paris et à Montpellier. Ses contes et ses romans, tels *Un mundo para Julius* (*Un monde pour Julius*, 1970) ou *La Vida exagerada de Martín Romaña* (*La Vie exagérée de Martin Romaña*, 1981), mêlent les histoires passionnelles et nostalgiques, les amours tragiques et délirantes, que les personnages surmontent avec humour.
Exilé depuis 1984 à Paris, où il travaille comme journaliste à l'AFP, comme Ribeyro et Vargas Llosa avant lui, **Alfredo Pita** (né en 1948) est l'une des dernières révélations littéraires. Son premier roman, *El Cazador ausente* (*Le Chasseur absent*, 1994), évoque les égarements d'une génération avec ses rêves de révolution et le difficile retour d'un exilé politique au pays.
Journaliste et présentateur à la télévision, **Jaime Bayly** (né en 1965) publie des romans pleins d'humour et politiquement incorrects, comme *No se lo digas a nadie (Ne le dis à personne*, 1994).

Photographie

Après les premiers daguerréotypes qui apparaissent vers 1842, les tirages sur papier albuminé commencent à circuler au Pérou vers 1860. Ils ouvrent jusqu'au début du 20e s. un âge d'or de la photographie péruvienne. Sur la côte et dans la sierra, on assiste à une floraison de studios qui laissent derrière eux l'un des plus importants héritages photographiques d'Amérique latine.

L'ÂGE D'OR DES STUDIOS

Cette éclosion artistique se concentre dans trois villes : Lima, Cuzco et Arequipa. À **Lima**, Eugenio Maunoury lance un studio, repris en 1863 par les frères Courret, qui deviendra une référence incontournable au début du 20e s. Photographe voyageur français expatrié à Lima, **Eugène Courret** (né en 1841 et décédé à une date inconnue) fonde avec son frère **Aquiles** le studio Photo Central. Ils reçoivent alors tout ce que la capitale compte de personnalités élégantes. Artiste talentueux (il décroche une médaille d'or à l'Exposition universelle de Paris en 1900), Eugène réalise, outre des commandes de portraits, des photographies documentaires sur l'architecture et l'actualité de Lima. Les archives de son studio, riches de 50 000 négatifs, sont aujourd'hui conservées à la bibliothèque nationale du Pérou.

Profitant de la rapide croissance de l'économie à la fin du 19e s., **Arequipa** voit s'édifier de somptueuses demeures, décorées de mobilier importé. Afin d'immortaliser leurs propriétaires, des bourgeois enrichis arborant des tenues à la dernière mode européenne, des studios apparaissent. En 1912, les frères **Carlos** (1885-1979) et **Miguel** (1887-1976) **Vargas** ouvrent leur atelier, qui connaît tout de suite un grand succès. Pendant près d'un demi-siècle, le studio des frères Vargas s'impose comme un lieu culturel incontournable, où se côtoient poètes, musiciens, politiques et bohèmes du sud andin. Toutes les familles de la classe moyenne et aisée d'Arequipa s'y font tirer le portrait, à la mode hollywoodienne ou retouché de couleurs, à la façon des pictorialistes européens. Les Vargas étaient en outre de grands maîtres techniques, spécialisés dans la photographie nocturne.

Né dans un petit village de l'*altiplano*, **Martín Chambi** (1891-1973) se forma dans le studio des frères Vargas avant d'ouvrir le sien à Cuzco, où il s'installe dans les années 1920. Jusque dans les années 1950, date à laquelle il arrête son activité, Chambi réalise une œuvre monumentale, qui met à nu toute la complexité du monde andin *(voir l'encadré p. 213)*. Riches de quelque 30 000 clichés de qualité exceptionnelle, ses archives sont aujourd'hui gérées par ses héritiers à Cuzco. En mars 2012, la galerie parisienne Vu a réalisé une exposition d'une sélection de vingt-huit de ses photographies, tirées par le petit-fils de l'artiste, Téo Allain Chambi.

À la même époque que Chambi, d'autres photographes talentueux travaillaient également à Cuzco : Miguel Chani, José Gabriel González, Juan Manuel Figueroa Aznar, si bien que l'on a pu parler d'une seconde **école de Cuzco** en matière de photographie. Cependant, comme à Arequipa et à Lima, tout changea lorsque survint la grande dépression de 1929, qui marqua la fin de l'âge d'or des studios traditionnels.

LE QUOTIDIEN DANS L'OBJECTIF

Parmi les photographes péruviens actuels, on remarque l'émergence, sur la scène internationale, d'un groupe de photojournalistes qui, tout en couvrant des sujets d'histoire récente, n'oublient pas la dimension artistique de leur discipline. **Cecilia Larrabure** et **Nancy Chappell** ont chacune travaillé sur le quotidien des Péruviens victimes de la guerre civile entre l'armée et le Sentier lumineux ou le MRTA au cours des années 1980-1990. **Daniel Pajuelo** ou **Jaime Rázuri** explorent les bidonvilles de Lima où s'entassent marginaux, prostituées et migrants venus des campagnes.

Une mention spéciale s'impose enfin pour le célèbre photographe de mode **Mario Testino** (né à Lima en 1954). Installé à Londres, il a photographié pour les plus grands magazines des mannequins et des célébrités tels Brad Pitt et Angelina Jolie, Kate Moss, Gisele Bündchen ou encore lady Diana.

Cinéma

Introduit au Pérou en 1897, le cinéma croise ses premières salles obscures à Lima, dans les années 1910, où sont diffusés des courts-métrages de fiction. En 1922 sort un premier film péruvien, *Camino de venganza*, de **José Ugarte**, qui oppose la saine ruralité andine à la capitale interlope et corruptrice. Il faut attendre 1927 pour qu'apparaisse un autre long-métrage péruvien, *Luis Pardo*, d'Enrique Cornejo Villanueva.

Envahi par le cinéma américain dans les années 1930, par le cinéma mexicain dans les années 1940, puis de nouveau par le cinéma américain dans les années 1950, le pays produit peu de films notables durant ces décennies, hormis une superproduction inspirée d'une histoire réelle, *La Perricholi* d'**Enzo Longhi** *(voir l'encadré ci-dessous),* en 1928, qui sera présentée aussi à l'étranger.

ETHNOLOGIE ET CINÉMA D'AUTEUR

À la fin des années 1950 naît à Cuzco un mouvement régional du cinéma : les cinéastes **Manuel**

LA PÉRICHOLE À L'ÉCRAN

Durant la vice-royauté (16e-18e s.), pour damer le pion aux orgueilleuses et prudes dames espagnoles, les belles métisses de Lima adoptèrent une mode vestimentaire aguichante, qui consistait à se couvrir le visage d'un voile, ne laissant paraître qu'un œil, tandis qu'elles arboraient des décolletés profonds et remontaient leurs jupes jusqu'aux chevilles. On les surnommait les *tapadas*, c'est-à-dire les « couvertes ». Sous ce déguisement, elles se promenaient à leur guise et menaient leurs liaisons amoureuses dans l'anonymat. En devenant la maîtresse du vice-roi du Pérou, une célèbre *tapada* de Lima, la comédienne Micaela Villegas, surnommée la Périchole, inspira d'ailleurs l'une des plus célèbres romances d'Amérique latine *(voir p. 167)*. Son histoire inspira une foule d'œuvres : une nouvelle de Prosper Mérimée (*Le Carrosse du Saint-Sacrement*, 1829), un opéra-bouffe de Jacques Offenbach en 1868 (repris par Jérôme Savary en 1999 et en 2007) et plusieurs films dont *Le Carrosse d'or* de Jean Renoir (1953), avec Anna Magnani, et *Le Pont du roi Saint-Louis,* de la Britannique Mary McGuckian, sorti en 2004, avec Pilar López de Ayala, Geraldine Chaplin et Robert De Niro.

et **Victor Chambi** (fils de Martín Chambi), **Luis Figueroa**, **Eulogio Nishiyama** et **César Villanueva** fondent un ciné-club et se lancent dans des courts-métrages ethnologiques. Premier film de fiction tourné en langue quechua, *Kukuli* (1964), coréalisé par Figueroa, Nishiyama et Villanueva, est présenté à l'étranger, notamment à la Cinémathèque française, où il reçoit un excellent accueil.

Le cinéma d'auteur voit le jour dans les années 1960 avec **Armando Robles Godoy** (1923-2010), qui écrit et réalise des courts et des longs-métrages tels *Ganarás el pan* (1964), *En la selva no hay estrellas* (1967) et *Espejismo* (1972). Son style abstrait et poétique, inspiré de la Nouvelle Vague française, ne touche néanmoins qu'une petite élite, alors que l'essentiel du public se tourne vers la télévision et ses *telenovelas* naissantes.

Dans les années 1970, les militaires tentent de dynamiser la production cinématographique nationale par une loi d'encouragement. Des coproductions sont lancées en partenariat avec le Mexique. Une revue cinéphile voit le jour en 1965, *Hablemos de cine*. Des auteurs portent à l'écran des œuvres littéraires ayant pour sujet le monde rural. Parmi eux émerge la jeune personnalité de **Francisco José Lombardi** (né à Tacna en 1947) qui, après avoir étudié en Argentine et beaucoup voyagé, propose une nouvelle conception du cinéma. Il crée sa propre société de production, Inca Films, et adapte des romans à l'écran, comme *La Ciudad y los perros* (1985) d'après Mario Vargas Llosa, *Sin compasión* (1994) tiré de *Crime et Châtiment* de Dostoïevski, ou encore *No se lo digas a nadie* (1998), d'après le livre de l'auteur péruvien Jaime Bayly, qui raconte les affres d'un jeune présentateur de télévision de Lima, cocaïnomane et bisexuel.

La décennie 1980-1990, marquée par la violence, laisse un grand vide en matière de cinéma national, à l'exception de Lombardi.

LA RELÈVE

Ces dernières années, une nouvelle génération de cinéastes s'est fait remarquer : Augusto Tamayo, Danny Gavidia, Josué Méndez, Judith Vélez, Álvaro Velarde… Cependant, pour des raisons économiques, beaucoup doivent se contenter de tourner en format vidéo ou se produire à l'étranger.

Né à Lima en 1974, **Ricardo de Montreuil** fait ses armes à la télévision et dans la publicité. Son premier long-métrage, *La Femme de mon frère* (2005), d'après le roman sulfureux de Jaime Bayly, fut l'un des plus grands succès du cinéma latin aux États-Unis. Sorti en 2008, son film *Máncora* a ouvert le prestigieux festival américain de Sundance. Il raconte l'histoire d'un jeune Liménien qui part noyer sa déprime dans la fête d'une station balnéaire au nord du Pérou, après le suicide de son père.

Étoile montante du cinéma péruvien, **Claudia Llosa** (née en 1976), nièce de l'écrivain Mario Vargas Llosa, s'est fait connaître par un premier film coproduit avec l'Espagne, *Madeinusa* (2006), qui a reçu le grand prix du jury du festival de Sundance. Fiction insolite et troublante, tournée dans un pseudo-style documentaire, elle met en scène une cruelle histoire d'inceste dans un village perdu des Andes. Son deuxième long-métrage, tout aussi talentueux, *Fausta, la teta asustada* (littéralement : « la mamelle effrayée »), sorti en 2009, a décroché l'Ours d'or du meilleur film à Berlin. Il évoque les viols de femmes indiennes durant les affrontements entre l'armée et le Sentier lumineux dans les années 1980.

Festival San Pedro et San Pablo à Ichu, Puno.
B. Bi / Photononstop

À noter aussi, la créativité des studios **Alpamayo Entertainment**. Ils ont fait un tabac au Pérou et à l'étranger en 2005 avec *Piratas en el Callao (Les Pirates du Pacifique)*, par **Eduardo Schuldt**, premier film d'animation en 3D réalisé en Amérique latine. L'équipe a récidivé en 2006 avec *Dragones : destino de fuego (Dragons : la destinée du feu)*. Petit marché, tant en termes d'écrans (368 écrans répartis dans 43 cinémas, dont plus des trois quarts à Lima) que de productions nationales (4 ou 5 films par an en moyenne), le Pérou est en outre fortement touché par le problème de la **piraterie**. Les DVD piratés inondent le marché, qu'ils soient vendus à la sauvette sur des stands de fortune ou dans des boutiques bien établies. Les salles sont gérées par des grandes chaînes de multiplexes (CinePlanet, Cine Star, UVK), et le cinéma indépendant ne survit que grâce aux divers ciné-clubs ouverts dans les centres culturels et universités des grandes villes.

Ceux qui désirent en savoir plus peuvent assister, à Paris, au Festival du cinéma péruvien, organisé chaque année, depuis 2004, par l'association **Peroupacha** (www.peroupacha.com).

Musiques et danses

Non, la musique péruvienne ne se résume pas à *El cóndor pasa* joué à la flûte de pan par un groupe folklorique. Loin de se cantonner à cette image d'Épinal, le Pérou conserve un large patrimoine de culture et de traditions populaires, hérité de son passé précolombien. Cloisonnée par les Andes, la géographie du Pérou a favorisé l'éclosion d'une variété infinie de danses au sein des différentes communautés.

RYTHMES D'HIER

À l'époque précolombienne, la musique et la danse occupaient une place importante dans le calendrier des fêtes, en particulier lors des travaux agricoles. En outre, l'oralité de la culture et le mode de transmission qu'elle implique favorisèrent le développement de la musique et de la danse.

Instruments préhispaniques

Les civilisations précolombiennes ne connaissaient pas les instruments à cordes. Les musiciens jouaient sur des instruments à vent, parmi lesquels le plus connu est le *siku* (aymara) ou *antara* (quechua), qui désigne la **flûte de pan** (*zampoña* en espagnol), faite d'un assemblage de tubes de roseaux de longueurs différentes. On trouve également la **quena**, flûte à encoche en bois ou en os, ainsi que le **pututo**, sorte de conque faite avec un gros escargot de mer. La danse était rythmée par le son des **grelots** (*shacchas* en quechua ou *cascabeles* en espagnol). Fabriqués en métal, en écorce ou en pépins, ils étaient attachés sous les genoux des danseurs. À ces divers instruments s'ajoutaient les percussions, **tambours** ou **tambourins** *(tinyas)*, ces derniers étant surtout utilisés pour rythmer les travaux des champs.

Le syncrétisme musical

La plupart des musiques indigènes ont été métissées avec des instruments et des rythmes **espagnols** ou **africains**. C'est donc dans les régions reculées des Andes ou d'Amazonie que se perpétuent les mélodies indiennes les plus pures. Elles sont élaborées selon une gamme pentatonique, sans harmonisation ni modulation.

Le métissage hispano-indigène

Les Espagnols ont importé sur le continent américain leurs instruments à cordes, tels la guitare, le violon ou la harpe. Ils ajoutèrent à l'antique mode à cinq tons les valeurs et les lois d'harmonisation qui se mettaient lentement en place dans la vieille Europe – accords et cadences en majeur ou en mineur. Au 17e s., le **charango** apparaît en Bolivie et se répand dans les pays andins où il connaîtra une longue postérité. C'est une sorte de mandoline à cinq cordes tendues à l'origine sur la carapace d'un tatou, puis sur une caisse de résonance en bois. Aux danses guerrières, danses de métier ou d'occupations champêtres s'ajoutent pendant la colonisation des danses mimées à caractère satirique inspirées du vieux théâtre castillan. Danses pantomimes héritées des romans de chevalerie, mystères religieux, chansons de geste mettent en scène des combats entre maures et

YMA SUMAC, LA CASTAFIORE INCA

Une voix exceptionnelle pouvant parcourir un registre de près de cinq octaves. L'empereur Atahualpa pour aïeul… il n'en fallait pas plus pour créer une légende. Yma Sumac (1922-2008), « petite fleur » en quechua, née Zoila Augusta Emperatriz Chávarri del Castillo, se plaisait à raconter qu'elle était originaire de la région de Cajamarca. Sa carrière internationale débute dans les années 1940, après qu'elle eut intégré la troupe de chanteurs et de danseurs de la Compagnie péruvienne de l'art. En signant avec la maison de disques Capital Records aux États-Unis, elle assied sa notoriété mondiale au début des années 1950. Elle tourne ensuite dans quelques productions hollywoodiennes avant de tomber dans l'oubli, dont elle sort lors d'un *come back* remarqué dans les années 1990. « Yma Sumac sait comment pousser [sa voix] aux extrêmes, la ramener à un souffle, un frémissement, la poser, la faire jaillir de la gorge ou de la poitrine. Elle chamboule les règles, déclassifie les genres en passant d'une voix de chanteuse noire à celle d'une cantatrice classique, en change le sexe et la nature. » (V. Mortaigne, *Le Monde*, 1992.)

chrétiens, où surgissent des figures médiévales comme Roland et les douze pairs, Amadis de Gaule…
La religion catholique imprime sa marque, en particulier sur l'une des danses les plus fameuses du Pérou contemporain, la **diablada**, dansée lors des carnavals ou des fêtes patronales *(voir p. 50)*. Originaire de Bolivie, cette danse évoque la lutte entre le Bien et le Mal. Elle est réputée pour ses fabuleux costumes – celui du diable pèse à lui seul 30 kg – et ses incroyables masques. Parmi les danses issues du métissage hispano-indigène, on retiendra également les genres créoles comme les **valses** et les **polkas**, mais aussi le *huaylash*, danse liée aux récoltes.
Enfin, dans la veine sentimentale et mélancolique, le **yaraví** (dont le représentant le plus familier aux oreilles européennes est *El cóndor pasa*) et le **huayno**, d'inspiration plus joyeuse, sont emblématiques des Andes. Musique et danse à la fois, ils se pratiquent au son de la *quena*, du violon, de la harpe ou du *charango*.

Les rythmes afro-péruviens

En vue de se procurer la main-d'œuvre nécessaire au fonctionnement des plantations, les Espagnols importèrent massivement des populations d'Afrique noire. Privés de tous droits, les esclaves n'étaient pas autorisés non plus à pratiquer des instruments de musique. Dépourvus de leurs percussions traditionnelles, ils se servirent d'une caisse en bois en forme de parallélépipède sur laquelle frappait le musicien, assis sur l'instrument. Ainsi explique-t-on l'apparition du **cajón**, ce tambour de fortune qui a connu depuis de multiples avatars. Avec la guitare, il accompagne la **marinera**, une danse née dans les quartiers pauvres de Lima et qui tient une place particulière dans le cœur des Péruviens. Danse de séduction et non de contact, elle s'exécute à un ou plusieurs couples avec des mouchoirs maniés avec grâce. Dans sa variante trujillana (de la côte nord), elle se danse parfois pieds nus et l'homme peut monter un cheval de pas *(caballo de paso)*. La ville de Trujillo est la capitale de la marinera (concours national en janvier-février, *voir p. 451*). Parmi les danses d'influence africaine, on trouve également le **festejo**, une danse acrobatique, à l'origine réservée aux hommes, le **landó**, inspiré d'une danse de la fertilité angolaise et devenue le symbole de la musique afro-péruvienne, ou la *danza de los negritos*, danse collective exécutée par les *comparsas* pendant les fêtes populaires, comme le carnaval.

MUSIQUES ACTUELLES

Jouée lors des fêtes traditionnelles ou dans les communautés rurales, la musique folklorique investit aussi les bars et les clubs en milieu urbain, appelés **peñas**, dont on trouve d'excellents représentants à Lima *(voir p. 192)*. Depuis les années 1970, le *huayno* se conjugue avec des influences diverses, telle la *cumbia* bolivienne ou le rock, dans un genre appelé la **chicha**. Cette musique d'inspiration andine, mêlant instruments électriques et acoustiques, est très écoutée dans les milieux populaires. Elle est représentée entre autres par le groupe Los Shapis qui émergea au début des années 1980.
Les ondes péruviennes servent bien les artistes nationaux, mais peu d'entre eux atteignent une renommée internationale. Outre **Yma Sumac**, dont la tessiture vocale tout à fait exceptionnelle lui a valu un succès planétaire dans les années 1950, seuls quelques chanteurs péruviens connaissent une notoriété en Europe, laquelle

demeure assez confidentielle. C'est le cas d'artistes tels **Eva Ayllón** (née en 1956) ou le groupe **Perú Negro**, formé dans les années 1970, ou encore **Susana Baca** (née en 1944), qui défendent la musique afro-péruvienne à travers le monde. La compositrice-interprète **Chabuca Granda** (1920-1983), chantre des quartiers populaires de Lima, est considérée comme l'une des plus belles voix d'Amérique du Sud. C'est l'âge d'or de ce style avec de grands compositeurs et de grands interprètes comme Los Embajadores Criollos, Los Morochucos, Lucha Reyes…
Le guitariste **Raúl Garcia Zárate** (né en 1931) a réalisé de nombreux enregistrements de musique andine. **Gianmarco** (né en 1970) représente quant à lui une musique populaire plus internationale.
Dans le sillage de Susana Baca, le groupe **Novalima** (formé en 2001) revoit les grands classiques afro-péruviens dans des versions électro-dub, mais crée également des compositions originales d'inspiration plus cosmopolite.
À la fin des années 1990, la chanteuse **Rossy War** s'est taillé un franc succès avec la *tecnocumbia*, style musical qui allie des rythmes primitifs à des arrangements modernes.
Côté rock, le groupe **Los Protones & Natasha Luna** qui a sorti son premier album en 2009 a marqué un vrai retour aux sources avec une magnifique reprise de *Come On*, classique composé par **Los Saicos**, groupe péruvien de rock psychédélique très populaire dans les années 1960 dans toute l'Amérique latine. La scène **rap** s'est également développée à Lima ces dernières années. Moins médiatisés, certains groupes ont néanmoins une réelle audience tel que **Rapper School** ou **Pedro Mo**.

Gastronomie

Pour tordre le cou à certains préjugés, la cuisine péruvienne traditionnelle, ou **comida criolla** (par opposition à la cuisine internationale), n'est pas aussi épicée que la cuisine mexicaine ou antillaise. À vrai dire, elle manifeste même une subtilité inégalée en Amérique latine. Il faut dire qu'elle conjugue les richesses de la mer, une antique tradition agricole née dans les Andes (pomme de terre, maïs, céréales) et d'innombrables variétés de fruits venant des régions amazoniennes, auxquelles s'ajoute une solide tradition de spécialités régionales.

LES RICHESSES DE LA MER

Vedette incontestée des recettes de la côte, le **ceviche** est un plat de poisson blanc, émincé et cuit dans du jus de citron vert, accompagné d'oignons rouges, d'un soupçon de piment rouge haché menu, et servi avec du *camote* (patate douce) ou un épi de maïs bouilli. Les saveurs tiennent à la qualité du poisson, mais aussi au jus citronné et à sa marinade : le *leche de tigre* ou lait de tigre. Le **ceviche mixto** associe le poisson à des morceaux de calamars ou de poulpe.
Le filet de **poisson blanc** du Pacifique – *corvina* (bar), *lenguado* (sole) ou *mero* (mérou), parmi beaucoup d'autres –, suscite une foule d'autres préparations : on le sert *frito* (frit), *apanado* (pané), *a lo macho* (avec crevettes et coquillages), *arrebozado* (recouvert d'oignons émincés), *al ajo* (dans un jus à l'ail), *a la chorillana* (c'est-à-dire à la mode de Chorrillos, avec poivrons et tomates sautés, le tout parfumé au cumin), *a la meunier* (à la meunière), en *tiradito* (finement tranché, comme un carpaccio), en *chicharrones de pescado* (morceaux de poisson panés et frits comme

Au marché de Huaraz.
S. Estvanik / Fotolia.com

des beignets), *enrollado* (roulé et farci d'une sauce de langoustines), *en salsa de ostión* (à la sauce d'huître)…

Fruits de mer et crustacés garnissent la carte des entrées : **chupe de camarones** (soupe épaisse de gambas, de morceaux de poisson, de pommes de terre et d'œuf), **parihuela** (sorte de bouillabaisse péruvienne), **jalea** (friture de coquilles, du genre pétoncles), poulpes et calamars en beignets, moules, crabes, escargots de mer… Très populaires, les **choritos a la chalaca** (moules à la mode de Callao) sont de grosses moules recouvertes de tomates, de persil et d'oignons finement coupés, le tout mariné dans du jus de citron vert.

LES VIANDES

Héritier des cuisines créole et chinoise, le **lomo saltado** est une autre institution : il s'agit d'un émincé de bœuf sauté à la poêle avec un filet de vinaigre. Peu avant de servir, on y ajoute des quartiers de tomates et de pommes de terre sautés à part avec des oignons. Le mélange des jus de viande et de légumes est un régal pour les papilles. Le *lomo saltado* est généralement servi avec une boule de riz. Le **tallarin saltado**, où le poulet remplace parfois le bœuf, est servi avec des spaghettis. Tout aussi savoureux… et nourrissant.

Plat typique du nord du Pérou, le **seco de cabrito** est une viande de chevreau cuite à l'étouffée, servie avec une sauce à la coriandre et souvent accompagnée de riz et de haricots. Le **seco de cordero** est la même recette appliquée à l'agneau. De la même région vient le **ceviche de pato** (*ceviche* de canard), sauté et mijoté avec ail, oignons, zestes d'orange, cumin et coriandre. Plus que du piment, généralement ajouté en petites quantités, la saveur de ces plats provient des herbes aromatiques : coriandre, huacatay, *hierba buena*…

Un **adobo** est un ragoût de viande de porc marinée dans de la *chicha de jora* avec ail, oignons et piments. Arequipa, Cuzco et Chiclayo ont chacune leur recette. L'**ají de gallina** (piquant de poule) est un émincé de poulet mélangé à une

épaisse sauce au fromage et au piment jaune. Le **cau cau** est un plat de tripes coupées en dés et mijotées avec oignons, vin blanc et safran.

LA POMME DE TERRE

Quel fut le premier apport du Pérou dans la culture européenne ? Réponse : la patate *(papa)*. Au temps des Incas, il existait, dit-on, des milliers de variétés du tubercule *(voir p. 243)*. Aujourd'hui, quelques centaines subsistent, il faut s'y faire. Curieusement, la pomme de terre n'est pas de tous les accompagnements, ce rôle étant réservé au riz. On appréciera d'autant plus la **papa a la huancaina**, entrée (ou plutôt plat) à base de rondelles de *papa amarilla* (pomme de terre jaune), recouvertes d'une sauce au fromage et au piment jaune, toujours couronnée d'une grosse olive noire. Préparée en **ocopa**, la pomme de terre est cuite à l'eau et accompagnée d'une sauce épaisse à la cacahuète. La **papa rellena** est une boule allongée de purée de pommes de terre farcie à la viande. La **carapulcra** est une préparation faite à base de pommes de terre séchées et écrasées.

LES AUTRES LÉGUMES

Autre vénérable légume du Pérou, le **maïs** est servi en *choclo* (épi de maïs jaune bouilli) ou en *mote* (égrené). Il intervient évidemment dans la préparation des **tamales** (purée de maïs farcie à la viande et emballée dans une feuille de bananier repliée en carré) ou dans celle des **humitas** (même recette présentée en rouleaux), ainsi que dans un dessert traditionnel, la **mazamorra**, une gelée faite avec de la farine de maïs violet.

Les **frejoles** (haricots) accompagnent les ragoûts, tandis qu'on retrouve les **pallares** (fèves) dans les soupes.

Variété américaine de manioc doux, la **yuca** est servie en gros cubes ou en beignets.

Le **rocoto relleno** est un poivron ou, plus exactement, une variété assez proche du piment, que l'on farcit. C'est l'une des grandes recettes d'Arequipa, une ville où la cuisine est particulièrement épicée et où, nul hasard, les restaurants populaires s'appellent *picanterias*.

LES BOISSONS

Lors des repas familiaux, les Péruviens boivent surtout des boissons non alcoolisées, **refrescos** (limonade, *chicha morada* ou *cebada*, boisson à base d'orge) ou **gaseosas** (sodas, dont l'Inca Kola national, d'un beau jaune translucide, qui vient largement devant d'autres marques bien connues). Les fins de semaine se terminent invariablement à la **cerveza** (bière). Le dimanche, s'il y a des invités, le maître de maison propose un pisco *sour* en apéritif et sert après le repas un petit verre de vin doux de Chincha. Les repas avec vin blanc et vin rouge ne font pas encore partie des habitudes populaires et demeurent la marque des milieux plutôt aisés, voire cosmopolites.

L'eau

Ne buvez pas l'eau du robinet. Dans les restaurants, demandez de l'eau de source en bouteille *(agua mineral)*, avec *(con)* ou sans bulles *(sin gas)*.

Les jus de fruits

Le Pérou est un paradis méconnu des jus de fruits *(jugos de frutas)*. Au petit déjeuner, les bons hôtels servent un classique **jugo surtido** (plusieurs fruits mélangés) ou un jus de papaye *(papaya)*, au goût douceâtre et connu pour ses propriétés laxatives. Sur les marchés, une allée est toujours dédiée aux jus de fruits, lesquels forment des étalages colorés d'où les vendeuses hèlent le client. Pour quelques sols, on vous tend le contenu d'un mixeur de jus de fraise *(frutilla)*, d'orange *(naranja)* ou d'orange verte (*lima*, légèrement acide), d'ananas *(piña)*, de fruit de la Passion *(maracuja)*, de figue de Barbarie *(tuna)*, de chérimole (*cherimoya*, fruit vert légèrement sucré), et bien d'autres. Un plein de vitamines.

La bière

Boisson nationale s'il en est, la **cerveza** n'est pas sans provoquer chez les Péruviens un certain esprit de clocher : les Liméniens préfèrent la **Cristal** ou la **Pilsen de Callao**, les montagnards ne jurent que par la **Cusqueña**, les Aréquipéniens ont leur **Arequipeña**, et les habitants de Trujillo leur **Pilsen Trujillo**. On les trouve en bouteilles de 33 et 50 cl (*una chela*, en argot péruvien) ainsi qu'en canettes. Peu alcoolisées, les bières péruviennes sont légères et désaltérantes. Pour les amateurs de bière brune, la Cusqueña negra et l'Arequipeña negra exhalent un goût fortement malté.

Le pic de consommation hebdomadaire est atteint le vendredi soir : selon une vieille coutume, employés et travailleurs se réunissent dans les bars, entre hommes, pour le **viernes del soltero** (vendredi du célibataire). Rapidement vidées, les bouteilles s'accumulent sur les tables jusqu'à la fermeture. Selon une autre tradition, plus paysanne, on se place en cercle, toujours entre hommes, et on se passe la bouteille, puis la suivante, avec un seul verre : c'est un symbole de confiance et d'amitié.

Les vins

Sans rivaliser avec la production chilienne ou argentine, les vins péruviens ont progressé depuis que des œnologues européens ont été recrutés dans certains grands domaines vinicoles. La vigne fut importée au Pérou par les Espagnols qui acclimatèrent des cépages originaires des Canaries. Le vin est aujourd'hui produit pour l'essentiel autour d'Ica, où les deux haciendas de **Tacama** et d'**Ocucaje** élaborent des vins blancs et rouges tout à fait convenables *(voir p. 360)*. Au sud de Lima, les vallées de Lunahuaná et Chincha produisent des vins liquoreux assez rustiques : ils servaient autrefois de vin de messe et se consomment plutôt aujourd'hui en digestif. Agréables en bouche mais forts en degrés, ils invitent impérativement à la sieste.

Le pisco

L'origine péruvienne du pisco est mentionnée dès 1588 par les chroniqueurs espagnols : les grandes jarres en argile contenant une eau-de-vie de raisin étaient embarquées vers l'Espagne par le port de Pisco, d'où son nom. Depuis quelques années, le Pérou se bat avec le Chili qui tente de s'attribuer la paternité de la précieuse liqueur, à tel point qu'une « Journée internationale du pisco » a été décrétée au Pérou en vue de soutenir sa légitime revendication *(voir p. 358)*.

Les principales zones de production sont les régions d'**Ica** et de **Moquegua**. Le pisco peut être *puro* (issu d'un seul cépage, le plus commun étant le Quebranta), *acholado* (littéralement « métissé », c'est-à-dire issu de plusieurs cépages), *mosto verde* (distillé avant la fermentation complète) ou bien de *tipo Italia* (élaboré avec du muscat).
Si les connaisseurs le boivent pur, en digestif, le pisco intervient surtout dans la préparation du **pisco sour**, cocktail où on lui ajoute du jus de citron vert, du blanc d'œuf battu en neige et de la glace pilée. Le **cocktail de algarrobina**, également délicieux mais plus sucré, est élaboré avec du pisco, du lait condensé et un épais sirop brun foncé, l'*algarrobina*, qui n'est autre que le fruit du caroubier. Plus simples, le **chilcano de pisco** consiste à ajouter du tonic, tandis que le **Perú libre** est un mélange de pisco et de Coca Cola.

La chicha

Consommée depuis des temps reculés, cette boisson à base de maïs est dite **chicha de jora** lorsqu'elle est fermentée et alcoolisée. Le degré de fermentation et la teneur en alcool vont croissant en fonction de la couleur, du jaune clair au brun foncé. Les Indiens qui en abusent lors des fêtes andines s'en vont titubant le long des chemins et roulent assez vite dans le fossé. Non alcoolisée, la **chicha morada** est une simple décoction de maïs violet, désaltérante et très agréable au goût. Elle se boit à toute heure de la journée et accompagne parfaitement certains mets.

Le rhum

Le Pérou produit son rhum *(ron)*, et il en existe même d'excellents. Cependant, sa diffusion souffre, localement, de la concurrence du pisco et, à l'échelle internationale, de celle des productions d'Amérique centrale et des Caraïbes. Les vastes haciendas sucrières de la côte nord du Pérou, notamment les régions de Trujillo et de Chiclayo, fournissent l'essentiel de la production. Les meilleures marques sont **Ron Cortavio** et **Pomalca**.

Café, thé et infusions

L'essor du commerce équitable a fait découvrir aux consommateurs européens le **café** péruvien. À l'instar du **thé**, il est surtout cultivé sur les versants orientaux et les vallées chaudes de la cordillère des Andes et, en particulier, dans la région de Quillabamba, au nord-ouest de Cuzco. Curieusement, les Péruviens apprécient peu le café moulu. Ils préfèrent le consommer en **instantané**. Dans les cafés et les restaurants, l'usage est de servir un petit pot d'extrait de café que l'on verse à sa convenance dans une tasse d'eau bouillante.
Dans la famille nombreuse des tisanes et des **infusions**, les plus prisées sont la *manzanilla* (camomille), la *yerbaluisa,* la *uña de gato* et le *mate de coca*. Ce dernier est recommandé pour soulager les désagréments dus au mal d'altitude *(soroche,* *voir p. 29)*. La *yerbaluisa* et la *uña de gato* sont des plantes de la région amazonienne, qui passent l'une et l'autre pour d'excellents dépuratifs du sang. On peut ajouter la célèbre *boldo* (pour le foie). On trouve toutes ces plantes en conditionnement grand public sur les marchés et dans les supermarchés. À la nuit tombée, dans les bourgades andines, apparaissent les chariots de vendeurs ambulants *(ambulantes)*. Ils vendent des *emolientes* (tisanes aux herbes) destinées à faciliter la digestion et à lutter contre le froid glacial venu des cimes.

Langues du Pérou

L'espagnol, appelé ici *castellano* (castillan), est la langue officielle du Pérou. Il est parlé par près de 80 % de la population. À l'exception de certaines langues immigrantes (chinois, japonais, portugais, norvégien...), les autres langues sont d'origine amérindienne. Il s'agit principalement du quechua, parlé par 16 % de la population, et de l'aymara, dont les locuteurs représentent environ 3 % des Péruviens. Si les langues de l'Amazonie ne concernent qu'un faible pourcentage de la population (0,9 %), leur nombre est impressionnant : une bonne centaine d'idiomes, appartenant à une quinzaine de familles linguistiques (arawak, jivaro, tupi-guarani, harakmbet, pano, taca...)

L'espagnol

Le castillan est la langue dominante et véhiculaire, celle qu'utilisent le Parlement, la justice, les services gouvernementaux, les médias, les universités, les entreprises et la majorité des habitants des grandes et moyennes villes. Le castillan parlé au Pérou connaît trois formes dialectales.

La première, celle de **Lima** et de **la côte**, est la plus proche de l'espagnol ibérique (ou plus exactement du dialecte andalou), avec quelques petites nuances d'intonation et de vocabulaire.

La deuxième forme est le **castillan andin**, à la parole plus lente et aux accents plus graves, où l'influence de la langue quechua est assez marquée. Par exemple, on pratique souvent la confusion des genres masculin et féminin (le quechua ne connaît pas les genres) et on utilise beaucoup de diminutifs (terminaisons en *-ito* et *-ita*). Certains mots proviennent du quechua. Ainsi, « nu » ne se dit pas *desnudo* (castillan) mais *calato* ; pour désigner l'« enfant », on emploie *guagua* plutôt que *niño* (castillan). L'espagnol parlé au Pérou est, de façon générale, très imprégné du quechua, notamment pour les noms de plantes, d'animaux, d'aliments et de vêtements traditionnels.

La dernière forme est celle de la forêt, le **castillan amazonien**, qui connaît lui aussi des variantes phonétiques et lexicales.

Enfin, les esclaves africains déportés au Pérou ont développé une forme d'espagnol particulière, imprégnée d'accents, en particulier autour de la ville d'El Carmen, dans la vallée de Chincha, l'un des plus importants foyers de culture noire au Pérou.

Quechua et aymara

Utilisée comme langue officielle par les Incas à travers l'empire, le **quechua** était la langue la plus répandue au Pérou avant l'arrivée des Espagnols. Son foyer d'origine est sans doute la région côtière de Lima, d'où il se serait diffusé dans les Andes entre 500 et 1000 apr. J.-C. Aujourd'hui, le quechua est parlé par environ 4,5 millions de locuteurs au Pérou, principalement dans les zones rurales de la *sierra*. Appelé par les populations autochtones *runa simi*, « la langue humaine », le quechua se pratique aussi en Bolivie, en Équateur, au nord-ouest de l'Argentine et au sud de la Colombie, où il se subdivise en plusieurs variétés dialectales. Quoique proches les uns des autres, ces dialectes ne sont pas tous compréhensibles entre eux. Le quechua dit **cuzquénien** est le plus répandu (sud du Pérou et Bolivie). Il possède une tradition écrite ancienne, remontant à l'époque coloniale (16e s.). Cependant, les variantes d'Ayacucho, de Puno et de l'Apurímac coexistent. Le quechua est une langue agglutinante. Ses mots sont construits à l'aide d'une centaine de suffixes invariables. Quelques substantifs d'origine quechua se sont introduits dans le vocabulaire français par l'intermédiaire de l'espagnol, notamment alpaga, condor, coca, guano, lama, pampa, puma, quinoa et vigogne.

L'**aymara** prévaut surtout dans la région sud des Andes et aux environs du lac Titicaca. Le terme aymara désigne également un peuple, appelé aussi peuple Qolla, originaire de la région du lac Titicaca. Langue de la civilisation de Tiahuanaco, l'aymara fut largement parlé par les Incas. Il se partage entre deux dialectes, le premier dit « central » (sud du Pérou, *altiplano* bolivien et zone andine adjacente à la Bolivie au Chili), le second dit « méridional » (régions péruviennes de Tacna et Moquegua).

Langues d'Amazonie

La forêt amazonienne du Pérou compte environ 250 000 Amérindiens répartis entre plus d'une soixantaine d'ethnies. Descendant pour la plupart des puissantes peuplades arawak, jivaro, yagua, shipibo et conibo, ils furent décimés par les maladies et les razzias durant la période coloniale. D'importance numérique très variable selon les groupes (de quelques familles à plusieurs dizaines de milliers de personnes), ils parlent des langues variées, aux racines linguistiques différentes. Les principales sont l'**asháninka** (famille des langues arawak, environ 26 000 locuteurs), l'**aguaruna** (famille des langues jivaro, 38 000 locuteurs) et le **machiguenga** (environ 10 000 locuteurs). Citons aussi l'achuar, le cashibo, le chayahuita, le huambisa… Bon nombre d'idiomes sont menacés de disparition, en raison du trop petit nombre de locuteurs, parfois moins de vingt individus : aguano, arabela, bora, cahuarano, iñapari, iquito…

Le statut des langues indigènes

Depuis un décret-loi de 1975, le quechua bénéficie, à côté de l'espagnol, d'un statut de **langue officielle** de la République. La Constitution de 1993 reconnaît en outre, dans les régions où elles prédominent, un statut de langues officielles à l'aymara et aux autres langues aborigènes. Plusieurs lois sur les langues et l'enseignement, votées en 2001, 2003 et 2007, tentent de revitaliser les langues indigènes afin de modifier la situation d'exclusion et de dévalorisation dans laquelle elles se trouvent. L'enseignement des langues quechua et aymara est en

théorie obligatoire dans le primaire, le secondaire et le supérieur.
Pour enrayer la discrimination linguistique, le législateur affirme sa volonté de placer toutes les langues du Pérou sur un pied d'égalité, notamment dans les pratiques des administrations, de la police et de la justice. L'État garantit l'usage officiel, l'enseignement et la connaissance des langues indigènes. Cependant, accorder un statut juridique est une chose, l'appliquer et donner aux citoyens les moyens de le faire vivre dans la réalité en est une autre.
En matière administrative, les services sont tous assurés en espagnol. L'État prévoit, dans certaines régions, des services oraux en quechua ou en aymara, voire en arawak et en penoan. Cela étant dit, aucun document gouvernemental officiel n'est disponible dans une langue indigène. Plusieurs municipalités offrent parfois des documents et des services bilingues, cela dépend beaucoup des régions. La langue de la **justice** reste l'espagnol, mais, lorsqu'un individu ne le parle pas (ce qui est le cas de près de 20 % des Péruviens !), les tribunaux fournissent un interprète à l'accusé et/ou au témoin.
En matière d'enseignement, l'**éducation bilingue** (castillan + langue maternelle indigène) se développe assez bien dans les écoles primaires rurales des pays andins. Au-delà du primaire, l'apprentissage s'effectue en castillan uniquement. Les Péruviens de la classe moyenne vivant dans les centres urbains parlent l'espagnol, et la plupart d'entre eux ne sont pas bilingues. Aussi ne voient-ils pas l'intérêt pour leurs enfants d'apprendre le quechua ou l'aymara qui, à leurs yeux, représentent un symbole de l'histoire passée. Même les parents de langue quechua ou aymara préfèrent miser sur l'espagnol, dans l'espoir de favoriser l'ascension sociale de leurs enfants. Bref, l'enseignement n'est pas destiné à conserver les langues autochtones, mais à mieux alphabétiser les enfants pour les faire passer plus rapidement à l'espagnol. Le véritable bilinguisme concerne surtout les enfants de riches qui fréquentent les écoles privées où l'on enseigne l'anglais, parfois le français. Pour la majorité des hispanophones, apprendre le quechua est considéré comme « une perte de temps », ils préfèrent se tourner vers le monde occidental, avoir la possibilité de faire des études universitaires à l'étranger. En Amazonie, hormis à Iquitos où d'importants efforts d'enseignement bilingue ont été déployés, de nombreux groupes indiens ne reçoivent pas d'enseignement dans leur langue, notamment en raison de la pénurie d'enseignants ou de manuels scolaires. On trouve certes quelques radios qui émettent en quechua, de même que quelques programmes d'université en langue indienne, mais il faut y voir une exception.
La vie économique des Péruviens se déroule exclusivement en espagnol, et les populations autochtones en sont le plus souvent exclues. Les langues autochtones n'ont pour horizon que le foyer familial et la communauté villageoise, et ne trouvent guère à s'employer au-delà.

3/ DÉCOUVRIR LE PÉROU

Le train Cuzco-Puno près d'Aguas Calientes.
Simeone / Photononstop

Lima et ses environs 1

L'église de San Francisco, à Lima.

José Fuste Raga/AGE Fotostock

BARRANCO
plan III
0 — 200 m

SE LOGER

Barranco's Backpackers Inn	1
Point Hostels	3

SE RESTAURER

Antica Trattoria	1
Chala Costa Fusión	3
Costa Verde (La)	5
Hornito (El)	7
Javier	9
Manos Morenas	11
Posada del Mirador (La)	13
Rustica	15
Sóngoro Cosongo	17

LIMA

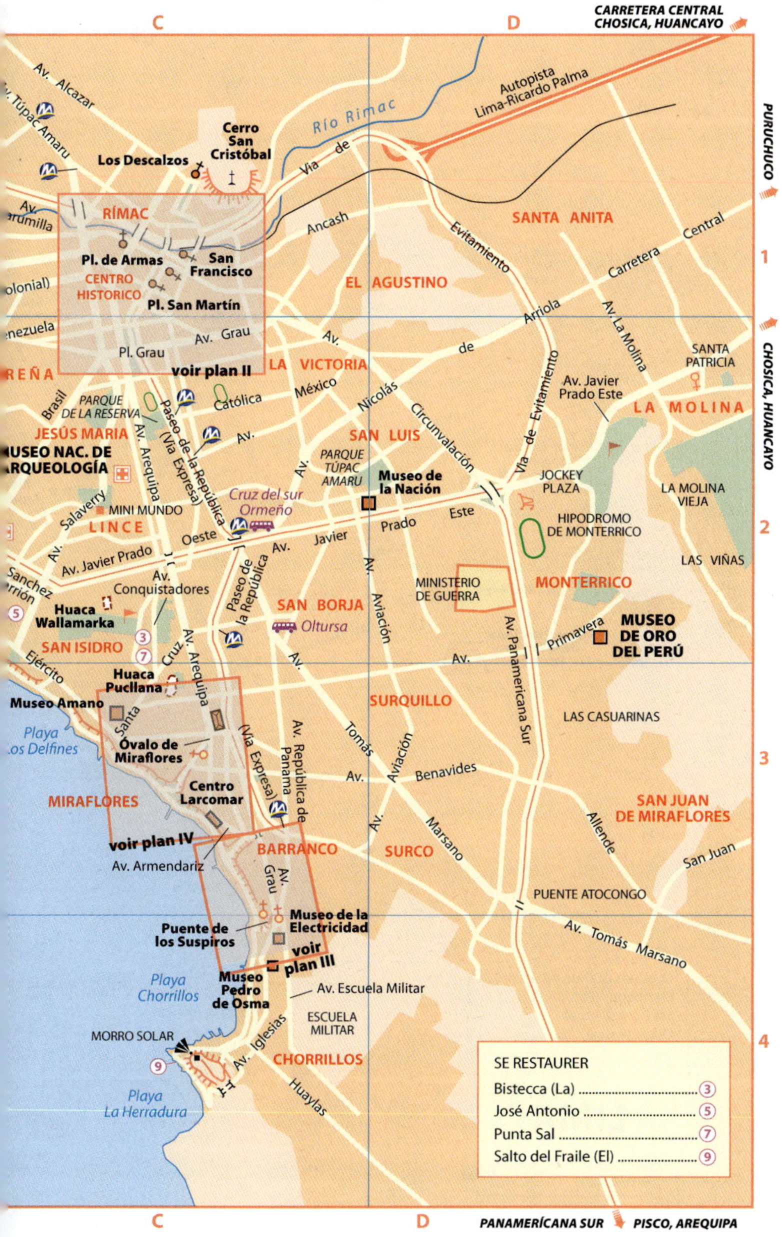
C
D
CARRETERA CENTRAL
CHOSICA, HUANCAYO
PURUCHUCO
CHOSICA, HUANCAYO
1
2
3
4
Av. Alcazar
Av. Túpac Amaru
Cerro San Cristóbal
Los Descalzos
Río Rimac
Vía de
Autopista Lima-Ricardo Palma
RÍMAC
Pl. de Armas
San Francisco
CENTRO HISTORICO
Pl. San Martín
Av. Grau
Pl. Grau
voir plan II
Ancash
SANTA ANITA
Evitamiento
Carretera Central
EL AGUSTINO
Arriola
Av. La Molina
SANTA PATRICIA
LA VICTORIA
Av.
de
México
Católica
Nicolás
Circunvalación
Vía de Evitamiento
Av. Javier Prado Este
LA MOLINA
PARQUE DE LA RESERVA
Brasil
JESÚS MARIA
MUSEO NAC. DE ARQUEOLOGÍA
SAN LUIS
PARQUE TÚPAC AMARU
Museo de la Nación
JOCKEY PLAZA
LA MOLINA VIEJA
Av. Arequipa
Paseo de la República (Vía Expresa)
Cruz del sur
Ormeño
Salaverry
MINI MUNDO
LINCE
Oeste
Javier
Prado
Este
HIPODROMO DE MONTERRICO
LAS VIÑAS
Av. Javier Prado
Av. Conquistadores
Paseo de la República
Av. Aviación
MINISTERIO DE GUERRA
MONTERRICO
Huaca Wallamarka
SAN BORJA
Oltursa
Av. Panamericana Sur
Primavera
MUSEO DE ORO DEL PERÚ
SAN ISIDRO
Cruz
Ejército
Huaca Pucllana
Museo Amano
Santa
Av. Arequipa
SURQUILLO
LAS CASUARINAS
Playa Los Delfines
Óvalo de Miraflores
(Vía Expresa)
Av. República de Panama
Tomás
Aviación
Av.
Benavides
Centro Larcomar
MIRAFLORES
SAN JUAN DE MIRAFLORES
Marsano
Allende
voir plan IV
Av. Armendariz
BARRANCO
SURCO
San Juan
Av. Grau
PUENTE ATOCONGO
Puente de los Suspiros
Museo de la Electricidad
voir plan III
Av. Tomás Marsano
Playa Chorrillos
Museo Pedro de Osma
Av. Escuela Militar
ESCUELA MILITAR
MORRO SOLAR
Av. Iglesias
CHORRILLOS
Playa La Herradura
Huaylas
SE RESTAURER
Bistecca (La) 3
José Antonio 5
Punta Sal 7
Salto del Fraile (El) 9
PANAMERÍCANA SUR
PISCO, AREQUIPA

PANAMERÍCANA NORTE
A
B
1
2
3
CALLAO, MUSEO ETNOGRÁFICO
CALLAO
Quinta de Presa
Av. Francisco Pizarro
Av. de los Proceres
Via de Evitamiento
Presa
Chica
Av. Tacna
SAN FRANCISCO DE PAULA
Av. Caqueta
Vidal
Salaverry
RÍMAC
Puente del Ejército
Río Rímac
Puente Sta Rosa
PARQUE MONSERRATE
Meiggs
Av. Alfonso Ugarte
Santa Rosa de Lima
Sto Domingo
Conde de Superunda
Callao
Casa de Osambela
COLISEO CERRADO
Ica
Casa de La Riva
Huancavelica
Pacasmayo
Pl. Ramon Castilla (Pl.. Unión)
Angaraes
Cañete
Chancay
Torrico
TEATRO MUNICIP.
San Agustín
Las Nazareñas
Huambo
Av. Argentina
Tacna
TEATRO SEGURA
Moquegua
Emancipación
SAN MARCELO
La Merced
Dansey
Pl. 2 de Mayo
UNIV. FRANCISCO VILLAREAL
Ruffino
Cailloma
JESÚS MARIA
La Unión
Museo Nacional de la Cultura Peruana
Av. Colonial
Av. Nicolás de Piérola (Colmena)
Ocoña
Puno
Gran H. Bolívar
Pl. San Martín
Miguel Baquero
Avenida
MERCADO DE LIBROS
Quilca
Teatro Colón
HOSP. ARZOBISPO LOAYZA
Museo A. del Castillo
Zorritos
Alfonso Ugarte
Garcilaso de la Vega (ex Wilson)
Pl. Francia
Tambo de Belén
LA RECOLETA
Carabaya
La Unión
PALACIO DE JUSTICIA
Av. Bolivia
CENTRO CIVICO
Paseo de la República
Chabuca Granda (Malecón)..... 1
Escribanos (Pasaje)..................... 2
Sta Rosa (Pasaje)......................... 3
Otaya (Pasaje)............................... 4
Av. España
MUSEO DE ARTE ITALIANO
Pl. Grau
LIMA
plan II
0
500 m
Plaza Bolognesi
Av. 9 de Diciembre (Paseo Colón)
Museo de Arte
PARQUE DE LA EXPOSICIÓN
Av. Brasil
Wakuski
MUSEO NACIONAL DE ARQUEOLOGÍA
SAN ISIDRO, MIRAFLORES

CONVENTO DE LOS DESCALZOS, CERRO SAN CRISTÓBAL
PANAMERÍCANA SUR
PANAMÉRICAINE SUD
SAN ISIDRO, MIRAFLORES
C
D
1
2
3
Alameda de los Descalzos
Purus
Paseo de Aguas
Plaza de Toros de Acho
Museo Taurino
San Lázaro
Cajamarca
Hualgayoc
Chiclayo
Lambayeque
Libertad
Trujillo
Capilla el Puente
Puente Ricardo Palma
Puente Piedra
Puente Balta
Av. 9 de Octubre
Evitamiento
Río Rimac
Vía de
Amazonas
Ancash
PARQUE DE LA MURALLA
Estación Desamparados
San Francisco
Palacio de Gobierno
ESC. DE BELAS ARTES
Andahuaylas
Huanta
SANTA CLARA
Maynas
Casa del Oidor
Casa de Pilatos
LAS TRÍNITARIAS
QUINTA HEEREN
Pl. de Armas
Arzobispado
Pl. Bolívar
CONGRESO
Junín
Paruro
Huanuco
Catedral
Palacio Torre Tagle
Casa de la Inquisición
LAS DESCALZAS
Casa Goyeneche
Abancay
Pl. Italia
EL CARMEN
Huallaga
BARRIOS ALTOS
Ucayali
San Pedro
Miró
Quesada
Mercado Central
Capón
Lampa
BARRIO CHINO
Azángaro
Cuzco
ICPNA
Avenida
Ayacucho
Puno
COCHARCAS
LOS HUERFANOS
Av. Nicolás
Panteón de los Proceres
Parque Universitario
STA CATALINA
Cangallo
Huamanga
Grau
de Piérola
ESC. DE MEDICINA
Universidad San Marcos
Roosevelt
Av. Abancay
Avenida
HOSPITAL DEL OBRERO
Lucanasi
Sandia
Avenida Grau
Av. José Galvez
Iquitos
Paseo de la República
Av. 28 de Julio
SE LOGER
Belén 1
Bonbini 3
Continental 5
España 7
Europa 9
Gran Hotel Bolívar 11
Kamana Hotel 13
Maury 15
Plaza 17
Roma 19
Wiracocha 23
SE RESTAURER
Antigua Bodega Queirolo 1
Bar Cordano 3
Eau vive (L') 5
Estadio FC 7
Fayke Piurano (El) 9
Manhattan 11
Merced (La) 13
Mirador de Chabuca (El) 15
Muralla (La) 17
Wa Lok 19

Lima

★★

9 000 000 habitants env. – Capitale du Pérou

NOS ADRESSES PAGE 178

S'INFORMER

Office de tourisme (Lima-centre) – *Pasaje Escribanos 145, plaza de Armas* (plan II, C2) - *(01) 315 1542 - www.turismoperu.info ou www.promperu.gob.pe - lun.-vend. 9h-18h, w.-end 9h-17h.* Informations relatives à l'hébergement dans le centre historique, brochures touristiques et liste des visites guidées organisées par la mairie de Lima.

iPerú Aeropuerto Jorge Chávez – *Hall central* (plan I, AB1) - *(01) 574 8000 - 24h/24 - iperulimaapto@promperu.gob.pe.*

iPerú San Isidro – *Av. Jorge Basadre 610 - (01) 421 1627/1227 - lun.-vend. 8h30-18h30 - iperulima@promperu.gob.pe.*

iPerú Miraflores – *Larcomar Tourist Center, Main square* (plan IV, B2) - *(01) 445 9400 - 12h-20h - iperularcomar@promperu.gob.pe ou www.peru.travel.*

Visites guidées – **Tour Lima colonial** - *Départ plaza de Armas* (plan II, C2) - *mar.-dim. 15h30, 17h, 18h15 et 19h30 (durée 50mn - S/8).* Billets et renseignements à l'office de tourisme. *Voir aussi* **Mirabús** *p. 184.*

Petit train - *Départ plaza de Armas* (plan II, C2) - *merc.-dim. 14h30-19h30 (ttes les 45mn - durée 30mn - S/5, enf. S/3).* Il passe devant les principaux monuments situés dans le vieux centre. Billets et renseignements à l'office de tourisme.

SE REPÉRER

Plans de l'agglomération et de Barranco (I et III, p. 148-149), du centre historique (II, p. 150-151) et de Miraflores (IV, p. 168) – *Carte Michelin National 763 EF13/14.*

À NE PAS MANQUER

La plaza de Armas ; les églises coloniales ; le musée Larco ; une promenade dans Barranco.

ORGANISER SON TEMPS

Réservez un ou deux jours à Lima en début de voyage pour la visite des monuments, et repassez dans la capitale à la fin de votre séjour, pour les achats et les musées.

AVEC LES ENFANTS

Le Parque de la Reserva et son Circuito Mágico del Agua, les animaux du Parque Las Leyendas et les miniatures du Mini Mundo.

Entourée par le Pacifique, l'embouchure du Río Rímac et le Cerro San Cristóbal, au pied des premiers contreforts des Andes, la capitale du Pérou est aujourd'hui une ville surpeuplée. Elle abrite le tiers de la population du pays. Il est vrai qu'au cours des années 1980, marquées par la récession et la sanglante guérilla du Sentier lumineux, affluèrent vers le centre urbain des populations paysannes de la sierra. Lima, autour de laquelle des bidonvilles s'étaient déjà développés dès les années 1950,

Le palais de l'Archevêché sur la plaza de Armas.
H. Hughes / Hemis.fr

est aujourd'hui ceinturée par un immense tissu urbain de *barriadas*, ou *pueblos jovenes*. Près du tiers de la population de la capitale du Pérou habite dans cet équivalent des favelas brésiliennes. Exemple le plus criant, l'agglomération de Villa El Salvador compte à elle seule près de 400 000 habitants. Elle fut longtemps le plus grand bidonville d'Amérique du Sud, avant de devenir un district comme les autres. Cette réalité économique et sociale doit être présente à l'esprit du touriste qui accoste à Lima : elle se fait d'ailleurs vite sentir dès que l'on quitte l'aéroport pour se rendre dans le centre-ville. Et pourtant Lima réserve quelques belles surprises. Son cœur enclavé dans une gangue urbaine assez chaotique forme une étrange parenthèse architecturale et historique – à la limite de la cité d'opérette quand les gardes du Palacio de Gobierno font retentir leur marche militaire face aux touristes rassemblés plaza de Armas. Changement de décor dans les autres quartiers de Lima, à la réalité si différente que l'on pense circuler dans une autre ville, comme à Miraflores par exemple, avec son mall américain, ses sirènes consuméristes (grands hôtels, fenêtres opaques, fast-food, cafés) desservis par des escaliers mécaniques géants qui découpent la falaise avec des reflets de fermeture Éclair entre ciel et mer.

★★ Centre historique Plan II

Circuit au départ de la plaza de Armas. Comptez une journée.

Hormis la myriade d'églises et de couvents, ainsi que les demeures seigneuriales aux portails imposants, Lima est avant tout la ville des balcons. Surplombant en longues files les rues du vieux centre, ils confèrent à la cité un cachet pittoresque qui n'appartient qu'à elle, à la fois intime et nostalgique. Les balcons de Lima sont de lointains cousins des moucharabiehs du Caire, de Constantinople ou de Damas, transplantés avec bonheur par les architectes sévillans venus travailler au Pérou.

★★ PLAZA DE ARMAS C2

Pendant plusieurs siècles, le forum de la vieille ville fut le centre politique d'une bonne partie de l'Amérique espagnole. Assorties d'une belle fontaine en bronze de 1650, ses lignes coloniales se détachent sur la silhouette massive du cerro San Cristóbal. La place est rythmée par l'imposante façade de la cathédrale, les **balcons de l'archevêché** et le Palacio de Gobierno.

Palacio de Gobierno – *(01) 311 3900 - sam. 10h (sur réserv.) - gratuit.* Construit en 1937 à l'emplacement de l'ancien palais des vice-rois voulu par Francisco Pizarro, le Palacio Presidencial attire les curieux, petits et grands, au moment de la relève de la garde présidentielle, en grand uniforme de hussards et au son des cuivres *(entre 11h45 et 12h)*. La façade actuelle fut modifiée par le dictateur Augusto Leguía au début du 20e s.

★ Catedral

(01) 427 9647 (infos) - lun.-vend. 9h-17h, sam. 10h-13h - horaires des messes : sam. 9h, dim. 11h - billet couplé avec la visite de l'archevêché (Arzobispado) S/30.

Construite à partir de 1598 par l'architecte **Francisco Becerra** (1545-1605), originaire de Trujillo, la cathédrale fut endommagée dès 1609, lors d'un tremblement de terre. Les voûtes furent alors remplacées par des arcs surbaissés. Le portail, qui résista au séisme, est l'œuvre de Martinez de Arona et Pedro de Noguera, également auteur des magnifiques stalles du chœur. Coiffées de toitures coniques et de pinacles, les tours qui encadrent la façade ne furent achevées qu'à la fin du 18e s. par Matías Maestro. Entre-temps, le tremblement de terre de 1746, le plus terrible que Lima ait connu, avait détruit une grande partie de l'édifice. La cathédrale fut reconstruite après cette date par Santiago Rosales, un maître d'œuvre créole, et par le jésuite autrichien Juan Rher, qui fit remonter le portail à l'identique, pierre par pierre. Plutôt sobre, la façade est ornée de statues de saints et de colonnes.

À l'intérieur, de chaque côté des trois grandes nefs néoclassiques, les chapelles latérales renferment plusieurs trésors. Dans le **tombeau de Francisco Pizarro** (mort en 1541) a longtemps été exposée, sous une châsse de verre, une momie qui n'était pas la sienne, avant que l'on découvre ses véritables restes enterrés sous le maître-autel. Remarquez le somptueux retable de Martínez Montañés (1568-1649) et les peintures, dont une *Santa Veronica* est attribuée à Murillo (1618-1682). Le chœur, entièrement doré à la feuille d'or, est l'œuvre d'un Catalan, Pedro de Noguera (1624).

Au fond, à gauche, on accède à un **musée d'Art religieux**, dont le clou est la grande salle où s'aligne la série des portraits des archevêques de Lima. Figures dures et sévères pour les premiers, plus débonnaires pour les suivantes.

Près de la cathédrale se dresse la façade de l'**Arzobispado** (archevêché), refaite en 1924 et ornée de **balcons★** de bois très richement sculptés.

★ Museo Palacio Arzobispal de Lima

(01) 427 5790 (infos) - www.palacioarzobispaldelima.com - lun.-sam. 9h-17h - billet couplé avec la cathédrale S/30.

Ouvert au public depuis 2010 le palais de l'archevêché, transformé aujourd'hui en musée, est instructif à bien des égards. Son emplacement (sur la plaza de Armas aux côtés du palais présidentiel et de l'hôtel de ville), la beauté de sa façade (à l'intérieur une splendide verrière éclaire l'escalier central flanqué de robustes colonnes), la multiplicité des salles aux fonctions et statuts différents selon leur ameublement et décoration, le nombre et la magnificence des objets présentés, prouve si besoin en était la très « confortable » puissance de l'archevêché. En déambulant dans ces différentes salles, on imagine le protocole feutré et méticuleux qui régissait les rapports et statuts de chacun et ce dialogue permanent entre intimité et faste selon qu'il s'agissait de se faire entendre des hommes ou de Dieu. Entre la cathédrale et le palacio, le portail de la **Capilla del Sagrario** présente un décor d'*azulejos* et un balcon de bois, jadis réservé au vice-roi.

À L'EST DE LA PLAZA DE ARMAS Plan II

À droite du palais présidentiel (face à vous) se tient une maison basse au long balcon d'angle peint en vert. La **Casa del Oidor** (en espagnol « celui qui écoute ») est la plus ancienne construction de la place (fin du 17e s.), avec la cathédrale. À l'époque des vice-rois, des juges tenaient audience dans ce premier siège du pouvoir judiciaire et écoutaient les récriminations du peuple.
La rue qui sépare cette demeure du palais présidentiel conduit à la **Estación Desamparados★** *(Jr. Ancash 207)* (Plan II, C1). Le terme « désemparés » rappelle l'attribution première du lieu : un hôtel-dieu destiné aux nécessiteux. La gare, avec son patio à colonnades, son escalier monumental et sa grande verrière est une élégante construction fin de siècle, peinte en jaune et blanc et achevée en même temps que la ligne de chemin de fer qui relie Lima à Huancayo, à travers la Cordillère centrale. Ouverte d'avril à mi-novembre selon les jours de départ *(voir p. 181 et 380)*, elle abrite aussi la **Casa de la Literatura Peruana**, inaugurée en octobre 2009 *(www.casadelaliteratura.gob.pe)*.
À deux pas de la gare, au coin du jirón Ancash, se dresse le **bar Cordano**, vénérable institution de Lima *(voir « Nos adresses à Lima », p. 188)*.

1

★★★ Iglesia y Convento de San Francisco C1

Ancash cuadra 3 - ✆ (01) 427 1381 - www.museocatacumbas.com - 9h30-17h30 - cloître et catacombes : S/7. La messe du dimanche matin (7h) est d'une belle ferveur religieuse.
Ce joyau de l'architecture coloniale péruvienne suscite l'admiration lorsqu'on le découvre depuis la petite place San Francisco, entourée de grilles. À gauche se trouve l'entrée de la chapelle de la Soledad, puis celle du couvent, œuvre baroque à l'équilibre puissant. Perpendiculairement s'ouvre le portail de l'église conventuelle, entre deux belles tours rythmées par des assises alternativement en retrait et à bossages, aux doux coloris crème et orange.
Construite à partir de la fin du 16e s., l'**église** compte parmi les rares constructions de Lima qui ont résisté aux tremblements de terre de 1687 et de 1746, pour ne citer que les plus violents. Le maître d'œuvre portugais **Constantino de Vasconcellos** (mort en 1668) dirigea presque toute la phase finale des travaux et peut être considéré comme l'auteur du dessin de la façade, avec la participation de **Manuel de Escobar**, qui exécuta (en 1674) le portail latéral de l'église.
À l'intérieur, remarquez le décor de style mudéjar, plaqué sur les voûtes et les supports et, au cours de la visite guidée à travers le couvent, les stalles en bois de cèdre du Nicaragua, sculptées en 1673. Bel aperçu de l'intérieur de l'église depuis le *coro alto*, auquel on accède par un majestueux escalier.
Le **couvent**, reconstruit entre 1669 et 1674, impressionne par la beauté de son grand **cloître**, dont les galeries sont ornées d'*azulejos* sévillans du 17e s. et de plafonds *artesonados* (à caissons de bois sculpté). Il donne accès à un musée d'Art religieux qui conserve une série de tableaux dite « des Apôtres », attribués à **Francisco de Zurbarán** (1598-1664). Ils furent apportés à Lima en 1626.
La dernière partie de la visite conduit aux **catacombes**, redécouvertes en 1943 sous le couvent. Dans une atmosphère lugubre à souhait, on navigue entre des puits remplis de crânes (10 m de profondeur) et des fosses pleines d'ossements, totalisant environ 25 000 squelettes. Le lieu servait de cimetière

La Cité des Rois

Officiellement fondée par **Francisco Pizarro** le 18 janvier 1535, la future capitale de la vice-royauté du Pérou fut baptisée **Ciudad de los Reyes**, comme il se devait en ce jour d'Épiphanie. Le site s'étendait entre la mer et le cours du Río Rímac, dont le nom fut rapidement déformé en « Limac » puis en « Lima ». L'endroit n'était pas désert : dans la vallée du Río Rímac, plusieurs cultures successives s'étaient établies, laissant des temples et des pyramides qui disparurent pour partie lors de la construction de la ville espagnole. Au sud se dressait le grand centre cérémoniel de Pachacamac *(voir p. 175)*, qu'**Hernando Pizarro**, frère de Francisco, était allé reconnaître – et mettre à sac – en 1533.

LA PERLE DU PACIFIQUE (17e-18e S.)

Les guerres civiles entre conquistadors culminèrent avec l'assassinat de Francisco Pizarro, en 1541, et l'exécution de **Gonzalo Pizarro**, en 1548. La couronne d'Espagne prit alors en main les rênes du Pérou, d'une poigne rendue plus ferme encore par l'arrivée du vice-roi **Francisco de Toledo** (1515-1582) en 1569. À partir de cette date, Lima devint la plus grande capitale de l'Amérique espagnole et fut dotée d'organes administratifs stratégiques. Elle était le siège de la **vice-royauté du Pérou** et comptait de nombreux couvents et églises où tous les ordres étaient représentés. Son port, qui détenait le monopole du commerce avec l'Espagne, jouissait d'une intense animation commerciale. Elle abrita en outre la première université fondée sur le continent américain, celle de San Marcos (1551).

Durant cet âge d'or, qui dura jusqu'au milieu du 18e s., la « perle du Pacifique » était réputée pour son luxe tapageur et sa frivolité. C'était la ville des gracieuses *tapadas*, femmes voilées à la mode mauresque, et des courtisanes, comme cette fameuse **Périchole** pour laquelle le vice-roi **Manuel Cayetano de Amat y Juniet** (1707-1782, vice-roi de 1761 à 1776) fit reconstruire tout un quartier *(voir p. 131 et 167)*. Cependant, les couvents demeuraient nombreux, priant sans doute pour les âmes égarées, à l'instar de l'ascétique **sainte Rose de Lima**, devenue la patronne des Amériques. Une bonne partie de ce monde fut engloutie lors du terrible tremblement de terre de 1746, auquel succéda un raz-de-marée qui emporta aussi le vieux port de Callao.

LIMA LA RÉPUBLICAINE (19e S.)

Au début du 19e s., la lutte pour l'indépendance et les interminables **guerres civiles** entre *caudillos* (chefs militaires) qui s'ensuivirent marquèrent une période de stagnation économique. La population n'en poursuivit pas moins sa croissance : entre 1700 et 1821, elle était passée de 37 000 à 64 000 habitants et, de 1876 à 1908, de 100 000 à 140 000. La situation s'améliora dans les années 1840 à 1860 (encore très agitées politiquement) grâce à la montée des cours du salpêtre et à la ressource très rentable de l'extraction du guano. Les voyageurs de la seconde moitié du siècle dressent de Lima un portrait peu avenant de

cette ville secrète, incompréhensible et insalubre. « Grise, étrange et fantasmagorique, [elle] inspire le cauchemar », pour reprendre les mots d'**Herman Melville**, l'auteur de *Moby Dick*. Les artistes péruviens, au contraire, relèvent son charme populaire, les traditions créoles et les innombrables petits métiers croqués par l'aquarelliste **Pancho Fierro** (1807-1879).
Une fois la **guerre du Pacifique** (1879-1882) perdue contre les Chiliens, Lima fut occupée par les troupes ennemies, au prix de nombreuses destructions.

LA BELLE ÉPOQUE (1890-1920)

Les affaires reprennent vers 1880, avec la hausse du coût des matières premières (agriculture, minerais, caoutchouc). Tandis que les investisseurs étrangers débarquent, Lima s'offre un visage « Belle Époque ». Larges avenues, places, éclairage public, monuments, parc des expositions, musées et théâtres fleurissent. On modernise le port de Callao et l'on construit vers la cordillère des Andes une ligne de chemin de fer partant de Lima, qui restera longtemps la plus haute du monde *(voir p. 380)*. Maîtres d'œuvre de ces grands travaux, les Anglais apportent au pays une seconde religion, sans laquelle aucun Péruvien ne saurait vivre : le football.
Au cours des années 1930, l'élan se paralyse. Les luttes politiques se déchaînent à nouveau, opposant la gauche péruvienne, encadrée par l'APRA de **Haya de la Torre**, à l'armée soutenue par les secteurs oligarchiques. Les sanglants événements de 1932 à Trujillo résonnent jusqu'à Lima. C'est la période des généraux, qui ne connaîtra de répit qu'avec les présidences civiles de Manuel Prado (1939-1945) et de José Luis Bustamante (1945-1948).

BIDONVILLES ET QUARTIERS CHICS (1950-1990)

Durant l'après-guerre, l'industrie légère en pleine croissance attire les populations déshéritées de la *sierra* vers la capitale. Des faubourgs marginaux naissent et marquent durablement le paysage urbain de la périphérie de Lima. On les baptise alors *pueblos jovenes*, un euphémisme optimiste qui ne parvient pas à masquer une triste réalité sociale. La décennie 1955-1965 ramène une prospérité relative, laquelle ne profite qu'à une partie de la population, qui fuit le centre historique de Lima vers les faubourgs modernes (Miraflores, San Isidro). Dans un essai passé à la postérité (1964), l'écrivain **Salazar Bondy** décrit la déchéance de *Lima la horrible*, la tristesse de ses maisons branlantes et de ses taudis. Dans les années 1970-1990, des centaines de vieilles demeures sont livrées à la pioche des démolisseurs, le plus souvent pour laisser place à d'affreux cubes de béton ou à des parkings privés. L'exode rural vers les quartiers pauvres s'accentue pendant la guérilla du Sentier lumineux (années 1985-1995).

DÉBUT D'UN SAUVETAGE

Heureusement, à partir de 1995, une vaste campagne est mise en œuvre pour sauver le centre de Lima, après son classement par l'Unesco au Patrimoine culturel de l'humanité (1991). En quelques années, les résultats ont été spectaculaires : création de rues piétonnes, restauration des façades et des balcons, rénovation du mobilier urbain, réhabilitation des rives du Río Rímac… Ces diverses actions ont contribué quelque peu à redorer le blason de la Cité des Rois : il était temps.

jusqu'en 1808 – date à laquelle furent ouverts de nouveaux cimetières en périphérie du centre historique.

Derrière le couvent, le **Parque de la Muralla** *(Amazonas cuadra 1 - 8h-22h - accès libre)* a été aménagé sur les bords du Río Rímac, autour des vestiges de l'enceinte du 17e s. qui ceinturait Lima. Dans ce parc a été transférée la grande statue équestre de Francisco Pizarro, laquelle orna pendant longtemps la plaza de Armas.

Casa de Pilatos C2

Ancash 390 (en face du portail latéral de l'église San Francisco).

Appelée aussi casa Esquivel, ou casa de Jarava, cette *casona* fut construite en 1590 par le jésuite Luis de Portillo. Elle est connue sous le nom de casa de Pilatos (maison de Pilate) parce qu'elle ressemblerait à la demeure du même nom à Séville. Cependant, selon une tradition populaire, elle aurait été baptisée ainsi à cause des messes noires qu'y aurait célébrées un rabbin portugais au début du 17e s. Au-dessus de la porte, les deux blasons convoquent le souvenir des familles aristocratiques des Jarava et des Esquivel, qui occupèrent successivement les lieux. La casa de Pilatos est aujourd'hui le siège du Tribunal constitutionnel.

★ Casa de la Inquisición C2

Junín 548 (plaza Bolívar) - ✆ (01) 311 7777 - www.congreso.gob.pe - 9h-17h - entrée libre.

Près d'une caserne de pompiers aux camions rutilants, sur le côté de la place où s'élève le **Palacio del Congreso** (qui rassemble le Sénat et la Chambre des députés), une façade ornée de colonnes doriques attire le regard : ici œuvra le tribunal de la **Sainte Inquisition** de Lima, entre 1584 et la fin du 18e s. Le visiteur pénètre dans une sorte de musée Grévin des supplices. Le sous-sol, mis à nu, laisse apparaître les anciens cachots et leurs grilles de fer. Le Pérou, une fois débarrassé de l'Inquisition, installa dans cet édifice son premier Sénat (1829-1838). Ce passé républicain, plus doux et plus démocratique, est évoqué dans la seconde partie de la visite, laquelle s'avère finalement moins drôle que la première.

Après la visite du musée, tournez à g. dans Abancay, puis à dr. dans Ucayali.

Iglesia de San Pedro C2

Angle Ucayali et Azángaro - lun.-sam. 7h-12h30, 17h-20h, dim. 18h-20h.

Achevée en 1638, cette église de style baroque fut construite par les jésuites. Sa façade élégante est la moins retouchée de Lima, car elle est une des rares à avoir résisté à tous les séismes. Elle fut pendant longtemps l'église des mariages élégants de la capitale.

★★ Palacio Torre Tagle C2

Ucayali 363 - ✆ (01) 311 2400/2769 - dim. 11h-13h - entrée libre.

Aujourd'hui ministère des Affaires étrangères, cette élégante demeure a la faveur des éditeurs de cartes postales. Entrepris à partir de 1690 et achevé en 1735 par le marquis de Torre Tagle, ce petit palais passe pour être l'un des plus subtils exemples d'architecture coloniale de Lima. Les styles d'inspiration andalouse, maure, créole s'y confondent avec harmonie et délicatesse. Son majestueux portail de pierre blanche est entouré de deux **balcons** à jalousies de style mudéjar, richement sculptés.

En face, au n° 358 Ucayali, la **Casa Goyeneche**, ou casa de Rada, aujourd'hui propriété de la Banco de Crédito, fut construite vers 1770. Sa belle façade est ouverte par un grand portail de pierre blanche, de style baroque, encadré de deux graciles balcons de bois. Typiques de la Lima républicaine, ils trahissent une influence française de style Louis XV.

Prenez Ucayali à dr. et traversez Abancay.

BARRIO CHINO Plan II, C2

Une animation grouillante entoure le **Mercado Central** de Lima *(voir « Nos adresses à Lima », p. 193)*, lui-même cerné par un nombre faramineux de kiosques, d'échoppes et de boutiques. Sur le flanc droit du marché, un portique monumental de style chinois marque l'entrée de la **calle Capón**, qui traverse le Barrio chino (on ne dit pas Chinatown ici). Ce quartier est né vers 1890 avec l'arrivée d'émigrants pour la plupart cantonais, venus travailler à la construction des chemins de fer *(voir p. 380)*.
Au-delà du Barrio chino, le quartier est de Lima, séparé du centre historique par l'av. Abancay, est dénommé **Barrios Altos** ou encore **El Cercado**, car il se trouvait englobé dans l'enceinte qui entourait Lima pendant la vice-royauté (démolie depuis). Il compte nombre d'églises, de couvents et de vieilles demeures, hélas assez délabrés et devenus de tristes taudis : le quartier semble avoir été pour l'instant oublié des programmes de remise en valeur patrimoniale et touristique.
Pour se faire une idée de ce bout de Lima figé dans le passé, il est intéressant de pousser par le jr. Junín jusqu'à la **Quinta Heeren** (D2), un bel ensemble architectural typique des années 1890, ordonné autour d'un vaste parc arboré et orné de statues, d'un romantisme inattendu dans ces parages. Sa réalisation est l'œuvre d'Oscar Heeren, homme d'affaires et diplomate allemand, lequel fit construire cette résidence fermée afin d'y attirer la belle société de l'époque. Devant les bâtiments aujourd'hui assez dégradés, on a du mal à imaginer qu'étaient logées ici, au début du 20e s., plusieurs ambassades comme celles du Japon ou des États-Unis, et que la Quinta fut le lieu de résidence du président Manuel Prado dans les années 1930.
Faites demi-tour et traversez de nouveau l'av. Abancay.

À L'OUEST DE LA PLAZA DE ARMAS, DU NORD AU SUD Plan II

Au nord-ouest du palais présidentiel, sur le jr. de La Unión.

★ Casa de Aliaga C1

La Unión 224 (calle Palacio) - ✆ (01) 424 7560 - 9h30-17h - visites guidées en groupe (pour les réserv., voir « Nos adresses à Lima », p. 195).
En prenant à gauche dans le jr. de La Unión, face à l'aile gauche du palacio de Gobierno, on aperçoit la doyenne des *casonas* liméniennes, considérée comme un modèle d'architecture domestique du 16e s. Construite en 1535, année de la fondation de la ville, sur un terrain donné par Francisco Pizarro à Gerónimo de Aliaga, l'un de ses compagnons de conquête, elle est toujours occupée par la famille. On admire son sobre portail surmonté d'un balcon de bois d'époque républicaine, et son patio intérieur *(zaguán)*, où bruit une fontaine près d'un Christophe Colomb de pierre. Un escalier à balustres monte vers une galerie supérieure ornée de fines colonnes. À l'intérieur, belle collection de meubles du 16e au 18e s., de statues, de peintures coloniales et de porcelaines françaises.
En revenant sur vos pas, à droite du palais présidentiel, vous aurez le Río Rímac dans le dos.
La poste, ou **Correo Central**, est un bel édifice néo-Renaissance datant de 1890, assez exotique avec sa façade rose et ses colonnes blanches. À l'intérieur, un passage couvert abrite un petit musée de philatélie *(lun.-vend. 8h30-16h30 - entrée libre)* qui présente aussi d'intéressantes expositions, comme les études et croquis du célèbre naturaliste italien Antonio Raimondi (1826-1890). *Voir aussi « Nos adresses à Lima », p. 178.*
À 100 m au nord, face à la poste et occupant l'angle nord-ouest de la place, la **Municipalidad** (hôtel de ville) abrite la **Pinacoteca Municipal Ignacio Merino**

(Conde de Superunda 141, 3ᵉ étage - ✆ (01) 315 1539 - www.munlima.gon.pe - lun.-vend. 8h-16h - entrée libre, il faut laisser une pièce d'identité au rdc). Ce fonds de 500 tableaux donne un bon aperçu de la peinture péruvienne des 19ᵉ et 20ᵉ s. Il présente aussi des œuvres d'autres époques, à l'image de cette *ciudad* de Lima, une vue panoramique très finement brossée par le peintre français Guillaume Charles Tasset (1843-1925) entre 1861 et 1871. Il est vrai que celui-ci était un élève de Gérome dont la patte quasi photographique s'opposait farouchement à l'impressionnisme naissant. À découvrir également, l'atelier de restauration.
Rejoignez le jr. Conde de Superunda.

★★ Iglesia y convento de Santo Domingo B1

Angle Conde de Superunda et Camaná - ✆ (01) 427 6793 - 9h30-18h30 - S/5.
À deux *cuadras* de la plaza de Armas et voisinant la poste centrale, cette église élevée dans la seconde moitié du 16ᵉ s. est l'un des bâtiments religieux les plus attachants de Lima. Peu fréquentée, elle distille une atmosphère envoûtante digne de ce romantisme gothique cher au 18ᵉ s. Église et couvent des Dominicains occupent le carré de terrain *(manzana)* que Pizarro avait octroyé au frère Vincent de Valverde, le principal des conquistadors en soutane qui l'accompagnèrent pendant la conquête. L'intérieur de l'église a été remanié au 18ᵉ s. dans un style néoclassique. Plus intéressante est la visite des **deux cloîtres★** qui se succèdent, inchangés depuis le 17ᵉ s. Le premier, de style mudéjar, est composé au premier étage d'une galerie d'arcs soutenus par de fines colonnettes, d'un beau décor de carreaux de faïence et de tableaux relatant la vie de saint Dominique. De là, on accède à la **salle capitulaire** (peintures et boiseries sculptées). À droite de la salle capitulaire, un minuscule escalier descend à la **crypte** où est enterrée la première sainte d'Amérique du Sud : **Santa Rosa de Lima** (1586-1617). Dans le second cloître, havre de paix fleuri et inattendu, orné au centre d'une petite fontaine, on découvre la chapelle et la tombe de **San Martín de Porres** (1579-1639). Fils d'un noble castillan et d'une esclave noire, il répondit au mépris que suscitait la couleur de sa peau par une bonté et une humilité inégalables.
Au retour, ne manquez pas de grimper jusqu'au clocher *(11h-15h)*. Haut de 46 m, la **vue★★** y est somptueuse et le passage au-dessus de la nef de l'église mérite que l'on s'y attarde.
Sur la placette en face de l'église, un passage donne accès à un petit marché artisanal : le mercado Conde de Superunda *(voir « Nos adresses à Lima », p. 193)*.
Continuez plus à l'ouest sur le jr. Conde de Superunda.

★ Casa de Osambela B1

Conde de Superunda 298 - lun.-vend. 9h-12h45, 14h-17h - entrée libre.
Également connue sous le nom de **Casa de Oquendo**, cette demeure de style néoclassique fut achevée en 1805. Inhabituelle dans le paysage liménien, elle est pourvue d'un mirador octogonal d'allure musulmane, lequel surmonte une longue façade décorée de quatre balcons de bois sculpté où l'on ressent l'influence française du style Louis XVI. Dominant les vieux quartiers, le mirador permettait à son premier propriétaire, un riche armateur, d'observer l'arrivée de ses navires dans le port de Callao.
Poursuivez jusqu'à l'av. Tacna.

Iglesia de Santa Rosa de Lima B1

Tacna cuadra 1 (à l'extrémité du jr. Conde de Superunda, après avoir traversé l'av. Tacna) - ✆ (01) 425 1279 - 9h-13h, 15h-18h - entrée libre.
Le sanctuaire de Santa Rosa est un modeste oratoire du 18ᵉ s., bâti près de la maison natale de la sainte patronne de Lima et des Amériques. À gauche, au

Sur le jirón de la Unión.
Mauritius / Photononstop

fond d'un paisible jardinet, subsiste le minuscule ermitage – presque une niche – où elle vécut, ainsi que le puits, où selon la tradition elle jeta la clé de son cilice. En face de l'entrée du jardin, le petit **Museo Etnográfico José Pío Aza** *(lun.-vend. 9h-17h - S/2)* renferme des objets de la vie quotidienne et des produits de l'artisanat des tribus indiennes de la région de Puerto Maldonado, dans le bassin du Rio Madre de Dios.
Descendez l'av. Tacna jusqu'au jr. Huancavelica.

★ Iglesia de Las Nazareñas B2

Angle Tacna et Huancavelica - ✆ (01) 423 5718 - 7h-11h, 17h-20h - entrée libre.
Cette petite église conventuelle érigée dans la seconde moitié du 18e s. est un curieux mélange de styles baroque autrichien et néoclassique. Chaque 18 octobre, on y organise la **Procesión del Señor de los Milagros**, depuis qu'un jour de novembre 1655, un mur où un Christ avait été peint par un esclave noir d'Angola fut le seul à avoir résisté à un tremblement de terre dans le quartier de Pachacamilla. Événement de la vie religieuse à Lima, la procession parcourt les rues d'église en église. Il se presse alors une foule immense au milieu de laquelle les porteurs de la châsse, tout de violet vêtus, peinent à se frayer un chemin.
Revenez ensuite jusqu'au jr. Ica.
Au n° 426, le porche monumental de la **Casa de La Riva** (18e s.) cache un patio plein de charme. Cette vaste demeure est le siège de l'association culturelle francophile Entre Nous.
Poursuivez dans le jr. Ica, qui présente une remarquable enfilade de balcons.
Au coin de la rue Ruffino Torrico, à gauche, le bel édifice 1900 du **Teatro Municipal** *(www.commandopera.com)*, qui a enfin pu renaître de ses cendres 12 ans après l'incendie ravageur de 1998.
À l'angle du jr. Ica et Camaná:

★★ Iglesia de San Agustín B2

8h-19h - entrée libre.
En remontant la rue Camaná vers la plaza de Armas, on passe devant la **façade sculptée**★★ de San Agustín (18e s.). De style churrigueresque, elle se laisse

admirer depuis une petite place, malheureusement défigurée par les édifices modernes qui l'entourent. Le **cloître** principal, reconstruit après le tremblement de terre de 1687, est surmonté d'une élégante galerie d'arcades à doubles colonnes, ce qui confère une grande légèreté à l'ensemble. La galerie du rez-de-chaussée est ornée sur ses quatre côtés d'une série de peintures racontant la vie de saint Augustin. Elles furent réalisées vers 1745 à Cuzco par le maître **Basilio Pacheco** qui s'est représenté lui-même sur le dernier tableau, agenouillé, à l'enterrement du saint. Avec un peu de chance, on visite la **sacristie** *(hélas rarement ouverte au public)* où est conservée l'une des œuvres maîtresses de la sculpture coloniale baroque du Pérou : *La Muerte*, du Liménien **Baltasar Gavilán** (18e s.). Cette représentation de la Faucheuse en écorché brandissant une faux est tellement saisissante qu'elle a suscité une légende selon laquelle le sculpteur serait mort en rentrant dans son atelier une nuit, foudroyé de terreur à la vue de son œuvre, seulement éclairée par un blafard rayon de lune…

Descendez la Camaná jusqu'au n° 459.

★ Casa Riva-Agüero B2

✆ (01) 626 6600 - www.pucp.edu.pe - lun.-vend. 10h-19h.

Près de l'église San Agustín se dresse la façade rouge d'une grande maison de style colonial, aux fenêtres fermées de grilles en fer forgé. Un portail monumental, sobrement peint en blanc et encadré par deux balcons vitrés de style républicain, sert d'accès au siège de l'institut Riva-Agüero, centre d'études en sciences humaines, lequel abrite un **Museo de Artes y Tradiciones Populares** *(lun.-vend. 10h-19h - S/2).*

Vous pouvez d'ici rejoindre le jr. de La Unión et marcher jusqu'à la plaza San Martín.

★ Museo Andrés del Castillo B2

La Unión 1030 (angle plaza San Martín) - ✆ (01) 433 2831 - merc.-lun. 9h-18h - S/10.

Ce petit musée fut aménagé en 2008 dans la **Casa Belén**, une magnifique demeure de l'époque républicaine. Outre une collection de minéraux, il présente l'un des plus beaux ensembles de **céramiques de la culture chancay** (900-1500) qu'il soit possible d'admirer au Pérou. Typiques de ce style, de grandes jarres à décor noir ou blanc sur fond brun sont ornées de figures ventrues (remarquez en particulier le *sacerdote*, ou grand prêtre, à chevelure de serpents). On admire aussi de nombreux décors zoomorphes, où les animaux sont traités avec beaucoup de grâce : poissons, pélicans, perroquet sur un épi de maïs, chienne allaitant ses petits…

Du jr. de La Unión, suivez le jr. Lampa (après le jr. Carabaya) et prenez le Metropolitano (bus express, S/1,50) à la station Colona (ex-nom de l'av. Nicolas de Piérola) puis descendez à la station suivante España.

★★ Museo de Arte de Lima (MALI) Plan II, B3

Paseo Colón 125 - ✆ (01) 423 4732 - www.mali.pe - mar.-dim. 10h-20h, sam. 10h-17h - S/12.

Occupant depuis 1960 l'ancien palais d'exposition érigé en 1872, ce musée présente une vaste **collection d'art péruvien** : céramiques chavín, mochica, nazca, tiahuanaco, chancay et inca, tissus paracas, bijoux d'or et d'argent chimú et mochica, peintures de l'école de Cuzco (17e s.), nombreux meubles, objets et ornements des époques coloniale (magnifique collection de crucifix et d'éventails) et républicaine. La visite est complétée par plusieurs salles réservées aux **peintres des 19e et 20e s.**, parmi lesquels Ignacio Merino, Carlos Baca Flor, Jorge Sabogal, Victor Humareda et une collection de 300 aquarelles du célèbre dessinateur **Pancho Fierro** (1803-1879). Le musée renferme aussi une salle de spectacles et un ciné-club.

Du Museo del Castillo, vous pouvez aussi vous diriger plus à l'ouest en direction de la plaza 2 de Mayo. Prenez alors un combi ou un taxi.

★ Museo Nacional de la Cultura Peruana Plan II, A2

Alfonso Ugarte 650 - ✆ (01) 423 5892 - www.museodelacultura.perucultural.org.pe - mar.-vend. 10h-17h, sam. 10h-14h - S/5.

Tout près de la populaire plaza 2 de Mayo, derrière une façade élevée dans le style de Tiahuanaco, ce musée est consacré à l'**ethnographie**, au **folklore** et à l'**artisanat**, depuis l'époque pré-incaïque jusqu'à nos jours. Après les collections de céramiques et de *keros* (vases) incas, on peut y voir des *mates burilados* (courges séchées et décorées), des retables, des exemples de céramique populaire contemporaine, des récipients et des tissus en provenance des régions amazoniennes, et également une série d'aquarelles de Pancho Fierro. Le musée, qui abrite une importante bibliothèque ouverte au public, publie en outre une très intéressante revue.

JIRÓN DE LA UNIÓN Plan II

C'est l'incontournable – et presque unique – rue piétonne et commerçante du centre de Lima. Elle relie la plaza de Armas (C2) et la plaza San Martín (B2), en passant par l'église de La Merced. Jadis assez chic, elle est grignotée par les fast-foods et les boutiques de vêtements à bon marché. Chemin faisant, remarquez l'étonnante façade Art nouveau de la **Casa Courret** *(nº 461)*. Les frères Courret, deux Français expatriés au Pérou à la fin du 19e s., furent les premiers photographes de Lima *(voir p. 130)*.

Au carrefour avec le jr. Emancipación, une grande bâtisse de style 1900, aux balcons et fenêtres ornés de frises Art nouveau, abrita le **Palais Concert**, où se retrouvaient avant-guerre les élégantes de Lima. À tel point que l'écrivain Abraham Valdelomar pouvait dire : « Le Pérou c'est Lima, Lima c'est le jirón de La Unión et le jirón de La Unión c'est le Palais Concert. Le Pérou, c'est le Palais Concert ! » L'édifice fut ensuite transformé en hôtel. Après avoir retrouvé une vocation plus culturelle – il abritait la **Discoteca Cerebro**, où se réunissaient les étudiants de second cycle du quartier – il est aujourd'hui inoccupé.

Conseil – Le jirón de La Unión est toujours très animé et populeux. Méfiez-vous des voleurs à la tire, même si la police veille.

★★ Iglesia y Convento de La Merced B2

Angle La Unión et Miró Quesada - ✆ (01) 427 8199 - lun.-sam. 8h-12h, 15h30-20h30, dim. 7h-21h - entrée libre.

Située au cœur de l'animation du jirón de La Unión, La Merced est l'un des plus anciens lieux de culte catholiques de Lima. Élevée dès l'arrivée des Espagnols, l'église fut rebâtie en 1541 et en 1687 (façade). Son **portail baroque métis★** (18e s.) en pierres de couleurs différentes est encadré par des colonnes salomoniques, tel un grand retable. L'architecture intérieure est rythmée par d'énormes piliers et abrite des retables en bois sculpté des 17e et 18e s. À droite de l'entrée, la magnifique croix d'argent de frère Hurraca de la Piedra, haut lieu de la ferveur religieuse à Lima, passe pour exaucer les vœux des croyants. Sur les marches de l'église, il n'est pas rare de croiser marchands ambulants et vendeurs de billets de loterie…

La Merced mérite en outre une visite pour ses deux **cloîtres**. Dans le principal (fin du 16e s.), une série d'arcs en plein cintre supporte une galerie aux arcs de style mudéjar reposant sur de fines colonnettes en bois. Entre le grand cloître et le second, plus petit et de style plus classique, s'élève un magnifique escalier baroque, qui n'a d'égal que celui du couvent de San Francisco.

PLAZA SAN MARTÍN Plan II, B2

De proportions plus vastes que la plaza de Armas, cette place fut inaugurée en 1921 afin de célébrer le centenaire de l'Indépendance. Elle fut dotée à l'occasion d'une grande statue équestre de **José de San Martín**, le libérateur argentin du Pérou. Typiques des années 1920 et 1930, de grands édifices à arcades mêlant inspirations française et espagnole s'alignent tout autour. Du côté de la rue de la Unión, le **Gran Hotel Bolívar** *(voir p. 185)*, coiffé d'une admirable **coupole**★, est le plus ancien palace de la capitale. Dans un autre angle, la gracile façade du **Teatro Colón**, premier cinéma de la ville, évoque parfaitement la Lima bourgeoise et cultivée des années 1920.
Venant buter sur la place, la grande et large **avenida Nicolás de Piérola**, que les Liméniens appellent la **Colmena**, passa longtemps pour les Champs-Élysées de Lima, avant que le centre ne cède le pas au quartier de Miraflores. Bordée de commerces, de cafés et de restaurants bon marché, elle est parfois envahie par les marchands ambulants. Elle conduit à la **plaza 2 de Mayo** qui marque la fin du centre de Lima. De là, des microbus rayonnent dans toutes les directions.
De l'autre côté de la plaza San Martín, l'av. Nicolás de Piérola se poursuit, dans le sens opposé, vers le Parque universitario.

★ PARQUE UNIVERSITARIO Plan II, C2/3

Après trois *cuadras* à l'est de la plaza San Martín, on débouche sur le joli Parque universitario *(à l'angle des av. Abancay et Nicolás de Piérola)*, orné de statues et d'une horloge. Derrière ses grilles s'élève le **Centro Cultural de la Universidad de San Marcos** *(Nicolás de Piérola 1222 - ✆ (01) 619 7000 - www.ccsm-unmsm.edu.pe)* qui abrita à partir du 19e s. l'Universidad de San Marcos. Fondée par Charles Quint en 1551, la doyenne de l'enseignement universitaire en Amérique a changé plusieurs fois de locaux avant de s'établir au 20e s. dans l'actuelle cité universitaire, le long de l'av. Universitaria. Traversés par plusieurs beaux patios, les bâtiments du Parque universitario, de style jésuite, datent de 1767. Depuis le transfert des activités pédagogiques, ils hébergent deux petits musées. Fondé par l'archéologue Julio C. Tello, le **Museo de Arqueología y Antropología** *(lun.-sam. 9h-13h, 14h-17h - S/2)* accueille des expositions temporaires, de même que la **Galeria de Arte** *(mêmes horaires)*. Dans la petite chapelle d'allure baroque, devenue en 1924 le **Panteón de los Procederes**, reposent les restes des héros de la guerre d'Indépendance. Le tout forme un fort bel ensemble, auquel répond, de l'autre côté de l'av. Nicolás de Piérola, la façade de l'église de los Huerfanos (17e s.).
Revenez vers la plaza San Martín.

Autres districts et grands musées de Lima

PUEBLO LIBRE Plan I

★★★ Museo nacional de Arqueología, Antropología e Historia del Perú Plan I, C2

Comptez 2h30.
Plaza Bolívar - ✆ (01) 463 5070 - www.mcultura.gob.pe - mar.-sam. 9h-17h, dim. et j. fériés 9h-16h - S/12.
Bon à savoir – *Env. S/10 du centre historique en taxi.*
Situé dans l'un des quartiers les plus charmants de Lima, dans une vaste demeure aux multiples patios, ce musée dresse un panorama complet des

cultures qui se sont succédé dans le Pérou précolombien, depuis la préhistoire jusqu'aux Incas. Les salles les plus remarquables sont celles consacrées à Chavín, à la céramique mochica et à Nazca. En fin de visite, une salle abrite une grande maquette en relief de Machu Picchu.

Juste à côté, le **Museo Nacional de Historia** occupe une grande maison de style républicain, la Quinta de los Libertadores, où demeurèrent les *libertadores* José de San Martín et Simón Bolívar. On y voit de nombreux objets et tableaux de l'époque des vice-rois et du début de la République, des souvenirs de la guerre du Pacifique contre le Chili (1872) et une impressionnante galerie de portraits des présidents du Pérou au 19e s.

★★ Museo Larco Plan I, B2

Comptez 2h.

Bolívar 1515 - ✆ (01) 461 1312 - www.museolarco.org - 9h-18h - S/30.

Dans une belle demeure de la banlieue de Lima est conservé le fonds privé de **Rafael Larco Hoyle** (1901-1966, *voir l'encadré p. 448*). Directeur de l'hacienda Chiclín entre 1923 et 1956, l'archéologue consacra une grande partie de sa vie à l'étude des cultures du nord du Pérou et surtout à celle de la céramique mochica. Il réunit à partir de 1926 une imposante collection, en partie issue de ses fouilles, qu'il transféra à Lima à la fin des années 1940. Il fit construire à cet effet ce musée, dans le style *virreinal*, en demandant d'y adjoindre des éléments d'architecture provenant de la maison des marquis de Herrera et Villahermosa, qu'il n'avait pas pu sauver de la démolition à Trujillo. Constituée d'environ 45 000 céramiques, la collection inclut des poteries et des objets des cultures cupisnique, mochica et chimú, ainsi que plusieurs momies, encore enveloppées de leurs tissus funéraires. Une salle particulière présente une riche collection de *huacos* érotiques d'époques mochica et chimú.

Côté jardin, se trouve un café-restaurant élégant et très reposant.

MONTERRICO Plan I

★★★ Museo de Oro del Perú Plan I, D2

Comptez 3h.

Alonso de Molina 1100 - ✆ (01) 345 1292 - www.museoroperu.com.pe - 10h30-18h - S/33 - audioguide en français.

Dans un vaste parc ombragé, ce musée privé compose un bric-à-brac des plus hétéroclites. Loin des conceptions muséographiques modernes, on fait ici dans la quantité et l'entassement. C'est une véritable caverne d'Ali Baba du **Pérou précolombien** : témoignages du passé préhistorique, somptueuses collections de céramiques et de pièces d'orfèvrerie pré-incaïques, collections de *keros* et de *quipus* incas (boisseaux de cordelettes à nœuds qui servaient à compter). Et évidemment des momies. Une profusion de tissus paracas et nazca occupent un étage entier.

Le rez-de-chaussée conserve également une écrasante **collection d'armes** de tous les pays et de toutes les époques (des rangées entières de casques, d'armures et de hallebardes, un couloir peuplé de panoplies de samouraï), avec dans les vitrines de la dernière salle une curieuse abondance d'armes et d'emblèmes du IIIe Reich !

SAN BORJA Plan I

★★ Museo de la Nación Plan I, CD2

Comptez 2h.

Javier Prado Este 2465 - ✆ (01) 476 9933 - mar.-dim. 9h-18h - entrée libre, sf pour les expositions temporaires.

Ouvert en 1990, dans un quartier moderne à côté de la nouvelle Bibliothèque nationale, cet immense édifice propose sur cinq niveaux un fascinant panorama de l'**histoire du Pérou** précolombien, présenté de façon didactique et chronologique. Dans la grande salle du rez-de-chaussée, un parcours rapide conduit de la céramique de style chavín jusqu'à la peinture contemporaine, en passant par de magnifiques toiles de l'école de Cuzco, des pièces de textile paracas et des objets d'orfèvrerie chimú. Les points forts des autres salles sont les reconstitutions de la **tombe du seigneur de Sipán** *(voir p. 454)* et des fresques murales d'**El Brujo** (sites de la côte nord). La salle de Nazca renferme les plus grandes poteries du Pérou. Au premier étage, les **arts populaires** sont classés par genre et par région : *mates burilados* (courges séchées et décorées), retables, statuettes religieuses, masques… Une salle entière est consacrée à l'histoire de la pomme de terre.
Le musée organise en outre des expositions temporaires, des spectacles et diverses manifestations culturelles.

★ Rímac Plan II

Circuit au départ de la plaza de Armas. Comptez une journée.
Le populaire et pittoresque quartier de Rímac, que les Liméniens appellent aussi « Bajo el Puente » (en dessous du pont), s'étend sur la rive droite du Río Rímac, au pied du Cerro San Cristóbal. À cet endroit, Francisco Pizarro fit dresser en 1536 une grande croix en action de grâce, après qu'une armée inca eut miraculeusement décidé de battre en retraite alors qu'elle avait presque atteint les portes de la nouvelle cité. Malgré les outrages du temps, ce quartier est l'un des rares à conserver son aspect du 18e s. Les monuments insolites et originaux que l'on découvre au cours d'une flânerie à pied réservent leur lot de surprises et d'enchantement…
Après avoir longé le palais présidentiel sur la gauche, on parvient au **Puente Piedra**, le plus vieux pont de pierre de Lima. Il fut construit en 1610 par ordre du vice-roi **Juan Mendoza y Luna** (1571-1628). Ses sept arches s'élancent sur des piliers en saillie qui freinent l'impétuosité torrentueuse du Río Rímac. On dit que le mortier utilisé pour jointoyer ses pierres est composé de chaux et de milliers de blancs d'œuf !
Dans l'axe du pont, le **jirón Trujillo** (C1), rue commerçante et très typique, a gardé ses balcons de bois. À gauche, sertie entre deux maisons, se blottit la **Capilla del Puente**, église miniature d'à peine 8 m de large et 12 m de profondeur, qui n'en possède pas moins deux clochers en façade et un presbytère à l'intérieur. Plus loin, le jirón Trujillo vient buter sur la façade de l'**église San Lázaro** *(jr. Trujillo 503 - ✆ (01) 481 3512)*, dernier vestige d'une léproserie fondée en 1562.
Empruntez à gauche le jr. Cajamarca, qui devient ensuite l'av. Francisco Pizarro.

★ QUINTA DE PRESA B1

Chira 344.
Jadis maison de campagne, cette exquise résidence d'été fut élevée, dit-on, par le vice-roi don Manuel de Amat pour sa maîtresse, la **Périchole** *(voir l'encadré ci-contre)*. En réalité, si le vice-roi en supervisa sans doute les plans, le bâtiment, achevé en 1760, avait été commandé par Pedro Carrillo de Albornoz, comte de Montemar (1671-1747). C'est un mélange réussi de rococo français et d'architecture coloniale. Ainsi, les escaliers sont décorés d'*azulejos* sévillans tandis que l'intérieur évoque plutôt le Petit Trianon, avec médaillons, miroirs et corniches de style Louis XV. Dans le parc, un théâtre de plein air côtoie des petits kiosques galants,

CHIENNE DE MÉTISSE !

Née en 1748 dans un faubourg de Lima, Micaela Villegas, jeune comédienne réputée pour son esprit vif et sa piquante beauté, avait à peine vingt ans lorsqu'elle attira les regards du vice-roi du Pérou, don Manuel Cayetano de Amat y Juniet, qui en avait soixante. Leur liaison tumultueuse fut bientôt connue du tout Lima. Dépensant sans compter pour sa maîtresse, il entreprit de lui faire construire une magnifique demeure dans le nouveau quartier de Rímac. On ne sait d'où vient le sobriquet de **Périchole** : peut-être des esprits chagrins qui la traitaient à voix basse de ¡ *perra chola* ! (« chienne de métisse »), ou bien du vice-roi lui-même qui l'appelait *pretixol* (« ma petite chose précieuse ») dans sa langue natale, le catalan… Un jour, alors qu'elle avait réussi à persuader le roi de la laisser monter avec lui dans son carrosse d'or (dont l'usage était pourtant réservé à la seule noblesse espagnole), elle vit un prêtre accompagné de deux enfants de chœur qui portaient le Saint-Sacrement à un mourant. Prise de compassion, elle les fit monter avec elle afin qu'ils puissent arriver à temps. La légende de la Périchole était née. En 1776, lorsque son vieil amant fut rappelé auprès du trône d'Espagne, la Périchole entra au couvent des carmélites de Lima, où elle mourut en 1819. *(Voir aussi p. 131.)*

1

imités des jardins de Versailles. La Quinta de Presa abrite aujourd'hui les cantonnements de la Garde républicaine ainsi qu'un petit musée, le **museo del Virreinato** *(horaires irréguliers, rens. : ✆ (01) 481 3867)*. Celui-ci conserve des collections de peinture, de mobilier, de costumes de l'époque des vice-rois.
Revenez à l'église San Lazaro et empruntez à gauche le jr. Chiclayo.

★ ALAMEDA DE LOS DESCALZOS C1

Pittoresque et poétique, cette longue esplanade est une sorte de promenade à l'andalouse entourée de verdure que ponctuent statues et fontaines. Longue de 400 m, elle fut tracée en 1611, puis remaniée par le vice-roi Amat avant d'acquérir son aspect définitif en 1856, lorsqu'on l'entoura de ses belles grilles qui furent spécialement forgées en Angleterre. À mi-distance, elle est encadrée par les délicieuses petites églises coloniales du Patrocino et de Santa Liberata. Dans la perspective s'inscrivent l'église et le couvent de Los Descalzos, nichés au pied du Cerro San Cristóbal.

★★ Convento de Los Descalzos

Alameda de Los Descalzos - ✆ (01) 481 0441 - tlj sf lun. 10h-13h, 14h-18h - S/5.
À l'extrémité de l'Alameda, la longue façade rose pâle de cet immense couvent fondé en 1594 offre un aspect villageois d'une simplicité toute franciscaine. Mais l'intérieur forme à lui seul un véritable labyrinthe de jardins, de cours, de cloîtres et de chapelles richement ornées. Le couvent, aménagé en musée, conserve quelque 300 peintures des écoles de Lima, Quito et Cuzco, un ensemble formant l'une des plus grandes pinacothèques du Pérou. On peut en outre se faire une idée de la vie des moines franciscains en visitant la bibliothèque, le réfectoire, l'infirmerie, la pharmacie, ainsi que l'imprimerie, qui fut l'une des premières créées par les franciscains sur le continent américain. Autrefois plus étendus, les terrains du couvent étaient plantés de vignes, lesquelles donnaient un vin réputé jusqu'au début du 20e s. : le cellier a été conservé avec ses cuves et ses futailles.

Paseo de Aguas

En revenant au début de l'Alameda, on débouche sur cette autre esplanade, agrémentée d'un bassin et traversée par un élégant aqueduc de style rococo, lequel laissait tomber en cascade, du haut de l'arche centrale, les eaux déviées

SE LOGER

- Antigua Miraflores (Hotel) 3
- Casa Nostra (La) 5
- Castellana (La) 7
- Condado Hotel Lima (El) 9
- Condor's House 10
- Doubletree El Pardo 13
- María Luisa Apart-Hotel 17
- Mochilero's Inn 18
- Patio (El) 19
- Perú Backpackers 21
- Señorial (Hostal) 23
- Trust Me (Hospedaje) 25

SE RESTAURER

- Altamar 1
- Astrid y Gastón 3
- Brujas de Cachiche (Las) 5
- Café Haiti 7
- Huaca Pucllana 9
- Mama Olla 13
- Mezze 15
- Panchita 17
- Rosa Nautica (La) 19
- Señorio de Sulco (El) 21
- Tejas (Las) 23
- Tiendecita Blanca (La) 25

du Río Rímac. Pour la petite histoire, ce dispositif, conçu au 18e s. par le vice-roi Amat, imitait un jeu d'eau de la ville de Narbonne, en France (à moins que ce ne fût la promenade du Peyrou à Montpellier), d'où son premier nom de « paseo de la Narbona ».
À l'angle de l'Alameda et du jirón Chiclayo se dressait jadis la maison de la Périchole, pour laquelle le vice-roi Amat avait dépensé sans compter. Aujourd'hui, elle est remplacée par un symbole moins aristocratique et nettement plus populaire : la brasserie des bières Cristal.

PLAZA DE TOROS DE ACHO C1

Museo Taurino - Hualgayoc 232 - ☏ (01) 481 1467 - lun.-vend. 9h-17h, dim. 12h-15h30 (sf lors des 5 corridas dominicales organisées en nov.) - S/3.
Ce sont les plus anciennes arènes tauromachiques de toute l'Amérique latine. Fondées en 1766 sous le vice-roi Amat, elles furent rebâties en 1946 et peuvent désormais accueillir 13 000 spectateurs. Elles sont dominées par la fine silhouette d'une tour élevée dans le style mauresque, le **mirador de Acho**, dont la coupole est surmontée par la statue d'un génie. Les anciens disent qu'il incarne toute l'âme de Lima. À l'entrée des arènes se trouve le **Méson**, un restaurant typique d'où l'on peut contempler les taureaux de combat dans leurs enclos, autant que la monumentale enceinte avec ses grands piliers et ses hautes galeries. Juste à côté, le **Museo Taurino** est dans son genre l'un des plus complets d'Amérique du Sud.

CERRO SAN CRISTÓBAL Plan I, C1

Accès par les nombreuses navettes de minibus attendant aux abords du Río Rímac dans le jr. Camana (Plan II, C1) par ex. (S/5 A/R). Évitez de monter à pied, car le quartier est peu sûr à la nuit tombée.
En haut de cette grosse colline aux flancs pierreux (410 m) s'élève une grande croix lumineuse. Vue étonnante sur Lima et ses quartiers sud, à condition qu'ils ne soient pas noyés dans la brume d'hiver ni masqués par les nuages jaunâtres de la pollution atmosphérique. Autant dire rarement.

Miraflores Plan IV

Jadis paisible endroit peuplé de maisons de campagne et de terrains agricoles, Miraflores s'est métamorphosé dans les années 1960. Adopté par une classe moyenne aisée, qui tourna résolument le dos au vieux centre, ce Lima bis est devenu le quartier chic des affaires et du négoce. Entre le paseo de la República et la place centrale de Miraflores, l'avenida Arequipa, plantée de palmiers et bordée de villas en tout genre, fut alors doublée par la via Expresa, large saignée coupant la périphérie de Lima du nord au sud. Les quartiers voisins de San Borja et San Isidro, entraînés par l'élan de Miraflores, tendent même aujourd'hui à la dépasser en luxe et en renom.
Hormis une poignée de musées confidentiels et quelques jolis parcs, l'intérêt de Miraflores réside dans ses boutiques, ses cafés et ses restaurants. Le soir, la foule déambule dans l'espace piétonnier du **Parque Municipal** (B1), dit aussi parque Kennedy, entre les terrasses de café, les spectacles de rue et un petit marché quotidien d'artisanat. Sur le côté gauche du parc, où se dresse aussi l'église de Miraflores, l'**avenida Larco**, qui prolonge Arequipa, est bordée de magasins et de cafés. Elle s'achève devant le centre commercial **Larcomar** (B2), grand mall à l'américaine construit sur une terrasse surplombant l'océan. On y trouve boutiques, discothèques, cafés et restaurants divers, du fast-food géant au trois étoiles. Parallèle à l'av. Larco, le **jirón Alcanfores** présente un visage plus intime : c'est la rue des petites bijouteries (à des prix très intéressants), des galeries d'art et

des antiquaires *(voir « Nos adresses à Lima », p. 194)*. De petits centres commerciaux d'artisanat et de créations originales s'y nichent, comme le pittoresque **El Suche** avec son labyrinthe de ruelles.
À quelques pas de l'*óvalo* (rond-point) de Miraflores, le **Mercado Indio** *(av. Petit-Thouars 5245)* (B1) est le marché d'artisanat réputé le plus chic de la capitale.

Museo Amano Plan IV, A1

Retiro 160 - ✆ (01) 441 2929 - visite en groupe, sur RV seult.
Ce musée privé fut constitué par Yoshitaro Amano, riche collectionneur d'origine japonaise. Magnifique collection de poteries chavín, cupisnique, chimú et nazca. Il est surtout connu pour conserver de belles **pièces de la culture chancay** (poteries et textiles extraordinaires), ainsi que des vestiges du temple primitif de Kotosh (2500 av. J.-C.).

★★ Barranco Plan III

Le quartier est desservi depuis le centre de Lima (paseo de la República) par de nombreux autobus et colectivos, *mais le trajet est long. Plus rapides, les taxis empruntent la via Expresa et l'av. Grau jusqu'au Parque Municipal de Barranco (comptez entre 20 et 45mn selon la circulation).*
Avec ses ruelles fleuries, ses villas fin de siècle et ses vues volées sur le Pacifique, ce quartier un peu bohème est l'un des plus attachants de Lima. On sent flotter un parfum de nostalgie sur ce curieux mélange de Montmartre et de Valparaiso, dont les pubs et les discothèques attirent les jeunes Liméniens en fin de semaine. Alors, les nuits de Barranco, trépidantes de musique, semblent ne jamais vouloir s'achever...

★★ LE VIEUX BARRANCO

Même lors d'un court séjour, il serait dommage de ne pas consacrer une soirée à flâner dans le vieux Barranco. Au cœur du quartier, le **Parque Municipal** est encadré par une église de style colonial et par les bâtiments d'allure 1900 de l'ancienne mairie. De là, une rue piétonne, le **paseo Chabuca Granda** (du nom d'une grande chanteuse créole) conduit par des escaliers au **Puente de los Suspiros★** (A1), l'endroit le plus romantique et le plus photographié de Barranco. Il enjambe une étroite ruelle piétonne, creusée dans la falaise, qui descend vers la plage : c'est la **bajada de los Baños**, où de vieilles maisons balnéaires alignent leurs balcons et leurs vérandas de bois. Après ce pont, on débouche sur une place pavée où se dresse une église d'allure rustique, tandis qu'à droite une étroite venelle bordée de quelques cafés conduit à un petit **belvédère** donnant sur l'océan.

Museo de la Electricidad A2

Av. Pedro de Osma 105 (juste à côté du Parque municipal) - ✆ (01) 477 6577 - www.barranco.net ou museodelaelectricidad.blogspot.com - 9h-17h - S/3.
Ce petit musée raconte l'histoire de l'électrification de Lima et du fonctionnement des anciens *tranvías* (tramways) qui sillonnaient la capitale jusqu'à la fin des années 1950. Juste en face, sur l'av. Pedro de Osma, une voiture restaurée parcourt sur quelques centaines de mètres un tronçon de voie ferrée rescapé.

DES MOMIES DANS LA COUR DE L'ÉCOLE !

En 2002, de l'autre côté de la colline au pied de laquelle se niche Puruchuco, a été mise au jour dans une cour d'école du bidonville de Túpac Amaru une vaste nécropole souterraine. D'une importance comparable à celles d'Ancón et de Nazca, elle a livré à ce jour plus de 120 momies enveloppées dans leur *fardo* funéraire, contemporaines de l'époque inca (15e s.). Les archéologues ont baptisé la zone du vocable de Puruchuco-Huaquerones (ce mot signifiant « excavation »).

Le parc Kennedy et l'église de Miraflores.
H. Hughes/hemis.fr

1

★★ Museo Pedro de Osma A2

Pedro de Osma 423 - ✆ (01) 467 0141/0063 - www.museopedrodeosma.org - mar.-dim. 10h-13h30, 14h30-18h - S/20 - visite guidée gratuite en français à 10h, 11h45, 14h30 et 16h15.
Au milieu d'un vaste jardin tropical planté de palmiers, une élégante folie 1900 abrite l'un des plus beaux musées d'art colonial du Pérou. Parmi la remarquable collection de peintures constituée par la famille Pedro de Osma, certaines sont précieuses pour les historiens : une **Genealogía de los Incas**, qui représente les treize souverains en médaillon, une *Procesión del Corpus Christi en el Cuzco*, une magnifique *Virgen de Cocharcas* (1767) et un **Santiago Matamoros** (école de Cuzco, 18e s.) où ce ne sont plus des Maures, mais des Indiens qu'il frappe de son épée. Nombreux tableaux d'archanges, un genre typique de l'école de Cuzco. Également sculptures religieuses, somptueux objets liturgiques en or et en argent ciselés, textiles, mobilier et livres.

Lima préhispanique

Longtemps ignoré et dégradé, le passé préhispanique de la capitale du Pérou, éclipsé par la gloire des grandes heures coloniales, ressurgit au fil des fouilles et des travaux archéologiques menés depuis les années 1950. La vallée du Río Rímac fut un grand centre de peuplement et d'échanges commerciaux avant même que l'hégémonie inca ne se fût étendue sur la côte. Jusqu'à l'arrivée des Espagnols, la zone s'étirant de l'actuel aéroport jusqu'au sanctuaire de Pachacamac était une campagne agreste, fort peuplée, où se dressaient une centaine de pyramides ou *huacas,* de taille plus ou moins considérable. Il reste maintes traces de ces structures pyramidales érigées en briques d'adobe.

★ Puruchuco

Carretera central km 12, Vitarte (indiqué par un panneau à droite de la route) - ✆ (01) 494 2641 - www.museopuruchuco.perucultural.org.pe - mar.-dim. 9h-16h - visite guidée et entrée du musée S/15.
À une dizaine de kilomètres du centre de Lima, se dresse sur le versant d'une colline un ancien palais ou résidence d'un *curaca* pré-incaïque, construit en blocs

d'adobe. Il fut réaménagé au temps des Incas, où il dut servir de centre administratif ou peut-être même de trésorerie si l'on en juge par les résultats des fouilles: des poids et des balances ainsi qu'un bon nombre de *quipus*, ces cordelettes à nœuds servant aux comptables incas. Au moment de la conquête espagnole, le site fut donné en *encomienda* à l'un des compagnons de Pizarro, **Miguel de Estete**. Puruchuco est l'un des rares, sinon le seul site de l'agglomération de Lima à présenter un ensemble aussi complet de constructions incas (si ce n'est le temple du Soleil de Cuzco et la maison des vierges du Soleil de Pachacamac). Le circuit guidé s'achève par la visite de l'intéressant musée qui porte le nom de l'archéologue **Arturo Jiménez Borja** (1909-2000), qui sauva Puruchuco de la destruction et remit patiemment le site en valeur, entre 1953 et 1960.

★ Huaca Wallamarka Plan I, C2

Jr. Nicolás de Rivera 201, San Isidro - ✆ (01) 222 4124 - 9h-17h - visite sur RV.
Aussi nommée Huaca de San Isidro, ou **Pan de Azúcar** (pain de sucre) en raison de sa hauteur appréciable, cette pyramide forme un contraste saisissant avec les gratte-ciel du quartier d'affaires de Miraflores. Elle a été complètement restaurée et ses alentours transformés en un parc verdoyant et fleuri. Cette *huaca* fut certainement le centre cérémoniel de la peuplade des Wallas, d'origine montagnarde, sans doute venus dans la vallée du Rímac au temps de l'hégémonie Tiahuanaco-Huari. Elle dut également servir de nécropole, à en juger par les quelque 500 momies, soigneusement assises et empilées dans de petites niches, qui furent découvertes en 1958 par Arturo Jiménez Borja. On a retrouvé parmi elles une jeune femme, sans doute une prêtresse, dont l'extraordinaire chevelure, nattée et tressée, mesurait 2,15 m de long!
Attenant à la pyramide, un petit musée présente les céramiques, pièces de tissu et bijoux exhumés dans le sanctuaire. Parmi ces derniers, on relève des colliers en perles de coquillages, de hauts bracelets, des vases de type *kero* en argent martelé et ciselé et une remarquable collection de tissus funéraires.

Huaca Pucllana Plan IV, B1

General Borgoño cuadra 8, Miraflores - ✆ (01) 445 8695 - tlj sf mar. 9h-16h - S/12.
Connue également sous le nom de **Huaca Juliana**, cette imposante pyramide en briques d'adobe remonte à l'époque de la culture maranga-lima (vers 500 apr. J.-C.). Elle a été sauvée de justesse en 1967, lors d'une première campagne de fouilles, et sa restauration est plus heureuse que celle de la Huaca Wallamarka. Le petit musée du site présente quelques objets découverts lors des fouilles ainsi qu'une sépulture reconstituée. La Huaca Pucllana héberge en outre un des meilleurs restaurants touristiques de Lima.

LA CULTURE DE MARANGA-LIMA

La plupart des édifices élevés dans la vallée du Río Rímac sont le produit de la culture de Maranga-Lima qui fleurit entre 200 et 700 apr. J.-C. Succédant à une phase formative fortement influencée par la culture de Chavín, elle serait issue d'une migration de peuples venus de la sierra vers la côte. De fait, les historiens lui attribuent une origine aymara que confirme la découverte, en 1925, dans la pyramide de Maranga, de vases cérémoniels en forme de *keros* du style de Tiahuanaco, preuve d'une lointaine influence venue des bords du lac Titicaca. Le peuple lima entreprit d'édifier de grandes *huacas*, sans doute vouées aux cultes agraires, qui coudoyaient une série de constructions annexes (dépôts, magasins), à proximité des villages de paysans cultivateurs. Vers 700 ou 900 apr. J.-C., la culture maranga-lima disparut sous le choc d'une invasion, probablement celle des guerriers du royaume huari, venus de la Sierra centrale.

COMPLEJO ARQUEOLÓGICO DE MARANGA Plan I, B2

Aujourd'hui noyés dans l'urbanisme du district de San Miguel et en partie amputés par le campus de l'université San Marcos, les vestiges de l'importante zone archéologique de Maranga laissent entrevoir la puissance de la capitale des **Marangas-Limas** *(voir l'encadré ci-contre)*. Sur une aire avoisinant 400 ha, on a relevé les bases de 14 grandes pyramides et d'une cinquantaine d'édifices plus petits.

De la période initiale datent les plus grandes structures : la **Huaca San Marcos**, dite communément pyramide de Maranga (entre les av. Venezuela et Precursores, 332 m de long sur 137 de large, plus de 30 m de haut) et la **Huaca Concha** (de l'autre côté de l'av. Venezuela, 284 m de long sur 180 de large).

Pendant la période d'hégémonie de l'empire huari (600-900), le site de Maranga semble avoir été délaissé au profit de Cajamarquilla, principal centre du pouvoir huari dans la vallée du Río Rímac. On a relevé les traces d'une nouvelle activité architecturale après 900, plus au sud : la **Huaca Tres Palos**, dont le sommet était occupé par un observatoire astronomique, la **Huaca Cruz Blanca**, aux fonctions administratives, et la **Huaca La Palma**, pyramide à rampe centrale entourée d'un mur d'enceinte à trois portes, sur un modèle inspiré des constructions du site de Pachacamac, dont elle dépendait. Ces ultimes réalisations relèvent de la culture ichimay, dernier maillon de la culture lima, avant que les Incas ne s'installent sur cette partie du littoral péruvien. Ces derniers édifièrent un petit palais dans la Huaca La Palma, dont il reste des vestiges, reconnaissables à l'emploi de la croix andine sur des frises décoratives, et quelques bâtiments fonctionnels adossés au mur d'enceinte.

Après l'arrivée des Espagnols, la zone fut sans doute abandonnée et ses terrains agricoles répartis entre plusieurs *encomiendas*. Aujourd'hui, il faut aller au zoo de Lima, dans le **Parque Las Leyendas**, pour admirer les pyramides de Maranga.

Parque Las Leyendas

Las Leyendas 580, San Miguel - ✆ (01) 464 4264 - www.leyendas.gob.pe - 9h-18h - S/10 (enf. S/5).

Aménagé à côté de la zone archéologique de Maranga, le zoo de Lima demeure l'une des sorties dominicales favorites des Liméniens. Les principales espèces de la faune andine et amazonienne (lamas, condors, pumas, singes, reptiles) côtoient quelques intrus, tels les lions et les girafes. Fondé en 1890, un beau jardin botanique planté de cactées se visite également. Enfin, un circuit piétonnier serpente au milieu des imposants vestiges des pyramides de Maranga. Des jeux pour enfants et des kiosques de souvenirs complètent le tableau.

À proximité Plan I, A1/2

PORT DE CALLAO

À 14 km à l'ouest du centre-ville de Lima. Accès : se reporter à la rubrique « Nos adresses à Lima », p. 181 – 876 877 hab. Ne quittez pas les rues fréquentées et repartez avant la tombée du soir.

Le grand port de Lima mérite vraiment un détour pour son ambiance affairée, ses demeures anciennes au majestueux délabrement, sa gouaille populaire, son marché aux poissons, ses gargotes enfumées, en un mot son parfum de bout du monde. L'avenida Saenz Peña, qui poursuit l'avenida Colonial, est la grande artère centrale et commerciale de Callao. Vers midi, suivez la foule qui gravite autour du **Mercado Central**, cathédrale d'odeurs et de couleurs où vous verrez de magnifiques étalages de fruits de mer et de poissons du

Pacifique. Ce marché compte une multitude de kiosques où l'on peut déjeuner sur le pouce. L'endroit a beau être populaire, les étrangers sont fort bien accueillis : laissez-vous tenter par un bon *ceviche* (de poisson, de poulpes ou de calamars), une *jalea* (poêlée de fruits de mer), ou des *chicharrones de pescado* (morceaux de poisson blanc cuits en beignets). Vous ne trouverez nulle part poisson plus frais et plus succulent qu'au marché de Callao !
À la sortie du marché et en poursuivant tout droit, on parvient à la plaza José Galvez, bordée de vieilles maisons à balcons de bois, qui sont parmi les plus anciennes de Callao.
Le jirón Libertad rejoint la première *cuadra* de l'av. Saenz Peña, devant laquelle se dresse la forteresse Real Felipe.

★ Fortaleza Real Felipe

Pl. Independencia - ✆ 465 8394/429 0532 - 9h-16h - S/10.
Ce vaste fort octogonal à la Vauban fut construit entre 1747 et 1783, afin de protéger le port des attaques des pirates et des corsaires anglais, Francis Drake ayant laissé un fort mauvais souvenir aux Espagnols. La forteresse fut édifiée sur les plans du savant français Louis Godin, lequel fit également partie de l'expédition de La Condamine et Jussieu, envoyée par Louis XV en Équateur dans le but de mesurer l'arc du méridien terrestre. Lors des guerres d'indépendance, le fort fut âprement disputé par les troupes royalistes et les patriotes. Devenus définitivement républicains, ses canons repoussèrent la flotte espagnole en 1866. Toujours occupé par l'armée péruvienne, il abrite un **Museo Historico Militar**, un enclos avec de belles pièces d'artillerie, et l'on peut se promener sur ses remparts.
Un peu plus loin, la plaza Grau donne sur le Pacifique et la rade de Callao. C'était le **Terminal Maritimo**, au temps des paquebots. Il n'est pas rare d'y voir, au loin, quelques bâtiments de guerre au mouillage.

Museo Naval

Av. Jorge Chávez 123 - ✆ 613 6868 - www.museonaval.com.pe - mar.-dim. 9h-15h - S/3 (enf. S/2).
Situé sur le côté gauche de la plaza Grau, ce musée retrace l'histoire de la marine péruvienne. Il conserve une belle collection de maquettes d'anciens cuirassés et des souvenirs de l'amiral Miguel Grau, héros de la guerre contre le Chili.

CALLAO, PROVINCE CONSTITUTIONNELLE

Port d'embarquement des fabuleuses richesses du Pérou à destination de l'Europe, El Callao fut longtemps la cible des pirates. En dépit de sa quasi-disparition lors du terrible séisme de 1746, suivi d'un raz-de-marée qui ne laissa que 500 survivants sur une population de 5 000 habitants, la ville s'est développée jusqu'à devenir le plus grand port de commerce et de pêche du pays. En 1851, la première ligne de **chemin de fer** du continent sud-américain est inaugurée entre Callao et Lima. Cinquante ans plus tard, des travaux de modernisation sont entrepris et achevés en 1934, avant qu'un violent tremblement de terre fasse encore de nombreuses victimes en 1940, occasionnant des dégâts considérables. La baie de Callao fut le théâtre de deux batailles navales gagnées sur les Espagnols après l'indépendance, l'une en 1826, l'autre en 1866, le **2 de Mayo** (date que vous ne manquerez pas de retrouver dans la toponymie urbaine). En reconnaissance du rôle politique qu'elle joua, la ville de Callao fut déclarée province constitutionnelle en 1852. Elle est administrativement séparée de Lima et n'entre dans aucun département péruvien.

Le temple du Soleil, à Pachacamac.
DEA/G DAGLI ORTI/De Agostini Editore/AGE Fotostock

1

★ La Punta

Poursuivez à pied par le malecón Figueredo, ou prenez un microbus.

Ce quartier aux belles villas 1900, parfois un peu délabrées, fut à la fin du 19e s. la grande station balnéaire de Lima, rendez-vous des élégances et des folies bourgeoises que de riches immigrants italiens avaient mis à la mode. Un parfum de ce monde évanoui rôde encore dans les ruelles et sur la promenade en bord de mer, où se dresse le traditionnel symbole de La Punta : un extravagant palais au style mauresque, la **villa Rospigliosi**. De nombreux petits cafés et quelques restaurants y servent une délicieuse cuisine péruvienne et parfois même italienne.

★★ PACHACAMAC

À 31 km au sud de Lima par la route Panaméricaine sud. En raison de la distance, la course en taxi depuis Lima risque de vous coûter cher (autour de 35/40 $ A/R avec visite). Accès par les transports en commun, voir « Nos adresses à Lima », p. 183.

UN ALCATRAZ PÉRUVIEN

Depuis la plaza Grau, ou encore depuis La Punta, on aperçoit, noyées dans la brume, les îles rocheuses de San Lorenzo. La plus petite d'entre elles est tristement célèbre pour avoir abrité, pendant plusieurs décennies, les lugubres bâtiments du pénitencier dénommé El Frontón, créé en 1917. Situé à seulement quelques kilomètres de Callao, uniquement accessible au personnel de l'administration pénitencière et de la Marine, il vit affluer dans les années 1980 les prisonniers terroristes de la guérilla du Sentier lumineux, qui y étaient enfermés dans des pavillons selon leur obédience idéologique (trotskystes d'un côté, maoïstes de l'autre). En juin 1986, une mutinerie de détenus causa une terrible répression : la Marine bombarda une partie du pénitencier, occasionnant plus de 200 morts. Le pénitencier fut fermé quelques années plus tard et se trouve désormais à l'état d'abandon. Le chef du Sentier lumineux, Abimael Guzmán (né en 1934), alias le président Gonzalo, fut quant à lui interné dans la base navale de Callao, après son arrestation en 1992. Il s'y trouve toujours.

Comptez 2h. http://pachacamac.perucultural.org.pe ou www.ulb.ac.be/philo/ychsma - mar.-dim. 9h-17h - S/7 - visite libre ou accompagnée par un guide payant - brochure et plan au guichet.

Au débouché de la fertile vallée du Río Lurín, entre la côte et la route Panaméricaine sud, se dressent les ruines de ce qui fut l'un des plus prestigieux sanctuaires du Pérou précolombien. Le site fut occupé entre 200 et 1533 apr. J.-C. et l'actuelle zone archéologique couvre 460 ha.

La visite du **Museo de Sitio** peut débuter ou clore votre parcours. Créé en 1965, il est né de la nécessité de rassembler les informations utiles à la compréhension du site. Outre des textiles et des céramiques, il conserve l'**ídolo de Pachacamac** *(voir plus loin)*. Partie supérieure d'un long bâton de bois sculpté, l'idole se présente sous les traits d'un personnage biface, d'une hauteur d'environ 50 cm, coiffé d'un bonnet. Ses vêtements sont figurés par des motifs végétaux d'un côté et par des figures animales de l'autre. On l'attribue à une expression locale de la culture de Tiahuanaco-Huari, baptisée Huari-Ichimay (entre 1100 et 1300). Le chroniqueur Garcilaso de la Vega la décrit ainsi : « Elle était si redoutée que personne n'osait la contempler de face, et les prêtres entraient dans son temple à reculons, pour ne pas être tentés de lever les yeux vers elle. »

À partir du musée, dirigez-vous vers la place des Pèlerins.

Plaza de los Peregrinos (Place des Pèlerins)

La visite du site proprement dit commence par cette immense esplanade rectangulaire, où subsistent des tronçons de colonnes en adobe qui supportaient des toitures légères. Ces structures servaient peut-être de lieu de rassemblement et d'abri aux nombreux pèlerins qui venaient accomplir leurs dévotions dans les sanctuaires et recueillir les oracles. Sans doute d'origine très ancienne, la place semble avoir été complètement remodelée à l'époque des Incas.

Templo de Pachacamac

On désigne sous cette appellation deux structures voisines : le **Templo Viejo** et le **Templo Pintado**, ou temple peint, longtemps appelé temple d'Urpi Huachac car il était, croyait-on, dédié à cette déesse, épouse légendaire de Pachacamac. Partie la plus ancienne du site, le Templo Viejo est une immense structure artificielle de plan ovale, constituée de centaines de milliers de briques d'adobe, probablement modelées à la main : il remonterait à la culture de **Maranga-Lima** (v. 500) et présente d'évidentes similitudes avec les pyramides de la zone archéologique du même nom *(voir p. 172)*. Il est aujourd'hui presque complètement recouvert par le sable, si bien que de loin on croit avoir affaire à une grosse colline.

Adossé au Templo Viejo et faisant face à la place des Pèlerins, le **Templo Pintado**, de plan rectangulaire, est d'une taille plus modeste. Postérieur à son voisin, il date de la période d'hégémonie de la culture Tiahuanaco-Huari (entre 600 et 900), dite aussi **Huari**. Les archéologues attribuent sa construction à la dernière expression locale de cette culture, dite **ichimay** (v. 750). Sa façade est constituée de petites terrasses sur lesquelles on aperçoit

L'ANIMATEUR DU MONDE

Étymologiquement, le nom de Pachacamac est composé de *pacha*, l'univers, la Terre, et de *camac*, qui signifie « animer ». Pour les peuples préhispaniques de la côte, Pachacamac était donc l'animateur du monde. Non pas le créateur au sens judéo-chrétien, mais le dieu qui insuffle aux êtres et aux choses la force vitale qui leur permet d'exister et de durer dans le temps : celui qui fait tourner les rouages de l'univers, en quelque sorte.

PACHACAMAC À L'ÉPREUVE DU TEMPS

La civilisation attestée à Pachacamac dans les temps les plus anciens relève de la culture de Maranga-Lima (200-700 apr. J.-C., *voir p. 172*), avant d'être influencée par celle de Tiahuanaco-Huari lors de son avancée vers la côte. À partir du 13e s., le site est intégré dans un petit royaume indépendant qui s'étend au nord, jusque dans la vallée du Rímac, où se trouve aujourd'hui Lima. Lors de la conquête de cette partie du littoral par l'Inca **Túpac Yupanqui**, il était gouverné par un certain **Cuismanco**, qui offrit sa soumission. En échange, l'Inca respecta le sanctuaire et sa divinité, Pachacamac, laquelle fut identifiée au dieu Viracocha. Un temple du Soleil fut alors construit ainsi qu'un couvent pour abriter les vierges du Soleil. Ce temple finit par devenir l'un des centres les plus vénérés de l'empire, après Cuzco. Les Espagnols visitèrent le sanctuaire pour la première fois en 1533, lors de l'expédition menée par **Hernando Pizarro**, frère de Francisco, entre Cajamarca et Pachacamac, laquelle fut relatée par son compagnon Miguel de Estete. Les conquistadors reconnurent évidemment un abominable repaire de l'idolâtrie et pillèrent les trésors du sanctuaire avant d'en entreprendre la démolition.

encore des traces de peintures murales (très détériorées), ornées de motifs floraux ou marins. On y inventoria seize couches différentes de peinture, signe qu'elles furent restaurées ou régulièrement entretenues. L'archéologue Max Uhle excava en 1896, au pied du Templo Pintado, un cimetière qui contenait un grand nombre de momies enveloppées de magnifiques tissus polychromes, ornés de motifs typiquement huari, attestant la présence de cette culture.
Sous l'influence de cette dernière, le centre du pouvoir religieux s'était déplacé du Templo Viejo vers le Templo Pintado, à l'intérieur duquel fut découverte en 1938 l'**idole en bois** de Pachacamac. Déjà en 1533, Miguel de Estete avait raconté que le temple renfermait une idole principale en bois, barbouillée de sang, dans un local sombre et puant dont les murs étaient revêtus de plaques d'or, tandis que les ustensiles rituels étaient fabriqués dans le même métal.

Templo del Sol (Temple du Soleil)

Consacré au dieu Soleil, cet imposant édifice pyramidal, en partie restauré, fut érigé par les **Incas**, probablement sous le règne de Túpac Yupanqui (1471-1493). Considéré comme le sanctuaire le plus important du monde inca, après le Qoricancha de Cuzco, il ne comportait pas moins de six plates-formes superposées, érigées au-dessus d'un soubassement. La plus haute était réservée aux prêtres lors des cérémonies. Quelques vestiges de fresques sont encore visibles sur les murs des terrasses.

Acclahuasi

Proche de l'entrée du site, cet imposant édifice, restauré de fond en comble après les fouilles effectuées par Julio C. Tello en 1940-1945, fut d'abord nommé **temple de la Lune** par Max Uhle. Il fut élevé à l'époque incaïque, en adobe, sur des soubassements de gros blocs de pierre soigneusement taillés et appareillés, comme les constructions de Cuzco.
L'édifice aurait servi d'**acclahuasi** ou monastère destiné aux *acclas* ou « femmes choisies », attachées au sanctuaire *(voir p. 106)*. Les fouilles ont mis au jour des squelettes de femmes entourés d'objets funéraires et rituels, ce qui laisse supposer que certaines étaient sacrifiées en l'honneur du dieu Soleil. Dans les allées et les petites cours intérieures, on remarque des rangées de grandes niches trapézoïdales, où l'on devait placer des offrandes et des idoles.

NOS ADRESSES À LIMA

Plans de la ville p. 148-149, 150-151 et 168

INFORMATIONS UTILES

Banque / Change – Les petites **agences de change** de type LAC Dollar ou Western Union (kiosque ou guichet) sont présentes dans tous les quartiers de Lima. Nombreux **changeurs de rue** *(voir p. 23)*.

Internet – Omniprésent que ce soit à Lima-Centre, Miraflores, Barranco ou San Isidro. Comptez S/1,50/h ou ½ h selon les lieux. Skype est de plus en plus utilisé.

Poste – **Correo Central** - *Pasaje Piura s/n Lima centre (à gauche du palais présidentiel)* (plan II, C1) - *✆ (01) 427 9370 - lun.-sam. 8h15-20h30*. Effectue toutes les opérations et possède un bureau de poste restante *(lista de correos)*. Dans une longue galerie centrale, une multitude de kiosques vendent cartes postales, posters, calendriers et souvenirs. On y trouve aussi des cartes routières du Pérou et des plans de Lima.

Correo de Miraflores - *Av. Petit-Thouars 5201* (plan IV, B1) - *✆ (01) 445 0697*. Mêmes horaires.

Police – En cas de perte, de vol ou de litige quelconque, adressez-vous plutôt à un agent de la **Policía de Turismo**, reconnaissable à son écusson *(voir p. 28). Av. España cuadra 5 Cercado, Lima Centro - ✆ (01) 423 3500 ; Colón 246, Miraflores - ✆ (01) 243 2190.*

Comisaría Especial de Turismo Lima Norte - *Tambo de Belén 106* (plan II, B3) - *✆ (01) 424 2053*. Couvre Lima-centre et les districts situés au nord.

Comisaría Especial de Turismo Lima Sur - *C. Moore 268, Magdalena del Mar* (plan I, B2) - *✆ (01) 460 1060*. Couvre les districts de Magdalena del Mar, Miraflores, Barranco, San Isidro, Chorillos et Callao.

Urgences / Santé – Lima compte de nombreux hôpitaux publics et cliniques privées pourvus d'un service d'urgences.

Hospital de Emergencias Casimiro Ulloa - *Av. República de Panamá 6355, Miraflores - ✆ (01) 241 2789.*

Clínica Anglo Americana - *Av. Alfredo Salazar 350, San Isidro - ✆ (01) 712 3000.*

Clínica Javier Prado - *Av. Javier Prado Este 499 - ✆ (01) 440 2000.*

Ambassades – *Voir p. 22.*

Centres culturels – **INC (Instituto Nacional de Cultura)** - *Av. Javier Prado Este 2465, San Borja* (plan I, CD2) - *✆ (01) 475 0392 - www.inc.gob.pe*. Cet organisme très important gère la plus grande partie du patrimoine historique et archéologique du Pérou (sites, musées).

Biblioteca Nacional - *www.bnp.gob.pe*. **Nouveau bâtiment** - *Av. de la Poesia 160, San Borja* (plan I, CD2) - *✆ (01) 513 6900*. **Ancien bâtiment** - *Av. Abancay cuadra 4 s/n* (plan II, C2) - *✆ (01) 428 7690*. L'accès est soumis à l'établissement d'un « carnet de lecteur » sur présentation du passeport *(durée 1 an - S/8)*.

Centro Cultural Inca Garcilaso - *Ucayali 391* (plan II, C2) - *✆ (01) 623 2656 - www.ccincagarcilaso.gob.pe*. La Casa Aspillaga héberge depuis 2005 un centre culturel, financé par le ministère des Relations extérieures du Pérou. Cette belle *casona* (19e s.) accueille des expositions temporaires, consacrées à des thèmes historiques et culturels. Plusieurs salles de conférences, un auditorium et une bibliothèque intéressante *(lun.-vend. 10h-17h)*. Entrée libre, programme des manifestations sur le site Internet.

Alliance française - *Av. Arequipa 4598, Miraflores* (plan IV, B1) - *✆ (01) 445 2186 - www.alianzafrancesa.org.pe*. Réputée à Lima pour sa médiathèque et pour les événements culturels qu'elle organise (rencontres, expositions, spectacles).

Instituto Cultural Peruano-Norteamericano (ICPNA) - *Cuzco 446, Lima Centro* (plan II, C2) - *(01) 428 3530 - www.icpna.edu.pe.* Largement dotée (annexes à Miraflores, La Molina et en province), cette institution possède une médiathèque moderne, une galerie d'exposition et une salle de spectacles *(voir « Théâtre », p. 196).*

Centro Cultural Británico - *Bellavista 531, Miraflores* (plan IV, B2) - *(01) 615 3636 - www.britanico.edu.pe.* Riche bibliothèque (en anglais) et expositions. Abrite le Teatro Británico *(voir « Théâtre », p. 196).*

ARRIVER/PARTIR DE LIMA

Avion – **Aeropuerto internacional Jorge Chávez** - *Av. Elmer Faucett, Callao (à 15 km du centre-ville)* (plan I, AB1). Informations vols nationaux et internationaux : *(01) 511 6055/ 517 3500 - www.lap.com.pe.*

Lignes intérieures

Aero Cóndor – *Av. Aramburu 858, Surquillo - (01) 421 3105/7014 (réserv.) - www.aerocondor.com.pe.* Cette petite compagnie est spécialisée dans le survol des lignes de Nazca.

LAN – *Av. Jose Pardo 513, Miraflores - (01) 213 8200 - www.lan.com.* Couvre à peu près toutes les destinations intérieures au Pérou.

LC Busre – *Av. Los Tulipanes 218, Lince - (01) 204 1313 - www.lcbusre.com.pe.* Assure (en bimoteur) des liaisons vers Chimbote, Cajamarca, Huanuco, Huancayo, Ayacucho et Andahuaylas.

Peruvian Arlines – *Av. José Pardo 495, Miraflores - (01) 716 6000 - www.peruvianairlines.pe.* Dessert Arequipa, Cuzco, Iquitos, Piura et Tacna.

Star Perú – *Av. Nicolás de Piérola 640, Lima Centro/av. Comandante Espinar 331, Miraflores - (01) 705 9000 - www.starperu.com.* Dessert Cuzco, Arequipa, Ayacucho, Chiclayo, Trujillo, Juliaca (Puno), Andahuaylas, Puerto Maldonado, Tarapoto, Iquitos et Pucallpa.

Taca Perú – *Av. José Pardo 811, piso 4, Miraflores - (01) 511 8222 - www.taca.com.* Ligne vers Cuzco, l'Amérique centrale et d'autres pays d'Amérique du Sud (Équateur, Bolivie...).

Compagnies étrangères

Lufthansa/United Airlines – *Av. Jorge Basadre 1330, Lima 27 - (01) 442 4455 - www.hansaperu.com.*

Aerolíneas Argentinas – *Av. Canaval y Moreyra 370, piso 1, San Isidro - (01) 513 6565 ou 0 800 522 00 (call center, appel gratuit) - www.aerolineas.com.ar.*

AeroMexico – *Av. Felipe Pardo y Aliaga 699, ofic. 501, San Isidro - (01) 705 1111 - www.aeromexico.com.*

AeroSur Bolivia – *Calle Bolognesi 291, Miraflores - (01) 241 8280 - www.aerosur.com - lun.-vend. 9h-18h.* Vols AR Lima-La Paz et Cuzco-La Paz.

Air Canada – *Calle Italia 389, ofic. 101, Miraflores - (01) 241 1457 (réserv.) ou 0 800 52 073 - www.aircanada.com.*

Air France - KLM – *Alvarez Calderón 185, piso 6, San Isidro - (01) 213 0200 ou 0 800 539 91.*

American Airlines – *Av. Canaval y Moreyra 390, San Isidro - (01) 211 7000.*

Avianca – *Av. José Pardo 140, Miraflores - (01) 444 0747.*

Continental Airlines – *Av. Victor A. Belaunde 147, Via Principal 110, Edificio Real 5, ofic. 101, San Isidro ; av. Larco 1325, Marriott Hotel, Miraflores - (01) 712 9230 - www.continental.com.*

Copa Airlines – *Av. Los Halcones 105, San Isidro - (01) 610 0808 - www.copaair.com.*

Delta Airlines – *Av. Victor A. Belaunde 147, Torre Real 3, ofic. 701, San Isidro - ✆ (01) 440 4328 - www.delta.com.*

Iberia – *Av. Camino Real 390, Torre Central, ofic. 902, San Isidro - ✆ (01) 411 7800 - www.iberia.com.*

Lloyd Aero Boliviano – *www.labairlines.com.bo.*

Qantas Airways – *Av. Conquistadores 256, ofic. 601B, San Isidro - ✆ (01) 221 4444 - www.qantas.com.*

TAM Brasil – *✆ (01) 202 6900 - www.tam.com.br.*

Au départ, prévoyez d'être à l'aéroport au moins 2h avant un vol international et 1h30 avant un vol intérieur. Les queues pour l'enregistrement sont particulièrement longues (surtout pour les États-Unis) et les contrôles d'embarquement très tatillons. En outre, aux heures de pointe, la circulation est assez chaotique et il faut bien compter une bonne heure pour se rendre par exemple de Miraflores à Jorge Chávez. Prévoyez le paiement de la **taxe aéroportuaire** *(3,45 $)* avant d'embarquer si elle n'est pas déjà comprise dans votre billet. C'est souvent le cas pour les vols internationaux, mais pas pour les vols intérieurs *(voir aussi « Transports », p. 43).*

Rejoindre Lima depuis l'aéroport

Vous pouvez vous procurer quelques sols au bureau de change, près de la réception des bagages *(voir « Taxi », p. 40)*. Sinon, il existe un service de navettes porte à porte, **Super Shuttle Airport** qui dessert les principaux quartiers de Lima et les grands hôtels *(entre 10 et 30 $)*. Si vous avez déjà réservé dans un hôtel qui dispose de sa propre navette, comptez S/40 A/R. N'imaginez pas sortir à pied pour attraper un bus urbain dans l'avenue, vous ne pourriez pas y monter avec des bagages. En revanche vous pourrez héler des taxis à un prix plus modéré. Rappelons qu'il n'y a pas de taximètre dans les taxis. Vous paierez env. S/20 (8 $) en **taxi** pour rejoindre le centre historique de Lima (30mn env.).

Bus – Le bus est le moyen le plus commode et le moins onéreux pour relier Lima aux villes du nord et du sud, à condition d'être disposé à y passer de longues heures. La capitale n'ayant pas de grande gare routière centralisée, les terminaux des principales compagnies sont disséminés dans les quartiers périphériques qui ne sont souvent accessibles qu'en taxi si vous êtes chargé. Le nombre de ces compagnies est tel que leur recensement, avec les destinations qu'elles desservent, nécessiterait un énorme indicateur. Nous indiquons ici les plus fiables, ainsi que l'adresse de leur terminal, pour plus de détails (destination, temps, prix, et option confort) rendez-vous sur leur site Internet.

Civa - *Terrapuerto, av. Paseo de la República 575, La Victoria* (plan I, C2) - *✆ (01) 418 1111 - www.civa.com.pe.* On peut aussi réserver ses billets en composant le *✆ (0) 800 1 5555 (appel gratuit)*. Dessert plus d'une quinzaine de villes au nord et au sud de Lima (Ica, Arequipa, Puno, Moquega…). Pour Cuzco, départs quotidiens à 13h15 en bus économique *(S/70)* ou à 16h30 en *Super Churre version cama (S/130)* ou *semi cama (S/100)* pour 21h de trajet.

Cruz del Sur - *Av. Javier Prado Este 1109* (plan I, C2) - *✆ (01) 225 6163/5748 - www.cruzdelsur.com.pe (achat de billets en ligne)*. C'est la grande compagnie péruvienne. L'une des plus fiables, des plus onéreuses aussi. On peut également réserver et acheter ses billets en composant le *✆ (01) 311 5050 (appel gratuit)*. Vaste choix de destinations. Pour Cuzco, 2 départs quotidiens à 14h et 17h30 en *Cruzero Suite* seulement *(S/175)*. Pour Hancayo (non desservi par Civa) départs quotidiens à 7h45, 22h30, 23h30 et 23h45 *(comptez S/57 en cruzero, S/75 en Cruzero Suite - 6h30 de trajet)*. Attention n'oubliez pas d'arriver 40mn avant le départ: enregistrement des bagages, fouilles, photo des passagers avant le départ, une vraie logique d'aéroport! Comptez S/10-15 (15mn) en taxi du centre historique.

Ormeño - *Av. Javier Prado Este 1059* (plan I, C2) - ✆ *(01) 472 1710 - www.grupo-ormeno.com.pe*. L'autre grande compagnie péruvienne. Elle dessert les villes du littoral, au nord et au sud, mais également Arequipa et Cuzco. Certaines destinations font l'objet d'une classe grand luxe avec étage panoramique et sièges-couchettes.

Oltursa - *Av. Aramburu 1160, Surquillo* - ✆ *(01) 475 8559/476 9724 ou 0 800 70855 (appel gratuit) - www.oltursa.pe*. Compagnie réputée pour son sérieux et son confort. Possède son propre terminal près de la sortie sud de Lima. Pour Huncayo, départs quotidiens à 13h et 23h45 *(selon le confort S/59-35 et S/69-45 de nuit)*. Pour Nazca, départs à 7h30 *(S/85-75)* et à 14h et 15h *(S/120-70)*.

TEPSA - *Av. Javier Prado Este 1091* (plan I, C2) - ✆ *(01) 470 6666/2202 - www.tepsa.com.pe*. Cette compagnie, déjà ancienne, a récemment renouvelé sa flotte d'omnibus. Elle dessert toutes les localités importantes de la route Panaméricaine nord et sud, ainsi que Cajamarca. Pour Cuzco, départs quotidiens à 12h45, 14h45 et 17h15 en *Presidential Cama* (version luxe) uniquement *(S/130)*.

Train – Le **Ferrocarril Andino** dessert uniquement Huancayo *(voir p. 382)*. À Lima, les départs ont lieu depuis l'**Estación Desamparados** *(jr. Ancash 207)* (plan II, C1). En moyenne 2 départs par mois, généralement les vend. et sam. à 7h (arrivée à 19h). Réserv. et achats de billets à Lima au **Ferrocarril Central Andino** *(Av. José Galvez Barrenechea 566, 5e étage, San Isidro* (plan I, C2) *-* ✆ *(01) 226 6363 - www.ferrocarrilcentral.com.pe)*. Aller simple: S/120 (A/R: S/195) en *coche clásico* et S/235 (A/R: S/350) en *coche turístico* (voitures de 1re classe). Dans le train: sièges inclinables, restaurant, arrêts touristiques et, comme par le passé, la traditionnelle infirmerie avec bonbonne d'oxygène: il ne faut pas oublier que le point culminant du parcours est à 4 786 m d'altitude...

Bon à savoir – Le ticket de train **PeruRail** qui dessert Aguas Calientes de Cuzco peut être acheté à l'aéroport Jorge Chávez de Lima *(*✆ *(01) 517 1864)* ainsi qu'à Miraflores *(Alcanfores 775* (plan IV, B2) *-* ✆ *(01) 447 5926)*.

TRANSPORTS DANS LIMA

Pas facile. Lima est une ville tentaculaire dont le tissu urbain atteint presque 100 km entre l'extrémité du *cono Norte* et celle du *cono Sur*. Au beau milieu, le centre historique, somme toute assez réduit, ne représente qu'un district parmi les cinquante que compte l'agglomération, sans inclure la ville et le port de Callao, qui jouissent d'un statut particulier. Lima ne disposant ni de trains de banlieue, ni de métro, les transports en commun se réduisent aux moyens terrestres, chaotiques, inconfortables et coincés dans les embouteillages. Seul bémol, l'apparition en 2010 du **Metropolitano**. (= bus)
Rens.: *Alo Metropolitano -* ✆ *(01) 203 9000 (6h-22h, w.-end 7h-22h) - www.metropolitano.com.pe*. C'est en fait un réseau de bus qui bénéficie d'une voie exclusive lui permettant d'échapper aux embouteillages. Cette ligne d'une trentaine de kilomètres, jalonnée de 35 stations intermédiaires, traverse

1

16 districts. Elle part de la station Matellini au sud jusqu'à la station Naranjal au nord *via* Miraflores, la gare centrale (Estación central) et l'inévitable Jr. de la Unión. Services réguliers et express se complètent selon les horaires. Les *Regulares* desservent toutes les stations entre 5h20 et 22h, tandis que les *Expresos* sautent des stations aux heures de pointe (6h30-9h et 17h-20h15). Les billets se prennent sur la plate-forme desservant chacune des stations du Metropolitano. Prix du trajet: S/1,50.

Le centre historique (plan II) – Deux grandes places servent de points de repère dans le vieux Lima: la place d'Armes au nord (C2) et la plaza San Martín au sud (B2). Le quartier est borné au nord par le Río Rímac, à l'ouest par l'**av. Alfonso Ugarte** qui fait la jonction entre les quartiers nord et l'axe allant vers Miraflores. Elle est jalonnée par trois places importantes: la **plaza Unión** et la **plaza 2 de Mayo** articulent la jonction avec le quartier de Callao et l'aéroport, la **plaza Bolognesi** dessert les districts de Breña, Jesús María, Pueblo Libre (où se trouvent de très intéressants musées) et Magdalena del Mar. À l'est, l'**av. Abancay**, véritable fleuve d'autobus, sépare le centre historique d'un autre très vieux quartier dénommé le **Cercado**: on y trouve le marché central et le quartier chinois *(Barrio chino)*. Au sud, le **paseo de la República** (B3), où se dresse le palais de justice, et la **plaza Grau** sont le point de départ de la **via Expresa**, une voie rapide semi-enterrée qui relie le centre de Lima aux quartiers huppés de San Isidro et Miraflores.

Le front de mer (plan I) – Orienté selon un axe nord-ouest/sud-est, il inclut Callao (et l'aéroport), la Perla, San Miguel, Magdalena del Mar, San Isidro, Miraflores (cœur chic et moderne de Lima) (plan IV), Barranco (plan III) et Chorrillos, qui étaient les stations balnéaires de la Belle Époque.

L'axe ouest-est (plan II) – De Callao, où sont implantées bon nombre d'entreprises, l'axe de l'av. Guardia Chalaca, puis La Marina, que prolonge l'**av. Javier Prado Oeste et Este**, dessert les quartiers résidentiels du centre et de l'est de Lima: San Isidro, San Borja, Monterrico, La Molina. C'est le cauchemar des automobilistes, surtout dans le secteur où J. Prado Este croise Arequipa et la via Expresa: en fin de journée pendant la semaine, il faut facilement deux heures pour aller de l'aéroport à Monterrico, où l'on rejoint la Panaméricaine sud (qui roule beaucoup mieux ensuite). Tenez compte du moment de la journée pour vous rendre d'une extrémité de Lima à l'autre: le temps de trajet peut varier du simple au quintuple.

Taxi – Ils sont légion à Lima. Bon nombre sont occasionnels et arrondissent leurs fins de mois en exerçant ce métier d'appoint de façon clandestine. Pour repérer les **professionnels**, regardez si le capuchon « taxi » est fixé en dur sur le toit et si la voiture porte un numéro inscrit sur la carrosserie (trois lettres et trois chiffres). Les amateurs affichent quant à eux une étiquette magnétique à l'intérieur du pare-brise. Le montant se discute rapidement à la portière avant la course (il n'y a pas de compteur, impossible donc d'avoir un justificatif). À titre indicatif, le prix raisonnable entre le centre historique et Miraflores se situe aux alentours de S/15, entre le centre et Callao ou Monterrico de S/20, entre Miraflores et Barranco de S/10 *(voir « Taxi », p. 40)*.

Transports en commun – Moyen nettement plus économique, mais moins confortable, les **colectivos** (ou combis) et **microbus** (micros) sont conçus pour un peuple svelte et petit. D'autre part, ils s'arrêtent à la demande, le rabatteur hélant les passants à chaque coin de rue. Sachez qu'un long trajet en microbus est un marathon ponctué de coups de frein, de démarrages brutaux, de queues de poisson et de coups de genou dans le dos. Le **tarif** des *colectivos* et des micros varie entre S/1 et S/2. De la plaza San Martín (plan II, B2), des combis indiqués **Toda Arequipa** font l'aller-retour vers Miraflores. Vous pouvez aussi emprunter, depuis la plaza Unión ou la plaza 2 de Mayo (plan II, A2), le bus violet **Cementerio-Barranco** (surnommé *El Moradito*, tout le monde connaît) qui dessert l'av. Brasil (Pueblo Libre et ses musées), l'av. del Ejército, l'óvalo de Miraflores et Barranco. Enfin, des combis et micros **Todo Javier Prado** parcourent l'axe est-ouest reliant Callao à l'hippodrome de Monterrico. Préparez-vous à un éprouvant périple.

Rejoindre Pachacamac : par les transports en commun (microbus), plusieurs itinéraires sont possibles. Du centre de Lima, des combis partent toutes les 20mn de l'av. Grau (angle Ayachuco) en direction de Lurín et Pachacamac Pueblo *(45mn-1h, env. S/5)*. De Pueblo Libre, Magdalena ou San Isidro, il faut emprunter la longue av. Javier Prado Este jusqu'à l'échangeur El Trébol (tout le monde connaît). De cet important nœud routier, un microbus part en direction de Lurín ou Pachacamac *(30mn depuis El Trébol, env. S/3)*. De Miraflores, un microbus remonte l'av. Angamos Este (district de Surquillo) jusqu'au puente Primavera, au carrefour avec la Panaméricaine sud. De là, on emprunte les bus qui viennent du Trébol. Dans les trois cas, précisez au chauffeur que vous allez aux ruines et non pas au bourg *(pueblo)* de Pachacamac, beaucoup plus loin.

Location de voitures – Toutes les agences sont quasiment représentées à l'aéroport Jorge Chávez, hall Llegadas Internationales. Cette concentration de loueurs permet de faire plus facilement jouer la concurrence.

Dollar Rent a Car – *Cantuarias 341, Miraflores - ✆ (01) 444 4920 - www.dollar.com.*

National Car Rental – *Av. Costanera 1380, urb. Miramar, San Miguel - ✆ (01) 578 7878/7720 ; aéroport Jorge Chávez - ✆ (01) 575 1111 - www.nationalcar.com.pe.*

Premium Rent a Car – *Av. San Luis 2709, San Borja - ✆ (01) 223 2332 - www.premium-rentacar.com.*

Budget Car Rental – *Bureau principal, av. Bolognesi 808, Barranco - ✆ (01) 204 4400 ; av. Larco 998, Miraflores - ✆ (01) 444 4546 ; aéroport Jorge Chávez - ✆ (01) 517 1880 - www.budgetperu.com.*

Europcar – *Los Eucaliptos 590, San Isidro - ✆ (01) 222 1010 ; aéroport Jorge Chávez - ✆ (01) 222 1010 - www.europcar.com.* Présent aussi à Cuzco et Arequipa.

Hertz – *Cantuarias 160, Miraflores - ✆ (01) 445 5716/447 2129 - lun.-vend. 8h30-19h, sam. 8h30-15h ; aéroport Jorge Chávez - ✆ (01) 517 2402/1831 - www.hertz.com - 24h/24.*

Mitsui Rent a Car – *Av. Javier Prado Este 6042, La Molina - ✆ (01) 625 3000 - www.mitsuiautomotriz.com.*

Renting SAC – *Av. República de Panamá 3881, piso 2, Surquillo - ✆ (01) 225 4848/4879 - www.rentingsac.com.pe.*

Vélo – Il y a encore quelques années, on aurait crié au suicide. Une petite agence de Miraflores a relevé le défi : **Bike Tours of Lima** - *Bolívar 150, Miraflores* (plan IV, B2) - *✆ (01) 445 3172 ou portable (01) 991 664 223 - www.biketoursoflima.com.* Elle organise des sorties quotidiennes (bien encadrées) et loue des vélos de ville ou des VTT, avec le matériel

1

de protection nécessaire (casque, gants…). La même société organise désormais le **Lima Running Tours** *(www.limarunningtours.com)*. Une autre façon de découvrir la baie cette fois en courant.

Bon à savoir – Pour vous repérer à Lima, vous trouverez en librairie et dans quelques kiosques à journaux la **Guía de Lima Metropolitana**, carte dépliante au format poche, avec index, où figurent les noms de rues, les districts et aussi une liste des lignes de microbus. Précieux!

Visites guidées – Mirabús. Ce bus rouge à impériale suit plusieurs circuits dans Lima (billets au parque Kennedy ou dans le bus) : départ devant l'office de tourisme *(Kennedy Park, Miraflores* (plan IV, B1) *- (01) 242 6699/476 4213 - www.mirabusperu.com)*. Attention dans tous les cas, arrivez 15mn en avance.

Lima de Día - Lun.-sam., départ à 9h30 et 14h30 *(3h - S/60)*; inclus à 9h30 le billet d'entrée pour la cathédrale; à 14h30 celui pour les catacombes du monastère San Francisco.

Lima de Día et musée Larco - Lun.-sam., départ à 13h30 *(4h - S/70)*; inclus le billet d'entrée pour le musée Larco.

Lima de noche - Mer.-dim., départ à 18h et 19h *(3h30 - S/65)*; inclus le tour guidé pour le spectacle de jets d'eau en son et lumière. Lun.-mar. en lieu et place du Magic Water Circuit, ce sont les quartiers de Barranco et de Chorrillos qui sont visités *(mêmes heures et tarifs)*.

Miraflores Tour - Lun.-vend., départ à 11h, 14h, 15h30 et 17h, w.-end, départ à 11h, 13h, 14h45, 16h et 17h30 *(1h - S/10)*.

Full Day Callao Port-Lima - Dim., départ à 10h15 *(7h - S/80)*; musée naval, visite du sous-marin Abtao ou, si impossible selon les marées, visite de Mini Mundo – circuit de miniatures comptant 150 maquettes des principaux bâtiments de Lima. Déjeuner inclus au centre naval du Pérou.

Sanctuaire de Pachacamac et Pantanos de Villa - Mar.-sam., départ à 10h *(3h30 - S/60)*.

Cimetière et musée du Presbiterio Maestro - Chaque dernier mar. du mois, départ à 18h *(4h - S/35)*; visite nocturne des monuments funéraires de style néoclassique (tour seult en espagnol).

Tour littéraire Vargas Llosa - L'office du tourisme de Miraflores fournit une brochure avec un parcours littéraire pour suivre les traces du Prix Nobel de littérature péruvien dans certains quartiers de Miraflores.

HÉBERGEMENT

Centre historique Plan II

PREMIER PRIX

Hostal Belén – B2 - *La Unión 1049 - (01) 427 8995 - - 24 ch. : S/55 (avec sdb commune)*. À quelques pas de la plaza San Martín, dans une ancienne demeure de la rue autrefois appelée Belén, un escalier monumental conduit à une grande galerie couverte autour de laquelle sont disposées des chambres (sans fenêtres, hormis celles donnant sur la rue, passablement bruyante). Cet *hostal*, qui a vu passer des générations de routards, a récemment ouvert une annexe et un restaurant sous les arcades de la plaza San Martín *(Nicolás de Piérola 953 - (01) 426 5119)*.

Hotel Wiracocha – C2 - *Junín 284 - (01) 427 1118 - 33 ch. : S/60 env.* Cet hôtel modeste jouit d'un emplacement on ne peut plus central, à 50 m de la plaza de Armas, dans le même bloc que la cathédrale. Chambres un peu bruyantes.

Kamana Hotel – B2 - *Camaná 547 - (01) 426 7204 - www.hotelkamana.com - - 30 ch. : S/40-60.* Idéalement placé à mi-distance entre la plaza San Martín et la plaza Mayor, près de l'église de La Merced : on ne peut guère trouver endroit plus central dans la vieille ville. Seul hic : le flot de circulation, très dense dans cette rue. Confortable et excellent rapport qualité-prix. Accès Internet Wi-Fi.

Hotel España – C2 - *Azángaro 105 - ✆ (01) 428 5546/427 9196 - www.hotelespanaperu.com* - 💳 - *41 ch. : S/60.* Un étonnant patio intérieur, kitsch et baroque, décoré de statues décrépies et de mobilier ancien ou factice, donne accès à cette surprenante pension pour *backpackers* avec chambres doubles, triples ou dortoirs, avec ou sans sdb *(S/60 avec).* Situation idéale, en face de l'église San Francisco. Petite terrasse égayée d'oiseaux. Ajouter S/8 pour le petit-déj. L'une des adresses les plus séduisantes dans cette catégorie.

Hostal Roma – B2 - *Ica 326 - ✆ (01) 427 7576 - www.hostalroma.8m.com* - 💳 - *35 ch. : S/67 (avec sdb), S/55 (sans).* Derrière le grand portail rose d'une *casona* du 19ᵉ s., cette ancienne institution pour petits budgets garde son cachet propre au vieux Lima. À tel point que le mobilier est parfois un peu défraîchi…

Hotel Plaza – B2 - *Nicolás de Piérola 850 - ✆ (01) 428 6274 - www.elplazahotel.com - 40 ch. : S/85.* En dépit de son aspect un peu déclassé, le Plaza s'avère intéressant, eu égard aux tarifs pratiqués et à sa situation, au coin de la plaza San Martín. Construit dans les années 1980, il abrite des chambres correctes. Service et confort basiques, petit-déj. inclus.

BUDGET MOYEN

Hostal Bonbini – B2 - *Cailloma 209 - ✆ (01) 527 6477 - www.hostalbonbini.com - 24 ch. : S/130 - petit-déj. inclus.* Dans une rue du centre historique, plus calme que les autres, cet agréable édifice de style 1900 à la façade jaune et bleu propose de jolies chambres tout confort.

Hotel Maury – C2 - *Ucayali 201 - ✆ (01) 428 8188* - ✕ CC - *64 ch. : S/140 env.* Le Maury compte parmi les valeurs sûres du centre historique de Lima, à quelques pas de la plaza de Armas et de la cathédrale. Accès Internet, excellent confort et deux atouts : son restaurant, l'un des meilleurs du quartier, et son bar historique, très *cosy* avec ses grandes boiseries, lequel se targue d'avoir inventé le pisco *sour* et entretient une lutte presque séculaire avec le Bolívar.

Gran Hotel Bolívar – B2 - *La Unión 958, plaza San Martín - ✆ (01) 619 7171 - www.granhotelbolivar.com.pe* - ▤ ✕ CC - *99 ch. : S/100-230 (10 à 20 % de réduction via internet).* Le plus grand hôtel de Lima pendant des lustres et des lustres a pris un coup de vieux lorsque les pôles de la capitale se sont déplacés à Miraflores et San Isidro. L'établissement n'en est pas moins magnifique – presque un monument historique – avec sa somptueuse coupole, ses meubles coloniaux, ses tableaux et ses miroirs dorés. Les chambres ont parfois besoin d'un rafraîchissement, mais le personnel demeure d'une exquise courtoisie. Le bar suranné vous plongera dans une délectable nostalgie version 1970. À ne pas manquer.

POUR SE FAIRE PLAISIR

Hotel Continental – B2 - *Puno 196 (angle Carabaya) - ✆ (01) 205 6200 - www.hotelcontinentallima.com* - ✕ CC - *60 ch. : S/200-380 - petit-déj. inclus - accès Internet.* Dans un grand bloc de béton, un hôtel spacieux et fonctionnel, dont les chambres confortables et silencieuses ont été récemment rénovées. Le Continental a le grand mérite de se trouver en plein centre historique, à quelques minutes à pied de la plaza Mayor. Des rabais substantiels sont négociables en basse saison.

1

Miraflores Plan IV

PREMIER PRIX

Mochilero's Inn – A1 - *Av. Grau 556-A - ✆ (01) 444 1461 - www.haushostels.com/mochileros - S/24-30 (en dortoir de 4 à 9 lits).* Cet hôtel est connu pour son sérieux et sa propreté. Personnel très serviable. Tranquillité assurée, décor assez *cosy* et formule appart'hôtel intéressante. Petit-déj. non compris. Autre adresse : *Jr. Cesareo Chacaltana 136 - ✆ (01) 242 9038.*

Hospedaje Trust Me – B1 - *Diez Canseco 330 - ✆ (01) 241 5414 - info@hostaltrustme.com - 12 ch.* Petite adresse tranquille et confortable, juste à côté du restaurant Las Tejas.

Condor's House – A1 - *Martin Napanga 137 - ✆ (01) 446 7267 - www.condorhouse.com - ⊠ - S/28/pers. (en dortoir).* Proche de la mer (5mn) et des quartiers animés, cette auberge de jeunesse entièrement rénovée décline toute une gamme de chambres plus ou moins grandes, mais propres et simples, avec ou sans salle de bains, à des prix allant selon le nombre de personnes de S/28/pers. en dortoir à S/135 pour une chambre de 4 pers., petit-déj. inclus. Coin barbecue ou lecture, salon, cuisine, accès Wi-Fi…

Perú Backpackers – B2 - *José Gonzáles 526 - ✆ (01) 447 7044 - www.backpackersperu.com - ⊠ - S/80.* Proche du centre Larcomar, ce bed & breakfast économique propose des chambres simples ou doubles à S/80 et des dortoirs à S/30/pers., petit-déj. inclus. Accueillant et bien tenu. Cuisine, accès Internet.

BUDGET MOYEN

María Luisa Apart-Hotel – B1 - *Pasaje Tello 241 - ✆ (01) 241 7888 - www.marialuisa-hotel.com - CC P - 36 ch. : S/100-180.* Chambres impeccables et excellent confort dans une petite rue sans circulation. Petite cafétéria, accès Wi-Fi et service de change. Une adresse pratique.

La Casa Nostra – B2 - *Grimaldo del Solar 265 - ✆ (01) 241 1718 - www.lacasanostraperu.com - CC - 20 ch. : S/140.* Confortable et sûr, tout près du centre animé de Miraflores. Wi-Fi dans les chambres.

El Patio – B1 - *Diez Canseco 341 - ✆ (01) 444 2107 - www.hostalelpatio.net - CC P - 12 ch. : S/156-231 (réduction si l'on paie en liquide).* Certainement l'un des hôtels de charme les plus agréables de Miraflores, installé dans une charmante petite maison de style colonial tout en couleurs, noyée sous les plantes grimpantes et les fleurs. Frigidaire, mini-kitchenette et Wi-Fi.

POUR SE FAIRE PLAISIR

La Castellana – B2 - *Grimaldo del Solar 222 - ✆ (01) 444 3530 - www.castellanahotel.com - CC - 25 ch. : S/212.* Dans une vaste *casona* de 1912 avec jardin donnant sur l'une des rues les plus calmes du quartier, chambres douillettes et service raffiné. Promotions sur le site.

Hostal Señorial – B2 - *José Gonzáles 567 - ✆ (01) 444 5755 - www.senorial.com - ✕ CC P - 100 ch. : S/250.* Une élégante maison blanche entourée de pelouses protégées par de hautes grilles abrite l'un des meilleurs hôtels de sa catégorie, à seulement trois blocs du centre Larcomar. Excellent confort, joli décor intérieur. Accès Wi-Fi.

UNE FOLIE

Miraflores et San Isidro comptent un nombre croissant de palaces cinq étoiles implantés dans des environnements peu attractifs et pratiquant des tarifs prohibitifs.

Nous signalons ceux qui échappent à ces deux écueils.

Antigua Miraflores Hotel – B1 - *Av. Grau 350 - ✆ (01) 201 2070 - www.peru-hotels-inns.com* - ▤ ✕ CC - *30 ch. : S/270-365.* Construite en 1923, cette belle demeure aux couleurs chaleureuses est un véritable hôtel-musée. Miroirs, peintures, tapisseries, objets anciens garnissent les salons, les couloirs et les chambres rénovées, chacune équipée en Wi-Fi. Confort irréprochable et service attentif.

Doubletree El Pardo – B1 - *Independencia 141 - ✆ (01) 617 1000 - www.doubletreeelpardo.com.pe* - ▤ ✕ CC - *150 ch. : S/365-510.* Bien situé dans le centre de Miraflores, le Doubletree présente tout le confort d'un cinq-étoiles, doublé d'un restaurant de qualité, où se tient chaque soir un excellent spectacle de danses folkloriques. Wi-Fi dans les chambres.

El Condado Hotel Lima – B2 - *Alcanfores 425-465 - ✆ (01) 444 0306 - www.condado.com.pe* - ▤ ✕ CC P - *120 ch. : S/460-590 (170-220 $) ou S/320-535 (119-198 $) par Internet.* Un des grands hôtels classiques du cœur de Miraflores, agréablement situé à proximité du pittoresque centre commercial El Suche. Petit-déj. inclus.

Barranco Plan III

Ce quartier où abondent restaurants et discothèques a beau être le plus charmant de Lima, il est curieusement pauvre en hôtels de catégorie moyenne ou supérieure. On y trouve toutefois quelques petites adresses sympathiques pour *backpackers*.

PREMIER PRIX

Barranco's Backpackers Inn – A2 - *Malecón Castilla 260 - ✆ (01) 247 3709/1326 - www.barrancobackpackers.com - 12 ch. : S/25 (dortoir).* Dortoirs à 6 lits, chambres doubles ou simples, disposant toutes de leur sdb privée. Ambiance très *clean* et très américaine. Idéalement placé dans un joli coin de rue devant la plus belle vue de Barranco sur la baie de Lima. Petit-déj. inclus. Les chambres peuvent être un peu bruyantes. Cuisine, bar, Wi-Fi, location de vélo, laverie…

Point Hostels – A1 - *Malecón Junín 300 - ✆ (01) 247 7997 - www.thepointhostels.com* - ✕ - *50 lits - S/70 (ch. double).* Appartenant à la chaîne du même nom, cette petite pension conviviale à chambres collectives pour routards et étudiants est située en face d'une place qui regarde l'océan. Accès Internet, petit-déj. inclus.

1

RESTAURATION

Lima la gourmande est reconnue pour sa gastronomie. Traditions culinaires indiennes des Andes, goûts créoles et métis de la côte pacifique, saveurs orientales, chinoises et japonaises, et même soupçons d'Italie et de France enrichissent la palette des restaurants de la capitale. Forts des cuisines traditionnelles et provinciales, riches en outre des produits de l'océan, les chefs contemporains s'activent pour inventer de nouvelles recettes, souvent avec une grande réussite.

Centre historique Plan II

PREMIER PRIX

Antigua Bodega Queirolo – B2 - *Camaná 900 (angle rue Quilca) - ✆ (01) 425 0421 - www.antiguatabernaqueirolo.com* - CC - *lun.-sam. 9h-2h.* Bouteilles et spécialités de lasagnes en vitrine, même décor en boiseries depuis sa création par des émigrants italiens en 1880 et toujours bondé à midi. Plat du jour à S/9. *Ceviche* de poissons, poissons frits ou plats familiaux entre S/10 et S/30. Tout près du musée d'Anthropologie et d'Archéologie, dans l'agréable district de Pueblo Libre, la maison mère *(av. San Martín 1090)* vend le pisco et les vins que produit Queirolo.

La Merced – B2 - *Miró Quesada 118 - ✆ (01) 428 2431 - CC - lun.-sam. 9h-20h - S/8,50-16,50.* Juste derrière l'église du même nom, un bon petit restaurant de cuisine traditionnelle où l'on dîne sous un étonnant plafond aux boiseries sculptées.

BUDGET MOYEN

Bar Cordano – C1 - *Ancash 202 (au bout de la rue qui longe le palais présidentiel, face à la gare de Desemparados) - ✆ (01) 427 0181 - www.restaurantcordano.com - CC - 8h-20h.* Pèlerinage obligatoire dans le café le plus ancien et le plus traditionnel de la ville (il a ouvert ses portes en 1905). Le comptoir et la machine à café antédiluviens, les rangées de bouteilles dont les plus hautes prennent la poussière sous le plafond ne dégageraient pas autant de charme s'ils n'étaient attachés à la courtoisie légendaire des serveurs. Ils sont si fidèles à la maison qu'ils semblent avoir renoncé définitivement à faire valoir leurs droits à la retraite! Plats du jour *(entre S/15 et S/40)* comme les *tallarines en salsa verde con bistec (S/30).* Surtout, n'oubliez pas de goûter le *jamón del pais (S/10)*, une pure merveille.

Manhattan – C2 - *Miró Quesada 253 - ✆ (01) 428 2117 - CC - lun.-vend. 8h-19h - S/20-40.* Ce café-restaurant au décor new-yorkais ne détonne pas dans le quartier des banques qui l'entoure. Les spécialités quant à elles sont bien péruviennes : *arroz con pato* (canard au riz), *sancochado* (soupe bien nourrissante) ou *tacu* de fèves à la sauce de fruits de mer composent, entre autres, une gamme de recettes qui résiste bien au temps.

L'Eau vive – C2 - *Ucayali 370 - ✆ (01) 427 5612 - CC - lun.-sam. 12h30-15h, 19h30-21h30.* Tenu depuis fort longtemps par des religieuses françaises, derrière l'imposant portail d'une vaste demeure coloniale, l'Eau vive pratique une cuisine péruvienne et internationale (parfois même un petit bœuf bourguignon) dans une ambiance silencieuse, comme il se doit, ponctuée par un Ave Maria en fin de soirée. Comptez S/15-45 selon les plats. Les coquilles Saint-Jacques prenent ici toute leur dimension religieuse.

La Muralla – C2 - *Junín 288 - ✆ (01) 428 2578 - www.restaurantelamuralla.com - CC - lun.-sam. 8h-21h.* Ce restaurant assez couru propose une cuisine créole et quelques plats internationaux. Annexe dans le jr. Amazonas *(8h-20h)*, à l'intérieur du parque de la Muralla, derrière l'église San Francisco. Comptez S/26 pour un délicieux calamar à l'encre et au piment rouge, S/21-30 pour l'inévitable *ceviche*.

El Fayke Piurano – B2 - *Huancavelica 165 - ✆ (01) 428 6697 - www.cevicheria-faykepiurano.com - CC - lun.-sam. 10h-20h, dim. 10h-17h.* Pour déguster, sans vous ruiner, un *ceviche (S/21-30)*, du poisson ou des fruits de mer, préparés à la mode du nord. Produits frais pour la fête des papilles, symphonie de plats colorés pour le plaisir des yeux. Une enseigne qui mérite sa réputation.

Estadio FC – B2 - *Nicolás de Piérola 926 - ✆ (01) 428 8866 - www.estadio.com.pe - CC - 12h30-23h, vend.-sam. 12h30-4h.* Située sous les arcades de la plaza San Martín, sur trois niveaux, cette taverne au look de pub anglais est surnommée la « cathédrale du football ». On y déguste une cuisine péruvienne assez bonne *(S/30-40 le plat, buffet S/60 entre 12h30 et 17h)* en regardant des matchs de football sur grand écran. Fanions et maillots complètent le décor.

POUR SE FAIRE PLAISIR

El Mirador de Chabuca – C1 - *Malecón Chabuca Granda (à gauche du palais présidentiel, derrière le Correo central)* - - *9h-22h*. Situé à l'étage de l'historique casa de Aliaga, ce bar-restaurant spécialisé dans les *ceviches (S/22, S/44, S/60 selon la taille)* et plats de poisson *(S/20-40)* vaut surtout pour son agréable balcon qui domine la promenade piétonnière. Un spectacle très animé au-dessus du Río Rímac.

Wa Lok – C2 - *Paruro 878 - ✆ (01) 427 2750* - CC - *9h-22h*. Une des meilleures *chifas* (restaurant chinois) de Lima, aux délicieuses spécialités cantonaises. Qualité cependant inégale selon les plats. Comptez S/40-80 pour un plat de crevettes ou de fruits de mer, S/105 pour un canard pékinois entier. Situé à six *cuadras* à l'est de la plaza de Armas, il vous donnera l'occasion de découvrir l'étonnant *Barrio chino* de Lima *(voir p. 159)*.

San Isidro (Plan I) et Miraflores (Plan IV)

BUDGET MOYEN

De cette catégorie de prix relèvent aussi les restaurants touristiques de Pizza Street (plan IV, B1) qui se ressemblent tous et n'ont rien de très péruvien. Les établissements sélectionnés ci-dessous présentent heureusement un peu plus d'originalité.

Mezze – B2 - *Av. Larco 1155, Miraflores - ✆ (01) 445 4375* - CC - *12h-22h - S/20-30*. Sympathique petit restaurant de pizzas, de pâtes et bien sûr de mezze (délicieux houmous) à quelques pas du centre Larcomar.

Mama Olla – B2 - *Tarata 248, Miraflores - ✆ (01) 445 2947 - www.mamaolla.com* - CC - *dim.-merc. 8h30-0h, jeu.-sam. 8h30-1h - S/20-30*. Spécialités traditionnelles *(lomo saltado, Aji de gallina)* voisinent avec quelques recettes inventives issues de la nouvelle cuisine péruvienne. Agréable terrasse située dans une rue piétonne.

Altamar – A1 - *Pardo 610, Miraflores - ✆ (01) 242 3619 - www.restaurantealtamar.com.pe* - CC - *lun.-sam. 12h-21h*. Situé à l'étage, bon restaurant spécialisé dans les fruits de mer et les poissons. Délicieuses brochettes de *lenguado* (sole) *(S/38), ceviche de coginova (S/28)* ou *parilla marina (S/45)*.

Café Haiti – B1 - *Diagonal 160, Miraflores (en bordure du Parque central) - ✆ (01) 445 0539 - www.haitimiraflores.com* - CC - *lun.-vend. 8h-0h, ouvert tard dans la nuit le w.-end - S/25-65*. Situé face à l'óvalo de Miraflores, le Haiti demeure le grand café « historique » du quartier. Tenant à la fois de la Coupole et des Deux Magots, il présente pour intérêt principal la composition sociologique de sa terrasse. Sa cuisine correcte, mais sans fantaisie, a été injustement décriée. On ira plutôt y boire un verre pour se montrer ou bien pour observer.

POUR SE FAIRE PLAISIR

Las Tejas – B1 - *Diez Canseco 340, Miraflores - ✆ (01) 444 4360* - CC. Située en entresol en plein quartier des hôtels, cette adresse traditionnelle et intime de Miraflores est surtout réputée pour ses *anticuchos*. Bon mais assez onéreux. S/40-50 pour un plat comme le *ceviche mixto*.

Restaurant Huaca Pucllana – B1 - *General Borgoño cuadra 8, Miraflores - ✆ (01) 445 4042 - www.resthuacapucllana.com* - CC - *12h30-0h - S/40-100*. Dans le cadre étonnant d'une pyramide de la culture de Maranga-Lima, entièrement restaurée et illuminée la nuit, cet établissement propose une cuisine péruvienne remise au goût du jour avec une grande subtilité.

El Señorio de Sulco – A1 - *Malecón Cisneros 1470, Miraflores - ✆ (01) 441 0183/0389 - www.senoriodesulco.com* - CC - *lun.-sam.*

1

12h30-0h, dim. 12h30-16h30. Sur la falaise de Miraflores, un très grand spécialiste de la cuisine créole péruvienne. Pour le dessert, on se doit de goûter au *suspiro de limeña* (soupir de liménienne). Buffet à S/88 *(jeu.-dim. 12h30-16h30).* Cocktail de truite, sushis, *ceviche*, carpaccio… À la carte, comptez autour de S/40 pour le plat principal.

La Bistecca – C2 - *Av. Conquistadores 1048, San Isidro - ✆ (01) 421 7555/1523 - www.labisteccalima.com -* CC *- lun-jeu. 12h30-16h, 20h-23h, vend.-sam. 12h30-16h, 20h-0h, dim. 12h-16h45 - S/60-65.* Ce restaurant met à disposition de sa clientèle un buffet de plats créoles, grillades et pâtes. On se sert à volonté dans un décor très *in*. Plutôt raffinée, la carte des vins ne manquera pas d'alourdir la *cuenta*. Pour le dessert, on fait la queue devant une fontaine de chocolat, qui coule en permanence. Réservez ou arrivez dès l'ouverture.

Las Brujas de Cachiche – A1 - *Bolognesi 472, Miraflores - ✆ (01) 447 1133/1883 - www.brujasdecachiche.com.pe -* CC *- lun.-sam. 12h-0h, dim. 12h30-16h.* Rien d'Halloween dans la belle salle des sorcières de Cachiche, qui célèbrent la cuisine créole de la côte. Comptez S/80 pour le *ceviche* maison (2 pers.), S/40-60 pour un poisson ou des fruits de mer.

UNE FOLIE

José Antonio – C2 - *Bernardo Monteagudo 200, San Isidro - ✆ (01) 264 0188/3284 - www.joseantonio.com.pe -* CC. Dans un décor d'hacienda coloniale aux murs ornés de toiles de l'école de Cuzco, cet autre temple de la cuisine créole joue souvent à guichets fermés. Pensez à réserver et goûtez son *apanado* (steak servi avec *tacu tacu*, banane frite, sauce à l'oignon) ou bien le *piqueo*, grand assortiment des meilleures entrées de la cuisine péruvienne, accompagnées entre autres de *tamales*, yucca et patates douces *(S/83 pour 2 pers.)*… Buffet à S/80/pers.

Panchita – B1 - *Av. 2 de Mayo 298, Miraflores - ✆ (01) 242 5957 -* CC *- lun.-sam. 12h-0h, dim. 12h-17h.* Ouvert en 2009 par Gastón Acurio *(voir Astrid y Gastón, plus loin)*, ce vaste restaurant, dont le décor revisite les éléments traditionnels dans un goût résolument contemporain, en fait autant avec sa cuisine, laquelle demeure cependant fidèle aux plats *criollos*. Les spécialités d'*anticuchos* (ceux au cœur sont réputés) et les portions gigantesques *(comptez autour de S/80/pers. pour un plat moyen)* attirent du monde. Il faudra parfois patienter à l'entrée avant de trouver une table. Réserv. conseillée.

La Tiendecita Blanca – B1 - *Av. Larco 111, Miraflores - ✆ (01) 445 9797/1412 - www.latiendecitablanca.com.pe -* CC *- 7h-0h - S/40-100.* Également dénommée **Café Suisse**, cette élégante adresse de l'óvalo de Miraflores est née en 1937. C'est l'un des rares endroits – sinon le seul – au Pérou où l'on peut satisfaire une envie de fondue. Excellente cuisine européenne (bœuf bourguignon) et clientèle plutôt bourgeoise. Les prix sont à l'avenant.

Punta Sal – C2 - *Av. Conquistadores 948, San Isidro - ✆ (01) 241 4624/445 9675 - www.puntasal.com -* CC *- 11h30-17h30 - S/40-100.* Un autre roi du *ceviche* et des fruits de mer. Les plats sont magnifiquement présentés. Le *ceviche asesino* (*ceviche* assassin), spécialité de la maison, doit son nom à la présence d'*erizos* (oursins).

Astrid y Gastón – B1 - *Cantuarias 175, Miraflores - ✆ (01) 242 5387 - www.astridygaston.com -* CC *- lun.-sam. 12h30-15h15, 19h45-23h30.* Occupant une jolie maison coloniale dans une rue tranquille de Miraflores, cet établissement chic au décor raffiné a été créé en 1994 par Gastón Acurio, l'un des papes de la cuisine liménienne. D'abord orienté vers la cuisine française, il a évolué vers un concept inédit, que les spécialistes de la gastronomie locale appellent *french criollo*. Le restaurant mérite les meilleures notes, aussi bien pour ses étonnantes spécialités (coquilles de Paracas à la braise, déglacées au jus de *lomo saltado*) que pour la qualité de son service. Comptez S/50-100 pour le plat principal (cochon d'Inde, cabri...).

La Rosa Nautica – A2 - *Espigón 4, circuito de Playas (Costa Verde) - ✆ (01) 445 0149/447 0057 - www.larosanautica.com -* CC *- 12h-0h.* Face à l'océan, l'endroit, somptueux, est constitué d'une série de petits pavillons 1900 sur pilotis dans le style des *piers* de Brighton. On dîne ainsi au-dessus des vagues qui viennent mourir sur le rivage. Parmi les spécialités, choisissez le *piqueo del mar* ou assortiment de fruits de mer, le *tiradito de pescado* (émincé de poisson), carpaccio de poulpe, ou le filet de bœuf au pisco. À la carte, l'addition peut dépasser les 100 $. Pensez à réserver et demandez une table avec vue sur la mer.

Barranco Plan III

PREMIER PRIX

Javier – A2 - *Bajada de los Baños 403 - ✆ (01) 477 5339 - www.restaurantejavier.pe -* CC *- lun.-sam. 11h-3h, dim. 11h-2h.* Adresse à découvrir, en bas de la descente piétonne du ravin de Barranco. Il vaut mieux se placer en terrasse pour profiter de la fraîcheur du soir et découvrir un petit morceau de mer. Bon choix de plats créoles *(entre S/15 et S/30 à la carte)* et de *parrilladas*.

BUDGET MOYEN

Sóngoro Cosongo – A2 - *Ayacucho 281 - ✆ (01) 247 4730 - www.songorocosongo.com -* CC *- 12h30-22h - S/20-50.* C'est la grande maison rouge à côté du puente de los Suspiros. Cette vénérable institution de Barranco est tenue par la même famille depuis plus de 80 ans. C'est une lignée de cuisinières mulâtresses qui officient aux fourneaux, pour conserver la qualité originelle des plats maison. Chanteurs et musiciens en fin de semaine.

El Hornito – A2 - *Av. Grau 209 - ✆ (01) 252 8183 - S/20-50.* Spécialités de pâtes, pizzas et grillades. Les tables sont disposées dans un petit jardin tourné vers le parc municipal.

Antica Trattoria – A1 - *Av. Prolg. San Martín 201 - ✆ (01) 247 3443 - www.anticapizzeria.com.pe -* CC *- 11h-0h.* Cadre rustique plus vrai que nature pour savourer des raviolis au crabe avec une sauce béchamel *(S/30)*, des farfalles au saumon fumé, vodka et parmesan *(S/28)*, d'excellentes pizzas déclinées à toutes les sauces *(S/24-35)* ou tout simplement une tranche de bœuf grillé *(S/27)*.

Rustica – A2 - *Parque municipal 105-107 - ✆ (01) 247 9385 - www.rustica.com.pe -* CC *- 12h-1h, jeu.-sam. 12h-3h - discothèque ouverte de 20h jusqu'à l'aube.* Dans une belle demeure du 19e s. comptant plusieurs salons ornés de boiseries et de peintures, ce restaurant assez festif est surtout couru pour son buffet *criollo* (créole) ou international *(lun.-sam. 12h30-16h, dim. 12h-16h)* de spécialités péruviennes de la côte et de la *sierra*. Pour env. S/40, on se sert à volonté parmi une vingtaine de plats, qui donnent un savoureux aperçu de la gastronomie péruvienne.

La Costa Verde – A1 - *Playa Barranquito s/n - ✆ (01) 247 1244 - www.restaurantecostaverde.com -* CC *- 12h-0h - S/30-70.* L'autre grande adresse des plages de Lima avec la Rosa Nautica, plus spécialisée en poissons et fruits de mer, comme les succulentes *conchitas a la parmesana*, petites coquilles Saint-Jacques au parmesan, le bar grillé, la sole...

1

sans oublier le drapeau de votre pays d'origine qu'on ne manquera pas d'arborer sur votre table.

POUR SE FAIRE PLAISIR

La Posada del Mirador – A1 - *Calle Ermita 104 (sur le petit belvédère à gauche du puente de los Suspiros) - ✆ (01) 256 1796 - www.posadadelmirador.com - 12h-0h - S/50-100.* L'endroit le plus romantique de Barranco. Vue panoramique sur la baie de Lima depuis le grand balcon de bois où l'on vient boire un verre ou dîner en amoureux. Cuisine correcte.

Manos Morenas – A2 - *Pedro de Osma 409 - ✆ (01) 467 0421 - CC - lun.-sam. 12h30-16h30, 19h-1h30, dim. 12h30-17h30 - S/50-100.* Une adresse de charme non loin du musée Pedro de Osma, dans une belle demeure 1900 typique du vieux Barranco. Habillés à la mode afro-péruvienne, les serveurs évoquent les coutumes des anciennes haciendas de la côte. On sert surtout une excellente cuisine créole, dont le fameux *arroz con pato* (canard au riz), spécialité de Chiclayo et Trujillo, ainsi qu'un étonnant *ají de gallina* (piquant de poule), sans oublier les poissons et les fruits de mer.

Chala Costa Fusión – A1 - *Bajada de los Baños 343 - ✆ (01) 252 8515 - www.chala.com.pe - CC - lun.-sam. 13h-16h, 20h-0h, dim. 13h-16h - S/50-100.* En haut d'une ravissante ruelle piétonne qui descend vers la plage, ce restaurant propose une cuisine inventive et assez raffinée, à base de produits de la mer. À la carte, entre autres, mérou grillé servi avec une purée de patates douces et un émincé de mangues piquantes…

Chorrillos Plan I

BUDGET MOYEN

El Salto del Fraile – C4 - *Circuito de Playas (sur la route en corniche menant à la plage - playa La Herradura, accès en taxi conseillé) - ✆ (01) 252 0259 - www.elsaltodelfraile.com.* Connu par des générations de Liméniens, cet endroit étonnant doit son nom (le saut du moine) et son renom à sa situation perchée sur une pointe rocheuse. Un moine s'y serait jadis suicidé en se jetant dans l'écume des lames qui viennent se briser au pied des rochers. On peut y déguster un *ceviche* correct ou boire un verre sur la terrasse panoramique que viennent parfois fouetter les embruns. Vivifiant. Nombreux menus à partir de S/59, pisco *sour* inclus.

BOIRE UN VERRE / EN SOIRÉE

Centre historique Plan II

Bars / Cafés – Le centre de Lima est assez pauvre en terrasses tranquilles, hormis une ou deux situées (heureusement) dans le secteur piétonnier du pasaje de los Escribanos, près de la Municipalidad. On se rabattra sur les cafés traditionnels, comme le **Cordano** *(voir p. 188)* ou les bars des hôtels **Maury** et **Bolívar** *(voir p. 185)*. Sur la plaza San Martín, l'**Estadio FC** *(voir p. 188)* est le seul établissement qui puisse être comparé à un pub. Plus original est le **Café Pastelería San Martín** *(Nicolás de Piérola 991, 9h-20h)* (B2), vénérable institution de la plaza San Martín où, dans un cadre désuet à souhait, les gourmands se régalent d'un bon café en dégustant une portion de *turrón de doña pepa*, un gâteau typiquement liménien, parsemé de petits bonbons multicolores.

Peñas / Scènes folkloriques – **Brisas del Titicaca** - *Wakuski 168 (une cuadra après la plaza Bolognesi en empruntant l'av. Brasil)* (B3) - *✆ (01) 715 6960 - www.brisasdeltiticaca.com - mar.-sam. à partir de 21h - entrée : S/21-48, repas S/40.* La meilleure *peña* folklorique de Lima. Dans un vaste amphithéâtre, magnifiques spectacles de danse de toutes les régions du Pérou.

Miraflores

Bars / Cafés – Les cafés (avec terrasse) de l'óvalo de Miraflores, du Parque municipal ou du centre Larcomar sont pris d'assaut à partir du vendredi soir. Dans les rues avoisinantes, des bars qui se parent du nom de pubs attirent les *gringos* comme des lucioles.

Peñas / Scènes folkloriques – **Sachún** - *Av. del Ejército 657 (plan I, C3) - ✆ (01) 441 0123/4465 - www.sachunperu.com - à partir de 22h.* Depuis trente ans, le Sachún est le temple de la musique *criolla* à Lima. Après le show folklorique de danses de la *sierra* et de la côte, les grandes voix de la chanson péruvienne se produisent parfois, comme celles d'Oscar Avilès, du Zambo Cavero, ou de Luis Abanto Morales…

Tequila Rock - *Diez Canseco 146 (plan IV, B1) - ✆ (01) 445 4116 - 16h-9h du matin.* Shows folkloriques suivis de soirées DJ. *Happy hour* de 17h à 22h.

Barranco Plan III

L'essentiel de la vie nocturne de Lima se déroule ici, du vendredi au dimanche, en général de 22h jusqu'au petit matin…

Bars / Peñas musicales – Retenons **El Ekeko** *(Av. Grau 266 (A2) - ✆ (01) 247 3148)*, joli décor en bois, bonne musique andine, **La Posada del Mirador** *(voir ci-contre)* et **Sóngoro Cosongo** *(voir p. 191)*, **La Candelaria** *(Av. Bolognesi 292 (A1) - ✆ (01) 247 1314)*, l'un des plus beaux dîners-spectacles de Barranco, et la légendaire **Estación de Barranco** *(Av. Pedro de Osma 112 (A2) - ✆ (01) 247 0344)*, au programme éclectique : on peut y écouter des chanteurs *criollos*, du jazz, des rythmes afro-péruviens, de la bossa-nova, du funk…

Clubs / Discothèques – Mentionnons **La Noche** *(Av. Bolognesi 307 (A1) - ✆ (01) 477 4154)*, le **Déjà Vu Bar** *(Av. Grau 294 (A1) - ✆ (01) 247 3742)*, **Juanito's** *(Av. Grau 274 (A1))*, l'un des plus anciens, déjà l'antre de la culture pop à Lima dans les années 1960, **Mochileros** *(Av. Pedro de Osma 135 (A2) - ✆ (01) 274 1225)*, installé dans une belle demeure datant de 1903. Le restaurant **Rustica** *(voir p. 191)* propose également des soirées DJ *(entrée libre)*.

ACHATS

Si vous venez d'arriver au Pérou, attendez avant de faire vos emplettes d'avoir visité la province, où certains articles (lainages, céramiques, masques) sont un peu moins chers. Sachez toutefois que la qualité se paie. Si vous achevez votre séjour, vous trouverez à Lima tout ce que vous aurez raté ou oublié en cours de route…

Centre historique Plan II

Marchés artisanaux – Face à l'église Santo Domingo, la plazuela du même nom abrite le **Mercado artesanal Conde de Superunda** (B1-2) *(9h-22h)*. Sur ce marché, installé dans les deux patios d'une vieille demeure, on peut dénicher quelques beaux objets et bijoux au milieu de toute une bimbeloterie de qualité inégale.

Galerias San Agustín - *Ica cuadra 2* (B2). Dans un beau cloître annexe de l'église San Agustín, ces galeries réunissent quelques boutiques qui vendent des créations originales en alpaga, des bijoux et quelques antiquités.

Mercado central - *Ayacucho* (C2). À voir pour l'ambiance, ainsi que les centaines de boutiques qui l'entourent. Stands de textiles à bon marché, lesquels pour une fois ne viennent pas de Chine

1

mais du Pérou (Lima compte des milliers d'ateliers de confection). Juste derrière se trouve la **calle Capón**, au cœur du **Barrio chino**, où se pressent les *chifas* et les comptoirs d'import-export. Ce quartier, où l'on trouve aussi des CD et des DVD copiés, est extrêmement populeux. Serrez vos affaires de près.

Librairies – Côté livres, les grandes librairies ont peu à peu disparu du centre de Lima. Il reste heureusement les bouquinistes, qui se trouvent dans les deux *cuadras* du **jr. Camaná** situées au-delà de l'av. Nicolás de Piérola, et surtout dans la deuxième *cuadra* du **jr. Quilca** (plan II, B2). Avec ses murs peints et son ambiance baba cool, ce petit coin de Lima fait office de Greenwich Village. En fouinant bien, on y trouvera des ouvrages épuisés traitant de l'histoire et de l'archéologie du Pérou, mais aussi des collections d'auteurs espagnols, des livres de cuisine et des tas de vieilles revues. L'endroit le mieux fourni est le petit marché aux livres dénommé **boulevard de la Cultura Quilca**, au n° 263.

Pueblo Libre Plan I

Artisanat – **Gran Mercado Inka** - *Av. La Marina (depuis Lima-centre, prendre l'av. Brasil; occupe plusieurs* cuadras *après le carrefour de l'av. Sucre)* (plan I, B2). Constitué de nombreuses galeries, l'endroit est intéressant pour la quantité d'objets qui s'y amoncellent: lainages d'alpaga, couvertures et tapisseries, services en céramique et en argent. On y trouve aussi de jolis petits meubles en bois (coffres, tables gigognes, tabourets), revêtus de cuir repoussé, dans le style colonial, et des balcons miniatures en bois sculpté.

Dans Miraflores Plan IV

Artisanat – **Mercado indio** - *Av. Petit-Thouars 5245 (il s'étend sur deux* cuadras *commençant sur l'av. Ricardo Palma)* (B1). À côté des traditionnels lainages en alpaga ou des copies de céramiques anciennes, les galeries rassemblées là proposent de fort belles choses (notamment cadres et miroirs), des sculptures sur bois ou des poteries originales très réussies. Les tarifs sont ceux du quartier, mais en marchandant habilement, on obtient d'intéressants rabais, ce qui rapproche les prix de ceux pratiqués dans le vieux centre. Toujours sur l'av. Petit-Thouars, le trottoir d'en face est occupé par de nombreuses boutiques de tableaux. Les sujets sont le plus souvent touristiques, mais on peut parfois tomber sur des copies de l'école de Cuzco.

Antiquités / Bijoux / Mode – Dans le même secteur, le **jr. Alcanfores** (B2) est le paradis des antiquaires et des petites bijouteries. C'est l'endroit idéal pour dénicher des merveilles d'objets typiques ou traditionnels.

Agua y Tierra - *Diez Canseco 298 (au coin d'Alcanfores)* (plan IV, B1) - ✆ *(01) 444 6980*. L'un des rares magasins de Lima à se consacrer aux objets provenant de l'Amazonie (vases shipibo).

El Suche - *Av. La Paz cuadra 6* (B2). Un ravissant petit passage commercial dans le style conte de fées: boutiques de création (mode) et très belles antiquités.

Larcomar - *Malecón de la Reserva 610* (plan IV, B2) - ✆ *(01) 620 6000 - www.larcomar.com.* Ce grand centre commercial regroupe des restaurants, quelques boutiques de bijoux, d'artisanat et une grande librairie vendant des livres d'art et de photographie sur le Pérou. Attention, les prix sont en accord avec le lieu, plutôt élevés.

Librairies – Centre historique: **El Virrey** - *Paseo los Escribanos 115* - ✆ *(01) 427 5080*; mais aussi au centre Larcomar à Miraflores (plan IV, B2) - ✆ *(01) 445 6883*. L'une des plus intéressantes est la **libreria Delta** *(Av. Larco 970* (plan IV, B2) - ✆ *(01) 445 8825)*, où l'on peut dénicher toutes les nouveautés sur les thèmes de l'histoire et de l'archéologie, ou des beaux livres de photographie sur le Pérou.

ACTIVITÉS

Excursions

Agences de tourisme – **InfoPerú** - *La Unión 1066* (plan II, B2) - ✆ *(01) 425 0414 - www.infoperu.com.pe - lun.-vend. 9h30-18h, sam. 9h30-14h.* Installée dans le joli patio d'une maison coloniale, cette petite agence réserve transports et hébergement, à Lima ou en province. On y trouve aussi livres, cartes et souvenirs. L'une des rares du centre de Lima où l'on parle français. Service très sérieux.

Lima Tours - *La Unión 1040* (plan II, B2) - ✆ *(01) 619 6900 - www.limatours.com.pe*. Organise des tours de Lima et des voyages dans tout le Pérou. Centralise les réservations pour la casa de Aliaga.

Victor Travel Services - *La Unión 1068* (plan II, B2) - ✆ *(01) 433 5547*. Réservation de billets, city-tours et excursions aux environs de Lima.

Full Turismo Service - *Huallaga 160, ofic. 102* (plan II, C2) - ✆ *(01) 428 1205 - www.fullturismo.com.pe*. Propose des séjours classiques et, plus rare, un tour de 4 j. à Ayacucho pour la Semana Santa *(235 $ tout compris)*.

Lima Golden Travel - *Carabaya 337, ofic. 216, 2e étage* (plan II, C2) - ✆ *(01) 428 3050 ou (1) 9966 95670 - www.limagoldentravel.com*. Outre les séjours classiques, propose des circuits d'une journée vers des curiosités peu connues, proches de Lima : la vallée du Río Canta, la campagne d'Azpitia, le village pittoresque d'Antioquia. Départs aussi vers la vallée de Lunahuaná et le site de Caral *(voir ci-après)*.

Evasion Pérou - *Pasaje Los Pinos 114, bureau 907 (juste à côté du Parque Kennedy), Miraflores* (plan IV, B1) - ✆ *(01) 446 4656 - www.evasion-perou.com*. Cette nouvelle agence tenue par de jeunes Français dynamiques propose des circuits sur mesure pour une clientèle francophone en privilégiant l'authenticité des rencontres et des espaces. Elle aide aussi les étrangers s'installant à Lima dans leurs démarches administratives *(www.lima-weekend.com)*.

Latino Travel - *Av. Pardo 640, Miraflores* (plan IV, B1) - ✆ *(01) 444 2141 - www.latinotravel.com.pe*. Propose un grand choix de circuits au Pérou et de nombreux séjours en Amazonie, avec quelques destinations insolites ou peu commerciales, comme Huari près d'Ayacucho, ou la colonie austro-allemande de Pozuzo-Oxapampa dans la *selva* centrale *(voir l'encadré p. 61)*.

Paseos Amazonicos - *Bajada Balta 131, ofic. 4, Miraflores* - ✆ *(01) 241 7576/7614 - www.paseosamazonicos.com*. Spécialisée dans l'Amazonie, cette agence propose des circuits et des séjours en *lodge* dans la région d'Iquitos où elle possède une succursale *(voir p. 498)*. Paseos Amazonicos est connue pour sa position de pointe dans le tourisme pour handicapés.

Excursions aux environs de Lima – Les agences de tourisme proposent des visites guidées d'une journée vers des sites éloignés et difficiles à atteindre en transport public.

1

Caral - À 185 km par la Panaméricaine nord *(durée 1 j. - S/80)*. Le centre cérémoniel le plus ancien de la côte du Pérou *(voir p. 436)*.

Canta - À 75 km au nord-est de Lima *(durée 1 j. - S/55)*. Typique bourg de montagne perché sur les contreforts de la cordillera La Viuda. Le tour inclut la visite d'une hacienda, des pétroglyphes de Checta et d'une cascade.

Lunahuaná - À 180 km au sud-est de Lima *(durée 1 j. - S/55)*. Dans la vallée encaissée du Río Cañete, cette agréable localité au milieu des vignobles – qui est aussi un centre important de canoë-kayak et de rafting – est une des destinations dominicales favorites des Liméniens. Le tour comprend la visite du site d'Incahuasi et un détour par une cave viticole.

Pantanos de Villa - Visite organisée par la municipalité de Lima *(✆ (01) 254 7611 - durée 3h - S/15)*. Pour les amoureux de la nature, découverte des zones protégées de marais situées à la sortie sud de Lima, riches en flore et en faune aquatiques.

Excursions en mer – Plusieurs îlots rocheux de la baie de Callao sont peuplés par une abondante population d'oiseaux et de lions de mer : c'est le cas des **Islas Palomino**, dont on peut faire le tour au plus près dans une confortable vedette à moteur, la *Melusine*. Départs quotidiens à 10h et 14h30 *(comptez 4h AR - 30 $, enf. 20 $)*. Réservations à **Ecocruceros** - *Av. Arequipa 4964, Miraflores - ✆ (01) 226 6655/242 6655 - www.islaspalomino.com*.

Expediciones Viento Sur - *Av. Grau 855, Callao - ✆ (01) 961 7994*. Une journée à bord d'un voilier au départ de Callao (uniquement pendant la période estivale). Voir la baie de Lima depuis la mer en bateau est une expérience insolite. À tenter.

Plages

Tout au long du Circuito de Playas, voie rapide qui borde les falaises de Miraflores et Barranco, les vagues du Pacifique viennent se fracasser sur des brise-lames ou mourir sur la douzaine de petites plages qui longent la capitale. Les plus (et mieux) fréquentées sont : **Costa Verde** (plan IV, A2), **Barranquito** (plan III, A1), **Barranco** (plan III, A2), **Chorrillos** (plan I, C4) et **La Herradura** (plan I, C4). Sur place, petits ou grands restaurants *(voir « Restauration », p. 187-192)*, marchands de glaces, loueurs de planches et de frisbees, aires de jeux pour enfants… Au bout du circuit, la plage de La Herradura, dominée par l'énorme piton rocheux du Morro Solar, reçoit les plus belles vagues : en fin de semaine, les surfeurs se disputent pour franchir son *break* de gauche.

Théâtre

Instituto Cultural Peruano-Norteamericano (ICPNA) – *Cuzco 446, Lima Centro* (plan II, C2) - *✆ (01) 428 3530 - www.icpna.edu.pe*. Salle de spectacles réputée pour la danse contemporaine.

Teatro Británico – *Bellavista 527, Miraflores* (plan IV, B2) - *✆ (01) 447 1135 - www.centro cultural.britanico.edu.pe*. Pièces de théâtre classique en anglais.

Teatro Segura – *Huancavelica 265, Lima Centro* (plan II, B2) - *✆ (01) 426 7189 - www.agenda cultural.pe*. Accueille nouveautés et reprises d'œuvres classiques.

Teatro Marsano – *Calle General Suárez 409, Miraflores* (plan IV, B1) - *✆ (01) 445 7347 - www.teleticket.com.pe*. Héberge le ballet national du Pérou.

Théâtre, musique et danse

Le Pérou ne possède pas de longue tradition d'art dramatique, et encore moins d'art lyrique. Pourtant, des compagnies semi-professionnelles tentent d'exister dans les petites salles de Lima et de province en présentant des spectacles à mi-chemin entre mise en scène, musique et arts de rue, d'inspiration parfois assez militante. La programmation des théâtres institutionnels est assez éclectique *(voir le* **Teatro Segura** *et le* **Teatro Marsano**, *ci-contre)*. Parmi les troupes connues, le **Teatro del Milenio**, qui tourne régulièrement en Europe, s'emploie à faire connaître la danse et la musique afro-péruviennes. Les spectacles de danse contemporaine se tiennent plutôt dans les salles des centres culturels étrangers, comme l'**Alliance française**, le **Teatro Británico** ou l'**Instituto Cultural Peruano-Norteamericano** *(voir « Théâtre », ci-contre)*.

Cinéma

La programmation des salles de Lima, souvent regroupées en complexes dans les centres commerciaux, n'échappe pas à la loi des *blockbusters* américains. Les salles d'art et d'essai sont rarissimes; les cinéphiles se rabattent sur les ciné-clubs universitaires, à moins d'opter pour les projections des centres culturels étrangers *(voir p. 178)*. **http://cine.peru.com** est le site le plus complet et le mieux actualisé sur les dernières sorties dans la capitale.

Pour les enfants

Mini Mundo – *Av. Salaverry cuadra 17, Jesús María* (plan I, C2) - *(01) 4700 111 - www.minimundo.pe - mar.-vend. 15h-20h, w.-end et j. fériés 11h-20h - S/8*. Sur 9 000 m², un joli parc paysager où a été aménagé un circuit de miniatures comptant 150 maquettes des principaux bâtiments de Lima, fidèlement reproduits à l'échelle du 1/25e. L'endroit est surtout fréquenté par les groupes scolaires.

Parque de la Reserva – *Accès par l'av. Arequipa, cuadra 7* (plan I, C2) - *(01) 330 3052 - www.parquedelareserva.com.pe - 9h-22h30 - représentations à 19h15, 20h15 et 21h30 - S/4 (enf. gratuit)*. Situé derrière le stade national, ce parc traditionnel de Lima s'est récemment transformé en attraction très prisée par le jeune public pour son Circuito Mágico del Agua, un magnifique spectacle de jets d'eau en son et lumière.

AGENDA

Semaine de Lima – *12-19 janv.* Fêtes commémoratives de la fondation de la ville (18 janvier 1535).

Semaine sainte – Processions dans les diverses paroisses de Lima.

Concours de caballos de paso – *3e sem. de mai.* À Pachacamac *(voir accès p. 175)*.

Fête nationale du Pérou – *28 juil.* Avec cérémonies patriotiques et défilé militaire.

Festival de Santa Rosa de Lima – *30 août.*

Procesión del Señor de los Milagros – *18-20 oct.* C'est la plus impressionnante des fêtes religieuses de la capitale. Pendant trois jours, l'effigie du Seigneur des Miracles est portée sur une châsse d'église en église depuis Las Nazareñas *(voir p. 161)*.

Feria del Señor de los Milagros – *Oct.-nov.* Clou de la saison tauromachique dans les arènes de Acho (les plus anciennes d'Amérique) (plan II, C1). Les meilleurs toréadors du moment y sont invités et se disputent un trophée légendaire : le scapulaire en or du Señor de los Milagros.

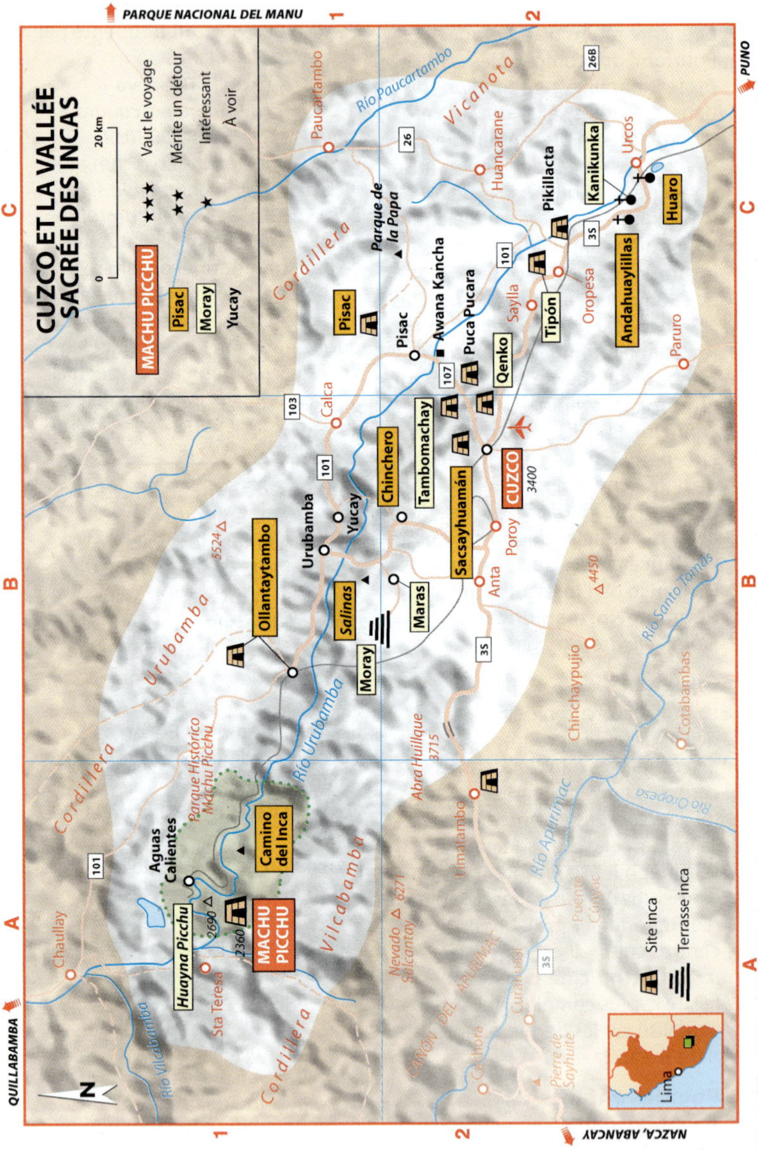
CUZCO ET LA VALLÉE SACRÉE DES INCAS
MACHU PICCHU ★★★ Vaut le voyage
Pisac ★★ Mérite un détour
Moray ★ Intéressant
Yucay À voir
0 20 km
Site inca
Terrasse inca
PARQUE NACIONAL DEL MANU
QUILLABAMBA
PUNO
NAZCA, ABANCAY
Lima
MACHU PICCHU
Huayna Picchu
Aguas Calientes
Camino del Inca
Parque Histórico Machu Picchu
Ollantaytambo
Salinas
Moray
Maras
Urubamba
Yucay
Chinchero
Tambomachay
Sacsayhuamán
CUZCO
3400
Qenko
Puca Pucara
Awana Kancha
Pisac
Pisac
Parque de la Papa
Tipón
Pikillacta
Kanikunka
Andahuaylillas
Huaro
Urcos
Huancarane
Paucartambo
Calca
Saylla
Oropesa
Paruro
Anta
Poroy
Chinchaypujio
Cotabambas
Limatambo
Abra Huillque 3715
Nevado Salcantay 6271
Chaullay
Sta Teresa
Cordillera Urubamba
Cordillera Vilcabamba
Cordillera Vicanota
Río Urubamba
Río Vilcabamba
Río Paucartambo
Río Apurímac
Río Santo Tomás
Río Oropesa
Cañón del Apurímac
Puente Cunyac
Curahuasi
Cachora
Pierre de Sayhuite
5524
4450
2690
2360
101
103
107
26
26B
3S
A
B
C
1
2

Cuzco et la Vallée sacrée des Incas 2

À 1 228 km de Lima, 649 km d'Arequipa, 391 km de Puno et 120 km de Machu Picchu :

Au nord de Cuzco :

À 112 km à l'ouest de Cuzco :

Cuzco et ses environs

★★★

Alt. 3 400 m – 360 000 habitants – Capitale du département de Cuzco

NOS ADRESSES PAGE 223

S'INFORMER

iPerú – *Aéroport, hall principal - ✆ (084) 237 364 - iperucuscoapto@promperu.gob.pe - 6h-17h.*

Dircetur (Dirección Regional de Industria y Turismo) – *Calle Mantas 117 (juste à côté de la Merced)* (B2) - *✆ (084) 222 032 - www.dirceturcusco.gob.pe - lun.-sam. 9h-17h.* Le bureau principal de Cuzco fournit diverses informations sur la ville et vend le *boleto turístico.*

Galerías Turísticas – *Av. Sol 103* (B2) - *✆ (084) 252 974 - iperucusco@promperu.gob.pe - 8h30-19h30.*

Boleto turístico – *www.boletoturisticocusco.com ou www.cosituc.gob.pe* (**Cosituc** - Comite de Servicios Integrados Turistico Culturales-Cusco - *Calle Arequipa).* Facturé S/130 (env. 49 $) ou S/70 pour les étudiants, ce sésame est indispensable pour visiter 16 sites à Cuzco et dans la région. Valable 10 jours, il est vendu dans les offices de tourisme *(voir ci-dessus)*, ou aux guichets des sites concernés, comme au musée d'Histoire régionale ou au musée du site Qoricancha (mais le *boleto* ne comprend pas le site lui-même). Si ces sites ne méritent pas tous une visite (musée d'Art contemporain par exemple), l'achat du *boleto turístico* est quasiment obligatoire, car aucun des lieux mentionnés ci-après n'est accessible sans lui : Sacsayhuamán, Qenko, Tambomachay, Puca Pucara, Tipón, Pikillacta et, dans la Vallée sacrée, ceux de Pisac, Ollantaytambo, Chinchero et Moray.

Boleto parcial – Les plus pressés opteront à défaut pour le billet partiel, au prix de S/70 (étudiants S/35), valable 3 jours, qui couvre soit la Vallée sacrée, soit Sacsayhuamán, Qenko, Tambomachay et Puca Pucara.

Boleto religioso – Pour le centre de Cuzco, le billet « religieux », vendu S/40 (étudiants S/20), donne accès à la cathédrale de Cuzco, à l'église San Blas et au musée de Arte Religioso. Les droits d'entrée de ces trois derniers sites peuvent être acquittés séparément, mais le total revient alors plus cher.

Notons que le Qoricancha, le Musée inca, la Casa Concha, le musée d'Art précolombien et l'église de La Merced – pour ne parler que des sites les plus fréquentés – émettent chacun leur propre billet. À la fin donc, la facture devient lourde et l'aspect mercantile et compliqué du système agace.

SE REPÉRER

Carte de région B2, p. 198 - plan de ville, p. 204-205 – *Carte Michelin National 763 L14.*

À NE PAS MANQUER

La plaza de Armas et ses églises ; le Qoricancha ; la rue Hatun Rumiyoc ; le quartier San Blas. Aux environs, Sacsahuaymán et Andahuaylillas.

ORGANISER SON TEMPS

Choisissez, si possible, le printemps ou l'automne pour voyager et prévoyez au moins trois jours sur place.

Les toits de Cuzco.
H. Hughes / Hemis.fr

« Cuzco, la ville des souverains de ce pays, est si grande et si belle qu'elle serait digne de s'élever en Espagne. Elle est pleine de palais et les pauvres y sont inconnus », s'écria Pedro Sánchez de la Hoz, qui accompagnait Pizarro lorsqu'il entra dans la ville en 1533. Sous le règne de l'Inca Pachacútec (1438-1471), Cuzco était en effet devenue une cité resplendissante. De la grande place Huacaipata, centre de la ville où se tenaient les cérémonies majeures, partaient les quatre routes dallées qui reliaient la capitale aux provinces de l'empire. Le « nombril du monde » (Q'osqo en quechua) affirmait avec éclat la toute-puissance des Incas. Au 16e s., quand les Espagnols la conquirent, ils rasèrent les monuments des vaincus pour leur substituer leurs églises et leurs palais. Toutefois, ils conservèrent la structure de la ville et utilisèrent les vestiges incas comme soubassements pour les édifices coloniaux. Le charme de Cuzco réside ainsi dans cette architecture hybride, hispanisante par ses façades blanches ornées de grands balcons, posées sur d'énormes blocs de granit parfaitement emboîtés. Classée au Patrimoine mondial de l'Unesco, la ville attire chaque année davantage de touristes. Point de départ incontournable pour visiter le Machu Picchu, et aussi pour pratiquer une foule d'activités culturelles et sportives dans la Vallée sacrée, Cuzco fait figure de Mecque du tourisme andin. Incroyablement vivante, elle voit bourgeonner un riche artisanat et une hôtellerie de charme, mais aussi d'innombrables fast-foods... au risque de dissoudre son identité.

Se promener Plan de ville, p. 204-205

★★★ AUTOUR DE LA PLACE D'ARMES B1-2

L'actuelle place d'Armes de Cuzco occupe une partie de l'emplacement de l'ancienne **Huaccapayta**. Centre de l'empire inca, cette grande esplanade, alors large de près de 4 000 m², servait aux cérémonies militaires et religieuses, aux grandes fêtes agricoles lors des solstices et des équinoxes, lesquelles étaient présidées par l'Inca du haut de son estrade. Autour de la place s'élevaient le

Cuzco, nombril du monde

La mythologie attribue la naissance de Cuzco à l'Inca **Manco Cápac** qui, au 12e s., aurait reçu de son père le Soleil, un sceptre d'or afin de trouver un sol fertile où il pourrait l'enfoncer et désigner ainsi l'emplacement du nombril du monde. L'ayant trouvé, le souverain y construisit la cité qui allait devenir la future capitale du plus grand empire d'Amérique latine.

LA CITÉ INCA

Entre le 12e et le début du 15e s., le royaume inca reste discret. Les huit Incas qui se succèdent à sa tête se contentent de dominer une région limitée autour de Cuzco. En 1438, le petit empire manque de s'effondrer sous la poussée expansionniste d'une tribu hostile, les Chankas, qui mettent le siège autour de la ville. Se croyant perdu, l'empereur **Viracocha** prend la fuite.

Son troisième fils, **Pachacútec**, parvient néanmoins à repousser l'attaque. Ayant réussi à rallier et à galvaniser l'armée inca, le jeune vainqueur se proclame alors neuvième empereur et entreprend de partir en conquête. Les vingt-cinq années suivantes marquent une expansion rapide de son empire, qui s'étend sur la majeure partie des Andes centrales, jusqu'aux frontières des actuels Colombie et Équateur au nord, et jusqu'au désert du Chili au sud.

La ville idéale

Lorsqu'il entreprend la reconstruction de **Cuzco**, après les ravages causés par les Chankas, Pachacútec donne à sa capitale l'allure d'une cité idéale, avec son célèbre plan en forme de puma. Plus de 50 000 ouvriers travaillent à la canalisation des deux rivières qui traversent la ville, à l'édification de splendides palais et du fameux temple de **Qoricancha**. Durant le règne du fils de Pachacútec, **Túpac Yupanqui**, le territoire inca atteint son emprise maximale. Huayna Cápac, le 11e Inca, est le dernier à régner sur un empire unifié. À la même époque, les Espagnols atteignent le Nouveau Monde.

L'empire divisé

Peu avant sa mort, Huayna Cápac divise son royaume entre ses deux fils, **Atahualpa**, qui règne sur le nord, et **Huáscar**, qui maîtrise le sud, autour de Cuzco. Une guerre civile éclate bientôt entre les deux frères pour la possession du royaume. En 1532, Atahualpa vient de vaincre Huáscar lorsque **Francisco Pizarro**, tout juste débarqué au nord de l'Équateur, profite de l'affaiblissement de l'empire pour marcher vers le sud dans son sillage. Arrivé à Cajamarca, Pizarro invite Atahualpa dans son campement *(voir p. 479)*. Après moult hésitations, celui-ci accepte et vient avec 5 000 de ses hommes désarmés. Pizarro dirige alors ses canons vers eux. Le seul survivant est Atahualpa, sa vie étant nécessaire pour exiger une rançon (une pièce remplie d'or et deux autres d'argent). Mais peu après le versement de cette rançon, Atahualpa est condamné à mort au cours d'une parodie de procès. Le 29 août 1533, il est étranglé par le bourreau.

Cuzco vaincue

Avec ses cavaliers en armure, le conquistador marche alors sur Cuzco, qu'il vainc le 15 novembre 1533. Après avoir pillé la ville de ses trésors, Pizarro met en place un Inca de complaisance, **Manco Inca**. Mais la marionnette finit par se rebeller et, en 1536, assiège Cuzco avec une armée de plus d'une centaine de milliers d'hommes. Les Espagnols manquent de perdre la bataille. Une ultime percée les sauve, forçant Manco Inca à se retirer à Ollantaytambo, puis dans la jungle à Vilcabamba *(voir p. 247)*.

CUZCO AUJOURD'HUI ET DEMAIN

Un long purgatoire

Après la chute de l'empire inca, la capitale du nouveau royaume est transférée à **Lima**. Tandis qu'un important tremblement de terre oblige à reconstruire quantité de ses monuments dans le style baroque alors en cours, Cuzco décline au cours des 17e et 18e s. au profit de Lima et d'Arequipa. C'est la découverte de Machu Picchu, en 1911, qui va conférer une dynamique nouvelle à la ville, grâce au tourisme naissant. En 1950, un séisme met au jour les monuments incas qui forment les soubassements de la plupart des édifices coloniaux ou modernes. Un plan piloté par l'Unesco se charge de mettre en valeur cet héritage architectural resté longtemps enseveli.

Ville d'art et d'histoire

Classée au Patrimoine mondial de l'Unesco depuis 1983, vivant principalement du tourisme, l'ancienne cité inca sert de plaque tournante pour la visite de Machu Picchu et de la Vallée sacrée. L'**urbanisation**, dans le centre historique, reste bien maîtrisée. Vue du ciel, on devine sa forme de puma, l'avenue Tullumayo dessinant son échine et la forteresse Sacsayhuamán, sa tête. Le plan inca n'a pas changé, quadrillé d'étroites ruelles rectilignes soigneusement pavées et bordées de murs cyclopéens dont les énormes pierres de taille s'emboîtent exactement les unes dans les autres.

La situation est assez différente dans les **faubourgs** de Cuzco. La croissance urbaine y est rapide et les collines se couvrent peu à peu de maisons précaires, l'essor touristique de la ville appelant chaque année une population plus nombreuse en quête de travail et d'un meilleur confort de vie.

Des projets pour l'avenir...

Plusieurs grands projets devraient marquer Cuzco dans les prochaines années. D'abord, la construction d'un **aéroport international** à Chinchero pour décongestionner celui de Cuzco qui accueille près de 1,5 million de touristes chaque année. Il permettra également une desserte directe de Cuzco et du Machu Picchu depuis l'étranger. Le coût global des travaux est estimé autour de 400 millions de dollars. Les 2,6 millions de passagers devraient pouvoir arriver à cet aéroport d'ici 2021 selon certaines projections.

Deuxième point, l'achèvement de la **route transamazonienne**, qui reliera très bientôt le littoral atlantique du Brésil à la côte pacifique du Pérou. La branche sud de cette route, qui passera par Puerto Maldonado, fera sans doute de Cuzco un axe important du trafic transfrontalier.

... aussi très contestés

Ce projet routier, dénoncent certains, menace directement quelques-unes des dernières tribus isolées du monde qui vivent dans une zone officiellement protégée par le gouvernement. Quant à l'augmentation du tourisme, elle ne peut se faire qu'au détriment de la préservation du site du Machu Picchu, dont on prédit à plus ou moins long terme l'inéluctable fermeture pour sa survie. Les enjeux économiques sont de taille : 80 % des touristes étrangers viennent uniquement au Pérou pour visiter le Machu Picchu.

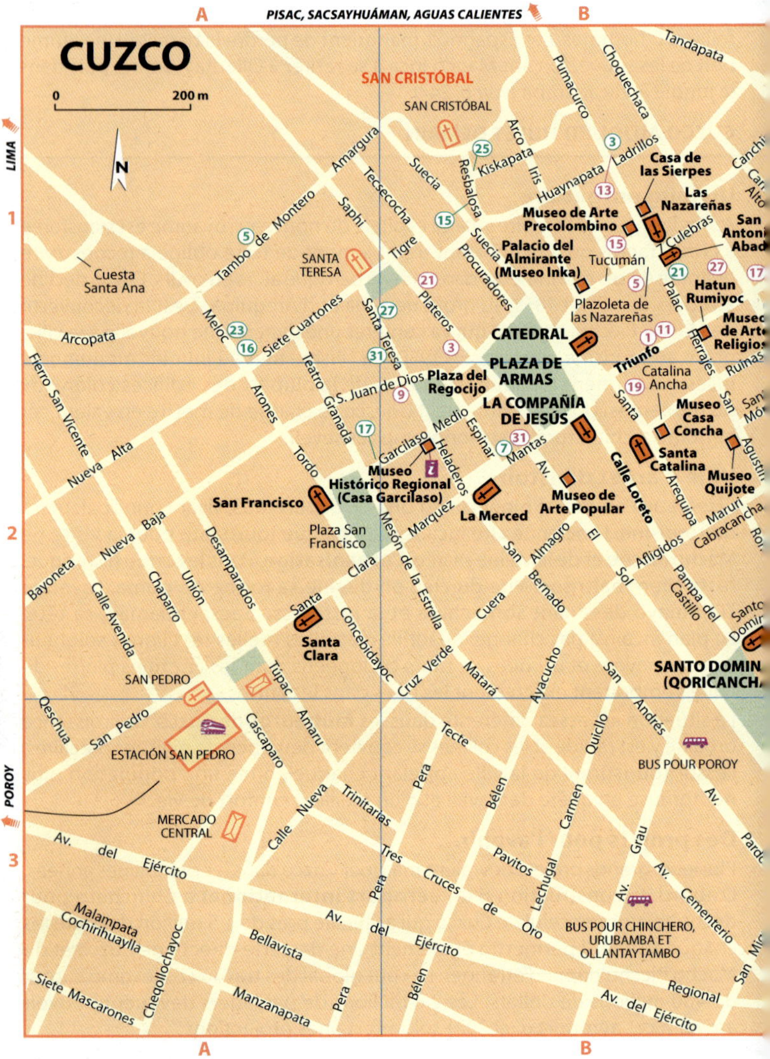

palais de l'Inca, le temple du dieu Viracocha, différents édifices officiels, ainsi que le *yachayhuasi*, « la maison du savoir », où étaient formés les comptables, les chroniqueurs officiels, les savants et, à proximité, l'*acclahuasi*, « la maison des femmes choisies », autrement dit les vierges du Soleil chargées de servir l'Inca et les dieux. De cette grande place partaient les quatre grandes routes cardinales qui reliaient Cuzco aux provinces du Tahuantinsuyu, l'empire des Quatre-Directions. Le Huaccapayta se prolongeait au sud-ouest par une autre place, le **Cuipata**, dont l'actuelle plaza del Regocijo constitue le vestige.

★★★ Plaza de Armas

Entre les arcades grouillantes et l'orgueilleuse cathédrale flanquée d'une somptueuse rivale construite par les jésuites, le cœur de Cuzco bat sur la plaza de

SE LOGER

- Amaru (Hotel) ... 1
- Arqueologo (Hotel) ... 3
- Balcón (Hostal El) ... 5
- Casa Andina Classic ... 7
- Casa Campesina ... 9
- Casa de la Gringa 2 ... 10
- Casa San Blas ... 11
- Casona Les Pléiades ... 13
- Chez Arnaud et Evita ... 14
- Cusco Royal Suite (Hotel) ... 15
- Cuy Hostal (El) ... 16
- Marqueses (Hotel Los) ... 17
- Mirador de la Nusta (El) ... 19
- Monasterio (Hotel) ... 21
- Niños (Hotel) ... 23
- Piccola Locanda ... 25
- Picoaga (Hotel) ... 27
- Royal Inka II ... 31
- San Blas (Hospedaje) ... 35

SE RESTAURER

- A Mi Manera ... 1
- Ama Lur ... 3
- Café de Mama Oli (El) ... 5
- Caverne del Oriente (La) ... 7
- Chicha ... 9
- Cicciolina ... 11
- Divina Comedia ... 13
- Fallen Angel ... 15
- Granja Heidi ... 17
- Incanto ... 19
- Maggy (Chez) ... 21
- Pacha Papa ... 23
- Sumaq Mijuna ... 27
- Tupananchis ... 31

Armas. Marchands de cartes postales, cireurs de chaussures, petites Indiennes déballant lainages et colifichets de leur baluchon se postent sous les portiques dans l'attente des touristes, livrant avec la police une perpétuelle partie de cache-cache. Depuis les cafés et les restaurants bordant les flancs nord et ouest de la place montent les arpèges envoûtants des flûtes andines. Leurs terrasses à l'étage, aux jolis balcons de bois ciselé, offrent de magnifiques points de vue sur la place et les montagnes des Andes à l'horizon. Au milieu du rond-point, près des bancs, coule une jolie fontaine. Sur l'une des pelouses repose une borne de pierre appelée **ushnu**, qui servait aux Incas de repère astronomique. Comme la place de Grève à Paris, la plaza de Armas fut le théâtre de nombreuses exécutions capitales : celle de Diego de Almagro en 1538, de Gonzalo Pizarro en

1548, de Túpac Amaru, le dernier Inca, décapité en 1572, puis de Túpac Amaru II, écartelé en 1781. Chaque dimanche matin, une parade militaire vient saluer le drapeau rouge et blanc du Pérou et celui, couleur arc-en-ciel, de l'ancien empire inca Tahuantinsuyu, qui flottent devant le parvis de la cathédrale.

★★★ Catedral

Au nord de la plaza de Armas - 10h-17h - S/25 ou boleto religioso *- audioguide en français gratuit (40mn).*

Édifiée en 1559 à la place du palais de l'Inca Viracocha, dont les pierres furent réemployées ainsi que celles arrachées à la forteresse de Sacsayhuamán, la cathédrale Notre-Dame-de-l'Assomption de Cuzco est, avec la cathédrale de Lima, l'édifice le plus impressionnant de l'architecture coloniale du Pérou. Plusieurs architectes, dont **Juan Miguel de Veramendi** et **Francisco Becerra**, participèrent à sa construction, laquelle dura plus d'un siècle. Dominant la place d'Armes sur son parvis surélevé, son imposante façade Renaissance à deux tours célèbre la foi chrétienne par un assaut de monumentalité. Pour imposer le dogme catholique et manifester son infinie splendeur, l'évangélisateur espagnol ne recula devant aucun sacrifice. Avec son porche d'un baroque outrancier, l'édifice évoque de prime abord un lourd gâteau tartiné d'or et d'argent, surchargé de statues, d'ornements, de volutes et de miroirs. Toutefois, les quelque 400 tableaux baroques qui ornent ses murs, œuvres de l'école de Cuzco du 16e au 18e s., manifestent la persistance de l'identité indienne. Car, sous couvert de représenter des images pieuses chrétiennes, les peintres indigènes insérèrent des traces de leur fidélité aux croyances et aux cultes de l'époque inca. Ainsi, la Vierge vêtue d'un large manteau en forme de pyramide et constellé d'or peut être lue comme Pachamama, la Terre-mère sacrée, à laquelle les artistes rendaient hommage.

Avec son plan en forme de croix latine, la cathédrale comporte trois édifices juxtaposés, qui communiquent entre eux à la hauteur du transept : la basilique centrale, encadrée par l'église du Triomphe à droite (à l'est) et le temple de la Sainte Famille à gauche (à l'ouest).

Passage obligé pour entrer dans la cathédrale, le **Templo de la Sagrada Familia★** (temple de la Sainte Famille) remonte à 1735. Il arbore une structure simple, à nef unique, dont le style néoclassique contraste avec la débauche de miroirs et d'ornements baroques qui couvrent ses retables latéraux. Le maître-autel, en bois de cèdre doré à la feuille et en argent, porte un retable de Jésus, Marie et Joseph.

JOLANDA ET LES ENFANTS DES RUES

Malgré les efforts de la municipalité, Cuzco parvient mal à cacher les problèmes sociaux. Sur la place d'Armes et dans les rues alentour, des dizaines de gamins battent le pavé : cireurs de chaussures, vendeurs de chewing-gums et de cartes postales, mendiants et autres. Une précarité qui a poussé Jolanda van den Berg, une jeune Hollandaise venue au Pérou en touriste, à réagir. Avec son mari, elle s'installe à Cuzco et, en 1998, créé l'hôtel Niños, dont les profits servent à financer son action caritative. Deux ans plus tard, elle lance le premier restaurant pour enfants. Le second suit en 2004. Aujourd'hui, sa fondation **Niños Unidos Peruanos** gère cinq centres d'aide à l'enfance à Cuzco, qui délivrent chaque jour des repas gratuits, des soins médicaux, dentaires et sanitaires, organisent des activités ludiques, sportives et éducatives pour 600 enfants des rues. Depuis 2007, elle a ouvert un troisième hôtel, L'Hacienda, dans le village d'Huasao au sud de la vallée.

L'intérieur de la **basilique★★★**, de style plateresque, éblouit par sa grande richesse, son mobilier et ses boiseries ruisselant d'or. Ses cinq nefs et ses onze chapelles latérales forment un labyrinthe de 400 m² où se multiplient les coins et les recoins ornés de toiles splendides, signées des plus grands artistes cusquéniens : Diego Quispe Tito, Basilio de Santa Cruz Pumacallao, Marcos Zapata. Parmi les chapelles latérales, on remarque en particulier celle du **Señor de los Temblores**, le Seigneur des tremblements, qui abrite une statue du Christ offerte à la ville par Charles Quint. Noirci par le temps et la fumée des cierges, ce Christ basané est l'image la plus vénérée de Cuzco. Les habitants sortent la statue en procession le lundi de Pâques depuis le séisme de 1650, car il est censé protéger la ville des secousses telluriques. Voyez également la **Capilla de la Virgen Inmaculada** (chapelle de la Vierge immaculée), sainte patronne de la ville, et l'**altar de la Santísima Trinidad**, consacré à la Sainte Trinité et orné d'un beau tableau de Bernardo Bitti (1548-1610). Le **chœur★★★** de la cathédrale abrite, sous un baldaquin, un étincelant maître-autel en argent massif, lourd de plus de 400 kg, resplendissant de torsades et de feuillages sur toute sa hauteur. De chaque côté, les magnifiques stalles en cèdre du 17e s. sont sculptées d'anges et de sirènes aux seins nus et aux visages métis. Derrière le jubé, les grandes orgues de la cathédrale, datant également du 17e s., ont été restaurées en 2006 par une équipe de facteurs français. Sur la droite de l'autel, au bout du transept, on aperçoit une magnifique **Cène★★** de Marcos Zapata (v. 1710-1773), peinture dans laquelle le Christ dîne d'un cochon d'Inde (plat national andin), de piments et de fruits exotiques, tandis que les apôtres s'abreuvent de *chicha morada*, la boisson locale à base de maïs fermenté. Dans la **sacristie★★**, ornée des portraits des évêques de Cuzco et d'objets précieux du culte, on peut voir au fond une sombre *Crucifixion* que l'on attribue à Van Dyck, ou du moins à son atelier. Une petite chapelle abrite également le char d'argent utilisé lors de la procession du Corpus Christi, procession imposée par l'Église pour remplacer celle des momies incas qui avait lieu auparavant.
Construite avant la basilique, en 1536, sur les ruines du Suntur Huasi, l'**Iglesia del Triunfo★★** (église du Triomphe), la plus ancienne cathédrale d'Amérique latine, célèbre la victoire de la foi chrétienne sur les dieux païens des Incas, qui fut aussi celle des troupes espagnoles contre l'armée quechua de Manco Inca la même année. De pur style baroque, elle est coiffée d'une large coupole. La niche centrale du maître-autel conserve la Croix de la conquête, la première croix apportée en Amérique du Sud par les conquistadors. La nef est décorée de plusieurs toiles de **Diego Quispe Tito** (17e s.), d'influence flamande, qui mettent en scène les paraboles du Christ. La crypte abrite la sépulture de Garcilaso de La Vega (1539-1616), le célèbre historien inca, dont la dépouille a été rapatriée d'Espagne en 1995.

★★★ La Compañía de Jesús

Côté est de la plaza de Armas - lun.-sam. 9h-11h30, 13h-17h30, dim. 9h-11h - S/25 ou boleto religioso.

Édifiée sur les fondations de l'ancien Amaru Cancha, le palais de l'Inca Huayna Cápac, l'église de la Compagnie de Jésus remonte à 1571, mais sa façade fut redressée après le tremblement de terre de 1650. Pur bijou de style baroque, avec ses hautes tours et son portail richement ornementé, elle rivalise en pureté, en finesse et en majesté avec la cathédrale, notamment sous l'éclairage de nuit. Lors de sa reconstruction, de 1650 à 1668, les Jésuites souhaitaient élever la plus belle église de Cuzco, au grand dam de l'évêque qui alla même se plaindre au pape de cette arrogance. Il est vrai qu'à l'époque, et jusqu'à

L'ÉCOLE DE CUZCO

Emblématique du baroque péruvien des 17e et 18e s., la peinture de l'école de Cuzco constitue sans nul doute l'un des phénomènes les plus importants de l'art hispano-américain *(voir p. 116)*. Dans une perspective d'évangélisation, les missionnaires commandaient à des artistes locaux, indiens ou métis, des tableaux inspirés d'œuvres européennes afin d'enseigner aux Indiens illettrés les mystères de la foi. Dans un premier temps, au 16e s., Cuzco subit l'influence des artistes du maniérisme italien installés au Pérou, **Bernardo Bitti** et **Angelino Medoro**. Puis les œuvres des Flamands (Anvers), largement diffusées par la gravure et l'estampe, inspirèrent à leur tour les artistes locaux. Ce fut le cas au 17e s. de Diego Quispe Tito et Lázaro Pardo del Lago. Idem pour les images pieuses d'origine espagnole, dont le style marqua, toujours au 17e s., **Basilio de Santa Cruz Pumacallao** et **Juan Espinoza de Los Monteros**. Au 18e s., des peintres tels Marcos Zapata, Mauricio García et Antonio Vilca réalisèrent une synthèse métisse en une peinture baroque indigène qui intégrait des éléments andins dans l'iconographie chrétienne.

leur expulsion du pays en 1767, les jésuites formaient l'ordre religieux le plus influent du Pérou. Les pères jésuites entretenaient d'excellents rapports avec la noblesse indienne d'origine inca et cherchaient à intégrer les traditions d'évangélisation dans le respect des communautés locales. À gauche de la porte d'entrée, un grand tableau anonyme du 18e s. met en scène **El Matrimonio de Martín García de Loyola con Beatriz Clara Coya★★**, soit le mariage du neveu d'Ignace de Loyola, le fondateur de l'ordre jésuite en 1540, avec la nièce de l'empereur inca Túpac Amaru. Au second plan figurent les empereurs incas Sayri Túpac et Túpac Amaru tenant à la main un sceptre d'or et abrités sous un parasol de plumes d'oiseaux multicolores. L'œuvre illustre le projet politique des jésuites, qui nourrissaient l'espoir de fonder en Amérique du Sud un empire chrétien et métis indépendant de la couronne espagnole.

Le plan de l'église, en croix latine, comprend une **nef unique★** flanquée de deux chapelles, la **Capilla de la Virgen de Loreto** et la **Capilla de San Ignacio de Loyola**, qui apparaissent comme des nefs latérales. Les murs sont décorés d'une magnifique collection de 73 tableaux de l'artiste Marcos Zapata illustrant dans leurs cadres dorés la vie et l'œuvre de saint Ignace de Loyola. Admirez, à droite, la chaire admirablement ouvragée et dorée à la feuille. Au fond, le monumental **maître-autel★★**, de 21 m de hauteur sur 12 m de largeur, orné de colonnes salomoniques et ruisselant d'or, est une parfaite illustration du baroque péruvien, dont la scénographie exubérante vise à magnifier la grâce divine. Le tableau central, œuvre du peintre maniériste italien Bernardo Bitti, illustre la Transfiguration du Christ. La **sacristie★**, à gauche, renferme d'émouvantes sculptures en bois de cèdre de l'artiste métis Melchior Huamán, notamment un saint Jérôme et un saint François d'Assise au réalisme exacerbé.

La **crypte**, à la voûte peinte, conserve les tombes des pères jésuites qui ont dirigé la communauté.

Ne manquez pas, avant de sortir, la porte dérobée sur votre droite : un escalier branlant grimpe en direction du clocher, aujourd'hui condamné. Du premier étage, on peut contempler la place d'Armes. Beau point de **vue** également sur la nef de la cathédrale.

La plaza de Armas.
H. Hughes / Hemis.fr

2

★★ Templo y Convento de La Merced

Calle Mantas 121 - tlj sf dim. 8h-12h30, 14h-17h30 (en dehors des offices) - S/6.

Fondé en 1223 à Barcelone par saint Pierre Nolasque, l'ordre religieux de la Merci (La Merced) fut l'un des premiers à s'implanter au Pérou. Troisième ensemble colonial de Cuzco par ordre d'importance, le couvent fut érigé dès 1535 puis entièrement reconstruit après le séisme de 1650. De silhouette massive, l'église se distingue par son large portail latéral de style Renaissance, surmonté d'une baie ovale, et par sa grande tour carrée de style baroque, ornée de colonnes corinthiennes, que coiffe une coupole octogonale. L'**intérieur★**, à trois nefs, est riche de beaux retables, de stalles en cèdre finement sculptées et de plusieurs tableaux de grande valeur, dont une *Crucifixion* attribuée à Zurbarán (17e s.), une *Sainte Famille* attribuée à Rubens (17e s.) et une *Immaculée Conception* de Bernardo Bitti (16e s.). Sous le maître-autel, la **crypte** *(ne se visite pas)* renferme les tombeaux de deux célèbres conquistadors, Diego de Almagro et Gonzalo Pizarro. Ne manquez pas en entrant dans la Merced, sur votre gauche, les **dévotions** faites au guérisseur d'enfants, identifiables dans leur vitrine remplie de jouets, témoignages de gratitudes de la part de parents soulagés.

La partie la plus séduisante du monastère reste son **cloître★★★**, de plan carré, avec son jardin fleuri où murmure une fontaine. Il est encadré par deux étages de galeries scandées de colonnes aux chapiteaux corinthiens. Sous des plafonds à caissons peints, de style mudéjar, les murs sont ornés de fresques de l'artiste indien Ignacio Chacón dépeignant la vie de saint Pierre Nolasque (1763). À l'étage est exposée une série de peintures de l'école de Cuzco, parmi lesquelles des toiles de Diego Quispe Tito, Basilio de Santa Cruz, Marcos Rivera et Pedro Vargas.

La sacristie héberge un petit **musée religieux**, lequel présente des vêtements et des objets sacrés, dont un **ostensoir★★** en or massif de 1,3 m de hauteur, incrusté de plus de 3 000 perles, diamants et pierres précieuses.

★ Monasterio y Museo de Santa Catalina B2

Santa Catalina Angosta s/n - tlj sf dim. 8h30-17h30 - S/8 ou S/15 avec la visite du Qoricancha.

À l'est de la plaza de Armas, le couvent de Sainte-Catherine-de-Sienne fut fondé en 1605 sur le site de l'**acclahuasi**, le temple des vierges du Soleil. Chaque année, des centaines de jeunes filles issues de nobles lignages étaient « réquisitionnées » dans les villages de l'empire inca pour être enfermées dans cette maison. Souvent prisonnières de guerre, elles vivaient recluses, travaillaient, tissaient, préparaient des breuvages cérémoniels et se tenaient à la disposition du souverain. Les murs incas ont été partiellement réutilisés et englobés dans l'actuel monastère dominicain, qui fut reconstruit lui aussi après le séisme de 1650. Le couvent abrite toujours une douzaine de sœurs qui consacrent leur temps à la prière, à la broderie et à la confection de pâtisseries.

La partie ouverte au public présente une magnifique collection de **peintures** de l'école de Cuzco (notamment de belles *Vierges montagnes*, évoquant la Pachamama indienne), mais aussi du mobilier colonial, des objets décoratifs, des vêtements liturgiques et de l'orfèvrerie religieuse. Les arches des salles du couvent sont décorées de ravissantes fresques baroques au style très frais, débordant de fleurs, de plantes et d'oiseaux exotiques. Les cellules, le réfectoire, la bibliothèque et les ateliers sont en outre peuplés de mannequins en cire en tenue d'époque, offrant ainsi une reconstitution très réaliste de la vie au couvent.

À moins de 100 m de Santa Catalina.

★ Museo Casa Concha B2

Santa Catalina Ancha 320 - lun.-vend. 8h-18h - S/20.

Après quatre ans de restauration, cette splendide maison coloniale – du nom de l'ancien propriétaire Martin Concha, gouverneur de Cuzco en 1814 – a ouvert ses portes à l'occasion du centième anniversaire de la découverte du site du Machu Picchu *(voir l'encadré p. 261)*. La Casa Concha expose donc depuis 2011 la première restitution de vestiges archéologiques faite par l'université américaine de Yale au gouvernement péruvien et à l'université nationale de San Antonio Abad del Cusco. Ce sont ainsi 366 pièces sur les 47 000 découvertes par Hiram Bingham (et qui seraient encore en possession de l'université américaine – nombre qu'elle réfute) que présente pour l'heure de façon temporaire la Casa Concha. Un nouveau musée étant prévu pour accueillir l'intégralité de la collection de Yale si les accords sont respectés.

Si belles soient les pièces exposées (céramiques, alpagas sculptés dans du granit, très beau *quipou* – cet assemblage de cordelettes de couleurs variées dont la combinaison était utilisée pour calculer ou mémoriser des faits importants), on est surtout séduit par les explications pédagogiques et scientifiques qui les accompagnent *(en anglais)*. On apprendra par exemple que l'analyse du collagène osseux (protéine majoritaire de l'os) est un précieux indicateur des comportements alimentaires, en partie grâce aux modes de fixation du CO_2, différents selon les plantes lors de la photosynthèse, et que l'on retrouve dans les teneurs isotopiques en carbone et azote des tissus minéraux exhumés. Au Machu Picchu, ces derniers révèlent la présence de maïs… à 65 % ! Très belles photographies historiques prises pendant la découverte du site.

De la place d'Armes, suivez la calle Triunfo, puis montez en pente raide la cuesta San Blas jusqu'à la place du même nom.

★ QUARTIER SAN BLAS C1

C'est un peu le Montmartre local. Adossé à une colline pentue, l'ancien quartier inca de Totocachi, où résidait la noblesse, est aujourd'hui le quartier le plus typique et le plus romantique de Cuzco (ne manquez pas la calle Tandapata), avec ses ruelles aux gros pavés luisants, son entrelacs de petites maisons blanches et ventrues, aux portes et volets d'un bleu éclatant, qui dégringolent les pentes, ses échoppes d'artisanat et ses ateliers de peintres et de sculpteurs, ses cafés et ses bars à l'ambiance bohème. Parmi les artisans réputés du quartier figurent les Mendívil, les Olave, les Mérida, dont on peut visiter les ateliers-boutiques *(voir « Achats », p. 235)*. Prenez le temps de flâner tout autour de l'adorable placette San Blas et de son église. Du mirador perché en haut des escaliers derrière l'église s'offre un joli panorama sur la ville en contrebas et sur ses toits de tuiles rousses.

★★ Iglesia de San Blas

Plazoleta San Blas - lun.-sam. 8h-18h, dim. 10h-18h - S/15 ou boleto religioso *- guides francophones ou anglophones disponibles, pourboire attendu (env. S/10).*
Élevée en 1536, puis reconstruite en 1650, la petite église Saint-Blaise se présente sous un jour modeste. Ses murs d'adobe chaulés de blanc s'élèvent sur des fondations incas. L'intérieur est un bel exemple de style churrigueresque, un baroque flamboyant où abonde une profusion de sujets, de végétaux, de fruits et de personnages imaginaires. La pièce maîtresse de l'église est le fabuleux **púlpito de San Blas★★★**, une chaire en cèdre du 17e s., incroyablement ouvragée. On raconte qu'il a fallu plus d'un quart de siècle à son auteur, Juan Tomás Tuyru Túpac (en réalité, probablement plusieurs maîtres charpentiers) pour tailler ce chef-d'œuvre de la sculpture sur bois, avec son cortège de personnages et d'êtres fabuleux. Le résultat est impressionnant. Au pied de la chaire, on distingue les figures de Martin Luther, de Jean Calvin, du roi Henri VIII d'Angleterre et de sa fille, Élisabeth Ire, tous opposants au catholicisme, en proie aux tourments de l'enfer et accompagnés par les sept péchés capitaux. Des chimères, des têtes d'anges, les quatre Évangélistes, la Vierge, saint Pierre, saint Paul, saint Thomas, saint Blaise et, au sommet, le Christ en majesté composent un hymne éblouissant à la foi catholique. Le crâne aux pieds du Christ est, dit-on, celui de l'auteur de l'œuvre. On s'arrêtera en outre devant l'autel principal, doré à la feuille. Dans l'aile droite, beau tableau de Diego Quispe Tito illustrant la résurrection de Lazare. Les grandes toiles dans la nef, œuvres de Fabian Perez de Medina (17e), racontent la vie et le martyre de saint Blaise.
De l'église San Blas, montez en direction de la Tandapata que vous traverserez.

2

Museo de la Coca

Suytuqatu 705 - ✆ (084) 773 138 - 9h-20h - S/10.
Ce tout petit musée situé au premier étage d'une maison familiale fourmille d'informations sur la feuille de coca. Consommée en Amérique du Sud dans la région andine depuis au moins quatre millénaires, cette plante (qui ne compte pas moins de 500 espèces différentes) est devenue, à partir de la conquête espagnole, prohibée par le clergé (en raison de sa connotation religieuse). Elle a ensuite été imposée par les colonisateurs aux Indiens à très forte dose pour les aider à supporter le travail forcé dans les mines et la malnutrition. Alcaloïde obtenu à partir de la feuille de coca, la cocaïne est née en 1860 dans un laboratoire de Göttingen. Plus récent, le crack, véritable fléau exporté aujourd'hui en Europe, est un mélange de cocaïne, de bicarbonate de soude et/ou d'ammoniaque.

★★★ QORICANCHA Y CONVENTO DE SANTO DOMINGO B2

Plazoleta Santo Domingo - lun.-sam. 8h30-17h30, dim. 14h-17h - S/10 ou S/15 avec la visite du Monasterio y Museo de Santa Catalina - visite guidée gratuite (45mn), en espagnol ou en anglais, pourboire attendu.

Associant deux monuments inca et colonial en un même lieu, le site constitue une illustration saisissante de ce que nous observons à travers le monde, de la grande mosquée de Cordoue en Espagne à la basilique Sainte-Sophie à Istanbul, quand une religion se substitue à une autre en annexant son sanctuaire à défaut de détruire totalement son lieu de culte originel.

À la suite du séisme de 1950, l'effondrement d'une partie de l'église Saint-Dominique et des vieilles maisons coloniales adjacentes révéla sous les décombres la présence du **Qoricancha★★★**, le temple d'Or des Incas. Sur ses ruines pesaient depuis presque cinq siècles la lourde église Saint-Dominique et son couvent. Depuis l'avenida El Sol, on peut contempler la forme arrondie des puissantes et sombres murailles d'andésite et de diorite du monument inca. Les Espagnols furent éblouis par ce monument spectaculaire, dont l'enclos sacré mesurait 140 m de long sur 135 de large. Dédié principalement au Soleil, le temple, qu'ils qualifiaient de fabuleux, était consacré au culte de tous les dieux et de tous les astres et se trouvait à *Urin Cuzco*, la ville basse. Environ 4000 grands prêtres et leurs servants devaient y résider, lesquels étaient chargés d'observer le mouvement des astres et d'accomplir les rites religieux. La légende raconte que le sanctuaire fut érigé par **Pachacútec**, après la reconstruction de Cuzco. Son nom vient du quechua **cori**, or, et **cancha**, mur, enceinte. En effet, les murs étaient dorés à la feuille et entouraient un jardin dont toutes les statues, qui figuraient des animaux, des arbres et des plantes grandeur nature, symboles de toutes les créatures de l'univers, étaient en or! Les autels, les portes, les statues étaient décorés d'or et d'argent, parfois incrustés de pierres précieuses. Édifice sacré entre tous, le Qoricancha était le théâtre des cérémonies importantes des souverains incas: mariages, sacres, funérailles. Des niches conservaient les **momies** des empereurs défunts, assis sur des trônes en or, devant lesquelles des offrandes étaient régulièrement déposées. Au-dessus de l'autel principal était placé un grand disque solaire en or massif, qui étincelait sous les rayons du soleil. Le temple fut hélas démoli et pillé par les hommes de Pizarro en 1534. Les plaques d'or qui recouvraient les murs furent arrachées, les momies profanées, les statues d'or fondues en lingots et l'ensemble, hormis les fondations, fut rasé.

Difficile, aujourd'hui, d'imaginer ce que fut le temple du Soleil car les vestiges que l'on visite au sein du couvent ne sont pas très parlants. Réparties autour du cloître de l'église, sous une grande verrière, seules **quatre salles** subsistent, dont les murs légèrement inclinés sont faits de blocs de pierre ajustés sans aucun mortier, malgré leurs angles multiples et complexes. Les portes et les niches trapézoïdales sont typiques de l'architecture des Incas. On suppose que les deux plus grandes salles étaient les temples de la Lune, de Vénus et des Pléiades, dont les murs étaient recouverts de feuilles d'argent. Les deux plus petits, côté rue, servaient sans doute à vénérer l'arc-en-ciel et la foudre. Deux petites salles d'exposition apportent en outre quelques explications sur les techniques de construction du temple et sur la cosmologie des Incas. À l'extérieur, on voit bien les terrasses de l'ancien jardin d'or qui descendaient vers la rivière Huatanay (aujourd'hui canalisée et enterrée sous l'av. El Sol). Des plantes indigènes y ont été replantées: fleurs de kantuta, fuschias, *kiwicha, tarwi…*

Une fois les quatre salles visitées on arrive à la **pinacothèque** du couvent.

★★ Convento de Santo Domingo

La visite du Qoricancha inclut celle du couvent bâti par les Dominicains sur le socle du Qoricancha au 16e s., puis remanié au 17e. L'**église** arbore un beau clocher baroque orné de fines colonnes. Elle a aussi conservé un intéressant portail de style mudéjar. Cerné d'une double galerie d'arcades à chapiteaux mauresques, le **cloître** (1534) arbore de belles fresques brossant la vie de saint Dominique, le fondateur de l'ordre au 13e s. La **pinacothèque**, qui longe la partie méridionale du cloître, expose nombre de peintures anonymes de l'école de Cuzco des 17e et 18e s. : des Vierges à l'enfant, des saints (Antoine, Ambroise, Jérôme...), des archanges, des crucifixions... Une toile étonnante représente, de façon très idéalisée, la rencontre entre Pizarro et Atahualpa à Cajamarca en 1532. Parmi les sculptures, le **Christ crucifié**★★ (anonyme, 17e s.) taillé dans une seule défense d'éléphant – à l'exception des bras – est d'une beauté saisissante. Ne manquez pas non plus l'une des plus anciennes pièces du couvent au nom insolite : la **Vierge du « O »**★. Cette sculpture gothique du 16e s. présente la Vierge Marie de manière inhabituelle puisqu'elle est enceinte. Le « O » traduisant à la fois l'étonnement et l'admiration. Avant d'accéder à la vieille **sacristie**, dédiée à l'art de l'ordre dominicain, différentes salles expliquent l'astronomie inca et le système Seqe – système de lignes imaginaires rayonnant à partir du Qoricancha pour relier tous les lieux sacrés *(wakas)* entre eux. Différentes expositions temporaires occupent régulièrement les salles du premier étage.

Museo de Sitio de Qoricancha

Entrée par l'av. El Sol - lun.-dim. 9h-18h - inclus dans le boleto turístico.

Au sud du jardin, le musée présente dans trois petites salles souterraines une modeste collection de céramiques, pièces en métal, pierres taillées et tissages d'époques inca et pré-inca trouvés lors des fouilles, et explique certains aspects de la culture inca (art, médecine, guerre, techniques) à travers quelques maquettes et dioramas. Intérêt limité.

Signalons aux alentours deux autres musées : le **Museo de Arte Popular** *(Av. El Sol 103 - lun.-sam. 9h-17h, dim. 8h-13h - inclus dans le* boleto turístico). L'art populaire rassemble ici les meilleurs artisans de San Blas, le quartier artistique de

2

MARTÍN CHAMBI, L'ŒIL DE CUZCO

D'origine quechua, natif de Coaza, un petit village agricole au sud du Pérou près du lac Titicaca, le photographe péruvien Martín Chambi (1891-1973) est le premier photographe indien à avoir immortalisé, à travers l'objectif, le peuple auquel il appartient et s'identifie avec fierté. Portraitiste reconnu dès les années 1920 grâce à son studio de Cuzco, son œuvre en noir et blanc, d'une grande poésie artistique, est un fabuleux témoignage anthropologique sur la société de Cuzco. Outre ses portraits, il n'hésite pas non plus à descendre dans la rue pour s'immerger dans une réalité plus naturelle (scènes de vie quotidienne prises aussi bien dans les usines que dans les campagnes...) composant un fonds documentaire sans pareil sur la culture autochtone. Mémoire de Cuzco, Chambi manifeste une grande tendresse pour le peuple en haillons, de l'ironie pour les créoles à col monté, les militaires, les curés, et un regard lucide et implacable sur la réalité âpre d'une ville où les indigènes sont discriminés et oubliés. Depuis 2005, un projet est en cours pour ouvrir un musée à sa mémoire dans son ancien studio du 67 rue Marqués à Cuzco. Rens. : *www.martinchambi.org.*

Cuzco. La vie quotidienne est présentée par des mises en scènes caricaturales et grotesques qui ne manquent pas d'humour. Beaucoup plus poétique et pénétrant, l'univers photographique de **Martín Chambi** *(voir l'encadré p. 213)*.
Seul musée d'art contemporain notable de Cuzco : le **Museo Quijote** (*San Augustin 275 - 9h-19h30 - S/10)*. Sa collection de peintures et de sculptures peut constituer une brève introduction à l'histoire de l'art péruvien du 20e s.
En poursuivant jusqu'au bas de l'av. El Sol, on aperçoit le gigantesque monument en bronze érigé à la gloire de l'**Inca Pachacútec** – à visiter surtout pour la **vue stupéfiante★** du sommet (*9h-18h - inclus dans le* boleto turístico).

★ CUZCO COLONIAL

Avec ses places ombragées, ses jardins chargés d'agrumes et de feuillages, son harmonieux quadrillage d'avenues et de ruelles, Cuzco se dessine selon un urbanisme arabo-andalou où les églises baroques, symboles d'une foi conquérante, côtoient les *casonas*, ces belles demeures patriciennes, souvent transformées en musées ou en hôtels de luxe. Une balade dans le centre historique permet d'en découvrir quelques beaux exemplaires.
Du Qoricancha, remontez vers le centre par la calle San Agustín, une rue rectiligne, pentue et bordée de vieilles maisons coloniales, montées sur des soubassements incas. En bas de la rue à gauche se trouve notamment la **Casa de los Cuatro Bustos** (C2), érigée à la fin du 16e s., dont le linteau sculpté du portail représente les quatre bustes des frères et conquistadors Pizarro. La maison fait désormais partie de l'hôtel Libertador, l'un des établissements de luxe de Cuzco.
Poursuivez tout droit, au-delà de la rue Triunfo.

Plazoleta de las Nazareñas B1

Sur la droite de cette jolie et paisible place se dressent côte à côte l'église **San Antonio Abad** assortie de son séminaire (occupé aujourd'hui par l'hôtel Monasterio) et l'église **Las Nazareñas**. Le portail de cette dernière est surmonté de deux sirènes, ces êtres mythiques qui, selon la mythologie inca, servaient de messagers entre le monde d'en bas *(urin)* et le monde d'en haut *(hanan)*. Sur la même place, au fond, la **Casa Cabrera**, maison coloniale du 18e s. où logeait jadis le conquistador Alonso Díaz, abrite aujourd'hui le musée d'Art précolombien. Plus loin, en suivant la rue Tucumán à gauche, on tombe sur l'admirable **Palacio del Almirante**, édifié sur un palais inca au début du

LES TREIZE INCAS

L'empire inca, l'un des plus grands que la Terre eût portés, fut dirigé par treize souverains successifs, de la fin du 12e s. au milieu du 16e s. *(voir p. 87)*. Appelés *Sapa Inca*, ces chefs suprêmes étaient considérés comme « les plus puissants parmi les êtres humains ». Avant Viracocha, ces empereurs sont semi-légendaires car rien n'atteste de la réalité ni de la durée exacte de leur règne. Le mythique fondateur de la dynastie fut Manco Cápac, créateur de Cuzco. Dans la ville, les fondations des palais des 6e et 8e empereurs, Inca Roca et Viracocha, sont toujours visibles. Grande figure militaire et bâtisseur infatigable, Pachacútec étendit les limites de l'empire. On lui doit le Qoricancha de Cuzco ainsi que les temples de la Vallée sacrée et de Machu Picchu. Au début du 16e s., Huayna Cápac commit l'erreur de partager l'empire entre ses deux fils, Huáscar et Atahualpa, scission qui provoqua la guerre civile à l'origine de la chute finale des Incas.

17e s. et doté d'un superbe portail de pierre sculptée, surmonté des armoiries de son ancien propriétaire, le comte de Laguna. L'édifice héberge aujourd'hui le Musée inca.
Traversez la place d'Armes et continuez à l'ouest.

Plaza del Regocijo B2

À l'angle sud-ouest de la pittoresque place de la Joie, au coin de la rue Garcilaso, se dresse l'ancienne **Casa Garcilaso de La Vega**, célèbre historien, fils d'un capitaine espagnol et d'une mère inca. La maison est désormais occupée par le Musée d'histoire régionale et par l'office de tourisme.
Suivez ensuite la rue Garcilaso jusqu'à la plaza San Francisco.

★ Iglesia y Convento de San Francisco A2

Plaza San Francisco - ✆ (084) 221 361 - lun.-sam. 9h-16h - S/5.
Large et austère, cette église franciscaine (16e-17e s.) à clocher unique renferme un remarquable **chœur★** en cèdre finement sculpté, datant de 1632, que jouxte un orgue du 17e s. en parfait état de marche. Un escalier dans la nef permet d'accéder au clocher, d'où l'on jouit d'une très jolie vue sur la ville. L'attrait majeur de l'endroit est son **couvent★★**, qui rassemble une collection de peintures baroques métisses de l'école de Cuzco de toute beauté. Parmi elles, un gigantesque tableau du 17e s. de 9 m sur 12 représente l'arbre généalogique de saint François d'Assise, ne comprenant pas moins de 683 personnages. Ne manquez pas non plus, dans le réfectoire, la merveilleuse **Cène★★** de Diego de la Puente (17e s.), d'influence flamande. Notez, en bas à gauche de la composition, le petit diablotin à la peau sombre qui fait signe à Judas. Le **cloître**, ombragé d'un pin araucaria et d'un platane, arbore de gracieuses arcades mauresques. Les voûtes sont peintes de belles fresques de style mudéjar où voltigent des colombes. Dans la **crypte** sont exposés les ossements et les crânes des premiers moines franciscains du monastère, dans une mise en scène assez lugubre visant à rappeler la vanité de la vie humaine.

2

Iglesia y Convento de Santa Clara A2

Calle Santa Clara - 7h-11h30, 18h-19h30 - entrée libre.
Fondée en 1558, l'église Sainte-Claire recèle derrière son sobre aspect extérieur un décor des plus exubérants. De riches retables et un maître-autel couvert d'or reluisent entre les murs ornés de milliers de miroirs. Cette débauche n'avait pas seulement pour fonction, comme on le dit souvent, d'attirer les Indiens curieux à la messe. Dans la vision baroque, les miroirs et l'or visent à refléter la grâce et à irradier les vertus divines. Le couvent, quant à lui, ne se visite pas.
N'hésitez pas à poursuivre jusqu'au **marché San Pedro** (A3) et ses rues environnantes pour découvrir un quartier commerçant des plus vivants.
Si vous disposez d'un peu de temps encore, marchez vers le nord-ouest de la ville jusqu'au quartier haut de **San Cristóbal** (B1). En suivant la rue Procuradores depuis la place d'Armes, on rejoint, à l'intersection des rues Resbalosa et Huaynapata, un escalier pavé qui mène à un magnifique **point de vue★** : en contrebas, au milieu d'une mer ondulée de tuiles rouges, surgissent les pierres dorées de la plaza de Armas et les fiers clochers de la cathédrale et de l'église de la Compañía.

★ VESTIGES INCAS

En investissant Cuzco, les Espagnols élevèrent leurs bâtiments sur les restes des temples et des palais incas. Masqués par des revêtements successifs, la majorité de ces vestiges furent mis au jour après le séisme de 1950. Il s'agit pour l'essentiel de pans de murs ou de remparts, dont les gros blocs de pierre, telles les pièces d'un puzzle, sont tellement bien emboîtés que l'on ne discerne aucun joint. Ces appareils de pierres aux formes irrégulières, parfois à denture compliquée, révèlent une exceptionnelle maîtrise technique de la part de bâtisseurs qui savaient ajuster à la perfection d'énormes monolithes. Ces murs ont d'ailleurs survécu à tous les tremblements de terre de la région, alors que les édifices postérieurs se sont pour la plupart écroulés.

Au nord-est de la plaza de Las Nazareñas, entre les églises Nazareñas et San Antonio Abad, passe une petite ruelle, la **calle Siete Culebras**, célèbre pour sa **Casa de las Sierpes**, une école inca *(yachayhuasi)* transformée en maison nobiliaire espagnole. On distingue, au-dessus du mur inca, plusieurs serpents sculptés qui retiennent les armoiries. Tournez ensuite à gauche dans la rue Choquechaca. Au n° 339, on remarque un monumental **portail inca**, qui marque l'entrée d'un hôtel.

Redescendez la rue Choquechaca et tournez à droite, dans la rue pavée **Hatun Rumiyoc★★**, bordée de prodigieux murs de pierres polygonales. Vers le milieu de la rue, un groupe d'enfants et d'individus déguisés en Incas font le pied de grue devant la célèbre **pierre aux 12 angles**, un monolithe poli et équarri de façon à s'ajuster parfaitement aux autres pierres du mur, sans mortier. Les douze angles n'ont rien d'exceptionnel, les maçons incas savaient intégrer dans leurs constructions des pierres encore plus irrégulières, à 32, voire 44 angles. La pierre faisait partie du palais d'Inca Roca, devenu le siège de l'archevêché.

Revenez un peu en arrière et prenez l'autre ruelle piétonne qui borde l'édifice au coin à droite. Environ à mi-chemin, sur le côté droit, une série de pierres représente, dit-on, la forme d'un **puma** (pas évident à distinguer, demandez à un gamin de vous la pointer du doigt). Notez les tenons qui servaient à soulever et à déplacer les énormes pierres.

De la place d'Armes, sur le flanc de l'église de la Compañía, part la **calle Loreto★**, la plus longue rue préhispanique du centre-ville. Rien n'a changé dans cet étroit sillon, où l'on foule des calades de galets biscornues, comme jadis les dignitaires incas. Les blocs de granit des murs, solidement soudés les uns aux autres, sont des polyèdres rectangulaires, encastrés comme des briques. Ce type de construction, dit « impérial », si parfait qu'on ne peut même pas y glisser une aiguille, était réservé aux temples et aux palais de la haute hiérarchie. D'un côté se dressait en effet l'*Amaru cancha*, le temple du Serpent, palais de Wayna Cápac (aujourd'hui église de la Compañía), de l'autre l'*acclahuasi*, le temple des femmes choisies, remplacé par le couvent Santa Catalina.

★ MUSÉES

★★ Museo de Arte Religioso B1

Angle Hatun Rumiyoc et Palacios - lun.-sam. 8h-18h, dim. 10h-18h - S/25 ou boleto religioso - *audioguide disponible en français.*

Construite sur les ruines du palais d'Inca Roca, la résidence du marquis de Buenavista, devenue palacio del Arzobispado (palais de l'archevêque), se compose, entre autres, de deux charmants patios arabo-andalous décorés d'azulejos, d'un salon doré aux plafonds peints de style mudéjar et d'une petite chapelle. Le musée présente, en une douzaine de salles, une remarquable collection de mobilier français et espagnol, de retables et surtout de peintures religieuses, incluant plus d'une centaine de toiles des 17e et 18e s., en grande majorité des peintures baroques de l'**école de Cuzco**. Une série de tableaux (nos 51 à 55) illustrant la fête du Corpus Cristi à Cuzco au 17e s. montrent la société coloniale défiler dans les rues, en compagnie du clergé et

Les murs incas de la célèbre rue Hatun Rumiyoc.
H. Hughes / Hemis.fr

de la noblesse inca fraîchement convertie. L'artiste indien Diego Quispe Tito semble s'être représenté en bas à droite du tableau n° 54. Les tableaux nos 57 à 60 prennent pour thèmes les cycles zodiacaux et les paraboles de l'Évangile. Dans la chapelle, encadrées de colonnes salomoniques dorées, figurent quatre grandes toiles très inspirées de Basilio de Santa Cruz Pumacallao.

★ Museo de Arte Precolombino B1

Casa Cabrera, plazoleta de Las Nazareñas 231 - map.museolarco.org - 9h-22h - S/20.
La maison (16e s.) du conquistador Alonso Díaz a été restaurée et transformée en musée d'Art précolombien (MAP) en 2003. Celui-ci rassemble une sélection de 450 œuvres d'art tirées des collections du musée Larco de Lima *(voir p. 165)*, datant de 1250 av. J.-C. à 1532 de notre ère, ainsi que des peintures coloniales. Onze salles se partagent les joyaux en or, en os et en coquillages, les sculptures en bois, céramiques et tout ce qui caractérisa l'art des cultures nazca, mochica, huari, chimú, chancay et bien sûr, inca. Malgré leur nombre limité, les pièces sont bien présentées (explications en espagnol, anglais et français) et soigneusement éclairées. Les murs sont émaillés de citations de penseurs et d'artistes européens (Henry Moore, Claude Levi-Strauss, Paul Klee, Henri Matisse) qui donnent matière à réfléchir sur la question du « primitif » dans l'art. Le musée, qui reste ouvert tard le soir, comprend un café-restaurant très sympathique pour un déjeuner ou une pause-café dans le patio, à la décoration minimaliste et à la cuisine raffinée.

★★ Palacio del Almirante - Museo Inka B1

Cuesta del Almirante 103 - ☏ (084) 237 380 - lun.-sam. 8h-19h - S/10.
Logé dans le palacio del Almirante, édifice au style plateresque très chargé, le Musée inca conserve bijoux, momies, céramiques, armes et tissus incas, et en particulier une collection unique de 450 gobelets en bois *(qeros)* ornés de peintures. Cependant, plus que dans la présentation d'objets et d'œuvres d'art, l'intérêt du musée réside dans le **panorama complet** et instructif qu'il dresse de la civilisation inca, de ses origines à sa chute, et même au-delà.

Les premières salles opèrent un rapide survol des **civilisations pré-incas** (mochica, paracas, chancay, chimú, chavín, nazca). Les suivantes retracent l'occupation de la Vallée sacrée par les **Incas** et les différents aspects de leur culture : art, médecine, religion, agriculture, guerre.
Au premier étage, des maquettes et des diaporamas montrent les travaux agricoles, l'habitat et la métallurgie au temps des Incas.
Une dernière partie historique est consacrée à la **destruction de la culture inca** par la conquête espagnole et à l'impact de la société coloniale sur les cultures indigènes. Il est intéressant d'étudier la façon dont la noblesse inca adopta, aux 17e et 18e s., le mode de vie des colons espagnols, avec son faste et sa domesticité, et d'observer son goût pour les portraits peints, qui vise à affirmer sa puissance. Vient ensuite le temps du réveil national. On y voit un exemplaire original du livre d'Inca Garcilaso de La Vega, les *Comentarios reales de los Incas* (Commentaires royaux des Incas), publié en 1609, qui narre la grandeur des Incas et allume le sentiment de fierté indigène qui inspirera par la suite les mouvements de révolte contre les colons, aux 18e et 19e s.
Une salle est réservée à l'histoire de **Mamakuka** (« mère Coca »), la feuille de coca, et à ses multiples usages médicinaux, sociaux et magico-religieux.

★ Museo Histórico Regional B2

Casa Garcilaso, calle Heladeros - tlj sf lun. 8h-17h, sam. 8h-13h - entrée incluse dans le boleto turístico *- visite guidée gratuite (env. 30mn).*
La maison coloniale d'**Inca Garcilaso de La Vega** (1539-1616), le chroniqueur de l'empire inca et de la conquête espagnole, héberge ce musée d'Histoire régionale. Il retrace l'évolution de Cuzco depuis les temps préhistoriques jusqu'à l'époque de la vice-royauté, en passant par les périodes pré-inca et inca, à travers une collection de momies, céramiques précolombiennes, armes de guerre, figurines en bronze, idoles en argent, tissages... Plus intéressantes sont les collections de peintures de l'**école de Cuzco** présentées dans les galeries à l'étage : série du fils prodigue de Diego Quispe Tito, toiles ténébristes de Juan Espinoza de Los Monteros, style baroque indigéniste de Marcos Zapata et Pedro Nolasco.

À proximité Carte de région, p. 198

★ AU NORD, VERS PISAC

Quatre sites incas sont facilement accessibles depuis Cuzco, en minibus, en taxi, en tour organisé ou même à pied (comptez une demi-journée d'excursion). Ils peuvent aussi se visiter en chemin vers la Vallée sacrée. Sinon, nous vous conseillons de vous faire déposer au plus éloigné d'entre eux, Tambomachay, puis de redescendre progressivement à pied vers Cuzco en visitant les autres. Le chemin inverse, en rude montée, est épuisant à cause de l'altitude. Évitez de circuler seul à pied tôt le matin ou à la nuit tombée, des vols ont été signalés. Des minibus pour Pisac partent ttes les 15mn de la calle Puputi n° 208 (à l'ouest de la ville, près de l'av. Collasuyo) ou bien de l'av. Tullumayo n° 207. Ils vous déposent en chemin aux quatre sites (S/1 le trajet), et peuvent être hélés en route. L'entrée des sites est incluse dans le boleto turístico. *Ils sont ouverts tlj de 7h à 18h. Des guides, officiels ou non, attendent à l'entrée des ruines (tarifs à négocier).*

★★ Sacsayhuamán B2

À 2 km de Cuzco (environ 30mn à pied). Un ancien chemin inca en escalier descend du site jusqu'à l'église de San Cristóbal. Entrée incluse dans le boleto turístico.

Cuzco n'ayant pas été fortifiée, aucun mur d'enceinte ne séparait le tissu urbain de la campagne environnante. Toutefois, il est possible que cette structure mégalithique érigée sur une colline dominant la ville ait servi de **forteresse militaire** au temps des Incas. Sa position stratégique au-dessus de Cuzco, excellent lieu pour défendre la ville, sa triple muraille cyclopéenne qui frappe le regard et lui donne l'air d'un bastion inexpugnable, ses murs en zigzag et ses parapets sont autant d'éléments qui plaident pour cette interprétation. Des hypothèses plus récentes évoquent cependant une **aire sacrée**, dont les constructions en dents de scie seraient attachées au culte du dieu de la foudre Illapa. Sacsayhuamán aurait donc été érigée à l'initiative de l'Inca Pachacútec sur un centre cérémoniel très ancien, dont on ignore l'origine. L'œuvre fut poursuivie sous le règne de Túpac Yupanqui, et peut-être achevée sous celui de Huayna Cápac. Vingt à trente mille hommes travaillèrent pendant 60 ans à sa construction.

C'est sous les murs de Sacsayhuamán que se joua l'un des derniers épisodes de la conquête du Pérou. En 1536, lors du soulèvement de **Manco Inca**, les Espagnols, maîtres du centre de Cuzco, furent assaillis par des milliers de soldats incas qui s'étaient emparés de la forteresse. La bataille occasionna de nombreuses victimes, dont Juan Pizarro, le plus jeune des quatre frères. Jonchant le sol, les cadavres des deux camps furent dévorés par les condors. Après la défaite des troupes inca, les Espagnols abattirent les murs de Sacsayhuamán, dont ils emportèrent les pierres les plus maniables pour construire leurs églises et leurs palais à Cuzco.

Devant la forteresse s'étend une esplanade verdoyante où a lieu tous les ans, le 24 juin, une représentation folklorique de l'**Inti Raymi**, la fête du Soleil *(voir p. 239)*.

Quoique ne constituant qu'une petite partie du complexe originel, environ le cinquième, la forteresse que l'on visite aujourd'hui reste très imposante. Elle se compose de **trois remparts** successifs, aux murs disposés en dents de scie, qui délimitent trois plates-formes superposées. Ces murailles comportent des blocs de granit titanesques, pesant parfois plus de 100 t (le plus gros mesure 8 m et pèse 360 t !). Extraits d'une carrière située à 8 km de là, les énormes blocs furent tirés sur des rondins par des centaines d'hommes, puis taillés et polis durant des jours jusqu'à s'encastrer parfaitement les uns dans les autres. Les enceintes sont reliées par des escaliers et par une série de portes trapézoïdales.

Au sommet du site, on remarque les fondations de trois mystérieux édifices à plan circulaire, qui ne semblent pas correspondre à une vocation militaire. Les chroniques espagnoles évoquent la présence d'un **temple consacré à Inti**, le dieu Soleil. D'autres archéologues pensent qu'il s'agissait de tours d'observation astronomique auxquelles seul l'Inca et les prêtres de haut rang pouvaient accéder. Nimbé de mystère, l'endroit ensorcelle par la majesté et le gigantisme de ses structures.

Sur une colline de l'autre côté du site se trouve le **trône de l'Inca**, une série de bancs de pierre taillés dans un éperon de roche volcanique. Il s'agissait sans doute d'un autel sacré, un *ushnu*, qui servait aux sacrifices d'animaux.

★ Qenko B2

À 4 km de Cuzco. Entrée incluse dans le boleto turístico.

De Sacsayhuamán, la route longe des champs où les Cusquéniens aiment jouer au football ou pique-niquer durant le week-end. On aperçoit également la grande statue blanche d'un Christ rédempteur qui couronne la colline voisine.

Signalé par un panneau, le sanctuaire rupestre de Qenko constitue un extraordinaire exemple d'architecture et de sculpture intégrées à la roche vive. Marches, niches, cuves et tunnels ont été creusés en zigzag dans un grand rocher calcaire (Qenko, ou q'enqo, signifiant « méandre »). Sur le sommet du rocher, des motifs irréguliers ont été sculptés à la surface de la pierre. Des figures et des canaux se séparent et se rejoignent en un ensemble énigmatique. Certains pensent que ces canaux servaient à recueillir la *chicha* lors de cérémonies. Dessous, une petite **grotte** est aménagée en sanctuaire, abritant une table en pierre qui faisait sans doute office d'autel sacrificiel. Au nord s'étend une sorte d'**amphithéâtre**, cour elliptique entourée d'un mur incurvé, originellement ponctué de niches qui ont presque toutes disparu. Au milieu se dresse un monolithe de 6 m de hauteur, entouré d'un mur, qu'on appelle le **puma assis**, à cause de sa forme qui suggère celle du félin. L'ensemble évoque des cultes de fertilité liés au cycle des saisons et à la course du Soleil. La disposition des ruines symbolise peut-être aussi les trois mondes, celui des dieux en haut, celui des humains au niveau de l'esplanade, et enfin celui des morts dans la grotte souterraine.

Puca Pucara C2

À 10 km de Cuzco. Entrée incluse dans le boleto turístico.

Au bord de la route Cuzco-Pisac se dressent les vestiges de la petite « forteresse rouge », Puca Pucara, ainsi nommée en raison de la couleur rose de ses pierres. Largement détruite par les Espagnols qui en récupérèrent les pierres, cette place forte était probablement un poste de garnison surveillant le chemin entre Cuzco et la Vallée sacrée, à moins qu'elle n'ait servi d'entrepôt de stockage, d'auberge-relais pour les voyageurs, ou encore de pavillon de chasse pour la noblesse inca. Il est possible que l'édifice, bâti durant le règne de l'Inca Pachacútec, ait rempli toutes ces fonctions à la fois. En dépit de son allure modeste, le site mérite une halte pour la belle vue qu'il offre sur la Vallée sacrée depuis son esplanade.

★ Tambomachay B2

À 11 km de Cuzco. Entrée incluse dans le boleto turístico.

Signalé par un panneau sur la route, le site se cache dans la végétation au flanc d'une colline, non loin d'une source naturelle. Son nom provient de la fusion de *tambo*, lieu de repos et d'approvisionnement, et de *machay*, grotte. Bien que mal conservé, il se compose de trois terrasses peu profondes, reliées par des escaliers, et entourées par des murs d'enceinte aux pierres finement taillées et ponctuées de niches trapézoïdales. Une source surgit au pied du mur, à gauche de la deuxième terrasse. Les Incas ont acheminé l'eau vers la terrasse suivante, la faisant disparaître puis réapparaître sous la forme d'une double cascade qui retombe par des vasques et des cannelures taillées dans la roche sur la dernière terrasse. Comme dans d'autres sites incas, les murs et les portes ont été élevés pour se fondre et épouser les rochers naturels, en un ensemble symétrique et maîtrisé. Selon certains archéologues, le site de Tambomachay, que l'on appelle communément le **bain de l'Inca**, était une sorte de station thermale réservée à l'Inca et à sa suite, qui venaient procéder là à leurs ablutions sacrées. Selon d'autres, l'endroit servait plus vraisemblablement de lieu de culte, où l'eau, source de toute vie, était vénérée.

★ AU SUD, VERS PUNO C2

Situés à l'écart des sentiers touristiques, deux sites archéologiques, Tipón et Pikillacta, et trois églises jésuites, Andahuaylillas, Huaro et Kanikunka, pourraient facilement justifier une journée entière d'excursion. Toutefois, si vous devez choisir, visitez en priorité Andahuaylillas, véritable merveille baroque cachée dans un paisible village.

★ Tipón

À 23 km de Cuzco, entre les villages de Saylla et d'Oropesa. Les bus vous laissent au croisement de la route, à 4 km du site par une mauvaise piste (1h à pied). 7h-18h - entrée incluse dans le boleto turístico.

Rarement visité par les touristes, car difficile d'accès (voire impossible en saison des pluies, de novembre à mars), le site archéologique de Tipón vaut pourtant bien les ruines de Pisac ou d'Ollantaytambo, la foule en moins. Remarquablement préservées, les **terrasses incas** ont conservé leur tracé, lequel est si élaboré que les archéologues pensent davantage à des terrains d'expérimentation agronomique qu'à des terres de cultures ordinaires. Le site abrite également les vestiges de bains, d'un temple, et de tout un réseau d'aqueducs et de canaux d'irrigation qui témoignent des grandes qualités d'ingénieurs des Incas.

Pikillacta

À 32 km de Cuzco, 7 km après Oropesa. Les bus vous laissent devant le site près d'un lac. 7h-18h - entrée incluse dans le boleto turístico.

Seul site pré-inca d'importance de la région, la cité fortifiée de Pikillacta fut édifiée par les Huaris vers le 9e s. de notre ère. Cernés par une enceinte de protection, les quelque 700 bâtiments d'adobe, en piètre état de conservation, comptaient deux étages auxquels on accédait par une porte d'entrée située au niveau supérieur, et accessible par une échelle. Beaucoup de petites idoles en turquoise, aujourd'hui exposées au Musée inca de Cuzco, furent exhumées lors des fouilles.

★★ Andahuaylillas

À 40 km de Cuzco, 10 km avant Urcos. Alt. 3 123 m. 7h30-17h - S/5.

« Réduction » indigène fondée au 16e s. par le vice-roi Francisco de Toledo, ce petit village de 2 500 âmes abrite une église, surnommée la **chapelle Sixtine des Andes** en raison de sa décoration exceptionnelle. L'église San Pedro fut construite au début du 17e s. par les **Jésuites** sur les ruines d'un palais inca. Les missionnaires projetaient d'instaurer là un laboratoire culturel, le premier jalon d'un réseau qui, de la Colombie à l'Argentine et au Paraguay, leur aurait permis de bâtir un monde nouveau, à la fois métis et chrétien, sur lequel ils auraient exercé leur pouvoir temporel et spirituel. Un rêve de syncrétisme religieux brisé au milieu du 18e s., lorsque les Jésuites furent expulsés des colonies espagnoles d'Amérique. Laissé à l'abandon, ce chef-d'œuvre du patrimoine colonial revient de loin. San Pedro ne doit sa survie qu'à un lent et minutieux travail de **restauration**, amorcé en 2002 et toujours en cours. Dernièrement, grâce à la coopération française, les deux orgues de l'église, réalisées entre 1610 et 1630 et considérées comme les plus anciennes du continent américain, ont repris du service, après des décennies de silence.

Devant une petite place centrale pavée de gros galets se tient le modeste édifice, d'un seul vaisseau, aux murs d'adobe blanchis à la chaux. Il est flanqué sur le côté d'une tour-clocher de plan carré et précédé d'un auvent de tuiles. Celui-ci protège une tribune en bois au sommet de laquelle une fresque en mauvais état représente le martyre de saint Pierre et de saint Paul. Une fois le seuil franchi, l'explosion des couleurs frappe le regard. Bordée de plusieurs

petites chapelles, la nef illustre à merveille le principe selon lequel le baroque a horreur du vide. Pas un centimètre carré, du sol au plafond, qui ne soit peint de fresques multicolores, réalisées, comme la grande majorité des peintures, au début du 17e s. par l'artiste liménien **Luis de Riaño** (1596-1667), un élève du peintre italien Angelino Medoro. Tout, dans ce sanctuaire, arrache au visiteur des cris d'admiration. La voûte, de style mudéjar, découpée en caissons par une charpente de bois doré, est constellée de losanges étoilés, bleus, rouges et jaunes, ornés de rameaux de feuillage. Sur les murs, les fresques débordent d'archanges emplumés, de sirènes, d'oiseaux exotiques, de bouquets de fleurs et de rinceaux. Près de l'entrée, à droite, une fresque illustre le *Chemin du ciel*, un sentier étroit semé d'épines. À gauche, le *Chemin de l'enfer* est au contraire pavé de fleurs. Sur les peintures murales sont posés plusieurs grands tableaux baroques. Au-dessus de l'arc triomphal qui délimite le chœur, trône la **Vierge immaculée**, un tableau attribué à Murillo (17e s.). Dans la première chapelle du chœur, à gauche, remarquez la *Vierge du rosaire* de Diego Quispe Tito. Le retable principal, rutilant d'or et encadré de colonnes salomoniques, héberge un tabernacle d'argent orné de miroirs vénitiens.
Observez le portique à l'entrée du **baptistère**, à gauche de l'entrée. Il porte une inscription – « Je te baptise au nom du Père, du Fils et du Saint-Esprit, amen » – en cinq langues : espagnol, latin, quechua, aymara et puquina (dialecte aujourd'hui éteint). Un résumé du programme d'évangélisation très tolérant des Jésuites.

★★ Huaro

Sur la route d'Urcos, 7 km après Andahuaylillas. Prenez un taxi ou un colectivo. *7h30-17h - S/5.*
Également construit au début du 17e s., dans le style Renaissance, ce temple dédié à saint Jean-Baptiste est un autre petit bijou, presque inconnu des touristes. Les fresques intérieures sont plus tardives que celles d'Andahuaylillas. Elles ont été exécutées vers 1802 par **Tadeus Escalantes**, un disciple du peintre indien Diego Quispe Tito. Parfait exemple du métissage culturel voulu par les jésuites, les fresques prennent pour cible l'arrogance des riches et des puissants colons, soulignant que la richesse et le pouvoir ne sont ni un rempart contre la mort, ni un passe-droit face à la justice divine. Ainsi la fresque du *Jugement dernier* fustige les évêques et les curés corrompus ou malhonnêtes, que l'on voit rôtir dans un chaudron bouillant sous le regard hilare de diablotins. Sur les plafonds, de style mudéjar, les fresques brossent une image du paradis semblable à l'univers foisonnant de la forêt amazonienne. Le maître-autel, en argent, est égayé de petits tableaux baroques qui dépeignent la vie de la Vierge.

★ Kanikunka

1 km après Huaro, sur la même route, juste avant la ville d'Urcos. Des bus partent régulièrement d'Urcos vers Cuzco et Puno. 7h30-17h - S/5.
Nichée dans un cadre splendide au bord d'un lac, cette petite chapelle de forme rectangulaire date aussi du 17e s. L'encadrement du portique est composé de pierres incas. Le bâtiment a en effet été construit sur une *huaca* (lieu de culte) inca, dont on a réemployé les vestiges. Là encore, les sobres murs extérieurs, chaulés de blanc, contrastent avec la profusion artistique de l'intérieur, où les fresques baroques courent des murs au plafond, formant une ornementation aussi dense et inextricable qu'une tapisserie.

NOS ADRESSES À CUZCO

Plan de la ville p. 204-205

INFORMATIONS UTILES

Banque / Change – La plupart des banques et bureaux de change sont situés en haut de l'av. El Sol. Des changeurs de rue arpentent le trottoir sous les arcades de la plaza de Armas et sur l'av. El Sol. Leurs taux sont en général meilleurs que dans les banques.

LAC Dólar - *Av. El Sol 150 - lun.-sam. 9h-13h, 14h-19h.* Change euros et dollars, en espèces ou travellers.

Banco de Crédito - *Av. El Sol 189 - lun.-jeu. 9h-18h30, vend. 9h-19h30, sam. 9h-13h.* Change et DAB.

Interbank - *Plaza de Armas, portal de Comercio 133 - 8h-21h.* Change euros et dollars en espèces ou travellers, DAB sécurisé avec garde. Autres distributeurs bancaires dans les patios des commerces, des marchés, des restaurants et hôtels du centre-ville.

Poste – Serpost - *Av. El Sol 800* (C3) - *✆ (084) 224 212 - lun.-sam. 8h-19h30.*

DHL-Western Union - *Av. El Sol 627-A - ✆ (084) 244 167 - lun.-vend. 8h30-19h30, sam. 8h30-13h30.*

Téléphone / Internet – Les *cabinas* Internet sont présentes à tous les coins de rue, la plupart disposant, outre l'accès à Internet *(S/1 ou S/2/1/2h)*, de cabines d'appels téléphoniques nationaux ou internationaux à des prix très attractifs.

Telefónica del Perú - *Av. El Sol 382-6* (B2) - *✆ (084) 241 114 - lun.-sam. 8h-22h.*

Police – Policía Nacional de Turismo - *Saphi 510* (A1) - *✆ (084) 249 654 - 24h/24.* Quelques policiers parlent anglais.

Urgences / Santé – Clínica Pardo - *Av. de la Cultura 710, plaza Túpac Amaru - ✆ (084) 240 387 - www.clinicapardo.com.* Consultations 24h/24.

Clínica Panamericana - *Av. de la Infancia 508 (quartier de Wanchaq) - ✆ (084) 249 494.* Consultations 24h/24.

Hospital Regional - *Av. de la Cultura s/n (près de la gare de Wanchaq* (C3) *- ✆ (084) 223 691.* Consultations 24h/24.

Tourist Medical Assistance (TMA) - *Heladeros 157 - ✆ (084) 260 101 - 24h/24.* Urgences médicales, informations sanitaires et aide juridique.

Inka Farma - *Av. El Sol 214* (B2) - *✆ (084) 242 967.* Grande pharmacie ouverte 24h/24.

Ambassades / Consulats – Il s'agit de consuls honoraires.

France - *Sr. Jorge Escobar Medrano - Av. Micaela Bastidas 101, Wanchaq - ✆ (084) 233 610 - lun.-vend. 18h-20h.*

Belgique - *Sr. Federico Alarco Suarez - Av. El Sol 954 (Sótano Hotel Savoy) - ✆ (084) 221 098 - lun.-vend. 9h-13h, 15h-18h.*

Laveries – Inka Lavandería - *Ruinas 493 - ✆ (084) 223 421.*

Lavamatic - *Procuradores 354/ Mantas 17.*

Ñapaña - *Saphi 578-A - ✆ (084) 240 415.*

Sites Internet –

About Cusco - *www.aboutcusco.com.*

CuscoPeru - *www.cusco peru.com.*

Pour les agences de voyages, se reporter à la rubrique « Activités » p. 237.

ARRIVER / PARTIR

Avion – Aeropuerto internacional Velasco Astete (CUZ)- *à 5 km au sud-est du centre de Cuzco - ✆ (084) 222 611 .* Le terminal comprend un bureau d'informations touristiques *(✆ (084) 237 364)* ouvert aux horaires des vols, des *casas de cambio* et un DAB. À la sortie, une armée de taxis attend les passagers pour les conduire en ville *(20mn, env. S/15)*. Sachez néanmoins que la plupart des hôtels, même les petites pensions, proposent de venir chercher gratuitement leurs clients si vous le demandez à l'avance.

Pour les taxes d'aéroport, voir « Transports », p. 43.

LAN Perú - *Av. El Sol 627-B* (B2) - *(084) 255 552 ou 080 111 234 (n° vert) - www.lan.com - lun.-vend. 8h30-19h, sam. 8h30-18h, dim. 9h-12h.* De/vers Lima : en moyenne 13 vols/j. (1h25 de trajet). De/vers Arequipa : 7 vols/j. (entre 2h15 et 3h25 selon escales). De/vers Juliaca : 1 vol/j. en moyenne (55mn). De/vers Puerto Maldonado : en moyenne 2 vols/j. (55mn).

Star Perú - *Av. El Sol 627* (B2) - *(084) 262 768/253 791 - www.starperu.com.pe - lun.-vend. 9h-13h, 15h-18h30, sam. 9h-13h, dim. 9h-12h30.* De/vers Lima : 10 vols/j. en moyenne. De/vers Puerto Maldonado : 3 vols/j.

Taca Perú - *Av. El Sol 602-B* (B2) - *(0800) 1 8222 - www.taca.com - lun.-vend. 8h30-13h30, 15h-19h, sam. 9h-13h30, 15h30-18h.* De/vers Lima : 5 vols/j. en moyenne.

AeroSur - *Av. El Sol 948, Centro comercial Cusco Sol Plaza, ofic. 120, 1° piso* (C3) - *(084) 254 691 - www.aerosur.com - lun.-vend. 9h-13h, 15h-19h, sam. 9h-13h.* De/vers La Paz : se rens. (souvent le 15 de chaque mois).

Peruvian Airlines - *Calle del Medio 117 - (084) 254 890 - www.peruvian.pe - lun.-sam. 9h-19h, dim et j. fériés 9h-12h.* De/vers Lima : 4 vols/j.

Bus – *Pour la Vallée sacrée (Pisac, Ollantaytambo, Urubamba, Chinchero), voir le chapitre concerné, p. 240.*

Les bus longue distance arrivent et partent du **terminal terrestre**, situé sur l'Óvalo, av. Pachacútec, à 2 km au sud-est du centre-ville, sur la route vers l'aéroport. Comptez env. S/5-6 en taxi depuis la plaza de Armas. Certaines compagnies comme Cruz del Sur ayant toujours leur propre terminal. De multiples compagnies desservent Lima (env. 21h de trajet), Puno (env. 6h), Arequipa (env. 10h), Puerto Maldonado (env. 10h), Nazca (env. 14h) et Tacna (env. 15h). Parmi les plus fiables et les plus confortables :

Bon à savoir – N'oubliez pas que le prix des bus est toujours négociable. Le réserver au moins 24h, voire 48h, à l'avance en haute saison. Les places du premier rang à l'étage offrent une magnifique vue panoramique.

Cruz del Sur - *Av. Industrial 251* (C2) - *(084) 221 909/248 255 - www.cruzdelsur.com.pe.* Pour Lima, 2 bus *cama* à 16h et 18h *(S/170-185)* ; pour Arequipa, à 20h et 20h30 *(S/97-125 pour la version* cama*)* ; pour Nazca, à 16h et 18h *(2 bus* cama *autour de S/185).*

Movil Tour - *(084) 238 223 - www.moviltours.com.pe.* Pour Lima, 2 bus *cama* à 14h et 18h *(autour de S/130)* ; pour Puerto Maldonado à 20h *(S/45-55).*

Palomino Wari - *Av. Industrial 251* (C2) - *(084) 247 217 - www.expresowari.com.pe.* Pour Lima, nombreux bus entre 6h et 20h *(en* cama *autour de S/140).*

Flores - *(084) 256 208 - www. floreshnos.net.* Pour Lima, bus *imperial* à 18h. Pour Arequipa, bus à sièges-lits à 20h30.

Civa - *(084) 249 961 - www.civa.com.pe.* Bus *economico* et *super churre* pour Lima à 13h30 et 18h *(de S/70-100 à S/140 en* cama*)* ; pour Arequipa à 20h *(S/45-75).*

Star Peru ou **Transela** *(terminal terrestre)* sont deux compagnies recommandées pour aller sur Puno *(départ quotidien à 8h/8h30 -*

comptez autour de S/30-35). Moins cher, **Power** *(terminal terrestre - S/15)* a des bus en revanche nettement moins bien entretenus.

Bon à savoir – Pour visiter en bus les sites culturels ponctuant le trajet de Cuzco à Puno, voyez les différentes compagnies de bus proposées *(Puno, p. 280)*.

Train – *Pour Machu Picchu, voir le chapitre concerné, p. 265.*

Estación de Wanchaq - *Av. Pachacútec s/n (C3) - (084) 581 414 - www.perurail.com - CC - lun.-vend. 7h-17h, w.-end 7h-12h.* Un DAB est aussi accessible dans l'entrée. Située au sud de la ville, cette gare vend tous les billets : Poroy (Cuzco)-Aguas Calientes (Machu Picchu) (3h) ; Ollantaytambo-Aguas Calientes (1h30) ; Urubamba-Aguas Calientes (2h30) et Wanchaq (Cuzco)-**Puno** (10h). Lun., merc. et sam. (et vend. d'avr. à oct.) à 8h (arrivée à 17h50). L'aller simple Cuzco-Puno est vendu au tarif de 210-220 $ *(env. S/610-640)*, ce qui enlève tout intérêt au train comparé au prix des bus et à la durée du trajet.

Bon à savoir – Une fois votre billet de train en poche, allez immédiatement acheter votre billet d'entrée pour le site du Machu Picchu (prenez votre passeport) afin d'être bien sûr que transport et visite se coordonnent comme vous l'entendez. L'Oficinas de la Dirección Regional de Cultura se trouve av. de la Cultura 238 (à 15mn à pied de Wanchac).

Pour le billet du Machu Picchu, voir p. 237.

TRANSPORTS DANS CUZCO

Les Incas avaient tracé le plan de Cuzco en forme symbolique de puma, l'un des animaux totémiques des peuples andins. La tête de l'animal, orientée au nord-ouest, était figurée par la citadelle de **Sacsayhuamán** (B1), et sa queue se situait approximativement à l'angle des avenues Tulumayu et El Sol, près du **Qoricancha** (B2), l'ancien temple d'Or. Difficile de visualiser cette figure sur un plan aujourd'hui, même si le tracé originel de la ville a été conservé, en raison de l'urbanisation qui l'a englobée. Au cœur de la ville s'étend la **plaza de Armas** (B1/2). Vers le sud, la grande **avenida El Sol**, qui descend vers les quartiers modernes, rassemble la plupart des banques. De la place d'Armes rayonnent de petites rues pavées marquant le vieux centre historique : calles Procuradores, Plateros, Mantas, Loreto, Triunfo, où s'égrènent quantité d'agences de voyages, restaurants, boutiques, bars et hôtels. Jolis points de vue sur la ville depuis le **quartier San Blas** (C1) à l'est ou de celui de **San Cristóbal** (B1) au nord-ouest. Le **marché central** (A3) se trouve au sud-ouest, près de l'ancienne gare de San Pedro.

Visite touristique – Le **Tranvia de Cuzco** *(Plaza Armas 1 (B2) - (984) 612 388 - www.tranviacusco.com - lun.-sam. 8h30-18h30 - départ ttes les 90mn - durée 1h15 - S/20)*, tramway historique datant de 1911 remis en circulation à des fins touristiques, permet de visiter la ville et ses environs (au programme une quarantaine de sites).

À pied – On circule facilement à pied dans Cuzco, même si les premiers jours, on se sent vite essoufflé en raison de l'altitude. Toutes les curiosités sont à distance raisonnable de la plaza de Armas. D'ailleurs, les rues sont si étroites et encombrées qu'on a plus vite fait de marcher.

Taxi – Les taxis sont nombreux et bon marché, à condition de négocier : env. S/3-4 en journée pour le centre-ville, S/6-8 en soirée et le dimanche selon la distance. Du centre-ville à l'aéroport comptez S/8-10. Vérifiez toujours que le taxi dispose d'une licence (triangle noir et or sur chaque portière et autocollant sur le pare-brise). Il est possible de louer un taxi à l'heure ou à la journée, pratique pour les excursions à proximité. Par exemple, pour Sacsayhuamán et les trois autres sites voisins, comptez entre S/80 et S/90 pour un circuit de 3h AR si le chauffeur est un peu guide (valable pour 3 pers.). Pour un minibus (plus de 5 pers.), comptez autour de S/120. Réservez un taxi par **Aló Cusco**, ✆ (084) 222 222.

Bus – Les bus locaux, appelés indifféremment *colectivos*, *micros* ou *combis*, ne sont pas d'une grande utilité en ville. En revanche, ils sont indispensables pour circuler dans la Vallée sacrée *(voir p. 249)*.

De/vers Andahuaylillas – La compagnie **Inka Express**, qui relie Cuzco à Puno en bus de luxe (départ 7h, arrivée 17h), assure la visite d'Andahuaylillas en chemin *(voir p. 221)*. Les bus locaux pour **Urcos** et **Sicuani** partent de l'av. de la Cultura n° 1625 (au niveau de l'hôpital régional), au sud de la ville, et passent en chemin près des différents sites. Du terminal terrestre de Cuzco, on peut également emprunter les bus vers **Puno** et demander à s'arrêter à Andahuaylillas.

HÉBERGEMENT

Les adresses les plus économiques se situent dans les hauteurs des quartiers San Cristóbal et San Blas. En haute saison (juin-sept., Noël et Pâques), il est prudent de réserver au moins une semaine à l'avance. En basse saison (déc.-avr.), des réductions sont souvent accordées dans les hôtels de catégorie moyenne et supérieure.

PREMIER PRIX

El Cuy Hostal – A1 - *Calle Meloc 422-2 - ✆ (084) 256 262 - cuscohostal@hotmail.com - ⊭ - 8 ch. : S/60 (22 $) - petit-déj. inclus.* Situé à deux pas du Niños Hotel, cette adresse populaire pour les petits budgets est très sympathique. Sans grande folie, les chambres, avec ou sans salle de bains, sont tout à fait acceptables et assez bien entretenues. Batterie de postes Internet au rez-de-chaussée.

El Mirador de la Nusta – C1 - *Tandapata 682, San Blas - ✆ (084) 248 039 - elmiradordelanusta@hotmail.com - ⊭ - 14 ch. : S/70 ou S/50 (avec sdb commune).* Pension simple et accueillante, bien située juste au chevet de l'église San Blas, avec une vue splendide sur les toits roux de la ville. Petite cour verdoyante, chambres pittoresques avec parquet et lits grinçants, couverts de tissages andins. Pas de chauffage en hiver. Laverie.

Casa de la Gringa 2 – C1 - *Carmen Bajo 226, San Blas - ✆ (084) 254 387 - www.casadelagringa2.com - ⊭ - 8 ch.* Ce charmant petit hôtel, où chaque chambre a sa propre déco, se dédouble chaque matin de façon insolite. En effet, c'est aussi une boulangerie, les réveils sont donc des plus agréables. Comptez autour de S/90 pour une chambre double avec sdb et pain chaud ! Quelques chambres moins chères avec salle de bains commune.

Chez Arnaud et Evita – C3, en dir. - *Arnaud Lagadec - Residencial Huancaro, Calle Los Rosales, G10 n° 2 Distrito de Santiago - ✆ (084) 232 232 ou (984) 475 205 (portable) - alagadec@yahoo.com -*

- 7 ch. : S/100 (38 $) - petit-déj. inclus. Les appartements d'Arnaud occupent différents étages d'un petit immeuble moderne situé à une dizaine de minutes à pied du terminal terrestre, au cœur du quartier résidentiel du sud-est de Cuzco. Le charme de cette adresse tient à la personnalité de son propriétaire. Généreux, curieux, enthousiaste et d'un altruisme sans faille, il saura vous donner les meilleurs conseils. Une adresse précieuse pour tous ceux qui veulent découvrir Cuzco et ses environs en dehors des sentiers battus. Possibilité d'accompagnement dans la vallée de l'Inca.

Hotel Cusco Royal Suite – B1 - *Calle Suecia 420 - (084) 231 080 - www.hotelesdelcusco.com - - 8 ch. : S/110 (40 $).* Située à deux pas de l'église San Cristóbal, sur le chemin qui mène aux ruines de Sacsayhuamán, cette petite maison coloniale aux murs blancs ornés de motifs andins a bien du charme. Si les chambres sont simples – certaines sont petites et sans ouverture –, d'autres ouvrent sur la ville avec un beau panorama. Transfert gratuit depuis l'aéroport.

Casa Campesina – C2 - *Av. Tullumayo 274 - (084) 233 466 - www.hotelescbc.com - - 13 ch. : S/110 (40 $).* Original à plus d'un titre, ce lieu attaché au centre Bartolomé de Las Casas abrite, dans le même ensemble, une boutique d'artisanat andin qui présente le travail d'une douzaine de communautés indiennes des régions de Cuzco et de l'Apurímac, une auberge pour les représentants des communautés rurales lorsqu'ils viennent à Cuzco et un petit hôtel charmant réservé aux touristes dont les bénéfices sont destinés à financer les activités auprès des communautés paysannes. Les chambres sont ultra-propres et bien décorées. Les plus chères ont une salle de bains privée et la télévision. Une bonne manière de sortir du circuit touristique habituel. L'association qui gère la maison organise aussi des excursions de tourisme solidaire dans les villages de la région *(voir « Activités », p. 238).*

Hospedaje San Blas – B1 - *Cuesta San Blas 526 - (084) 225 781 - www.sanblashostal.com - CC - 21 ch. : S/115 env.* Des canapés et des fauteuils fatigués occupent le patio, surmonté d'une large verrière colorée. Aimable et courtois, le personnel vous accompagne dans des chambres de taille raisonnable et d'un confort plutôt bienvenu dans cette gamme de prix : chauffage, eau chaude, armoire, télévision câblée. Certaines, néanmoins, sont borgnes ou trop sombres. Terrasse sur le toit. Consigne, accès Internet. C'est un bon compromis pour ceux qui ne veulent pas dépenser plus de 40 $ pour une double.

BUDGET MOYEN

Niños Hotel – A1 - *Meloc 442 - (084) 231 424 - www.ninoshotel.com - CC - 20 ch. : S/125-135 (46-50 $) (+10 % si règlement avec CC) - accès Wi-Fi.* Très belle *casona* coloniale, égayée de touches de peinture vert anis et de toiles contemporaines. Le petit déjeuner *(S/12)* est servi dans un adorable patio ensoleillé ou dans le salon près de la cheminée-bibliothèque en hiver. À l'étage, les chambres, avec ou sans salle de bains, sont simples, monacales ou pimpantes – c'est selon – mais bien entretenues. La propriétaire hollandaise, Jolanda van den Berg *(lire l'encadré, p. 206),* consacre les bénéfices de l'hôtel à sa

2

fondation en faveur des enfants démunis : double gratification de passer d'agréables vacances tout en servant une noble cause. Malgré son annexe (**Niños Hotel II** - *Fierro 476)*, l'hôtel affiche presque toujours complet, aussi vaut-il mieux réserver à l'avance. Possède également une très belle hacienda à Huasao, à 30mn au sud de la ville *(voir p. 230)*. Chaque chambre porte le nom d'un enfant adopté. Jolanda en a élevé 23. Les noms des garçons sont dans la calle Melloc. Ceux des filles, dans la calle Fierro.

Piccola Locanda – B1 - *Resbalosa 520 - ✆ (084) 252 551 - www.piccolalocanda.com -* CC *- 11 ch. : S/126 (sdb commune) ou S/140 (52 $).* Tenu par un couple italo-péruvien, ce ravissant petit hôtel de charme campe sur les hauteurs du quartier San Cristóbal. Les chambres, toutes différentes, arborent une décoration fraîche et bariolée, pleine de bonne humeur, à l'égal du patio et du salon où sont disposés des jeux, des livres et des magazines. Une partie des profits sert à financer des projets médicaux en faveur de 25 enfants handicapés. Wi-Fi, accès Internet, agence de voyages. Réservation conseillée.

Amaru Hostal I – B1 - *Cuesta de San Blas 541 - ✆ (084) 225 933 - www.amaruhostal.com -* CC *- 26 ch. : S/130-160 (48-59 $).* Située à mi-pente du quartier San Blas dans une jolie bâtisse de style colonial-républicain (19e s.), cette auberge très populaire abrite un ravissant patio fleuri et un jardin à l'arrière entre lesquels se répartissent les chambres. Celles-ci sont assez inégales : certaines spacieuses et ravissantes, avec une jolie vue ; d'autres trop exiguës, sombres ou situées en plein passage au rez-de-chaussée, donc bruyantes. Demandez à voir avant de vous engager. Bons petits déjeuners, personnel très aimable, accès Internet (payant), transfert gratuit depuis l'aéroport, consigne, laverie. Un excellent rapport qualité-prix. L'hôtel possède une annexe, l'**Amaru II**, dans le même quartier *(Chihuampata 642, San Blas)* et au prix similaire *(48 $ la double)*.

Casona Les Pleiades – C1 - *Tandapata 116 - ✆ (084) 506 430 - www.casona-pleiades.com -* CC *- 7 ch. : S/160 (60 $) - petit-déj. inclus.* Ce B & B tenu par un Français, est situé juste au-dessus de l'église San Blas. Ambiance retour des Indes autour d'un charmant patio. Bon accueil et service attentionné. Sur trois étages, des chambres douillettes avec couette, chauffage au poêle, décoration colorée et belle vue sur la ville. Terrasse ensoleillée sur le toit. Laverie, consigne bagages, transfert aéroport, salon bibliothèque, accès Internet. Intime et relax.

POUR SE FAIRE PLAISIR

Hostal El Balcón – A1 - *Tambo de Montero 222 - ✆ (084) 236 738 - www.balconcusco.com -* CC *- 16 ch. : S/200-215 (75-80 $).* Dans une maison coloniale du 17e s., cette oasis de charme et de tranquillité contribuera grandement à la réussite de votre séjour à Cuzco. Côté cour, un délicieux jardin fleuri, sur lequel donne une salle à manger au mobilier de bois rustique. Côté rue, à l'étage, des chambres ouvrant sur un grand balcon de bois, d'où l'on découvre une fabuleuse vue plongeante sur la place d'Armes. Belle décoration champêtre et tout le confort nécessaire (chauffage, Wi-Fi) pour se sentir à l'aise.

Hotel Los Marqueses – A2 - *Garcilaso 256 - ✆ (084) 264 249 - www.hotelmarqueses.com - CC - 30 ch.* D'imposantes portes en bois sculpté, une belle cour pavée encadrée d'arches et de piliers de style mudéjar et un majestueux escalier de pierre plantent le décor de ce séduisant édifice colonial du 16e s. Les chambres, décorées de mobilier ancien, sont réparties selon trois catégories : standard *(S/240 ou 90 $ la double)*, de luxe *(S/325 ou 120 $ la double)* et suites *(S/430 ou 160 $ la double, ces dernières jouissant d'une vue remarquable sur la cathédrale de Cuzco)*. Radio, TV câblée, téléphone, coffre individuel et minibar équipent chaque chambre. Également inclus le petit déjeuner, le transfert de l'aéroport à l'hôtel et l'accès Internet.

UNE FOLIE

Royal Inka II – A1 - *Santa Teresa 335 - ✆ (084) 222 284 - www.royalinkahotel.com - ✕ CC - 45 ch. : S/340 (125 $).* On nage ici dans un décor pseudo-inca digne d'une production hollywoodienne : végétation en cascade devant une mosaïque murale et des fresques en trompe l'œil d'un kitsch achevé. Les chambres sont à l'avenant, avec leur épaisse moquette et leurs couvre-lits bariolés. Ascenseur, accès Internet, sauna, jacuzzi, salon de massage. Buffet pour le breakfast. Cet hôtel de chaîne *(**Inka I** se situe Plaza Regocijo 299)* reçoit souvent des groupes.

Casa Andina Classic – B2 - *Portal Espinar 142 - ✆ (084) 231 733 - www.casa-andina.com - CC - 40 ch.* Difficile de trouver situation plus centrale : sous les arcades devant l'église de La Merced, à un jet de pierre de la plaza de Armas. Membre d'une chaîne d'hôtels péruvienne, l'établissement est une valeur sûre, tant pour le confort des chambres que pour la qualité du personnel. Décoration élégante aux tons sobres, sans fantaisie ni fausse note, ascenseur, chambres avenantes avec coffre individuel et Wi-Fi. La chaîne possède quatre autres enseignes à Cuzco : quatre « Classic » *(Santa Catalina Angosta 149 de l'autre côté de la Plaza de Armas - 129 $ la double comme celle de Portal Espinar ; Calle Chuhuampata 278, San Blas - 149 $ la double ; Calle San Augustin 371, près du Qoricancha - 129 $ la double ; et à deux pas la « private collection » Plazoleta Limacpampa Chico 473, beaucoup plus onéreuse - 219 $ la double)*. Réduction de 25 % si réservation avec paiement par Internet.

Casa San Blas – C1 - *Tocuyeros 566 (accès par la cuesta San Blas) - ✆ (084) 237 900 - www.casasanblas.com - ✕ CC - 18 ch. : S/365 (135 $).* Au fond d'une impasse pavée, cet hôtel-boutique de luxe a pour lui le charme de l'intimité, un service attentif et impeccable, un restaurant gastronomique, des chambres élégantes et bien équipées, dont quatre suites en duplex avec kitchenette. Terrasse avec vue panoramique, salon de massage, Wi-Fi et coffre individuel dans les chambres.

Hotel Arqueólogo – B1 - *Pumacurco 408 - ✆ (084) 232 569 - www.hotelarqueologo.com - ✕ CC - 18 ch. : S/380 (140 $).* Dans le quartier de San Cristóbal, ce bel établissement tenu par un Français occupe une ancienne maison coloniale bâtie sur des murs incas dont on aperçoit les vestiges. Les chambres s'agencent autour de deux patios cernés de nobles arcades. Elles sont spacieuses et décorées avec goût, en particulier les suites Inka, dotées de lits *king-size*, sofa

2

et accès Wi-Fi. Un salon avec cheminée invite à savourer un pisco tandis qu'un jardin fleuri appelle au *farniente*. Consigne, agence de voyages. Accueil chaleureux et service de qualité. N'oubliez pas son annexe culinaire la Divina Comedia *(voir p. 232).*

Hotel Picoaga – B1 - *Santa Teresa 344 - (084) 252 330 - www.picoagahotel.com - - 77 ch. : S/300-645 (108-230 $).* Hôtel haut de gamme mêlant l'ancien et le contemporain. Il occupe l'ancienne demeure du marquis de Picoaga, magnifique exemple d'architecture coloniale du 17e s. La *casona* s'ouvre sur une section moderne, comprenant un restaurant panoramique d'où l'on contemple la place d'Armes. Les chambres comptent toutes les commodités attendues dans cette catégorie : lits larges et fermes, Wi-Fi, minibar, sèche-cheveux et salle de bains douillette (avec jacuzzi dans les suites). Celles de la partie coloniale, un peu moins confortables, présentent davantage de caractère. Si l'on réserve en avance par Internet le prix baisse et comprend le transfert gratuit de l'aéroport à l'hôtel.

Hotel Monasterio – B1 - *Palacios 136, plaza de las Nazareñas - (084) 241 777 - www.monasteriohotel.com - - 126 ch. : S/1 285-5 800 (475-2 145 $).* L'adresse la plus luxueuse de Cuzco occupe l'ancien séminaire San Antonio Abad, construit en 1592 sur les fondations d'un palais inca. Membre du groupe Orient-Express, l'établissement cinq étoiles se visite comme un musée de l'art cuzquénien des 17e et 18e s., au son de la douce musique baroque diffusée dans les salles et les corridors. Au centre du patio principal trônent une fontaine et un majestueux cèdre tricentenaire. Ne manquez pas de jeter un œil à la magnifique chapelle adjacente à l'hôtel, où des mariages sont parfois célébrés, et aux différents petits cloîtres et jardins autour desquels se répartissent les chambres et les suites. À défaut d'y séjourner, venez y prendre un verre.

Au sud-est de Cuzco

POUR SE FAIRE PLAISIR

Niños Hotel Hacienda – *Village de Huasao (à 20 km de Cuzco, près du village de Saylla) - (084) 231 424 - www.ninoshotel.com - - 26 ch. : S/255 (95 $) - petit-déj. et dîner inclus, ainsi que le transfert depuis l'hôtel Niños de Cuzco.* En pleine campagne, une hacienda conviviale et décorée avec goût, appartenant à la propriétaire hollandaise de l'hôtel Niños de Cuzco *(voir p. 227).* Confortables bungalows avec terrasse et balcons privés garnis de hamacs, coin salon avec cheminée, magazines et jeux à disposition. Le domaine comprend aussi une piscine (non chauffée) et propose de belles balades à cheval pour aller visiter les ruines de Tipón à proximité.

RESTAURATION

Les restaurants les plus répandus à Cuzco sont de deux types : les grandes salles à touristes animées le soir par des dîners-spectacles folkloriques, principalement autour de la place d'Armes (à éviter en règle générale), ou bien les gargotes et pizzerias pour routards avec menu à bas prix *(moins de S/20)*, en particulier dans l'étroite rue piétonne Procuradores. Entre ces deux extrêmes, la ville est riche, heureusement, d'un très grand nombre d'excellentes tables, à la gastronomie inventive, et aux prix très raisonnables.

PREMIER PRIX

El Café de Mama Oli – B1 - *Plaza de las Nazareñas 199 - ☎ (084) 222 243 - www.mamaoli.com - ▭ - lun.-sam. 8h-20h, dim. 10h-16h - S/5-15.* En face de l'hôtel Monasterio, ce pimpant petit bistro francophone de quelques tables est parfait pour un déjeuner rapide et léger : salades *(S/15)*, omelettes, sandwichs, tartes salées *(S/10)*, au citron *(S/5)*, cheese cake *(S/6)* sans oublier la spécialité de la maison : ses 18 variétés de jus de fruits de 500 ml *(S/8)* ! Parfait aussi pour de délicieux petits déjeuners.

La Caverne del Oriente – C1 - *Plazoleta San Blas 646 - ☎ (084) 609 045 - ▭ - 9h-21h - S/12-20.* Sur le flanc gauche de l'église San Blas, cet antre minuscule appartenant à un Français propose un menu du jour (plat + dessert), des plats à la carte (couscous d'alpaga, ratatouille, salade de chèvre chaud, croque-monsieur, tortilla de légumes, kebabs), des petits déjeuners et des tartes du jour *(env. S/20 pour un plat)*. Impeccable pour le pastis à l'apéro avec 1 ou 2 tables dehors…

Sumaq Mijuna – B1 - *Choquechaca 131 - ☎ (084) 244 991 - ▭ - 11h-22h30 - S/10-30.* Cette joyeuse petite pizzeria (pizzas au feu de bois, pâtes) et restaurant de plats locaux ou internationaux (salades, *lomo saltado*, truite grillée, poulet au vin) prépare une bonne cuisine à petits prix. Elle consacre en outre ses profits à financer des projets de développement économique et social au sein des communautés rurales indiennes les plus déshéritées de la région.

BUDGET MOYEN

Chez Maggy – B1 - *Plateros 348 - ☎ (084) 234 861/246 316 - CC - 8h-23h - S/15-30.* Depuis 1978, date de sa création, Maggy est une référence pour la pizza au feu de bois (plus d'une quarantaine de variétés de la truite à l'alpaga). La salle, longue et étroite, flanquée de quelques tables et de bancs en bois, est ornée d'un incroyable bric-à-brac aux murs. La maison possède plusieurs annexes situées rue Procuradores mais aussi dans d'autres villes péruviennes. Livraisons possibles de pizzas directement à votre hôtel.

Ama Lur – B1 - *Plateros 327 - ☎ (084) 224 203 - ▭ - 11h-23h - S/30.* Des petits balcons à l'étage de ce restaurant très sympa, on observe à loisir le spectacle de la rue, tout près de la place d'Armes. Fondues, viandes, délicieux *lomo de alpaca (S/34)*, pâtes, poissons et un grand choix de salades variées à prix plus modérés. Sandwich à S/10. Bonne table pour le midi.

A Mi Manera – B1 - *Triunfo 393, 2° piso - ☎ (084) 222 219 - CC - 11h-22h - S/25-50.* Carte en français. À l'étage, ce charmant et sympathique petit restaurant sert une bonne cuisine néo-andine à la présentation raffinée. Service sans faille pour des plats classiques (poivrons farcis, potages) ou originaux, comme l'*adobo de pollo*, poulet mariné dans un bouillon de *chicha* accompagné de *yuca (S/26)* ou dans sa version *pechuga* à base de Vermouth et de chocolat piquant *(S/28)*, sans oublier bien sûr les roulades d'alpaga au jambon, épinards, fromage et myrtilles *(S/34)* et le cochon d'Inde, mariné au *huacatay*, servi avec piment farci et pommes dorées *(S/50)*.

POUR SE FAIRE PLAISIR

Granja Heidi – B1 - *Cuesta San Blas 525 - ✆ (084) 238 383 - ⊄ - tlj sf dim. 8h30-21h - S/30-60.* Des plats simples et sains, à base de produits frais et de bons légumes : soupes, salades, gratin de tomates, crêpes, quiches, assiettes de fromage, viandes et quelques plats péruviens, mais aussi d'exquises pâtisseries (gâteau au chocolat) sans oublier le *queso* aux fruits frais (fromage blanc battu). Sous ses hauts plafonds, la salle est agréable, on y trouve même des revues à lire. Excellent rapport qualité-prix, avec un sérieux tout germanique.

Pacha Papa – C1 - *Plazoleta San Blas 120 - ✆ (084) 241 318 - CC - 11h-23h - S/30-60.* Au fond d'un passage, très agréable terrasse dans une grande cour pavée, ombragée de parasols. Cette *quinta* (restaurant en plein air) très (trop) touristique concocte une cuisine au barbecue qui fait la part belle à la pomme de terre andine, déclinée à toutes les sauces (rôtie, farcie, au fromage…). Parmi les spécialités de la maison : *calzones*, brochettes d'alpaga, *chicharrones*, *ceviche* de truite, taboulé de quinoa et, bien sûr, l'incontournable cochon d'Inde grillé au *huacatay*, herbe aromatique péruvienne (à condition de le commander 24h à l'avance). Idéal pour le midi, même si le service est parfois peu amène.

UNE FOLIE

Chicha – B2 - *Plaza Regocijo 261, 2° piso (au-dessus du restaurant El Truco) - ✆ (084) 240 520 - www.chicha.com.pe - CC - 12h-23h - S/80-100 - réserv. conseillée.* Deux services en soirée à 19h et 21h. Lancé par Gastón Acurio, le grand chef de Lima, pape génial de la nouvelle cuisine andine, ce restaurant gastronomique mijote une délicate cuisine péruvienne, revisitée à la mode fusion contemporaine. Décor sobre et séduisant, dans des tonalités de bois sombre, autour d'une superbe cheminée en pierre, tôle et grillage. Service tiré à quatre épingles, attentif au moindre détail. Parmi les plats vedettes figurent le *sancochado*, sorte de pot-au-feu copieux et savoureux, la truite à la polenta en croûte de sel, l'*adobo de Cuzco,* viande macérée dans la *chicha* et cuite au four sans oublier le traditionnel *ceviche* avec son *leche de tigre*. Comptez autour de S/30 pour une entrée et S/40-50 pour le plat principal. Cuisine en tous points admirable.

Cicciolina – B1 - *Triunfo 393, 2e étage (même bâtiment que le restaurant A Mi Manera) - ✆ (084) 239 520 - www.cicciolina cuzco.com - CC - 12h-15h, 18h-22h - S/80-100 - réserv. conseillée.* Bodega, bar à tapas (belle carte de vins) et petit déjeuner *(8h-11h)* ou café, situé en rez-de-chaussée (pain maison), l'offre est pléthorique. Tenu par une Australienne, ce restaurant gourmet, régulièrement plébiscité par les fines bouches, est un lieu de rendez-vous toujours plein et animé, notamment autour du bar à tapas. La salle de restaurant évoque une sorte de bodega andalouse où l'on déguste une cuisine ensoleillée et créative – expédiée parfois à une cadence industrielle et à des prix un peu élevés. Délicieuses Saint-Jacques sauce soja et gingembre, steak d'alpaga au soufflé de *yucca* (manioc). Comptez par exemple S/47 pour un risotto aux fruits de mer.

Divina Comedia – B1 - *Pumacurco 406 (dans l'hôtel Arqueologo) - ✆ (084) 437 640 -*

www.restaurantcusco.com - CC - *lun.-sam. 12h-15h, 19h-23h - S/80-100.* Librement inspiré par la trilogie de Dante, le décor de ce restaurant gothique et raffiné – rouge profond des tentures et baldaquins, bois sombre et lumières tamisées – est déjà une invitation au rêve. Le service, souriant et prévenant, est parfait. Artistiquement présentée, la cuisine dévoile une brillante fusion de recettes andines, de techniques françaises et de saveurs asiatiques. Tapas variées en entrée, steak d'autruche, volaille ou poisson en plat principal, desserts savoureux, le tout servi avec d'excellents vins et accompagné par les voix envoûtantes d'un ténor et d'une soprano qui chantent au son d'un piano. Idéale pour une soirée un peu originale ! Comptez autour de S/40-50 pour le plat principal.

Fallen Angel – B1 - *Plazoleta de las Nazareñas 221 - ✆ (084) 258 184 - fallenangelincusco.com* - CC - *tlj sf dim. midi - S/80-100.* Bastion de la branchitude gay, ce bar-lounge, restaurant mais aussi guesthouse (4 ch. magnifiques) exhibe une ébouriffante décoration d'avant-garde. Les convives s'attablent devant des plateaux de verre posés sur des baignoires à pattes de lion dans lesquels évoluent des poissons rouges, des anges joufflus en papier mâché et des boules à facettes se balancent au plafond, des coussins à motifs léopard ornent des banquettes couleur rouge baiser et des toiles provocatrices et bariolées animent les salles… La cuisine est dans le ton, exotique, épicée, savoureuse. Les assiettes sont joliment présentées, même si les portions sont un peu chiches et onéreuses. Autour de S/50 pour le plat principal. En tout cas idéal pour prendre un cocktail.

Incanto – B2 - *Santa Catalina Angosta 135 - ✆ (084) 254 753 - www.cuscorestaurants.com* - CC - *12h-23h - S/80-100.* Quel singulier contraste que ces murs incas ancestraux associés à un design contemporain épuré ! Belle salle raffinée et lumineuse, au centre de laquelle trône un vaste four en argile pour les pizzas au feu de bois. Cuisine italienne et méditerranéenne haut de gamme, associée à quelques plats andins. Jambon d'alpaga, carpaccio en salsa de gorgonzola, *pastas rellenas*, risottos, osso bucco au vin rouge, truite *(trucha a la mantequilla negra)* : les produits de bonne qualité sont travaillés avec soin. Belle carte des vins. Au deuxième étage du même bâtiment, **Greens Organic** *(✆ (084) 243 379 - www.cuscorestaurants.com* - CC - *11h-23h)*, un restaurant bio chic et branché, qui mérite aussi une visite (marinade d'alpaga avec ratatouille, truite en papillote…).

Tupananchis – B2 - *Plazoleta Espinar 180 - ✆ (084) 245 159* - CC - *10h-23h - S/80-100.* Sous les arcades devant l'église de La Merced, ce restaurant-lounge au look contemporain et minimaliste possède une agréable terrasse pour dîner en plein air. La carte, assez sophistiquée, décline des plats de nouvelle cuisine andine, comme le steak d'alpaga avec sa sauce madère accompagné d'asperges et de bananes grillées *(S/44)* ou sa truite croustillante dressée dans une sauce au curry rehaussée de câpres grillées et de pulpe de noix de coco. Bon choix de vins, dont certains au verre, pour accompagner le repas. Très bon service.

EN SOIRÉE, BOIRE UN VERRE

Cuzco bouge la nuit, en particulier autour de la place d'Armes et dans le quartier San Blas. Loin d'être de simples repaires à *gringos*, les bars et les clubs attirent une large clientèle péruvienne. D'autres options s'offrent à ceux qui réservent leur énergie aux visites et aux randonnées en journée, comme un spectacle de musique folklorique, un verre dans un café ou à une terrasse de pub en fin de journée.

Cafés / Bars

Trotamundos – *Plaza de Armas, portal de Comercio 177* (B2) - *☎ (084) 239 590 - 8h-0h.* Sympathique café à l'étage, où se réunissent les routards et les randonneurs. Avec son bar et ses tabourets, le balcon permet de siroter une mousse, un café ou un *mate de coca* en contemplant la cathédrale. Également petits déjeuners et restauration sur le pouce. Salle de navigation Internet.

Papillon – *Plaza de Armas, portal de Carnes 260* (B1) - *☎ (084) 256 610* - CC - *10h-23h.* Dans ce restaurant à la cuisine insipide on se contentera de prendre un apéritif depuis le grand balcon, car la vue y est imprenable sur la plaza de Armas.

Le Nomade – *Hatun Rumiyoc (angle Choquechaca)* (B1) - *8h-23h (1h le w.-end).* Un café-bar à l'ambiance feutrée et à la musique douce, où l'on peut fumer le narghilé en sirotant un cocktail, un café ou un rhum arrangé (spécialité de la maison). Appréciable balcon sur la rue. *Happy hour* de 19h à 21h. Journaux et jeux à disposition. Programmation musicale de jazz, reggae, salsa ou musique andine, selon les soirs.

Varayoc – *Espaderos 142* (B2) - *☎ (084) 232 404 - 8h-22h.* Sur la plaza Regocijo, un café au cadre très plaisant, où l'on peut déguster de bons expressos et des pâtisseries délicieuses.

Yajúú ! – *Procuradores 347 (plaza de Armas)* (B1) - *8h-23h.* Enseigne spécialisée dans les jus de fruits pressés. Belle palette de fruits tropicaux de la forêt amazonienne du Pérou, dont la plupart sont inconnus en France. Idéal pour une petite pause en journée.

El Pisquerito – *Ca. San Juan de Dios 250* (AB1) - *☎ (084) 235 223 - www.elpisquerito.com - 18h-1h.* Les hédonistes apprécient ce bar de dégustation, qui propose un grand choix de piscos artisanaux, de cocktails divers et de vins sud-américains servis au verre. Des tapas sont disponibles en accompagnement. Musique jazz et andine.

Jack's Café – *Choquechaca 509 (angle cuesta San Blas)* (B1) - *☎ (084) 806 960 - www.jackscafecusco.com - 7h30-23h30.* Un café-bar un peu « ghetto à gringos », incroyablement populaire auprès des routards étrangers et toujours bondé. Sert également des petits déjeuners et une restauration légère entre 3 et 8 $.

Los Perros – *Tecsecocha 436* (B1) - *☎ (084) 241 447 - 11h-22h.* Un lounge-bar *cool* et *funky*, composé de trois petites salles colorées aux sofas et aux fauteuils confortables. Bons cocktails, quelques plats à grignoter, magazines et livres en libre échange, jazz *live* les dim. et lun. soir.

Pubs / Discothèques

Paddy Flaherty's – *Triunfo 124, plaza de Armas* (B1) - *☎ (084) 247 719 - 11h-1h.* Pub irlandais à l'étage, où la Guinness pression coule à flots. Ambiance beuglante les soirs de matchs de foot ou de rugby, retransmis sur grand écran télévisé.

Norton Rat's Tavern – *Loreto 115* (B2) - *✆ (084) 246 204 - 11h-0h.* À côté de la Compañía, un pub américain où l'on pourrait s'attendre à croiser une bande de *bikers* tatoués, frais descendus de leur Harley. Écrans TV, jeux de fléchettes, billards et balcons donnant sur la place d'Armes. *Happy hour* de 19h à 21h.

Rosie O'Grady's – *Santa Catalina Ancha 360* (B2) - *✆ (084) 247 935.* Près de la place d'Armes, autre pub irlandais. *Happy hour* en fin de journée et musique *live* les vend. et sam. soir.

Cross Keys – *Portal Confiturías 233, plaza de Armas* (B2) - *✆ (084) 229 227 - 11h-1h.* À l'étage, le plus vieux pub de Cuzco, appartenant au consul honoraire d'Angleterre. Beaucoup d'Anglais s'y retrouvent pour jouer aux fléchettes et au billard ou pour regarder la retransmission d'un match de foot européen sur grand écran.

Kamikase – *Plaza Regocijo 274, 2º piso* (B2) - *✆ (084) 233 865 - 20h-3h.* Le doyen des night-clubs de Cuzco. Endroit attractif et décontracté, avec un bar sur deux étages, une scène musicale, une grande piste de danse et un décor pittoresque. Concerts tous les soirs à 22h45. Musique hétéroclite : variétés internationales, techno, rock latin, salsa, reggae, disco... Clientèle péruvienne et étrangère.

Ukuku's Bar – *Plateros 316, 2º piso* (B1) - *✆ (084) 254 911 - www.ukukusbar.com - 20h-jusque tard le soir.* Pub et discothèque très populaires. Décoration amusante, digne du cirque Barnum, large éventail de boissons alcoolisées, vaste *dance-floor* où *chicos* et *chicas*, Péruviens et étrangers, se déhanchent sur des rythmes rock, afro-péruviens et latinos.

Mama Africa – *Portal de Harinas 191, plaza de Armas, 2º piso* (B1) - *✆ (084) 246 544 - 20h-5h.* Le meilleur spot de la ville pour le reggae, le rap et le hip-hop, avec aussi un peu de techno. Décor très kitsch, évoquant une Afrique de pacotille. On peut se prélasser sur les banquettes.

Spectacles

Centro Q'osqo de Arte Nativo – *Av. El Sol 684* (C3) - *✆ (084) 227 901 - tlj sf dim.* Spectacle folklorique présentant, avec flûtes de pan et costumes, les musiques et les danses traditionnelles de la région et des autres provinces. Tous les soirs à 19h. Entrée gratuite avec le *boleto turístico.*

Kusikay – *Théâtre Garcilaso, calle Unión 117* (A2) - *✆ (084) 243 528 - www.kusikay.com - tlj sf lun.* Cette troupe d'acteurs, musiciens et acrobates présente un spectacle nouveau chaque année, mêlant le cabaret, le cirque, la danse moderne et le théâtre. Les chansons et les dialogues, en espagnol et en quechua, sont traduits simultanément en anglais sur un écran. L'histoire est passionnante, les chorégraphies et les costumes splendides, bref voilà un spectacle à ne pas rater.

ACHATS

Principal centre de production artisanale du Pérou, Cuzco est sans doute le meilleur endroit pour acheter des textiles indiens, des lainages en alpaga, des céramiques, des peintures, des objets en bois, des bijoux en or ou en argent. Un nombre considérable de boutiques, autour de la place d'Armes, de la place Regocijo et dans le quartier San Blas proposent des marchandises à destination des touristes. Malgré les similitudes, la qualité et les prix des articles varient beaucoup, aussi vaut-il mieux prendre le temps de comparer. Le marchandage, de rigueur sur les marchés, est moins facile dans les boutiques chics de la place d'Armes. Pour les souvenirs artisanaux produits en série et les articles ordinaires, vous pouvez faire un tour au grand **Centro Artesenal Cuzco**, à l'angle des av. El Sol et Tullumayo (C3) *(9h-22h)* ou au **Mercado Central**, près de la gare de San Pedro (A3). Attention, la plupart des articles prétendument en alpaga vendus dans les bazars et par les marchands ambulants ne sont en fait que des lainages de qualité inférieure, incluant de l'angora, voire des matières synthétiques. Mieux vaut acheter de l'alpaga dans des boutiques fiables.

Artisanat

Aqua y Tierra – *Garcilaso 210* (B1) - *✆ (084) 226 951 - lun.-sam. 9h-12h, 16h-20h.* Une galerie spécialisée dans l'artisanat et les objets d'art fabriqués par les tribus amérindiennes d'Amazonie, et aussi par les communautés indiennes des provinces rurales d'Ayacucho. Qualité et authenticité. Une annexe est située cuesta San Blas 595.

Taller Mendívil – *Plaza San Blas 634* (C1) - *✆ (084) 233 247 - tlj sf dim. 9h-20h30.* Hilario Mendívil (1929-1977) est sans doute l'artisan le plus célèbre de Cuzco, inventeur de figurines religieuses au long cou (personnages de crèche en particulier) revêtues d'habits miniatures colorés. Les enfants de Mendívil ont pris sa relève.

Taller Olave – *Plaza San Blas 651* (C1) - *✆ (084) 231 835 - tlj sf dim. 9h-19h.* Autre artisan fameux, Antonio Olave s'est fait connaître par ses statuettes de l'Enfant Jésus. Son atelier vend aussi des reproductions de sculptures coloniales et de céramiques précolombiennes.

Taller & Museo Mérida – *Carmen Alto 133* (B1) - *✆ (084) 221 714 - tlj sf dim. 9h-19h.* Le troisième artiste populaire de San Blas, Edilberto Mérida, réalise d'étonnantes statuettes en argile qui expriment la douleur et la misère de la condition indigène.

Casa Ecológica – *Plaza de Armas, portal de Carnes 236* (B1) - *✆ (084) 255 427 - tlj sf dim.* Artisanat écologique et solidaire produit par des communautés rurales andines. Les bénéfices de la boutique servent à financer des projets sociaux et scolaires dans les villages reculés. Tissus, tapis, châles, ponchos, sacs et autres articles en alpaga, lama ou fibres naturelles, colorés à l'aide de teintures végétales. Cher, mais il s'agit en majorité de pièces uniques ayant nécessité un long travail de fabrication.

Museo de Arte Precolombino – *Plazoleta de las Nazareñas 231* (B1) - *✆ (084) 233 210 - www.map.museolarco.org - 9h-22h.* La boutique du musée vend des reproductions de céramiques anciennes, des tissus et des bijoux de bonne qualité.

Centro de Artesanía del Sur Andino – *Av. Tullumayo 274* (C3) - *✆ (084) 260 942 - 9h-20h.* Cette coopérative regroupe différentes associations de tisserandes indiennes des régions de Cuzco et de l'Apurímac, lesquelles commercialisent directement leur production. On y trouve des tissus traditionnels, *chullo* (bonnets), *lliqlla* (couvertures de portage), *ch'uspa* (sacs) utilisés par les paysans andins, aux fibres et aux teintes naturelles.

Centro de Textiles Tradicionales del Cusco – *Av. El Sol 603* (B2) - *✆ (084) 228 117 - www.textilescusco.org - lun.-sam. 7h30-20h30, dim. 8h30-20h30.* Association à but non lucratif réunissant le travail de différentes communautés de tisserandes indiennes. On peut assister à des démonstrations de tissage traditionnel. Les profits des ventes sont directement reversés aux artisans producteurs. Prix et qualité supérieurs à la moyenne.

Mode / Vêtements

Werner & Ana – *Plaza San Francisco 295A* (A2) - *✆ (084) 231 076 - www.werner-ana.com - tlj sf dim. 9h-21h30.* Pulls, écharpes, gants, gilets, châles, bonnets : cette boutique de jeunes designers branchés vend des articles très élégants en alpaga, à la coupe et aux motifs contemporains. Assez cher, mais de grande qualité.

Alpaca 111 – *Plaza Regocijo 202* (B2) - *✆ (084) 243 233 - 9h-21h.* Boutique d'une chaîne péruvienne, que l'on retrouve dans la plupart des grands hôtels et des aéroports. Les vêtements en alpaga sont de qualité, mais les prix élevés.

Dans le même genre, il y a aussi **Alpaca's Best** *(plaza Nazareñas 197-19* (B1)*)*, et **Alpaca 3** *(calle Ruinas 472* (B1/2)*)*.

Bijoux

Esma – *Hatun Rumiyoc 120* (B1) - *✆ (084) 260 824 - lun.-sam. 10h-20h30.* Petit atelier de bijoux faits main. Pièces uniques au design original et moderne.

Ilaria – *Plaza de Armas, portal Carrizos 258* (B1) - *✆ (084) 246 253 - lun.-sam. 10h-20h.* L'un des meilleurs magasins du Pérou pour les bijoux en argent et les pièces d'argenterie. Propose également des reproductions d'orfèvrerie inca en or. Prix élevés. L'établissement dispose de plusieurs annexes dans les grands hôtels de la ville.

Chocolat

Choco Museo – *Calle Garcilaso 210, 2e étage* (B2) - *✆ (084) 244 765 - 10h30-18h30.* Atelier de fabrication, dégustation, explications, ventes.

ACTIVITÉS

Outre ses nombreux sites archéologiques et ses villages indiens, la région de Cuzco est un paradis naturel pour les sports de plein air, les randonnées à pied, les circuits à VTT et à cheval ou le rafting. Cuzco est aussi le point de départ idéal pour un circuit d'aventures dans le Parc national du Manu, en Amazonie. En ville, près de 600 agences de voyages (attention aux arnaques, 300 ont été fermées en 2011) se bousculent pour profiter de la manne touristique. Elles organisent treks, expéditions sportives, city-tours ou circuits express, sans oublier l'incontournable Chemin de l'Inca *(voir p. 261)*.

Billet pour le Machu Picchu

Pensez à réserver votre billet plusieurs mois à l'avance en haute saison (juin-sept.).

Plusieurs solutions :

- acheter directement le billet sur le site officiel (attention il n'y a que cette adresse) : *www.machupicchu.gob.pe*. Le paiement par carte Visa internationale n'est plus accepté sur le site depuis le 19 juillet 2012 (jusqu'à nouvel ordre). Il faut donc régler par MasterCard ou en espèces auprès d'un guichet agréé (on dispose d'un délai de 6h entre la réservation sur le site et le paiement).

2

- effectuer le paiement à l'Oficinas de la Dirección Regional de Cultura de Cusco *(Av. de la Cultura 238, en face de l'estadio universitario (C2) - tlj sf dim. 7h30-18h)*. Prévoir un délai d'attente de plusieurs heures en haute saison.
- effectuer le paiement auprès de l'une des agences du Banco de la Nación (*angle Av. El Sol et Almagro s/n (B2); calle Santa Teresa 370 (B1) ; Av. El Sol 239 (B2)*).
- passer par le biais d'une agence de voyages listée par les autorités péruviennes : *www.drc-cusco.gob.pe/callcenteresp1/dmdocuments/call/agenciasmapi.pdf*.

Tourisme culturel et solidaire

Puka Nina – *Avenida 7 (ex-Los Kantus) H-15-5 San Jerónimo - ✆ (084) 274 090/(984) 114 235 - www.pukanina.com*. Dirigée par un couple franco-péruvien *(voir aussi p. 9)*, cette agence de Cuzco est l'une des plus compétentes pour une découverte des sites archéologiques de Cuzco et de la Vallée sacrée, de Machu Picchu et des villages indiens de la région. Les circuits sont conçus avec un vrai respect des populations locales. Excursions à la carte, selon les budgets des participants, avec la possibilité de séjours dans des communautés villageoises.

Centro Bartolomé de Las Casas – *Casa Campesina, av. Tullumayo 274 (C2) - ✆ (084) 233 466/227 656 - www.cbc.org.pe*. Ce centre associatif propose différents circuits de tourisme solidaire, basés sur l'échange interculturel avec les populations indiennes. Pour thèmes principaux la découverte des techniques des tisserandes dans les villages, du travail de la terre, des coutumes et des croyances. Tours guidés de 1 ou 2 jours, tarifs variables selon le nombre de participants.

VTT

Plusieurs agences sur la calle Plateros (B1) organisent des circuits en VTT ou louent simplement l'équipement *(15-20 $/j., incluant casque et cartes routières)*. Deux parcours à la journée, assez faciles car en descente ou en plat, vont de Chinchero à Ollantaytambo ou des ruines de Tambomachay à Calca. Au départ comme à l'arrivée, on peut charger son vélo sur le toit des bus locaux.

Gravity Peru – *Santa Catalina Ancha s/n (B2) - ✆ (084) 228 032 - www.gravityperu.com*. Spécialiste réputé des circuits à VTT, l'agence monte des parcours faciles ou sportifs, comme la descente des Andes jusqu'au bassin amazonien via le Machu Picchu.

Loreto Tours – *Medio 111 (B1) - ✆ (084) 228 264 - www.loretotours.com*. Nombreux circuits guidés à VTT près de Cuzco, dans la Vallée sacrée ou dans la jungle sur un ou plusieurs jours.

Rafting

La descente de l'Urubamba est de loin le parcours le plus populaire, et nécessite une journée au départ de Cuzco *(env. 25 $/pers.)*. Cela dit, la rivière comprend plusieurs sections classées selon leur niveau de difficulté. Le tronçon le plus facile, de Huambutio à Pisac, est ravissant et tranquille. La section d'Ollantaytambo à Chilca comprend quelques rapides impressionnants, mais reste accessible aux débutants. Certaines agences combinent le rafting avec le trek du Chemin de l'Inca *(voir Chemin de l'Inca, p. 261)*.

Amazonas Explorer – *Collasuyo 910, urb. Marivelle - ✆ (084) 252 846 - www.amazonas-explorer.com - 8h30-16h*. Organisme spécialisé dans la descente de rivières (dont l'Apurímac). Propose aussi des circuits aventure dans la jungle et d'autres plus classiques, comme le trek du Chemin de l'Inca. Bons guides. Membre du *www.onepercentfortheplanet.org.*

Séjours en Amazonie

La meilleure option au départ de Cuzco est un séjour dans le Parc national du Manu *(voir p. 503)*, une merveille de forêt tropicale classée en réserve mondiale de la biosphère. Comptez au minimum 4 jours/3 nuits, car il faut inclure le trajet AR en minibus (2 jours). Le prix varie selon le standing du *lodge* et les activités proposées (balade en bateau, marche en forêt, visite d'une *collpa*, falaise argileuse où se rassemblent aras et perroquets…).

Manu Expeditions – *Urb. Magisterio, 2da etapa G-5 - ✆ (084) 226 671 - www.manuexpeditions.com.* Un tour-opérateur bien établi dans la réserve du Manu, où il organise des séjours et des expéditions depuis 1983. Il participe à la gestion de plusieurs *lodges* et à des projets d'étude et de conservation du parc. Comptez 2 445 $ pour 9 jours/8 nuits ou 1 650 $ pour 6 jours/5 nuits.

Pantiacolla Tours – *Saphi 554* (A1) *et Plateros 341* (B1) *- ✆ (084) 238 323 - www.pantiacolla.com.* Fondée par des naturalistes, cette agence est réputée pour son engagement en faveur de l'écotourisme.

Manu Nature Tours – *Av. Pardo 1046* (C3) *- ✆ (084) 252 721 - www.manuperu.com.* Propriétaire du Manu Lodge, un *lodge* très confortable situé à 3h de bateau en amont de Boca Manu, en face d'un lac où l'on peut observer une faune abondante et faire une balade sur un parcours aménagé au sommet de la canopée.

AGENDA

Inti Raymi – La fête du Soleil, le 24 juin, est la fête la plus importante de Cuzco. Des milliers de Péruviens et de touristes affluent pour assister aux cérémonies qui reconstituent la fête inca du solstice d'hiver à Sacsayhuamán. À l'origine, la fête avait lieu le 21 juin, jour du nouvel an solaire. Interdite par l'Église catholique, qui la remplaça par la Saint-Jean le 24 juin, l'Inti Raymi tomba dans l'oubli jusqu'à ce que des intellectuels la fassent revivre au 20e s. afin de revaloriser la culture inca. Aujourd'hui, elle donne lieu à une explosion joyeuse de danses et de défilés en costumes. Porté sur sa litière d'or avec sa grande cape rouge et son sceptre, l'Inca est accompagné par un cortège de soldats, grands prêtres et vierges du Soleil jusqu'à l'esplanade de Sacsayhuamán où il prononce un discours en l'honneur du dieu Soleil. Il s'agit certes d'une reconstitution avec des figurants, non dénuée d'arrière-pensées commerciales, mais l'événement n'en demeure pas moins spectaculaire.

El Señor de los Temblores – La procession du Seigneur des tremblements de terre, se déroule le lundi de Pâques, en mémoire du séisme de 1650.

Corpus Christi – *fin mai-début juin.* C'est aussi l'occasion d'une parade religieuse à travers la ville et de célébrations dans la cathédrale.

Santuranticuy – Le marché de Noël du 24 décembre donne lieu à une grande foire artisanale sur la plaza de Armas.

Ne pas oublier non plus la **fête nationale** du 24 juillet.

2

Vallée sacrée des Incas

★★

Alt. moyenne 2 700 m – Département de Cuzco

NOS ADRESSES PAGE 249

S'INFORMER

Dircetur (Dirección regional de Industria y Turismo) – *Calle Mantas 117, Cuzco - (084) 222 032 - lun.-sam. 10h-20h.*

iPerú – *Galerías turísticas, av. El Sol 103, of. 102, Cuzco - (084) 252 974 - 8h30-19h30.* Les deux bureaux vendent le **boleto turístico** *(voir p. 200)*, sésame indispensable pour l'entrée des sites archéologiques de la Vallée sacrée. On peut toujours l'acheter sur place, au guichet des sites.

SE REPÉRER

Carte de région, p. 198 – *Carte Michelin National 763 KL14.* Au nord de Cuzco, la vallée suit le cours de l'Urubamba, de Pisac à Ollantaytambo, sur env. 70 km. Pisac-Cuzco : 32 km ; Ollantaytambo-Cuzco : 75 km.

À NE PAS MANQUER

Les ruines de Pisac ; la forteresse d'Ollantaytambo ; les salines de Maras.

ORGANISER SON TEMPS

Pour éviter le gros de la foule, mieux vaut débuter le tour par Ollantaytambo et finir par Pisac, plutôt que l'inverse (tant pis alors pour le marché de Pisac : voyez à la place celui de Chinchero). De Cuzco, vous pouvez aussi aller au Machu Picchu, dormir à Ollantaytambo le soir et débuter le circuit le lendemain matin. Préférez le dimanche pour les marchés, en particulier celui de Chinchero, ou sinon le mardi et le jeudi. Chinchero peut se visiter séparément depuis Cuzco.

Au nord de Cuzco, entre de hautes montagnes, serpente cette vallée légendaire où coule la tumultueuse rivière Urubamba. On l'appelle *Valle sagrado de los Incas*, la Vallée sacrée des Incas, car elle s'est développée au 15e s. lors de l'expansion de l'empire inca, dont elle fut le principal grenier agricole. Sur ses terres fertiles pousse en particulier le maïs, produit en plusieurs récoltes annuelles. D'altitude moins élevée que Cuzco, la vallée connaît un climat plus chaud et plus humide, déjà soumis à l'influence amazonienne. On s'étonne de voir avec quelle ingéniosité les Incas ont aménagé chaque pouce de terrain, des bords du fleuve au sommet des montagnes, bâtissant des terrasses agricoles sur des à-pics vertigineux, des voies pavées, des palais, des tours de guet sur des crêtes noyées dans la brume, et surtout tout un système d'irrigation qui fonctionne encore. Vallée sacrée aussi du point de vue religieux, car les Incas la considéraient comme la projection terrestre de la Voie lactée, qui était pour eux une passerelle entre le monde des humains et celui des dieux. L'âge d'or de l'empire inca ne dura qu'un siècle, aussi les vestiges de la vallée datent-ils tous de la seconde moitié du 15e s. : Pisac et sa partie fortifiée, Ollantaytambo et ses greniers à grains, les terrasses circulaires de Moray, les salines de Maras, ou encore les ruines de Chinchero, village qui, sans faire partie de la Vallée sacrée, est en général inclus dans les circuits touristiques. Le tourisme, justement, est

Les terrasses circulaires de Moray.
H. Hughes / Hemis.fr

le nouvel eldorado de la vallée, où fleurissent de pharaoniques projets d'hôtels de luxe. Loin, bien loin de l'âpre réalité andine et des traditions locales, que l'on découvrira avec intérêt si l'on prend la peine de s'arrêter un peu pour observer les villages et leurs marchés.

Découvrir

Nous proposons trois circuits différents à partir de Cuzco qui peuvent se faire dans la journée. SI vous disposez d'un véhicule, comptez trois jours pour visiter l'intégralité des sites.

DE CUZCO À PISAC

Pisac (9 769 hab. - alt. 2 972 m) est à 32 km au nord-est de Cuzco. Départ de Cuzco, av. Tullumayo 207 (plan p. 205, C3). *Ttes les 20mn env., de 4h45 à 20h45 - durée 40mn - S/3,50 en colectivo. Voir aussi « À proximité de Cuzco », p. 218.*
Après Tambomachay, la route serpente à travers des forêts d'eucalyptus, des collines ondulées et de hauts plateaux herbeux puis, passé un dernier col où s'ouvre un remarquable **panorama★**, redescend brusquement dans la vallée fertile de l'Urubamba. Gonflée par les pluies et la fonte des glaciers, la rivière limoneuse, appelée aussi Vilcanota ou Wilcamayu, gronde et bouillonne dans son lit, en partie canalisé depuis l'époque inca. Champs de maïs, de fèves, de lupins, de pommes de terre, de courges, de tomates et de quinoa fleurissent l'horizon et tapissent le fond de la vallée d'une mosaïque de parcelles jaunes, blanches, mauves et vert bronze.

Awana Kancha

À 23 km de Cuzco, à droite de la route. ✆ (084) 253 611 - www.awanakancha.com - 8h-17h - participation demandée.
Ce centre des camélidés andins (qui est aussi un centre de refuge pour animaux maltraités) présente, à travers une série d'enclos, différentes variétés d'herbivores sud-américains : lamas, guanacos, alpagas, vigognes. On s'amuse

à détailler leurs variantes à poils longs ou bouclés, à fourrure blanche, brune, noire ou rousse, les spécimens albinos ou nains… Cousins des dromadaires, chameaux et girafes, ces ruminants cracheurs ont été domestiqués pour leur laine au lieu d'être chassés pour leur viande (hormis les guanacos et les vigognes). Des tisserandes réalisent des démonstrations, depuis la tonte de la laine jusqu'au tissage, en passant par le filage et la teinture. Une boutique onéreuse mais bien fournie (gants, bonnets, plaids, châles, tapis…) attend évidemment les visiteurs à la sortie.

★★ PISAC ET SES ENVIRONS C1

Arrêt du bus à l'entrée du village après le pont.

À l'extrémité orientale de la Vallée sacrée, Pisac, grosse bourgade rurale à l'architecture coloniale très colorée, est réputée pour son pittoresque marché du dimanche, lequel se tient aussi, de façon restreinte, le mardi et le jeudi. Perchées sur une crête rocheuse dominant la rive droite du Río Vilcanota, les ruines incas de Pisac, l'un des deux plus importants sites archéologiques de la Vallée sacrée, constituent l'autre attrait incontournable des lieux.

Le village colonial de Pisac était une *reducción de Indios*, d'où son plan en damier caractéristique. Ses ruelles étroites sont totalement encombrées les jours de marché. Les Incas, quant à eux, avaient bâti sur les collines une *llacta* (capitale de province) très étendue, avec un quartier sacré et ses lieux de culte, dont un *intihuatana* (observatoire solaire), des *andenes* (terrasses de cultures) remarquables, des quartiers d'habitations réservés aux agriculteurs, et enfin des *pucaras* (sortes de bastions ou de forteresses).

★ Marché de Pisac

Dim. et, sur un mode restreint, mar. et jeu. 8h-15h. Arrivez de préférence avant 10h pour éviter les cars de touristes.

Chaque dimanche se tient le marché sur la place d'Armes que domine un gigantesque *pisonay* aux fleurs écarlates. Venues des montagnes et des vallées voisines, des paysannes aux gros jupons de laine ajustés les uns sur les autres siègent au milieu de leurs marchandises ou négocient leurs achats. Vision enivrante d'une foule effervescente de tresses brunes, de châles lumineux servant de porte-bébé ou de sac à patates, de ballots de tissus multicolores, de chapeaux melons, plats, à pompons… L'occasion aussi de découvrir, soigneusement empilés, une infinie variété de pommes de terre, de maïs et de légumes inconnus, sans oublier carottes, tomates, poireaux, oignons, oranges, bananes et fruits tropicaux en pagaille. Vers 11h a lieu la sortie de la messe, dite en quechua, de l'église San Pedro Apóstolo. Les *varayocs*, les caciques des communautés paysannes locales, vêtus de leur costume d'apparat et portant leur *vara* (sceptre de commandement orné d'anneaux en argent), s'assemblent sur le parvis, tandis que des enfants soufflent en leur honneur dans la *pututa*, une conque marine. Traditionnellement, les *varayocs* se réunissaient pour discuter des problèmes du district, des événements à venir, pour prendre des nouvelles les uns des autres… Aujourd'hui, les flashs crépitent et les édiles prennent la pose devant les touristes, tandis qu'un chapeau tourne pour récolter la monnaie.

Voici quelques années, on pouvait encore voir des Indiennes échanger leurs produits selon le système du *trueque* (troc). Mais le marché de Pisac perd peu à peu son authenticité, les vendeurs de fruits et légumes sont confinés sur une petite partie de la place d'Armes, le reste étant envahi par des étals d'artisanat et de souvenirs pour touristes. On trouve malgré tout quelques pièces de qualité, à des prix presque identiques à ceux de Cuzco.

QUE VIVA LA PAPA NATIVA !

Berceau de la pomme de terre, le Pérou redécouvre la richesse de ses variétés natives, les *papas nativas*. Longtemps délaissés au profit du riz blanc et du blé, ces tubercules multicolores – jaunes, mauves, noirs, violets –, de toutes tailles et de toutes formes, sont remis à l'honneur dans la cuisine *Novo Andino*, tant pour leurs qualités nutritives que gustatives. L'histoire remonte voici 8 000 ans, sur les rives du lac Titicaca, lorsque les populations locales domestiquèrent les pommes de terre sauvages qui poussaient là en abondance. Au fil des siècles, les peuples andins élaborèrent une diversité inouïe d'espèces. Le Centre international de la pomme de terre (CIP) de Lima a identifié plus de 4 300 variétés cultivées de nos jours dans les Andes. Les paysans quechuas les baptisent souvent de noms poétiques : « Fleur du matin », « Papillon ravissant » ou « Passion de minuit ». La plus célèbre, la *chuño*, d'un blanc crayeux, au corps fripé et caverneux, est une patate déshydratée (jusqu'à la lyophilisation) par un cycle d'expositions au soleil et au gel. Le procédé permet de la conserver jusqu'à cinq ans ! La diversité génétique des pommes de terre andines, qui les rend résistantes aux maladies, aux prédateurs et aux changements climatiques, assure la sécurité alimentaire des communautés rurales. Elle est aussi une garantie pour la sécurité alimentaire mondiale.

Dans la rue principale Bolognesi, faites une halte au passage pour admirer un ancien **four à pain** en argile toujours en service, et goûtez le pain de *trigo* (maïs) ou les *empanadas* (chaussons fourrés au fromage).

2

Parque de la Papa

À 3 km de Pisac, sur la route des ruines, prenez la piste à droite (panneau) et continuez encore 3 km. ✆ (084) 245 021 - www.parquedelapapa.org - visite gratuite sur réserv.

Ouvert en 2002, le parc de la Pomme de terre fut lancé par six communautés paysannes afin de valoriser leur patrimoine biologique et culturel. Sur près de 6 500 ha, entre 3 600 et 5 000 m d'altitude, le parc comprend plusieurs villages, des lacs, des cols neigeux, des plateaux, des prairies, des tourbières et des forêts, à travers lesquels ont été tracés des sentiers de randonnée. Il abrite également un restaurant et un centre d'artisanat. Les animateurs de l'association invitent les touristes à découvrir quelques-unes des 758 variétés de pommes de terre cultivées dans le parc, les plantes médicinales traditionnelles, mais aussi les valeurs culturelles, spirituelles et les lois coutumières des communautés indiennes. S'il s'adresse surtout à un public motivé, le projet mérite d'être encouragé.

★★ Ruines inca

Comptez 2h.

À 10 km au-dessus du village, accès en taxi (env. S/20) et possibilité de redescendre à pied (45mn) par la route ou par un sentier escarpé. Demandez au taxi de vous laisser dans la partie haute du site (Kinchiracay). 7h-18h - entrée incluse dans le boleto turístico.

Perchées sur une plate-forme rocheuse à 400 m au-dessus du village, les ruines de Pisac comptent parmi les plus belles du pays, après celles de Machu Picchu. En dépit de leur excellent état de conservation, on ignore précisément quelle fut la fonction du site. Il semble qu'il s'agissait à la fois d'une ville, d'un centre agricole, d'un complexe cérémoniel et d'une citadelle militaire qui défendait l'entrée sud de la vallée, tandis qu'Ollantaytambo en défendait le nord.

Pisac frappe d'abord par la beauté harmonieuse de ses **andenes**, ces terrasses de cultures construites par les Incas et toujours utilisées, qui forment de grandes courbes gracieuses sur les flancs sud et est de la montagne. Épousant la topographie accidentée du terrain, elles permirent aux Incas de fertiliser les pentes abruptes. Pour éviter l'érosion, les escaliers sont constitués de pierres fichées de façon oblique dans les murs de soutènement. Vu du ciel, le complexe forme, dit-on, le contour d'un **condor** colossal. Dans la mythologie andine, le condor est considéré à la fois comme le messager du Soleil et comme le gardien de l'esprit des morts qu'il porte sur ses ailes déployées. Une autre version prétend que l'étroite rangée de terrasses sous la citadelle présente la forme d'une aile de **perdrix** *(pisaca)*, d'où le lieu tiendrait son nom. Le site est divisé en quatre groupes distincts le long de la crête : Pisaqa, Intihuatana, Q'Allaqasa et Kinchiracay.

Kinchiracay est l'un des trois secteurs résidentiels du site, aujourd'hui très ruiné. Il s'agissait sans doute d'une place de garnison et d'un bastion fortifié de remparts à créneaux qui servait de refuge à la population en cas d'attaque. De là, on suit le chemin à flanc de colline jusqu'à un col rocheux où l'on découvre plusieurs bains de purification alimentés par des fontaines. Sur la colline en face, on aperçoit des excavations percées dans la falaise. Il s'agit d'un immense **cimetière** inca, dont les tombes ont hélas été pillées voici longtemps. Le sentier franchit une série de portes trapézoïdales à linteau massif, dont l'ouverture était contrôlée par un système de levier. Elles marquent l'accès de la **Q'Allaqasa★**, la citadelle militaire, construite sur un éperon rocheux dominant la vallée. De là, la vue sur la partie centrale du site et sur les terrasses qui serpentent sur le versant de la montagne est à couper le souffle.

Pour accéder à la troisième partie du site, la zone religieuse, le chemin traverse un tunnel creusé à même la roche, long de 8 m, que l'on franchit un par un et le dos courbé. Le secteur central de l'**Intihuatana★★** comprend plusieurs petits temples de pierres admirablement taillées et ajustées, dont les murs abritent des niches jadis destinées à recevoir les idoles d'or ou autres objets sacrés. Des fontaines et des canalisations conduisent l'eau jusqu'au cœur de la cité religieuse. Au centre s'élève le **temple du Soleil**, de forme circulaire, au milieu duquel pointe l'*intihuatana* (pilier de fixation du Soleil), sorte de calendrier sculpté. L'ombre du soleil, en indiquant le solstice d'hiver et le solstice d'été, déterminait les dates des travaux des champs. Plus à l'ouest se trouve le temple de la Lune, de forme quadrangulaire. Entre les deux, on observe un autel à sacrifice, dont l'accès est fermé par des cordes de protection.

En se dirigeant vers l'entrée principale du site, on croise enfin **Pisaqa★**, l'autre quartier résidentiel. Disposé en amphithéâtre et incluant des bassins rituels, il était sans doute réservé à la noblesse. Les vivres et les marchandises étaient stockés dans des greniers.

De Pisac on peut filer *(18 km)* jusqu'à Calca (2 920 m d'altitude), grosse bourgade où sommeillent quelques vestiges incas épars, la route se prolonge sur 32 km jusqu'à Urubamba. À 5 km avant Urubamba, on croise d'abord le charmant village de **Yucay**, qui était, à l'époque inca, un lieu de repos et de bains, réservé aux dignitaires de l'empire. Plusieurs hôtels se répartissent autour de sa place centrale.

URUBAMBA B1

Urubamba (17 787 hab - alt. 2 800 m) se trouve à 46 km de Pisac, 20 km d'Ollantaytambo et 58 km (1h40) de Cuzco.

Centre économique et administratif de la Vallée sacrée, Urubamba est situé au croisement de la route Pisac-Ollantaytambo avec celle de Chinchero et Cuzco. Si la localité ne présente en elle-même aucun intérêt, elle est néanmoins entourée d'un cadre montagneux grandiose, où sont pratiquées de multiples activités de plein air. La bourgade est organisée autour d'une imposante église coloniale. Elle possède un petit marché matinal, de nombreux hôtels et des restaurants.

Vous pouvez prendre un taxi d'Urubamba pour visiter les salines de Maras, puis le site de Moray (voir p. 246), comptez alors env. S/40 AR avec l'attente.

Vous pouvez aussi continuer par Chinchero, qui se trouve à 29 km (35mn) au sud d'Urubamba. Pour ceux qui ne disposent pas de voiture ou préfèrent multiplier les itinéraires journaliers à partir de Cuzco, nous proposons ce second circuit.

★★DE CUZCO À CHINCHERO B2

Chinchero (2 747 hab. - alt. 3 780 m.) est à 28 km au nord-ouest de Cuzco. Départ de Cuzco, av. Grau 525 (plan p. 204, B3). *Ttes les 15mn env., de 4h30 à 20h - durée 50mn - S/3,80. L'accès aux ruines et à l'église (8h-18h) nécessite le* boleto turístico.

Selon une légende inca, Chinchero est le lieu de naissance de l'arc-en-ciel. Perché sur un plateau d'altitude, 400 m plus haut que Cuzco, ce village abrite quelques intéressants vestiges incas, une église coloniale et un pittoresque marché du dimanche. Chinchero était l'un des endroits de repos favoris de l'Inca **Túpac Yupanqui**, qui y construisit un palais et fit aménager des *andenes*. Aujourd'hui, des moutons et des lamas paissent dans les champs, tandis que des paysannes au chapeau plat filent ou tissent la laine. Les maisons, petites et trapues comme les gens, arborent des murs en pisé montés sur des fondations incas, en pan incliné à 12° et aux portes trapézoïdales, une protection efficace contre les risques sismiques.

Chinchero est connu pour son **recinto**, long portique en appareil inca, qui borne la place du marché, face à l'église située en surplomb. Plus loin, on aperçoit une série de **terrasses** de cultures soutenues par des murets d'environ 4 m de haut. Aujourd'hui, elles servent principalement à cultiver des pommes de terre et, dans une moindre mesure, de l'orge, du lupin, de l'avoine et des fèves.

★ Église coloniale

Construite sur les soubassements d'un temple inca, l'église coloniale (fin 16e s.) arbore un beau portique et un clocher de plan carré. Sur son fronton extérieur, des fresques dépeignent d'un côté le Bien (l'évangélisation des indigènes), de l'autre le Mal (la révolte de Túpac Amaru). À l'intérieur, de superbes plafonds peints de style mudéjar toisent des retables aux ors chargés. Une sculpture figure Santiago (saint Jacques) sur son cheval blanc, le *matamoros* (tueur de Maures) des Espagnols, protecteur de la chrétienté, devenu en Amérique le *mataindios*, tueur d'Indiens. Intéressante messe en quechua, le dimanche vers 11h.

Sur la grande place devant l'église se tient, chaque dimanche, un petit **marché★** dominical, où des paysans en tenue traditionnelle vendent des objets d'artisanat. Moins touristique qu'à Pisac, le marché inclut aussi, dans le bas du village, une partie agricole où sont exposés légumes de toutes les couleurs, fruits et herbes aromatiques. La vieille coutume préhispanique du *trueque* (troc) s'y pratique encore. Le reste de la semaine, sur la grande place, des Indiennes vendent également divers objets aux touristes de passage.

Asociación Awana Wasi Tocapo

Calle Garcilaso 169 - ✆ (084) 433 937/984 617 638.

Cette communauté de tisserandes reçoit dans le jardin d'une maison du village pour présenter (et vendre) le travail traditionnel de la laine de lama ou d'alpaga. Depuis le lavage et le cardage jusqu'au tissage sur le métier en bois, les explications sont détaillées et passionnantes. Vous découvrirez les racines avec lesquelles la laine est lavée, les colorants naturels (cochenille, poivre, graines, feuilles d'eucalyptus, fleurs, citron…) qui lui donnent ses couleurs éclatantes, et les différents motifs, propres à chaque communauté, qui symbolisent sa vision du monde. Un déjeuner traditionnel est proposé en échange d'une modeste participation financière.

De Chinchero prenez un taxi pour Moray puis Maras. Comptez S/35 avec l'attente.

★ Moray

Alt. 3 500 m. 9h-16h30 - compris dans le boleto integral.

Découvert en 1930, le site archéologique de Moray se compose de quatre groupes d'arènes en cuvette, constituées chacune de dix **gradins concentriques** superposés, du plus petit (au fond) au plus ouvert (en haut). Chaque gradin comprend une terrasse, aux dimensions et à l'agencement fascinants, puisque le puits le plus important atteint une profondeur de 150 m. Les différents niveaux sont accessibles par un ingénieux système d'escaliers dont les marches sont intégrées dans les murs. Des canaux d'irrigation apportaient l'eau d'une terrasse à l'autre par l'intermédiaire de rigoles creusées dans la pierre. On suppose que ce dispositif servait, à l'époque inca, de **jardin d'acclimatation**, un genre de laboratoire d'expérimentations agricoles en vue d'améliorer les plantes cultivées dans l'empire. Les différences de température et d'humidité entre chaque gradin permettaient de tester les plants en fonction du climat et de l'altitude.

De Moray, une piste conduit au village de Maras (environ 6 km). Du village, une marche de 45mn conduit aux salines.

★★ Salinas de Maras

Les salines fonctionnent de mai à novembre, du lever au coucher du soleil - entrée S/5.

Du pittoresque village de **Maras★**, aux maisons coloniales ornées de blasons, un chemin cahoteux évolue dans une verdoyante pampa encadrée par les sommets enneigés des cordillères d'Urubamba et de Vilcabamba. On découvre alors un paysage étonnant : un ensemble de petites terrasses en forme de cuvettes, taillées à flanc de montagne par les Incas. Elles étaient, et sont toujours, destinées à recueillir les eaux salées d'une source souterraine, lesquelles s'évaporent à la saison sèche en laissant une couche de **sel cristallisé** d'un blanc étincelant. Vues d'en haut, les terrasses forment une splendide mosaïque d'ocre, de marron et de blanc. Le sel est récolté avec une sorte de las (râteau muni d'un manche flexible de 5 m de long), l'outil indispensable des paludiers. Les villageois se sont constitués en coopérative. Chaque famille possède son petit lot de deux ou trois terrasses et vend sa récolte à la commune, qui l'exporte dans le pays. Malheureusement, on note que des jeunes enfants travaillent dans les bassins.

Après avoir traversé les salines, descendez le sentier (env. 3 km) jusqu'au Río Urubamba. Prenez à gauche jusqu'à un pont, traversez puis remontez de l'autre côté la piste jusqu'à la route. Là, vous trouverez des bus pour Urubamba, Ollantaytambo ou pour retourner sur Cuzco.

★★ DE CUZCO À OLLANTAYTAMBO B1

Ollantaytambo (2 304 hab - alt. 2 800 m) est à 76 km au nord-ouest de Cuzco. Départ de Cuzco, av. Grau 525 (plan p. 204, B3)*. Ttes les 20mn env., de 5h30 à 20h - 1h40 et S/10 par pers. en voiture chartérisée, ou 2h et S/6 en colectivo.*

Dominé par une forteresse inca, le village d'Ollantaytambo est le terminus de la route au nord-ouest de la Vallée sacrée. Au-delà, la vallée se resserre en un étroit défilé qui ne laisse plus passer que les flots tumultueux de l'Urubamba et la voie de chemin de fer menant au Machu Picchu. Une piste carrossable conduit également au **km 84** de la voie ferrée, premier point de départ du **Chemin de l'Inca**. Village inca préservé, Ollantaytambo est le seul de la vallée à avoir conservé son plan originel, les maisons coloniales étant assises sur les fondations précolombiennes. Dans les ruelles pavées, subsiste le principe de la répartition en **canchas**, des groupes de maisons autour d'une cour centrale que commande une entrée unique, jadis fermée par une porte de pierre pivotante. Grâce à sa position militaire inexpugnable, Ollantaytambo fut la dernière cité inca à résister aux Espagnols, lorsque **Manco Inca** vint y trouver refuge, en 1536. Hernando Pizarro, le jeune demi-frère de Francisco, tenta une attaque avec une petite armée qui fut mise en déroute. Victoire éphémère de l'Inca, car les Espagnols revinrent à l'assaut avec une troupe quatre fois plus nombreuse, obligeant Manco Inca à fuir dans la jungle à Vilcabamba.

★★ Ruines inca

De la place centrale du village, descendez la rue pavée et traversez la rivière jusqu'au parking où se situe l'entrée du site. 7h-18h - entrée incluse dans le boleto integral. *Visitez le site de préférence le matin ou en début d'après-midi pour le voir au soleil.*

2

Ollantaytambo est l'une des cités incas les plus impressionnantes. Elle fut à la fois une forteresse, un centre religieux, un observatoire astronomique et un grand centre agricole qui s'étage en une série de gradins orientés à l'est sur les flancs d'un éperon rocheux. La construction débuta sous le règne de **Pachacútec** mais ne fut probablement jamais achevée. La cité, si l'on en croit certains archéologues, était placée sous la protection de Tunupa, le serviteur du dieu créateur Viracocha, dont on peut distinguer l'immense effigie taillée dans la falaise de Pinkuylluna face au site. Cette même montagne de Pinkuylluna était utilisée comme point de repère des solstices par les astronomes incas pour calculer le calendrier des travaux agricoles. Tout comme Pisac est associé au condor, Ollantaytambo serait relié à la constellation du Lama, située dans la Voie lactée, dont la forme serait représentée par les constructions et les terrasses de la cité.

Le site s'ouvre par une vaste place carrée, dénommée **Manya Raki**, bordée de constructions en adobe à demi en ruine. À droite s'étendent les vestiges du palais de la Princesse, où subsistent des fontaines. La plus remarquable, le **baño de la Ñusta**★, est taillée dans un seul bloc de pierre où est gravé le motif de la croix andine.

Il faut ensuite grimper l'abrupte envolée de terrasses, entourées de solides murs de retenue. Elles étaient jadis cultivées et plantées de fleurs multicolores. Creusé dans le roc, un long escalier conduit en haut du site, jusqu'à une puissante **forteresse**★★ inachevée, entourée de remparts et d'un chemin de ronde. Deux portes monumentales ouvrent son accès. Au centre se dressait sans doute un **temple du Soleil**, dont il subsiste un pan de mur cyclopéen constitué de six monolithes en porphyre rouge. Ces pierres provenaient d'une carrière située de l'autre côté de la rivière, à 6 km de là. Il a fallu un système ingénieux de rouleaux pour les tirer jusqu'à la berge, puis sans doute les Incas

OLLANTA, UN ROMÉO INCA

Le nom d'Ollantaytambo, qui signifie « le relais d'Ollanta », renvoie à une légende inca. Ollanta, l'un des plus vaillants capitaines des armées de Pachacútec, s'était épris en secret de la fille de l'Inca, la princesse Cusi Coyllur, dont il était devenu l'amant. Lorsqu'il la demanda en mariage à son père, il essuya un refus sévère, n'étant pas de sang royal. Déçu et amer, Ollanta fut exilé, tandis que la princesse était enfermée dans l'*acclahuasi* de Cuzco. Refusant d'admettre l'impériale décision, Ollanta se rebella. À la tête de sa petite armée, il mit en déroute les troupes envoyées par Pachacútec, mais dut capituler et rentrer à Cuzco. Entre-temps, l'empereur Pachacútec étant décédé, son fils, Túpac Yupanqui, était monté sur le trône. Magnanime, ce dernier accorda son pardon à Ollanta et l'autorisa à épouser sa sœur. Le mariage fut célébré sur la place de Cuzco. Tous les ans, à Ollantaytambo, début juin, une reconstitution du drame est donnée en costumes d'époque, l'Ollanta Raymi.

détournèrent-ils le cours de la rivière pour leur faire traverser son lit. Mais on ignore comment ils purent hisser de l'autre côté ces mastodontes rocheux sur une pente aussi raide et escarpée. Dans le fond de la vallée, de nombreux blocs jugés trop lourds ont d'ailleurs été abandonnés.

★ Village

Situé sur la berge plate de la Pantacancha, un affluent de l'Urubamba, le village d'Ollantaytambo n'a guère changé depuis l'époque inca, sinon que les tuiles ont remplacé les toits de chaume des maisons. Visitée de temps à autre par l'empereur et sa cour, la cité devait compter près d'un millier d'habitants. Au nord de la place centrale, en suivant la calle del Medio, vous croiserez une série de *canchas* (pâtés de maisons) mitoyennes, marquées par un portail et un linteau incas. Demandez la permission d'entrer dans l'une d'elles, autour de laquelle se répartissent les maisons de quatre familles. Si les habitants vous y autorisent, jetez un œil à l'intérieur. Cochons d'Inde et poulets gambadent au sein même de l'unique pièce d'habitation, sombre et enfumée, au sol en terre battue. La basse-cour mêlée aux humains permet de se tenir chaud la nuit. De la *chicha* fermente dans de grandes jarres d'argile, des crânes d'ancêtres occupent les niches murales, des fagots de maïs et du poisson séché pendent au plafond…

Quelques salles du **musée Catcco** *(Calle Patacalle s/n - tlj sf lun. 10h-13h, 14h-16h - S/5)* mettent en lumière les coutumes et traditions locales, les fêtes et les travaux des champs, ainsi que des objets de fouilles. Des potiers et tisserands sont à l'œuvre dans les ateliers au rdc. Tissus, ponchos et bonnets fabriqués par les femmes des villages voisins sont en vente dans la boutique. Des guides peuvent organiser, sur demande, des randonnées à pied, à cheval ou à VTT, du rafting ou des balades ornithologiques.

NOS ADRESSES DANS LA VALLÉE SACRÉE

INFORMATIONS UTILES

Un ou plusieurs **distributeurs bancaires** automatiques et bureaux de change sur la place ou dans la rue principale des trois principales localités : Pisac, Urubamba et Ollantaytambo. Idem pour les **cybercafés**.

TRANSPORTS

Tours organisés – Par manque de temps, d'information ou simplement pour s'éviter des tracasseries, l'écrasante majorité des touristes opte pour un circuit organisé d'une journée (départ vers 7h30, retour vers 18h) proposé par les nombreuses agences de Cuzco *(voir « Nos adresses à Cuzco » p. 238)*. Les prix en formule groupée sont certes compétitifs : de 15 à 30 $/pers., transport et guide compris, l'entrée des ruines (incluse dans le *boleto turístico*) et le déjeuner restant à la charge des participants. La plupart des tours se pratiquent les mardis, jeudis et dimanches, afin de coïncider avec les jours de marché. Cependant, voyager en bus avec trente de ses congénères n'est sans doute pas la meilleure manière de côtoyer l'autochtone… Et comme tout le monde passe aux mêmes heures aux mêmes endroits (marché du matin à Pisac, déjeuner à Urubamba, après-midi à Ollantaytambo et arrêt rapide à Chinchero au retour), c'est parfois un peu la cohue. En basse saison (sept.-mai) et hors des jours de marché, l'ambiance est beaucoup plus calme. Quoi qu'il en soit, la vallée mérite mieux qu'une visite d'une journée au pas de course.

Bus et colectivo – C'est la solution la plus économique : environ S/20 pour le tour Cuzco-Pisac-Urubamba-Ollantaytambo-Chinchero-Cuzco. Mais dans ce cas, mieux vaut prévoir le parcours sur deux jours : Pisac-Urubamba le premier jour, Ollantaytambo-Chinchero le second, ou l'inverse. De Cuzco, les bus locaux partent de trois endroits. Pour **Chinchero** et **Urubamba** : *Av. Grau 525* (plan p. 204, B3), *départ ttes les 15mn env., de 4h30 à 20h ; 1h de trajet pour Chinchero, 1h40 pour Urubamba*. Pour **Ollantaytambo**, *de la même station, départ ttes les 20mn env., de 5h30 à 20h (horaires à vérifier sur place)*.

Pour **Pisac**, **Calca** et **Urubamba** : *Calle Puputi 208* (plan p. 204, C3 en dir.), *départ ttes les 15mn, de 4h40 à 20h ; trajet de 50mn pour Pisac, 1h15 pour Calca, 1h50 pour Yucay et Urubamba*. Pour **Pisac** et **Calca** : *Av. Tullumayo 207* (plan p. 205, C3), *ttes les 20mn env., de 4h45 à 20h45 ; trajet de 45mn pour Pisac, 1h30 pour Calca*. Par ailleurs, des bus et *colectivos* circulent en permanence la journée, dans les deux sens, entre Pisac et Ollantaytambo, via Urubamba.

Bon à savoir – Si l'on trouve av. Grau les *colectivos*, on prend en revanche dans la calle Pavitos, perpendiculaire à l'av. Grau (plan p. 204, B3), les voitures chartérisées (elles s'en vont dès qu'elles sont pleines, soit 3 ou 4 pers. en plus du chauffeur). Comptez ainsi pour vous rendre à Ollantaytambo 1h40 et S/10 par pers. en voiture chartérisée contre 2h et S/6 par pers. en *colectivo*.

Taxis chartérisés – Une solution astucieuse à plusieurs pour explorer la vallée en toute liberté, le chauffeur servant ou non de guide pour la route. Les prix doivent se négocier, mais comptez env. S/150/j. Il est toutefois plus économique de prendre les bus

2

pour les longs trajets, puis des taxis locaux une fois sur place.

Voiture de location – Plusieurs loueurs de voitures tiennent comptoir à l'aéroport de Cuzco ou disposent d'une agence en ville. Les tarifs sont assez élevés (autour de 50 $/j., selon la compagnie et le type de véhicule). Une formule intéressante pour une famille nombreuse ou un groupe d'amis, mais vous ne pourrez pas visiter Machu Picchu dans la foulée sans repasser par Cuzco.

Avis – *Garcilaso 210 - ✆ (084) 241 824.*

Hertz – *Av. El Sol 808 - ✆ (084) 248 800.*

Explores Transportes – *Plateros 356 - ✆ (084) 261 640.*

OSDI Rent-a-Car – *Urb. Mateo Pumacahua B-10 - ✆ (084) 251 616.*

Misti Mina Rent a Car – *Aéroport - ✆ (084) 963 36 36.*

HÉBERGEMENT

Pisac

PREMIER PRIX

Hospedaje Beho – *Calle Intihuatana 114 (à 50 m de la place d'Armes, dans une ruelle en pente) - ✆ (084) 203 001 - artesaniasbeho@yahoo.es - 20 ch. : S/55 (20 $).* L'endroit sert à la fois de boutique d'artisanat et de pension pour routards. Chambres avec sdb privée ou commune, propres mais très rudimentaires et assez bruyantes. C'est l'option la plus économique.

BUDGET MOYEN

Pisac Inn – *Plaza de Armas - ✆ (084) 203 062 - www.pisacinn.com - CC - 12 ch. : S/135-150 (50-55 $).* Repris récemment par un couple américano-allemand, ce petit hôtel très central arbore autour d'un charmant patio planté de cactus une décoration séduisante et bariolée (murs en adobe peints de motifs traditionnels andins, couvre-lits tissés) et présente un excellent confort (couettes en plumes et couvertures en alpaga). Laverie. Sauna et massage aux herbes sur demande. *Voir aussi « Restauration » p. 252.*

POUR SE FAIRE PLAISIR

Hotel Royal Inka Pisac – *À 1 km du village, sur la route des ruines - ✆ (084) 203 064 - www.royalinkahotel.com - CC - 79 ch. : S/215 (80 $).* Dans une ancienne hacienda au jardin fleuri, adresse de charme et de grand confort. Piscine de taille olympique, hélas non chauffée, tennis, 2 restaurants, sauna et jacuzzi, chambres spacieuses et calmes avec coffre individuel et, pour certaines d'entre elles, coin cheminée.

Urubamba et environs

PREMIER PRIX

Hostal Yllary – *Plaza Manco II 107, Yucay - ✆ (084) 201 112 - 15 ch. : S/95 (35 $).* En léger retrait de la route, une pension de famille tenue par un vieux monsieur charmant. Joli jardin pour le petit déjeuner et la lecture. Chambres correctes, un peu vieillottes, avec eau chaude. Préférez celles côté jardin, plus calmes. Dispose aussi d'une aire de camping. Petit-déj. continental inclus.

BUDGET MOYEN

Amaru Valle – *Prolongación jirón Grau nº 4, Urubamba - ✆ (084) 205 051 - www.amaruvallehotel.com - 29 ch. : S/135 (50 $).* Pas très facile à trouver, dans une ruelle à l'écart au nord du village. Construit récemment, ce petit complexe hôtelier rassemble une série de bungalows aux toits triangulaires au sein d'un jardin clos. Les chambres, à la décoration rustique, sont spacieuses et douillettes, avec parquet et eau chaude. C'est basique, mais accueillant et d'une propreté immaculée. Petit-déj. américain inclus.

UNE FOLIE

Hotel San Agustín Monasterio de la Recoleta – *À l'entrée d'Urubamba, sur la droite - ✆ (084) 201 666 - www.hotelessan agustin.com.pe - ✕ CC - 32 ch. : S/420 (155 $).* Installé dans un merveilleux monastère franciscain du 17e s., cette enseigne haut de gamme assure un calme absolu et un confort total à ses heureux clients. Les chambres (standard ou suites) sont réparties autour d'un superbe cloître ou dans le jardin. Coffre individuel, minibar, chauffage, sèche-cheveux et tout le tralala. 15 % de réduction via Internet.

Ollantaytambo

PREMIER PRIX

K'uychi Punku – *Plaza Araccama (face aux ruines) - ✆ (084) 204 175 - www.kuychipunkuhostal@ officeliveusers.com - ⊄ - 14 ch. : S/110 (40 $).* Bien située, devant l'entrée du site, cette enseigne rustique mais très propre et accueillante dispose, autour d'un patio fleuri, de chambres avenantes et bien tenues. Petit-déj. continental inclus.

Munay Tika – *Av. Ferrocarril 118 - ✆ (084) 204 111 - www.munaytika. com - ✕ CC - 25 ch. : S/110 (40 $).* Dans la rue vers la gare, au bord de la rivière, un établissement sans charme particulier mais correct. Les chambres sont groupées autour d'un patio verdoyant. Un peu plus confortable que l'hôtel précédent. Petit-déj. continental inclus. Internet. Bar snack.

KB Tambo – *Calle Principal - ✆ (084) 204 091 - www.kbperu.com - ⊄ - 14 ch. : S/80-160 (30-60 $).* Cet hôtel coloré, bien rénové, est par ailleurs très bien équipé. Restaurant, toit-terrasse pour siroter au bar, jacuzzi, Wi-Fi, location de vélos… Comptez entre 15 et 30 $ par personne selon les chambres avec vue sur jardin ou sur les ruines. Tout proche de la gare.

UNE FOLIE

Pakaritampu – *Av. Ferrocarril s/n - ✆ (084) 204 020 - www.pakari tampu.com - ✕ CC - 40 ch. : S/405 (150 $).* Près de la gare, un 3-étoiles confortable et tranquille. Les chambres, décorées avec goût, sont réparties dans des maisonnettes au sein d'un jardin fleuri d'orchidées. Accès Internet, coffre individuel, sèche-cheveux. Très appréciable salon avec coin cheminée réconfortant. Petit-déj. buffet. Comptez autour de 30 $ pour le repas ou le *dinner* (buffet).

Chinchero

BUDGET MOYEN

Casa de Barro – *Miraflores 147 - ✆ (084) 306 031 - www.lacasade barro.com - ✕ ⊄ - 11 ch. : S/160 (60 $).* Ravissant hôtel aux murs d'adobe ocre et aux plafonds en bois d'eucalyptus, sis dans un jardin fleuri. Chambres lumineuses et *cosy*, avec une jolie vue. Certaines possèdent un balcon. Accueil chaleureux. Restaurant de cuisine néo-andine. Formule chambre double avec un repas pour 2 personnes à 85 $.

RESTAURATION

Pisac

BUDGET MOYEN

Ulrike's Café – *Plaza de Armas 828 - ✆ (084) 203 195 - ⊄ - 9h-21h - S/15-40 (5-15 $).* Café cool avec une belle terrasse sur le toit et une salle colorée pleine de recoins, de niches et de canapés.

Petits déjeuners variés, pizzas, sandwichs, goulasch, lasagnes, salades, quiches, omelettes et bonnes pâtisseries. Le gâteau aux carottes est toujours autant plébiscité. Livres et DVD en libre-échange. Un rendez-vous apprécié des jeunes voyageurs.
Cuchara de Palo – *Dans l'hôtel Pisac Inn, plaza de Armas - ✆ (084) 203 062 - CC - 10h30-21h - S/15-40 (5-15 $).* Donnant sur une jolie cour égayée de cactus et de bougainvillées, avec aussi une terrasse sur la place, le restaurant propose des pizzas croustillantes et divers plats andins : truite fraîche, steak d'alpaga, quinoa grillé, salades bio.

Urubamba et environs

POUR SE FAIRE PLAISIR

El Huacatay – *Arica 620 - ✆ (084) 201 790 - www.elhuacatay.com - ⊭ - tlj sf dim. - S/40-55 (15-20 $).* Caché derrière une porte anonyme, non loin de la place d'Armes, ce restaurant est vraiment la bonne surprise d'Urubamba. Dans un jardin ombragé de bambous ou dans la petite salle à la décoration contemporaine, vous dégusterez les plats originaux mijotés par le chef Pío Vazquez de Velasco, comme la soupe de quinoa au basilic, les lasagnes ou le carpaccio d'alpaga, ou encore les gnocchis à la sauce de feuille de coca. Les portions sont généreuses et la présentation sophistiquée. Une belle adresse.

UNE FOLIE

Huayoccari Hacienda restaurant – *Carretera Cuzco-Urubamba km 64 - ✆ (084) 962 2224/226 241 - reservas@huayoccari.com - ⊭ - S/135 (50 $) - réserv. conseillée.* À quelques kilomètres au sud d'Urubamba, une authentique et extraordinaire hacienda coloniale, arborant un magnifique jardin et une collection unique de mobilier et d'œuvres d'art. Perchée au sommet d'une colline, elle offre une vue splendide sur la Vallée sacrée. Le menu, à prix fixe, inclut un pisco *sour* en apéritif et un bon menu de plats locaux (velouté de maïs, porc rôti aux pommes de terre), servi en grande pompe.

Ollantaytambo

PREMIER PRIX

Pizzeria-restaurant Ollantay – *Plaza de Armas - ✆ (084) 204 001 - ⊭ - 7h-21h - S/12-20 (4-7 $).* Adresse sans prétention, disposant de quelques tables en terrasse. On y sert petits déjeuners, sandwichs et jus de fruits, mais aussi pâtes et pizzas, ainsi qu'un menu touristique à S/12 incluant entrée, plat et boisson. Cuisine bonne et simple.

BUDGET MOYEN

Mayupata – *Calle Convención s/n - ✆ (084) 204 009 - CC - 10h-22h30 - S/20-40 (7-15 $).* Au bord de la rivière, à proximité des ruines. Quelques tables au bord de l'eau dans un jardin, et salle avec cheminée pour le soir. Plats péruviens classiques et de bonne qualité : truite et viandes grillées, *lomo saltado*…

ACTIVITÉS

Beaucoup d'agences de Cuzco proposent des sports de plein air dans la Vallée sacrée : rafting, VTT, parapente, cheval *(voir « Nos adresses à Cuzco », p. 238)*.
À Urubamba, le ranch **Perol Chico** (*✆ (084) 984 624 475 - www.perolchico.com*) monte des randonnées équestres d'un ou plusieurs jours dans la vallée.

Machu Picchu

★★★

Alt. 2 360 m – Département de Cuzco

NOS ADRESSES PAGE 265

S'INFORMER

iPerú à Aguas Calientes – *Av. Pachacútec cuadra 1 - (084) 211 104 - 9h-13h, 14h-18h.* En bas de la rue. Dans le même bâtiment, près de l'église du village, se trouvent les bureaux de l'**INC** (Instituto Nacional de Cultura - *iperumachupichu@promperu.gob.pe - 9h-20h*), lequel vend les billets d'entrée pour Machu Picchu. N'attendez pas d'être à Aguas Calientes pour acheter votre billet d'entrée pour le site. Il sera peut-être trop tard !

ODRC à Cuzco (Oficinas de la Dirección Regional de Cultura) – *Av. de la Cultura 238, en face de l'estadio universitario* (C2) *- 7h30-18h. Voir Cuzco, rubrique « Activités », Billet pour le Machu Picchu, p. 237.*

Via internet – Vous pouvez acheter votre billet pour le Machu Picchu directement sur le site officiel : *www.machupicchu.gob.pe.*

SE REPÉRER

Carte de région A1, p. 198 - plans de Machu Picchu, p. 255 et du Chemin de l'Inca, p. 262 – *Carte Michelin National 763 K14.* Machu Picchu se trouve à 112 km de Cuzco et à 33 km d'Ollantaytambo. Exception faite de la randonnée du Chemin de l'Inca – jadis unique voie d'entrée de la cité – Machu Picchu n'est accessible que par la bourgade d'**Aguas Calientes**. Chemin de l'Inca : 45 km (4 jours de marche) - alt. max. 4 200 m.

À NE PAS MANQUER

L'Intihuatana, sanctuaire principal du site ; la vue depuis l'Intipunku.

ORGANISER SON TEMPS

Pour échapper au gros de la foule, n'arrivez pas le lundi, jour très chargé, mais plutôt le dimanche, avant 10h ou après 15h, vous éviterez les groupes qui visitent alors les marchés de Pisac et de Chinchero.

Réservez votre billet de train et votre ticket d'entrée le plus tôt possible, au moins trois mois à l'avance pour la haute saison (juil.-sept.). Prenez le train depuis Ollantaytambo (départs plus fréquents et tarifs moins chers).

À force de voir le Machu Picchu en reproductions, on redoutait sa confrontation. Quelle surprise ! C'est tout le contraire. On reste interdit, béat, confondu devant ce site exceptionnel, ses tonnes de granit arrachées à la montagne et posées sur ces verts d'émeraude sculptés en terrasses. Le tout sur fond de forêt tropicale ancrée des centaines de mètres plus bas à la laisse vive et remuante des eaux de l'Urubamba. Machu Picchu illustre à merveille l'ingéniosité des hommes à l'aune d'une topographie des plus contraignantes. Pourquoi ? Sa finalité demeure incertaine. Témoignent seulement ces ruines qu'on sent encore vibrer avec une délicatesse d'épiderme sous l'action de ces organes essentiels que sont le soleil et la lune. Ne rythment-ils pas les moments calendaires propices à la survie des hommes dans l'adoration des dieux ?

2

Découvrir

SITE ARCHÉOLOGIQUE Plan du site ci-contre

6h-17h (dernière entrée 16h) - S/128 ou S/156 avec le Huayna Picchu (étudiants S/64 ou S/78).
Le billet d'entrée doit être acheté à l'avance soit en ligne sur : www.machupicchu.gob.pe, soit à l'INC de Cuzco (voir « S'informer », page précédente), soit éventuellement pour les périodes hors saison, même si nous vous le déconseillons, au guichet de l'INC situé près de l'église à Aguas Calientes. Les gros sacs (limités à 20 litres) doivent être laissés à la consigne à l'entrée du site. La fréquentation est plus faible avant 10h et après 15h. Des guides sont disponibles à l'entrée du site (anglais ou espagnol), env. S/30 par pers. pour une visite guidée en groupe. Comptez en revanche S/270 (100 $) pour un tour privé en français. Dans tous les cas, la visite guidée dure 2h30.

Construits en granit blanc, les quelque deux cents édifices du site, dont une vingtaine de monuments notoires, sont répartis sur une superficie d'environ 9 ha. Invisible depuis la vallée, la cité s'inscrit sur une plate-forme en pente nord-sud qui domine le canyon de l'Urubamba sur une hauteur de 500 m. Machu Picchu est divisé en deux grandes sections : le secteur agricole au sud, le secteur urbain au nord, séparés l'un de l'autre par un mur défensif long de 400 m, doublé d'un escalier et d'une fosse sèche.

Une fois passé le tourniquet et le poste de contrôle de l'entrée, suivez le sentier puis dirigez-vous à gauche vers le **secteur agricole**, un ensemble de cultures en terrasses qui forment comme de grandes marches d'escalier sur le flanc de la montagne. La ville était alimentée par ces cultures qui donnaient du maïs, de la pomme de terre et divers légumes. On estime que ces champs pouvaient nourrir jusqu'à 10 000 personnes, soit dix fois plus que la population de la cité. Dans la partie inférieure de la zone, des constructions, appelées *colcas,* servaient soit de greniers où les excédents agricoles étaient stockés, soit de résidences pour les agriculteurs. Leurs murs sont de style *pirka*, ou rustique, un petit appareil de pierres liées avec de la boue séchée. Quelques maisons ont été restaurées et recouvertes de toits d'*ichu* (sorte de chaume). Une volée de marches conduit en haut des jardins agricoles, jusqu'à une tour de guet appelée la **maison des Gardiens**, au toit recouvert d'*ichu*. À côté se trouvent le **cimetière** supérieur et le **rocher funéraire**, sculpté en forme d'autel, lequel aurait servi de table à embaumer les corps des défunts nobles. Du rocher s'offre un très beau **point de vue**★ sur le sanctuaire, dont on admire la construction en parfaite harmonie avec le relief accidenté. Les cultures en escalier épousent les moindres replis de la roche aride, les canaux d'irrigation suivent de savants méandres pour s'adapter aux caprices du terrain. Juste en contrebas, suivez les derniers mètres du Chemin de l'Inca pour arriver devant la **porte de la ville**, située au sud-est de la zone urbaine, dans la partie haute *(hanan)*. Jadis unique accès à l'espace urbain, cette porte imposante est couronnée d'un puissant linteau. De chaque côté des murs, à mi-hauteur, on remarque de curieuses fentes, sans doute des soutiens à une poutre horizontale assurant la fermeture de la porte. Elle devait être doublée d'une poutre verticale dont on aperçoit l'encoche au sol sur le seuil.

En passant la porte principale, on pénètre dans le **secteur urbain**. Juste en face, sur la gauche, un très vaste édifice comportant de nombreuses portes et fenêtres, appelé **kallanka**, faisait, semble-t-il, office d'auberge pour les pèlerins, qui trouvaient là le gîte et le couvert. On pense que les enceintes contiguës au bâtiment étaient d'autres greniers dans lesquels étaient gardés les biens, les

provisions ou les bagages apportés par les visiteurs. En continuant tout droit, le sentier mène à une **carrière**, jonchée de pierres et de blocs laissés à l'abandon. Ils portent la trace des méthodes utilisées par les Incas pour découper la pierre. Les tailleurs creusaient de petits orifices dans le bloc en suivant une ligne de fracture, et les remplissaient d'eau. La nuit, sous la pression du gel, la pierre se fendait en deux.

Rebroussez chemin et descendez à gauche jusqu'au large escalier de pierre qui est en même temps la rue principale, où se découvre une belle série de seize **fontaines rituelles**. Le bassin supérieur, d'où jaillissait la source, servait d'autel au culte de l'eau. Il est accompagné d'une jolie construction (restaurée, avec un toit de chaume) percée de fenêtres trapézoïdales. Vous vous trouvez à présent dans le quartier royal ou **quartier des nobles★**. Au-dessus des bains se dresse une tour conique en gros blocs de pierre polie parfaitement ajustés : le **temple du Soleil★★** *(templo del Sol)*. Érigé sur une base de roche naturelle qui surgit de la montagne, il symbolise de cette façon la communion

Le mystère de la cité perdue

À 2 400 m d'altitude, Machu Picchu, la « Vieille Cime » en quechua, se dresse dans ses atours de forêt tropicale. Ce promontoire rocheux, étagé de terrasses agricoles, déploie majestueusement ses ruines sur une zone de 530 m de long et 200 m de large. Cette **llacta** (cité) du 15e s. constitue probablement la création urbaine la plus stupéfiante de l'empire inca à son apogée : murailles, terrasses, escaliers, plates-formes et rampes gigantesques sculptent les escarpements rocheux dont elles paraissent le prolongement. L'ensemble est dominé par un piton aux murailles de granit, le Huayna Picchu, la « jeune Cime » ; tellement surréel dans sa ouate de nuages qu'on le croirait chaque matin émulsionné à partir des eaux turbulentes de la rivière Urubamba qui court 500 m plus bas.

MACHU PICCHU EN QUESTIONS

La cité fut mise au jour il y a juste un siècle. C'est l'explorateur américain **Hiram Bingham** *(voir l'encadré p. 261)*, de l'université de Yale, qui, en juillet 1911, après des années de recherches, tomba par hasard sur elle. Cent ans après sa découverte, Machu Picchu continue de diviser les experts, incapables de retracer son histoire avec certitude.

Une énigmatique cité inca ?

La majorité des historiens s'accordent à penser que la construction de Machu Picchu remonte à l'époque de l'Inca **Pachacútec**, entre 1438 et 1450, voire « durant les dernières décennies de l'Empire, entre 1475 et 1500, et même jusqu'à l'arrivée des Espagnols » (Danielle Lavallée). L'architecture de la cité, de style « impérial tardif », accrédite cette thèse. Reste à savoir pourquoi les Incas avaient construit un tel monument dans un endroit aussi inaccessible. Était-ce un **centre religieux** ? Le site comporte nombre d'édifices cérémoniels, dont l'Intihuatana « lieu où le soleil s'attache » et le temple du Soleil. Était-ce une **forteresse avancée**, destinée à protéger Cuzco des peuples sauvages de l'Antisuyo (l'Amazonie) ? La cité est entourée d'un mur d'enceinte et de douves. Mais ces défenses sont plutôt minimes. Était-ce le dernier **refuge des acclas**, les « Vierges du Soleil » dévouées à l'empereur ? Certains ont émis cette hypothèse. Sur 173 restes humains, 150 appartiennent en effet au sexe féminin. D'autres pensent plutôt que Machu Picchu était une **cité royale** construite pour l'empereur, sa famille et son clan, et pour lesquels travaillait une population servile de *mitmas*, des paysans déplacés de force sur ces terres. S'agissait-il sinon d'un grand **centre agricole** destiné à alimenter la capitale ? C'est possible aussi, car la capacité agricole du site dépassait largement les besoins de sa population, estimée entre 600 et 1 000 habitants, ce qui laisse supposer qu'il produisait pour l'empire, peut-être des feuilles de coca. Quelle que fût la fonction de la cité, il est sûr qu'il s'agissait d'une véritable ville avec ses quartiers : celui des agriculteurs, celui des artisans, le quartier royal et le quartier religieux.

Un dernier refuge ?

Selon certaines hypothèses, Machu Picchu aurait été un **refuge inca** farouchement caché aux conquistadors. Selon cette version, Manco Inca, après l'échec de sa rébellion contre les Espagnols à Cuzco en 1436, aurait rejoint les habitants de Machu Picchu pour fuir avec eux dans la jungle de Vilcabamba. Avant de partir, ils auraient dissimulé derrière eux le chemin menant au site, dans l'espoir que leurs ennemis ne le découvrent jamais. Cette hypothèse est pourtant peu probable. Comment penser que les Espagnols aient pu ignorer l'existence de Machu Picchu, alors qu'ils disposaient d'alliés au sein même des tribus indigènes ? S'ils avaient appris l'existence de ce site, ils l'auraient sans doute pillé et détruit, comme les autres. La région qui englobait les vallées avoisinantes était densément peuplée et comptait plusieurs centres administratifs et agricoles, avec lesquels Machu Picchu était en relation. On imagine mal que les conquistadors aient pu délaisser cette région.

1911 : Hiram Bingham découvre le site.
1913-1928 : construction de la voie ferrée.
1935 : ruines dégagées par l'archéologue péruvien Luis Eduardo Valcárcel.
1948 : inauguration de la route menant aux ruines depuis Aguas Calientes.
Années 1970 : de nouvelles recherches sont entreprises.
1983 : le site est classé sur la liste du Patrimoine mondial de l'Unesco. Un sanctuaire historique de 325 km^2 est créé afin de préserver le site et la nature environnante.
2007 : désigné comme l'une des sept nouvelles merveilles du monde par un organisme non officiel.
Janvier 2010 : un glissement de terrain coupe l'accès au site pendant plusieurs semaines.
Juillet 2011 : centième anniversaire de la découverte du site.

Une ville oubliée ?

La seule explication plausible, c'est que Machu Picchu était alors ignoré des Incas eux-mêmes. Pour une raison inconnue, la cité aurait été abandonnée avant la conquête et sa trace effacée, même dans la mémoire des Incas. C'est la thèse aujourd'hui retenue par les archéologues. Mais pourquoi, dans ce cas, le lieu aurait-il été déserté ? Ses habitants furent-ils victimes d'une épidémie, d'une sécheresse, d'une attaque des tribus de la forêt amazonienne ? Se sont-ils révoltés contre l'autorité royale et ont-ils été déportés sur ordre de l'Inca ? Machu Picchu était-il le domaine personnel de Pachacútec, lequel, après la mort de l'Inca, aurait été délaissé par ses successeurs ? La cité fut-elle ravagée lors de la guerre civile qui déchira l'empire peu avant l'arrivée des Espagnols ? Le mystère demeure. Les guides locaux se feront un plaisir de l'interpréter, et ce, dans toutes les langues.

LA RANÇON DE LA GLOIRE

Objet d'une pression touristique toujours plus forte, limitée officiellement à 2 500 visiteurs par jour par l'Institut national de la culture (officieusement on parle de 4 000 à 5 000 visiteurs en haute saison), le site le plus visité du Pérou est menacé de dégradation. Outre l'érosion du sol, à cause du piétinement continu du site sur une terre meuble particulièrement vulnérable pendant la saison des pluies, de nombreux experts redoutent des affaissements de pans montagneux ainsi que des glissements de terrains. Inquiet du développement anarchique d'Aguas Calientes, sans parler des projets surréalistes pour rendre le site plus accessible (téléphérique, autoroute), l'Unesco a menacé de classer le site sur la liste des patrimoines en péril – ce qu'ont refusé jusqu'à présent les autorités péruviennes craignant que cette décision ne traduise un inéluctable manque à gagner. Plus d'un million de visiteurs ont en effet visité le Machu Picchu en 2011 ; soit une moyenne quotidienne de 2 700 touristes pour un chiffre d'affaires de 50 millions de $… uniquement en billetterie.

entre la Terre et le Soleil. D'après le chroniqueur Inca Garcilaso de la Vega, ses parois intérieures auraient été couvertes de feuilles d'or et d'incrustations de pierres précieuses. Les niches abritaient sans doute des idoles d'or et d'argent. Au centre émerge un rocher qui servait peut-être d'autel à des sacrifices d'*acclas* (jeunes vierges) pour le culte du Soleil. À proximité du temple furent en effet exhumés des squelettes féminins. Les deux fenêtres de la structure sont dirigées exactement vers les points des solstices d'hiver et d'été. Juste au-dessous du temple se trouve la **tombe royale★** *(tumba real)*, une grotte naturelle aménagée avec des niches funéraires trapézoïdales. Dans cette cavité fut trouvée la momie d'une femme. Selon une interprétation liée aux croyances incas, cette cavité serait une porte d'entrée sur le monde souterrain vers lequel la momie aurait été envoyée comme messagère. À côté du temple du Soleil figure un édifice soigné, appelé la **maison de la Princesse** *(casa de la Ñusta)*. Plus au nord, de l'autre côté de l'escalier, on entre dans le **Palais royal★** *(Palacio real)* ou résidence de l'Inca *(Incawasi)*, doté d'un patio intérieur. D'une grande perfection architecturale, les murs observent une légère inclinaison qui les rend plus résistants aux séismes.

Le secteur que l'on visite ensuite, en remontant vers le nord-ouest, est le **quartier sacré★★**, dédié à Inti, la divinité principale du panthéon inca. On traverse d'abord un intéressant jardin botanique dont on connaît les essences originales grâce à des prélèvements de pollen réalisés sur place : orchidées, pommiers, cacahuètes, dahlias, passiflore, manioc, fuchsias, bégonnias et surtout bien sûr l'une des cultures les plus importantes, le cocaier ou arbre à coca. Ici et là, sur les murets de pierre, des petits *viscachas* – rongeurs à fourrure, cousins des chinchillas, croisement improbable entre le lapin et l'écureuil – pointent discrètement leur museau. La **place sacrée** occupe une plate-forme dominant des terrasses agricoles au bord du précipice et ouvrant, au loin, sur les sommets enneigés de Vilcabamba. Elle est flanquée de deux édifices majeurs. Le **Temple principal★** *(Templo principal)*, à gauche, présente les blocs de pierre cyclopéens les plus impressionnants de tout le complexe. L'un d'eux ne comporte pas moins de 32 angles. Près du mur du fond, on distingue un autel de pierre aux larges dimensions. Vis-à-vis du temple se tient ce qui était sans doute le logement du grand prêtre. À l'arrière, une pièce en longueur, percée d'une série de niches trapézoïdales, servait de **sacristie**. À l'est de la place, le **temple des Trois-Fenêtres★** *(templo de las Tres Ventanas)*, au magnifique appareil de pierres polies et ajustées, est connu pour ses trois ouvertures polygonales en façade, qui regardent la gorge du Río Urubamba. Derrière la sacristie, un escalier étroit escalade ensuite une colline jusqu'au saint des saints, l'**Intihuatana★★★**, littéralement « l'endroit où l'on amarre le Soleil ». C'est la structure la plus importante de la citadelle. Du haut de cet observatoire astronomique, constitué d'une table de pierre parfaitement polie d'où se détache une sorte d'éperon servant de mire (le tout taillé dans un seul bloc), les prêtres observaient le mouvement des étoiles ainsi que la course du Soleil afin de déterminer le calendrier des tâches agricoles. En contrebas de l'Intihuatana, le regard plonge sur la **place centrale★**, vers laquelle descend

> « Juste en face de nous, sur le flanc nord de la vallée, se découpait une immense falaise granitique en à-pic […] on voyait le piton solitaire du Huayna Picchu, encadré de précipices qui paraissaient infranchissables. […] Jamais je n'ai vu de murs aussi bien construits, de monolithes aussi magnifiquement taillés. C'est le plus pur chef-d'œuvre des Incas. »
> Hiram Bingham.

Vue d'ensemble du Machu Picchu.
H. Hughes/hemis.fr

un autre escalier. Sur cette esplanade se déroulaient les festivités et les cérémonies. Elle sépare le quartier de la noblesse, en hauteur et à l'ouest, de celui du peuple et des artisans, en contrebas à l'est.

De la place centrale, un chemin part vers le nord et serpente à travers la végétation jusqu'à la **roche sacrée** *(roca sagrada)*, un gros bloc de 7 m de large sur 3 m de haut, dédié à l'esprit *(apu)* de la montagne Huayna Picchu, juste derrière, dont il reproduit le profil. Ici débute le chemin d'ascension du Huayna Picchu *(voir p. 260)*.

De retour dans le secteur urbain, on traverse cette fois la partie basse des **quartiers populaires**. Les structures des habitations présentent un travail de pierre beaucoup plus grossier que dans la partie haute de la ville. L'ensemble résidentiel du **groupe des Trois-Portes** *(grupo de las Tres Portadas)* borde la place centrale. Il s'agissait peut-être de l'*acclahuasi*, la maison des vierges du Soleil, mais rien ne le prouve avec certitude. On traverse ensuite le **quartier des artisans**, où l'on fabriquait les vêtements, les outils, les armes, les objets en céramique… Le groupe suivant, le **quartier des prisons**, forme un labyrinthe de petites cellules, de passages et d'escaliers étroits. À défaut d'un bloc carcéral, c'était peut-être un lieu dédié à des rites funéraires ou à des sacrifices. Son centre est occupé par le **temple du Condor★** *(templo del Cóndor)*, un autel plat, sculpté dans la roche, à l'entrée d'une caverne, où l'on reconnaît parfaitement le bec et la collerette d'un condor. Observez en arrière-plan les deux formations rocheuses qui imitent les ailes déployées de l'oiseau. Le condor, pouvant voler jusqu'à 10 000 m de haut, était pour les Incas l'intercesseur idoine pour communiquer entre terre et soleil. Dans les niches verticales, de dimension humaine, étaient, selon les interprétations, entreposées des momies ou incarcérés des prisonniers. Des sacrifices y étaient sans doute pratiqués, les canaux taillés dans la pierre permettant au sang de s'écouler.

Bon à savoir – Une fois la visite achevée, il est agréable d'échapper à la foule en remontant à pied le Chemin de l'Inca. On y accède librement et on n'y croise plus grand monde après 10h, les randonneurs étant déjà passés.

Retournez en haut du secteur agricole pour trouver le sentier. Après environ 1h de montée, vous atteindrez l'**Intipunku**, la porte du Soleil, un ancien poste de garde qui surveillait jadis l'accès à la cité inca. De là, vous pourrez savourer au calme la vue extraordinaire sur Machu Picchu.

ROLLING STONES

Si vous voulez comme Mick Jagger observer en solitaire le lever du soleil sur le Machu Picchu, il vous en coûtera 50 000 $ l'heure. Beau temps non garanti comme l'apprit à ses dépens le chanteur des Rolling Stones…

À proximité

Outre les sources chaudes *(voir « Nos adresses au Machu Picchu », p. 271)*, plusieurs petites visites et randonnées peuvent occuper le reste de la journée.

★ Ascension du Huayna Picchu

Comptez env. 1h.

Guichet au nord du site. Entrée réservée aux 400 personnes qui ont choisi le billet à S/152 comprenant l'ascension du Huayna avec deux options : appartenir au premier groupe de 200 personnes attendu entre 7h et 8h, ou au second groupe démarrant entre 10h et 11h. Montée raide et très glissante, réservée aux personnes en bonne forme physique et non sujettes au vertige. Certains passages peuvent être assez dangereux. Emportez de l'eau et une cape de pluie.

Très escarpé, le chemin monte à travers la végétation luxuriante, entrecoupé de passages presque à la verticale, sous forme d'escaliers (attention, marches glissantes par temps humide). Les zigzags du sentier frôlent les précipices. Dernier passage par une grotte avant d'émerger au sommet (2 690 m). De là, récompense de l'effort, une vision plongeante, vertigineuse et spectaculaire, s'offre sur le site et les gorges de l'Urubamba, ainsi qu'un panorama grandiose sur la cordillère de Vilcanota. Un autre chemin, plus long, mène à l'arrière du Huayna Picchu jusqu'aux ruines du **temple de la Lune**, d'où l'on peut ensuite escalader la montagne. Mais attention les plus belles photos sont celles sur lesquelles se trouve le Huayna Picchu.

Museo de Sitio Manuel Chávez Ballón

À 2 km d'Aguas Calientes (30mn à pied), sur la route de Machu Picchu, peu après le pont (Puente) Ruinas. Les bus peuvent vous y arrêter au retour du site. Tlj sf dim. 9h-16h30 - S/12.

Le petit musée archéologique de Machu Picchu comporte une assez maigre collection, puisque la majorité des pièces trouvées sur le site ont été emportées aux États-Unis par Hiram Bingham *(voir l'encadré ci-contre)*. Toutefois, sa présentation moderne et bien documentée, à l'aide de vidéos, croquis, photos, maquettes et commentaires audio, est très attrayante. Il présente l'histoire de la découverte du site, des fouilles, mais aussi les techniques de construction des Incas, leur cosmogonie et leurs rites. Juste à côté, vous pouvez aussi visiter un charmant jardin botanique, plein d'orchidées, de plantes et de fleurs tropicales.

Jardines de Mandor

1h à pied d'Aguas Calientes en suivant la voie ferrée en direction de Santa Teresa. 6h30-16h30 - S/5.

Créés à l'initiative d'un habitant d'Aguas Calientes, ces jardins botaniques permettent de découvrir la flore et la faune du sanctuaire national de Machu Picchu. On y voit notamment beaucoup de colibris, pics-verts et diverses espèces végétales de la haute jungle humide : orchidées, broméliacées, fougères, cèdres, lauriers, bégonias, *muña*… Au bout du jardin se trouve une petite cascade.

★★ Chemin de l'Inca

Randonnée de 4 jours, ou 2 jours en version courte. Pour les renseignements pratiques, voir « Nos adresses au Machu Picchu » p. 270. Attention, réservez le plus tôt possible, car les permis sont limités à 200 trekkers et 300 porteurs par jour.

Chaque année, des milliers de randonneurs effectuent cette marche mythique. Depuis le km 88 de la voie ferrée Cuzco-Aguas Calientes, près d'Ollantaytambo, un sentier pavé par les Incas emprunte des escaliers, des tunnels, des ponts en bois au-dessus des rivières, traverse des vallées encaissées aux forêts humides et des cols d'altitude, avant d'atteindre, après quatre jours de marche, la cité sacrée de Machu Picchu. Le Chemin de l'Inca n'est pas unique, il en existe plusieurs tronçons secondaires. Il dépend d'un système plus vaste, un réseau de près de 30 000 km de sentiers, grâce auxquels la confédération impériale du Tahuantinsuyu put étendre son emprise à travers les Andes. Le **Qhapac Ñan** – le Grand Chemin inca – en constituait la colonne vertébrale. Long de 5 000 km, il traversait la cordillère des Andes depuis la frontière colombienne jusqu'à l'actuel Santiago du Chili, desservant l'Équateur, le Pérou et la Bolivie. Physiquement difficile, financièrement coûteux et contraignant quant à sa logistique, le **trek du Chemin de l'Inca** récompense le randonneur par ses paysages spectaculaires, une flore et une faune riches et variées, des ruines impressionnantes qui jalonnent l'ensemble du parcours et justifient sa réputation.

HIRAM BINGHAM

Le nom d'Hiram Bingham (1875-1956), explorateur et archéologue américain, est associé aux ruines de Machu Picchu, dont il fut le découvreur officiel en 1911. Né à Honolulu, cet historien parcourut toute l'Amérique du Sud avant de diriger une expédition archéologique au Pérou pour le compte de l'université américaine de Yale et de la National Geographic Society. Alors qu'il cherchait Vilcabamba, le dernier refuge du roi Manco Inca, un modeste paysan, Melcheor Arteaga, lui révéla l'existence de Machu Picchu et le guida des rives de l'Urubamba jusqu'aux ruines. Élu sénateur du Connecticut, Bingham publie en 1930 un long ouvrage, *La Cité perdue des Incas*, qui relate son expédition. Sa découverte lui apporte gloire et fortune. Pourtant, le personnage est pour le moins ambigu. Il réussit à entretenir le mythe de Machu Picchu jusqu'à ce que, en 1964, les véritables ruines de la cité perdue de **Vilcabamba** soient mises au jour à Espiritu Pampa, 4 ou 5 jours de marche plus avant dans la jungle. Par ailleurs, Bingham dit avoir « découvert » Machu Picchu, alors que la cité était connue des habitants de la région. Elle figurait en outre sur la carte que l'Allemand Herman Gohring avait dressée en 1874, et fut mentionnée en 1880 par le voyageur français Charles Wiener. Un entrepreneur allemand du nom de Augusto R. Berns aurait même débuté le pillage du site 44 ans avant Bingham. Des historiens péruviens assurent aussi que la citadelle aurait été découverte neuf ans plus tôt, en juillet 1902, par le Péruvien Agustin Lizarraga. Les enjeux sont d'importance. Car si Bingham a bel et bien été le premier à fouiller les ruines de façon aussi méthodique, il le fit surtout sans état d'âme en rapatriant au fil de ses trois expéditions 46 000 pièces à l'université de Yale. À ce jour seulement 366 ont été restituées au Pérou pour le centième anniversaire de la découverte du site en 2011, au grand dam du gouvernement péruvien qui s'impatiente et vient de porter plainte contre l'université pour « appropriation illicite d'objets archéologiques ».

2

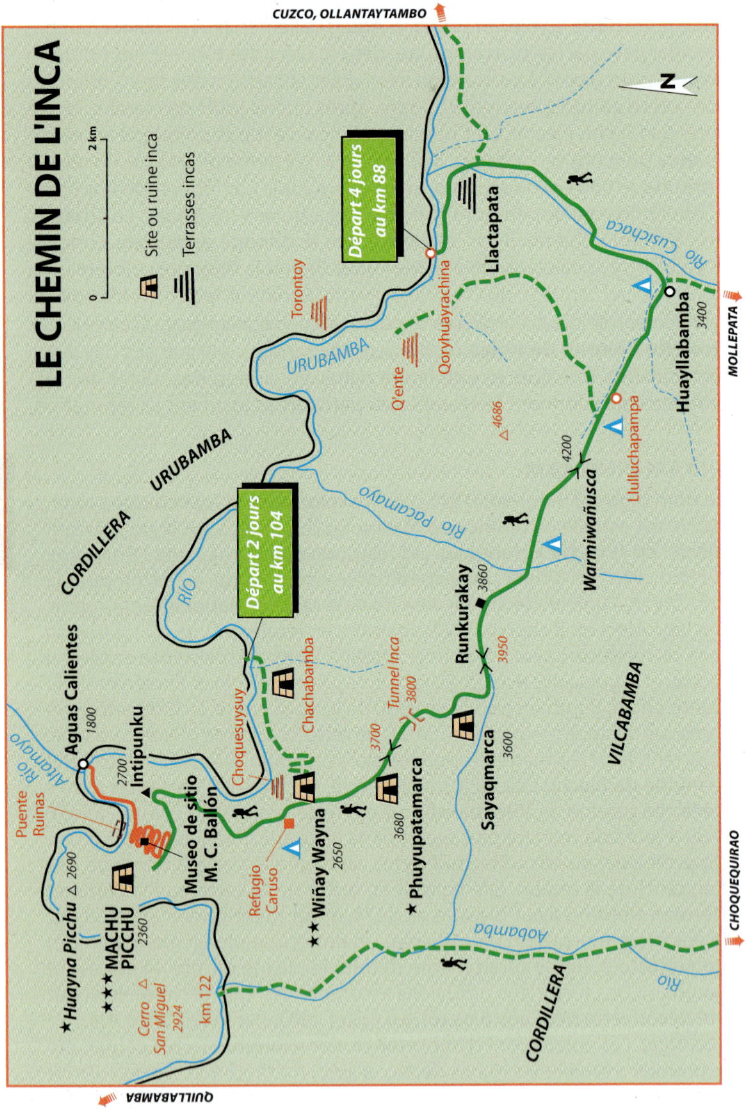
LE CHEMIN DE L'INCA
0
2 km
Site ou ruine inca
Terrasses incas
CUZCO, OLLANTAYTAMBO
N
Départ 4 jours au km 88
Départ 2 jours au km 104
Llactapata
Río Cusichaca
Huayllabamba
3400
MOLLEPATA
Qoryhuayrachina
Torontoy
URUBAMBA
Q'ente
4686
Llulluchapampa
4200
Warmiwañusca
Río Pacamayo
CORDILLERA
URUBAMBA
RÍO
Runkurakay
3860
3950
VILCABAMBA
Chachabamba
Tunnel Inca
3800
3700
Sayaqmarca
3600
Choquesuysuy
Phuyupatamarca
3680
Aguas Calientes
1800
Río Altamayo
Intipunku
2700
Museo de sitio M. C. Ballón
Puente Ruinas
Refugio Caruso
Wiñay Wayna
2650
Huayna Picchu
2690
MACHU PICCHU
2360
Cerro San Miguel
2924
km 122
Río Aobamba
CORDILLERA
CHOQUEQUIRAO
QUILLABAMBA

Victime de son succès, le parcours classique est certes très fréquenté. Même si le nombre de randonneurs journaliers est limité, tous arrivent et repartent des points de campement à peu près à la même heure, ce qui laisse peu de place à la contemplation en solitaire. Les agences proposent néanmoins des **treks alternatifs**, dont une version courte de deux jours qui part du km 104 et, sans passer par les cols d'altitude, rejoint le parcours classique à Wiñay Wayna. On peut aussi partir du km 82, longer la rivière Urubamba jusqu'au km 104, d'où l'on rejoint le trek précédent. Ou encore passer par la vallée de Lares (4 jours), par Salkantay (7 jours) ou par Choquequirao (8 jours).

PARCOURS CLASSIQUE

Jour 1 – Au km 88 de la voie ferrée, on franchit d'abord un pont suspendu qui traverse le Río Urubamba (2 300 m d'altitude) et marque le début du chemin. Peu après, on découvre, sur la droite, les terrasses de **Llactapata**, l'un des sites incas les plus étendus du parc de Machu Picchu (env. 1 km de long sur 300 m de large). Il s'agissait sans doute d'un centre agricole, avec ses habitations de paysans. Le chemin remonte ensuite le cours du Río Cusichaca jusqu'au village de **Huayllabamba** (3 400 m d'alt.), dont les maisons disséminées ont pour certaines conservé des fondations incas. On y trouve aussi les vestiges d'un ancien aqueduc, encore en service. Nuit au campement du village, sur une large prairie près de la rivière.

Jour 2 – La journée la plus rude. Le sentier monte lentement à travers une belle végétation subtropicale. La pente devient plus raide et les forêts laissent peu à peu la place aux paysages dénudés de la *puna* d'altitude. Les premières neiges apparaissent tandis que l'on grimpe péniblement jusqu'au col de **Warmiwañusca** (4 200 m), le col de « la femme morte » en quechua. On redescend ensuite tranquillement jusqu'à la vallée humide du **Río Pacamayo**, où se trouve le deuxième campement.

Jour 3 – De la petite vallée du Río Pacamayo, le chemin remonte en direction du poste de guet de **Runkurakay** (3 860 m). Perché sur un éperon rocheux d'où il domine le vide, ce site en forme ovale servait de *tambo* (auberge) aux messagers de l'empire, les *chasquis*, qui transmettaient les nouvelles à l'aide des *quipus* (cordes de nœuds) en courant d'un *tambo* à l'autre.

La montée se poursuit vers le deuxième col, à 3 950 m, puis l'on redescend dans une vallée où la piste emprunte un sentier pavé. Il bifurque vers la gauche et conduit, par une série d'escaliers, jusqu'aux ruines de **Sayaqmarca** (3 600 m), une petite cité perchée sur un promontoire rocheux qui domine le Chemin de l'Inca. Le site est comme suspendu au-dessus du précipice. Entouré de murailles, il se compose d'un labyrinthe de ruelles, de placettes, de terrasses, de maisons (les ruines d'une vingtaine d'entre elles subsistent), de canaux et de fontaines.

Après Sayaqmarca, en direction du troisième col, le chemin passe sous un **tunnel** long d'une vingtaine de mètres, creusé au temps des Incas (3 800 m). L'intérieur est étroit, obscur et passablement boueux pendant la saison des pluies. Après celui-ci, le chemin traverse une forêt et remonte vers le troisième col (3 700 m). Juste en contrebas gisent les ruines de **Phuyupatamarca★** (3 680 m). La « cité au-dessus des nuages », ancien relais inca, impressionne par ses murailles circulaires et son ingénieux système d'aqueducs qui alimente encore les bains. De la place supérieure, vue superbe sur les sommets enneigés et la vallée du Río Urubamba.

Une nouvelle descente épuisante dans des escaliers s'amorce ensuite, sous un épais couvert de bambous. Au fond apparaissent les ruines extraordinaires de

Wiñay Wayna★★ (2650 m). Perché sur un éperon rocheux en plein cœur de la forêt et surplombant la vallée de l'Urubamba, à 5 km avant d'arriver à Machu Picchu, le site offre de loin un spectacle à couper le souffle. On se demande comment une construction aussi savante a pu être réalisée sur un terrain aussi abrupt et reculé. Dominé par un vaste ensemble d'*andenes*, le complexe urbain est lui-même séparé en deux par un grand escalier qui conduit à un secteur aristocratique et cérémoniel. Le principal édifice du quartier est le Torreón, dont la façade présente des fenêtres et des niches. Ce bâtiment fortifié servait sans doute à la surveillance et à la communication. Non loin se trouvent deux groupes de bains, où l'on pratiquait le culte de l'eau.
Tout proche, le **refuge Caruso** marque la fin de la troisième et avant-dernière étape. L'ambiance y est joyeuse et la bière coule à flots.
Jour 4 – La journée la plus courte et la plus facile. Le chemin traverse une belle forêt tropicale où poussent des orchidées, et dans laquelle fut tournée la première scène du film *Aguirre ou la colère de Dieu*, de Werner Herzog. Le sentier pavé s'élargit et traverse des bois clairsemés. On arrive enfin à un escalier étroit qui conduit à une structure de pierre posée sur une colline, l'**Intipunku**, ou porte du Soleil (2700 m), qui marque l'arrivée à Machu Picchu. Les randonneurs prennent une photo souvenir en savourant leur victoire, avant de descendre pour visiter le site.

NOS ADRESSES AU MACHU PICCHU

INFORMATIONS UTILES

Unique point d'accès (hors Chemin de l'Inca) pour le Machu Picchu, la bourgade d'**Aguas Calientes** est située à 400 m en contrebas du site (à 8 km par une route sinueuse), au terminus de la ligne de train en provenance de Cuzco. La petite bourgade s'étend au fond de la vallée encaissée, creusée par la rivière Urubamba et l'un de ses affluents, la rivière Alcamayo, à 1 800 m d'altitude. Appelée aussi Machu Picchu Pueblo, Aguas Calientes est l'étape obligée pour une nuit si l'on désire arriver tôt aux ruines ou bien en repartir le plus tard possible. À la sortie de la gare s'étale un horrible barnum de stands d'artisanat bâchés : tapis, sacs, instruments de musique, ponchos, T-shirts... Deux rues composent cette ville sans cesse en construction : l'avenida Imperio de los Incas, qui est en fait la voie de chemin de fer longeant la rivière, et sa perpendiculaire, l'avenida Pachacútec, rue en pente qui monte de la place centrale du village jusqu'aux sources thermales. La majorité des hôtels et des restaurants se trouve sur l'une ou l'autre rue.

Poste / Internet – Inutile d'indiquer une adresse précise. Il y en a partout le long de la voie ferrée, autour de la place centrale et dans l'av. Pachacútec.

Banque / Change – **BCP** - *Av. Imperio de los Incas s/n, en contrebas de la gare - lun.-vend. 9h-13h, 14h30-18h.* Change euros et dollars. Dispose d'un DAB accessible 24h/24 à hauteur du 540 de l'av. Imperio de los Incas.

Western Union - *Av. Pachacútec 102 - lun.-vend. 8h-13h, 15h-19h.*

Urgences – **Centro de Salud** - *Poste médical à côté de la gare - ☎ (084) 211 161 - 8h-20h.*

Police – *Av. Imperio de los Incas s/n (près du centre-ville) - ☎ (084) 211 178.*

Sur Internet – Le site **www.mp360.com** vous transporte au cœur du sanctuaire de Machu Picchu et vous propose une visite guidée (en français) grâce à des photos à 360 degrés. Très bien fait.

TRANSPORTS

Train

Aucune route ne dessert Aguas Calientes. Seul et incontournable moyen d'accès, la ligne de train Cuzco-Aguas Calientes est le monopole d'une compagnie privée, **Perurail**, qui pratique des tarifs extravagants. Le train part en général de Poroy (à 11 km à l'ouest de Cuzco), fait une halte à Ollantaytambo, puis au km 88 (point de départ du Chemin de l'Inca), au km 104 (point de départ du Chemin de l'Inca réduit à 2 jours), et arrive enfin à la gare d'Aguas Calientes.

Les trains de l'autre compagnie, **Inca Rail**, effectuent uniquement la liaison entre Ollantaytambo et Aguas Calientes.

Bon à savoir – En haute saison, achetez vos billets (train et entrée au site) plusieurs mois à l'avance sur les sites Internet de Perurail (ou d'Inca Rail) et du Machu Picchu : *www.perurail.com, www.incarail.com* et *www.machupicchu.gob.pe.* Vous pouvez aussi vous les procurer en gare ou à Cuzco.

Perurail - *Portal de Carnes 214 (plaza de Armas)* ou *plaza del Regocijo 202.*

Inca Rail - *Portal de Panes 105 (plaza de Armas).*

2

Conseil – Plutôt que d'affronter les files d'attente à la gare – parfois une demi à une journée en pleine saison – mieux vaut passer par une **agence de voyages** de Cuzco. Moyennant une commission, elle peut se charger de vos réservations pour la visite du site en individuel : billet de train (à partir d' Ollantaytambo), ticket d'entrée du site (mais pas le billet de bus Aguas Calientes-Machu Picchu).

Bon à savoir – Si vous pouvez choisir votre place dans le train, prenez les fenêtres de gauche à l'aller (et à droite au retour).

De / vers Cuzco – Les trains partent et arrivent en règle générale de la gare de **Poroy**. À la saison des pluies (janv.-mi-avr.), les trains partent et arrivent de et vers Ollantaytambo (vérifiez sur le site Perurail). Pour vous rendre à Poroy *(20mn de trajet)*, prenez un taxi *(env. S/25)*.

Le site Perurail (multilingue) propose des recherches par horaire et par tarif. Il existe trois classes de trains : Expedition (ex-Backpacker), Vistadome et Hiram Bingham. Le train **Expedition**, le plus économique, coûte autour de **70 $** l'aller ; il part de Poroy (horaires variables selon les jours, comptez 3h env.) et arrive à Aguas Calientes. Le train **Vistadome**, doté de fenêtres panoramiques qui permettent d'observer les montagnes au-dessus de nos têtes, inclut un en-cas, une boisson à bord et un défilé de mode assez désopilant vantant les produits régionaux. Comptez env. **80 $** l'aller, le plus tôt part à 6h40 et arrive à 9h52. Enfin, le **Hiram Bingham**, le plus luxueux, inclut un repas et une boisson à bord. Il coûte **329 $** l'aller et part à 9h05 pour arriver à 12h24. Ces horaires et tarifs sont donnés à titre indicatif. Pour toutes informations plus précises, référez-vous au site : *www.perurail.com*.

Conseil – Pour des raisons à la fois économiques et de temps, nous vous conseillons de prendre un *colectivo* (S/15) jusqu'à Ollantaytambo (la route beaucoup plus belle que par le train évite de perdre du temps et de l'argent pour aller jusqu'à Poroy qui ne présente guère d'intérêt).

De / vers Ollantaytambo – Les trains desservant Aguas Calientes sont beaucoup plus fréquents que ceux de Cuzco. Quasiment toutes les heures, entre 6h10 et 21h toutes classes confondues. En classe **Expedition**, 4 à 6 trains/j., dans les deux sens (durée 1h30 - à partir de **40 $**, selon les jours et les heures de départ). En classe **Vistadome**, 4 à 6 trains/j., dans les deux sens (1er départ d'Ollantaytambo vers 7h, arrivée 8h30). Billet le moins cher à partir de **50 $** env. l'aller simple.

Inca Rail propose les classes Ejecutivo et Turista à des tarifs équivalents aux classes Expedition et Vistadome. *www.incarail.com*.

Bus

D'Aguas Calientes au site de Machu Picchu, une navette parcourt à travers la forêt les 8 km d'une piste en lacets vertigineuse. Env. 20mn de trajet. La station de bus est située sur l'avenida Pachacútec, une rue en pente qui longe la rivière Alcamayo. Le billet coûte **17 $ A/R** (ou 9 $ l'aller) Une trentaine de navettes absorbent les premiers flux touristiques dès 5h30. Elles partent dès qu'elles sont pleines.

Bon à savoir – Si vous voulez faire partie des premiers départs vous avez intérêt à venir dès 4h du matin en haute saison après avoir acheté votre billet navette la veille au soir. Vous pouvez aussi l'acheter à l'avance au bureau

Consettur de Cuzco *(av. Pardo 613, env. 15mn à pied de la plaza de Armas, au sud de la ville)*. N'oubliez pas qu'en cette période, ce sont plus de 2 500 touristes qui visitent quotidiennement le site. Le dernier retour du Machu Picchu a lieu à 17h30. Prévoyez le bus du retour, selon l'affluence, au minimum 1h avant le départ de votre train.

Depuis 2007, le nombre de personnes pouvant accéder au **Huayna Picchu**, le pain de sucre qui toise le sanctuaire, est limité à 400 réparties désormais en deux vagues : 200 entre 7h et 8h et 200 autres entre 10h et 11h (il faut avoir acheté le billet combiné Machu et Huayna Picchu). Plus de raison donc de se précipiter au guichet d'entrée situé au fond du site, à condition toutefois que le nombre de billets vendus pour le Huayna Picchu ne soit pas supérieur au quota autorisé…

À pied

Pour le Chemin de l'Inca, voir p. 270.

On peut bien sûr effectuer le trajet entre Aguas Calientes et Machu Picchu à pied si l'on souhaite économiser le prix du bus et profiter un peu du paysage. Il faut alors suivre la route d'Aguas Calientes jusqu'à Puente Ruinas *(30mn)* et franchir le pont sur la rivière. Peu après le musée, on tombe sur un sentier bien balisé, mais raide, qui grimpe jusqu'à l'entrée des ruines *(env. 1h/1h30 de marche)*. Mieux vaut l'emprunter au retour.

HÉBERGEMENT

L'hébergement, dans l'ensemble, est assez minable à Aguas Calientes : bâtiments de béton toujours en attente d'un nouvel étage, vue inexistante ou obstruée, rues bruyantes (boîtes de nuit, cafés nocturnes, trains au petit matin) ambiance usine avec obligation de libérer les chambres dès 8h ou 9h du matin… À côté d'une flopée de pensions bas de gamme à l'accueil désinvolte, à la propreté douteuse et à l'ameublement médiocre figurent cependant quelques adresses convenables, et même du très haut de gamme à des prix ahurissants, de 300 à 1 000 $ la chambre selon les offres, à l'image du Machu Picchu Pueblo Hotel *(www.inkaterra.com)*, du Sumaq Machu Picchi Hotel *(www.sumaqhotelperu.com)* ou du Sanctuary Lodge *(www.sanctuarylodgehotel.com)*, le seul établissement situé à l'entrée du Machu Picchu – c'est d'ailleurs son seul intérêt tant l'hôtel est peu attractif comparé aux deux hébergements précédents. Malgré tout, il faut réserver très à l'avance pour la haute saison. Tous les hôtels disposent d'une consigne gratuite pour garder vos valises jusqu'à l'heure du départ de votre train. Les prix sont partout exagérés pour le niveau de confort, mais hors saison (oct.-mai), vous pouvez en général négocier un rabais important (entre 10 et 30 % selon les prix).

PREMIER PRIX

Camping & lodge Inti Wasi – *Au fond d'un sentier, sur la rive droite de la rivière Alcamayo, au-dessus de la gare - ✆ (084) 211 036 - jddggk@latinmail.com - ~~CB~~ - 11 ch. : S/30-80 (10-30 $)*. Une pension pour routards, genre chalet hippie en bois, sympathique de prime abord, mais terriblement bruyante. Dortoirs ou chambres avec sdb communes, eau chaude. Pas cher, mais boules Quiès conseillées. Possibilité de camper et de louer une tente. Attention nuit fraîche.

2

Los Caminantes Hostal – *Av. Imperio de los Incas 140 (100 m après le poste de police) - ✆ (084) 211 007 - los-caminates@hotmail.com -* ✕ ✉ *- 28 ch.* Petit hôtel simple et relativement bien tenu. Les chambres avec *(S/70)* ou sans salle de bains *(S/40)* donnent sur le bas de l'av. Imperio los Incas. Éloigné des boîtes de nuit, l'hôtel tremble bien sûr au passage quotidien du petit train matinal qui part chercher les touristes à Cuzco. Accueil sympathique. Ajoutez S/6 pour le petit-déj.

BUDGET MOYEN

La Payacha – *Av. Imperio de los Incas 622 - ✆ (084) 211 202 - lapayacha@hotmail.com -* CC *- 10 ch. : S/120-135 (45-50 $).* Au premier étage, une petite pension agréable et sans prétention. Les chambres, avec vue sur la rivière, sont basiques, accueillantes et bien tenues. Accès Internet. Petit-déj. continental inclus.

Pachakuteq Inn – *Av. Pachacútec s/n (dans le haut de la rue, vers les sources thermales) - ✆ (084) 211 168 -* CC *- 37 ch. : S/120-135 (45-50 $).* On repère facilement la façade en fausses pierres incas un peu kitsch de cet hôtel bien tenu, quoique assez désuet. Sur quatre étages, il dispense des prestations acceptables derrière ses fenêtres en triangles. Chambres un peu étroites. Préférez celles sur l'arrière plutôt que côté rue, toujours trop bruyantes.

Machu Picchu Hostal – *Av. Imperio de los Incas 520 (en face du poste de police) - ✆ (084) 211 095 - reservas@siahotels.com -* CC *- 12 ch. : S/120-135 (45-50 $).* Derrière une façade jaune au bord de la voie ferrée, des chambres décentes, bien que assez cafardeuses et assorties de salles de bains déglinguées : juste pour y dormir. Accueil anonyme. Seul avantage : son buffet matinal pantagruélique, que l'hôtel partage avec l'hostal Presidente voisin, deux établissements appartenant au même groupe Sierra Andina.

Wiracocha Inn – *Wiracocha s/n (près de la station de bus) - ✆ (084) 211 088 - www.wiracochainn.com -* CC *- 21 ch. : S/175-200 (65-75 $).* Hôtel très satisfaisant pour sa catégorie, au service gentil et serviable et aux chambres confortables. Patio tranquille au bord de la rivière dans une petite ruelle. S'il n'a rien d'extraordinaire, le Wiracocha est plutôt bien par rapport à ses concurrents.

La Pequeña Casita – *Av. Hermanos Ayar 13 (près du marché artisanal) - ✆ (084) 211 153 - www.casadeluzperu.com -* CC *- 14 ch. : S/175-200 (65-75 $).* Tenu par une femme sympathique et serviable, ce petit hôtel moderne met à votre disposition des chambres impeccables, avec chauffage, eau chaude, coffre individuel et accès Internet. La vue n'est pas grandiose, mais la situation stratégique, juste à côté de la station de bus.

Hostal Presidente – *Av. Imperio de los Incas 516 - ✆ (084) 211 034 - reservas@siahotels.com -* CC *- 26 ch. : S/175-200 (65-75 $).* Bien situé, cet hôtel de catégorie moyenne propose des chambres honnêtes, la plupart avec des fenêtres donnant sur la rivière Vilcanota. Le petit déjeuner, servi dès 5h du matin, est très copieux.

POUR SE FAIRE PLAISIR

Inti Wiñaywayna – *Av. Pachacútec cuadra 5 (à 5mn des sources thermales - ✆ (084) 211 360 - www.grupointi.com -* ✕ CC *- 16 ch. :*

S/270 (100 $). L'établissement fait partie d'une chaîne hôtelière qui en possède deux autres du même genre en ville. Prestations de bonne qualité, pour ceux qui recherchent le calme et le confort. Accès Internet, coffre individuel, chambres avec de grosses couettes douillettes.

UNE FOLIE

Inkaterra Machu Picchu Pueblo Hotel – *À 100 m derrière la gare, le long de la rivière Alcamayo - ✆ (01) 610 04 00 - www.inkaterra.com -* ✕ CC *- 85 ch. : à partir de S/1 350 (500 $).* Magnifique établissement niché dans un parc tropical luxuriant, peuplé d'orchidées, de colibris et de perroquets. Les bungalows en pierre et adobe, d'un goût et d'un confort parfaits, sont disséminés dans la végétation et reliées par des sentiers pavés. Le prix des chambres (standard, Deluxe, junior suites et suites) inclut la demi-pension, un goûter et une excursion guidée *(1h30)* dans la réserve tropicale. Sauna, Spa, cours de yoga. Le personnel vient vous chercher à la gare. Luxe, calme et volupté à des prix quelque peu déraisonnables…

RESTAURATION

C'est l'un des points faibles d'Aguas Calientes. La nourriture est rarement de première fraîcheur. À cela plusieurs raisons : difficile d'acheminer des produits tout en respectant la chaîne du froid depuis Cuzco et, face aux coupures de courant récurrentes, seuls quelques rares établissements disposent de générateurs garantissant un froid constant. Il convient donc de se restaurer sans s'empoisonner en ingurgitant des produits maintes fois recongelés. Par ailleurs, nombre de restaurants vous imposent une taxe soi-disant locale d'une dizaine de sols, totalement illégale, et que vous devez impérativement refuser de payer (menacez d'appeler la police). Comme la majorité des touristes ne reste qu'une seule nuit, nous ne vous recommandons, une fois n'est pas coutume, que trois adresses louées pour leur logistique professionnelle. Quant au site du Machu Picchu, hormis une cafétéria ordinaire aux prix prohibitifs *(S/8 le café américain)* en deçà du guichet et à deux pas des précieuses toilettes *(S/1)* et les deux restaurants de l'hôtel Sanctuary Lodge, cette fois carrément hors de prix *(38 $ par pers. pour la formule buffet du Tinkuy)*, il n'existe pas de possibilité de restauration. S'il est interdit d'apporter de la nourriture sur le site, les contrôles sont plus ou moins laxistes selon les saisons. Pour ceux qui bénéficieraient d'une relative indulgence, respectez le site en ne laissant aucune trace de votre passage.

BUDGET MOYEN

Govinda – *Av. Pachacútec 20 - ✆ (084) 975 39 93 - ⊭ - 8h30-21h - S/15-30.* Petit restaurant de plats végétariens, indiens et péruviens. Ambiance encens et baba cool, genre retour de Katmandou. Menu touristique à S/15, incluant salade ou soupe, plat du jour, dessert et boisson. Salades bio, currys, paella végétarienne, *lomo saltado*, sandwichs et petits déjeuners. Rien de très original, si ce n'est l'assurance de manger réellement des plats végétariens. Service souvent lent.

POUR SE FAIRE PLAISIR

Indio Feliz – *Yupanqui 103 (perpendiculaire à l'av. Pachacútec à son commencement) - ✆ (084) 211 090 - www.indiofeliz.com -* CC -

12h-23h - S/50-55. Le meilleur restaurant d'Aguas Calientes arbore, sur deux étages (le troisième est en train d'être converti en salon de thé, de repos et de lecture) une décoration baroque (proue de navire, cheminée Art déco…) fouettée par les embruns maritimes. Le chef français, d'origine bretonne, Patrick Vogin, mitonne une cuisine simple à base de produits frais. Quiche Lorraine, truite saumonée à la mangue, poulet au gingembre confit et cabernet sauvignon, brochette de bœuf sauce au poivre et sirop de caroubier et, en dessert, délicieuse mousse au chocolat. Le menu à S/54,50 (entrée - plat - dessert) est une aubaine. Service attentif et très professionnel. Une oasis à ne pas manquer.

UNE FOLIE

Café Inkaterra – *Machu Picchu Pueblo Hotel - ✆ (084) 211 122 - www.inkaterra.com - CC - 11h-22h - S/80 (30 $).* Lové dans un parc privé de 5 ha niché de l'autre côté du pont, cet hôtel-restaurant – *mansión* – de très grande classe est une enclave de raffinement et de sérénité au cœur d'Aguas Calientes. Cuisine inventive à base de produits locaux. Menu entrée - plat - dessert à 30 $.

CHEMIN DE L'INCA
Informations pratiques

Réservation – En raison de sa popularité et des quotas de fréquentation (500 pers./j. maximum), le Chemin de l'Inca doit être réservé trois mois à l'avance pour les mois de mai et juin ; **six mois à l'avance** pour la période de très haute saison (juil.-sept.). N'espérez pas trouver une place à la dernière minute en arrivant à Cuzco. Le chemin est fermé en février pour nettoyage.

Organisation – Il n'est pas possible de parcourir le Chemin de l'Inca en solitaire, il faut forcément passer par une agence disposant d'une licence. Une foule d'**agences** à Cuzco organisent la randonnée. Attention aux fausses adresses et méfiez-vous des offres alléchantes sur Internet. Un prix peu élevé cache le plus souvent une arnaque. 300 agences ont été fermées en 2011 par les autorités. Malgré ce sévère dégraissage, la prudence reste de mise *(voir « Nos adresses à Cuzco », p. 237)*.

Tarifs – Les prix pour le trek de 4 jours s'échelonnent entre **300 et 400 $** par personne, voire bien au-delà selon les prestations. La compétition est féroce entre les agences. Sachez néanmoins que celles qui pratiquent les tarifs les plus bas trichent forcément quelque part : porteurs sous-payés et exploités, matériel de mauvaise qualité, guides novices et incompétents, groupes trop nombreux, nourriture exécrable… Les agences les plus chères offrent généralement de meilleures conditions de camping, de bons guides, se limitent à de petits groupes (maximum 12 pers.) et participent financièrement à la préservation du site.

Services – Le prix du trek inclut en général le billet d'entrée du sentier *(env. 80 $)*, le transfert en bus ou en train jusqu'au départ, un guide bilingue, son assistant, un cuisinier, des porteurs (pour le matériel et la nourriture, pas pour les bagages individuels), une tente, un matelas de couchage, l'équipement de camping, la nourriture et le trajet de retour vers Cuzco. Des sacs de couchage et du matériel de camping supplémentaire peuvent être loués auprès des agences.

Équipement – Munissez-vous d'un bon duvet (températures

proches de zéro, c'est la saison froide en juil.-août), d'un imperméable ou poncho de pluie, de bonnes chaussures de marche, d'une lotion antimoustique, d'une crème solaire, d'une torche et de quelques barres énergisantes ou en-cas pour les petits creux en cours de route. Prévoyez aussi un peu d'argent pour les pourboires des porteurs, du cuisinier et du guide.

Forme physique – Le trek oblige à passer plusieurs cols d'altitude, dont l'un à 4 200 m. Il faut être acclimaté depuis plusieurs jours avant de démarrer l'aventure. Durant le trek, veillez à ne pas laisser de déchets derrière vous, ni à endommager les ruines et la nature. Les campements se font exclusivement dans les zones prévues à cet effet.

Treks et randonnées – Le **Chemin de l'Inca**, sur 4 jours ou en version courte de 2 jours, reste le circuit de randonnée le plus demandé *(voir ci-contre)*. Cependant, il existe de nombreux treks alternatifs tout aussi passionnants, notamment dans la vallée de Lares ou vers le site inca de **Choquequirao**. Ce dernier dure 5 jours : le premier jour, descente dans la vallée de l'Apurímac, suivi d'une journée épuisante d'ascension jusqu'au site archéologique. Le troisième jour, exploration des ruines, avant d'entamer le retour vers Cuzco où l'on rentre le cinquième jour au soir. Un autre trek consiste à rejoindre Machu Picchu en 4 jours par la vallée de Lares.

Peru Treks & Adventure - *Av. Pardo 540* (C3) - ✆ *(084) 222 722 - www.perutreks.com*. Cette agence à l'excellente réputation organise des départs réguliers pour le Chemin de l'Inca trois fois par semaine, les lun., merc. et vend., et quelques départs le sam. pour environ 525 $/pers. Pensez à réserver à l'avance, car les treks sont limités quotidiennement.

Andean Treks - ✆ *800 683 8148 - www.andeantreks.com*. Très bonne agence pour le trek et l'escalade. Les guides et le matériel sont toujours de premier choix.

AUTRES ACTIVITÉS

Sources thermales – *À 300 m en haut du centre-ville (env. 10mn à pied), en remontant l'av. Pachacútec - 5h-20h - S/10.* Possibilité de location de maillots de bain et de serviettes à l'entrée. Alimentés par des eaux sulfureuses jaillissant du sol à env. 40 °C, plusieurs bassins plus ou moins chauds pour barboter en plein air et se délasser après la marche. Douches et vestiaires délabrés.

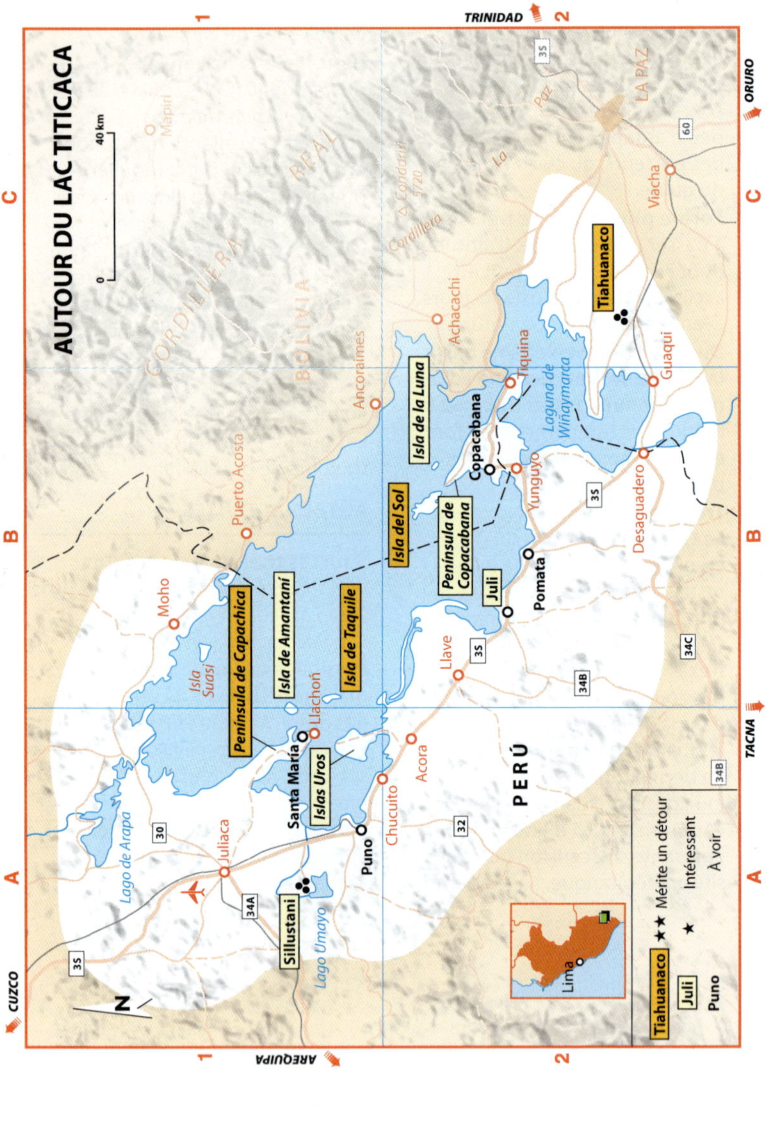
AUTOUR DU LAC TITICACA
0
40 km
CUZCO
AREQUIPA
TRINIDAD
ORURO
TACNA
CORDILLERA REAL
BOLIVIA
PERÚ
Lago de Arapa
Lago Umayo
Juliaca
Sillustani
Puno
Santa María
Islas Uros
Llachoń
Isla Suasi
Moho
Península de Capachica
Isla de Amantaní
Isla de Taquile
Isla del Sol
Isla de la Luna
Península de Copacabana
Copacabana
Juli
Pomata
Yunguyo
Desaguadero
Chucuito
Acora
Llave
Puerto Acosta
Ancoraimes
Achacachi
Tiquina
Laguna de Wiñaymarca
Guaqui
Tiahuanaco
Viacha
LA PAZ
Mapiri
Cordillera La Paz
Condoriri 5720
3S
30
34A
32
34B
34C
60
Lima
Tiahuanaco ★★ Mérite un détour
Juli ★ Intéressant
Puno À voir

Autour du lac Titicaca 3

À 388 km de Cuzco, 297 km d'Arequipa et 1 011 km de Lima :

Puno

Alt. 3 830 m – 133 579 habitants – Capitale du département de Puno

NOS ADRESSES PAGE 279

S'INFORMER

iPerú – *Aéroport Manco Capac International de Juliaca, hall d'arrivée - plaza de Armas (angle jr. Deustua et jr. Lima)* (A2) - *(051) 365 088 ou 01 574 80 00 (24h/24) - iperupuno@promperu.gob.pe - 9h-18h*. Très compétent et serviable, le personnel pourra vous fournir un plan de la ville et diverses informations pour visiter les îles.

SE REPÉRER

Carte de région A1, p. 272 - plan de la ville, p. 276 – *Carte Michelin National 763 M16*. Située au bord du lac Titicaca, Puno se trouve à 388 km de Cuzco, 297 km d'Arequipa et 1 011 km de Lima. Les hôtels, restaurants, bars, boutiques et agences sont regroupés dans les quelques *cuadras* qui bordent le jirón Lima, entre la place d'Armes au sud et le parque Pino au nord. Le centre-ville se parcourt donc facilement à pied. Le **port**, identifiable au petit phare rouge et blanc, d'où partent les bateaux pour les îles du lac Titicaca, se trouve à env. 1 km à l'est. Pour s'y rendre, un mototaxi coûte env. S/5.

À NE PAS MANQUER

Les marchés Laykacota et Unión y Dignidad ; le vapeur *Yavari* ; les *chullpas* de Sillustani ; la fête de la Vierge de la Candelaria (chandeleur).

ORGANISER SON TEMPS

Vous êtes d'abord venu pour le lac Titicaca : une demi-journée suffit pour la ville. Si vous avez réservé un vol de retour matinal (à la saison des pluies prenez toujours le premier vol matinal si vous avez une correspondance importante, car les vols qui suivent sont souvent annulés pour des raisons climatiques), dormez à Puno plutôt qu'à Juliaca, où se trouve l'aéroport *(45mn de Puno)*, et réservez un taxi la veille par le biais de votre hôtel. Les températures minimales moyennes sont inférieures à 7 °C : prévoyez une bonne laine. La nuit tombée, évitez les quartiers du port et des collines.

Située sur la route qui mène de Cuzco à La Paz, la capitale bolivienne, Puno ne susciterait guère d'intérêt si ses maisons d'adobe, de ciment et de tôle ondulée ne côtoyaient les eaux mythiques du lac Titicaca. Mais à 3 800 m d'altitude, une ville ne laisse jamais indifférent. Fondée à la fin du 17e s., dans l'échancrure d'une baie bordée de collines, Puno se ramifie autour d'un centre drainé par une artère piétonne, le jirón Lima, où se concentrent les promesses et propositions touristiques d'une ville tournée essentiellement vers l'exploitation du lac Titicaca. C'est bien dommage, car pour peu que l'on s'éloigne de l'artère touristique, on croise une population affairée par d'autres quotidiens. Ses marchés de rues ou couverts impressionnent par la diversité des codes vestimentaires. Si les rives du lac, délaissées et polluées, sont souvent ingrates, les carcasses de bateaux composent des fonds visuels d'une aride beauté – à l'image

La plaza de Armas.
J.-P. Degas / Hemis.fr

de ces *chullpas*, les tours funéraires de Sillustani dont on dit qu'elles bruissent chaque année, le 2 février, quand déambule dans les rues de Puno la Vierge de la Candelaria. C'est la fête populaire la plus solennelle et la plus joyeuse de l'*altiplano*.

Se promener Plan de la ville p. 276

CENTRE-VILLE

★ Catedral A2

Côté ouest de la plaza de Armas - 7h-11h, 15h-19h - entrée libre.

Édifiée par les jésuites au 18e s., cette vaste basilique de style baroque métis présente, sur le portail de sa façade finement travaillée, une alternance de motifs païens (sirènes jouant du *charango*, soleil, lune) et chrétiens. L'intérieur,

ARGENT, VAPEUR ET ALPAGA

Un siècle après l'arrivée des Espagnols, les sinistres frères **Melchor et José Salcedo** découvrirent une mine d'argent à 7 km au sud-est de l'actuelle Puno. Ils fondèrent là en 1657 la première ville espagnole de la région, sous le nom de **San Luis de Alba**. La richesse de la mine attisa les convoitises jusqu'à provoquer des affrontements sanglants. Venu rétablir l'ordre, le vice-roi du Pérou, le comte de Lemos (1667-1672), fit exécuter José Salcedo, rasa San Luis de Alba et ordonna la fondation de l'actuelle ville de Puno en 1668. En 1780, à la tête d'une armée de 50 000 hommes, **Túpac Amaru II** lance depuis Puno sa rébellion en faveur des droits des indigènes, que les Espagnols parviennent finalement à réprimer. À la fin du 19e s. et au début du 20e, la petite ville lacustre prend une importance croissante grâce à l'exploitation de la laine d'alpaga, à la construction du chemin de fer et au développement de la navigation à vapeur sur les eaux du lac.

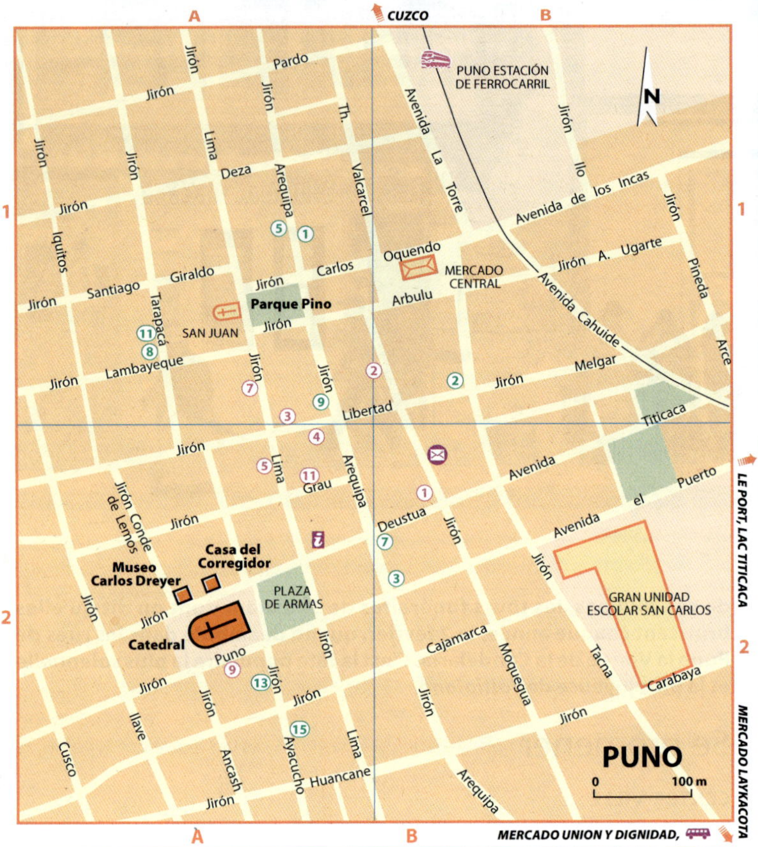

SE LOGER
- Arequipa Hotel 1
- Casona Colon Inn (Hotel) ... 2
- Casona Plaza Hotel 3
- Gran Puno Inn 5
- Hacienda Hotel (La) 7
- Intiqa Hotel 8
- Kollas Inn 9
- Posada Don Giorgio 11
- Royal Inn Hotel 13
- Vylena (Hostal) 15

SE RESTAURER
- Casa Grill 1
- Chifa Cheng Xin 2
- Choza de Oscar (La) 3
- Estancia (La) 4
- Giorgio 5
- Incabar 7
- Portales (Los) 9
- Ukuku's 11

ample et dépouillé, abrite un autel plaqué d'argent, quelques peintures de l'école de Cuzco et deux statues que les habitants vénèrent : le *Señor de la bala* (Seigneur de la balle) et la Vierge des Remèdes. L'église conserve également un drapeau du Vatican, depuis la visite du pape Paul VI en 1964.

Casa del Corregidor A2

Deustua 576 (au coin de la place d'Armes) - 10h-0h - gratuit.

Construite au 17e s. et plusieurs fois modifiée, cette belle maison coloniale fut à l'origine la demeure du *corregidor* (fonctionnaire municipal représentant la Couronne) Silvestre de Valdés. Après avoir changé de propriétaire de multiples fois, elle a finalement été transformée par son actuel possesseur en un ravissant centre culturel, associant une galerie d'exposition, une boutique d'artisanat coopératif (choix assez limité) et un bistrot où il fait bon faire une pause pour prendre un café.

★ Museo Carlos Dreyer A2

Conde de Lemos 289 (à 50 m de la casa del Corregidor, dans la rue à droite) - lun.-sam. 9h-19h - S/15 - possibilité de visite guidée - carte en français.
Situé en face du beau balcon en bois (1668) ornant la maison où, dit-on, le comte de Lemos aurait séjourné, ce petit musée, actuellement propriété de la municipalité, fut acheté à la mort du peintre allemand Carlos Dreyer (1895-1975), peintre de paysages lacustres et de portraits d'Indiens plus que conventionnels (salle 5 du premier étage). Nettement plus intéressant la collection de poteries et tissus pré-incas et incas, de momies, de crânes déformés et trépanés des Collas, ainsi que de diadèmes, idoles et pectoraux en or massif trouvés sur le site de Sillustani. Une *chullpa* a même été remontée au premier étage. Une bonne introduction pour ceux qui veulent se rendre ensuite sur le site de Sillustani *(voir p. 278)*.

Parque Pino A1

Au bout de la promenade pédestre du jirón Lima, on tombe sur cette petite place animée par les cireurs de chaussures, que dominent la façade bleue d'un collège et la silhouette de l'**iglesia de San Juan**. Jadis simple chapelle en adobe, elle a été rebâtie en 1876 dans un style éclectique mêlant néo-gothique et mudéjar. Dans la nef, au pied de l'autel, se trouve la statue de la Vierge de la Chandeleur, patronne de la ville de Puno, qui est fêtée ici durant quinze jours au début du mois de février *(voir p. 284)*.

Mercado Unión y Dignidad et Mercado Laykacota (B2 en dir.)

Ces deux grands marchés méritent un vrai détour. Le mercado Laykacota *(à l'angle de l'av. El Sol et du jr. San Roman)* est un marché couvert flanqué à l'extérieur de petites cahutes bleu ciel. Ne manquez pas les vendeurs de jus de fruits assis devant leur mixeur ou les poissonniers pour découvrir les richesses piscicoles du lac Titicaca. Marché de rue, le mercado Union y Dignidad *(jr. Primero de Mayo)* impressionne tout particulièrement le samedi par le nombre de ses éventaires. On ne se lasse pas d'observer les marchandes en costumes et chapeaux des plus bigarrés.

NAVIRE YAVARI

Av. Sesquicentenario 610, sur la rive du lac à 5 km de la plaza de Armas. Demandez à descendre à l'hôtel Sonesta Posada del Inca, le bateau est juste derrière. Comptez env. S/8 pour le taxi. Hélez un minibus pour le retour. ✆ (051) 369 329 - www.yavari.org - 8h30-17h - gratuit, dons bienvenus.

L'ODYSSÉE DU *YAVARI*

Aujourd'hui renfloué et en voie de restauration, le *Yavari* aura vécu bien des péripéties. Fabriqué au bord de la Tamise, en Angleterre, le navire fut démonté en 1 383 pièces détachées afin d'être acheminé par voie maritime, via le cap Horn, au port d'Arica sur le Pacifique, puis par train à Tacna, et enfin à dos de mulet à travers les Andes jusqu'à Puno. Après un long travail de remontage, le navire fut finalement lancé sur le lac en 1870, soit six ans après sa sortie initiale des chantiers ! Désarmé en 1979, il rouillait à quai lorsqu'une Anglaise, en 1982, s'avisa de sauver cette relique de l'époque victorienne. Les fonds récoltés par son association Yavari Project *(www.yavari.org)*, soutenue par le prince Philippe d'Angleterre, ont permis de redonner au bateau une nouvelle jeunesse. Avec pour but ultime de le remettre un jour en service.

Le *Yavari* est le plus ancien vapeur à hélice au monde encore en état de naviguer. Construit en 1862 en Angleterre, il fut transporté en pièces détachées jusqu'au lac où, durant près d'un siècle, il servit au transport des passagers et des marchandises entre les rives péruvienne et bolivienne. Équipé en 1914 d'un second moteur semi-diesel pour améliorer sa propulsion, le navire possède toujours un moteur à vapeur. Aujourd'hui en grande partie restauré grâce au travail d'une association de bénévoles *(voir l'encadré p. 277)*, il est ouvert au public et accueille dans ses cabines repeintes une exposition sur l'histoire de la navigation lacustre.

À proximité Carte de région p. 272

Comptez une journée. Pour les îles du lac Titicaca et la péninsule de Llachón, voir p. 291.

★ SILLUSTANI

À 32 km (45mn de trajet) au nord-ouest de Puno. Alt. 3 840 m. Le plus simple et le moins onéreux est de partir avec une agence. La plupart propose un départ quotidien à 14h avec un retour sur Puno à 17h30. Comptez entre S/30 et S/35/pers. tout compris (guide en anglais, transport et accès au site) pour un groupe de 15-25 pers.
Érigé au sommet d'une colline, le site de Sillustani domine le lac Umayo sur lequel il jouit d'un extraordinaire panorama. On visite les vestiges d'une ancienne et mystérieuse nécropole, bâtie par les Collas, une tribu guerrière de langue aymara qui régnait sur la région avant l'arrivée des Incas. Les Collas plaçaient leurs défunts éminents dans des tours funéraires rondes, à l'appareil élaboré, pouvant atteindre jusqu'à 12 m de hauteur. Ces *chullpas* ont été pour la plupart construites entre le 9e et le 15e s. Les momies y étaient déposées par familles entières, avec de la nourriture, des joyaux et d'autres biens afin de préparer leur voyage vers l'au-delà. L'orifice d'accès à la tour était ensuite scellé à l'aide d'un bloc de pierre massif. Près du parking se tient la plus large des *chullpas* (4,8 m de diamètre), dite du **Lagarto**, car elle est décorée d'un lézard sculpté.

RIVE SUD

Situés sur la route qui longe le lac jusqu'à la frontière, les villages de la rive sud sont accessibles par bus depuis le terminal Zonal de Puno. Paysages bucoliques, marchés colorés et jolies églises coloniales forment les attraits de cet itinéraire que vous pouvez suivre avant de continuer vers la Bolivie (*voir p. 293*).

TITICACA AU CŒUR DE LA CULTURE ANDINE

Depuis la nuit des temps et malgré les conditions de vie relativement difficiles de l'*altiplano*, le bassin du lac Titicaca se présente comme l'un des grands foyers de la culture andine. Les premiers indices d'occupation humaine remontent à plusieurs millénaires avant notre ère. Des villages apparurent, qui évoluèrent peu à peu en petites villes dotées de centres cérémoniels, comme à **Pucará** (200 av. J.-C. - 200 apr. J.-C.). Plus tard, la culture de **Tiahuanaco** (400-1100 apr. J.-C.), qui avait pris naissance sur les rives sud du lac, s'étendit sur un vaste territoire comprenant une partie du Pérou, de la Bolivie et du Chili *(voir p. 296)*. Après la chute de cette civilisation, des petites seigneuries indépendantes, dont les **Collas** à Sillustani, régnèrent sur la région. Apparentés peut-être aux Collas, les **Incas** situent le mythe fondateur de leur dynastie au lac Titicaca, dont serait surgi le couple mythique Manco Cápac et Mama Ocllo *(voir p. 289)*. Après avoir soumis les tribus belliqueuses du lac, les Incas intégrèrent ses rives dans leur empire dans la seconde moitié du 15e s.

★ Juli

À 79 km de Puno (1h30 de trajet). Alt. 4 102 m.

Blottie au fond de sa baie, Juli conserve quatre églises coloniales des 16e et 17e s., en cours de restauration, qui lui ont valu le surnom de « petite Rome ». Il est vrai que cela fait beaucoup pour une bourgade de 7 000 âmes. Fondée en 1565, la ville fut l'enjeu d'une intense rivalité entre Dominicains et Jésuites : tenue d'abord par les Dominicains jusqu'en 1579, date de leur expulsion, elle fut investie par les Jésuites qui y créèrent un séminaire où furent formés les frères qui allaient plus tard fonder les missions du Paraguay. Un important marché se tient en ville le mercredi et le dimanche.

Sur la plaza de Armas, l'église en pierre de **San Pedro** (1560) *(tlj sf mar. 7h-12h, 14h-16h - entrée libre)* s'ouvre par un portail sculpté, flanqué d'une tour à décor baroque. À l'intérieur, beau retable, plafonds sculptés et un chemin de croix sur des planches de bronze italien du 18e s.

Édifiée par les Dominicains en 1570, l'église **San Juan de Letrán** *(7h30-16h - S/5)* arbore un aspect massif et rustique. Elle fut en partie remaniée par les jésuites, à l'image de son portail latéral du 18e s. de style baroque indien. La nef présente une très riche collection de retables et de tableaux baroques de l'école de Cuzco.

L'église de **La Ascunción** *(7h-12h, 14h-16h - S/4)* est précédée d'un large escalier surmonté d'un arc élégamment sculpté. Depuis cet atrium, on peut apprécier le portail orné de médaillons au monogramme de la compagnie de Jésus. À gauche, le campanile à couronnement sculpté a été en partie mutilé.

L'église de la **Santa Cruz**, située près du cimetière, présente un grand portail sculpté flanqué d'un clocher imposant. L'intérieur est malheureusement en ruine.

Pomata

À 105 km de Puno (1h45 de trajet). Alt. 3 826 m.

Perchée sur une éminence au-dessus du lac, cette petite localité, où vinrent s'installer vers 1680 les dominicains chassés de Juli, possède un autre joyau architectural : l'église **Santiago Apóstol**, élevée vers 1700, réputée pour ses magnifiques fenêtres en albâtre translucide et son portail baroque richement sculpté. On y remarque une foule de détails d'inspiration indienne, en particulier les têtes de puma (Pomata signifie « lieu du puma » en aymara). L'intérieur présente également de belles peintures naïves et un autel doré à la feuille.

3

NOS ADRESSES À PUNO

Plan de la ville p. 276

INFORMATIONS UTILES

Poste – Serpost - *Moquegua 269* (B2) - *✆ (051) 351 141 - lun.-sam. 8h-20h.*

Banque / Change – Banco Continental - *Jr. Lima 400 ; BCP, angle Lima et Grau* (A2). **Scotiabank** - *Angle plaza de Armas, jr. Lima et jr. Deustua 458* (A2). Les agences disposent d'un DAB accessible 24h/24. Plusieurs *casas de cambio* sur le jr. Lima changent les dollars et euros, espèces ou traveller's chèques, à un bon taux.

Internet / Téléphone – Plusieurs cybercafés proposent aussi les appels téléphoniques sur le jr. Lima ou près de la plaza de Armas.

Urgences – Police touristique - *Deustua 538 - ✆ (051) 357 100 - 24h/24.* **Hôpital** - *Av. El Sol 1022 - ✆ (051) 369 696 - lun.-vend. 7h30-14h30.* **Farmacia Botica Fasa** - *Arequipa 314* (A1) *- 24h/24.*

Divers – Consulat de Bolivie - *Jr. Arequipa 136* (A1) - *✆ (051) 351 251 - colivianpunobol@hotmail.com - lun.-vend. 8h-16h.*

TRANSPORTS

Avion – Aeropuerto Manco Cápac - *Juliaca, à 45 km au nord de Puno - ✆ (051) 322 905.* Les vols à partir de Puno (en fait de Juliaca) sont desservis par 3 compagnies : **Lan** *(✆ 213 8200 (depuis Lima) ou 0 801 1 1234 (depuis la province) - www.lan.com)* assure chaque jour 4 vols : Cuzco-Lima (8h20, 1h de trajet pour Cuzco, 1h45 pour Lima) ; Arequipa-Lima (8h45, 45mn de trajet pour Arequipa, 1h45 pour Lima) ; Lima (11h et 16h45) ; **Star Peru** *(✆ (051) 32 6570 - www.starperu.com)* assure 1 vol quotidien à destination d'Arequipa-Lima (9h45, 2h45 de trajet jusqu'à Lima) ; **Taca** *(✆ 0 800 1 8222 (call center) - www.taca.com)* assure 1 vol quotidien pour Lima (11h45, 1h45 de trajet).

Bus de l'aéroport – De l'aéroport, des bus relient Puno *(1h - S/10)*. De Puno vers l'aéroport, vous pouvez prendre un taxi *(env. S/80 - 45mn)*, un *colectivo* du terminal Zonal ou bien un minibus d'une agence *(S/15/20 pers., selon le nombre - env. 1h de trajet)*, comme celui de **Rossy Tours** *(Tacna 308 - ✆ (051) 366 709)*.

Bus – Les bus longue distance partent tous du **terminal terrestre** *(Primero de Mayo 703 - ✆ (051) 364 733)*, situé à env. 2 km au sud-est de la plaza de Armas *(env. S/4-6 en mototaxi ou en taxi)*.

Les bus locaux pour Juliaca et les bourgades des rives autour du lac partent du **terminal Zonal** *(av. Simón Bolívar)*, à 500 m au nord-ouest du terminal terrestre.

De Puno vers Cuzco : plusieurs options, la plus conseillée si vous n'avez pas encore visité les sites phares du Machu Picchu et de la vallée de l'Inca est le trajet de jour – la route est magnifique – avec les visites des quatre sites Pucara (musée archéologique), Abra la Raya (point culminant du parcours), Raqchi (temple de Viracocha) et Andahuaylillas (« chapelle Sixtine » de l'Amérique du Sud) répartis entre Puno et Cuzco. Départ à 8h, 9h de trajet. Comptez 45 $ par pers. avec guide, repas du midi et entrées pour les sites.

Les sociétés de bus sont **Cruz del Sur** *(✆ (051) 368 524 - www.cruzdelsur.com.pe)*, **Inca Express** *(✆ (051) 365 654 - www.inkaexpress.com)* et **Turismo Mer** *(✆ (051) 367 223 - www.turismomer.com)*.

L'autre option est de prendre un bus rapide de jour (6h30 de trajet) pour pleinement profiter du paysage *(voir rubrique « Transports » à Cuzco p. 224)*.

Arequipa (5-6h de trajet) : avec l'incontournable mais très professionnelle **Cruz del Sur** *(www.cruzdelsur.com.pe)*, départ à 15h *(S/56 ou S/71 en bus VIP)*.

La Paz (6h) : départ quotidien à 7h30 *(S/25)* avec **Colectur**, 30 ans de service *(Jr. Tacna n° 221, terminal terrestre comptoir 12 - ✆ (051) 352 302 - colectur@hotmail.com)*, ou avec la très sérieuse compagnie **Tour Peru** *(terminal terrestre comptoir C-1 - www.tourperu.com.pe)*, départ à 7h30 *via* Copacabana ou 6h *via* Desaguadero).

Tacna (10-12h de trajet, via Moquegua) : San Martín assure des départs à 7h, 9h, 18h45, 19h45 et 21h30, Sagitario à 21h15, Julsa à 7h30 et 20h30.

Copacabana (3h de trajet, S/15) : *voir p. 299*.

Train – Gare ferroviaire - *Av. La Torre 224 (à 500 m au nord-est de la place d'Armes)* (B1) - *✆ (051) 351 041 - www.perurail.com.* La ligne Puno-Arequipa étant hors service, seule est assurée la liaison avec **Cuzco** (10h de trajet). Formule unique de luxe *Andean Explorer* à 220 $, incluant déjeuner et boissons à bord. Départs à 8h les lun., merc. et sam. (et le vend. d'avr. à oct.). Prix exorbitant. Mieux vaut voyager par le bus.

HÉBERGEMENT

Bon à savoir – Les prix varient un peu selon la saison. N'hésitez pas à demander un rabais (au moins 30 %) entre sept. et juin.

PREMIER PRIX

Kollas Inn – A1 - *Jr. Arequipa 386 - (051) 352 815 - kollas_inn@hotmail.com - - 11 ch. : S/30.* Pension appréciée des *mochileros* (routards). Chambres spartiates et basses de plafond, mais d'une propreté décente et disposant de l'eau chaude. Quelques chambres avec sdb commune à S/15/pers., petit-déj. inclus.

Hostal Vylena – A2 - *Ayacucho 505 - (051) 351 292 - hostalvylena20@hotmail.com - - 12 ch.* Excellent petit hôtel à prix très attractif *(S/50 la double)*, très central, ultra-propre et à l'accueil charmant. Le meilleur dans sa catégorie. Petit-déj. S/5.

Arequipa Hotel – A1 - *Arequipa 153 - (051) 363 303 - hotelarequipa_peru@hotmail.com - - 20 ch.* Un poil plus cher que le précédent *(S/60 en été)*, mais toujours dans la catégorie des petits budgets. Eau chaude, télévision grésillante, propreté acceptable. 4 ch. avec sdb commune à S/15/pers. Petit-déj. S/5.

Gran Puno Inn – A1 - *Arequipa 130 - (051) 351 110 - www.granpunoinn.com - CC - 18 ch. : S/50-70.* Autour d'un patio couvert, l'établissement propose des chambres plutôt confortables, tapissées de moquette et bien tenues, même si elles ne sont pas de prime jeunesse. Accès Internet, cafétéria. Ambiance calme et reposante. Petit déjeuner compris.

Posada Don Giorgio – A1 - *Jr. Tarapacá 238 - (051) 363 648 - www.posadadongiorgio.com - CC - 20 ch.* Une bonne adresse en qualité intermédiaire. Atmosphère plaisante autour d'un joli patio intérieur. Chambres avec parquet et décoration avenante. Évitez cependant celles du rez-de-chaussée, un peu sombres. Comptez S/110 pour une double avec petit-déj. continental inclus.

BUDGET MOYEN

Hotel Casona Colon Inn – B1 - *Jr. Tacna 290 - (051) 351 432 - www.casonacoloninn.com - CC - 25 ch.* Atmosphère sympathique dans cette ancienne demeure de l'époque républicaine. Les chambres au premier étage (confortables et bien équipées) sont organisées autour d'un joli patio intérieur. Petit déjeuner copieux (buffet) servi dans une salle attenante au restaurant Sol Naciente. Bar. Poste Internet. Service très serviable. Dès S/180 pour une chambre double en haute saison, on peut négocier un rabais de 40 % hors des mois fatidiques (juin-sept.).

Intiqa Hotel – A1 - *Jr. Tarapaca 272 - (051) 366 900 - www.intiqahotel.com - CC - 25 ch. : S/190.* Chambres modernes décorées avec un goût et un sens certain de l'épure qui surprend sur ce terreau baroque. Accueil professionnel et charmant. Ascenseur, business center, cet hôtel moderne tient à la fois de la pension de famille et de l'hôtellerie rodée aux visiteurs exigeants et pragmatiques. Bon petit déjeuner. L'adresse est tellement prisée qu'il y est en revanche difficile de négocier un rabais hors saison. Comptez 70 $ la double. Réserv. conseillée.

3

POUR SE FAIRE PLAISIR

Casona Plaza Hotel – B2 - *Arequipa 655 ou Puno 280 - ☎ (051) 365 614 - www.casonaplazahotel.com - CC - 68 ch. : S/245 (90 $).* Situé à une *cuadra* de la place d'Armes, cet hôtel neuf et moderne dispense des prestations assez luxueuses pour un prix modéré. Grand hall lumineux, ascenseur, accès Internet, chambres avec téléviseur à écran plasma, coffre, frigo-bar et salle de bains en marbre.

La Hacienda Hotel – B2 - *Deustua 297 - ☎ (051) 356 109 - www.lahaciendapuno.com - ✕ CC - 80 ch. : S/270 (100 $).* Construit autour de deux patios ensoleillés, dans une rue animée, cet hôtel inspiré du style des haciendas coloniales offre tout le confort moderne : ascenseur, grandes chambres avec moquette épaisse, salle de bains en marbre avec baignoire et sèche-cheveux, accès Internet, bonne literie…

UNE FOLIE

Royal Inn Hotel – A2 - *Ayacucho 438 - ☎ (051) 364 574/365 822 - www.royalinnhoteles.com - ✕ CC - 54 ch. : S/300 (110 $).* Vous apprécierez le confort douillet et le charme raffiné de cet hôtel moderne au service peut-être un peu guindé. Ascenseur, parking, accès Internet, *business center.* Les chambres aux portes et meubles en palissandre affichent un cachet Art déco. Baignoire à hydrojet, sèche-cheveux, coffre, écran plasma, Wi-Fi, lits larges et de qualité.

RESTAURATION

PREMIER PRIX

Chifa Cheng Xin – B1 - *Jr. Moquegua 176 - ▭̸ - lun.-sam. 8h-21h.* Ce restaurant chinois très populaire ne désemplit pas. Les woks ne cessent de bondir au-dessus des brûleurs. Les soupes de nouilles autour de S/7 sont très prisées. Les crevettes sont délicieuses et plus qu'abondantes.

Los Portales – A2 - *Puno 521 - ☎ (051) 369 328 - CC - lun.-sam. 9h-22h.* Devant la place d'Armes, sur le flanc droit de la cathédrale. À défaut d'une grande originalité, la cuisine servie ici est copieuse et honnête : pizzas, salade de crevettes, truite grillée, côte de porc, *penne* à la napolitaine, steak d'alpaga, omelettes.
Le menu touristique à S/15 peut-être certains jours une véritable aubaine.

La Estancia – A2 - *Jr. Libertad 137 - ☎ (051) 351 196 - CC - lun.-sam. 9h-22h - S/20.* Cette *parrilleria*, encore peu fréquentée par les touristes, est une bonne adresse pour découvrir tous types de viandes grillées à des prix raisonnables. Le steak d'alpaga avec sa purée de pommes de terre légèrement sucrée est un vrai délice. Le pisco *sour* est encore à S/5 soit un tiers du prix pratiqué partout ailleurs.

BUDGET MOYEN

Casa Grill – B1 - *Jr. Moquegua 286 - ☎ (051) 352 596 - CC - 12h-22h - S/20-40.* Fréquentée au départ par les familles bourgeoises locales, cette adresse est aujourd'hui très populaire. Spécialités de grillades en tout genre (poisson, viandes), accompagnées d'un gargantuesque buffet de salades et de hors-d'œuvre inclus dans le prix. Essayez la *parrilla Estancia*, pour 2 pers., un assortiment de viandes de bœuf, porc, agneau, poulet et saucisses grillées. Également deux autres adresses près de la cathédrale.

Ukuku's – A2 - *Paje Grau 172 - ☎ (051) 369 504 - www.ukukusrestaurant.com - CC - 11h-22h - S/20-40.* Véritable institution à

Puno, l'Ukuku's emporte la faveur des touristes depuis des années. À l'étage, dans une grande salle avec mobilier en bois et parquet, on se relaxe en buvant une bière et on savoure un plat simple sur fond de musique sympa. Pizzas au four, pâtes, steak d'alpaga aux pommes, plats végétariens et quelques spécialités « fusion » chinoises. Une annexe est située à Libertad 216.

La Choza de Oscar – A1 - *Jr. Libertad 340 - ✆ (051) 351 199 - www.lachozadeoscar.com* - CC - *12h-22h.* On vient surtout dans ce restaurant, comme chez son voisin le « balcones de Puno » pour voir et écouter des groupes de musique andine *(19h30-21h).* Mais la particularité de la Choza est d'héberger deux salles : la première, près de la scène, avec tables et nappes soignées est pour les touristes ; la seconde, beaucoup plus simple – sur deux étages – ne désemplit pas. Signe indéniable que la cuisine n'est pas si mauvaise que ça, même si les plats réservés aux touristes sont plus variés, onéreux et nettement moins copieux. Comptez S/29 pour un tournedos d'alpaga et moins de S/10 pour une copieuse portion de poulet braisé avec des *papas fritas* bien dorés et un bruit de fond de musique andine.

Incabar – A1 - *Lima 348 - ✆ (051) 368 031* - CC - *8h-22h - S/20-40.* Moitié restaurant, moitié lounge-bar, ce repaire des bonnes ondes andines affiche une allure colorée, cool et funky qui agit comme un attrape-mouche sur la clientèle occidentale. Le menu décline des plats inventifs (notamment la perche du lac servie avec du quinoa, des pommes et de la gelée de groseilles, filet mignon à la crème de whisky). Si la présentation est stylée, le résultat est parfois surprenant. L'endroit, qui sert aussi des petits déjeuners, est agréable, avec ses canapés confortables, pour un verre ou un café dans la journée, ou un pisco *sour* en soirée.

Giorgio – A2 - *Lima 430 - ✆ (051) 367 771 - www.restaurant.giorgio.net* - CC - *11h-22h.* Menu en français. Sur la rue la plus commerçante de Puno, ce restaurant-pizzeria offre un cadre soigné et un service attentionné. Plats variés (médaillon de dinde, côtelette de porc, steak d'alpaga, truite, pizzas…). Comptez entre S/30 et S/40 pour le plat « retour de pêche ».

EN SOIRÉE, BOIRE UN VERRE

Bars – Puno ne brille pas par ses nuits agitées. Les couche-tard tournent dans un périmètre limité, entre une poignée de bars situés sur le jr. Lima ou le pasaje Grau.

Kamizaraky Rock Pub - *Pasaje Grau 148* (A2) - *à partir de 17h.* Dans une grande salle style loft, aux murs zébrés de graffitis, à l'ambiance cool et aux serveurs amicaux, se réunit une jeune clientèle grégaire pour siroter bières et cocktails. Présente parfois des petites formations de rock. Bonne musique, surtout des standards du rock.

Positive Vibrations - *Lima 345* (A1) - *18h-0h.* Fréquentée par les jeunes de Puno. Serveurs sympathiques, musique éclectique, reggae, soul et R&B, bons cocktails avec une annexe pizzeria.

Ekeko's - *Lima 355* (A1) - *à partir de 17h.* Au premier étage. Décor assez psychédélique. Grand écran télévisé pour les retransmissions de foot ou des projections de films, petite piste de danse où les jeunes se trémoussent le w.-end sur de la salsa ou de la techno.

ACHATS

Artisanat – Puno est l'un des meilleurs endroits du Pérou pour acheter pulls, ponchos, gants, chapeaux, châles ou couvertures en laine d'alpaga ou de lama. Les prix, en général négociables, comptent parmi les moins chers du pays. La qualité, en revanche, laisse parfois à désirer, certains articles prétendus en alpaga se révélant plutôt en laine de mouton ou d'angora. Le **marché artisanal du port** *(El Puerto s/n - 9h-18h - ⊭)* rassemble un grand nombre de stands à la production variée, où l'artisanat local authentique côtoie une production plus standardisée. Le **CIAP** *(dans la Casa del Corregidor, Deustua 576 (A2) - 9h-19h - ⊭)* est une coopérative à but non lucratif qui s'efforce de promouvoir un artisanat équitable. Les profits tirés de la vente des écharpes, ponchos, pulls et tissages en alpaga sont directement reversés aux artisans des communautés rurales qui les ont produits.

ACTIVITÉS

Agences et tours organisés – Pour visiter les îles Uros, de Taquile et d'Amantaní, beaucoup de voyageurs préfèrent se simplifier la vie en passant par une agence, alors que vous pouvez parfaitement vous rendre sur le port de Puno tôt le matin et prendre un billet pour un bateau public *(voir p. 291)*.

All Ways Travel - *Jr. Deustua 576 (dans le patio de la Casa del Corregidor) (A2) - ✆ (051) 353 979 - www.titicacaperu.com*. Cette agence dispose de bons guides, certains parlant un peu français, et propose, outre les tours classiques, quelques circuits originaux.

Edgar Adventures - *Jr. Lima 328 (A1) - ✆ (051) 353 444 - www.edgaradventures.com*. Jouissant d'une bonne réputation, cette agence propose des tours à dominante sportive : kayak, treks, randonnées équestres.

Les agences organisent également les transferts en bus pour Copacabana et La Paz en Bolivie.

AGENDA

Fiesta de la Virgen de la Candelaria – *Deux premières semaines de fév. (en général autour du 2 fév.)*. Haute en couleur et en ferveur, la fête de la Vierge de la Chandeleur est un mélange de foi chrétienne et de coutumes andines. Durant 15 jours, la ville enfile ses tenues de gala pour célébrer en musique sa sainte patronne. La statue de la Vierge, revêtue d'un habit brodé de fils d'or et d'argent, est sortie en procession sur un palanquin dans les rues, devant des milliers de spectateurs nationaux et étrangers. Quelque 30 000 danseurs et musiciens aux lumineux uniformes pailletés l'accompagnent par des fanfares, des pétarades et des danses frénétiques au son des *zampona* (flûtes de pan), des tambours et des tambourins. La danse la plus célèbre étant celle de la *diablada*, où les danseurs portent des masques grotesques et des costumes superbes et impressionnants.

Autre événement d'importance, la **fête de Puno** est célébrée la première semaine de novembre, en souvenir de Manco Cápac qui, selon la légende, est sorti des eaux du lac Titicaca pour fonder l'empire inca. Une grande procession part des rives du lac jusqu'au stade municipal. Orchestres et danseurs envahissent les rues de la ville, et la fête prend souvent une tournure chaotique en fin de journée, à mesure que les participants arrosent l'événement.

Îles du lac Titicaca

★★

Alt. 3 810 m – Superficie : 8 562 km², dont 60 % au Pérou (département de Puno) et 40 % en Bolivie

NOS ADRESSES PAGE 291

S'INFORMER

iPerú – *Aéroport Manco Capac International de Juliaca, hall d'arrivée, plaza de Armas (angle jr. Deustua et jr. Lima)* (A2) - *(051) 365 088 ou 01 574 80 00 (24h/24)- www.peru.travel - iperupuno@promperu.gob.pe - 9h-18h.*

SE REPÉRER

Carte de région, p. 272 – *Carte Michelin National 763 D8.* Le lac Titicaca s'étend sur 175 km de long et 75 km de large. Sa profondeur maximum est de 284 m. Température de l'eau : 11 °C. Le lac compte 41 îles, dont trois principales : Amantaní, Taquile et Isla del Sol (Bolivie).

À NE PAS MANQUER

Loger chez l'habitant ; le lever ou le coucher du soleil ; les balades sur les sentiers.

ORGANISER SON TEMPS

Restez au moins une nuit à Taquile, Amantaní ou Llachón. Prévoyez pour la nuit : polaire, lampe de poche, drap, insectifuge et nécessaire à toilette.

3

Une étonnante mer intérieure bordée de cultures en terrasses et de sommets enneigés, ainsi se présente l'insolite et lumineux Titicaca, le plus haut lac navigable du monde et le plus vaste d'Amérique du Sud. À 3 800 m d'altitude, ses eaux froides d'un bleu profond couvrent 8 562 km² (4 772 km² pour le Pérou ; 3 790 m² pour la Bolivie). Entre roselières, plages de sable et anses rocheuses, ses rivages abritent une flore et une faune d'une grande diversité biologique. Au large s'égrènent plus d'une quarantaine d'îles, sauvages ou habitées. Certaines, artificielles, sont de minuscules radeaux de joncs flottants sur lesquels vivent des familles au grand complet. D'autres recèlent des vestiges incas, comme l'île du Soleil, côté bolivien. Réservoir insondable de légendes, le lac revêt un aspect sacré aux yeux des peuples andins. Pour les Incas, c'est d'ici que Viracocha, le dieu créateur, fit émerger la Lune, le Soleil et les étoiles qui illuminèrent les ténèbres. Titicaca, en aymara, signifie « rocher du puma », en référence à un roc de l'île du Soleil. Les habitants se considèrent eux-mêmes comme les fils de Mama Qota, la déesse mère, expression qu'ils emploient pour désigner le lac.

Découvrir les îles

Pour les îles du Soleil et de la Lune, lire « Escapade en Bolivie », p. 293.

★ ISLAS UROS

À 10 km au nord de Puno. Bateau : 6h-16h30 (env. 30mn) - S/10 A/R. Comptez env. 30mn de visite. Entrée S/5.

L'archipel des Uros, une quarantaine d'îles distribuées en majorité dans la baie de Puno, représente quelque chose d'incroyable et d'unique au monde. Ces îles faites main sont échafaudées sur les racines entrelacées de plantes aquatiques. Celles-ci créent un socle d'environ 2 m d'épaisseur, qu'on tapisse ensuite d'une bonne couche de tiges de **totora**, le roseau du lac. Des troncs d'eucalyptus et des rondins de balsa servent à renforcer la structure porteuse de ces galettes flottantes, tandis qu'à leurs extrémités, des pieux sont piqués dans le fond du lac pour les amarrer. De grosses pierres, attachées à des cordes, ancrent les îles et renforcent leur stabilité. Les tiges de roseau pourrissant assez vite, il est nécessaire de renflouer les sols tous les trois mois. À la différence des anciens *chinampas* aztèques ou des jardins flottants du lac Inlé, en Birmanie, ces îles ne sont pas de simples terres agricoles, mais de vrais villages habités par des groupes de 3 à 10 familles selon leur superficie. Elles comportent des huttes faites également en *totora* (mais aussi en tôle ondulée), joncs avec lesquels les îliens fabriquent également un mobilier sommaire et de belles embarcations à proue en forme de tête de puma.

On pense que les **Uros**, qui furent peut-être les premiers habitants de la région, trouvèrent refuge sur ces îlots afin de se protéger des attaques des ethnies guerrières qui envahirent les rives du lac avant l'époque inca. Décimé par les Espagnols qui le réduisirent en esclavage pour exploiter les mines de Potosí, ce peuple s'est étiolé jusqu'à disparaître totalement à la fin des années 1950. Des **Aymaras** de Puno ont remplacé les Uros sur ces îles flottantes, où ils perpétuent leurs traditions à des fins essentiellement touristiques.

Environ 400 familles, soit 2 000 personnes, habitent ces îles. Elles vivent d'un peu de pêche, de chasse aux oiseaux, de la pomme de terre et de quelques légumes cultivés hors-sol, et surtout des touristes. La communauté dépend économiquement du **tourisme**. Au visiteur qui débarque sur le sol souple et spongieux de leurs îles, ces Indiens de paille démontrent, dans une mise en scène rondement menée, leurs techniques de pêche, de construction et d'alimentation, le tout sans dissimuler les télévisions alimentées par panneaux solaires logés dans leurs huttes. Des objets d'artisanat plus ou moins local, dont des pirogues de *totora* miniatures, sont vendus par les enfants.

Les îles Uros.
Axiom / Hemis.fr

★★ ISLA DE TAQUILE

À 36 km au nord-est de Puno (3h en bateau - dép. quotidien à 7h - S/25 A/R). 11 km², alt. max. 4 050 m, env. 3 500 hab. Entrée S/5. Infos : www.isladetaquile.com.pe. 1 000 touristes/j. en haute saison.

Légèrement montagneuse, sans voitures ni motos, sans chiens même, la paisible île de Taquile exhibe des paysages ondulants de collines ocre-brun, qui contrastent avec le bleu intense du lac, l'azur du ciel et le vert des cultures en terrasses. Au loin, côté bolivien, on distingue les sommets neigeux de la Cordillera Real. À pied, au fil des petits sentiers bordés de murets, le visiteur se laisse imprégner par la douce quiétude qui enveloppe l'île, baignée d'une lumière presque méditerranéenne. Ici et là, on croise quelques chaumières, quelques ruines incas et pré-incas, des bosquets d'eucalyptus, des pâturages où paissent les brebis, des femmes qui remontent de la corvée d'eau, une lourde cruche sur l'épaule. Les gens vous saluent et sourient, visiblement heureux et fiers de leurs coutumes.

Les Taquileños, de langue quechua, ont préservé jusqu'à présent un mode de vie et des valeurs communautaires hérités de l'époque inca, même si l'individualisme mercantile commence à pointer son nez. Grâce au tourisme, ils ont revivifié une **tradition textile** d'une qualité exemplaire. Tout le monde ici, hommes, femmes et enfants, file à la quenouille, tisse et tricote. L'une des particularités de l'île est en effet le mode vestimentaire de ses habitants, inspiré autant des tenues des paysans espagnols d'autrefois que des couleurs et des motifs traditionnels andins. Les hommes portent un long bonnet de laine qui évoque le bonnet phrygien – rouge pour les mariés, rouge et blanc pour les célibataires –, une chemise blanche en toile épaisse sous un boléro noir, et un pantalon corsaire noir. Les hommes mariés arborent également une large ceinture-calendrier tissée par leur épouse. Les femmes portent la **pollera**, une série de jupes et de jupons superposés, et un châle noir à frange brodée ; les jeunes filles des bonnets ornés de longs pompons aux couleurs éclatantes comme les fleurs de kantuta, qui leur descendent jusqu'à la taille.

La plupart des bateaux arrivent à **Puerto Chilcano**, l'embarcadère principal, à l'ouest de l'île, où des guides locaux se proposent pour la visite. De la plage, il faut gravir un long et épuisant escalier en lacets de 532 marches et 240 m de dénivelé *(30mn à pied)* pour arriver jusqu'à la grande arche en pierre marquant l'entrée du **bourg principal**, au sommet de l'île. Une autre possibilité consiste à se faire déposer à **Puerto Alsuno**, au nord de l'île. Un chemin permet alors de monter en pente douce, à travers un ravissant paysage, jusqu'au village principal de l'île *(1h30 à pied)*. Sur la grande place du village,

Le lac des pumas de pierre

LE PLUS HAUT LAC NAVIGABLE DU MONDE

Traversé par la frontière entre le Pérou et la Bolivie, le lac Titicaca occupe une surface d'environ 8 559 km^2, soit quinze fois celle du lac Léman en Suisse. Situé au centre d'un bassin sédimentaire encadré par deux cordillères, il est le vestige d'une immense lagune qui occupait l'*altiplano* durant le quaternaire et s'étendait jusqu'au *salar* d'Uyuni, en Bolivie. Un phénomène issu de l'apparition des Andes qui, en se soulevant, emprisonnèrent une masse importante de l'ancien océan et le surélevèrent pour former un grand bassin hydrographique connu sous le nom de **Ballivian**. Sous l'effet de l'évaporation, une partie de l'ancien lac s'assécha au sud, laissant derrière elle le lac Poopó et le *salar* d'Uyuni ; l'autre demeura sous la forme du Titicaca au nord.

Le cycle de l'eau

Le lac est alimenté par de nombreux **cours d'eau**, parmi lesquels les *ríos* Ramis, Llave, Coata et Huancane, ainsi que par les pluies abondantes de janvier à mars. Le Río Desaguadero est l'unique défluent du lac, qui se déverse dans le lac Poopó en Bolivie. Il s'agit d'un *río* intermittent, d'un faible débit. Le principal facteur de perte hydrique provient de l'évaporation (400 m^3/s.), en raison de l'ensoleillement et de la sécheresse intenses.

Un écosystème riche et original

La rive nord, escarpée et entaillée de multiples baies rocheuses, contraste avec la rive sud, aux côtes basses et plates occupées par des roselières et des plaines cultivées. La péninsule de Copacabana et le détroit de Tiquina, en Bolivie, séparent la partie majeure du lac de sa partie mineure au sud, surnommée la lagune de **Wiñaymarca**. Ses eaux fraîches et légèrement salées abritent de nombreuses variétés de poissons, même si la truite et la perche, introduites à la fin du 19e s., ont nui aux espèces natives *(bogas, carachis, suches, ispis, mauris)*. Riche d'une soixantaine d'espèces d'oiseaux, le lac est réputé, côté flore, pour son roseau *(totora)* d'un genre particulier, lequel intervient à tous les niveaux de la vie des habitants : alimentation (hommes et bêtes), engrais, vannerie, construction d'habitat, de pirogues, de nasses… Le lac Titicaca est néanmoins menacé par les rejets polluants des villes riveraines, comme l'atteste la prolifération d'algues et de lentilles verdâtres dans l'eau.

UN LIEU FONDATEUR

Jalonné de ruines mystérieuses et de monuments préhistoriques sur ses îles et ses rivages, le lac Titicaca est le berceau des religions et des premières civilisations des hauts plateaux andins. Au sud du lac est née la civilisation de **Tiahuanaco** *(voir p. 296)*, qui irradia en Bolivie et sur tout le Pérou entre le 5e s. et le 11e s. Dominées par les Uros, puis les ethnies militaires aymara, pukara, lupaka et colla, les rives du lac étaient densément peuplées bien avant l'émergence de la dynastie inca, à la fin du 12e s.

La légende des pumas

La mythologie associe le lac Titicaca à une scène de déluge fondatrice. Après que les dieux de la montagne, les *apus*, eurent envoyé des pumas massacrer les habitants de la région, le dieu Inti pleura pendant quarante jours et quarante nuits, à tel point que ses larmes formèrent le lac Titicaca. Un couple rescapé raconta avoir aperçu les pumas transformés en statues de pierre. Ces pumas expliquent à la fois l'étymologie du nom et la présence des félins sur la proue des bateaux aymara *(voir p. 286)*.

Le berceau des Fils du Soleil

Les Incas, dont l'apogée de l'empire se situe aux 14e et 15e s., associèrent l'origine légendaire de leur peuple au lac Titicaca. Il aurait été le lit où furent enfantés Manco Cápac et sa sœur-épouse Mama Ocllo. Tiré des eaux par Inti, le dieu Soleil, le couple primordial reçut pour mission de fonder un nouvel empire plus au nord. Pour le remercier, Manco Cápac fit édifier sur l'île du Soleil un magnifique temple où furent entreposées des tonnes d'or, d'argent et d'autres offrandes précieuses. Selon la légende, il composait une partie du vaste trésor que Francisco Pizarro exigea en rançon lors de la capture de l'empereur **Atahualpa** en 1532 *(voir p. 479)*. Alors que sur le lac une navette de barques convoyait des monceaux d'or et d'argent du temple en direction de Cajamarca, les Incas apprirent l'exécution d'Atahualpa, le 29 août 1533. Dégoûtés par la trahison de Pizarro, ils auraient jeté le trésor dans les eaux du lac, au fond duquel il sommeillerait encore…

DES TRADITIONS IMMUABLES

Les rives et les îles du lac abritent, dans de petits hameaux fermiers, des communautés d'Indiens quechua et aymara au mode de vie ancré dans des traditions inchangées depuis des siècles. Vivant quasiment en autarcie alimentaire, en combinant l'élevage (ovins, lamas, cochons), l'agriculture de subsistance (pommes de terre, oignons, quinoa, orge) et la pêche, les paysans se regroupent en **ayllus** (communautés sociales) qui pratiquent entre elles l'*ayni*, l'entraide réciproque, à l'occasion des travaux de construction, terrassement, semailles ou récoltes.

Transmettre en tissant

Les hommes comme les femmes tissent la laine d'alpaga et de mouton. Les femmes fabriquent les habits quotidiens ou rituels, les ourlets de jupe, les ponchos et les châles. Exécutés sur des métiers traditionnels, les tissages de la région sont remarquables par leurs motifs ouvragés. Les vêtements les plus caractéristiques sont le **chullo**, bonnet à oreillettes, et le **chumpi**, ceinture-calendrier dont les motifs géométriques et colorés représentent le cycle annuel des activités rituelles et agricoles. À travers cette tradition du tissage se transmettent les éléments de la culture orale des communautés.

UNE PAUVRETÉ PERSISTANTE

L'altitude, le relief accidenté, les rigueurs du climat, l'isolement expliquent la pauvreté endémique qui frappe les communautés villageoises, en perpétuelle lutte pour leur survie. Devant l'impérieuse priorité des tâches agricoles, la scolarisation des enfants passe souvent au second plan. Aussi l'**analphabétisme** atteint-il des niveaux élevés, surtout chez les filles.

Morcelés en minuscules parcelles travaillées à la main, sans machine ni engrais, les champs ont de faibles rendements, que les inondations, gelées et sécheresses ont tôt fait de compromettre. Moins de 20 % de la population a accès à l'électricité et à l'eau potable. Malnutrition, absence d'eau pure, d'assainissement des eaux usées et de traitement des déchets, fragilité d'une agriculture poussée à la limite de ses possibilités, autant d'éléments qui conduisent souvent les villageois à aller chercher du travail en ville ou à se raccrocher au tourisme comme à une bouée de sauvetage.

une terrasse offre une **vue★★** grandiose sur le lac, les îles d'Amantaní et de Suasi. En arrière-plan pointent les pics de la cordillère Royale qui surplombe La Paz et, plus loin encore, les nuages qui coiffent la forêt amazonienne. Près de l'église, le **Centro artesanal comunitario** permet d'acheter de l'artisanat communautaire à prix fixe. Des femmes y font des démonstrations de tissage.

★ ISLA DE AMANTANÍ

À 42 km au nord-est de Puno (3h30 en bateau - dép. quotidien à 8h - S/30 A/R). 9 km², alt. max. 4 140 m. Env. 4 000 hab. Entrée S/5. Infos : www.punored.com/titicaca/amantani.

De forme circulaire comme un gros caillou bosselé, l'île d'Amantaní est nettement moins fréquentée que Taquile. Ses paysages sont plus austères et monotones, avec des cultures en terrasses qui s'étagent sur ses flancs dénudés. Dans les champs, au printemps, poussent néanmoins en abondance les fleurs de **kantuta**, plante emblème des Incas. Disséminés dans huit petits hameaux de maisons basses en adobe, les insulaires, de langue quechua, se consacrent principalement à l'agriculture (orge, millet, pommes de terre, quinoa, fèves) et à l'élevage de moutons, chèvres et lamas. Ils sont aussi d'habiles artisans, spécialisés dans les vanneries en *ichu*, une herbe drue de la *puna*, avec laquelle ils fabriquent des paniers et corbeilles. Les tissages de laine occupent également les femmes qui excellent dans cette pratique, comme à Taquile. L'île ne compte ni route, ni voiture, ni eau courante, juste un peu de courant électrique produit par des panneaux solaires et des groupes électrogènes. Deux sommets la dominent, environ 300 m au-dessus du lac, surnommés **Pachamama** et **Pachatata** (Terre-mère et Terre-père), sur lesquels reposent des ruines datant de la civilisation de Tiahuanaco. Les habitants y célèbrent des *pagos* (offrandes rituelles) aux *apus*, les esprits protecteurs des montagnes, lors de la **fiesta de la Santa Tierra**, le troisième jeudi de janvier. Lorsqu'ils débarquent, les visiteurs sont attendus par des habitants du village principal, **El Pueblo**, situé au nord de l'île, qui leur proposent le gîte et le couvert.

★★ PENÍNSULA DE CAPACHICA

Village de Llachón (1 300 hab.), communauté de Santa María, à 77 km au nord-est de Puno (2h de trajet par la route puis par une piste). Accès en combi depuis Puno, via Capachica (env. S/6), ou bien en taxi chartérisé (env. S/80), ou encore par le bateau collectif d'Amantaní, en demandant au capitaine de vous déposer au passage. Si vous la contactez à l'avance, l'association Llachón-Santa María peut envoyer un taxi vous chercher, organiser votre hébergement chez l'habitant et votre retour vers Taquile ou Puno en bateau privé ou collectif. ✆ (084) 232 522 - www.exploretiticaca.com - info@exploretiticaca.com. Pour des balades en kayak au départ de la péninsule, consultez le site : www.titicacakayakadventure.com.

Fermant la baie de Puno au nord-est, la péninsule de Capachica, dite aussi péninsule de Llachón, s'étire à proximité des îles de Taquile et d'Amantaní. Le relief, dans la partie riveraine, présente une pente légère qui a favorisé la formation d'une grande quantité de très jolies plages de sable blanc. Elles demeurent abritées des vents grâce aux formations rocheuses qui jouent le rôle de contreforts naturels. Plus haut, la péninsule présente un paysage varié, où alternent les pampas, les petites vallées et les collines plus élevées plantées de pins, de genêts, d'eucalyptus et de cyprès. Au sommet du **mont Auki Carus** (4 200 m) se déploie une **vue★★** grandiose sur le lac et les îles à l'horizon. Sur ce mirador naturel s'élevait une grande *chullpa* (tour funéraire) de la civilisation de Tiahuanaco, dont on aperçoit les vestiges circulaires. L'endroit reste un centre cérémoniel où l'on vient faire des offrandes à la Pachamama. Plus bas, près des fermes et des hameaux villageois, les cultures en terrasses, aux murets pré-incas, s'agrippent aux flancs des collines. Des paysans conduisent des attelages de bœufs tirant des herses en bois, d'autres bêchent le sol pour semer des pommes de terre, de l'orge ou du maïs. Comme dans les îles, les villageois portent des costumes typiques. Les femmes, notamment, arborent d'amusants chapeaux plats à trois bords ornés de pompons colorés.

Santa María

Dans ce petit hameau, près du village de Llachón, à la pointe de la péninsule, les 40 familles de la communauté se sont associées pour développer un tourisme solidaire chez l'habitant, profitable à tous, à tour de rôle. Réparties autour de patios fleuris de géraniums, de kantuta, de bégonias, de lupins et de menthe sauvage, les chambres sont sobres mais agréables, avec un sol en terre battue, des couvre-lits tissés, une table et un miroir. Certaines maisons ont une douche chaude et un peu d'électricité, d'autres sont simplement dotées de bougies, bassine d'eau et toilettes à la turque. Mais le confort n'est pas le plus important, ce qui compte est avant tout l'accueil et les moments passés en compagnie de ces familles, avec qui l'on partage des repas frugaux mais typiques et dont on observe le travail quotidien. Hospitaliers et aimables, les villageois vous escortent dans tous vos déplacements, pour des balades à pied, en voilier ou en kayak. Les prix *(S/30 la nuit avec le repas et le petit déjeuner)* sont établis sur une base équitable. Tranquille, apaisante, d'une grande beauté, la péninsule est un petit paradis naturel vraiment privilégié.

NOS ADRESSES SUR LE LAC TITICACA

ORGANISER SON EXCURSION

Pour les voyageurs pressés, la solution la plus pratique pour visiter les îles consiste à passer par les **tours guidés** des agences de voyages de Puno, qui se chargent de tout : traversée en bateau, guide, repas et logement sur place chez l'habitant. Les prix sont plutôt compétitifs. Inconvénients : les visites se font en groupe, dans un temps limité, et l'argent bénéficie peu aux îliens. Nous vous conseillons plutôt de vous déplacer en **indépendant**, afin d'être en contact avec les locaux. Du port de Puno, des **bateaux collectifs** desservent tous les matins l'île de Taquile à 7h *(S/25 AR)* et l'île d'Amantaní à 8h *(S/30 AR)*. Ils font une halte à l'aller sur l'une des îles Uros. De Taquile et d'Amantaní, les retours vers Puno ont lieu vers 12h *(vérifiez les horaires au port)*. Que vous voyagiez en groupe ou en individuel, prévoyez au moins 2 jours/1 nuit, car la durée des trajets *(6h AR pour Taquile, 7h pour Amantaní)* ne vous laisse pas assez de temps pour la visite en une journée. De nombreuses agences proposent pourtant pour 25 $ (tt compris sf le déj.) une journée express *(7h-17h, dont 6h de transport)* pour découvrir Taquile *(2h30 de visite)* via Uros *(1h d'arrêt)*. Les agences facturent en général selon le nombre de participants S/30-40/pers. la demi-journée vers les îles Uros, S/60-70/pers. la journée complète pour les îles Uros et Taquile et S/110-120/pers. les deux jours pour les îles Uros, Taquile et Amantaní (nuit et repas inclus). Côté **hébergement**, pas d'inquiétude : dès votre arrivée au débarcadère, des responsables villageois ou les habitants eux-mêmes viennent vous proposer une maison. Inutile de réserver.

Reste à choisir le lieu : Taquile, Amantaní ou la péninsule de Capachica (Llachón) ? Notre préférence va à Llachón, plus sauvage et mieux préservée des groupes de touristes, assez envahissants sur Taquile en haute saison. De Llachón, il est possible de rejoindre Amantaní ou Taquile en bateau privé le lendemain, d'où l'on rentre à Puno avec le bateau collectif de midi.

Autre option, pour les plus fortunés : l'**île de Suasi**, à 120 km au nord-est de Puno *(5h de trajet)*. La seule île privée du lac (43 ha) abrite un splendide *ecolodge* alimenté à l'énergie solaire, entouré de jardins très fleuris, avec 23 chambres à la vue panoramique sur le lac, plus un cottage. Pas de voiture. Pour seuls compagnons des alpagas, vigognes, oiseaux-mouches et cormorans noirs. Au programme, balades à pied, Spa et sauna, canoë, barbecue, observation des étoiles. Pour ce havre de paix au bout du monde, comptez 232 $/pers. pour 2 j./1 n. en pension complète, en incluant le transfert A/R. Rens. : *www.casa-andina.com - travel@casa-andina.com*

Les cartes de crédit ne sont pas acceptées sur les îles et la péninsule, où il n'y a ni banque ni bureau de change. Prévoyez des sols et des dollars en quantité suffisante.

HÉBERGEMENT, RESTAURATION

Isla de Taquile

Juste à côté du centre artisanal, le **comedor San Santiago**, le restaurant communal, sert un déjeuner complet (soupe de quinoa ou de fèves, truite grillée ou omelette, crêpe) pour S/20. Voici quelques années, le tourisme était encore géré de façon communautaire ; les visiteurs étaient répartis chez les insulaires à tour de rôle, sous la responsabilité des chefs de village. Ce n'est plus le cas aujourd'hui : les guides et les agences de Puno ont chacun leur réseau, et les habitants viennent directement solliciter les touristes à leur arrivée. Les prix, cependant, sont partout les mêmes : env. S/30 pour la nuitée avec dîner et petit-déj. Les chambres d'hôtes dans les maisons sont rustiques mais propres et plus confortables que celles des propriétaires eux-mêmes. On bénéficie de l'électricité une courte partie de la soirée (éclairage à la bougie ensuite), de toilettes sèches, et d'une bassine d'eau chaude.

Fêtes – Du 25 juillet au 5 août se déroule la grande **fiesta de Santiago**, joyeuse explosion de couleurs durant laquelle les Taquileños accomplissent des danses costumées, font des libations et des offrandes à la Pachamama et aux *apus* (esprits des montagnes). Des festivités se déroulent également à Pâques et au Nouvel an.

Isla de Amantani

Le style d'hébergement chez l'habitant et les prix sont les mêmes qu'à Taquile. En général, les touristes ont droit, le soir, à une petite fête dansante sur la place du village.

Pour un hébergement plus confortable, le **Kantuta Lodge** *(☏ (051) 812664 - www.punored.com/titicaca/amantani/img/lodge.html - amantani_@hotmail.com)* propose des chambres propres, claires et plaisantes, sdb et vue sur le lac, pour 20 $/pers. en pension complète (3 repas) ou 5 $ seulement pour un repas. Près de la plaza de Armas, la **Tienda artesanal**, un magasin communal, vend de l'artisanat local.

Escapade en Bolivie

Copacabana : 5 515 habitants – Alt. 3 850 m

NOS ADRESSES PAGE 299

S'INFORMER

Visa / Formalités – Il suffit de présenter un passeport valide à la frontière. Le visa bolivien, gratuit, est valable 30 jours.

Décalage horaire – Il existe un décalage de +1h en Bolivie par rapport au Pérou.

Indicatif téléphonique de la Bolivie – **591**.

SE REPÉRER

Carte de région, p. 272 – *Carte Michelin National 763 D8*. Principale ville du lac, côté bolivien, Copacabana se trouve à 147 km de Puno et à 151 km de La Paz. Le site de Tiahuanaco se situe à 196 km de Puno (via Desaguadero) et à 71 km de La Paz.

À NE PAS MANQUER

Le baptême des voitures devant la cathédrale de Copacabana ; la traversée à pied de l'île du Soleil ; le site de Tiahuanaco.

ORGANISER SON TEMPS

Comptez 2 jours pour la péninsule de Copacabana. Évitez l'excursion d'une demi-journée à l'île du Soleil, trop courte. La visite de Tiahuanaco est plus facile depuis La Paz, où il est alors judicieux de prévoir une nuit. En raison des barrages *(bloqueos)* fréquents à la frontière, gardez une marge de sécurité pour le retour vers Puno.

Une fois sur les rives du lac Titicaca, beaucoup de voyageurs poursuivent leur périple vers la Bolivie voisine. Sans pousser très loin, il peut être intéressant de s'accorder un petit extra de deux ou trois jours pour aller fouler le sol sacré de l'île du Soleil, berceau de la mythologie inca, au bout de la péninsule de Copacabana. L'adoration du dieu Soleil a été supplantée par la foi catholique, et il règne de nos jours une étrange ferveur sur le parvis de la cathédrale de Copacabana, où les dévots affluent de toute l'Amérique du Sud pour implorer la bénédiction de la Vierge noire. Copacabana ne présente pas les charmes balnéaires de son homonyme brésilien, mais elle n'en est pas moins plaisante. Rescapés d'une autre époque, des hippies semblent s'y prélasser à longueur d'année. Un tout autre voyage temporel vous attend aux imposantes ruines de Tiahuanaco, centre de l'une des civilisations mères de l'Amérique précolombienne, qui influença toutes les autres cultures de la région.

Découvrir

★ PÉNINSULE DE COPACABANA

Située au bord du lac, la petite ville de Copacabana fut fondée par l'Inca Túpac Yupanqui afin d'accueillir les pèlerins qui se rendaient à l'île du Soleil. Aujourd'hui, elle fait l'effet d'une agréable cité de villégiature, au cadre enchanteur et à l'ambiance plutôt baba cool et funky. Matin et après-midi, les touristes y

UN NOM QUI FAIT RÊVER
Pour la majorité, Copacabana évoque surtout la célèbre et sublime plage située au sud de Rio de Janeiro. Ce quartier de la capitale brésilienne fut baptisé ainsi au 18e s., après la construction d'une chapelle abritant une réplique de la Vierge noire de la Copacabana bolivienne. On la doit à un moine bénédictin natif du lac Titicaca, Antonio de Desterro Malheiro. En 1754, se trouvant en perdition au large du Brésil, il se fit alors la promesse que s'il échappait au péril, il donnerait le nom de son village à l'endroit où il échouerait. Ce qu'il fit.

embarquent pour des excursions en bateau vers les deux îles légendaires du Soleil et de la Lune, sur lesquelles les Incas avaient bâti des temples et des monastères dont il subsiste de nombreux vestiges. Les Indiens aymara et quechua du Pérou ou de Bolivie convergent quant à eux vers la cathédrale, qui abrite la célèbre statue de la Virgen de la Candelaria, la Vierge noire, véritable icône bolivienne réputée accomplir des miracles. Deux fois par an, en février et en août, Copacabana accueille des dizaines de milliers de pèlerins venus rendre hommage à la madone protectrice, dans une débauche éclatante de musique, de fête et d'alcool.

Copacabana

Postée face au lac, la petite ville a pour seul véritable intérêt sa **cathédrale** *(plaza 2 de Febrero - 8h-12h, 14h-18h - entrée libre)*. D'un blanc étincelant que rehaussent quelques faïences, cette basilique de style mauresque fut édifiée en 1550 et reconstruite entre 1610 et 1651. Son chœur héberge la statue dorée de la Virgen de la Candelaria, sur un magnifique autel en argent massif. Taillée en bois de *maguey* (cactus), la célèbre Vierge noire fut réalisée en 1580 par l'artiste quechua Francisco Yupanqui, neveu de l'Inca Túpac Yupanqui. On la surnomme aussi la **reine de Bolivie**, car elle est l'image la plus sacrée du pays. Des centaines de cierges et de bougies brûlent en permanence en son honneur. Un petit musée d'art religieux se visite à gauche de l'entrée principale.
Ne manquez pas d'assister au rituel surprenant qui se déroule tous les jours, en particulier le samedi, entre 10h et 14h, sur le parvis de la cathédrale : des dizaines de fidèles viennent faire sanctifier leur **voiture**, décorée pour l'occasion de guirlandes et de rubans colorés, que les prêtres aspergent à grandes giclées d'eau bénite.
En fin de journée, les escaliers du **cerro Calvario** (3 966 m), qui gravissent la colline située au nord de la ville, procurent une agréable promenade. Du sommet, on découvre une vue superbe sur les eaux du lac, particulièrement admirable au coucher du soleil.

★★ Isla del Sol

À 12 km au nord-ouest de Copacabana. Des bateaux partent tous les matins, vers 8h15 et 8h30, du quai situé en bas de l'av. 6 de Agosto. Ils desservent soit Challapampa au nord (2h de traversée), soit Yumani au sud (1h30 de traversée). D'autres bateaux partent à 13h30. Retour de Challapampa à 10h30 et 14h30, de Yumani à 10h30 et 16h (vérifiez les horaires). Env. 20-30 BOB AR, plus 15 BOB pour l'entrée du site. Comptez env. 3h pour traverser l'île à pied, dans un sens ou dans l'autre, par un sentier assez bien indiqué.
Rocailleuse et bosselée comme une île méditerranéenne, l'île du Soleil, longue de 10 km sur 3 de large, détache sa silhouette échancrée sur les eaux bleu cobalt du lac Titicaca, avec en toile de fond, à l'est, les blancs sommets de la

L'île du Soleil, en Bolivie.
C. Boisvieux / Hemis.fr

cordillère Royale culminant à plus de 6 000 m. Les paysans aymara y cultivent de petites parcelles de maïs en terrasses, élèvent du bétail et pêchent, tandis que des lamas broutent placidement au milieu des ruines incas. L'ambiance pastorale et la beauté des paysages incitent à rester au moins une journée.

Challapampa – Au nord-est de l'île, la bourgade de Challapampa abrite un petit **musée** qui conserve quelques objets archéologiques *(9h-17h30 - 15 BOB, ticket incluant l'entrée des autres sites)*. Pierres sculptées, figurines de bronze ou d'argile, poteries, pièces furent exhumées tant sur l'île que sous l'eau, car les pèlerins jetaient des idoles dans le lac en offrande aux dieux.

En grimpant ensuite par un sentier durant 15mn vers le nord-ouest, on parvient aux ruines d'un **tambo** inca, auberge-étape pour les pèlerins.

L'ÎLE DU SOLEIL

Aujourd'hui rurale et paisible, la Isla del Sol était au 15e s. considérée comme le lieu de naissance du Soleil, de la Lune et de la dynastie inca, et comptait à ce titre parmi les sites les plus vénérés du monde andin. En réalité, l'île constituait déjà un important **centre cérémoniel** bien avant l'arrivée des Incas, lorsque la civilisation de Tiahuanaco s'y implanta, vers l'an 500. Un vaste complexe de temples et de sanctuaires couvrait l'île, lequel attirait des pèlerins qui venaient par milliers adorer le dieu Viracocha. Soucieux de retourner à leur profit ce culte sacré pour mieux asseoir leur légitimité, les Incas consacrèrent les lieux comme le berceau de leurs ancêtres mythiques, Manco Cápac et Mama Ocllo. Tout en édifiant de nouveaux temples et infrastructures sur la péninsule de Copacabana et ses îles sacrées, dont l'accès fut alors strictement contrôlé par les prêtres et les serviteurs de l'empereur, ils superposèrent puis substituèrent au culte de Viracocha celui du dieu Soleil Inti. Après la conquête espagnole, le site fut largement pillé par les chercheurs de trésors, et ses pierres emportées en vue de construire des églises sur les rives du lac.

Templo del Sol – *9h-17h30.* Après 15mn de marche, on débouche sur le temple du Soleil construit autour d'un roc sacré, le **Titikala**, où le dieu Viracocha aurait enfanté le Soleil et la Lune. Au temps des Incas, il était au cœur de fabuleuses cérémonies, ponctuées de danses, de chants et de sacrifices, impliquant des centaines de prêtres et de servants, des milliers de pèlerins, et bien sûr l'Inca lui-même. Seule l'élite, nobles et grands prêtres, était admise dans l'enceinte même du sanctuaire.

Chikana – *Environ 200 m plus loin, dans la même direction.* Les vestiges de cette construction en forme de labyrinthe révèlent une série de chambres et de passages qui servaient sans doute de quartier aux *acclas*, les « vierges du Soleil », vestales chargées de préparer la *chicha* et de tisser les habits pour les rituels.

Après avoir rebroussé chemin, on peut emprunter le sentier de crête vers le sud de l'île, qui réserve de somptueux panoramas. Environ à mi-parcours, on traverse le petit hameau de **Challa**, puis le sentier se termine au village de **Yumani**. De la colline, un escalier d'époque inca, agrémenté d'une fontaine, descend jusqu'à la plage où se trouve l'embarcadère. Plus au sud, les bateaux font parfois halte au retour pour visiter les vestiges du palais **Pilkokaina**, avec ses portes et ses fenêtres aux triples embrasures comme celles d'une forteresse.

★ Isla de la Luna

À 8 km à l'ouest de l'île du Soleil (1h de trajet). Les bateaux y font escale à condition qu'un nombre suffisant de passagers le demande, et si la visite a été convenue à l'avance.

Petit caillou de 3 km de long sur 1 km de large, l'île de la Lune ne présente pas autant d'intérêt que celle du Soleil, aussi les touristes y font-ils plus rarement escale. Appelée **Coati** (« île de la Reine ») par les Incas, en référence à Mama Quilla, la divinité lunaire, le pendant féminin du dieu Soleil, l'île abritait un *acclahuasi*, temple-couvent dont les servantes étaient uniquement des femmes choisies pour leur beauté et leur virginité. De 1930 à 1960, l'île servit de prison.

Le temple de la Lune, appelé **Iñak Uyu**, s'élève sur une éminence *(9h-17h30 - 5 BOB).* Partiellement reconstruit, il présente une série de salles réparties autour d'une cour centrale. Les portes et les niches dans les murs arborent les formes trapézoïdales typiques des constructions incas.

De l'île de la Lune ou de celle du Soleil, il est possible d'accoster sur la terre ferme à **Yampupata**, à la pointe de la péninsule, d'où l'on peut rejoindre Copacabana à pied par un sentier *(17 km)* ou par la route en taxi ou *colectivo*.

★★ TIAHUANACO

À 15 km au sud du lac Titicaca, sur la route entre le Pérou et La Paz. Alt. 3 885 m. Au départ de Puno, Copacabana ou La Paz, comptez une journée d'excursion avec le trajet.

Occupant un plateau dénudé, Tiahuanaco (ou Tiwanaku) a été classée au Patrimoine mondial de l'Unesco en 2000. On ne sait pas grand-chose de cette intrigante cité, à commencer par sa datation. La majorité des archéologues situent son âge d'or entre les 7e et 9e s. de notre ère. La culture de Tiahuanaco, dont elle fut la capitale, s'étend sur une immense période de 28 siècles, entre 1600 av. J.-C. et 1200 apr. J.-C. À côté d'elle, la durée du rayonnement de l'empire inca fait pâle figure. À partir du 5e s., cette civilisation élargit son emprise sur un vaste territoire à travers les Andes. À son apogée, la ville devait compter entre 50 000 et 80 000 habitants occupant une surface de plus de 400 ha. Le centre cérémoniel couvre quant à lui 16 ha : c'est cette partie, la seule à avoir été sauvegardée, que l'on visite aujourd'hui.

TIAHUANACO, LA PUISSANCE D'UN ÉTAT ORGANISÉ

Les premières traces d'occupation du site datent d'env. 1 000 ans av. J.-C. Au début de notre ère, Tiahuanaco était déjà un important centre urbain, le noyau d'un État organisé, divisé entre différentes classes de prêtres, soldats, paysans, nobles et artisans. Vers l'an 400, cet État contrôle tout le bassin du lac Titicaca et étend rapidement son influence sur le sud du Pérou, la Bolivie, le nord du Chili et de l'Argentine. La clef de son expansion rapide repose sur un remarquable système agricole de champs surélevés et irrigués par un impressionnant réseau de canaux, appelés *suka kollos*. Associé à une connaissance astronomique très pointue, il permettait une parfaite maîtrise des cycles agricoles. Parvenant à dégager d'importants surplus de nourriture, cette société put ainsi construire de vastes monuments, développer son commerce et entretenir une puissante armée. Au Pérou, la civilisation de Tiahuanaco essaime jusqu'à Ayacucho et Nazca, où elle se fond avec les traditions locales pour donner naissance à la **culture huari**. Vers l'an mil toutefois, Tiahuanaco sombre dans un rapide et irréversible déclin, sans doute dû à une longue période de sécheresse qui engendra une pénurie de récoltes. Abandonné par sa population, le site était encore en bon état à l'arrivée des Espagnols. Il fut ensuite victime de pillages et de dégradations durant les siècles suivants, au point de n'être aujourd'hui qu'une ruine muette gardant les secrets de son peuple méconnu.

Si le site archéologique n'affiche pas la splendeur des ruines de Machu Picchu ou d'Ollantaytambo, il faut tâcher de se représenter l'allure de l'antique cité pour l'apprécier. Dans le détail, les monuments révèlent une excellente maîtrise de la taille de la pierre et attestent de la qualité d'une architecture qui préfigure celle des Incas.

★★ Cité précolombienne

9h30-16h30 - 80 BOB, musée inclus. Des guides proposent leurs services à l'entrée du site. Comptez 2h de visite.

Bonne entrée en matière, le **musée** qui jouxte la zone archéologique conserve de nombreuses céramiques, de superbes vases en terre cuite ornés de représentations d'homme-puma ou d'homme-lama, des parures vestimentaires, des outils agricoles, des instruments métalliques utilisés pour la chirurgie (réalisée sous anesthésie grâce à la feuille de coca), qui sont autant de preuves de l'avancée scientifique de la culture de Tiahuanaco. Un autre bâtiment rassemble les pierres sculptées du site. Dans une salle, trône en particulier le **monolithe de Bennet★★**, du nom de son découvreur. L'impressionnante statue de 7,30 m et 20 t fut déterrée en 1932 au beau milieu du temple semi-souterrain. On la déplaça en 1935 jusqu'à La Paz, devant le stade de football, avant son retour sur le site en 2002. Il s'agit d'une statue anthropomorphe, qui rappelle un peu les moaïs monumentaux de l'île de Pâques. Son corps est gravé de motifs d'un style raide caractéristique de Tiahuanaco.

Akapana – Située sur un petit monticule, la structure principale du site est une pyramide épousant la forme d'une demi-croix inca. Il ne subsiste presque rien du monument original, qui mesurait près de 200 m de côté et 17 m de haut. Les équipes d'archéologues s'affairent à la déblayer et à la restaurer afin d'en reconstituer les sept degrés. En attendant, pour la visualiser, il faut se contenter de sa représentation illustrée sur les pancartes.

Kalasasaya – *Juste à côté, par un escalier taillé dans la roche.* Cette grande esplanade surélevée de 130 m de côté fut sans doute un observatoire. Son périmètre est délimité par de colossaux mégalithes de pierre plantés à la verticale. Ces blocs effilés devaient être unis entre eux par un appareil de pierres qui a disparu. Au centre de l'esplanade trône le **monolithe de Ponce★**, du nom là encore de son découvreur. Cet énorme bloc d'andésite de 12 t et haut de 3 m fut mis au jour en 1957. Entièrement gravé, il figure un personnage royal ou une divinité tenant une coupe et un sceptre. Dans l'un des coins se tient un autre monolithe, **El Fraile★** (« le moine »), personnage assez énigmatique qui pourrait représenter le dieu du soleil Tiki, comme celui que l'on voit sur les statuettes polynésiennes. C'est en découvrant cette statue que l'explorateur norvégien Thor Heyerdahl eut l'idée d'organiser, en 1947, une expédition sur un radeau de balsa pour rejoindre les îles polynésiennes depuis la côte pacifique du Pérou, afin de prouver sa théorie sur le peuplement des îles du Pacifique à partir de l'Amérique du Sud. À l'autre extrémité de cette grande place carrée se dresse la **porte du Soleil★★**, la plus célèbre des pierres sculptées de Tiahuanaco, taillée dans un seul bloc de pierre de 10 t. Certains chercheurs pensent qu'elle servait de repère astronomique, du fait de son alignement avec le soleil aux équinoxes. Elle est surtout réputée pour la frise en bas-relief qui orne son énorme linteau. On y aperçoit un personnage central de petite taille et à la tête surdimensionnée d'où rayonnent des serpents, des pumas et divers autres motifs, dont on ignore la signification symbolique. Ce personnage, que l'on a assimilé au dieu Tonapa, divinité des éclairs et de la foudre, empoigne deux sceptres qui s'achèvent en tête d'oiseau. Il pourrait s'agir aussi de l'antique représentation du dieu créateur Viracocha.

★★ **Temple semi-souterrain** – *À droite de l'esplanade.* C'est la structure la mieux conservée du site. Enfoui à 2 m au-dessous du sol, le temple mesure environ 30 m de côté. Dans les murs, comprenant 48 piliers en grès rouge, sont enclavées 175 mystérieuses têtes-trophées en pierre sculptée, toutes différentes, sans doute des représentations de divinités des diverses ethnies qui furent conquises et absorbées par l'empire de Tiahuanaco.

Situées 2 km à l'écart du site, de l'autre côté de la voie de chemin de fer abandonnée, les ruines de **Puma Punko** révèlent la présence d'une autre pyramide, légèrement plus petite que celle de l'Akapana, dont la construction remonterait vers l'an 700. Les blocs de pierre, parfaitement ajustés, montrent par endroits des traces de jointures par des agrafes de cuivre en forme de T, attestant d'une maîtrise aboutie de la métallurgie.

NOS ADRESSES À COPACABANA

INFORMATIONS UTILES

La petite localité se parcourt en quelques minutes à pied. L'**av. 6 de Agosto** descend vers le lac Titicaca depuis la plaza Sucre, et l'**av. 16 de Julio** lui est perpendiculaire. En remontant dans l'axe de l'av. 6 de Agosto au-delà de la plaza Sucre, on débouche, trois *cuadras* plus haut, sur la **plaza 2 de Febrero**, où se trouvent la poste et la cathédrale.

Téléphone / Internet – Plusieurs cybercafés sur l'av. 6 de Agosto et autour de la plaza Sucre. Certains disposent en prime de cabines téléphoniques.

Banque / Change – La devise nationale est le **boliviano bolivien** (BOB). 10 BOB valent env. 1,20 € ou S/4 ou 1,45 $; S/10 valent env. 25 BOB. Plusieurs banques et bureaux de change sur l'av. 6 de Agosto, dont la **Casa de Cambio Copacabana** *(devant la calle Oruro, près de la plaza 2 de Febrero)*, mais aucun distributeur automatique. Les banques acceptent les retraits d'argent avec une carte moyennant une commission. Les hôtels et les restaurants pour touristes acceptent les dollars (attention au taux de change).

TRANSPORTS

Bus – Les bus partent et arrivent en général **plaza Sucre**, à l'angle des avenues 6 de Agosto et 16 de Julio, où se situent les bureaux des agences de voyages et compagnies de transport.

Copacabana / Puno - De nombreux bus assurent la liaison *(3h de trajet - env. 30 BOB ou S/12)* en passant par le poste-frontière de Yunguyo. De Puno, les départs ont lieu au terminal terrestre vers 7h30 le matin. Mieux vaut acheter son billet auprès d'une agence du centre-ville la veille. De Copacabana, départs à 9h et 13h30. Les bus vous déposent à la frontière le temps d'accomplir les formalités douanières (le visa bolivien, gratuit, est valable 30 jours) et de changer un peu d'argent, puis ils vous récupèrent 500 m plus loin, de l'autre côté du poste-frontière (les bagages restent à bord).

Copacabana / La Paz - Des bus partent environ toutes les heures, de 8h à 18h30 *(3h30 de trajet - 20 BOB)*. Le parcours comprend le passage du détroit de Tiquina, que l'on traverse en 5mn à bord d'un ferry *(2 BOB)*. Le bus l'emprunte sur une barge différente et vous reprend sur l'autre rive.

Copacabana / Tiahuanaco - Bus et minibus partent et arrivent de la place du village, près de l'église. Pas de liaisons directes en bus, il faut en théorie passer par La Paz, puis reprendre un bus ou un combi vers Tiahuanaco, soit 5h de trajet au total. Il faut dans ce cas dormir à La Paz ou à Tiahuanaco avant de revenir à Puno le lendemain (sauf, bien sûr, si l'on continue en Bolivie). L'autre solution est de passer par une agence de voyages de **Copacabana** ou de louer un taxi à la journée. Le trajet Copacabana-Yunguyo-Desaguadero-Tiahuanaco dure 2h à 2h30. Notez que l'on doit passer deux fois la frontière, tant à l'aller qu'au retour (les douaniers de Desaguadero exigeront un pourboire). L'opération revient assez cher *(env. 80 $)*, aussi vaut-il mieux se grouper pour partager les frais. Il est sinon possible d'effectuer le même trajet avec les bus locaux et *colectivos* en changeant à Yunguyo, Pomata et Desaguadero.

Assez épuisant. Il vous faudra partir tôt de Copacabana si vous voulez rentrer à Puno le soir même après la visite du site.

Puno / Tiahuanaco - Quelques bus circulant entre Puno et La Paz via Desaguadero font halte à Tiahuanaco, 42 km après le passage de la frontière. Le trajet dure environ 3h30. On trouve aussi des bus locaux et *colectivos* pour un trajet en deux étapes : Tiahuanaco-Desaguadero, puis Desaguadero-Puno.

Tiahuanaco / La Paz (env. 1h30 de route) - Départ ttes les 30mn des bus et minibus depuis la station située à l'angle des avenues Aliaga et Eyzaguirre près du cimetière de La Paz. Premier départ vers 6h30, dernier retour vers 19h.

Attention, des *bloqueos* (barrages de grévistes) paralysent souvent le trafic routier entre Puno et La Paz. Pour ne pas risquer de manquer un avion, prévoyez une marge de sécurité dans votre emploi du temps. Par ailleurs, il est fortement déconseillé d'arriver de nuit à La Paz, les agressions contre les touristes étant fréquentes.

Bateau – Il n'existe pas de liaison directe par bateau entre la Bolivie et le Pérou.

HÉBERGEMENT

La plupart des hôtels, restaurants et commerces se trouvent sur l'**av. 6 de Agosto** et sur l'**av. 16 de Julio**.

Copacabana

PREMIER PRIX

Hostal Sonia – *Calle Murillo 256 - ✆ (02) 862 20 19 - 15 ch. : 40 BOB (6 $) - accès Internet.* Derrière la cathédrale, cette petite pension très appréciée des jeunes voyageurs propose des chambres d'allure spartiate, mais très propres et nanties d'une salle de bains avec eau chaude, un luxe pour le prix ! Ambiance très sympathique. Terrasse sur le toit, laverie, cuisine équipée à disposition, consigne pour les bagages. Petit-déj. 10 BOB.

Hotel Lago Sagrado – *Av. 6 de Agosto s/n - ✆ (02) 238 30 61 - lagosagrado@hotmail.com - 25 ch. : 70-100 BOB (10-14,50 $).* Dans une cour en retrait de la rue, un édifice récent de quatre étages, un peu impersonnel, doté d'un bon confort pour sa catégorie. Les chambres, assez sombres, disposent d'une literie récente et d'une douche avec eau chaude. Accès Internet, laverie, quelques tables avec parasols dans la cour pour se détendre.

Hostal Ambassador – *Plaza Sucre, av. Jáuregui - ✆ (02) 862 22 16 - 23 ch. : 70-100 BOB (10-14,50 $).* L'ancienne grande dame de Copacabana a connu des jours meilleurs. Si elle fait encore illusion côté rue, avec sa belle façade de style colonial, l'intérieur est passablement décati : couloirs sombres, parquets branlants, chambres borgnes aux lits grinçants et à la robinetterie hoquetante (dans des salles de bains très propres, néanmoins). À défaut de confort, certains apprécieront le charme suranné et authentique des lieux, les photos jaunies aux murs et le groom fossilisé par le temps, qui sommeille derrière son pupitre.

Hostal Colonial – *Av. 6 de Agosto, esq. 16 de Julio - ✆ (02) 862 22 70 - www.titicacabolivia.com - CC - 24 ch. : 170 BOB (25 $) - accès Wi-Fi.* Juste devant la station de bus, dans un grand bâtiment des années 1990 encore bien tenu, un joli patio, des couloirs lumineux, des chambres confortables aux larges fenêtres composent le cadre de cet hôtel correct. Évitez les chambres sur l'avenue où passent les bus, un peu bruyantes.

Hotel La Cúpula – *Calle Michel Pérez 1-3 - ✆ (02) 862 20 29 - www.hotelcupula.com - ✕ CC - 17 ch. : 140-200 BOB (20-30 $) - petit-déj. : 2,5 $.* Au pied de la colline du Calvario, à 10mn à pied en remontant du centre-ville, ce bâtiment en forme de dôme mauresque, joli et accueillant, appartient à un artiste, et cela se voit : jardin voluptueusement fleuri, agrémenté de hamacs où paresser en profitant de la superbe vue sur le lac ; salons, couloirs et patios décorés de sculptures et de toiles modernes, chambres avenantes au joli mobilier de bambou, lumineuses, avec vue sur le lac ou sur les collines. Seules sept d'entre elles disposent d'une salle de bains privée, mais les sanitaires partagés sont d'une propreté immaculée. Bon restaurant, coin librairie où l'on peut échanger ses livres, jeux, laverie. Petit-déj. en sus. Notre adresse préférée.

UNE FOLIE

Rosario del Lago – *Av. Costanera, esq. Rigoberto Paredes - ✆ (02) 862 21 41 - www.hotelrosario.com/lago - ✕ CC - 29 ch. : 693-1 288 BOB (100-190 $).* Situé face au lac, dans un bâtiment moderne aménagé dans le style colonial, cet établissement réserve un excellent accueil, d'une grande politesse. Les chambres sont très confortables et jouissent d'une vue magnifique. Le restaurant de l'hôtel est excellent. Bref, une valeur sûre. Hors saison, vous pouvez facilement négocier un rabais sur les prix affichés.

Isla del Sol

Les deux villages où accostent les bateaux, Yumani au sud et Challapampa au nord, abritent chacun plusieurs *alojamientos*, pensions rudimentaires où l'on peut passer la nuit, ainsi qu'une poignée de restaurants basiques. On trouve aussi quelques hôtels un peu plus confortables.

PREMIER PRIX

Hostal Pachamama – *Sur le port de Challapampa - pas de tél. - ⊠ - 8 ch. : 40-80 BOB (6-12 $).* Au sein d'un jardin, des chambres basiques avec douche froide commune. Prévoir lampe de poche et sac de couchage.

Hostal Arco Iris – *Sur la colline à l'entrée de Yumani - pas de tél. - ⊠ - 6 ch. : 40-80 BOB (6-12 $).* Propre et correct. Dispose aussi de quelques chambres avec sdb et eau chaude. Jolie vue sur le lac.

Hostal Inca Uta – *Près du quai de Challapampa - ✆ (02) 715 15 246 - www.hostalincauta.web.bo - ✕ ⊠ - 10 ch. : 100 BOB (14,50 $).* Un grand bâtiment jaune de construction récente. Chambres assez confortables avec sdb et eau chaude. Petit-déj. inclus.

Hostal Inti Wayra – *En haut sur la colline de Yumani - ✆ (0719) 80 466 - www.intiwayra.web.bo - ✕ ⊠ - 12 ch. : 100 BOB (14,50 $).* Le meilleur standing du village. Chambres avec ou sans sdb, certaines avec une vue magnifique sur le lac. Petit-déj. inclus.

Tiahuanaco

PREMIER PRIX

Wiracocha Hostel Restaurant – *Calle Santa Bárbara 7 - ✆ (02) 289 65 21 - ⊠ - 6 ch. : 140-200 BOB (20-30 $).* À deux *cuadras* de la place centrale et 200 m des ruines, cette petite pension familiale réserve des chambres rustiques et correctes, avec eau chaude, dans un agréable jardin. Petit-déj. continental inclus.

Hotel Tiwanaku – *Calle Bolívar 803 - ✆ (02) 289 85 48 - ✕ ⊠ - 5 ch. : 200-300 BOB (30-40 $).*

3

Entre le village et les ruines, cet hôtel dispose de chambres d'un confort raisonnable, avec ou sans salle de bains. Petit-déj. continental inclus. Le restaurant propose un menu honnête à 20 BOB.

RESTAURATION

Il y a pléthore de restaurants à Copacabana, en particulier sur l'av. 6 de Agosto. Le plat le plus répandu est la truite du lac (frite, à la vapeur, grillée, à l'ail, à la sauce tomate, au beurre-citron…), suivie par les incontournables pizzas et pâtes en sauce. Alignés le long du rivage, une série de **kiosques** proposent des plats de truite avec une garniture de frites et salade à petits prix. Mieux vaut ne pas être trop à cheval sur l'hygiène.

PREMIER PRIX

Copacabana – *Av. 6 de Agosto s/n - 8h-22h - 35-70 BOB (5-10 $).* Au centre de l'animation, un restaurant et bar avec une grande terrasse sur la rue, au décor tex-mex et à la musique tonitruante. La carte décline un grand choix de sandwichs, burgers, *tacos*, *nachos*, lasagnes, spaghettis, poulet grillé, etc. Plusieurs menus à petits prix.

Jardín Bolivia – *Av. 6 de Agosto s/n - (02) 767 48 166 - 8h-22h - 35-70 BOB (5-10 $).* Les touristes apprécient son ravissant jardin fleuri de roses et ses salles au décor exotique composé de claies de roseaux et de bambous, le tout baigné de rythmes reggae. Cuisine très variée : plats végétariens, truites à toutes les sauces, poulet grillé, sauce moutarde ou champignons, pizzas et steaks. Les portions sont copieuses et le restaurant propose aussi quelques menus à des prix avantageux.

La Posta – *Av. 6 de Agosto 14 - (02) 725 21 244 - 18h-23h - 70 BOB (10 $).* Si vous aimez la cuisine italienne, cette jolie salle à l'ambiance intime est sans nul doute le meilleur endroit pour déguster un éventail varié et appétissant de pizzas, pâtes et salades composées. Les produits sont frais et la présentation soignée.

BUDGET MOYEN

Sujna Wasi – *Calle Jaúregui 127 - (02) 748 61 624 - 8h-21h - 85 BOB (12 $).* Ce minuscule et charmant petit restaurant agrémenté d'une cour sert la meilleure cuisine végétarienne de la ville, salades composées et plats boliviens, ainsi que de délicieux petits déjeuners. En prime, une bibliothèque pour échanger des livres ou pêcher quelques infos.

Kota Kahuaña – *Dans l'hôtel Rosario del Lago (voir « Hébergement ») - CC - 70-105 BOB (10-15 $).* Belle salle dont les baies vitrées donnent sur le lac. Cuisine inventive et soignée : truite à l'huile d'olive, relevée d'une pointe d'ail et d'une sauce au vin et jus d'orange, filet d'alpaga au quinoa et au bacon caramélisé. Prix très raisonnables.

ACTIVITÉS

Balades en plein air – Sur les rives du lac, en bas de l'av. 6 de Agosto, plusieurs stands louent des pédalos, canoës, kayaks et VTT, à l'heure ou à la journée.

Excursions – Presque toutes les agences sont concentrées sur l'av. 6 de Agosto. Elles organisent des excursions sur les îles du Soleil et de la Lune à la journée ou à la demi-journée. Les prix varient selon l'itinéraire et sont un peu plus élevés si l'île de la Lune est incluse dans le tour. Les touristes fortunés optent pour une formule avec transport en bateau privé, guide, déjeuner: 1 400 BOB (env. 200 $) pour 4 pers. Mais vous pouvez vous contenter d'un simple billet de bateau collectif AR (15-20 BOB), en précisant si vous souhaitez rentrer le jour même ou le lendemain. Les billets s'achètent le matin devant l'embarcadère.

CALENDRIER

Fêtes / Festivals – La **fiesta de la Virgen de la Candelaria**, le 2 février, et la **Coronación de la Virgen de Copacabana**, le 5 août, sont les deux grandes fêtes dédiées à la Vierge noire de la cathédrale. Des milliers de pèlerins affluent de Bolivie et du Pérou pour assister à la procession de la statue dans les rues, accompagnée d'orchestres et de troupes de danse folklorique. La ville est alors en ébullition durant plusieurs jours, résonnant partout de musique, banquets, beuveries et feux d'artifice. Paysans et citadins aymara déposent devant l'autel de la Vierge des petits objets miniatures vendus à chaque coin de rue, voiture, bicyclette, maison, bœuf ou lama, dans l'espoir que la sainte patronne exauce leur vœu de richesse. Moment plus solennel, la **Semana Santa** (Pâques) est l'occasion pour les dévots de faire pénitence par un chemin de croix nocturne jusqu'au sommet du cerro Calvario qui domine la ville.

Tiahuanaco

Le 21 juin, lors du **solstice d'hiver**, des centaines de *yatiris (chamans)* convergent vers le site pour assister au lever du soleil et célébrer la nouvelle année aymara. Au programme, musique, danse, rituels et force *chicha*. La cérémonie attire aussi quelques illuminés, adeptes du *new age*, pour qui la cité antique aurait été fondée par des Vénusiens voici 15 000 ans!

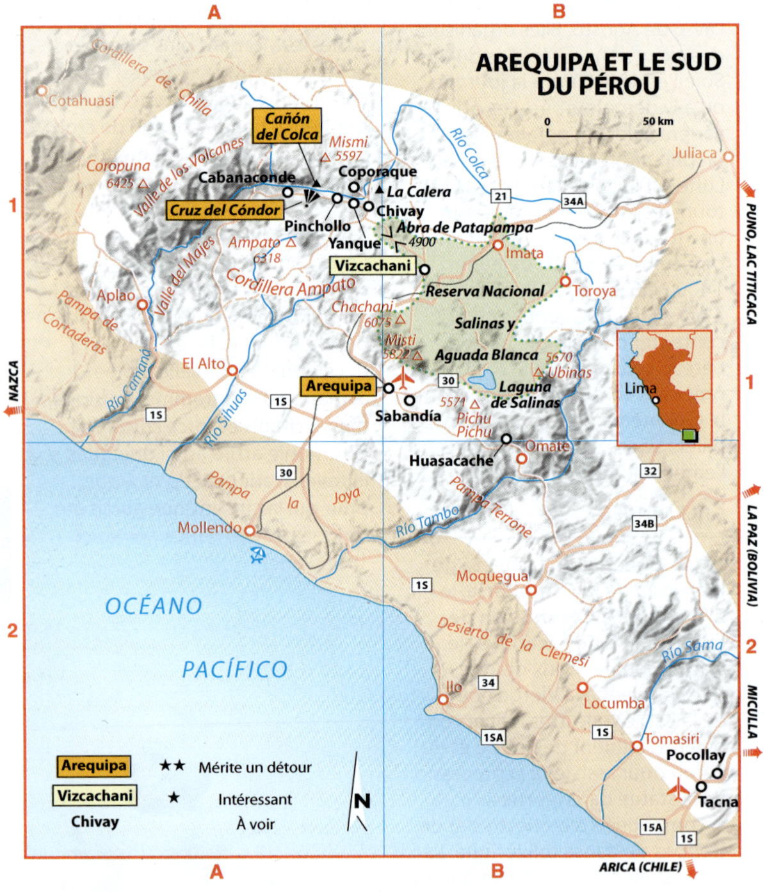
AREQUIPA ET LE SUD DU PÉROU
0
50 km
A
B
1
2
Cordillera de Chilla
Cotahuasi
Cañón del Colca
Mismi 5597
Coropuna 6425
Valle de los Volcanes
Cabanaconde
Coporaque
La Calera
Cruz del Cóndor
Chivay
Pinchollo
Yanque
Abra de Patapampa 4900
Ampato 6318
Valle del Majes
Vizcachani
Imata
Cordillera Ampato
Reserva Nacional
Toroya
Aplao
Pampa de Cortaderas
Chachani 6075
Salinas y
Misti 5822
Aguada Blanca
5670 Ubinas
El Alto
Arequipa
Laguna de Salinas
Río Camaná
Sabandía
5571 Pichu Pichu
Río Sihuas
Huasacache
Omate
Río Colca
Juliaca
Pampa la Joya
Mollendo
Río Tambo
Pampa Terrone
Moquegua
OCÉANO
PACÍFICO
Desierto de la Clemesí
Río Sama
Ilo
Locumba
Tomasiri
Pocollay
Tacna
Lima
21
34A
30
1S
32
34B
34
15A
NAZCA
PUNO, LAC TITICACA
LA PAZ (BOLIVIA)
MICULLA
ARICA (CHILE)
Arequipa
★★ Mérite un détour
Vizcachani
★ Intéressant
Chivay
À voir
N

Arequipa et le sud du Pérou 4

Arequipa

★★

Alt. 2 335 m – 841 130 habitants (agglomération : 1 million) – Département d'Arequipa

NOS ADRESSES PAGE 319

S'INFORMER

iPerú – *Plaza de Armas, portal de la Municipalidad 110* (A3) - *(054) 223 265 - lun.-sam. 9h-18h, dim. 9h-13h ; Casona de Santa Catalina, Santa Catalina 210* (A2) - *(054) 221 227 - lun.-sam. 9h-18h, dim. 9h-13h ; Aeropuerto Alfredo Rodríguez Ballón, Sala de Llegadas y Hall Principal - (054) 444 564 - dim.-jeu. 5h15-21h45, vend.-sam. 12h-21h45 - www.peru.info, www.arequipa-tourism.com et www.arequipa.org.*

SE REPÉRER

Carte de région, p. 304 - Plan de ville, p. 308 – *Carte Michelin National 763 L17.*

À NE PAS MANQUER

Le couvent Santa Catalina ; l'église et les cloîtres de la Compañía ; déjeuner dans une *picantería* de Yanahuara.

ORGANISER SON TEMPS

Prévoyez au moins deux jours sur place. Prudence avec les taxis : agressions et vols fréquents.

Deuxième ville du Pérou, Arequipa campe à 2 300 m d'altitude dans une oasis fertile située aux confins du désert d'Atacama. La « ville blanche » ceinte d'un éternel ciel bleu aurait-elle été laissée là, entre le Pacifique et l'*altiplano*, par la Lune lorsqu'elle s'est séparée de la Terre, comme le laisse entendre un vieux dicton ? Les esprits prosaïques mettent plutôt la clarté éblouissante d'Arequipa sur le compte du *sillar* dont sont faits les édifices coloniaux, une roche volcanique d'une blancheur aussi immaculée que les neiges éternelles des trois grands volcans qui encadrent la cité. Classée au Patrimoine mondial de l'Unesco, la ville est un flamboyant manifeste de l'architecture baroque et métisse : demeures patriciennes aux frontons sculptés, balcons et fenêtres en fer forgé, églises aux façades de pierre taillée en dentelle, motifs floraux, symboles exotiques… Une exubérance à l'image du tempérament volcanique de ses habitants, fiers et indépendants au point d'avoir inventé, non sans humour, leur propre passeport ! Animée de jour comme de nuit, la ville natale du prix Nobel de littérature Mario Vargas Llosa recèle mille charmes secrets, une place d'Armes ombragée de palmiers, des terrasses de café, un marché, des rues piétonnes. Mais la grande merveille reste le couvent Santa Catalina (16e s.), village dans la ville, où l'on se plaît à déambuler dans un labyrinthe de patios fleuris, de placettes colorées et de ruelles aux noms andalous.

L'église de la Compañía (17e s.).
H. Hughes / Hemis.fr

Se promener Plan de ville p. 308

★★ CENTRE HISTORIQUE

Si vous ne séjournez qu'un jour en ville, visitez en priorité le couvent Santa Catalina, la casa del Moral, la place d'Armes, l'église de la Compañía, ses cloîtres et, enfin, le musée des Sanctuaires andins. Ne manquez pas de flâner dans les rues en fin de journée, pour admirer l'éclairage nocturne des monuments.

★ Plaza de Armas A2-3

Installé au balcon à colonnades d'un café, il fait bon observer le va-et-vient qui égaie cette place majestueuse. Avec pour toile de fond le cône enneigé du volcan Misti, elle est encadrée, au nord, par la cathédrale et, sur ses trois autres côtés, par une double rangée d'arcades aux robustes piliers de granit et aux voûtes en brique. Théâtre fréquent de manifestations politiques, de défilés associatifs et de fêtes municipales, la place est animée en permanence par la pratique des petits métiers, écrivains publics, cireurs de chaussures et autres vendeurs ambulants. Au centre, à l'ombre de grands palmiers, une belle fontaine en bronze est ornée de trois vasques couronnées par la fine statue d'un personnage appelé le **Tuturutu**, génie tutélaire de la ville.

★ Catedral A2

✆ (054) 232 635/405 393 - 7h30-11h30, 16h30-19h30 - entrée libre. Entre 11h30 et 16h30, visite du musée, de la cathédrale et accès au toit - entrée S/10 (visite guidée en français : S/10 pour le groupe).

Scandée de portiques réguliers et surmontée de deux clochers pointus, la longue façade néoclassique en *sillar* qui occupe le côté nord de la place d'Armes correspond en réalité au flanc droit de la cathédrale. Édifié à l'origine en 1656, trois fois écroulé puis reconstruit, le bâtiment dans sa version actuelle date de 1842. Les tours, démolies par le séisme de 2001, ont été relevées en 2002.

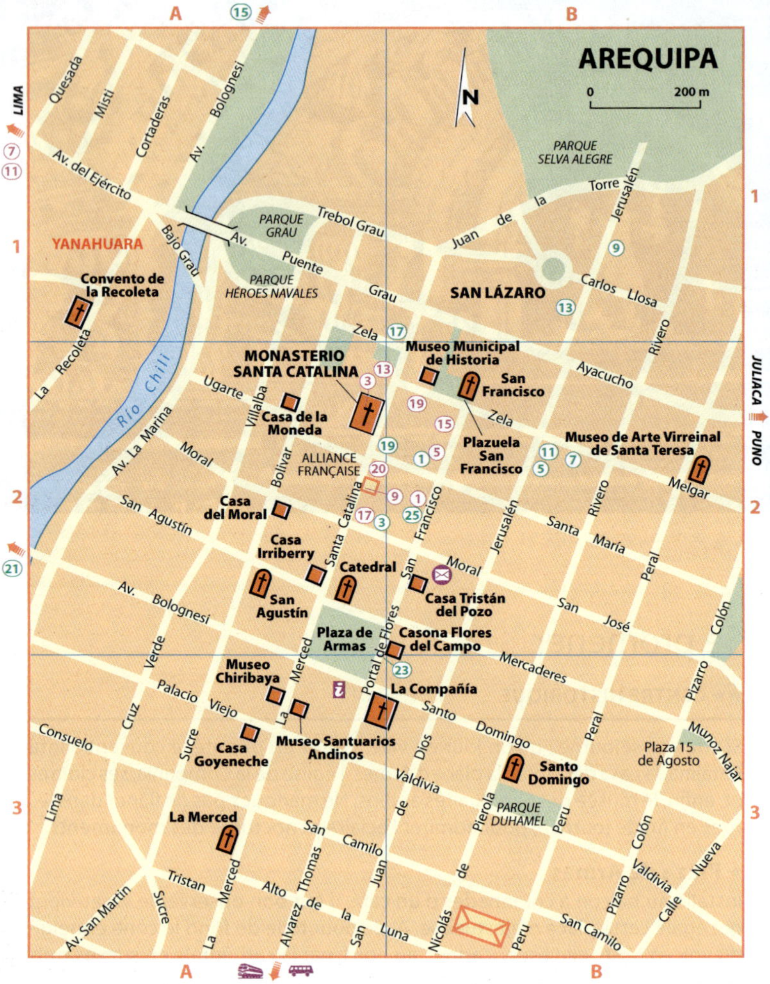

SE LOGER
- Asturias (Hotel) ... 1
- Balcones de Moral y Santa Catalina (Los) ... 3
- Casa de Margott (La) ... 5
- Casa de Melgar (La) ... 7
- Casa de mi Abuela (La) ... 9
- Casona de Jerusalén (La) ... 11
- Compañía (La) ... 13
- Maison d'Élise (La) ... 15
- Mirador del Monasterio ... 17
- Posada del Monasterio (La) .. 19
- Posada Nueva España ... 21
- Sonesta Posada del Inca ... 23
- Sumay Wasi (Hospedaje) ... 25

SE RESTAURER
- Bistrot Colibrí ... 1
- Café del Monasterio (El) ... 3
- Camaroncito (El) ... 5
- Capitaña (La) ... 7
- Chicha ... 20
- Crepisimo ... 9
- Sol de Mayo (El) ... 11
- Trattoria del Monasterio (La) ... 13
- Turco (El) ... 15
- Wayrana ... 17
- Zig Zag ... 19

On pénètre, par la nef latérale, dans un vaste espace intérieur, austère et plutôt cosmopolite quant à son mobilier: lustre byzantin, chaire française très ouvragée, maître-autel espagnol de style churrigueresque, colonnes en marbre d'Italie. Les orgues monumentales, les plus grandes d'Amérique du Sud, furent fabriquées en Belgique en 1852.
En sortant, n'hésitez pas à flâner dans l'étroit passage piéton situé derrière la cathédrale, bordé de terrasses de café.

★★ Iglesia de la Compañía AB3

Angle sud-est de la place d'Armes - 9h-13h, 15h-18h - entrée libre.
Construit par les jésuites à la fin du 17e s., le sanctuaire comprend plusieurs édifices, dont l'église, l'une des plus belles d'Arequipa. Sa **façade baroque★★**, taillée dans le *sillar*, exhibe une extraordinaire iconographie métisse où les anges chrétiens (certains coiffés de plumes) dialoguent avec les figures de la mythologie inca (puma, serpent), les fleurs et les oiseaux de la forêt tropicale côtoient les sarments de vigne et les couronnes de laurier… On peut y lire la date d'achèvement de l'édifice: 1698. Tout aussi riche à l'**intérieur**, l'église abrite des autels et des retables ornés à la feuille d'or, une chaire en cèdre finement sculpté, des statues polychromes, ainsi qu'une soixantaine de tableaux de l'école de Cuzco dont, au-dessus du maître-autel, une *Vierge à l'enfant* de Bernardo Bitti (1575). Au fond à gauche, l'ancienne sacristie, aujourd'hui nommée **Capilla San Ignacio★★** *(entrée S/4)*, fut entièrement peinte à fresque au 17e s. Des murs jusqu'à la coupole, des scènes chatoyantes et naïves représentent des anges et les évangélistes au milieu d'un décor tropical où voltigent les perroquets.
Sur le côté de l'église, on accède aux **cloîtres★**, qui datent également du 17e s. Le cloître majeur est agrémenté d'une fontaine de style andalou et d'arcades dont les piliers sont abondamment sculptés de pumas, d'anges, de feuillages et de motifs floraux. Ces havres de paix abritent une série de petites boutiques d'artisanat et de produits locaux, dont la présence reste discrète. Montez sur la galerie supérieure, d'où vous découvrirez une vue superbe sur les toits et les clochers d'Arequipa.

★★ Museo Santuarios Andinos A3

La Merced 110 - ✆ (054) 215 013 - lun.-sam. 9h-18h, dim. 9h-15h - S/20 - visite guidée obligatoire (1h), prévoir un pourboire pour le guide.
Fondé par l'université catholique de Santa María et le magazine américain *National Geographic*, qui finança les recherches, ce petit musée des Sanctuaires andins abrite une collection fascinante, dont la pièce maîtresse est la **momie**

JUANITA, LA PRINCESSE DES GLACES

C'est au sommet du nevado Ampato, à 6 280 m d'altitude, que fut trouvée, en 1995, la momie Juanita. Prisonnière de sa gangue gelée pendant plus d'un demi-millénaire, elle fut délivrée par l'éruption du volcan voisin, le Sabancaya, qui fit fondre la calotte sommitale de l'Ampato et provoqua un éboulement de terrain. Ce fut une découverte majeure pour les archéologues, car le parfait état de conservation de la momie permit aux scientifiques d'étudier la peau, les cheveux, le sang et même le contenu de l'estomac de la défunte, ainsi que les habits qu'elle portait lorsqu'elle fut mise à mort. Juanita, jeune fille de 13 ou 14 ans, probablement d'ascendance noble, fut introduite auprès de l'Inca à Cuzco avant de gravir en sandales, menée par les prêtres, le sommet de la montagne pour la cérémonie rituelle de sacrifice.

La ville blanche

La vallée fertile d'Arequipa conserve, à Sumbay, des traces d'art rupestre vieilles de 8 000 ans. Elle fut longtemps habitée par des groupes d'Indiens aymara et collagua. Le nom d'Arequipa viendrait de *ariquipa* en aymara, qui signifierait « le lieu situé derrière la montagne pointue », en l'occurrence le volcan Misti. Selon une autre tradition, l'Inca Mayta Cápac, ayant un jour traversé ces terres avec ses soldats, fut séduit par la beauté des lieux. Il ordonna alors à ses hommes de s'arrêter en leur disant en quechua : « *Ari quepay* » (Oui, restons ici).

CITÉ ORGUEILLEUSE

La ville actuelle fut fondée en 1540 par don Garcí Manuel de Carbajal, accompagné d'une centaine de soldats. Pour les Espagnols, elle offrait une étape logistique entre la mer et Cuzco, dans un climat plus sain que celui de la côte. Durant trois siècles, Arequipa profita de sa situation de relais commercial entre les ports du Pacifique, Cuzco et, surtout, les mines d'argent de Potosí, dans l'actuelle Bolivie, lesquelles constituaient la source de sa richesse. Au 18e s., elle comptait plus de colons espagnols que toute autre ville du Pérou, une autre origine donnée à son surnom de « ville blanche ». Il ne s'agissait pas d'hidalgos castillans mais, en majorité, de Basques espagnols, agriculteurs, éleveurs de troupeaux et petits commerçants, auxquels vinrent se mêler des Créoles de l'*altiplano*.

Une tradition républicaine

Ce peuplement explique la forte tradition républicaine, en lutte contre la dictature et le centralisme, qui forgea le caractère orgueilleux des Aréquipiens. Après avoir tenté de faire sécession en fondant la république du Sud-Pérou (1836-1839), la ville intellectuelle et rebelle reste attachée à ses propres passeport et drapeau. Chaque année, elle célèbre en fanfare l'anniversaire de sa fondation, le 15 août, histoire d'affirmer son indépendance face à Lima. Dotée d'une économie puissante, elle tire aujourd'hui sa prospérité de l'industrie de la laine (alpaga, lama, brebis), dont elle est le principal centre d'exportation depuis le 19e s.

VOLCANS ET ARCHITECTURE

Cernée par les volcans Misti (5 822 m), Chachani (6 075 m), Pichu Pichu (5 571 m) et bien d'autres, Arequipa fut victime de nombreux et violents tremblements de terre au cours de son histoire, les plus récents ayant grondé en 2001 et en 2008. Dans une région dépourvue de bois et d'argile, on utilisa pour unique matériau la pierre, et en particulier une roche volcanique, le **sillar**, d'un blanc aux légères nuances roses, à la fois tendre, résistante et légère. Afin de mieux résister aux séismes, les édifices furent dotés de murs épais et de lourds piliers, soutenant force arcades, voûtes, contreforts et linteaux. Le style, d'abord plateresque au 16e s. et teinté de réminiscences orientales et gothiques, évolua vite vers le baroque et ses foisonnantes façades aux 17e et 18e s., puis vers le néoclassicisme au 19e s. Au cours de cette période, les voûtes disparurent au profit de toits plats en brique et plâtre, où des rails de chemin de fer faisaient office de poutres.

Juanita *(voir l'encadré p. 309)*. Le corps de cette adolescente inca fut mis au jour quelque 500 ans après qu'elle fut sacrifiée, dans les glaces du nevado Ampato grâce à l'expédition menée en 1995 par l'archéologue américain Johan Reinhard et l'alpiniste péruvien Carlos Zárate. Conservée intacte dans sa bulle de verre réfrigérée, la momie revêtue de ses plus beaux atours est exposée en compagnie de celle d'une autre enfant qui fut sacrifiée avec elle par les prêtres incas afin d'apaiser la colère des dieux, probablement à la suite d'une période de sécheresse et de famine. Le crâne de Juanita porte une fracture à la tempe droite, attestant qu'elle fut mise à mort d'un coup de massue, sans doute après avoir été droguée. La visite du musée débute par la présentation d'une vidéo sur l'expédition au sommet du glacier Ampato. Dans les salles sont également exposées les offrandes qui accompagnaient les enfants sacrifiés aux dieux de la montagne : jarres de *chicha*, vases, vêtements et statuette en or dédiée au dieu Soleil Inti.

Museo Chiribaya A3

La Merced 117 - lun.-sam. 8h30-19h, dim. 9h-15h - S/10.
Situé presque en face du musée précédent, dans l'ancien palais d'une riche famille aréquipienne, ce petit musée est consacré à la civilisation méconnue des Chiribayas, un peuple issu de l'extrême sud du Pérou, autour de Moquegua, qui prospéra entre les 9e et 14e s., avant l'arrivée des Incas. Pêcheurs, ils cultivaient aussi les vallées côtières grâce à un ingénieux système d'irrigation et élevaient des lamas dont ils tissaient la laine. Le musée présente des momies, des instruments de musique et des ustensiles agricoles, des têtes-trophées, des armes, des bracelets et des masques d'or ou d'argent, des céramiques et des textiles splendides, aux dominantes rouge et jaune et aux motifs géométriques fascinants.

★ ÉGLISES ET CASONAS COLONIALES

Comptez env. 2h de promenade.
Construit en *sillar* volcanique, le centre historique d'Arequipa présente l'unité architecturale la plus homogène du Pérou. Les styles européens croisent avec bonheur les traditions autochtones, en particulier dans la décoration baroque des façades. Outre les édifices religieux, la ville a hérité de belles *casonas*, grandes résidences coloniales des 17e et 18e s., aux frontispices d'un blanc étincelant et aux élégants balcons de fer forgé.

De la place d'Armes, empruntez la calle La Merced vers le sud.

Iglesia de La Merced – *La Merced 303 (A3) - ✆ (054) 213 233 - lun.-vend. 8h-13h, 16h-19h, sam. 8h-12h.* Achevée en 1607 avec son couvent, l'église arbore une façade finement ciselée d'une ravissante décoration de style mudéjar. L'intérieur, à trois nefs avec coupoles, recèle un autel churrigueresque croulant d'or et une collection de tableaux se référant à la Vierge de La Merced, en particulier dans la salle capitulaire. Le cloître, d'allure plus sobre, conserve une importante bibliothèque d'ouvrages de l'époque coloniale.

Revenez sur vos pas dans la même rue.

Casa Goyeneche – *La Merced 201 (A3) - ✆ (054) 212 251 - lun.-vend. 9h15-16h30 - entrée libre.* La façade de ce palais baroque du 18e s. est décorée de faux pilastres doriques et d'un large balcon en fer forgé. Les deux étages du bâtiment renferment une intéressante collection de peintures de l'école de Cuzco et des sculptures de l'école de Grenade du 17e s. La demeure, qui hébergeait à l'origine l'évêque d'Arequipa, abrite aujourd'hui la réserve de la Banque centrale du Pérou.

Au coin de la place d'Armes, suivez à droite la calle Santo Domingo.

Iglesia de Santo Domingo (B3) – ✆ *(054) 213 511 - lun.-sam. 7h-12h, 15h-19h30, dim. 5h45-13h, 18h30-19h45.* De tous les ordres religieux, ce sont les dominicains qui arrivèrent les premiers à Arequipa. Aussi l'église fut-elle construite très tôt, dès 1553. Plusieurs fois détruite par les tremblements de terre de 1582, 1604, puis par ceux de 1958 et 1960, elle ne conserve de l'édifice d'origine que son clocher et le portail latéral, le plus ancien de la ville. L'ensemble a toutefois été très bien restauré. Sur le fronton central, du 17e s., on détaille à loisir le travail génial des tailleurs métis, qui entrelacèrent adroitement fleurs de kantuta, roses, vigne et cactus, anges jouant de la trompette et saints aux visages indiens.

En revenant sur la place d'Armes, tournez tout de suite à droite sous les arcades.

Le n° 136 du Portal de Flores marque l'entrée, entre divers stands artisanaux, de l'antique **Casona Flores del Campo** (A2/3), le plus vieil édifice civil d'Arequipa (16e s.). Totalement en ruine, il est pour le moment interdit d'accès.

Remontez vers le nord la rue San Francisco.

Casa Tristán del Pozo – *San Francisco 108* (B2) - ✆ *(054) 212 209 - lun.-vend. 9h15-12h45, 16h-18h, sam. 9h30-12h30.* Appelé aussi **Casa Ricketts**, ce séminaire jésuite édifié en 1738 hébergea ensuite la famille de Flora Tristán. Superbe édifice colonial de style baroque métis, il s'ouvre par un majestueux portail sculpté de scènes illustrant la vie du Christ. Deux élégants patios dont les corniches sont ornées de gargouilles à tête de félin agrémentent la maison, désormais siège d'une banque.

Tournez à gauche dans la calle Moral.

★ **Casa del Moral** – *Moral 318* (A2) *- musée : lun.-sam. 9h-17h, dim. 9h-13h - S/6 (visite guidée incluse) - durée 30mn.* L'exubérante maison baroque date de 1733. Elle doit son nom au mûrier centenaire qui ombrage le patio de couleur ocre et dont le pavé évoque les pétales d'une fleur. Sur le fronton d'entrée, remarquez le motif solaire d'influence nazca, les têtes de puma dont les gueules crachent des serpents, et les divers motifs héraldiques (couronnes, écus, anges et châteaux). La maison, qui fut la résidence du consul d'Angleterre, a été convertie en un petit musée. On visite le salon, la salle à manger, le vestibule et les chambres, décorés de mobilier colonial et de peintures de l'école de Cuzco. À l'arrière, un second patio, peint en bleu cobalt, était utilisé comme jardin d'été. Montez sur la terrasse pour jouir de la vue grandiose sur Arequipa, ses volcans et sa campagne alentour.

Rejoignez la calle Santa Catalina, et descendez jusqu'à l'angle de la calle San Agustín.

FLORA TRISTÁN, ÉTOILE FILANTE D'AREQUIPA

Écrivain, militante de la cause des femmes, des ouvriers et des esclaves, et par ailleurs grand-mère de Paul Gauguin, Flora Tristán (1803-1844) entreprit un voyage d'un an à Arequipa, en 1834, dans l'espoir de renouer avec la riche famille de son défunt père, un aristocrate et colonel péruvien. Son voyage se solda par un échec, mais elle en tira un récit, *Pérégrinations d'une paria*, dont l'impertinence fit scandale à Arequipa. L'oncle de Flora, don Pio Tristán, général espagnol devenu président de l'État du Sud-Pérou en 1838, dut accomplir en public, sur la place d'Armes, l'autodafé du livre de sa nièce, coupable d'avoir moqué les mœurs de la bonne société locale. À Paris, au contraire, l'ouvrage lui ouvrit les portes des milieux intellectuels. Aujourd'hui, en France comme au Pérou, cette aristocrate déchue au culot éclatant incarne le combat pour l'émancipation féminine.

Le couvent Santa Catalina.
Terrance Klassen/AGE Fotostock

Casa Irriberry (A2) – Face à la cathédrale se dresse ce corpulent bâtiment édifié par les jésuites à la fin du 18e s., orné d'une belle corniche sculptée. Ses patios servent aujourd'hui de centre culturel à l'université de droit de San Agustín. Des expositions temporaires d'art et de photographie sont présentées dans les salles.

Iglesia de San Agustín – *Angle San Agustín et Bolívar* (A2) - *✆ (054) 220 066 - lun.-sam. 8h-12h, 17h-19h, dim. 8h-13h, 17h-19h.* L'église exhibe sa gracieuse façade du 18e s. de style baroque métis, sculptée et ornée d'une incroyable profusion de détails. À l'intérieur, la nef déploie la magnificence de ses autels dorés à la feuille et d'une coupole richement décorée.

★★★ MONASTERIO DE SANTA CATALINA A2

4

Santa Catalina 301 - ✆ (054) 608 282/283 - www.santacatalina.org.pe - 9h-17h (dernière entrée 16h), nocturne mar. et jeu. jusqu'à 21h (dernière entrée 20h) - S/30 - visite guidée possible en français (1h30 - S/35).

L'évangélisation espagnole émailla Arequipa d'églises et de monastères relevant de divers ordres religieux : franciscain, jésuite, dominicain, augustin. Sous l'impulsion du concile de Trente (1545-1563) et du nouvel élan donné à la foi catholique, les donations des riches commerçants favorisèrent l'édification de nouveaux édifices. Construit en vue d'héberger les cadettes des familles espagnoles ou créoles les plus distinguées de la ville (les aînées étant destinées au mariage), le **couvent Santa Catalina**, dédié à sainte Catherine de Sienne, vit ainsi le jour en 1580, sur un terrain de 2 ha, grâce aux dons d'une veuve fortunée, doña María de Guzmán. Le monastère accueillait les novices en échange du versement d'une dot importante, en pesos d'or ou bien en mobilier, tableaux, bijoux et pièces d'orfèvrerie. Mais les recluses pouvaient conserver leur train de vie et disposer d'une à quatre servantes ou esclaves chacune. Rien à voir avec les règles de silence et de pauvreté censées régner au Carmel. Même s'il n'avait rien d'un lieu de débauche ni de scandale, le couvent était alors « une succursale du Paradis », selon l'écrivain Mario Vargas

SŒUR ÉLIANE, UNE ÂME HEUREUSE

Entrée au couvent à l'âge de 20 ans, sœur Éliane, comme les autres pensionnaires, se lève tous les jours à 5h pour les laudes, et respecte, comme il se doit, les autres prières de la journée : tierce, sexte, none, vêpres, complies..., sans oublier les chants, les lectures spirituelles et les indispensables corvées communautaires. Une vie pieuse et ascétique rythmée par « le travail, le silence et la prière », selon la devise du monastère, où le jeûne du carême (pain et eau) est strictement observé. La cinquantaine resplendissante, sœur Éliane, qui a vécu trois ans en France, avoue avoir renoncé à beaucoup de choses pour suivre sa vocation. Mais elle a trouvé, dit-elle, « un bonheur plus grand encore ». Il est vrai que depuis Vatican II les religieuses ne sont plus astreintes au silence et peuvent sortir du couvent dans la journée. Et dédier son existence à Dieu ne les empêche pas, comme le raconte la sœur d'un sourire espiègle, de savourer des pâtisseries, de jouer du piano, de regarder la télévision ou de surfer sur le Net...

Llosa, où la vie mondaine était « plus intense qu'à Paris ». Il pouvait accueillir plusieurs centaines de pensionnaires carmélites, dont la claustration était tempérée par l'octroi d'un petit appartement, incluant parfois salon meublé et décoré, chambre principale et chambre de service, cuisine et jardinet. Cette vision particulière de l'austérité ne laissa pas d'étonner **Flora Tristán** *(voir l'encadré, p. 312)*, de passage à Arequipa. Dans son récit autobiographique, *Pérégrinations d'une paria*, paru en 1838, elle raconte la vie mondaine et frivole qui régnait au couvent : « À peine la porte fut-elle ouverte que je fus entourée par une douzaine de religieuses qui me parlaient toutes à la fois, criant, riant et sautant de joie. [...] Celle-là écartait ma robe par-derrière, parce qu'elle voulait voir comment était fait mon corset. Une religieuse me défaisait les cheveux pour voir comme ils étaient longs ; une autre me levait le pied pour examiner mes brodequins de Paris. » Les dîners brillants auxquels elle fut conviée étaient servis avec « de la belle porcelaine de Sèvres, du linge damassé, une argenterie élégante et, au dessert, des couteaux en vermeil. » Cependant, dès 1871, la dominicaine **Josefa Cardena**, nommée par le pape à la direction du monastère, mit fin à ces pratiques, chassa servantes et esclaves et imposa aux religieuses une vie d'extrême rigueur.

Véritable village dans la ville, avec ses 20 500 m^2 d'églises et de chapelles, de placettes dont les fontaines émettent de gracieux gargouillis, de ruelles pavées et sinueuses, de patios fleuris, de cloîtres et de maisonnettes peintes dans un feu d'artifice ocre jaune, orange abricot, bleu indigo et rouge brique, le couvent Santa Catalina est le plus grand et le plus coloré du monde. Au temps de sa splendeur, début 18e s., cet enclos chatoyant abritait plus de 500 personnes derrière ses hautes murailles de *sillar* dignes d'une citadelle. Pour moitié des religieuses, pour l'autre des servantes et esclaves (noires), la congrégation comptait aussi des petites orphelines ou des filles abandonnées, des femmes battues cherchant refuge... Un curieux village de femmes donc, où les noms des sœurs les plus illustres demeurent gravés au fronton des demeures : Ana de Los Angeles Monteagudo (béatifiée en 1985 par le pape Jean-Paul II pour les miracles qui lui sont attribués), María Murtado, Rosa Cardenas, Dolorès Llamosas... Ouvert au public en 1970, Santa Catalina abrite toujours une vingtaine de moniales qui vivent, beaucoup plus religieusement, dans une partie réservée du monastère, au centre-ouest, non ouverte au visiteur.

La visite débute par le **locutorio**, le parloir où les couventines communiquaient avec le monde et vendaient leurs produits, à l'abri des regards et des touchers derrière le treillage de bois. Les sœurs n'étaient autorisées qu'à une visite par mois, et toujours en compagnie d'une autre religieuse chargée d'assurer la surveillance.

Une fois franchi le **patio El Silencio**, on entre dans le **noviciado**, le cloître des novices, que les filles pouvaient intégrer dès l'âge de 14 ans. Datant de 1805, il rassemble sous ses voûtes en briques de style roman, une belle collection de toiles de l'école de Cuzco du 18e s. qui représentent les 55 litanies de la Vierge. On peut observer une chambre de novice avec son lit et ses objets usuels. Près de là, une petite chapelle de style néoclassique renferme un beau retable en stuc doré.

Irradiant d'un lumineux bleu cobalt, le magnifique **claustro Los Naranjos** (cloître des Orangers, 1738), de plan carré, présente au centre une évocation du Golgotha avec ses trois croix. Des fresques florales ornent le sommet des piliers, tandis que des tableaux le long des galeries figurent des exercices spirituels visant à purifier l'âme.

Au fil de la visite, vous parcourrez un labyrinthe de ruelles portant le nom des villes andalouses dont les carmélites étaient issues : Malaga, Tolède, Séville, Grenade, Cordoue. La **calle Málaga** conduit tout droit à la **salle Zurbarán**, où trônent diverses toiles dont un saint Jérôme attribué à Diego Quispe Tito. La **calle Córdoba**, où des pots de géraniums rouges se détachent sur les murs blancs, longe le potager que cultivent les sœurs aujourd'hui. On enchaîne par la **calle Toledo**, la plus longue et la plus étroite, bordée par les cellules les plus anciennes, aux toits de tuile, dont les intérieurs ont été fidèlement mis en scène. La **calle Sevilla**, coupée par un escalier et surmontée d'une arche, mène au **lavoir**, étonnante série d'énormes demi-jarres en terre cuite desservies par un canal central. La **calle Burgos** conduit quant à elle aux anciennes et vastes **cuisines**, avec leurs mortiers, fours, marmites et instruments d'époque. La **calle Granada**, enfin, débouche sur la délicieuse **plaza Zocodober**, où trône une fontaine. Elle faisait office de marché, où les religieuses troquaient leurs produits. Plus loin, on aperçoit l'ancien réfectoire, qui fut utilisé jusqu'en 1965. Datant de 1721, le **cloître majeur**, dans les tons orangés, présente une belle série de peintures qui narrent la vie de Jésus et de Marie. Il est bordé par une ligne de confessionnaux. Juste à côté, on entre enfin dans l'**iglesia de Santa Catalina**, plusieurs fois restaurée, mélange de style baroque et mudéjar, pour contempler son autel en argent et sa belle statue de sainte Catherine sous son baldaquin. En contrebas, la visite s'achève par la **pinacothèque**, sise dans l'ancien dortoir, où sont exposées une centaine de peintures de l'école de Cuzco (17e-18e s.)

4

Plazuela San Francisco B2

Cette petite place pittoresque qu'ombragent des jacarandas abrite l'**iglesia de San Francisco**, datant de 1569 mais plusieurs fois remaniée après des séismes. Sa sobre façade de style roman mâtiné d'influences mudéjar ouvre sur une nef de même sobriété, mêlant pierres blanches et briques, avec un autel baroque en argent. Accolés à l'église, figurent un petit cloître fleuri et une chapelle mineure, dite du Tiers-Ordre. Un étroit passage, appelé El Manguillo de San Francisco, séparait l'église de l'ancien collège, transformé plus tard en prison. Il a été reconverti en une galerie commerciale d'artisanat.

Au coin de la place, au n° 407, le petit **Museo Municipal de Historia**, d'un intérêt tout relatif, présente l'histoire de la ville à travers des documents, des portraits, quelques antiquités et des photographies anciennes, notamment celles des séismes de 1868, 1958, 1960 et 2001 *(mar.-vend. 9h-17h, sam. 9h-13h - S/2).*

BARRIO SAN LÁZARO B1

Accès par le haut de la calle Jerusalén.
Réputé le plus ancien de la ville, ce quartier de ruelles étroites et sinueuses, de petites places et de maisons basses aux balcons fleuris de géraniums, a été totalement restauré et rendu piéton. Constitué de petits lopins de terre cultivés, il abritait, à l'origine, une « réduction » indigène *(voir le lexique, p. 122)*, par opposition au quartier espagnol de la place d'Armes. Les moines dominicains s'y installèrent en 1538 et fondèrent un ermitage pour évangéliser les Indiens. L'endroit a du charme, mais il est un peu désert.

★★ Museo de Arte Virreinal Santa Teresa B2

Melgar 303 (à env. 10mn à pied à l'est de la place San Francisco) - lun.-sam. 9h-17h, dim. 9h-13h - S/10 - visite guidée sur demande (pourboire attendu).
Ce monastère carmélite fondé en 1710 abrite encore une vingtaine de moniales, que l'on entend – sans jamais les voir – sonner les cloches, chanter et prier pour l'angélus. Une partie du couvent a été récemment convertie en musée d'art colonial et rassemble la plus belle collection d'Arequipa, incluant peintures, sculptures, orfèvrerie et objets d'art décoratif. On traverse un joli cloître fleuri où murmure une fontaine, et dont les galeries sont coiffées de belles voûtes gothiques. La visite suit un parcours didactique à travers une succession de douze salles thématiques. La salle de la Nativité et de la Sainte Famille renferme une étonnante crèche géante de 1730, en bois peint et doré. Dans la salle d'art religieux reposent de précieux ostensoirs en or, argent, perles, diamants et émeraudes. Merveille des lieux, la **salle capitulaire** est entièrement tapissée de fresques murales du 18e s., lesquelles se composent de scènes profanes dans un style naïf, frais et coloré. Dans le chœur supérieur de l'église sont accrochées diverses toiles de la Vierge, dont l'une est attribuée à **Quispe Tito** (1611-1681). La visite s'achève par la salle des Anges arquebusiers, un des thèmes les plus originaux de la peinture baroque andine. Une armée d'archanges, d'anges et de séraphins portant à l'épaule une arquebuse sont vêtus de chapeaux à plumes et de vêtements à col de dentelle, brillants boutons et broderies, comme les aristocrates espagnols du 17e s.

YANAHUARA ET CAYMA

Sur les collines à l'ouest de la ville, de l'autre côté du Río Chili par le puente Grau, les faubourgs résidentiels de Yanahuara et Cayma dégagent une ambiance paisible. On y découvre de bons petits restaurants typiques *(voir « Nos adresses à Arequipa » p. 323)* et de jolis points de vue sur Arequipa.

★ Convento de La Recoleta A1

Recoleta 117, Yanahuara (prendre un taxi) - ✆ (054) 270 947 - www.aqplink.com/recoleta - lun.-sam. 9h-12h, 15h-17h - bibliothèque : ttes les heures, à 9h45, 10h45, 11h45… - S/5 - possibilité de visite guidée en français (1h).
Bâti en 1648, puis reconstruit après plusieurs séismes, ce couvent franciscain forme un délicieux havre de paix, avec ses quatre cloîtres aux colonnes de *sillar* et aux ravissants jardins. Il abrite trois petits musées d'art religieux (toiles baroques des écoles de Cuzco et d'Arequipa, 17e-18e s.), précolombien (céramiques et textiles mochica, chancay, chimú, huari et inca) et amazonien (piranhas, caïmans, serpents et oiseaux empaillés, parures tribales). Mais son principal intérêt réside dans sa superbe bibliothèque de quelque 20 000 ouvrages, dont quelques incunables du 15e s. Un passage secret dans la bibliothèque menait à « L'Enfer », la salle où étaient stockés les livres mis à l'index par l'Église, notamment ceux des philosophes du siècle des Lumières.

Une rue d'Arequipa.
H. Hughes / Hemis.fr

Mirador de Yanahuara

À 2 km du centre (prendre un taxi) par l'av. del Ejército, puis à droite l'av. Lima.
Une petite église en *sillar* du 17e s., dotée d'une façade baroque finement taillée, trône au centre de la placette plantée de palmiers. Non loin, une terrasse reposant sur une série d'arcs en *sillar* offre un splendide belvédère sur la ville et son écrin blanc de volcans.

Cayma

À 3 km du centre, au-delà de Yanahuara.
Le quartier de Cayma est réputé être le « balcon d'Arequipa » grâce à sa situation privilégiée qui permet de contempler la ville dans son ensemble. Sur la place centrale, l'**iglesia de San Miguel Arcángel**, construite en 1730, est considérée comme un joyau architectural pour sa façade métisse. Demandez au gardien (moyennant un petit pourboire) de grimper au sommet de sa tour, pour mieux profiter de la vue panoramique.

AU SUD-EST DE LA VILLE

Verdoyante et bucolique, la campagne d'Arequipa se partage entre pâturages et champs en terrasses. Deux sites, situés dans des villages assez proches l'un de l'autre sur la route de Puno, méritent une excursion en taxi *(comptez S/20 AR)*.

Mansión del Fundador

Village de Huasacache, à 9 km de la ville. www.lamansiondelfundador.com - 9h-17h - S/12.
Jadis propriété de Garcí Manuel de Carbajal, le fondateur de la ville, cette villa du 16e s. est construite en *sillar* au bord d'un ravin dominant la rivière Socabaya. Plus tard, elle passa entre les mains des jésuites, qui lui ajoutèrent des annexes, puis fut acquise en 1785 par don Juan Crisóstomo de Goyeneche, qui la transforma en une résidence seigneuriale, que l'on visite aujourd'hui. L'accès principal se fait par un vestibule dont le haut plafond repose sur des voûtes en berceau et qui débouche sur un vaste patio autour duquel s'ordonne

la maison. On y voit une belle collection de meubles et de tableaux coloniaux ainsi qu'une ravissante chapelle.

Molino de Sabandía

Village de Sabandía, à 10 km de la ville. www.todoarequipa.com - 9h-17h - S/5.
Situé juste à la sortie du village, ce moulin à blé construit en 1621, puis restauré en 1973, présente de solides contreforts et des balcons rustiques typiques des constructions en *sillar* de la région. Maintenu en activité pour les visiteurs, il comporte un restaurant et s'agrémente d'un joli parc planté de saules pleureurs, où des promenades à cheval sont possibles.

À proximité Carte de région p. 304

La région d'Arequipa regorge de sites propices aux activités sportives (vallée du Majes, cañón del Cotahuasi, vallée des Volcans…). La majorité d'entre eux nécessitent la présence d'un guide. Pour l'ascension des volcans Misti et Chachani, comptez 2 ou 3 jours de trekking et d'escalade. Vous trouverez toutes les informations utiles auprès des agences du centre-ville *(voir « Nos adresses à Arequipa » p. 326)*. La réserve de Salinas y Aguada Blanca se visite en général sur le trajet du Cañón del Colca *(voir p. 327)*, la Laguna de Salinas sur la route vers Puno.

RESERVA NACIONAL SALINAS Y AGUADA BLANCA

À 60 km environ au nord-est d'Arequipa (1h30 en bus).
À la sortie d'Arequipa, la route grimpe entre les flancs des volcans Misti (5 822 m) et Chachani (6 075 m), le long de la voie de chemin de fer, puis s'élève jusqu'à ce parc naturel. Située à une altitude moyenne de 4 300 m, sur une superficie de 367 000 ha de pampa à l'herbe rase, la réserve a été créée afin de protéger des espèces menacées comme les vigognes et les guanacos. Elle abrite également une faune variée comprenant viscaches, renards, condors, et de multiples espèces d'oiseaux, de reptiles et de batraciens. Au bord de la route, on peut observer des troupeaux de lamas et d'alpagas qui broutent sous un ciel le plus souvent gris cendré.

LAGUNA DE SALINAS

À 45 km à l'est d'Arequipa. Mieux vaut passer par une agence ou louer un taxi pour s'y rendre.
Planté à 4 300 m d'altitude, dans la *puna* aride, près du petit village indien de **Chiguata** (jolie petite église), ce fascinant lac salé étire son paysage lunaire au pied du **volcán Ubinas**, dont on aperçoit parfois des fumerolles s'échapper de son cône enneigé. Les bords du lac, où poussent des ajoncs, sont fréquentés par les flamants roses entre février et juin. Lamas et alpagas peuplent en outre ce décor grandiose.

NOS ADRESSES À AREQUIPA

Plan de la ville p. 308

INFORMATIONS UTILES

Poste – **Serpost** - *Moral 124* (B2) - *(054) 215 247 - lun.-sam. 8h-20h, dim 9h-13h.*
DHL/Western Union - *Santa Catalina 115 - lun.-vend. 8h30-19h, sam. 9h-13h.*
Banque / Change – **Interbank** - *Portal de Flores 122, sur la place d'Armes* (A2/3) - *8h-21h.* Change dollars et euros, y compris les traveller's chèques. DAB sécurisé, accessible 24h/24, à la **Caja Municipal** *(portal de la Municipalidad 134)*, sur la place d'Armes, ainsi que dans la plupart des patios commerciaux du centre-ville. Nombreux changeurs de rue sous les arcades de la place d'Armes.
Internet/Téléphone – Les cybercafés et boutiques de télécabines sont légion, notamment sur la calle Jerusalén.
Urgences – **Police touristique** - *Jerusalén 315 (angle Ugarte,* B2*) - (054) 201 258.*
Clínica Arequipa - *Av. Bolognesi (à la hauteur du puente Grau) - (054) 253 416.* Bons soins et docteurs anglophones.
InkaFarma - *Santo Domingo 113 - (054) 204 685.* Grande pharmacie ouverte 24h/24.
Laverie – **Lavandería Cayro** - *Jerusalén 311* (B2) - *8h-19h.*
Divers – **Alliance française** - *Santa Catalina 208* (A2) - *(054) 215 579 - www.afarequipa.org.pe - lun.-vend. 8h15-13h, 16h-19h30, sam. 11h30-13h, 14h30-17h30.* L'un des principaux centres d'activités culturelles de la ville. Bibliothèque, médiathèque avec projection de films en français, galerie d'art, salle de spectacles.

ARRIVER / PARTIR

Avion – Aéroport **Rodríguez Ballón** - *à 8 km au nord-ouest de la ville - (054) 443 464/458.* En taxi, comptez S/15 le trajet, mais une navette relie aussi le centre-ville à l'arrivée des vols pour S/3. Vols quotidiens pour Lima, Cuzco et Juliaca avec **LanPerú** *(Santa Catalina 118-C - (01) 213 8200 - www.lanperu.com)* et **Star Perú** *(Santa Catalina 105-A - (01) 705 9000 - www.starperu.com).* Env. 110 $ le vol pour Lima et env. 150 $ pour Cuzco. **Peruvian Airlines** *(La Merced 202-B - (054) 202 697)* assure 3 vols quotidiens avec Lima.
Bus – Arequipa possède deux terminaux de bus situés côte à côte sur les avenidas Ibañez et Andrés Avelino Cáceres, à 4 km au sud du centre-ville *(env. S/6 le trajet en taxi)*. Le **terminal terreste** *((054) 427 798)*, le plus ancien, assure l'essentiel du trafic vers Chivay et Cabanaconde, Juliaca et Puno, Tacna, Cuzco. Les bus vers Lima et la côte sud partent en général du nouveau **terrapuerto** *((054) 348 810)*. Mais mieux vaut vérifier le lieu de départ à l'avance, de même que les horaires.
Avec **Cruz del Sur** *((01) 311 5050 - www.cruzdelsur.com.pe)*, pour **Lima** *(15-16h de trajet)* 4 départs quotidiens à 16h, 19h30, 21h et 22h, entre S/100-150 ; pour **Cuzco** *(10h de trajet)* 2 départs quotidiens à 20h et 20h30, entre S/100-126 ; pour **Tacna** *(5-6h de trajet)*, départ quotidien à 7h, entre S/36-42 ; pour **Puno** *via* **Juliaca** *(5h30 de trajet)*, départ quotidien à 8h30, entre S/56-76.
Avec **Flores** *((01) 332 1212 - www.floreshnos.net)*, entre **Lima** et Arequipa départs de 12h30 à

21h ; pour **Nazca** *(8-10h de trajet)*, 10 départs quotidiens de 13h30 à 22h30 (selon les classes de bus). Un départ quotidien à 19h30 pour **Cuzco**.
Avec **Oltursa** *(✆ (054) 423 152 - www.oltursa.com.pe)*, 5 départs quotidiens pour **Lima** (7h30, 15h, 16h, 17h et 21h), 2 départs quotidiens pour **Cuzco** (20h et 20h30), **Nazca** ou **Ica** (7h30 et 21h), départ quotidien à 7h pour **Tacna** *(5-6h de trajet)*.
Avec **Ormeño** *(✆ (01) 472 5000 - www.grupo-ormeno.com.pe)*, 1 départ quotidien à 18h pour **Lima**.
Pour le **Cañón del Colca** *(3h30 de trajet pour Chivay, 5h pour Cabanaconde)* : **Andalucía** *(✆ (054) 445 089)*, **Reyna** *(✆ (054) 430 612)* et **Turismo Milagros** *(✆ (054) 708 090)* assurent des départs à 2h, 6h, 8h, 11h30, 11h45, 13h45 et 14h. Retours de Chivay à 9h30, 12h30, 14h et 16h ; de Cabanaconde à 7h, 8h, 9h, 11h, 11h30 et 14h.
Attention aux vols dans les terminaux de bus et aussi à l'intérieur des bus des petites compagnies.

TRANSPORTS DANS AREQUIPA

Ordonnée selon un plan colonial en damier, la ville se détache sur les volcans Misti, Chachani et Pichu Pichu. De la plaza de Armas, trois rues parallèles remontent vers le nord, Santa Catalina, San Francisco et Jerusalén, jusqu'à la grande avenue Puente Grau. L'essentiel de l'activité est concentré dans ce périmètre. Attention, les rues changent de nom de chaque côté de la plaza de Armas. Le quartier résidentiel de **Yanahuara** se situe à 1 km à l'ouest de la place d'Armes (5mn en taxi).
On se déplace facilement à pied dans le centre, d'autant mieux que certaines rues comme Mercaderes sont piétonnes. Le taxi n'est nécessaire que pour le quartier de Yanahuara et le couvent de la Recoleta, et aussi pour rentrer à l'hôtel tard le soir.
Ne prenez pas un taxi au hasard dans la rue, de très nombreux cas d'agression et de vol ont été signalés. Faites appeler par téléphone un taxi dûment identifié, par exemple ceux des compagnies **Taxi Seguro** *(✆ (054) 450 250)* ou **Taxi Sur** *(✆ (054) 465 656)*. Sachez qu'à Arequipa ne circulent pas moins de 25 000 taxis (dix fois plus peuplé, Paris n'en compte que 16 000 !), dont près de 15 000 illégaux. Un fléau contre lequel la municipalité a décidé de lutter, tant pour des raisons de sécurité que d'embouteillages et de pollution.

HÉBERGEMENT

Bon à savoir – Hormis en haute saison (juin-sept. et déc.-janv.), la plupart des établissements consentent des rabais sur les tarifs affichés, à condition d'en faire la demande.

PREMIER PRIX

La Casona de Jerusalén – B2 - *Jerusalén 306 - ✆ (054) 205 453 - hcjerusalen@terra.com.pe - 8 ch. : S/50-90.* À l'étage, des chambres sommaires et bien tenues, avec eau chaude, entourent une terrasse ombragée. Certaines, moins chères, partagent une sdb commune. Évitez celles côté rue, trop bruyantes. Petit-déj. S/5.
Hospedaje Sumay Wasi – B2 - *San Francisco 221 - ✆ (054) 286 833 - 12 ch. : S/50-90.* Petite pension située à l'arrière d'une cour, appréciée des jeunes routards pour son accueil.

Chambres au calme, sans charme particulier mais propres. Petit-déj. inclus.

La Compañía – B1 - *Jerusalén 525 - ✆ (054) 220 965 - www.lacompaniahostal.com - ⊠ - 7 ch. : S/100.* Réparties entre un patio et un délicieux jardin à l'arrière, les chambres de cette pension accueillante sont spacieuses et claires, dotées de parquet en pin et décorées de copies de tableaux anciens. Trois d'entre elles disposent d'un coin cuisine et d'un réfrigérateur. Coffre, laverie, parking. Autre adresse au sud de la ville *(calle General Moran 109 - ✆ (054) 201 807)*, laquelle comporte en outre des chambres moins chères avec sdb commune.

BUDGET MOYEN

Los Balcones de Moral y Santa Catalina – A2 - *Moral 217 - ✆ (054) 201 291 - www.balconeshotel.com - ⊠ - 18 ch. : S/135.* Hôtel de petite taille, confortable, au mobilier moderne, et aux prix tout à fait raisonnables. Le rez-de-chaussée est aménagé autour d'un patio de style colonial. À l'étage, les chambres en enfilade sont pourvues de balcons d'où l'on aperçoit le chevet de la cathédrale ou le couvent Santa Catalina.

Hotel Asturias – B2 - *Ugarte 211 - ✆ (054) 202 099 - ✕ CC - 23 ch. : S/115-150.* Dans un bâtiment moderne sur quatre étages, avec ascenseur, cet hôtel propose de bonnes prestations pour un prix raisonnable. Chambres petites mais douillettes : moquette, bonne literie, minibar, Wi-Fi et coffre individuel. Les chambres sur rue peuvent être un peu bruyantes.

Posada Nueva España – A1 - *Antiquilla 106, Yanahuara - ✆ (054) 252 941 - www.nuespana.com - ✕ ⊠ - 13 ch. : S/150.* Voilà une adresse où l'on se sent chez soi, au cœur du quartier de Yanahuara. Dans une grande maison coloniale du début du 19e s., chambres spacieuses, accueillantes, et petit déjeuner servi sur la terrasse ensoleillée. Coffre, accès Internet, consigne à bagages, transfert gratuit de l'aéroport ou de la gare routière à partir de deux nuitées. Les propriétaires sont une mine de bons tuyaux. Ils organisent à la demande des cours d'espagnol, des excursions aux canyons du Colca ou du Cotahuasi, ou bien l'ascension du volcan Misti. Accueil attentionné en français.

La Casa de mi Abuela – B1 - *Jerusalén 606 - ✆ (054) 241 206 - www.lacasademiabuela.com - ≈ CC - 60 ch. : S/155.* Agrandie au fil des années, cette auberge familiale abrite des chambres de taille généreuse, certaines pourvues d'un balcon, d'autres, familiales, dotées d'un coin cuisine et d'un minibar. L'ameublement est un brin hétéroclite et démodé, mais on se sent vraiment au calme ici. Hamacs, transats et tables émaillent un ravissant jardin qui invite à la paresse et à la lecture, près de la piscine, avec pour seule compagnie le chant des oiseaux. Laverie, accès Internet, échange de livres, agence de tourisme *(voir « Activités » p. 326)*.

Mirador del Monasterio – B1 - *Zela 301 (angle Santa Catalina) - ✆ (054) 224 923 - www.miradordelmonasterio.pe - CC - 14 ch. : S/150-200.* Petit hôtel tranquille et propre, situé derrière le monastère de Santa Catalina. Service attentif, chambres moquettées et bien équipées (coffre individuel, Wi-Fi). Terrasse solarium à l'étage, avec vue dégagée.

La Casa de Melgar – B2 - *Melgar 108 - (054) 222 459 - www.lacasademelgar.com -* *- 31 ch. : S/150-200.* Ancienne résidence de l'archevêque, cette splendide *casona* du 18e s. abrite un hôtel de charme plein de cachet. Vastes plafonds de brique ou de *sillar* voûtés, carrelages anciens, mobilier de style colonial. Les couleurs vives des trois petits patios fleuris font écho à celles du monastère de Santa Catalina : on se croirait dans un village méditerranéen. Les chambres vastes et hautes de plafond sont cependant un peu froides et sombres. Le petit déjeuner pourrait être un peu plus copieux.

La Casa de Margott – B2 - *Jerusalén 304 - (054) 229 517 - www.lacasademargott.com -* *- 9 ch. : S/160-200.* Belle bâtisse coloniale de style néoclassique, dont la façade jaune tournesol tranche sur le bleu du ciel. Derrière se cache un charmant patio ombragé d'un palmier. À l'étage, chambres confortables, aux voûtes de pierre ou aux murs de brique, hélas dépourvues de personnalité. Coffre, blanchisserie, accès Internet, terrasse sur le toit où l'on peut prendre le petit déjeuner.

POUR SE FAIRE PLAISIR

La Maison d'Élise – A1 - *Av. Bolognesi 104, Yanahuara - (054) 256 185 - www.hotelmaisondelise.com -* *- 48 ch. : S/280.* À l'entrée du quartier de Yanahuara, juste de l'autre côté du puente Grau, cet ensemble architectural d'inspiration andalouse distribue ses bungalows aux murs ocre, rouges et bleus au sein d'un jardin fleuri et planté de cactus. Chambres vastes et confortables (minibar, Wi-Fi…), sdb aux larges baignoires. L'hôtel propose aussi des suites et des mini-appartements. Grand calme et service irréprochable.

UNE FOLIE

La Posada del Monasterio – AB2 - *Santa Catalina 300 - (054) 206 565 - www.hotelessanagustin.com.pe -* *- 47 ch. : S/400 (150 $).* Idéalement placé en face du monastère (mais attention aux cloches le matin), cette majestueuse demeure coloniale du 18e s. dégage une ambiance de bien-être et de raffinement. Meublées à l'ancienne, les chambres sont toutes pourvues de l'équipement attendu (minibar, sèche-cheveux, Wi-Fi). Seul bémol, l'ajout d'un bâtiment moderne à l'arrière a singulièrement dénaturé l'architecture des lieux. Service bilingue et efficace. Rabais substantiels sur les prix affichés, en basse saison. Cet hôtel fait désormais partie de la chaîne San Agustin, qui possède de nombreux hôtels au Pérou.

Sonesta Posada del Inca – A2 - *Portal de Flores 116 (plaza de Armas) - (054) 215 530 - www.sonesta.com/arequipa -* *- 58 ch. : S/680 (250 $).* Difficile de faire plus central ! Membre d'une chaîne, cet établissement a été entièrement rénové afin de proposer des prestations à la hauteur d'une clientèle internationale et exigeante : chambres très chic et ultra-confortables (minibar, Wi-Fi, coffre), restaurant gourmet au cadre soigné, piscine sur le toit, *business center*… Le soir, depuis la terrasse, la vue sur la cathédrale qui se détache devant le volcan Misti est magnifique. Regardez les offres spéciales sur le site Internet, les prix sont parfois divisés par deux (à défaut 15 % de réduction).

RESTAURATION

Succulente, la cuisine d'Arequipa comprend quelques spécialités qui méritent d'être testées : la *chupe de camarones* (soupe aux crevettes), le *rocoto relleno* (piment farci), l'*adobo arequipeño* (viande de porc marinée à la *chicha*).

PREMIER PRIX

La Capitaña – A1 - *Calle Los Arces 209, Yanahuara - ✆ (054) 256 591 - ⊄ - tlj sf jeu. 12h-19h - S/10-15.* Dans le très résidentiel Yanahuara, une authentique *picantería* populaire, fondée en 1899 ! Assis sur de grands bancs autour de tables en formica, on y déjeune en famille, dans une vaste salle attenante à la cuisine. Le menu du jour à moins de S/10 est composé de plats typiques que l'on arrose d'une cruche de *chicha*. Ambiance conviviale et animée.

Crepisimo – A2 - *Santa Catalina 208 - ✆ (054) 206 620 - www.crepisimo.com - ⊄ - 8h-0h - S/10-15.* Dans le bâtiment de l'Alliance française, une crêperie accueillante. Plus d'une centaine de crêpes différentes mixant produits péruviens et tradition culinaire française. En prime, quelques tables en terrasse dans la cour.

BUDGET MOYEN

Bistrot Colibrí – B2 - *San Francisco 225 - ✆ (054) 211 120 - ⊄ - 8h-2h - S/15-25.* Sous de jolies voûtes en *sillar* reposant sur des murs peints à fresque, ce bistrot aux tables de bois sert midi et soir un menu andin à S/15 et un menu touristique à S/23, incluant l'un et l'autre diverses spécialités régionales. Bonne cuisine et ambiance agréable.

El Café del Monasterio – A2 - *Santa Catalina 301 - ⊄ - 9h-16h - S/15-30.* Situé à l'intérieur du monastère, près du potager des religieuses, dans un patio ombragé, ce bistrot joliment décoré est idéal pour une pause déjeuner en plein air. À la carte, crêpes, pizzas, sandwichs, salades, omelettes et desserts délicieux aux noms fantaisistes, tels que « pêchés et tentations » ou « délices pour les bigotes ».

POUR SE FAIRE PLAISIR

El Sol de Mayo – A1 - *Jerusalén 207, Yanahuara - ✆ (054) 254 148 - www.restaurantsoldemayo.com - CC - 11h30-16h - S/30-50.* Une des plus célèbres adresses d'Arequipa, dans le quartier de Yanahuara. Les tables sont réparties à l'ombre des parasols dans un patio-jardin pittoresque, semé de plantes grasses, de géraniums et de cactus, devant une piscine à cascade, à moins que vous ne préfériez la salle intérieure aux belles voûtes de brique et de *sillar*. Un orchestre de musique péruvienne anime le repas. La carte décline des spécialités locales, *chicharrón de chancho* (porc rôti), *rocoto relleno* (piment farci), salade de maïs blanc, de tomates et d'avocats, *chupe de camarones*…

El Camaroncito – B2 - *San Francisco 303 - ✆ (054) 202 080 - CC - 12h-23h - S/30-50.* Petite salle spécialisée dans le poisson de la côte péruvienne : *ceviche* de sole ou de *corvina* (maigre), crevettes à la crème d'ail et au citron, filet de lieu au citron, riz aux fruits de mer, brochettes de poissons, paella… Assez touristique, mais cuisine encore correcte.

Wayrana – A2 - *Santa Catalina 200 - ✆ (054) 285 641 - CC - 12h-22h - S/30-50.* En fond de cour, une salle immense au décor contemporain et au design étudié. Des toiles de jeunes artistes locaux ornent les murs, une fontaine de pluie et une douce musique lounge se chargent de l'ambiance. La carte propose des spécialités péruviennes revisitées à la mode *fusión*, telles que le cochon d'Inde aux herbes des Andes, le filet d'autruche ou le veau rôti. Dommage que le service soit si lent et les plats peu copieux.

El Turko – B2 - *San Francisco 315 - ✆ (054) 203 862 - CC - 12h-0h - S/30-50.* Ibrahim, le plus célèbre Turc d'Arequipa, possède également le bar Istanbul et l'autre enseigne El Turco, au nº 216 de la même rue, spécialisée dans le kebab. Dans une ambiance chic et bohème associant tableaux contemporains, bonne musique et éclairage flatteur, il compose ici une cuisine intéressante, à la croisée des traditions andines et moyen-orientales. Taboulé de quinoa, alpaga au lait de coco et curry, émincé de bœuf au roquefort, courgettes farcies aux tomates, œufs et fromage… Moins copieux qu'avant, les plats restent quand même bon marché.

UNE FOLIE

La Trattoria del Monasterio – AB2 - *Santa Catalina Cerado 300 - ✆ (054) 204 062 - www.latrattoriadelmonasterio.com - CC - lun.-sam. 12h-14h30, 19h-23h, dim. 12h-14h30 - S/40-100.* Trois jolies salles protégées par les épais murs en *sillar* du monastère, à l'ambiance intime et au décor épuré, invitent à savourer dans la sérénité la cuisine concoctée par le chef liménien Gastón Acurio *(voir p. 191)*. La gastronomie italienne est mâtinée par ses soins de touches andines, d'une façon délicieuse et inventive. Goûtez, pour débuter, le piment farci de crevettes ou le *ceviche vegetariano*, enchaînez plus sérieusement avec l'*ají de gallina*, l'osso bucco ou les *tagliolini* au ragoût d'agneau, arrosez d'un bon vin sud-américain et concluez d'un fin dessert: les palais gourmets sont ici à la fête.

Zig Zag – B2 - *Zela 210 - ✆ (054) 206 020 - www.zigzagrestaurant.com - CC - 18h-0h - S/40-100 - réserv. conseillée.* Rendez-vous branché d'Arequipa, face à la petite place San Francisco, le Zig Zag occupe un espace voûté en *sillar* sur deux étages, que dessert un somptueux escalier hélicoïdal en fer signé Gustave Eiffel. Ambiance joyeuse certains soirs, entre pisco *sour* et musique tendance. La spécialité ? La viande d'autruche ou d'alpaga cuite à la pierre volcanique et servie à diverses sauces. La carte, en version française, affiche aussi quelques curiosités comme la fondue d'autruche ou de fromages andins et les gnocchis de quinoa. Excellente table plébiscitée par le plus grand nombre. Attention à l'addition qui peut monter rapidement.

Chicha – A2 - *Santa Catalina 210 - ✆ (054) 287 360 - www.chicha.com.pe - CC - lun.-jeu. 12h-23h, vend.-sam. 12h-0h, dim. 11h30-18h - S/40-100.* Le nouveau restaurant du chef Gastón Acurio a ouvert ses portes en 2010 dans un cadre sympathique. Une grande table déjà présente à Cuzco *(voir p. 232)*, et qui est déjà devenu incontournable, entre autres pour ses *ceviche*.

EN SOIRÉE, BOIRE UN VERRE

Cafés / Pâtisseries

La Canasta Baguetaria – *Jerusalén 115* (B2) - *✆ (054) 204 025 - lun.-sam. 8h-20h.* Une suave odeur de pain chaud plane au fond du patio où cette boulangerie-pâtisserie a installé sa terrasse ombragée. Petits déjeuners, jus de fruits, café, chocolat, pâtisseries délicieuses et snacks sont servis à toute heure. Une adresse réputée.

Bars / Discothèques

Du jeudi au samedi soir, la vie nocturne est concentrée dans le haut de la rue **San Francisco** (B2) et le long de la rue **Zela** (B2), où bars, pubs et discothèques attirent touristes et locaux pour faire la fête jusque tard dans la nuit. Tous prévoient une *happy hour* en début de soirée. L'animation, intense, rivalise avec celle de Cuzco. La journée, les âmes indolentes se retrouvent plutôt aux terrasses de café du **pasaje Catedral** (B2), le passage piéton derrière la cathédrale.

Las Quenas – *Santa Catalina 302* (AB2) - *✆ (054) 281 115 - tlj sf dim. 21h-0h.* Cette *peña* typique accueille des groupes de musique andine. Spectacles de danse les vend. et sam. soir.

Istanbul – *San Francisco 231* (B2) - *✆ (054) 205 930 - 10h-3h.* Fréquenté par les étudiants et les artistes, un bar à l'ambiance bohème, parfait pour un début de soirée. Musique *easy listening* et bons cocktails. Mezzanine avec canapés à l'étage.

Déjà Vu – *San Francisco 319-B* (B2) - *✆ (054) 221 904 - 9h-2h (5h le w.-end).* Un bar apprécié aussi bien par les locaux que par les *gringos*, avec un *dance floor* très animé le week-end, de la bonne musique avec DJ ou orchestre *live* et, en prime, une superbe terrasse sur le toit pour prendre l'apéro.

Forum – *San Francisco 317* (B2). Autour d'un patio central, le bâtiment comprend, sur trois étages, une cohorte de bars, de pubs et de discothèques. On peut y jouer au billard, prendre un café, siroter son apéritif sur fond de salsa, rock latin, soul et variété internationale, savourer un cocktail dans un lounge au décor planant ou s'éclater en dansant sur de la techno. Pour tous les âges et tous les goûts.

ACHATS

Alpaga

Arequipa est la reine de l'alpaga au Pérou. Depuis longtemps, la région s'est spécialisée dans l'élevage de ce camélidé andin, qui fournit une laine douce, chaude et soyeuse comme le cachemire ou l'angora. L'essentiel de la production nationale vient d'ici, laquelle rapporte au pays près de 50 millions de dollars de recettes d'exportation. Deux grands groupes, Michell et Incalpaca, dominent le marché. Présentes à l'aéroport et en différents points de la ville, leurs boutiques (**Alpaca 111**, **Kuna**, **Sol Alpaca**) vendent des lainages de qualité, dont le style se plie au goût occidental. Les bourses fortunées pourront craquer pour une écharpe ou un châle en vigogne, dont les prix atteignent des sommets. Vous trouverez, au milieu d'autres commerces, plusieurs boutiques d'alpaga dans les **cloîtres de la Compañía** *(Santo Domingo 110* AB3*)*, dans la **Casona Santa Catalina** *(Santa Catalina 210* A2*)* et dans le **patio del Ekeko** *(Mercaderes 141* B2*)*. **Alpaca Azul** *(Santa Catalina 225* A2*)* est une boutique indépendante d'une jeune créatrice, qui présente des vêtements au look plus branché.

Brocante

Plusieurs boutiques d'antiquités, ou plutôt des marchands de bric-à-brac, sur la **calle Santa Catalina**, aux alentours du monastère.

Artisanat

Mercado de artesanía – *Plazuela de San Francisco, près de la calle Zela* (B2). Autour d'une courette, les anciennes geôles de la ville abritent une douzaine de stands d'artisanat de valeur inégale.

La calle **Puente Bolognesi**, à l'ouest de la place d'Armes (A2), aligne des échoppes d'artisans du cuir et de luthiers de qualité.

À la boutique du **couvent Santa Catalina** (A2), vous trouverez savons à la rose, crèmes, huiles parfumées, broderies, pâtisseries et autres articles fabriqués par les religieuses et vendus à des prix raisonnables.

ACTIVITÉS

Sports de plein air

La région d'Arequipa constitue un paradis pour les amateurs de sports de plein air : ascension de volcans, rafting et kayak sur les cours d'eau, randonnées à travers les vallées et les canyons, balades en VTT… De nombreuses agences à Arequipa se disputent les faveurs des voyageurs à travers un large éventail de circuits, à des prix très compétitifs. Toutes, cependant, ne sont pas fiables. Des tarifs très alléchants peuvent cacher parfois un personnel mal formé et sous-payé, un service bâclé et un non-respect des règles de sécurité. Mieux vaut choisir les officines à la réputation bien établie. Parmi celles-ci :

Carlos Zárate-Colca Trek – *Santa Catalina 204 - ✆ (054) 202 461 - www.colcatrek.com ou www.zarateadventures.com.* Plus de 25 ans d'expérience dans l'alpinisme et le trekking au Pérou. Carlos Zárate, le fondateur de l'agence, a gravi les plus hauts sommets du Pérou et mené des expéditions au pôle Sud. Équipée d'un bon matériel, dotée d'un personnel qualifié, l'agence est l'une des mieux placées pour vous organiser l'ascension d'un des volcans de la région (Misti, Chachani…). Elle propose aussi des circuits de randonnée et des visites culturelles dans le cañon del Colca, d'une durée de 2 à 5 jours.

Giardino Tours – *Jerusalén 604 - ✆ (054) 200 100 - www.giardinotours.com.* L'agence de tourisme de l'hôtel La Casa de mi Abuela recueille de nombreux avis positifs. Elle organise notamment un circuit découverte de 2 jours dans le canyon du Colca, un autre de 3 jours dans celui du Cotahuasi, un tour de 3h dans les environs d'Arequipa, du rafting sur la rivière Majes. Propose aussi une journée à la plage de Mollendo.

Pablo Tour – *Jerusalén 400 - ✆ (054) 203 737 - www.pablotour.com.* Patron d'un des hôtels de Cabanaconde, tout au bout du canyon du Colca, Pablo a placé son fils Edwin Junco à la tête d'une agence à Arequipa pour promouvoir ses circuits dans le canyon : trekking, rafting, VTT, visites culturelles… Ses excursions présentent l'avantage insigne d'éviter les hordes de touristes et de se dérouler au plus près de la nature ou dans les petits villages locaux. Plutôt sportifs, les circuits durent en général 3 jours.

AGENDA

Fête d'Arequipa – *14-15 août.* Le 14 au soir, feux d'artifice, fêtes de quartier avec groupes musicaux. Le 15, défilé de chars et danses folkloriques.

Cañón del Colca

★★

Département d'Arequipa

NOS ADRESSES PAGE 332

S'INFORMER

Autocolca – *Plaza de Armas s/n, Chivay - ✆ (054) 531 143 - www.colcaperu.gob.pe - lun.-vend. 8h-12h30, 14h30-18h30, sam. 9h-12h30.* Le petit bureau de promotion touristique de la vallée du Colca ne dispose hélas pas de documentation ni de carte détaillée des circuits de randonnée, mais il peut vous fournir des renseignements utiles et vous mettre en contact avec un guide local.

Vendu S/70 (ou 26 $) à l'arrivée à Chivay, le **boleto turístico** donne en théorie accès à tous les sites de la vallée du Colca. En réalité, le billet n'est exigé que pour l'entrée du site de Cruz del Cóndor. Si vous n'y allez pas, vous pouvez vous épargner cette dépense.

SE REPÉRER

Carte de région, p. 304 – *Carte Michelin National 763 L16.* L'entrée du canyon se trouve à Chivay, à 165 km au nord d'Arequipa et à 65 km à l'est de Cabanaconde.

À NE PAS MANQUER

Le passage matinal des condors ; une randonnée au fond ou le long du canyon.

ORGANISER SON TEMPS

Comptez deux jours minimum et évitez la saison des pluies, de janvier à mars. Une bonne forme physique est indispensable pour le trek au fond du canyon. Si vous avez peu de temps nous vous déconseillons de prendre un bus local : peu pratique, perte de temps assurée et guère plus économique.

Étroite et spectaculaire, la « vallée des merveilles » mérite cet élogieux surnom que lui a donné l'écrivain péruvien Mario Vargas Llosa. Enclavée entre sierras abruptes et 6 000 m enneigés, elle se compose d'une verte mosaïque de terrasses millénaires, sculptées sur les versants qui surplombent une gorge quasi abyssale, deux fois plus profonde que le Grand Canyon du Colorado. Bien avant l'arrivée des Incas, les civilisations se sont succédé dans la vallée du Río Colca, marquant la nature de leur empreinte. Aujourd'hui comme hier, les paysans indiens, frustes et mutiques, cohabitent avec les condors dont on observe le vol majestueux. Resté largement inexploré jusque dans les années 1970, le canyon est devenu l'excursion la plus prisée au départ d'Arequipa. L'afflux croissant de visiteurs a modifié les prix autant que les mentalités. Mais que l'on se rassure, la vallée est encore sauvage et paisible.

La vallée des Merveilles

S'étirant sur 450 km, le **Río Colca** prend sa source à près de 5 000 m d'altitude. Après avoir serpenté à travers l'*altiplano*, il s'enfonce, à partir de Chivay, entre les falaises du canyon. Près de Cabanaconde, la trouée atteint 60 km de large et 3 200 m de profondeur. Le *río* poursuit son cours entre des gorges encaissées pendant encore 40 km avant de rejoindre la rivière Andamayo, marquant le début de la vallée du Majes, puis de gagner le Pacifique, où le fleuve prend cette fois le nom de Camaná. La vallée du Colca est entourée de **volcans**, dont le nevado Ampato (6 318 m) au sud-ouest et le Mismi (5 597 m) au nord. Beaucoup affirment que le canyon de Cotahuasi (3 535 m) serait le plus profond du Pérou, mais le chercheur polonais A. Pietowski a démontré en 2005 que le canyon du Colca atteindrait une profondeur de 4 160 m, ce qui en ferait le plus profond du monde, plus de deux fois le Grand Canyon du Colorado (1 343 m).

PAYSAGES, FLORE ET FAUNE

Les pentes de la vallée du Colca sont façonnées par de remarquables **terrasses agricoles** retenues par des murets. Une mosaïque étonnamment verte et fleurie à cette altitude. Depuis des temps immémoriaux, l'eau captée des sommets enneigés est conduite à travers d'ingénieux réseaux d'aqueducs, vers les terrasses où poussent la pomme de terre, le maïs, le quinoa, l'orge ou le blé et, dans la partie basse du canyon, les mangues, *chirimoyas*, *lúcumas*, pêches, figues… Des bataillons de **cactus** hérissent le pourtour des champs. Les zones les plus sèches sont plantées d'agaves, d'euphorbes, d'eucalyptus et de *pichans*, arbuste sauvage qui donne un fruit vert proche de la papaye, ou encore de *huanarpos*, une plante dont l'écorce fournit, dit-on, un puissant stimulant sexuel. Côté faune, la vallée compte de nombreuses espèces d'oiseaux, reptiles et mammifères, dont des espèces rares telles que vigognes, guanacos, chinchillas, pumas, *tarucas* (daims andins), chats andins, renards, viscaches et, bien sûr, les célèbres **condors** qui font la réputation des lieux.

UN PEU D'HISTOIRE

Les premières traces de peuplement remontent à 6000 av. J.-C. Des chasseurs-cueilleurs parvinrent à domestiquer les troupeaux de camélidés et à cultiver quelques plantes. Vers 900 av. J.-C., deux groupes distincts, les **Collaguas** et les **Cabanas**, occupent la région dans de petits hameaux. À partir du 7e s., sous la domination de l'empire huari, ils développent des cultures en terrasses *(andenes)*, lesquelles permettent à la population de croître dans la vallée. Vers 1450, les **Incas** prennent possession du canyon. Ils perfectionnent l'agriculture et l'irrigation, et créent notamment des greniers (*colcas* en quechua) dans les falaises, où les récoltes sont mises à l'abri durant la saison des pluies. Dès 1540, les **Espagnols** font irruption. En 1567, le vice-roi Francisco de Toledo oblige les indigènes à se regrouper au sein de quatorze villages. Ces « réductions » *(voir le lexique, p. 122)* visaient à les évangéliser plus aisément et surtout, à faciliter leur impitoyable exploitation. Tous dotés de belles églises baroques, les villages tombèrent ensuite dans l'oubli. Il faut attendre la fin des années 1970 pour qu'un plan de développement, le **projet Majes**, les sorte de leur léthargie. Il vise à détourner, par des barrages et des canaux de dérivation, une partie des eaux du Colca afin d'irriguer près de 60 000 hectares de désert dans la région côtière d'Arequipa. Construite en 1971, une route désenclave la vallée, dont le rythme de vie évolue avec l'essor du tourisme.

Le Cañón del Colca.
B. Gardel / Hemis.fr

Découvrir

★ ROUTE AREQUIPA-CHIVAY

Circuit de 165 km.
Au sortir d'Arequipa, la route grimpe vivement puis s'infiltre entre les volcans Misti et Chachani, encapuchonnés de neige. Aux vallées riantes succède un paysage d'altitude plat, sec et rocheux: la *puna*. Le plateau se couvre de grosses touffes d'herbes rases et drues *(ichu)*, que les plus pauvres utilisent pour confectionner le toit de leur maison d'adobe, de petits buissons et de tourbières de mousses vertes que de grands troupeaux d'alpagas et de vigognes broutent sous un ciel immense. Dans les virages, la chaussée est parfois parsemée d'empilements de petites pierres, les *apachetas*, offrandes que les rares habitants des lieux réservent aux *apus*, divinités des montagnes. On croise de rares hameaux où les maisons, de petite taille, sont agglomérées autour de la route. Un point de vue dégagé sur les volcans apparaît à **Vizcachani★**, où part un embranchement routier vers Puno. La route continue de monter jusqu'au **col de Patapampa** (4 910 m) avant de plonger vers Chivay, 1 200 m

4

CABANAS ET COLLAGUAS

Ces deux ethnies cohabitent. Les Collaguas occupent la partie haute de la vallée, vers Chivay et Maca. Les Cabanas se sont établis autour de Cabanaconde. Les Collaguas, qui parlent l'aymara, se disent les fils du volcan Collagua dont ils seraient sortis des entrailles. Les femmes collagua portent une capeline colorée, entièrement brodée et bien arrondie, qui imite la forme conique de ce volcan. Les Cabanas, qui parlent le quechua, affirment provenir des profondeurs de la montagne Hualca Hualca, au sommet plat enneigé. Les femmes cabana, par mimétisme, sont donc coiffées d'un panama blanc, décoré de perles et de broderies pastel.

plus bas. Plusieurs pauses sont nécessaires, tant pour profiter des panoramas que pour boire un *mate de coca* qui évitera au voyageur de souffrir du fameux *soroche*, le mal d'altitude.

CHIVAY ET LA HAUTE VALLÉE

Alt. 3 700 m - 6 532 hab.
Gros bourg niché au début de la vallée du Colca avant qu'elle ne se resserre en gorges, **Chivay** a mis en place une petite infrastructure d'accueil des touristes. On y trouve quelques boutiques et épiceries, des bars et restaurants, un marché bien achalandé et une série d'hôtels. Dans les rues, des paysannes trottinent en portant leur fardeau, tête couverte d'un petit chapeau melon. Sur le marché, d'autres tissent et tricotent des lainages artisanaux colorés.

Sources chaudes de La Calera

À 4 km du village en amont de la rivière, 45mn à pied, ou en colectivo *que l'on attrape derrière le marché. 8h-20h - S/10 (ou 3 $) - location de serviettes sur place.*
Elles se composent de deux piscines d'eau chaude à 38 °C, alimentées par une source naturelle d'origine volcanique. Agréable expérience de détente, surtout après une bonne journée de marche, dans un cadre de nature superbe.

Yanque

À 7 km de Chivay par la piste qui longe le Colca. 1h30 à pied, ou 15mn en bus ou colectivo*, env. S/30-35 en taxi.*
Hameau silencieux, beaucoup moins touristique, recroquevillé autour de son église coloniale, autour d'une grande place presque vide et de rues droites bordées de masures aux épais murs de pierre. Sur la place, un petit **musée** *(tlj sf lun. 8h-18h30 - S/3)* présente la nature et les traditions de la vallée. À 20mn à pied du village, peu après le pont de fer, on trouve également une large **piscine thermale** où se baigner *(S/3)*.
En continuant la piste vers l'ouest, on traverse ensuite le hameau d'**Achoma** et des paysages remarquables de champs en terrasses avant d'arriver à **Maca**, un village très endommagé par un tremblement de terre en 1991. Sa belle église baroque blanche du 18e s. a néanmoins été bien restaurée. Plus loin encore, en direction de **Pinchollo**, on croise au bord de la route, perché au-dessus des gorges, un gros rocher sculpté qui représenterait un plan précolombien. Dans les hauteurs des falaises à l'arrière, on aperçoit les vestiges de quelques tombes incas et pré-incas creusées dans la roche.

Coporaque

Randonnée agréable et plutôt facile de 1h30. Depuis Chivay, traversez le pont pour rejoindre l'autre rive.
Après avoir admiré le petit village et sa blanche église à deux tours, la plus ancienne de la vallée (1569), on descend la colline, à travers un somptueux amphithéâtre de terrasses verdoyantes, jusqu'à un pont orange qui enjambe la rivière Colca, près de petites ruines. Le sentier remonte ensuite jusqu'à Yanque *(1h de marche)*. De là, on peut rentrer à Chivay à pied ou en prenant un *colectivo* sur la place du village. La balade peut se faire sans guide, et aussi à VTT.

★★ CRUZ DEL CÓNDOR

À 50 km de Chivay, 15 km de Cabanaconde (3h à pied). Accès possible en bus, colectivo *ou taxi. Arrivez à 8h pour avoir un bon point de vue, les meilleures places près des falaises étant vite occupées. Les condors passent en général entre 9h et 9h30, rarement après 10h. On les voit parfois aussi rentrer vers 17h30-18h. Jumelles conseillées.*

LE CONDOR, ROI DES ANDES

Classé dans la famille des cathartidés, le condor des Andes *(Vultur gryphus)* est considéré comme l'un des plus gros oiseaux de la planète, le deuxième par son envergure, laquelle peut atteindre 3,50 m de large. Les adultes mesurent jusqu'à 1,40 m de haut, pour un poids compris entre 8 et 13 kg. Tête et cou dénudés, plumage noir à collerette blanche, le condor des Andes utilise les courants thermiques ascendants pour atteindre jusqu'à 7 000 m d'altitude. Il peut aussi parcourir sans difficulté des centaines de kilomètres en se laissant planer, presque sans jamais battre des ailes. Vivant en groupe sous la conduite d'un mâle dominant, ce rapace diurne se nourrit de charognes d'animaux (moutons, chèvres, alpagas et lamas). Lorsqu'il repère la dépouille d'une proie, le condor tournoie en général autour durant plusieurs jours avant de lancer la curée. L'oiseau peut vivre 90 ans. Il atteint sa maturité sexuelle vers 6-7 ans, et la femelle ne pond qu'un œuf tous les deux ans. Animal mythique pour les peuples d'Amérique du Sud, l'oiseau sacré nourrit nombre de légendes. Les Incas, qui l'appelaient Kuntur, lui vouaient respect et admiration, car ils pensaient qu'il convoyait les esprits des défunts vers l'au-delà.

Mirador vertigineux, la corniche rocheuse de la Croix du Condor surplombe le Río Colca qui coule 1 200 m plus bas. Un mince filet vert argenté, vu de si haut. En face se dresse la silhouette du volcan Mismi (5 597 m) où le géant Amazone prend sa source. On admire le vol olympien des **condors**, en particulier le matin, lorsque le soleil commence à chauffer les parois du canyon, créant les courants ascendants dont les oiseaux profitent pour prendre leur envol. Déboulant par cars entiers, les touristes se pressent au bord du précipice. Leur patience est presque toujours récompensée, car une quarantaine de condors au moins nichent dans les parages. L'oiseau sacré des Incas surgit sans crier gare. Moment magique : 3 m d'ailes battent l'air d'un mouvement majestueux, puis se figent en planant, au-dessus des spectateurs qui tentent de fixer à travers leur objectif l'instant inoubliable. La plupart seraient déçus d'apprendre que les condors sont en réalité nourris par les autorités locales, lesquelles déposent des charognes en contrebas afin de les attirer vers cette terrasse, pratique pour rassembler les groupes de touristes.

CABANACONDE

À 65 km de Chivay, 2h30 en bus. 2 842 hab.

Ce village du bout du monde, perché au bord du canyon, attire surtout les randonneurs amateurs de nature et de vie rustique. Quelques pensions guettent l'arrivée des passagers qui débarquent du bus. Reconstruite après le séisme de 1784, l'église dresse son modeste clocher. Une ambiance fermière imprègne les rues poussiéreuses : une femme cabana aux habits bigarrés vend trois oignons et deux figues sur un mouchoir, un enfant pousse des chèvres vers l'étable, un vieillard chevauche sa mule, des poulets picorent le sol… Des champs de maïs occupent les versants alentour. Au sommet de la colline *(15mn à pied)*, un mirador offre un magnifique point de vue sur le village et le canyon en fin de journée, d'où l'on peut parfois observer des condors.

Randonnées dans le canyon

Si vous n'êtes pas un randonneur expérimenté, mieux vaut prendre un guide sur place. Comptez env. S/60/j. pour le guide, S/90 en prenant une mule pour les bagages. Pensez à emporter de l'eau en grande quantité, de la nourriture et une crème solaire.

Cabanaconde est le point de départ idéal pour des treks dans le canyon. Du village, la première option *(une journée)* consiste à emprunter un petit chemin muletier *(départ près du mirador)* qui descend jusqu'à l'oasis de **Sangalle**, au fond du canyon *(env. 2h de marche)*. Là, sous les palmiers, sont installés trois sites de camping rudimentaires avec leur piscine thermale. Le plus joli est le dernier des trois, El Paraíso, avec son grand bassin et sa cascade taillés dans la roche. Comptez 3h pour l'ascension du retour, plutôt épuisante. Mieux vaut dormir sur place et partir dès l'aube, pour éviter la chaleur. La seconde option *(2 jours, guide indispensable)* consiste à marcher sur la piste vers Chivay jusqu'au mirador de Tapay, avant la Cruz del Cóndor, où l'on entame une descente difficile et pentue de 3h jusqu'à la rivière. On traverse alors le pont pour rejoindre le petit hameau de San Juan, où l'on peut dormir, ou bien poursuivre jusqu'à Tapay pour passer la nuit. Le lendemain, on longe la rive droite du Río Colca jusqu'au village de Malata *(3h de marche)*, d'où l'on retraverse la rivière jusqu'à l'oasis de Sangalle. Reste alors la remontée de 3h vers Cabanaconde.

NOS ADRESSES DANS LE CAÑÓN DEL COLCA

INFORMATIONS UTILES

Chivay

Banque / Change – **Caja Sur** - *Av. Salaverry, en face du marché - lun.-vend. 9h-13h, 15h-19h.* Change uniquement les dollars en espèces. DAB accessible 24h/24. Sinon, sur la place d'Armes et près du marché, plusieurs magasins changent dollars et euros.

Internet / Téléphone – Deux échoppes disposent d'un accès Internet (très lent) sur la place d'Armes, où se trouve aussi une cabine téléphonique.

Urgences – **Medisur** - *Calle Ramón Castilla 223 (à deux cuadras de la place d'Armes) - ✆ (054) 531 037/959 377 698.* Consultations médicales et urgences. Pharmacie sur la place d'Armes.

Police – Commissariat sur la place d'Armes, près de l'hôtel de ville.

TRANSPORTS

Débutant à **Chivay**, le canyon du Colca dessine un arc de cercle vers l'ouest, puis le sud. Il atteint sa trouée la plus spectaculaire à **Cabanaconde** et se termine lorsque le Río Colca rejoint la rivière Andamayo, marquant le début de la vallée du Majes.

La plupart des visiteurs choisissent de venir dans le canyon par circuit organisé, pour se simplifier la vie et pour une question de temps. Cela dit, il est tout à fait possible de s'y rendre par ses propres moyens et pour peu de frais.

Bus – D'Arequipa, trois compagnies relient le canyon du Colca : **Andalucía** *(✆ (054) 445 089)*, **Reyna** *(✆ (054) 430 612)* et **Turismo Milagros** *(✆ (054) 708 090)*. Comptez 3h30 de trajet pour Chivay et 6h pour Cabanaconde. La fréquence varie selon la saison, de 7 à 11 bus/j. Vérifiez les horaires la veille. Les bus de/vers Cabanaconde font de toute façon halte au passage à Chivay (gare routière au sud du village, à 10mn à pied de la place d'Armes).

Des bus et des combis réguliers empruntent la piste non bitumée qui longe le canyon du Colca entre Chivay et Cabanaconde, à 65 km de là (2h30 de trajet). Les bus s'arrêtent à la demande en cours de route, notamment à Yanque et Pinchollo. Pour le retour de Cabanaconde, réservez votre billet la veille.

Bon à savoir – 4M-Express *(✆ (054) 452 296 - www.4m-express.com)* assure tous les jours une liaison en minibus Chivay-Puno, départ sur la place d'Armes de Chivay à 13h30. Environ 5h de trajet, 50 $/pers. Cher, mais pratique pour ceux qui veulent poursuivre vers le lac Titicaca sans repasser par Arequipa.

Voiture – Une fois n'est pas coutume, la location d'un véhicule, déconseillée dans le reste du Pérou, est une option envisageable pour visiter le canyon au départ d'Arequipa, surtout si vous êtes plusieurs à partager les frais. Comptez de 80 à 100 $/j., selon la catégorie plus 50 $ env. pour l'essence.

Genesis - *Puente Grau 100 - ✆ (054) 223 918 - www.genesisrentacar.com.* Souvent moins cher qu'Avis.

Avis - *Calle Ugarte 216 - ✆ (054) 224 327 ; et à l'aéroport - ✆ (054) 443 576.*

Tour organisé – Les agences de voyages d'Arequipa *(voir p. 326)* proposent diverses formules pour visiter le canyon. Comptez en haute saison de 40 à 115 $ selon la catégorie d'hôtels proposée, pour le circuit de **2 j./1 nuit**, incluant transport en bus ou minibus, guide et nuit en demi-pension. (Évitez les circuits d'une seule journée, qui se réduisent à peu de chose sinon un épuisant trajet.) En général, les voyageurs quittent Arequipa vers 7h, visitent la réserve Salinas y Aguada Blanca, font halte pour boire une infusion de coca avant de franchir le col de Patapampa à 4 910 m, et arrivent pour déjeuner à Chivay. L'après-midi est consacré à une petite balade à Coporaque et/ou à une baignade aux sources chaudes de Chivay. Le lendemain, départ à l'aurore pour le mirador de la Cruz del Cóndor, petite marche au bord du canyon, visite des villages et des sites le long de la piste, puis déjeuner à Chivay et retour sur Arequipa vers 18h. Les formules de **3 jours** ou plus incluent des randonnées dans la montagne ou dans le fond du canyon, accessible uniquement à pied ou à dos de mule. Outre le prix, le choix d'un circuit doit tenir compte de plusieurs facteurs : le nombre de participants, la qualité du guide, de l'hébergement, de la nourriture et du matériel pour le camping, la durée et la difficulté des marches journalières… Comparez entre les agences avant de vous décider.

À pied ou à VTT – De Chivay, il est possible de marcher jusqu'à Yanque *(7 km, 1h30 de marche)* ou Coporaque (idem). Par ailleurs, plusieurs boutiques sur la place principale de Chivay et derrière le marché louent des VTT *(env. S/20-S/25/j.)*. Pour les randonnées au fond du canyon, un guide local est conseillé.

Taxi – De Chivay, vous pouvez affréter à plusieurs un taxi pour la Cruz del Cóndor. Comptez S/120 l'AR avec l'attente. Demandez à votre hôtel de vous en trouver un, ou sinon contactez **Victor Ramos** *(✆ 958 866 539/976 375)*.

HÉBERGEMENT

Bon à savoir – La plupart des agences installent leurs clients dans les hôtels de Chivay. Mais on trouve aussi d'excellentes adresses, plus bucoliques et paisibles, à Yanque et Cabanaconde. Hors saison ou sur Internet, des réductions sont parfois accordées.

Chivay

PREMIER PRIX

La Casa de Anita – *Plaza de Armas 607 - ✆ (054) 531 114 - ⊭ - 12 ch. : S/40-90.* Petite pension familiale, simple et joviale, l'une des plus anciennes de la vallée. Bon accueil, chambres minuscules mais propres, autour d'une cour intérieure. Eau chaude, chauffage en sus (S/10). Bien pour les *mochileros* (routards à sac à dos).

Colca Inn – *Salaverry 307, près du marché - ✆ (054) 531 088 - www.hotelcolcainn.com* - ✕ CC - *51 ch. : S/40-90.* Un hôtel en forme de gros bloc de béton, correct mais visiblement sur le déclin. Accueil poli, un peu nonchalant. Chambres impersonnelles, tapissées de moquette. Les plus chères sont aussi les plus propres… Petit-déj. inclus.

Posada del Colca – *Salaverry 325 - ✆ (054) 531 032 - www.colcaserviciosturisticos.com* - ✕ - *25 ch. : S/95.* Situé à côté du précédent, cet établissement passe-partout est acceptable même s'il n'est pas franchement folichon. Chambres avec chauffage et eau chaude, un peu exiguës mais à des prix modiques. Petit-déj. en sus.

POUR SE FAIRE PLAISIR

Pozo del Cielo – *Calle Huáscar B-3 Sacsayhuamán - ✆ (054) 205 838/531 041 - www.pozodelcielo.com.pe* - ✕ CC - *20 ch. : S/190-325.* De l'autre côté de la rivière, un ensemble de bungalows de pierre et de torchis s'insère sur la colline qui domine le village, dans le respect de l'architecture locale. Les chambres spacieuses, au style rustique, offrent tout le confort, notamment chauffage et sèche-cheveux. Adresse tranquille et de bonne qualité. Le restaurant sert une cuisine savoureuse (truite grillée, steak d'alpaga).

Casa Andina Classic – *Huayna Cápac s/n (à quatre cuadras de la plaza de Armas) - ✆ (054) 531 020/511 213 9739 - www.casa-andina.com* - ✕ CC - *51 ch. : S/250.* À l'entrée de la ville, près d'une station-service (on aurait pu imaginer mieux), ce petit complexe dégage néanmoins un charme certain, avec ses maisonnettes en pierre de lave noire et toit de chaume sagement alignées dans un jardin. Elles sont douillettes, très confortables (coffre, Wi-Fi, sèche-cheveux, couettes épaisses, mais pas de téléviseur). Service très attentif. Un planétarium invite à venir observer les étoiles au télescope. Soirées folkloriques au restaurant pour les groupes. Le circuit de **2 j./1 nuit**, incluant transport en minibus, guide et nuit avec petit-déj. est proposé autour de 110 $. Réduction importante selon la saison *via* Internet.

Yanque

BUDGET MOYEN

Tradición Colca – *Sur la route vers la Cruz del Cóndor - ✆ (054) 424 926 - www.tradicioncolca.com* - ✕ - *22 ch. : S/160.* Pas de téléphone, pas d'Internet ni de télévision : on vient ici pour débrancher ! Tenue par un Français, Emmanuel, cette auberge rustique a tout pour plaire. Joli décor, pavillons de pierre confortables, bonne nourriture, jacuzzi, sauna, spectacle folklorique le soir dans la grande salle à manger au coin du feu, et trek de 3h avec un guide, tout ça inclus dans le prix. Propose massages, VTT, trekking, pêche, rafting et balades à cheval. Réduction selon le nombre de nuitées.

UNE FOLIE

Hotel Eco Inn – *Calle Lima - ✆ (054) 837 112/(511) 4414 521 - www.ecoinnhotels.com* - ✕ - *21 ch. : S/310-325.* Dans un cadre bucolique, des bungalows en bois, pierre et torchis, peints dans des tons ocre jaune très séduisants, bénéficient d'une vue splendide sur le Río Colca en contrebas. Service aimable, bon niveau de confort (eau chaude, chauffage, sèche-cheveux), grand jardin et agréable restaurant. Une bonne adresse, assurément. Accès Internet. Le circuit de **2 j./1 nuit**, incluant transport en minibus, guide et nuit avec petit-déj. est proposé autour de 115 $.

Coporaque

BUDGET MOYEN

La Casa de Mama Yacchi – *Réserv. à la Casa de mi Abuela, calle Jerusalén 606, Arequipa (voir ce nom) - ✆ (054) 241 206 - www.lacasademamayacchi.com - 28 ch. : S/190.* Un *lodge* simple bâti avec les matériaux locaux. La vie est organisée autour d'une grande salle circulaire aux murs en bois et à la toiture en chaume, dotée à l'étage d'un bar et d'un coin cheminée très *cosy*. Personnel prévenant, vue superbe depuis la salle à manger. Réparties dans plusieurs bâtisses, les chambres sont avenantes (eau chaude et chauffage) et bénéficient d'une vue grandiose. Excellente cuisine locale. Propose aussi randonnées, VTT, cheval, rafting.

Cabanaconde

PREMIER PRIX

Hostal Valle del Fuego – *Réserv. à l'agence Pablo Tour, Jerusalén 400-AB, Arequipa (voir ce nom) - ✆ (054) 203 737 - www.valledelfuego.com ou www.pablotour.com - 10 ch. : S/30.* La famille dispose de deux bâtiments, l'ancien avec des dortoirs à 6 lits (S/15/pers.) et le nouveau avec des chambres plus confortables et l'eau chaude. Le restaurant sert une bonne cuisine andine à prix doux. L'hôtel fournit des informations sur les treks au fond du canyon. Organise des randonnées avec guide et mules.

BUDGET MOYEN

Kuntur Wassi – *La Ladera 360 - ✆ (054) 812 166 - www.arequipacolca.com - 30 ch. : S/130-300.* Sur une colline dominant le village, ce charmant hôtel en pierre et adobe propose des chambres jolies et confortables (standard, supérieures ou junior suites, 49 $/60 $/110 $) au milieu d'une propriété agrémentée de plantes et de fleurs. De la terrasse, le matin, on peut assister au lever du jour au fin fond du canyon. Restaurant de qualité (avec four à pizza), bar, service de guides pour les randonnées, accès Internet.

RESTAURATION

Hormis dans les hôtels, on trouve peu d'endroits où se restaurer, à l'exception de Chivay. Il existe aussi quelques *comedores*, gargotes villageoises servant des plats entre S/5 et S/10.

Chivay

PREMIER PRIX

Innkas – *Plaza de Armas 705 - 7h-23h - menu touristique : S/15.* Un genre de pub avec salle de billard à l'étage. Pizzas, sandwichs, hamburgers, petits déjeuners. Rapide et correct, sans plus.

El Paso del Cóndor – *Salaverry 204 - ✆ (054) 488 618 - 7h-22h.* Petite salle propre et accueillante. Propose un menu-buffet à midi *(S/18)* et des plats à la carte le soir (truite, poulet, soupes, omelettes, salades, brochettes d'alpaga). Également sandwichs et petits déjeuners.

Don Zacarias – *Av. 22 de Agosto 102 (au coin de la plaza de Armas) - ✆ (054) 531 108 - www.balconcolca.com - midi seult, le soir sur réserv. pour les groupes - S/15-30.* Au centre du village, une table honnête, à l'ambiance agréable. Pour déjeuner, le menu-buffet est très copieux : *lomo saltado*, steak d'alpaga, légumes, soupe, salade, gâteau, café.

Alpaga Chef – *Av. 22 de Agosto (à deux* cuadras *de la place d'Armes) - ✆ (054) 691 843 - tlj midi et soir.* La seule vraie bonne table de Chivay. On apprécie la salle aux couleurs pimpantes, l'accueil cordial, les bons vins et le souci d'une cuisine bien travaillée. Menus à S/10, S/15 et S/20 à midi, plats gourmands (alpaga et truite principalement) à S/20-25 le soir. Recommandé.

Tacna

280 098 hab. – Capitale du département de Tacna – Alt. 562 m

NOS ADRESSES PAGE 339

S'INFORMER

iPerú – *iperutacna@promperu.gob.pe - Av. San Martín 491, plaza de Armas - (052) 425 514 - lun.-sam. 8h30-18h, dim. 8h30-13h ; Aeropuerto Carlos Ciriani Santa Rosa, dans le hall principal de l'aéroport (selon les horaires d'arrivée des vols) ; Terminal Terrestre Manuel A. Odría - 8h30-14h.*

SE REPÉRER

Carte de région, p. 304 – *Carte Michelin National 763 M19.* Tacna se trouve à 1 295 km de Lima, à 56 km d'Arica (Chili), à 378 km de Puno et à 400 km d'Arequipa.

ORGANISER SON TEMPS

Trois heures suffisent pour visiter Tacna. Cette ville frontalière a mauvaise réputation. Gardez toujours un œil sur vos affaires, surtout dans les gares de bus. Ne vous promenez pas seul dans les rues à la nuit tombée.

Au bout de la route Panaméricaine, la plus méridionale des villes péruviennes occupe une oasis fluviale composée de vergers, de vignes et d'oliviers, dans le désert d'Atacama, tout près du Chili. Fondée en 1537, cette cité frontière participa vaillamment aux luttes d'indépendance. Prise par les Chiliens lors de la guerre du Pacifique en 1880, Tacna ne fut restituée au Pérou qu'en 1929, au terme d'un plébiscite. Active économiquement, grâce à sa zone franche et au commerce frontalier, cette ville au climat torride n'offre que peu d'attractions touristiques et culturelles. La seule vraie raison d'y faire étape tient à sa situation sur la route reliant le Chili au Pérou.

Se promener

Plaza de Armas

Principal attrait de la ville, cette place ombragée est le lieu des rassemblements populaires. Elle est ornée en son centre d'une belle **fontaine** en bronze de style néoclassique, œuvre de Gustave Eiffel, qui représente une allégorie des quatre saisons. À l'avant de la place, une **grande arche** parabolique, haute de 18 m, a été érigée en 1959 en l'honneur des deux héros de la guerre du Pacifique, l'amiral Miguel Grau et le colonel Francisco Bolognesi, dont les statues flanquent l'édifice. Derrière, clôturant la perspective, se dresse la **cathédrale** de la ville *(7h-12h30, 15h-19h)*, de style néo-Renaissance, construite en 1875 d'après des dessins de Gustave Eiffel.

À deux *cuadras* au sud de la place, on débouche sur l'**alameda Bolognesi**, grande allée piétonne plantée d'une double rangée de palmiers. L'artère la plus animée de la ville est semée d'une série de bustes des anciens dignitaires locaux, ainsi que d'une statue en marbre de Christophe Colomb.

La route Panaméricaine.
S. Spiegl / Vario Creative / Photononstop

Museo Ferroviario

Dans la gare ferroviaire, à l'angle de la calle Albarracín et de l'avenida 2 de Mayo, à 5mn à pied de la place d'Armes. 8h-17h30 - S/10.

Les fanas de vieilles locomotives et autres antiquités sur rail fonceront à pleine vapeur jusqu'à ce petit musée, qui rassemble un bel ensemble de motrices du 19e s., de wagons anciens et de curiosités mécaniques datant des débuts de la ligne Tacna-Arica. On peut y examiner aussi de nombreux documents d'époque et une large collection de timbres relatifs aux trains et chemins de fer du monde entier.

À 10mn à pied au sud de la gare, vous pouvez arpenter le **Parque de la Locomotora**, où trône une locomotive américaine de 1859 qui servit à véhiculer les troupes armées lors de la guerre contre le Chili en 1879, et qui resta en service sur la ligne Tacna-Arica jusqu'en 1940.

Museo Histórico del INC

Casa de la Cultura, calle Apurímac 202 - lun.-vend. 8h-13h, 15h-17h - S/4.

Le bâtiment, qui abrite également la bibliothèque municipale au rez-de-chaussée, expose dans ses salles des documents, objets, cartes et tableaux ayant trait à la guerre d'indépendance et à celle du Pacifique. Il présente aussi une petite exposition d'archéologie. La visite est vite expédiée.

Casa de Zela

Calle Zela 542 - lun.-sam. 8h-12h, 15h-19h - gratuit.

Dans cette demeure coloniale où vécut Francisco Antonio de Zela, l'une des figures de la lutte pour l'indépendance péruvienne, est présentée une collection d'archéologie : céramiques, textiles, objets en bois ou en métal, ustensiles de pêche et de chasse précolombiens.

TACNA, CITÉ HÉROÏQUE

Dans l'histoire du Pérou, Tacna est une des villes les plus patriotiques. Bien des rues et des statues commémorent les artisans de la lutte pour l'indépendance du pays (1821-1824) et les héros de la guerre du Pacifique (1879-1883). Les premiers groupes humains à peupler la région furent des cueilleurs-chasseurs, vers 7000 av. J.-C., dont l'existence est attestée par des peintures rupestres dans les grottes de Toquepala. San Pedro de Tacna fut fondée en 1535, peu après l'arrivée des conquistadors espagnols. Ces derniers établirent là une « réduction » d'Indiens *(voir le lexique, p. 122)*, forçant les communautés de la côte et des plateaux à s'y regrouper afin de mieux les contrôler. Près de trois siècles plus tard, en 1811, **Francisco Antonio de Zela**, un intendant royal, débuta ici la lutte d'indépendance contre l'Espagne, par une série d'actions qui conduisirent le président José de La Mar à déclarer Tacna cité héroïque en 1828. Capitale de l'éphémère Confédération bolivo-péruvienne (1836-1839), Tacna fut occupée par les Chiliens lors de la guerre du Pacifique en 1880, lesquels s'efforcèrent durant cinquante ans de l'intégrer à leur territoire. Elle ne fut restituée au Pérou qu'en 1929, à l'issue d'un référendum populaire. Tacna attire aujourd'hui de nombreux migrants grâce à son économie prospère, fondée sur la zone franche, le commerce transfrontalier, les mines et l'agriculture irriguée. Après avoir accueilli beaucoup d'Italiens au siècle dernier, la ville compte aujourd'hui une forte communauté pakistanaise, laquelle a fondé, en 2008, la première mosquée du Pérou.

À proximité

Comptez 2h.

Fertilisée par les eaux du Río Caplina, la campagne de Tacna est propice à la culture de la vigne que les Espagnols introduisirent au 16e s. Aussi y trouve-t-on des caves viticoles *(bodegas)* produisant un bon pisco et un honnête vin rouge, quoique puissant. **Pocollay** *(à 5 km au nord-est de Tacna, accès en taxi ou combi depuis le terminal Bolognesi)* est réputée pour ses petites guinguettes musicales où les familles *tacneñas* se rendent le week-end. Plus loin, **Calientes** abrite des sources thermales *(à 21 km de Tacna)*.

Un peu avant Calientes, une route à droite mène au site archéologique de **Miculla** *(accès en bus depuis le terminal Bolognesi ; en taxi, comptez S/50 AR)*. Le site comprend des centaines de pétroglyphes sculptés en bas-relief sur les rochers : silhouettes humaines, animaux, symboles solaires… On estime leur ancienneté à quelque 1 500 ans.

NOS ADRESSES À TACNA

INFORMATIONS UTILES

Poste – Serpost - *Av. Bolognesi 361 - lun.-sam. 8h-20h.*

Internet / Téléphone – Nombreux cybercafés en ville, lesquels proposent également des appels nationaux ou internationaux à bas prix.

Banque / Change – La **Banco de la Nación** *(San Martín 320)*, sur la plaza de Armas, change les dollars et les euros en espèces ou les traveller's chèques. Plusieurs DAB dans les parages, dont celui de la **Banco de Crédito** *(San Martín 574)*. Des **cambistas** (changeurs de rue) font le pied de grue sur l'av. Bolognesi et dans le terminal international des bus. Il peut être judicieux de changer ses sols contre des pesos chiliens.

Urgences – Policía Nacional - *Pasaje Calderón de la Barca 353 - ✆ (052) 714 141.*

Hospital Hipólito Unanue - *Calle Blondell s/n - ✆ (052) 723 361.*

Divers – Consulat du Chili - *Av. Albarracín y Presbítero Andía - ✆ (052) 721 846 - lun.-sam. 8h30-17h30.*

Consulat de Bolivie - *Av. Bolognesi 1721 - ✆ (052) 711 960 - lun.-vend. 9h-15h.*

Oficina de Migraciones - *Av. Circunvalación s/n - ✆ (052) 743 231 - lun.-vend. 9h-16h.*

TRANSPORTS

Avion – Aéroport Carlos Santa Rosa - *Sur la route Panaméricaine, à 5 km au sud de la ville (comptez S/6 en taxi) - ✆ (052) 844 503.*

Lan Peru - *Apurímac 107 - ✆ (052) 743 252 - www.lan.com.* Assure 3 vols quotidiens de/vers Lima. De Tacna, vols à 8h15, 16h et 21h25 *(1h50 - 270 $)* et 2 vols par semaine de/vers Cuzco.

Peruvian Airlines - *Av. Bolognesi 670, Tacna 2do Piso - ✆ (052) 412 699.* Un vol quotidien pour Lima.

Bus – La ville comprend trois gares routières. Du **terminal terrestre** *(✆ (052) 727 007)*, situé calle Hipólito Unanue, à 2 km au nord-ouest de la ville, partent les bus longue distance. Du **terminal international**, de l'autre côté de la rue, partent les bus pour Arica, au Chili. Enfin, du **terminal Bolognesi** *(✆ (052) 711 786)*, à 1 km plus au nord, partent les bus et combis locaux de la région de Tacna. Dans tous les cas, mieux vaut prendre un taxi (S/5-8) pour rejoindre le centre-ville.

Pour **Lima** *(19h de trajet)*, deux bus quotidiens partent à 14h et 18h *(S/106-154)* avec **Cruz del Sur** *(✆ (052) 726 692 - www.cruzdelsur.com.pe)*. Ils font halte en chemin à Nazca, Ica et Paracas.

Pour **Arequipa** *(6h de trajet)*, bus Cruz del Sur à 12h30 et 17h. Plusieurs bus confortables également partent en fin de journée pour Lima avec **Ormeño** *(✆(052) 723 292 - www.grupo-ormeno.com.pe)*, qui dessert en route Moqueda *(2h30 de trajet)*, Arequipa, Nazca et Ica. Liaisons également vers Lima, Arequipa et Moqueda avec **Civa**, **Flores** et plein d'autres petites compagnies moins chères mais peu fiables et inconfortables.

Pour **Puno** *(12h de trajet)*, il existe des bus économiques directs, via Desaguadero, à la frontière bolivienne, mais la route est vraiment épuisante, mieux vaut faire étape d'abord à Arequipa.

Taxi collectif – C'est la solution la plus simple et la plus rapide pour passer la frontière vers le Chili. Les *colectivos* partent, lorsqu'ils ont fait le plein de passagers, du terminal international moderne.

Le trajet pour **Arica** dure environ 2h, en incluant les formalités frontalières, et coûte environ S/20-25. Le poste frontière de Chacayuba situé à 40 km de la frontière en face d'Arica est ouvert du dim. au jeu. de 6h à 23h, vend. et sam. 24h/24.

Train – La **gare ferroviaire** (*☎ (052) 424 981)* se trouve calle Coronel Albarracín, à 600 m au nord-est de la place d'Armes. Départs pour Arica, lun.-vend. 5h et 15h30, sam. 6h45. Le trajet dure 2h15 et coûte env. S/10, mais il faut prendre son billet la veille (pensez à vérifier les horaires).

HÉBERGEMENT

Les hôtels sont nombreux à Tacna. Beaucoup de pensions très bon marché se tiennent à proximité du terminal de bus, mais pour un meilleur confort et plus de sécurité, mieux vaut opter pour les adresses du centre-ville.

PREMIER PRIX

Hospedaje Lido – *San Martín 876 - ☎ (052) 577 001 - hospedajelidotcq@gmail.com - ▭ - 12 ch. : S/50.* Près de la place d'Armes, cette pension bien tenue abrite des chambres simples et étroites mais tout à fait correctes. Pas de petit déjeuner.

Copacabana Hotel – *Arias Araguez 370 - ☎ (052) 421 721 - www.copahotel.com - ✕ CC - 18 ch. : S/100-140.* Central et animé, cet hôtel est très apprécié des jeunes voyageurs. Chambres décentes, eau chaude en permanence. Attention, le quartier est parfois bruyant le week-end.

BUDGET MOYEN

Hostal El Mesón – *Hipólito Unanue 175 - ☎ (052) 425 841/414 070 - www.mesonhotel.com - ✕ CC - 24 ch. : S/140-230.* Central, moderne, l'établissement dispose de chambres de bonne qualité, avec minibar. Accès Internet.

POUR SE FAIRE PLAISIR

Dorado Hotel – *Arias Araguez 145 - ☎ (052) 415 741 - www.doradohoteltacna.com - ▤ ✕ CC - 21 ch. : S/160-250.* Sans doute le meilleur hôtel de la ville. Grand lobby très élégant, chambres spacieuses et bien équipées (minibar, sèche-cheveux, coffre, lit moelleux), agréable terrasse sur le toit. Conseillé.

UNE FOLIE

Gran Hotel Tacna – *Bolognesi 300 - ☎ (052) 424 193 - www.granhoteltacna.com - ▤ ✕ ≋ CC - 32 ch. : S/250-350.* Un établissement de catégorie trois étoiles, moderne et à la déco un brin tape-à-l'œil. Les chambres très confortables (sèche-cheveux, coffre) sont pourvues de balcons. Accès Internet, laverie, discothèque.

RESTAURATION

Bon à savoir – Parmi les spécialités locales, essayez le *chicharrón de chancho* (porc grillé accompagné de galettes de maïs) et, pour les gros mangeurs, le *picante a la tacneña* (sorte de gras-double avec panse de bœuf, pieds de cochon, pommes de terre, origan, ail et oignons).

PREMIER PRIX

Café Genova – *San Martín 649 - (052) 244 809 - 8h-0h - S/20.* Apprécié surtout pour sa grande terrasse, où s'attablent tous les notables *tacneños*, ce café-restaurant sert un large choix de plats créoles et internationaux, notamment des viandes grillées. La cuisine n'a rien d'exceptionnel, mais le cadre est agréable et le service aussi.

El Caquique – *Rosa Ara 1903 - (052) 414 582 - www.elcacique.com.pe - mar.-dim. 9h-16h - S/20.* Une *picantería* familiale et populaire, qui sert une bonne cuisine typique, dont le *picante a la tacneña* et le *cuy* (cochon d'Inde) grillé, à manger avec les doigts.

BUDGET MOYEN

Cevichería Puerto Viejo – *Vigil 1638 (à 1 km à l'est de la place d'Armes, prenez un taxi) - (052) 424 698 - www.elcebillano.com - 11h30-16h - S/25-50.* Réputé comme la meilleure adresse pour les poissons et les fruits de mer à Tacna, cet établissement concocte un délicieux *ceviche* de sole à prix doux, mais aussi le *chicharrón de pescado* (filets de poisson frits) et autres.

La Limón – *San Martín 843 - (052) 425 182 - lun.-sam. 12h-22h - S/25-50.* Au fond d'une cour, le restaurant à la mode de Tacna propose, dans un joli décor contemporain, une cuisine *nuevo andino* mêlant produits locaux et saveurs asiatiques, accompagnée de bons vins chiliens. Service stylé.

AGENDA

Procesión de la Bandera – *28 août.* Cérémonie patriotique commémorant la réintégration de Tacna au Pérou, après l'occupation chilienne (1880-1929). La procession s'achève au son des fanfares sur la place d'Armes.

PANAMÉRICAINE NORD
A
B
PANAMÉRICAINE SUD
0
15 km
LÍNEAS DE NAZCA ★★★ Vaut le voyage
Islas Ballestas ★★ Mérite un détour
Cahuachi ★ Intéressant
Pisco À voir
Site inca
Chosica
20
LIMA
R. Lurín
1S
Pucusana
R. Mala
Mala
Cordillera Yauyos
22
Asia
Quilmaná
R. Cañete
Lunahuana
Cerro Azul
Cañete
579
Chincha Alta
Huancavelica
3A
Cordillera de Chonta
Lago Orcococha
Santa Inés
24A
Ticrapo
Pámpano
Tambo Colorado
AYACUCHO
OCÉANO
Islas de Chincha
Islas Ballestas
Pisco
24
El Candelabro
R. Pisco
Pampa de Villacuri
Península de Paracas
Paracas
Bodegas viticoles
Canal Achirana
Ica
Córdova
Playa Lagunillas
Cachiche
Carhua
Laguna de Huacachina
Reserva Nacional de Paracas
Pampa de Huayuri
R. Laramate
Palpa
N
Mte Asma 984
CAHUACHI, AYACUCHO
El Estaquería
PACÍFICO
LÍNEAS DE NAZCA
Nazca
Cahuachi
Acueductos de Cantallo
Lima
1725
Paroma
1
2
AREQUIPA, NÉCROPOLE DE CHAUCHILLA

Panaméricaine sud 5

Pisco

62 000 habitants env. – Département d'Ica

NOS ADRESSES PAGE 347

S'INFORMER
Informations touristiques – À défaut d'office de tourisme, vous pouvez vous renseigner auprès des agences de voyages ou à la réception des hôtels *(voir « Nos adresses à Pisco » p. 349).*

SE REPÉRER
Carte de région A2, p. 342 – *Carte Michelin National 763 F14.* Pisco se situe à 240 km au sud de Lima, à 77 km au nord-est d'Ica et à 220 km au nord de Nazca.

À NE PAS MANQUER
Le site inca de Tambo Colorado.

ORGANISER SON TEMPS
Si votre temps est précieux, filez droit sur Paracas sans faire halte à Pisco. Évitez de flâner dans les rues désertes à la nuit tombée. Prenez de préférence un taxi.

On la disait jolie, nonchalante et joyeuse. Dévastée par un dramatique tremblement de terre en août 2007, la bourgade coloniale de Pisco a dit adieu, hélas, à sa quiétude indolente, baignée de soleil et d'embruns. Aujourd'hui, elle n'est plus qu'un vaste chantier en reconstruction. Dans le centre-ville, près de 80 % des bâtiments ont été détruits, laissant place à de grands espaces vides et fantomatiques. Aidée par les autorités péruviennes, les Nations unies et une poignée d'ONG, la population s'est retroussé les manches pour rebâtir sa ville, mais les travaux s'éternisent et beaucoup vivent toujours dans des abris précaires et insalubres. Si Pisco n'offre plus guère d'attraits, ses habitants espèrent néanmoins le retour prochain des touristes. Par solidarité avec eux, certains voyageurs préfèrent dormir ici plutôt qu'au port de Paracas tout proche, où l'atmosphère est pourtant plus sereine et détendue.

Se promener

Plus rien ne reste, hélas, de la riche histoire de Pisco. Le 15 août 2007, les trois quarts de la ville ont été ravagés par un **tremblement de terre** d'une magnitude de 7,8 sur l'échelle de Richter. Suivi par plusieurs autres secousses rapprochées, le séisme fit s'effondrer comme un château de cartes les fragiles maisons aux murs d'adobe et toits de canne à sucre ainsi que les nombreux autres bâtiments modernes édifiés à la va-vite, sans contrôle ni permis. Au total, la tragédie coûta la vie à près de 595 personnes et laissa plus de 200 000 personnes sans abri. Détail funeste, près de 160 habitants assistaient à la messe dans une église lorsqu'elle s'effondra, et furent ensevelis dans les décombres.

Depuis, Pisco travaille sans relâche à panser ses plaies, mais il faudra beaucoup de temps encore pour que la ville retrouve le visage avenant qui était le sien.

Si les décombres ont disparu depuis longtemps déjà, peu de choses ont été reconstruites au grand dam des populations locales qui protestent régulièrement. Un nouveau séisme de magnitude 6,2 ressenti jusqu'à Pisco a secoué la région d'Ica en janvier 2012 faisant cette fois 145 blessés.
Le centre-ville offre un spectacle de désolation. Siège des principaux édifices coloniaux, la **plaza de Armas** semble avoir été victime d'un bombardement. À la place de l'ancienne cathédrale espagnole du 18e s. se dresse un amas de décombres. Disparus aussi, l'opulent palais municipal de style andalou et l'ancienne demeure du général San Martín, qui servait d'enseigne au Club social de Pisco.
De la grande église baroque de **La Compañía** (1669), à une *cuadra* de là, ne restent que les ruines des deux clochers. Et partout, hormis quelques bâtiments (banques, hôtels, administrations) récemment achevés, la plupart des maisons sont encore en chantier, les rues éventrées par des tranchées. La plupart des gens occupent des campements de fortune.
La précarité a fait naître l'insécurité, et l'on déconseille aux touristes de trop s'aventurer dans les rues éloignées. Malgré tout, la vie a repris son cours, avec son habituel tintamarre de bus, taxis et mototaxis, ses cris de vendeurs ambulants. Sous l'œil impavide du *libertador* San Martín, dont la statue trône au centre de la place, des enfants piaillent en jouant au ballon, des promeneurs bavardent assis sur les bancs à l'ombre des ficus. Autour, des terrasses invitent à s'attabler pour siroter un pisco *sour* en profitant de l'animation vespérale.

À proximité

Voir aussi « Paracas », p. 350.
En venant de Lima, la **Panaméricaine sud** passe d'abord devant une série de stations balnéaires à la mode, bordées de longues plages (**Pucusana**, **Asia**, **Cerro Azul**, **Cañete**), très fréquentées par les Liméniens le week-end en saison (de janvier à avril). Certaines, comme **Punta Negra**, au nord de Pucusana, ou Cerro Azul, sont particulièrement appréciées par les **surfeurs** *(voir p. 36)*.
Le paysage côtier prend ensuite un aspect désertique et minéral, comme sur une planète inconnue et aride. On pourrait se croire sur l'une des routes mythiques qui traversent les grands espaces sauvages d'Australie ou des États-Unis, n'était-ce la **garúa**, une épaisse brume née du choc thermique entre le courant froid marin de Humboldt et l'air chaud du désert, qui voile le ciel de mai à septembre. Au milieu de ce néant mélancolique de sable, de roches et de végétation rabougrie, bordé par les eaux grises de l'océan, émergent ici et là quelques **oasis** fertiles, le plus souvent de grandes plantations irriguées et ultramodernes où sont cultivés en abondance agrumes, avocats, asperges et artichauts. Peu avant Pisco, deux lieux méritent une halte.

LE PORT DE PISCO

Érigé au rang de boisson nationale, le pisco est une eau-de-vie de raisin, qui fait la fierté du Pérou. L'alcool a donné son nom à la ville, jadis port d'embarquement des barriques provenant des vignobles de la région à bord des navires cinglant vers l'Espagne *(voir p. 358)*. La cité est d'autant plus chère à la mémoire péruvienne que débarqua ici en 1820 le **général José de San Martín**, le *libertador* venu du Chili avec sa petite armée pour délivrer le pays de la domination espagnole. Le port de Pisco connut son apogée entre 1860 et 1920, lorsqu'il servait à exporter le **guano** des îles Ballestas, fertilisant agricole dont l'extraction tournait alors à plein régime.

Chincha

À 40 km au nord de Pisco (km 202 de la Panaméricaine). Prenez l'un des bus vers Lima au carrefour de San Clemente, qui vous laissera au marché central de Chincha. De là, des minibus desservent le quartier d'El Carmen (30mn de trajet), à 10 km au sud-est de Chincha.

Oasis au milieu du désert, cette ville bruyante a pour intérêt d'être le centre de la culture **afro-hispanique** au Pérou.

Durant l'époque espagnole, aux 18e et 19e s., des milliers d'esclaves africains, principalement guinéens, furent amenés par les colons pour travailler dans les plantations de coton. Ce n'est qu'en 1854 que l'esclavage fut aboli au Pérou, mais aujourd'hui encore, le préjugé racial persiste.

La population noire se réfugia dans la musique et la danse, qui devinrent ses seuls moyens d'expression tolérés. Le soir, la musique créole fait vibrer les bars et les clubs du quartier d'**El Carmen**, les *peñas*, où l'on danse avec frénésie sur des rythmes syncopés, au son des *cajóns* (caisses de percussion traditionnelles des Mandingues, les esclaves africains). Ces cabarets sont particulièrement animés lors du **festival du Verano Negro**, fin février ou début mars.

Sur le trajet peu avant El Carmen, l'**hacienda San José** (*(056) 837 017 - www.haciendasanjose.com.pe - 9h-18h - S/10)* est un parfait exemple, quoiqu'un peu défraîchi, d'un ensemble colonial de la fin du 17e s. Cernée par les orangeraies, elle est aujourd'hui transformée en hôtel de semi-luxe. On visite la belle chapelle baroque, un petit musée, les anciens cachots et les catacombes où étaient jadis ensevelis les esclaves de l'hacienda. Possibilité de balades à cheval.

★ Tambo Colorado

À 48 km au nord-est de Pisco. Louez un taxi pour l'AR (env. S/60) ou rejoignez un circuit organisé par une agence de Pisco (selon les agences autour de S/50/ pers.). 9h-17h.

Dominant une vallée verdoyante fertilisée par les limons du Río Pisco, au bord de la route montant vers Ayacucho, ce complexe architectural est l'un des sites incas les mieux conservés de la côte péruvienne. Exhumé et fouillé par l'archéologue péruvien Julio C. Tello en 1925, il a fait l'objet de restaurations dans les années 1960.

Construite sous le règne de l'Inca Pachacútec, l'ancienne **cité fortifiée** occupait un site stratégique sur la route de Cuzco, où elle servait à la fois de local administratif, d'entrepôt, de caserne et d'auberge temporaire pour la noblesse et l'Inca lors de leurs voyages dans cette zone du pays.

Le nom de Tambo Colorado est un composé de deux mots de langues différentes : « tampu », mot quechua signifiant lieu de repos, relais de poste et magasin, et « colorado » en espagnol, en raison des couleurs rouge et ocre vif qui ornaient ses murs d'adobe.

Car c'est là l'autre particularité du site : il mêle une architecture inca typique, imposante et martiale, à une technique de construction adaptée à l'endroit. Plutôt que les grandes pierres utilisées habituellement dans les Andes, les architectes incas ont employé ici la **terre**.

Aujourd'hui privées de toiture, les constructions s'étagent en une succession de longues terrasses adossées à une colline, les plus importantes se dressant autour d'une vaste plate-forme trapézoïdale.

On y reconnaît encore un palais, des casernes, des dépôts, des cours… Les bâtiments sont pourvus de **niches** régulièrement disposées et parfois couronnées de créneaux où l'on peut distinguer des traces de peinture. À droite de la route se dressent les vestiges de ce qui fut peut-être un temple. Un petit musée accueille les visiteurs à l'entrée du site.

NOS ADRESSES À PISCO

INFORMATIONS UTILES

Poste – Serpost - *Pedemonte 112, à une* cuadra *de la plaza de Armas - lun.-vend. 9h-18h30, sam. 9h-13h.*

Banque / Change – Plusieurs banques ont leur vitrine sur la plaza de Armas, dont la BBVA et la BCP, qui disposent toutes deux d'un distributeur automatique de billets accessible 24h/24.

Internet / Téléphone – Les échoppes proposant cabines téléphoniques et accès Internet pullulent autour de la plaza de Armas et sur la calle San Francisco.

TRANSPORTS

Bus – Les compagnies desservant la côte sud du Pérou ne font pas halte à Pisco même, mais à San Clemente, un lieu-dit au carrefour de la route Panaméricaine (à env. 7 km de Pisco). Des *colectivos* assurent la liaison en permanence avec le centre-ville (env. S/7 le trajet) par une piste non asphaltée. Ils font en général halte près de la plaza de Armas. La compagnie Cruz del Sur, elle, dessert uniquement Paracas *(voir p. 355)*.

Ormeño - *Calle San Francisco 259 (près de la plaza de Armas) - ✆ (056) 513 2764.* Bus pour Lima (4/j. - 4h de trajet - S/40 selon le confort), Nazca via Ica (3/j., dont un « Royal Class » à 16h30 - env. 1h de trajet pour Ica et 3h30 pour Nazca). Dessert aussi Arequipa, Tacna, Ayacucho, Cuzco. Liaisons en outre pour La Paz, Buenos Aires, Quito, Santiago.

Soyuz - *À San Clemente - ✆ (056) 531 014.* Bus fréquents pour Lima (3h30), Ica (1h), Nazca (4h), Arequipa (env. 14h).

Flores - *Av. San Martín, à une* cuadra *de la plaza de Armas.* Bus pour Lima (env. ttes les heures - 3h30 de trajet - S/13) et Ica (6/j. - 40mn).

Saky - *Calle Pedemonte 190, à une* cuadra *de la plaza de Armas - ✆ (056) 53 43 09.* Le plus pratique pour Ica : départ ttes les 30mn - S/5 le trajet.

Près de la place du marché, au sud de la ville, part une armada de combis qui dessert toute la journée le village de Paracas, surnommé El Chaco, et sa plage, à 15 km de là (15mn de trajet - env. S/2).

HÉBERGEMENT

Voir également nos adresses à Paracas, p. 355.

Pratiquant de meilleurs tarifs que ceux de Paracas, la majorité des hôtels sont regroupés à proximité de la plaza de Armas.

PREMIER PRIX

La Hostería del Monasterio – *Bolognesi 326 - ✆ (056) 531 383 - www.lahosteriadelmonasterio.com - 15 ch. : S/80.* À une *cuadra* plus loin, ce pimpant établissement appartient au même propriétaire que le précédent. Agréable restaurant sur le jardin à l'arrière. Très calme, l'endroit est selon nous plus agréable et présente plus de caractère que son frère jumeau. Préférez les chambres du second étage, mieux exposées.

Posada Hispana – *Bolognesi 222 - ✆ (056) 536 363 - www.posadahispana.com* - ✕ CC - *24 ch. : S/110.* Une valeur sûre et appréciée des étrangers, tout près de la plaza de Armas. L'accueil est sympathique et les lieux sont souvent pleins. Le patron, qui parle anglais et un peu français, donne volontiers des renseignements. Chambres plaisantes (décor de bois, bambou et carrelage en terre cuite) et correctes, un tantinet bruyantes. Terrasse sur le toit, accès Internet (gratuit 30mn).

Hostal San Isidro – *San Clemente 103 - ✆ (056) 536 471 - www.sanisidrohostal.com* - *17 ch. : S/75-120.* Le moins cher de sa catégorie. Dispose en outre de quelques chambres avec salle de bains commune *(7 $/pers.).* Ambiance jeune et décontractée, sans rien céder sur la propreté. Bon accueil. Outre la piscine, les voyageurs de passage ont à leur disposition cuisine, billard, ping-pong, baby-foot, accès Internet et laverie. Optez pour les chambres situées à l'arrière, plus tranquilles.

Villa Manuelita – *San Francisco 227 - ✆ (056) 535 218 - www.villamanuelitahostal.com* - ✕ - *16 ch. : S/75-120.* En plein centre, dans une jolie demeure de style colonial entièrement reconstruite après le tremblement de terre de 2007. Prestations de niveau 3 étoiles. Chambres lumineuses, avec de jolies salles de bains et un mobilier en bois, bonne literie et propreté impeccable. Les couloirs résonnent un peu trop, mais le rapport qualité-prix reste correct.

RESTAURATION

Dans le petit port de San Andrés, sur la route littorale menant à Paracas, quelques bouis-bouis servent, face à la mer, poissons grillés, crustacés et parfois aussi, mais c'est illégal, de la tortue de mer. L'hygiène, toutefois, laisse sérieusement à désirer.

PREMIER PRIX

Posada Hispana – *Bolognesi 222 - ✆ (056) 536 363 - 12h-13h, 18h30-22h - S/7-15.* Le restaurant de l'hôtel du même nom

propose au déjeuner un menu complet, boisson incluse, au prix imbattable de S/7 ! Qualité convenable, très basique. Plats à la carte le soir (poisson, viande, poulet) ; la paella est l'une des spécialités.

BUDGET MOYEN

El Dorado – *Plaza de Armas - Progreso 171 - ✆ (056) 534 367 - 6h30-23h30 - S/15-35.* Vous avez le choix entre le calme du patio à l'ombre d'un vélum ou la salle ouvrant sur la place pour observer l'activité de la rue. La carte décline un bon choix de grillades au charbon *(churasco)* : bœuf, poulet, poisson, fruits de mer. Le chef recommande le riz aux langoustines et la paella, délicieuse. Cet établissement très populaire prépare aussi de bons petits déjeuners, américains ou continentaux.

POUR SE FAIRE PLAISIR

As de Oro's – *San Martín 472 - ✆ (056) 532 010 - www.asdeoros.com.pe - mar.-dim. 12h-22h - S/50.* Ouvert depuis 1976, ce restaurant a l'avantage de disposer d'une terrasse au bord d'une piscine qui s'illumine la nuit. La carte égrène un large choix de poissons, langoustines et crustacés, cuisinés avec talent, notamment le *ceviche*. Service stylé. Discothèque animée avec de nombreux événements.

ACTIVITÉS

Agences de voyages – Impossible de passer par la calle San Francisco, à proximité de la place d'Armes, sans se faire aussitôt alpaguer par les rabatteurs de l'une ou l'autre des agences de voyages de la ville. Toutes proposent à peu près la même chose à des prix similaires : excursion matinale en bateau aux **îles Ballestas** *(S/25-35)*, suivie l'après-midi de la visite de la réserve de Paracas *(S/15-25)* ; excursion au site inca de **Tambo Colorado**, visite des *bodegas* (caves) d'Ica ou buggy dans les dunes de sable de Huacachina, rafting et kayak à Lunahuaná, survol des lignes de Nazca avec visite de la ville *(env. 112 $/j.)*... Pour les îles Ballestas et la réserve de Paracas, les tarifs comprennent le transport depuis votre hôtel et la présence d'un guide naturaliste. Deux agences, réputées pour leur sérieux, méritent d'être recommandées. Elles disposent de guides parlant anglais et, pour certains même, français.

Ballestas Expeditions - *San Francisco 219 - ✆ (056) 534 542 - www.ballestasexpedition.com.*

Paracas Overland - *San Francisco 111 - ✆ (056) 533 855 - www.paracasoverland.com.pe.*

Réserve naturelle de Paracas

★★

Département d'Ica

NOS ADRESSES PAGE 355

S'INFORMER

Informations touristiques – En l'absence de bureau officiel au village, adressez-vous à la réception de votre hôtel ou aux agences de voyages de Pisco *(voir p. 349)*. Vous pouvez aussi consulter le site *www.paracas.com*, largement fourni en informations.

SE REPÉRER

Carte de région A2, p. 342 – *Carte Michelin National 763 F14/15*. D'une superficie de 335 000 ha, dont 64 % en territoire marin, la réserve de Paracas se trouve à 250 km au sud de Lima et à 17 km au sud de Pisco.

À NE PAS MANQUER

Une excursion en bateau vers les îles Ballestas ; savourer un *ceviche* de poisson à Lagunillas.

ORGANISER SON TEMPS

Temps limité ? Visitez juste les îles Ballestas le matin, puis filez en bus. Prévoir veste coupe-vent, chapeau, lunettes et crème solaire pour le bateau.

AVEC LES ENFANTS

Le tour des îles Ballestas en bateau.

Le désert et la mer font une heureuse rencontre à Paracas. Classée réserve naturelle depuis 1975, cette péninsule bordée d'îlots bénéficie d'une incroyable richesse naturelle, grâce au courant de Humboldt qui fait remonter les eaux froides venant du Sud. Ce phénomène favorise la prolifération de plancton et, par conséquent, la multiplication des poissons, mammifères marins et autres oiseaux. Les îles Ballestas, au large, abritent ainsi quelque 160 espèces d'oiseaux marins et migrateurs, des lions de mer et des tortues. Outre son exceptionnelle biodiversité et ses paysages de toute beauté, Paracas est un lieu d'une grande importance archéologique. Il fut en effet le berceau d'une culture pré-inca florissante, dite civilisation de Paracas, dont la trace nous est parvenue à travers de nombreuses céramiques et surtout de spectaculaires linceuls de momies tissés et brodés.

Découvrir

Pour les îles comme pour la réserve, il est recommandé de s'inscrire dans un tour organisé, la veille, auprès d'une agence de voyages de Pisco (voir p. 349) ou à la réception de votre hôtel. À plusieurs, il est aussi possible de louer un taxi pour une journée de balade dans la réserve terrestre.

Bain de mer aux îles Ballestas.
M. Verin / Tips/Photononstop

★★ ISLAS BALLESTAS

De l'embarcadère d'El Chaco, des canots à moteur (env. 25 pers.) partent tlj vers 8h, retour vers 10h. Comptez entre S/35 et S/40 l'excursion avec guide à bord et S/6 pour la taxe portuaire. Les agences de voyages assurent le transfert depuis les hôtels de Pisco. On peut acheter son billet sur place le matin même, mais, attention, les files d'attente sont parfois longues. Comptez 2h de visite.

Malgré leur surnom péjoratif de « Galapagos du pauvre », les îles Ballestas méritent amplement le déplacement. Le bateau met d'abord le cap vers le nord de la péninsule pour observer, gravé au flanc d'une dune faisant face au rivage, **El Candelabro**, un géoglyphe géant similaire à ceux de Nazca. D'une longueur d'environ 180 m pour une largeur de 70 m et une profondeur de 50 cm, ce candélabre bourgeonnant sur trois branches n'a pu être ni daté ni expliqué. Certains pensent qu'il figure un cactus ou bien la constellation de la Croix du Sud, et qu'il aurait été tracé au temps de la civilisation de Paracas. D'autres avancent l'hypothèse d'un amer creusé par des flibustiers au 17e s., en raison de sa situation, en haut de la colline, visible de très loin au large.

Les groupes d'embarcations se dirigent ensuite vers les **îles Ballestas**, connues pour leur population de milliers d'otaries et leurs colonies d'oiseaux, dont les fientes laissent sur les rochers une croûte blanchâtre à l'odeur fétide d'ammoniac, le guano. Sur certains îlots, des pontons servent à embarquer cet engrais naturel, jadis collecté à grande échelle pour être vendu dans le monde entier *(voir « Les richesses de Paracas » p. 352)*.

5

On ne mettra pourtant pas pied à terre, et le cabotage continue dans les méandres des anses rocheuses. Creusées d'arches, de caves, de passes étroites, les îles abritent une dense faune à plumes, principalement des manchots, cormorans, fous et pélicans qui batifolent sur leur tapis de guano. D'autres, plus difficiles à identifier, font la joie des ornithologues à jumelles : puffins fuligineux, damiers du Cap, pétrels géants, sternes incas, mouettes à queue fourchue, albatros des Galapagos... Les volatiles se rassemblent en nombre, obscurcissant le ciel ou noircissant le sol des falaises dans une ambiance quasi hitchcockienne.

Les richesses de Paracas

UNE RÉSERVE DE VIE MARINE ET ORNITHOLOGIQUE

D'une superficie de 335 000 ha, la réserve naturelle de Paracas protège l'une des mers froides les plus riches au monde, traversée par le courant de Humboldt venu de l'Antarctique. Poussés par les alizés, les flux marins font remonter à la surface de grandes quantités de plancton et de sels nutritifs, et provoquent la multiplication de quelque 250 espèces d'algues, favorisant ainsi l'alimentation et la reproduction de la faune marine. Poissons (soles, bonites, maigres, dorades, mérous, mulets, chinchards, sardines, anchois), mollusques et crustacés (moules, coques, huîtres, poulpes, crabes...), tortues, dauphins et mammifères marins, en particulier les otaries à crinière et les otaries à fourrure australe, abondent dans les eaux de la côte. Au large, on croise parfois des baleines de passage. Attirés eux aussi par l'abondance providentielle de nourriture, les oiseaux marins s'assemblent pour festoyer en vastes colonies : fous de Bassan, cormorans, goélands, pélicans, pétrels, guillemots, pingouins, sternes, albatros, manchots... Au total, il a été dénombré dans la réserve 1 380 espèces, dont 216 d'oiseaux.

Vers un désastre écologique ?

L'écosystème est régulièrement fragilisé par le phénomène El Niño, un courant saisonnier qui bloque la remontée des eaux froides, et donc la source de nutriments pour la faune marine. De nouvelles menaces pèsent en outre sur ce paradis sauvage : à l'échelle planétaire, réchauffement climatique et, localement, surpêche ou pêche illégale, pollution due aux navires et aux rejets insuffisamment traités des usines de farine de poisson. L'implantation récente, à l'entrée de la réserve, d'un terminal d'exportation de gaz naturel liquéfié et d'acide sulfurique soulève de vives inquiétudes. Les défenseurs de l'environnement soulignent l'impact néfaste du trafic portuaire et redoutent, en cas de fuite accidentelle, un désastre écologique irréparable.

L'OR BLANC TOMBÉ DU CIEL

Depuis des siècles, les habitants de Paracas utilisent comme engrais naturel le guano (du quechua *wanu*), excrément des oiseaux marins, qui s'accumule en couches épaisses sur les côtes rocheuses et les îles au large. Grâce à sa forte concentration en phosphate et en azote, le guano fertilise les sols sur lesquels on le répand. Grâce à cette méthode, les civilisations pré-incas de la côte avaient développé une agriculture viable, malgré l'aridité du climat.

La récolte du guano, dont Paracas était le centre principal, prit un tour stratégique durant la seconde moitié du 19e s., lorsque l'on s'avisa qu'avec cette manne on pouvait aussi produire des explosifs. Des compagnies privées ou publiques se mirent à extraire à la tonne sur les îles Ballestas et de Chincha le précieux guano, lequel engendra d'énormes richesses pour le Pérou qui en détenait alors le monopole mondial. Il permit d'ailleurs à un Français d'origine alsacienne, Auguste Dreyfus (1827-1897), de se constituer l'une des plus colossales fortunes du monde. Le commerce du guano était si lucratif qu'il fut même

l'une des causes de la guerre entre le Pérou et l'Espagne en 1864, puis entre le Pérou et le Chili en 1879.
De nos jours, ce fertilisant naturel n'est plus extrait qu'en quantités limitées et contrôlées. Mais sa demande repart à la hausse, en raison de son utilité pour l'agriculture biologique.

TEXTILES D'EXCEPTION

Les archéologues divisent la civilisation de Paracas en deux périodes principales, selon la façon dont les villageois enterraient leurs morts. Durant la période **Paracas cavernas** (500-300 av. J.-C.), les défunts étaient enfouis en position fœtale dans des chambres souterraines ressemblant à des cavernes en forme de bouteille, et dont l'accès se faisait par des puits verticaux. À l'époque de **Paracas necrópolis** (200 av. J.-C.- début de notre ère), une vaste sépulture fut construite sur les flancs de la colline Colorado, où furent exhumées 429 momies emmaillotées dans des *fardos*, ou « paquets funéraires », plus complexes et plus élaborés. Comme dans de nombreuses cultures précolombiennes, les Paracas pratiquaient la déformation crânienne (allongement) dans un but esthétique, ainsi que la trépanation rituelle. Après l'an 200, la civilisation de Paracas se confond avec celle de Nazca.

Des momies bien entourées

Au début des années 1920, l'archéologue péruvien **Julio C. Tello**, ayant appris que des tissus extraordinaires faisaient l'objet d'un trafic clandestin, remonta la filière des receleurs et des pillards jusqu'à la baie de Paracas. Là, le scientifique entreprit une série de fouilles qui menèrent à la découverte de la nécropole de **Wari Kayan**, le « lieu pour adorer les ancêtres ». Depuis plus de vingt siècles, celle-ci renfermait des centaines de **fardos**, sortes de corbeilles dans lesquelles reposaient les défunts, enroulés dans plusieurs épaisseurs de textiles. Autour du corps momifié furent retrouvés une multitude d'objets déposés en guise d'offrandes : parures métalliques, céramiques, colliers, objets en pierre, plumes, os.

La cosmogonie en fibres

Ce sont surtout les tissus qui donnent à cette découverte sa valeur : ornés de broderies d'un style fascinant, ces textiles funéraires, miraculeusement conservés grâce au climat aride de la région, figurent parmi les plus beaux du monde. Exposés aujourd'hui dans les musées de Lima *(voir p. 162-166)*, ces trésors inestimables relèvent d'une civilisation précolombienne méconnue, qui occupait la région entre 500 av. J.-C. et l'an 200 de notre ère, pratiquait la pêche et vivait d'une agriculture rudimentaire. Les textiles, qui primaient sur le métal et la céramique, étaient à l'origine élaborés en fibres végétales (joncs, cactus), à l'aide de techniques apparentées à celles de la vannerie. Puis, avec l'usage du coton et de la laine des camélidés andins, apparurent de nouvelles techniques : filage, tissage, teinture et broderie. Monnaie d'échange entre les hommes, les textiles des Paracas étaient aussi symbole de cosmogonie. Les motifs, déployés dans un labyrinthe de formes délicatement imbriquées et maintes fois répétées, dévoilent un univers fantastique de félins, astres, divinités, *chamans*, personnages anthropomorphes ou hybrides aux couleurs éclatantes, dont des rouges flamboyants aux mille nuances. Un au-delà magico-religieux où Urpayhuachac, la déesse de la mer, occupe une place centrale.

Mais le spectacle est également aquatique, avec les centaines de lions de mer glapissant et plongeant dans les vagues comme des gamins dans une piscine d'hôtel. Les mâles à l'épaisse crinière digne des rois de la savane se disputent leurs bouts de plage de galets, les femelles implorent les faveurs des géniteurs, les bébés réclament la tétée, bref, tout ce petit monde bêle, grogne et rugit dans une étourdissante cacophonie.

★★ RESERVA NACIONAL DE PARACAS

Des excursions en minibus sont organisées au départ de Pisco ou de Paracas. Départ à 11h et retour vers 15h, env. 3h de visite sur place. Comptez entre S/20 et S/30 par pers. avec arrêt déjeuner à Lagunillas (prix du repas non compris). Entrée de la réserve : S/5.

Splendidement ouverte sur l'océan Pacifique et balayée par les vents de sable qui lui ont donné son nom (*paracas* signifie, littéralement, « pluie de sable »), la péninsule de Paracas est un vaste désert minéral à l'étrange beauté, quasi surnaturelle. Blanches falaises, dunes immenses bordant la mer, formations rocheuses érodées par la violence des vagues, sol nu recouvert d'une croûte rouge qui se brise sous les pas, sous un sable farineux et collant comme du sucre glace. On se croirait sur la Lune.

De Paracas, la route passe d'abord devant un complexe gazier et des fabriques de farine et d'huile de poisson avant d'atteindre, à 3 km au sud, l'entrée de la réserve. De là, une piste mène, à 12 km au sud, à l'ancien site de la **Cathédrale**, une spectaculaire arche rocheuse se détachant des falaises, comme à Étretat. Elle s'est hélas écroulée lors du tremblement de terre de Pisco en 2007.

En suivant l'autre piste qui longe le littoral vers la droite, on parvient, à 2 km de l'entrée, au **centre d'accueil et d'interprétation** *(de l'aube au crépuscule - gratuit)*, où figurent quelques panneaux très instructifs sur la géologie, le climat, la flore et la faune de la réserve naturelle. Juste à côté, on aperçoit le **musée J. C. Tello**, dédié à l'archéologue, malheureusement fermé depuis plusieurs années faute de crédits. Du centre, un sentier balisé en direction de la mer mène à une lagune flanquée d'un mirador d'où l'on peut observer, de juin à août, une importante colonie de **flamants roses**.

Derrière le centre, une piste longe le flanc du cerro Colorado, où dorment les vestiges, vieux de deux mille ans, de la **nécropole de Paracas**. Ni clôture de protection, ni gardiens, et pour toute présence humaine des os, des crânes, des bouts de coton qui jonchent le sol.

En poursuivant pendant 6 km vers le sud, on débouche sur la jolie baie de **Lagunillas**, où nichent de nombreux oiseaux migrateurs. Là, il est possible de se baigner, de camper et de déjeuner au village de pêcheurs *(voir « Nos adresses à Paracas » p. 356)*.

NOS ADRESSES À PARACAS

INFORMATIONS UTILES

Banque / Change – Distributeur bancaire automatique, accessible 24h/24, en haut de la rue située face au ponton d'embarquement pour les îles Ballestas.

TRANSPORTS

Combi ou taxi – De Pisco, au départ de la place du marché, des combis desservent sans interruption *(20mn de trajet - S/3)* le port de Paracas, surnommé **El Chaco**, d'où partent les embarcations pour les îles Ballestas. En taxi, comptez S/12. Vous trouverez plusieurs petits hôtels et restaurants autour du port. Les hôtels plus huppés, dont un Hilton, ont élu domicile au sud du village, le long du bord de mer.

Bus – Les bus des compagnies **Cruz del Sur** et **Ormeño** entre Lima et Ica/Nazca font halte, dans les deux sens, à Paracas. La station se situe à 1 km au sud du village, devant l'hôtel Zarcillo Paradise, qui tient le guichet *(9h-13h, 14h-18h)*. En principe, les bus Cruz del Sur vers Nazca passent à 7h45, 10h30 et 17h, ceux vers Lima à 14h30 et 17h30, mais mieux vaut vérifier les horaires sur place. Vous pouvez donc visiter les îles Ballestas tôt le matin et repartir le jour même vers votre étape suivante.

HÉBERGEMENT

Bon à savoir – Attention, les hôtels affichent toujours complet lors de la Semaine sainte, et les prix sont alors, selon les établissements, multipliés par deux ou par trois.

PREMIER PRIX

Hostal El Amigo – *Av. Paracas s/n - ☎ (056) 545 042 - 10 ch. : S/50-100.* Pension pas chère et sympathique, située sur la place centrale, à 50 m du port. Chambres propres et basiques, assez mal éclairées. Accueil chaleureux.

Hotel Santa María – *Av. Paracas s/n - ☎ (056) 545 045 - 10 ch. : S/50-100.* Bien situé, près du port et de la plage, cet hôtel familial et chaleureux (le patron parle français) dispose de chambres convenables (demandez côté mer) et d'un restaurant au rez-de-chaussée. Transfert gratuit, sur demande, jusqu'à la station de bus au sud du village. Autre avantage, on se charge de vous réserver des places pour le tour des îles Ballestas le matin *(S/35 + S/6 la taxe portuaire)*, suivi éventuellement d'une balade en voiture dans la réserve terrestre de Paracas *(S/20 + S/5 avec l'entrée)*.

Mar Azur Hostal – *Av. Paracas s/n - ☎ (056) 534 542 - hmarazulparacas@hotmail.com - 16 ch. : S/50-100.* Situé juste en face du précédent, près de la plage, un autre petit hôtel très correct. Les chambres, grandes et lumineuses, sont pour certaines dotées d'un agréable balcon.

BUDGET MOYEN

Hotel El Mirador – *Carr. Paracas, km 20 - ☎ (056) 545 086 - www.elmiradorhotel.com - CC - 33 ch. : S/190.* À l'entrée du village, cet établissement au calme dispose d'une jolie vue sur la mer. L'intérieur, maussade et vieillot, n'est hélas pas à la hauteur des prétentions affichées. Mais on pourra se consoler avec un bain de soleil autour de la piscine (non chauffée).

5

RESTAURATION

BUDGET MOYEN

Nombre de restaurants alignent leurs terrasses sur la promenade piétonne en bord de mer, racolant le chaland à tour de bras. Du lot émerge la **Brisa marina** *(✆ (056) 545 125 - 6h-21h)*, une cambuse servant une honnête tambouille familiale, notamment du poisson frit ou vapeur.
À défaut, optez pour la terrasse voisine du **Bahia**, au service aimable et à l'hygiène, là aussi, acceptable.
El Chorito – *Av. Paracas s/n - ✆ (056) 545 045 - [cartes non acceptées] - 7h-22h - S/20-40.* Plus engageant que ses concurrents, le restaurant de l'hôtel Santa María *(voir page précédente)* présente, sous une véranda orientée côté rue, des tables bien mises et une carte fournie : *ceviche* de sole, riz aux moules ou aux langoustines, *lomo saltado, chicharrón de pescado…* Inutile de chercher plus loin pour le dîner.

Dans la réserve

BUDGET MOYEN

Une fois dans la réserve de Paracas, une halte s'impose pour déjeuner à Playa Lagunillas, hameau de pêcheurs où deux sympathiques bouis-bouis familiaux invitent à savourer, au creux d'une petite baie abritée du vent, poissons et fruits de mer tout frais pêchés. Ambiance relax, calme absolu et cadre naturel magique. **El Che** *(✆ (056) 542 237)* sert poissons grillés, *a la plancha* ou à l'ail ; *ceviche* de sole *(lenguado)* ou de maigre *(corvina)*. Juste à côté, **La Tía Fela** *(✆ (056) 956 100)* propose le poisson frais du jour.

Ica et ses environs

★

253 761 habitants – Capitale du département d'Ica

NOS ADRESSES PAGE 361

SE REPÉRER

Carte de région B2, p. 342 – *Carte Michelin National 763 G15.* Ica se situe à 325 km au sud de Lima, à 77 km au sud-est de Pisco et à 135 km au nord de Nazca.

À NE PAS MANQUER

Le musée régional d'Ica ; déguster un pisco dans une *bodega* ; surfer sur les dunes de la lagune.

ORGANISER SON TEMPS

Comptez une demi-journée à Ica et dormez à Huacachina, où vous pourrez admirer le coucher de soleil sur les dunes. Attention aux pickpockets autour des stations de bus.

Capitale régionale, Ica est une ville étouffante et bruyante, surgie au milieu du désert côtier en 1563. Difficile de lui concéder le moindre charme, d'autant que le séisme de 2007 a détruit ses plus belles églises coloniales. En 2012, la ville a été à nouveau ravagée par un séisme de magnitude 6,2. Elle abrite néanmoins un excellent musée d'archéologie, qui justifie une halte. Comme à Pisco, les centres d'intérêt sont ailleurs : vallée fertile, Ica est célèbre pour ses caves séculaires de pisco. Héritées des conquistadors, ces *bodegas* (caves) sont entourées de vastes vignobles qu'arpentent des cavaliers coiffés de sombreros et montés sur des *pasos peruanos*, chevaux aux racines andalouses. À 5 km d'Ica, la lagune de Huacachina offre quant à elle un spectacle unique. Cette oasis enchâssée entre des dunes géantes ressemble à un mirage échappé des Mille et une nuits d'Arabie. Des fans de glisse dévalent en surf les pentes de sable chauffé à blanc ou s'embarquent dans des bolides à la Mad Max pour des équipées sauvages au soleil couchant. Ambiance jeune et fêtarde de jour comme de nuit.

Se promener

Fondée en 1563 par les Espagnols, Ica a hélas perdu une grande part de son héritage colonial lors du séisme de 2007. Les belles églises du quartier de la place d'Armes ont été fortement ébranlées, telle la **cathédrale** de style néoclassique, dont le clocher s'est écroulé. L'intérieur, de style baroque, est pour le moment fermé. Plus épargnée, l'église **San Francisco** conserve ses beaux vitraux et ses plafonds peints. Le sanctuaire du **Señor de Luren**, important centre de pèlerinage au sud de la ville, a vu en revanche son clocher s'effondrer, et reste inaccessible aux visiteurs.

La vallée du Pisco

UN VIN DE MESSE RECONVERTI

La vallée viticole d'Ica produit aujourd'hui la majeure partie de cette eau-de-vie fine, élaborée à partir de moût de raisin. Dès le 16e s., les Espagnols, et en particulier les moines, introduisirent dans la région des plants de vigne originaires des Canaries, afin de fournir un **vin de messe** aux églises catholiques du Nouveau Monde. La qualité du vin laissant à désirer, les cultivateurs locaux le distillèrent pour produire un **alcool fort**. La production était embarquée dans le port de Pisco, d'où elle était exportée vers Lima, l'Amérique latine et les États-Unis. Titrant entre 38° et 46°, un litre de pisco requiert environ 7 kg de raisin. Le jus du raisin, débarrassé des autres résidus du pressage (à la différence du marc), est mis à fermenter en cuve avant d'être distillé dans des alambics. Après quelques mois de repos, il est embouteillé. Parmi les **cépages** utilisés figurent le quebranta, qui donne un pisco non aromatique, et d'autres plus odorants comme le moscatel, le torontel, l'italia… Le pisco *acholado* est un assemblage de plusieurs cépages. La région désertique d'Ica, qui possède le plus grand vignoble du pays (env. 12 000 ha), produit également des **vins**, notamment ceux des grands domaines Ocucaje et Tacama.

UNE RÉUSSITE AGRICOLE INSOLENTE

Une légende raconte que l'Inca Pachacútec, amoureux d'une vierge de la vallée d'Ica qui ne pouvait se donner à lui, décida en cadeau d'adieu d'amener l'eau jusqu'au village désertique de la belle. Pendant 45 jours, plus de 40 000 hommes de l'Inca furent mobilisés pour creuser le **canal Achirana** qui, encore aujourd'hui, irrigue les cultures de la région. Grâce à lui, mais aussi à la rivière qui court dans la vallée, au creusement de puits et aux techniques de pointe d'arrosage, Ica a vu fleurir, au beau milieu de l'un des déserts les plus arides de la planète, d'immenses fermes agricoles ultramodernes et tournées vers l'exportation. Au nord de la ville, au lieu-dit **Pampa de Villacuri**, ces exploitations constituent le fer de lance de l'agriculture péruvienne, produisant en grandes quantités des oignons, artichauts, asperges, avocats, agrumes et du paprika, piment dont le Pérou est devenu le premier exportateur mondial.

LES RAISINS DE LA COLÈRE

Longtemps, le pisco péruvien eut mauvaise réputation. Considéré comme un alcool de basse extraction, il était juste bon à être dilué avec du jus de citron vert, du blanc d'œuf, du sirop de canne et un doigt d'*angostura* pour être bu en cocktail, le pisco *sour*. Mais personne, alors, ne s'avisait d'en contester l'origine péruvienne. Cependant, à partir des années 1990, ce nouveau produit d'exportation nationale se heurte sur le chemin de la mondialisation à un concurrent de taille, le Chili, lequel en revendique aussi la paternité. La guerre du pisco est déclarée, ravivant un fond de rivalité séculaire. En 1988, le gouvernement d'Alán García, qui exige pour son pays l'appellation contrôlée, proclame le pisco « patrimoine culturel de la nation » et interdit l'importation de l'« imitation chilienne ». Le Chili réplique en bannissant les bouteilles péruviennes. En 2002, le Pérou décrète la « Journée internationale du pisco », à quoi le Chili oppose le « Jour de la piscola » (cocktail chilien mêlant pisco et coca). Depuis, la bataille fait rage…

L'oasis de Huacachina.
M. Megret / Author's Image/Photononstop

Du centre, prenez un mototaxi (env. S/3-5) pour le musée régional, situé à 1 km au sud-ouest, en direction de Huacachina.

★ MUSEO HISTÓRICO REGIONAL DE ICA

Av. Ayabaca cuadra 8 s/n - ✆ (056) 234 383/232 881 - lun.-vend. 8h-19h, w.-end et j. fériés 9h-18h - S/11,50.
Malgré ses modestes conditions d'exposition, dans des salles sombres et vétustes, le musée rassemble de remarquables objets de fouille des cultures paracas, nazca, huari, chincha et inca. Il possède, de plus, des toiles et des meubles coloniaux. La présentation, qui suit l'ordre chronologique, commence par une magnifique collection de **textiles** et surtout de **céramiques** de Paracas et de Nazca. Une autre salle présente des **momies** et des crânes sur lesquels on peut observer les traces de déformation et de trépanation rituelles. Le musée eut à déplorer le vol, en 2004, de deux exceptionnels **mantos** funéraires de Paracas, dont l'un a finalement été retrouvé par la police à Lima en 2007. De l'autre ne restent qu'un fac-similé au mur et sa description par Interpol. Dans le jardin du musée a été installée une **maquette des lignes de Nazca**, que l'on observe depuis un mirador.

À proximité

★ LAGUNA DE HUACACHINA

▶ *À 5 km au sud-ouest d'Ica. Comptez S/4-5 en mototaxi.*
Lieu surprenant et original, Huacachina est une **oasis** tapie au creux de hautes dunes. Une ambiance insouciante règne sur ce havre verdoyant, organisé autour d'un petit lac couleur émeraude, que les Péruviens sillonnent en barque ou sur des pédalos en famille, tandis que d'autres barbotent dans une eau sulfureuse (et fétide) à laquelle on prête des vertus curatives. Décor pittoresque – reproduit au verso des billets de S/50 – qui fut dans les années 1920-1930 un

rendez-vous de villégiature de la bonne bourgeoisie, comme en témoignent les jolis bâtiments anciens. Mais les paillettes se sont évaporées avec la chaleur du désert, laissant place à un piège à touristes où se pressent de mauvais hôtels pour bourlingueurs désargentés, des restaurants infâmes, des échoppes de bijoux de pacotille, tresses et piercings, le tout dans le vacarme de la musique et des **areneros** (buggys des sables), lesquels, non contents de polluer, font un bruit épouvantable. Les jeunes voyageurs semblent néanmoins raffoler de ces engins tubulaires et incongrus qui, vers 16h30, s'élancent comme un bataillon furieux à l'assaut de l'immensité du désert. La balade n'est pas sans risque, les chauffeurs étant réputés casse-cou. L'autre grande activité consiste à dévaler les dunes de sable sur des **sandboards** de location, après avoir gravi les pentes à la sueur de son front. Les surfeurs avertis ont leurs spots favoris, dont la dune située au nord de la lagune, qui atteint 250 m de haut. Les fous de glisse s'y retrouvent pour des compétitions (border-cross, sauts) en octobre. On peut aussi, tout simplement, se balader à pied pour admirer le coucher de soleil : le spectacle est magique !

★ BODEGAS VITICOLES

Situées pour la plupart au nord d'Ica, ces caves artisanales nanties de petits vignobles élaborent le pisco de façon traditionnelle, dans de vieux alambics en cuivre. Elles incluent en général une boutique de dégustation et vente. La meilleure période pour les visites se situe évidemment lors des vendanges, entre février et avril. Pour vous y rendre, négociez l'aller-retour avec un taxi ou passez par un tour organisé.

Bodega Vista Alegre

Quartier de La Tinguiña, à 3 km au nord d'Ica - ✆ (056) 232 919 - www.vistaalegre.com.pe - lun.-vend. 9h-16h, sam. 9h-12h - entrée libre.

Une monumentale arche en pierre ouvre le beau domaine de cette hacienda, qui produit des vins et des piscos depuis sa fondation en 1857 par les frères Picasso, issus d'une grande famille d'Ica. L'endroit abritait auparavant un monastère jésuite. Beaucoup de groupes y font halte durant la journée, mieux vaut arriver tôt.

Bodega El Catador

Carr. Panamericana sur, km 296, Subtanjalla, à 7 km au nord d'Ica - ✆ (056) 403 295 - 9h-18h - entrée libre.

Cette cave familiale produit du vin et un excellent pisco. Elle comprend un petit musée, une salle de dégustation, une salle de projection vidéo et un restaurant-taverne où l'on peut agréablement déjeuner.

Hacienda Tacama

Camino a La Tinguiña s/n, à 11 km au nord d'Ica - ✆ (056) 228 395 - www.tacama.com - 9h-16h30 - entrée libre.

L'origine de cette hacienda viticole, la plus ancienne du Pérou, remonte au 16e s., époque de la demeure principale et des écuries. Depuis la fin du 19e s., la propriété est exploitée sous le nom de Tacama par la famille **Olaecheas**, qui s'est attaché dès 1924 les conseils d'œnologues français renommés. Ses vins et son pisco sont ainsi vendus chez Fauchon à Paris. Le pisco provient d'un seul cépage, le quebranta, mais la maison fait aussi des assemblages *(acholado)*. Les 200 ha de vignes, irrigués en partie par le canal inca Achirana *(voir p. 358)*, produisent un vin rouge réputé, le Gran Tinto, qui fait jeu égal avec les meilleurs vins chiliens.

Bodega Ocucaje

Carr. Panamericana sur, km 134, à 35 km au sud d'Ica - ✆ (056) 408 011 - www.ocucaje.com - lun.-vend. 9h-12h, 14h-17h, sam. 9h-12h - S/15.

L'hacienda a été sérieusement endommagée par le séisme de 2007.

Ce domaine colonial (16e s.) produit d'excellents vins et piscos, parmi les meilleurs du pays. À côté des installations vinicoles modernes, l'ancienne maison de maître et ses dépendances ont été transformées en un hôtel haut de gamme avec piscine, billard, restaurant et vinothèque.

CACHICHE

À 4 km à l'ouest d'Ica. Comptez S/4-5 en mototaxi.

Dans ce village terreux, des sorcières *(brujas)* se réunissaient, dit-on, pour procéder à leurs rituels magiques. Une statue de sorcière perchée sur un arbre, avec à ses pieds une chouette et un crâne, vous tend les bras à l'entrée du hameau. On y croise aussi un arbre aux formes étranges, le « palmier à sept têtes », dont les branches ondulent et s'enfouissent dans le sol comme des tentacules. Pas grand-chose à voir sinon, on peut s'épargner la visite.

NOS ADRESSES À ICA

INFORMATIONS UTILES

Poste – Correo - *Av. San Martín 156 (au sud-ouest de la plaza de Armas) - ✆ (056) 233 881 - lun.-sam. 8h-20h30.*

Banque / Change – Plusieurs banques (BCP, Interbank, BBVA) ont un DAB accessible 24h/24 autour de la plaza de Armas. Changeurs de rue sous les arcades. À Huacachina, un DAB est situé devant l'hôtel El Huacachinero, sur la route à droite du lac.

Téléphone / Internet – Autour de la plaza de Armas, nombreux cybercafés et boutiques de télécabines.

Urgences – Hospital - *Bolívar 1065 - ✆ (056) 234 798.*

Police - *Lambayeque 1 - ✆ (056) 224 553.*

TRANSPORTS

Bus – Les terminaux des différentes compagnies sont regroupés autour de l'av. Lambayeque, à trois *cuadras* à l'ouest de la plaza de Armas. Départs fréquents pour Lima (5h de trajet), Nazca (2h30), Pisco (1h) et Arequipa (11h).

Saky *(✆ (056) 534 309)* propose la liaison la plus pratique pour Pisco *(ttes les 30mn - S/5).*

Flores *(✆ (056) 212 266)* assure des départs ttes les 15mn pour Lima, mais les bus sont inconfortables, hormis celui de 8h. Liaisons aussi pour Nazca *(ttes les heures).*

Soyuz *(Av. Matias Manzanilla 130 - ✆ (056) 224 138 - www.soyuz.com.pe)* relie Nazca *(ttes les heures - S/13-14)*, Pisco et Lima *(ttes les 20mn - S/4 et S/22-28).*

Ormeño *(angle Lambayeque et Salaverry - ✆ (056) 215 600 - www.grupo-ormeno.com.pe)* assure des départs en classes Business ou Royal – au confort tout relatif – pour Arequipa (à 13h, 19h, 20h, 22h), Nazca (à 18h) et Lima (à 13h et 15h30).

5

Cruz del Sur (*✆ (056) 223 333 - www.cruzdelsur.com.pe*) propose des liaisons confortables vers Lima *(à 11h via Cruzero - S/58-68)* ou presque ttes les 2h entre 6h et 22h30 pour un confort moindre *(S/30-35)*.

Taxi collectif – De nombreux *colectivos* partent de l'angle sud-ouest de Municipalidad et Lambayeque, en direction de Lima, Nazca et Pisco. Pour Lima, comptez 4h30 de trajet et S/50 env. selon le taux de remplissage.

HÉBERGEMENT

Ica

PREMIER PRIX

La Florida Inn – *Residencial La Florida B-01, San Luis - ✆ (056) 237 313 - 17 ch. : S/60.* À 300 m du musée régional, près du croisement Ayabaca et Túpac Amaru, cette pension convient aux petits budgets. Plus au calme que celles du centre-ville, elle est très basique. Deux chambres disposent d'une sdb privée.

BUDGET MOYEN

Sol de Ica – *Lima 265 (à 50 m de la plaza de Armas) - ✆ (056) 236 168 - www.hotelsoldeica.com - CC - 54 ch. : S/140.* Si le bâtiment fait triste mine de l'extérieur, il ouvre néanmoins sur un agréable coin jardin à l'arrière, avec sa piscine et son bar ambiance western. Les chambres sont spacieuses, propres et bien tenues. Celles du haut bénéficient d'une jolie vue sur les dunes.

El Carmelo – *Carr. Panamericana sur, km 301,2 - ✆ (056) 232 191 - www.elcarmelohotelhacienda.com - CC - 58 ch. : S/150.* En lisière de la ville, cette jolie hacienda viticole au décor coloré s'organise autour d'un patio verdoyant, d'un pressoir et d'une distillerie de pisco. En mars, durant la récolte, on peut s'amuser à fouler les grappes au pied. Le jardin comprend une piscine et un mini-zoo. Chambres plaisantes, au sobre mobilier de bois et de rotin. Une bonne adresse au calme.

Huacachina

PREMIER PRIX

Hostal Rocha – *Av. Perotti s/n - ✆ (056) 222 256 - kikerocha@hotmail.com - 25 ch. : S/20-55.* Ambiance baba et insouciante pour ce rendez-vous des routards du monde entier, réunis à papoter au bar ou à lézarder autour de la piscine (d'une propreté douteuse) dans le petit jardin. Cuisine à disposition, location de planches de surf et excursions en buggy. Chambres avec sdb ou bien sanitaires communs. L'ensemble est des plus négligés, mais les hôtes n'en ont cure, qui goûtent plutôt ici aux « bonnes vibrations ». À ne conseiller qu'aux petits budgets.

BUDGET MOYEN

El Huacachinero – *Av. Perotti s/n - ✆ (056) 217 435 - www.elhuacachinero.com - CC - 21 ch. : S/150.* Cet hôtel propose des chambres de tout confort réparties autour d'une belle piscine que bordent un restaurant et un coin bar. Dans le jardin, des hamacs invitent à la détente. Personnel attentif, jolies touches décoratives et ambiance très relaxante, hormis les cris des perroquets. Propose des tours en buggy et des sandboards à louer.

Hostería Suiza – *Tout au fond de l'oasis à droite - ✆ (056) 238 762 - 🏊 CC - 24 ch. : S/170.* Bel établissement mêlant le style coloré des haciendas hispaniques à celui, *cosy* et douillet, des chalets de Suisse, dont le patron est originaire. Les chambres, d'une propreté sans faille, ont un mobilier un peu désuet, mais la vue sur le jardin fleuri et les dunes à l'arrière est un enchantement. Certaines ont même un balcon. Piscine agréable. Situé à l'écart des autres, c'est le seul hôtel vraiment au calme de cette villégiature, où la musique résonne fort et tard.

RESTAURATION

Ica

BUDGET MOYEN

Plaza 125 – *Calle Lima 125 (plaza de Armas) - ✆ (056) 211 816 - CC - 7h-21h - S/20-50.* Une adresse recommandée pour ses *parrillas* (grillades) de bœuf, porc, mouton et poulet. Le *pollo a la brasa* (poulet braisé) est un délice. Bon accueil.

Anita – *La Libertad 133 (plaza de Armas) - ✆ (056) 218 582 - CC - 8h-22h - S/20-50.* Dans la tiédeur des ventilateurs, assis sur des banquettes en moleskine, les habitués savourent des plats variés : riz créole, poulet au vin (la spécialité locale), *lomo saltado, ceviche de corvina, tacu-tacu*, omelettes, hamburgers et sandwichs. La maison prépare aussi de bons petits déjeuners et des pâtisseries. Service rapide, plats copieux et bien cuisinés.

Don Primo – *Calle Lima 230 (à 50 m au sud de la plaza de Armas) - ✆ (056) 228 703 - CC - 11h-23h - S/20-50.* Une trattoria italienne sans prétention, pour amateurs de pizzas, pâtes, raviolis, lasagnes et autres, à arroser d'un bon verre de rouge de Tacama.

Huacachina

Conseil – Évitez les plats de poisson, à la fraîcheur douteuse.

BUDGET MOYEN

La Casa de Avinoam – *Dans l'hôtel Carola del Sur, av. Perotti s/n - ✆ (056) 238 783 - CC - 8h-22h - S/30.* Au fond du jardin, une grande salle avec bar et cuisine ouverte, très appréciée des jeunes voyageurs. Ambiance décontractée et bonne musique reggae. Au menu, des pizzas, viandes grillées, plats créoles, pâtes et omelettes.

ACTIVITÉS

Agence de voyages

Desert Travel – *Calle Lima 171 (plaza de Armas) - ✆ (056) 227 215 - desert_travel@hotmail.com.* Organise des visites des *bodegas* de la région, des sorties en buggy dans le désert…

AGENDA

Festival internacional de la Vendimia – *Début mars.* La fête des vendanges donne lieu à des réjouissances dans les *bodegas* et en ville. Concerts, expositions d'artisanat, démonstrations équestres de *caballo de paso*, combats de coqs, danses, défilés… Le pisco, bien sûr, coule à flots. De même que lors de la **Journée internationale du Pisco**, le 25 juillet, célébrée également dans l'ensemble du pays.

Nazca et ses lignes

★★★

Alt. 570 m – 23 556 habitants – Département d'Ica

NOS ADRESSES PAGE 370

SE REPÉRER

Carte de région B2, p. 342 – *Carte Michelin National 763 H15.* Nazca se trouve à 445 km au sud de Lima, à 135 km au sud d'Ica et à 600 km au nord-est d'Arequipa.

À NE PAS MANQUER

Le survol des lignes en avion et le vol en lui-même (frayeur garantie).

ORGANISER SON TEMPS

Pour une meilleure visibilité, effectuez le survol le matin. En haute saison, en raison de l'affluence, réservez votre vol au moins quinze jours à l'avance. Refusez les tours proposés par les vendeurs de rue, passez par un hôtel ou une agence officielle.

Ville grise aux bâtiments miteux, écrasée par la chaleur contre laquelle la végétation racornie ne peut rien, Nazca n'aurait guère d'intérêt sans la présence titanesque, fascinante, des lignes de Nazca. Tracés sur le sol rouge de la pampa entre 900 av. J.-C. et 500 apr. J.-C., ces géoglyphes posent une des grandes énigmes de l'archéologie. Visibles seulement du ciel, ces dessins géants figurent tantôt des créatures vivantes ou fantastiques, tantôt des végétaux stylisés ou des formes géométriques. Ils tissent sur la plaine côtière une vaste tapisserie de près de 450 km². Par quels artistes, par quels géomètres ont-ils été tracés ? Comment et pourquoi ? Détenaient-ils une fonction liée à l'astronomie, à l'agriculture, à la religion ? Bien des hypothèses circulent, des plus sérieuses aux plus farfelues. Mais personne n'est encore parvenu à lever le secret. Le survol aérien des lignes reste une fabuleuse expérience, à condition d'avoir le cœur bien accroché. À défaut, on trouvera sur place quelques musées et sites intéressants à visiter.

Nazca, le géoglyphe du condor.
C. Abad / Photononstop

Découvrir

Bon à savoir – Vous pouvez arriver la veille du survol et assister à la conférence-projection donnée chaque soir au **planétarium Maria Reiche**, situé dans l'hôtel Nazca Lines *(voir « Nos adresses à Nazca » p. 372). Séances à 19h en anglais, à 21h15 en espagnol, horaires à vérifier sur place - durée 45mn - S/20.*

★★★ LÍNEAS DE NAZCA

Voir les informations pratiques à la rubrique « Nos adresses à Nazca » p. 370. Le descriptif ci-dessous suit le plan de vol le plus fréquent, lequel peut évidemment varier. Durant le vol, l'avion enchaîne les virages secs, se penche pour offrir à ses passagers une bonne vision latérale et tangue parfois sous l'effet des turbulences. Estomacs et cœurs fragiles, s'abstenir.

C'est dans les airs que se dévoile la magie envoûtante du site. L'avionnette décolle, vire sur l'aile gauche et met le cap au nord-est sur la *pampa colorada*. Après cinq minutes de vol, 400 m plus bas, gît la première figure, la **Baleine**, longue de 65 m. Les Nazcas avaient-ils pu observer des cétacés en haute mer ? Peu après, sur le sommet d'une colline, surgit l'**Astronaute**, ou Homme-Chouette, haut de 35 m. Certains y voient un extraterrestre, d'autres une divinité anthropomorphe. Cap sur le prochain mystère, un **Singe** large de 110 m (dont 30 m pour la queue), découvert par Maria Reiche en 1954, et que celle-ci associait à la constellation de la Grande Ourse. Plus loin niche le **Chien**, long de 50 m, qui semble dressé sur… cinq pattes. Le **Condor**, 135 m de long sur 68 m de large, oiseau mythologique des Andes, serait en fait, selon certains chercheurs, un *chaucato*, genre de petit héron côtier. Vient ensuite l'**Araignée**, impressionnante avec ses 46 m de large. Son symbolisme, chez les paysans péruviens, est associé à la pluie et à la fertilité. Selon Maria Reiche, la ligne qui traverse son corps est orientée vers les étoiles d'Orion. On enchaîne avec l'une des figures les plus belles et les mieux conservées, le **Colibri** (93 m), laquelle servait sans doute d'intermédiaire avec les dieux, à l'instar des autres oiseaux si minutieusement détaillés par les Nazcas. Volant vers l'est, on admire dans la foulée l'immense **Flamant rose** (300 m), dont le cou en zigzag se prolonge d'un long bec orienté vers les montagnes où apparaît le solstice d'hiver, le 21 juin. Un peu plus au sud, on survole enfin le **Perroquet** (230 m), autre animal lié à la jungle et non au désert.

À défaut d'avion, il est possible aussi d'observer trois figures du haut du **mirador** situé à 25 km au nord de Nazca *(entrée S/8)*. On distingue alors, de biais,

Les lignes de la terre

LES NAZCAS, PEUPLE BÂTISSEUR

Héritier de la culture de Paracas, le peuple nazca semble avoir connu son apogée au cours des deux premiers siècles de notre ère, avant de décliner pour se fondre vers 800 dans le flux de population venu du haut plateau andin. Pratiquant la pêche et la chasse au phoque, les Nazcas étaient avant tout des agriculteurs sédentaires. Ils vivaient généralement dans des agglomérations de petite taille, formées de huttes aux toits de chaume et situées à la périphérie des zones cultivables.

Prodigieux bâtisseurs néanmoins, ils édifièrent un vaste centre cérémoniel, **Cahuachi**, où se dressaient des pyramides colossales en briques d'adobe. Dans cette région désertique du littoral, ils conçurent un système d'irrigation élaboré qui fonctionne encore. Celui-ci recueille l'eau souterraine venue des Andes et la répartit dans les champs à travers un dédale de canaux, de réservoirs et de puits en forme de spirale.

Inspirés par leurs ancêtres, les Nazcas poursuivirent le développement de la céramique et des tissages, qu'ils portèrent à un très haut degré de sophistication et de richesse symbolique. Quand les Incas arrivèrent sur la côte au 15e s., la civilisation nazca avait disparu depuis longtemps. Autour de l'an 600, l'État nazca s'était désagrégé face à la montée en puissance de l'empire huari.

LES GÉOGLYPHES

Les lignes de Nazca sont un vaste réseau de géoglyphes tracés au début de notre ère dans la **pampa del Ingenio**, entre Nazca et Palpa, sur plus de 450 km². Ces stries qui zèbrent le désert à perte de vue dessinent des figures géométriques, anthropomorphes ou zoomorphes, d'une extrême variété : singe, colibri, araignée, baleine, condor, lézard, fleur, arbre, étoile, trapèze, rectangle, flèche, spirale… On a dénombré plus de 300 figures, souvent traversées par des lignes droites qui s'entrecroisent dans tous les sens. Outre leur multiplicité, ces géoglyphes impressionnent par leur taille extraordinaire. L'absence de vent et de pluie sur ce plateau désertique explique l'exceptionnelle préservation de cet écheveau complexe pendant plus de deux mille ans.

Une découverte tardive

Depuis l'époque de la Conquista, une légende circulait selon laquelle existaient, près du Pacifique, d'étranges figures géométriques, si grandes qu'elles n'avaient pu être tracées que par des géants. Les habitants locaux et les voyageurs pensaient alors qu'il s'agissait d'un réseau d'irrigation ou de sentiers sacrés, tracés par les Incas. C'est au début du 20e s. que l'archéologue allemand **Max Uhle** (1856-1944) mit le premier en évidence l'existence de la civilisation nazca. Mais les figures n'étant visibles que du ciel, il fallut attendre 1939 pour que l'archéologue américain **Paul Kosok**, après avoir survolé la région en avion, découvre les géoglyphes et en établisse les premiers relevés. Dans son sillage, installée à Nazca de 1946 jusqu'à sa mort en 1998, la mathématicienne et astronome allemande **Maria Reiche** *(voir l'encadré, ci-contre)* étudia sans relâche les lignes, partageant son temps entre la recherche et l'entretien du site. Depuis 1982, l'archéologue italien **Giuseppe Orefici** mène les fouilles sur le site cérémoniel de Cahuachi, de l'autre côté du fleuve Nazca.

Dessins à grande échelle

La technique employée est assez simple. En ôtant de la surface du désert les cailloux noircis et en les entassant sur la lisière du tracé, les Nazcas mettaient à nu le sol sous-jacent, du gypse jaune clair, afin d'obtenir par contraste un dessin visible. Mais comment les Nazcas ont-ils fait pour tracer des figures aussi gigantesques sans même les voir ? Selon une hypothèse, les Indiens nazca avaient inventé et réalisé des ballons à air chaud pour s'élever dans les airs. Plus vraisemblablement, ils réalisèrent des maquettes qu'ils transposèrent à grande échelle par des calculs mathématiques, s'aidant de procédés tel le carroyage pour la mesure des distances. À l'aide de cordes attachées à des pieux plantés dans le sol, ils pouvaient tracer des cercles et des lignes droites, dont les proportions étaient mesurées par une unité équivalente à la taille d'un avant-bras, soit 32,5 cm.

DES SIGNES À DÉCHIFFRER

La diversité des lignes empêche de les classer dans un ensemble cohérent. S'agissait-il de tracés rituels en hommage aux dieux ? De signes cabalistiques pour *chamans* guérisseurs ? D'un horoscope géant ? Certains ont même voulu y voir, comme l'Allemand **Erich von Däniken** en 1968, des pistes d'atterrissage pour les extra-terrestres ! Pour **Maria Reiche**, les géoglyphes faisaient office de **calendrier astronomique**. Selon elle, les lignes donnaient la position du Soleil, de la Lune et de certaines étoiles selon les saisons, rappelant aux habitants les étapes des cultures. Malheureusement, des calculs par ordinateur ont montré que seules 20 % des lignes indiquent des positions astronomiques exactes, soit autant que la probabilité du pur hasard… L'explorateur **Tony Morisson** quant à lui prête aux lignes une **connotation religieuse**. Elles équivaudraient à des sentiers sacrés reliant des autels, les dessins constituant des hommages aux dieux du ciel et les pistes les plus larges des lieux de rassemblement religieux. S'appuyant sur les fouilles effectuées sur le site voisin de Cahuachi, Giuseppe Orefici estime lui aussi que les lignes dessinaient un espace rituel pour les processions. Le culte tournait sans doute autour de l'eau et de la fertilité. Tracées plus tardivement, les grandes figures zoomorphes représentaient les divinités du panthéon religieux des Nazcas. Selon Orefici, elles avaient pour fonction d'unir symboliquement le monde des peuples du désert, de la mer, des montagnes et de la forêt, ce qui explique la présence de baleines, de condors, de perroquets et de singes dans les géoglyphes. Une chose est sûre, ces tracés ont été faits pour être vus du ciel. Ils avaient donc une destination céleste, et s'adressaient sans nul doute aux dieux vénérés par cette civilisation.

MARIA REICHE, LA DAME DE LA PAMPA

Son nom reste à jamais associé aux lignes de Nazca, qu'elle passa plus de cinquante ans à étudier. Née à Dresde, la mathématicienne allemande Maria Reiche (1903-1998) dédia son existence aux géoglyphes, parcourant sans relâche le désert aride dans le frimas de la *garúa* ou sous un soleil ardent, usant ses forces et ses yeux à mesurer, dessiner, photographier et cartographier les lignes. À les nettoyer avec un balai aussi, ou à les protéger des vandales qui, dans les années 1970, s'amusaient à sillonner la pampa à moto, en jeep ou à cheval. Elle nous a légué d'abondants écrits visant à décrypter ces figures, persuadée que la science parviendrait un jour à en percer le mystère.

les **Mains** (50 m de large) à neuf doigts, évoquant un singe, l'**Arbre** (70 m) et le **Lézard** (187 m), dont la queue a été coupée par le tracé de la route Panaméricaine en 1937.

À 5 km au nord du mirador, au km 416 de la Panaméricaine, on peut ensuite faire un saut au **casa-museo Maria Reiche**, ancienne maison de la chercheuse allemande transformée en petit musée *(lun.-sam. 9h-19h, dim. 9h-13h - S/5)*. Il rassemble quelques objets de fouilles, des photos et des documents sur sa vie et son œuvre *(voir l'encadré p. 367)*.

Pour les passionnés, possibilité aussi de survoler les **lignes de Palpa**, à 45 km au nord de Nazca *(en combiné avec celles de Nazca - 1h de vol - env. 80 $)*. Moins connues, ces figures sont aussi passionnantes : personnage au chapeau, orque, étoiles, colibri. Certains géoglyphes, très anciens, datent de l'époque Paracas (800 av. J.-C.).

★ MUSEO ANTONINI

Av. de la Cultura 600 (à 1 km à l'est de la plaza de Armas ; prenez un taxi) - 9h-19h - S/15 - livret en anglais ou en espagnol disponible à l'accueil.

Fondé en 1999 par l'équipe d'archéologues italiens menant les fouilles sur l'ancienne cité d'adobe de Cahuachi, ce musée privé expose les poteries polychromes, ustensiles, statuettes, flûtes sacrées en terre et tissus trouvés sur le site, riches d'enseignements sur les coutumes et les croyances des Nazcas. Les **vases** montrent des pêcheurs portant leur filet sur les épaules. Des figurines arborent des masques de félin décorés de deux épis de maïs. L'un des thèmes les plus répandus est celui des **têtes-trophées**, brandies par des monstres ou des personnages anthropomorphes. La décapitation des ennemis était un rite destiné à s'approprier la force vitale contenue dans la tête. Les **tissages de coton**, peints ou brodés, illustrent l'incroyable panthéon animalier des Nazcas, et montrent aussi la proximité de leur culture avec celle de Paracas. Le jardin à l'arrière présente un aqueduc d'irrigation, des reproductions des tombes et une maquette des lignes de Nazca.

NÉCROPOLE DE CHAUCHILLA

À 30 km au sud de la ville. Accès en taxi (env. S/70 AR avec l'attente) ou en tour organisé (environ S/35/pers.). 8h-17h - S/4.

Durant des années, les *huaqueros*, chasseurs d'antiquités *(voir p. 113)*, ont razzié sans vergogne les tombes de cette vaste nécropole datant de la période ica-chincha (1000-1400 apr. J.-C.), ravageant tout sur leur passage. Jonchant le sol sableux, des débris de crânes et de squelettes blanchis par le soleil, des tessons de céramique, fragments de tissus et de plumes, et des centaines de sépultures reposent à ciel ouvert. Protégées par des toits de joncs, quelques momies d'adultes et d'enfants sont exposées au public, en position fœtale, avec leurs longs cheveux tressés que devaient coiffer des parures de plumes.

AQUEDUCS DE CANTALLO

À 7 km au sud-est de la ville. Accès en taxi (env. S/30 AR avec l'attente) ou en tour organisé (S/30/pers.). 8h-17h - S/4.

Pour pallier l'absence de pluie, les Nazcas avaient construit plus de quarante canaux souterrains qui filtraient l'eau de la nappe phréatique et la conduisaient vers les *puquios* (réservoirs). Toujours utilisés par les agriculteurs locaux, ces aqueducs sont enterrés à une profondeur de 3 à 6 m et pavés de galets. Des trous d'aération en forme de spirale permettaient d'en surveiller le débit et d'y effectuer des nettoyages périodiques.

★ RUINES DE CAHUACHI

À 30 km au sud-ouest de la ville. Accès en taxi (env. S/60 AR, y compris l'attente sur place) ou en tour organisé (S/60/pers. - durée 3h). 8h-17h - entrée libre.

Au bout d'une piste désertique, de l'autre côté du fleuve, apparaît la cité religieuse de Cahuachi, la **capitale des Nazcas**. Les fouilles ont permis de dater les vestiges entre environ 4200 av. J.-C et 400 apr. J.-C., attestant d'une occupation millénaire et de remodelages urbains successifs. Actuellement, la vision de la cité oubliée et ensevelie sous les sables est plutôt désolée, comme une lointaine Gomorrhe soumise à un châtiment du ciel. Les tumulus dégagés montrent cependant l'existence de pyramides, de tertres, de places et de soubassements de bâtiments appartenant à un ensemble monumental qui s'étendait sur plus de 20 km^2. Sorte de Vatican pré-incaïque, la cité construite près de sources souterraines était sans doute un grand **centre de pèlerinage**, conduit par des prêtres et voué au culte des dieux. À son apogée, Cachuachi devait compter des milliers de religieux. En son centre se dressait une pyramide en briques d'adobe, haute de 40 m et comptant sept terrasses, devant laquelle s'ouvrait une grande esplanade dédiée aux cérémonies. Mais le site regorge de trésors enfouis. Selon les archéologues, il y aurait encore 34 à 38 pyramides à mettre au jour.

Quatre kilomètres plus loin, on peut ensuite pousser jusqu'au site mystérieux d'**El Estaquería**, une série de troncs de caroubiers plantés en ligne. On ignore s'il s'agissait d'un observatoire réservé à l'adoration des étoiles ou d'un lieu servant à des rituels de momification et de dessiccation des dépouilles.

NOS ADRESSES À NAZCA

INFORMATIONS UTILES

Poste – Serpost - *Calle Castillo 379 - lun.-vend. 9h-17h30, sam. 8h-15h30.*
Banque / Change – Plusieurs agences autour de la plaza de Armas ou à proximité disposent d'un DAB et changent les dollars (mais pas les euros), dont **Banco Azteca** *(Lima 429)* et la **BCP** *(Lima 495)*, à l'angle de Grau. Changeurs de rue sur la place d'Armes.
Internet / Téléphone – Nombreux cybercafés et télécabines calle Bolognesi et jíron Lima, on n'a que l'embarras du choix.
Urgences – Hôpital - *Callao s/n - ✆ (056) 522 586.*
Police - *Av. Los Incas, près du rond-point - ✆ (056) 522 442.*

TRANSPORTS
À l'arrivée

Bus – Les bus desservent en nombre Lima (6-7h de trajet), Arequipa (8h-10h), Ica (2h30), Paracas (3h) et aussi Cuzco (12h30 à 14h de trajet). Tous partent et arrivent à l'**óvalo**, le rond-point situé à l'entrée de la ville, à 500 m à l'ouest de la plaza de Armas. Pour les longs parcours, la compagnie la plus sûre et la plus confortable – mais aussi la plus chère – est **Cruz del Sur** *(✆ (056) 523 713 - www.cruzdelsur.com.pe)*. Bus pour Lima (départ à 11h30, 12h30, 15h et 16h30, *via* Ica et Paracas - 7h30 de trajet - S/68-92), Arequipa (départ à 22h - S/86-109). Sinon, les trois compagnies suivantes offrent des bus climatisés confortables.
Ormeño *(✆ (056) 522 058 - www.grupo-ormeno.com.pe)* relie Lima (départs à 6h30 et 13h30, *via* Ica et Pisco) et Arequipa (à 11h30 et 15h30).
Civa *(✆ (056) 523 019)* dessert Lima (à 22h30), Arequipa et Cuzco (à 23h30).
Oltursa *(✆ (056) 522 265 - www.oltursa.com.pe)* met le cap vers Arequipa (à 22h et 23h) et Lima (à 15h45, 0h30 et 6h).
Autres liaisons en bus ordinaires avec **Flores**, **Cial** et **Palomino**. Pour le trajet Nazca-Ica, prenez les bus de **Soyuz** ou **Cueva**, qui partent env. ttes les 30mn. Horaires donnés à titre indicatif, à vérifier sur place.

TRANSPORTS
Sur place

De la station de bus, l'avenida Los Incas (prolongée ensuite par la rue Lima) vous mène, à 250 m au sud, au petit jardin triangulaire de la **plaza Bolognesi**. De là, la calle Bolognesi, à gauche, continue sur env. 250 m encore jusqu'à la **plaza de Armas**. La plupart des hôtels et restaurants se situent sur ce chemin. Les lignes de Nazca sont dispersées dans le désert dans les parages du **mirador**, à 25 km au nord de la ville. L'**aérodrome** d'où décollent les avions est situé, lui, à 2 km au sud de la ville.
Taxi ou bus – Une course en *tico* en ville coûte env. S/5. Pour l'aérodrome, comptez S/8, mais les compagnies aériennes assurent en général le transfert de votre hôtel. Pour aller au mirador ou au musée Maria Reiche, prévoyez environ S/50. Vous pouvez aussi vous y rendre avec un tour organisé par l'une des agences en ville *(S/30/pers.)* ou prendre un bus ordinaire allant vers le nord, pour S/3 seulement !

SURVOL DES LIGNES EN AVION

Une dizaine de petites compagnies se partagent le

survol des lignes de Nazca. Elles pratiquent des tarifs similaires, selon la saison, la taille du groupe, le nombre de places dans l'appareil, la durée du trajet (env. 30mn-1h). Il s'agit en général de petits avions de 3 à 8 places. Ils décollent tôt le matin (avant 11h), car après les reliefs des lignes se détachent moins bien au sol et les vents du désert se lèvent, provoquant de désagréables turbulences. Les horaires peuvent varier selon les conditions météo. En haute saison (juin-sept. et déc.-janv.), l'affluence oblige à réserver au moins deux semaines à l'avance. Il faut compter autour de 95-130 $/pers. (taxe d'aéroport non-incluse de S/25) pour une durée de vol de 35mn environ. Le mieux est de passer par une agence à Nazca *(voir p. 373)* ou encore à Ica, Arequipa ou Lima. On peut aussi se rendre directement à l'aérodrome et essayer de se joindre à un groupe, mais c'est beaucoup plus aléatoire. Pour la photo aérienne, prévoyez un objectif zoom 70-200 mm.

Mise en garde – À la suite d'un accident qui a coûté la vie à cinq touristes français en avril 2008, lequel survenait après une série d'incidents, le ministère des Affaires étrangères français déconseille (principe de précaution) aux voyageurs d'effectuer le survol des lignes de Nazca en avion, l'entretien des avions et la formation des pilotes étant jugés insuffisants.

Aeroica - *Hôtel La Maison suisse, face à l'aéroport - ✆ (056) 522 434 - www.aeroica.net.*

Aeroparacas - *Jr. Lima 185 - ✆ (511) 265 8073 - www.aeroparacas.com.*

Aero Cóndor - *Hôtel Nido del Cóndor, face à l'aéroport - ✆ (056) 522 402 - www.aerocondor.com.pe.*

Alas Peruanas - *Jr. Lima 168 - ✆ (056) 522 497 - www.alasperuanas.com.*

Ces compagnies demandent env. 130 $/pers. pour survoler les lignes de Nazca *(35mn - 13 géoglyphes)* à bord de Cessna 172 ou 206, avec pilote et copilote, et 2 ou 4 passagers (chacun avec un hublot). Comptez 250 $ avec les lignes de Palpa *(1h)*. Pensez à réserver à l'avance.

HÉBERGEMENT

PREMIER PRIX

Hostal Posada Guadalupe – *Calle San Martín 225 - ✆ (056) 522 249 - www.hostalposadaguadalupe.com - - 8 ch. : S/40.* Autour d'un jardinet paisible, cette pension familiale située tout près du terminal des bus dégage une ambiance amicale. Les chambres, basiques et propres, font parfaitement l'affaire pour une nuit. Petit-déj. S/8.

Hospedaje Yemayá – *Callao 578 - ✆ (056) 523 146 - www.hospedajeyemaya.com - - 14 ch. : S/60 - petit-déj. inclus.* Petite pension simple, un brin sombre et sonore, mais avec des chambres nickel (dont 5 avec sdb commune, les moins chères) et un accueil très sympathique. Laverie, accès Internet. Le meilleur rapport qualité-prix de sa catégorie.

Hostal Nazca – *Calle Lima 438 - ✆ (056) 522 085 - - 21 ch. : S/40-80.* Un bastion des globe-trotters désargentés. Les chambres aux douches communes *(compartidos)* sont médiocres, mais celles à l'arrière, avec douches privées (eau tiède), correctes et au calme. Belle petite pelouse pour se relaxer. Petit déjeuner en sus.

BUDGET MOYEN

Hotel Alegría – *Lima 166 - ✆ (056) 522 497 - www.hostalalegria.com - P - 46 ch. : S/120-150.* Un choix convenable en catégorie moyenne. L'hôtel possède sa propre agence de voyages et reçoit souvent des groupes (d'où parfois un déplaisant remue-ménage). Joli cadre fleuri, piscine appréciable, chambres spacieuses quoique très quelconques. Accès Internet, DAB dans le hall de la réception.

Hotel Oro Viejo – *Callao 483 - ✆ (056) 521 112 - www.hoteloro viejo.net* - 🍴 🏊 CC - *22 ch. : S/175.* Notre adresse préférée à Nazca, charmante, tranquille et à prix doux. Joli jardin, piscine superbe, accueil attentionné, chambres plaisantes… Préférez celles à l'étage, offrant la vue sur le cerro Blanco.

Don Agucho – *Av. San Carlos 100 (angle av. Los Paredones) - ✆ (056) 522 048 - www.hoteldon agucho.com.pe* - 🍴 🏊 CC - *40 ch. : S/175.* Avec sa décoration fleurie et ses allées plantées de cactus, cette maison paisible (sauf lors des passages de groupes) est une autre bonne adresse de Nazca. Les chambres, pourvues d'un frigo-bar et d'une terrasse avec vue, sont confortables. Accès Internet et laverie. L'hôtel organise parfois des buffets et des grillades le soir autour de la piscine. Comptez 65 $ avec un copieux petit déjeuner.

POUR SE FAIRE PLAISIR

Hotel Nazca Lines – *Bolognesi s/n - ✆ (056) 522 293, réserv. à Lima (01) 261 9605* - ☰ 🍴 🏊 CC - *78 ch. : S/245.* Longtemps incontournable, cet hôtel luxueux a été rénové dans les styles colonial et andalou. Piscine splendide *(accessible aux non-résidents, S/16)*, deux courts de tennis, planétarium avec des conférences le soir. Maria Reiche *(voir p. 367)* habita pendant plus de 10 ans la chambre n° 130. Chambres avec terrasse privée et douce musique de fond. Le personnel, quoique fort aimable, est souvent débordé par les groupes qui fréquentent les lieux.

Casa Andina Classic Nasca – *Bolognesi 367 - ✆ (056) 523 563 ou (511) 213 9739 - www.casa-andina.com* - ☰ 🍴 🏊 CC - *60 ch. : S/230-300.* Membre d'une chaîne nationale, cet établissement *smart* et contemporain constitue sans doute le meilleur choix haut de gamme en ville. Réparties autour d'un élégant patio rectangulaire, les chambres ont tout le confort requis : Wi-Fi, coffre, minibar. Certaines sont tout de même un peu sombres. Laverie, DAB et change. Réductions si pré-paiment en ligne.

Dans les environs

BUDGET MOYEN

Wasipunko – *Panamericana sur, km 462 (à 15 km au sud de Nazca) - ✆ (056) 523 212/960 2144 - www.nascawasipunko.com* - 🍴 - *12 ch. : S/130.* Difficile de trouver plus authentique que ce *lodge* rustique et séduisant, où l'on s'éclaire à la lampe à pétrole et où l'eau est chauffée au solaire. Edmundo, le patron, parle un peu français, et sa mère, Olivia, est une artiste à la forte personnalité. Les chambres sont confortables, calmes, et l'ambiance unique. Pour le dîner, goûtez le *pachamanka (S/40)*, un repas traditionnel des Nazcas, cuit à l'étouffée dans un foyer de pierres recouvertes de paille. Possibilité de camper. Opère aussi comme agence de voyages : treks dans la nature, observation astronomique, combats de coqs, visites de distilleries de pisco…

RESTAURATION

L'hôtel Alegría dispose d'un restaurant tout à fait décent.

Ceux du Nazca Lines et de la Casa Andina sont chers mais de bonne qualité.

PREMIER PRIX

La Taberna – *Lima 321 - ✆ (056) 523 803 - lun.-sam. 9h-16h, 18h-23h - menus S/10-14.* Assez touristique, ce bon petit restaurant propose des assiettes copieuses de cuisine locale et internationale, avec des options végétariennes. Les murs sont entièrement recouverts de graffitis laissés au fil des ans par les voyageurs de passage. Musique *live* les soirs de w.-end.

Las Cañas – *Bolognesi 279 - ✆ (056) 806 891 - 8h-23h - S/20.* Dans une amusante cabane un peu déglinguée, au décor de bambou et de bois, ce bistrot animé sert des plats péruviens ainsi que des salades, hamburgers, pâtes, sandwichs et fricassées de poulet. Bons cocktails et concerts certains soirs.

Rico Pollo – *Lima 90 - ✆ (056) 524 126 - 11h-1h - S/20.* Le fast-food péruvien le plus populaire, spécialisé dans le poulet grillé à la broche et accompagné, comme il se doit, de frites et de salade. C'est bon, c'est rustaud. Pour un prix modique, on peut s'offrir des portions gargantuesques…

BUDGET MOYEN

El Portón – *Calle Morsesky 120 - ✆ (056) 523 490 - www.elporton restaurante.com - 8h-23h - S/20-40.* Dans cette grande salle aux allures de saloon, plutôt touristique, on se régale de grillades de bœuf, poulet, porc, agneau et de fruits de mer, mais aussi de pizzas et de pâtes. La présentation est soignée et les saveurs appétissantes. Menu avantageux. Prépare aussi les petits déjeuners.

La Encantada – *Bolognesi 282 - ✆ (056) 524 316 - www.hotel laencantada.com.pe/restaurante/ home.html - 7h-0h - S/20-40.* Restaurant au décor moderne qui s'efforce de concocter une cuisine créole de qualité, notamment autour du poisson et des fruits de mer. On recommande le *ceviche* ou le poulet au porto. Discothèque.

ACHATS

Céramiques

Taller de Cerámica Andrés Calle Flores – *Pasaje Torrico 240, av. San Carlos (au sud de la ville, de l'autre côté du pont ; prenez un taxi) - ✆ (056) 522 319 - 8h-20h.* La famille Flores façonne des poteries à la manière des anciens Nazcas, sans tour, uniquement à la main et avec des outils de pierre. Le résultat est confondant de perfection. Tobi ou son frère Pepe expliquent les couleurs naturelles utilisées (manganèse, kaolin, oxyde de fer), le polissage à l'obsidienne, la peinture au pinceau et le passage au four. Des pièces sont exposées à la vente, à des prix modiques *(S/50-150).*

ACTIVITÉS

Agence de voyages

Alegría Tours – *Lima 166 - ✆ (056) 522 497 - www.alegriatoursperu.com.* Partenaire de la compagnie aérienne Alas Peruanas, cette agence sérieuse propose, outre le survol des lignes *(journée package à 150 $)*, des tours pour visiter les ruines de Cahuachi *(4h - 20 $)*, la nécropole de Chauchilla avec les ateliers de poterie et de chercheurs d'or, voire, pour les plus audacieux, une excursion pour aller dévaler en sandboard le cerro Blanco (dune de 2 078 m de haut, la plus haute du monde).

Cordillère centrale 6

À 467 km au sud-est de Lima :

À 92 km au sud-est de Huancavelica :

La forteresse de Sondor dans l'Apurímac.

Bjorn Svensson/AGE Fotostock

A
HUÁNUCO
LA MERCED, SAN RAMÓN
B
HUACHO
1
2
Canta
La Oroya
Tarma
3070
20A
5S
18
Abra del Ticlio
4758
20
3S
Jauja
Matucana
3S
Santa Rosa de Ocopa
Chosica
3B
Ferrocarril Central Andino
Concepción
20
Huancayo
Lima
5897
Río Mala
22
Yauyos
Río Mantaro
3S
Pampas
1S
Río Cañete
Puente de Izcuchaca
Malá
Cordillera Yauyos
La Esmeralda
Huancavelica
Cordillera de Chonta
3A
22
Quilmaná
Lunahuana
Altiplano de Pucapampa
Lircay
Abra Chonta
4853
579
Laguna de Orcococha
Laguna de Choclacocha
1S
Santa Inés
OCÉANO PACÍFICO
Chincha Alta
Ticrapo
3A
4750
Abra Apacheta
Tambo Colorado
Pámpano
Islas Ballestas
Pisco
24A
Río Rumichaca
24
1S
Córdova
Ica
N
Reserva Nacional de Paracas
Carhua
A
NAZCA
B

CORDILLÈRE CENTRALE

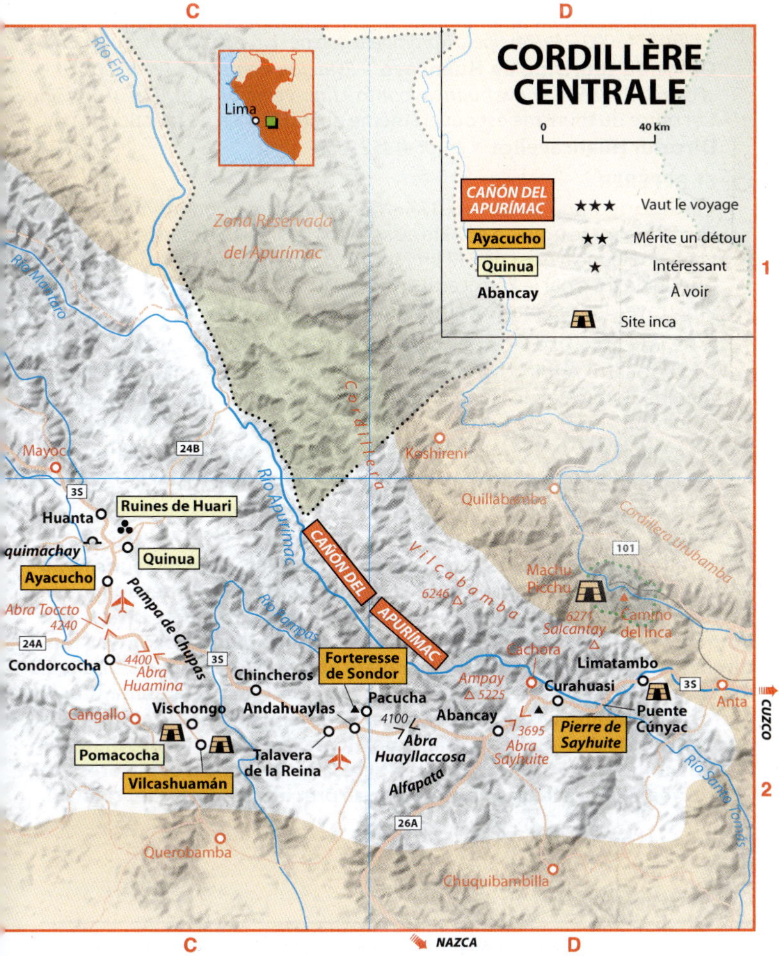

De Lima à Huancavelica

Départements de Junín et de Huancavelica

NOS ADRESSES PAGE 382

S'INFORMER

Office du tourisme de Lima (Centre) – *Pasaje Escribanos 145, plaza de Armas - ✆ (01) 574 8000 (24h/24) - iperu@promperu.gob.pe - lun.-sam. 9h-19h (voir p. 152).*
Office du tourisme de Huancayo – *Estación Central, jr. Pachitea 201 - ✆ (064) 219 851 - www.huancayo.info - lun.-vend. 8h-13h, 14h30-17h30.* Cet office du tourisme est ouvert même quand le train ne fonctionne pas.
Dircetur Huancavelica – *✆ (064) 452 938.*

SE REPÉRER

Carte de région AB1, p. 376-377 – *Carte Michelin National 763 EH12/13.* Huancavelica se trouve à 467 km au sud-est de Lima. La distance qui sépare Lima de Huancayo est de 317 km, soit 6h de route par la Carretera central ou 10h de train par le Ferrocarril Andino (alt. max : 4 786 m). Il reste 150 km (4h30 avec le Tren macho) entre Huancayo et Huancavelica.

À NE PAS MANQUER

Le Ferrocarril Andino ; le couvent de Santa Rosa de Ocopa, à Jauja ; le marché dominical de Huancayo ; le trajet du Tren macho de Huancayo à Huancavelica.

ORGANISER SON TEMPS

Attention, le Ferrocarril Andino fonctionne seulement quelques jours par mois et ce pendant la saison sèche. Prévoyez de le réserver très en avance.

L'itinéraire Lima-Huancavelica fut l'un des grands classiques du tourisme au Pérou jusque dans les années 1990, date à laquelle l'insécurité provoquée par la guérilla du Sentier lumineux, mais aussi l'abandon progressif (surtout pour des raisons économiques) du train « le plus haut du monde » rendirent le trajet beaucoup moins attrayant et en même temps plus risqué. Cette époque noire est aujourd'hui révolue et, face à la demande, le Ferrocarril Andino a repris du service, pour le plus grand bonheur des amateurs de trains. Au bout de la ligne, Huancayo reste l'un des marchés les plus colorés du Pérou. Également accessible par une très pittoresque voie ferrée, Huancavelica a conservé à peu près intact son cachet colonial.

Découvrir

DE LIMA À HUANCAYO

Entre Lima et Huancayo, le voyage en **Ferrocarril Andino** *(1 journée)*, l'un des trains les plus hauts du monde, demeure une expérience unique. Cependant, par la route, les *colectivos* ou les autobus interrégionaux permettent de vous arrêter au gré de vos envies.

★ Chosica

À 42 km à l'est de Lima. Alt. 860 m. 169 359 hab.

Cette agréable localité fait figure de station climatique où accourent les gens de la capitale en hiver. Le soleil brille quasiment toute l'année. Le charme de Chosica réside surtout dans sa vaste plaza de Armas ombragée, à partir de laquelle une promenade piétonne ornée de jets d'eau mène à une grande statue du Christ.

Le Ferrocarril Andino.
M. Chédel

Dans les alentours, *parques recreacionales* (clubs de loisirs) et restaurants champêtres, très fréquentés le dimanche, offrent aux habitants de la capitale le calme et la verdure dont ils sont cruellement privés en semaine.

Matucana

À 84 km à l'est de Lima. Alt. 2 390 m. 3 721 hab.

Autre station d'altitude située dans le paysage sauvage de la haute vallée du Río Rímac. On y trouvera nombre d'hôtels et de restaurants en plein air où l'on pourra déguster, entre autres, la fameuse *pachamanca*, assortiment de viandes et de légumes cuits sous des pierres chaudes.

Passé San Mateo et ses sources d'eau minérale, la route entame une rude montée vers la cordillère. Au passage, on peut apercevoir un grand drapeau du Pérou en métal, au sommet du mont Meiggs, sous lequel a été percé le tunnel de Galera (1 175 m de long), le plus haut point de la ligne de chemin de fer (alt. 4 786 m). À 157 km de Lima, route et chemin de fer franchissent le **col du Ticlio** (4 758 m) avant d'entamer la descente vers La Oroya.

La Oroya

À 189 km à l'est de Lima. Alt. 3 755 m. 31 437 hab.

Cette localité industrielle (qui fait malheureusement partie des sites les plus pollués de la planète) s'est développée autour de la plus grande usine sidérurgique du Pérou, située au confluent des *ríos* Yauli et Mantaro. À partir d'ici, route et chemin de fer bifurquent vers Junín et Cerro de Pasco, le grand centre minier qui alimente La Oroya.

★ Jauja

À 267 km à l'est de Lima. Alt. 3 230 m. 15 029 hab.

Dans le paysage verdoyant de la vallée du Río Mantaro, cette jolie petite ville fut la première capitale du Pérou entre 1532 et 1535, avant que Francisco Pizarro ne décidât de l'installer à Lima. Elle joua un rôle important dans la conquête du Pérou : fief de la tribu des Huancas, qui s'étaient rebellés contre les Incas, elle se trouvait sur la route de Cajamarca à Cuzco, empruntée par les Espagnols. Plusieurs batailles y furent livrées, d'abord entre Huancas et Incas,

LE 2e TRAIN LE PLUS HAUT DU MONDE

Trait d'union entre Lima et Huancayo, au cœur de la cordillère, le **Ferrocarril Central Andino** a bien failli disparaître. Ces dernières années, ce train mythique ne circulait plus qu'épisodiquement et la ligne semblait vouée aux seuls convois de marchandises. Sa résurrection, en juin 2007, est due à la privatisation du FCC (Ferrocarril Central del Perú). C'est un ingénieur de San Francisco, Henry Meiggs (1811-1877), qui fut chargé des travaux. Il aurait répondu au président Balta qui le questionnait sur la faisabilité de l'ouvrage : « Je poserai des rails jusqu'où un lama peut grimper. » Pour mener à bien l'entreprise, on embaucha 10 000 ouvriers, parmi lesquels 5 000 coolies chinois venus de Macao. Commencée en janvier 1870, la ligne n'atteignit La Oroya qu'en 1893, et le premier service de voyageurs Lima-La Oroya-Huancayo fut enfin inauguré le 22 septembre 1908. D'une pente moyenne de 4,5°, les 335 km de rails sont jalonnés de 69 tunnels, 58 ponts et 6 zigzags. Parmi ces ponts, les plus spectaculaires sont le Carrion Bridge de 174 m de portée et de 76 m de haut, qui surplombe les gorges de Verrugas, et surtout le pont Infiernillo, aux poutrelles métalliques rouges, qui inspira Hergé dans *Tintin et le Temple du Soleil*.

ensuite entre Incas et Espagnols, auxquels s'étaient ralliés les Huancas, croyant que ces hommes blancs et barbus, montés à cheval, les libéreraient du joug inca. Jauja possède un petit **musée archéologique** où sont rassemblés des monolithes de la culture huari. Sur les collines dominant la ville, on trouve des vestiges de dépôts construits au temps des Incas, ainsi que les ruines de l'ancienne capitale huanca, Hatunsausa, faite de plusieurs centaines de petites constructions en pierre, de forme circulaire.

★ Couvent Santa Rosa de Ocopa

Merc.-dim. 9h-12h, 15h-18h - visite guidée (45mn) - S/5.

Du bourg de Concepción *(20 km après Jauja)*, une route de 5 km mène vers ce monastère franciscain, l'un des plus beaux couvents du Pérou central. Il fut fondé en 1725 pour accueillir les frères qui se préparaient à aller évangéliser les Indiens de la forêt amazonienne. Outre ses quatre cloîtres, il est surtout réputé pour sa magnifique **bibliothèque** de 25 000 volumes et son **musée d'histoire naturelle**, qui rassemble une importante collection d'animaux et d'insectes amazoniens.

HUANCAYO

À 302 km à l'est de Lima. Alt. 3 261 m. 466 346 hab.

Bien que fondé à la fin du 16e s., cet important carrefour commercial de la Cordillère centrale n'a pas conservé de monuments remarquables. L'intérêt de la ville réside surtout dans sa fastueuse **foire du dimanche** *(feria dominical)*. On peut en effet s'y procurer, à bon prix, nombre de créations artisanales : chapeaux, articles en cuir, tissus et ponchos en alpaga, couvertures et tapisseries colorées de San Pedro de Cajas, poteries d'Aco, broderies de Sapallanga, objets en bois sculpté de Molinos, argenterie fine de San Jerónimo de Tunán et surtout les fameux *mates burilados* (calebasses finement peintes et gravées), de toutes formes et de toutes tailles.

★ HUANCAVELICA

À 520 km au sud-est de Lima et à 150 km au sud de Huancayo. Alt. 3 680 m. 33 938 habitants.

Enserrée dans la montagne, cette petite ville de la Sierra centrale du Pérou fut « refondée » par les Espagnols en 1571 sous l'impulsion du vice-roi Francisco de Toledo, sous le nom de Villa Rica de Oropesa. Au temps de la colonie, elle était célèbre pour ses mines d'argent et de mercure. Tous les ans, le mercure de Huancavelica était expédié vers le port de Chincha, puis vers celui d'Arica. De là, il était transporté à dos de lama jusqu'à Potosí pour permettre l'extraction par amalgame de l'argent des riches gisements boliviens. Aujourd'hui encore, et grâce à son isolement dans la Sierra centrale, ce vieux centre industriel des 16e et 17e s. a conservé presque intact son aspect rustique d'ancienne ville minière.

Sur la plaza de Armas, faisant face à l'ancien *cabildo* (municipalité) datant de la colonie, la **cathédrale**, à la robuste façade du 17e s., renferme un somptueux mobilier: retables baroques, chaire en bois sculpté et surtout un autel qui compte parmi les chefs-d'œuvre d'art colonial au Pérou.

D'autres églises sont intéressantes: **San Francisco**, qui ne compte pas moins de onze retables de bois sculpté, et **San Sebastián**, pour son somptueux plafond à caissons décoré à la feuille d'or.

★★ DE HUANCAVELICA À AYACUCHO

Circuit de 273 km. Comptez 10-12h.

La route de Huancavelica à Ayacucho par Santa Inés n'est pas facile mais vaut la peine d'être tentée. Elle traverse des paysages de toute beauté, dont l'**altiplano de Pucapampa**, la **cordillera de Chonta** que l'on franchit par le col du même nom (4 853 m) et les magnifiques **lagunas de Choclacocha** et **Orcococha**, fréquentées par des troupeaux de lamas et d'alpagas. Ce haut plateau est d'ailleurs appelé la « région des lacs », la plupart étant reliés entre eux par des rivières souterraines qui donnent naissance au Río Pampas, affluent de l'Apurímac.

Entre les deux lacs se trouve le petit village de **Santa Inés** *(à 77 km de Huancavelica)*, d'où part à droite une route redescendant vers Pisco par Castrovirreyna. À gauche, on monte vers Rumichaca, située au carrefour de la vía de Los Libertadores *(125 km)*, où l'on attendra un bus montant de Lima vers Ayacucho *(115 km supplémentaires)*.

Le point culminant du parcours est l'**abra Apacheta★** (4 750 m), l'un des cols asphaltés les plus hauts du monde, où les rochers aux couleurs arc-en-ciel répondent aux eaux violettes de la rivière.

On peut faire plus court en allant jusqu'à Lircay (3h de route pour 65 km !), puis tenter la mauvaise piste qui descend vers Ayacucho, à 140 km de là (beaucoup plus hasardeuse et nettement moins fréquentée). Mais il faudra encore changer de véhicule à Julcamarca, petit village situé à mi-chemin entre Lircay et Ayacucho. Comptez une bonne journée pour réaliser ce périple.

La troisième option est de revenir en arrière jusqu'à Mariscal Caceres (aussi nommée La Mejorada) pour reprendre à droite la route 3S qui relie directement Huancayo à Ayacucho, via La Esmeralda, Mayoc et Huanta (235 km au total). Elle est fréquentée par quelques compagnies d'autobus régionaux qui font halte à cet endroit et mettent entre 8 et 10h pour couvrir le parcours !

LE TREN MACHO

La ligne Huancayo-Huancavelica est magnifique: la voie ferrée longe l'étroit défilé creusé par le Río Mantaro *via* 38 tunnels et 15 ponts. Il traverse de pittoresques villages. À 79 km de Huancayo, on aperçoit à droite le fameux **puente de Izcuchaca**: d'abord pont suspendu établi par les Incas, il fut remplacé par la belle arche de pierre qui enjambe les flots du Mantaro, construite par les Espagnols au 17e s. Plus tard, il fut l'objet de combats pendant la guerre d'indépendance.

NOS ADRESSES DE LIMA À HUANCAVELICA

INFORMATIONS UTILES

Bon à savoir – Il n'y a pas à Huancavelica de changeurs ambulants comme dans d'autres villes du Pérou, il faudra donc se rendre dans les quelques banques situées dans le Jr. Arica *(entre la Pl. de Armas et la Pl. Bolognesi)*. Le taux qui y est pratiqué n'est pas très intéressant. Mieux vaut donc changer de l'argent à Huancayo.

TRANSPORTS

Train – Huancayo possède deux gares non connectées entre elles. Pour la **ligne Lima-Huancayo**, le **Ferrocarril Andino** s'arrête à la **Estación Central** *(Av. Ferrocarril s/n)*. Attention le train ne fonctionne qu'en dehors de la saison des pluies, c'est-à-dire de début avr. jusqu'à mi-nov. et de façon très limitée.
De Lima en moyenne 2 départs par mois. Généralement les vend. et sam. à 7h (arrivée à 19h). Pour le train du retour Huancayo-Lima : 1 à 3 fois/mois le dim. à 18h (donc de nuit) ou le lun. à 7h.
Réserv. et achat de billets à Lima : **FCCA** (Ferrocarril Central Andino) - *Av. José Galvez Barrenechea 566, 5e étage, San Isidro - (01) 226 6363 - reservas@fcca.com.pe - www.ferrocarrilcentral.com.pe.* Aller simple : S/120 (AR : S/195) en *coche clásico* et S/235 (AR : S/350) en *coche turístico* (voitures de 1re classe avec sièges inclinables, restaurant, arrêts touristiques et, comme par le passé, la traditionnelle infirmerie avec bonbonne d'oxygène : il ne faut pas oublier que le point culminant du parcours est à 4 786 m d'altitude…).
Bon à savoir – L'intérêt du *coche turístico* est de pouvoir librement circuler dans le train et de pouvoir prendre des photos en extérieur. Inutile d'acheter un AR, 12h à l'aller vous suffiront !
Pour la **ligne Huancayo-Huancavelica**, le **Tren macho** passe par la gare de **Chilca** *(Av. Leoncio Prado, cuadra 12, au sud de Huancayo - (064) 216 662 - www.english.huancavelica.com).* Ouvert aussi seulement pendant la saison sèche d'avr. à nov. Après une immobilisation prolongée suite à de sérieux éboulements le *Tren macho* reprend du service. Un train quotidien est désormais assuré (sf le merc.). Départ à 6h30 (5h30 de trajet) et retour à 14h. Comptez S/9 ou S/13 avec le buffet *(buffet coche).*
Bus – Nombreuses liaisons Lima-Huancayo, notamment par **Cruz del Sur** *(Jr. Ayacucho 281-287 - (064) 235 650 - 7-8h de trajet de jour ou de nuit - env. S/75).*
De **Huancayo** pour **Ayacucho** : la compagnie de bus **Molina** *(Jr. Angaraes 334, Huancayo - (064) 224 501)* assure 3 départs quotidiens à 8h, 20h30 et 21h *(trajet de 9-10h - S/40).* Selon la saison et l'état des routes le bus modifie ses itinéraires. Lors de la saison humide, il passe par Santa Inés. Renseignez-vous.
Pour **Huancavelica** : la compagnie de bus **Ticllas** *(Av. Ferrocarril 1590 - (064) 201 555)* assure des départs réguliers de 4h45 à 22h *(trajet de 3-4h - S/15).*

VISITE

Agence de voyages

Peruvian Tour – *Plaza Constitución 122, 2e étage - (064) 213 069.* Service amical et sérieux pour visiter la ville et ses alentours.

HÉBERGEMENT

Huancayo

Bon à savoir – Le marché du dimanche attire du monde à Huancayo. Pensez à réserver votre chambre dès votre arrivée.

PREMIER PRIX

Hotel Los Balcones – *Jr. Puno 282 - (064) 211 041 - www.losbalconeshuancayo.com - CC - 32 ch. : S/70-90.* Cet hôtel moderne aux chambres bien agencées est probablement le plus courtisé de la ville. Il est donc recommandé de réserver. Accès Internet. Bon restaurant.

Susan's Hotel – *Calle Real 851 - (064) 202 251 - www.susanshotel.com - CC - 28 ch. : S/70-90.* Situé à mi-chemin entre la place centrale et les gares routières, l'hôtel dispose de chambres confortables et pratiques. Dommage que l'insonorisation résiste aussi mal aux claquements de porte. Du café-restaurant situé au 5e étage (ascenseur), beau point de vue sur la ville. Petit-déj. en sus *(S/8)*. Personnel très amical.

BUDGET MOYEN

Hotel Turismo – *Ancash 729 - (064) 231 072 - www.hoteles-del-centro.com/chcsp11.htm - CC P - 60 ch. : S/150.* Situé plaza Huamanmarca, en plein centre-ville, cet établissement à la touche coloniale est un peu guindé, mais ses prestations sont assez soignées. Petit-déj. buffet compris.

Huancavelica

Huancavelica compte quelques petits hôtels bon marché, au confort très sommaire.

POUR SE FAIRE PLAISIR

Hotel Presidente – *Plaza de Armas s/n - (067) 452 760 - huancavelicaes.hotelpresidente.com.pe - CC - 45 ch. : S/200 - petit-déj. inclus.* Les chambres sont fonctionnelles (quelques-unes sans sdb sont moins chères). C'est le meilleur établissement de la ville, installé dans un bel édifice en pierres de taille, près de la cathédrale.

RESTAURATION

Huancayo

BUDGET MOYEN

Olímpico – *Jr. Giraldez 199 - (064) 234 181 - CC - 7h-23h.* Ce restaurant est l'une des institutions de la ville depuis 1941. Il sert d'excellentes spécialités régionales, dont les *papas a la huancaína*, le *lomo fino saltado (S/28)* et le *cuy* (cochon d'Inde) *(S/22,50)*.

Huancahuasi – *Av. Mariscal Castilla 2222, El Tambo - (064) 244 826 - www.huancahuasi.com - CC - tlj sf mar. 8h-19h (jusqu'à 0h le w.-end) - petit-déj. servi de 8h à 11h.* À la carte, plats traditionnels des Andes tels le *piqueo huancahuasi* (à base de cochon d'Inde), le *mondongo* (tripes) ou la *pachamanca* (uniquement le w.-end), le cocktail de truite, l'une des spécialités de la maison.

AGENDA

Huancavelica

Fête des Rois – *6 janv.* Les Rois mages à cheval parcourent le centre de la ville, accompagnés de leurs « esclaves », depuis l'église San Francisco jusqu'à la plaza de Armas.

Fête du Niño Perdido – *14-15 janv.* Le 14, mimodrame joué par des danseurs masqués sur la plaza Santo Domingo. Le 15, sortie de l'Enfant Jésus accompagné de la Vierge et de saint Joseph; procession avec des danseurs déguisés en « nègres ».

Fête de San Sebastián – *20 janv.* Bataille simulée de « Moros y Cristianos » (Maures et Chrétiens) à cheval, avec costumes et danses.

Semaine touristique – Généralement à cheval sur la dernière semaine de septembre et la première semaine d'octobre.

Ayacucho et sa région

★★

Alt. 2 760 m – 199 761 habitants – Capitale du département d'Ayacucho

NOS ADRESSES PAGE 393

S'INFORMER

iPerú – *Plaza de Armas, Portal municipal 45 - ✆ (066) 318 305 - iperuayacucho@promperu.gob.pe - www.ayacuchoperu.com/ayacucho/turismo/, www.helloayacucho.com ou www.regionayacucho.gob.pe - lun.-sam. 9h-18h, dim. 9h-13h ; aeropuerto Alfredo Mendívil Duarte - iperuayacuchoapto@promperu.gob.pe - horaires selon les vols.*

SE REPÉRER

Carte de région C2, p. 376-377 - plan de ville, p. 386 – *Carte Michelin National 763 H14.* Ayacucho se trouve à 740 km au sud-est de Lima et à 611 km au nord-ouest de Cuzco (via Andahuaylas et Abancay).

À NE PAS MANQUER

Les fêtes de la Semaine sainte, les plus ferventes du Pérou ; la balade entre la plaza de Armas et le marché, très coloré ; une excursion vers le village inca de Vilcashuamán.

ORGANISER SON TEMPS

Pour la Semaine sainte d'Ayacucho, réservez votre hébergement au moins deux ou trois mois à l'avance.

À l'écart des grands circuits classiques, une escapade vers Ayacucho permet de traverser les paysages magnifiques de la Cordillère centrale pour découvrir l'une des villes les plus attachantes du Pérou. Véritable joyau d'art colonial, avec ses trente-huit églises et couvents, elle offre également un artisanat et des manifestations folkloriques remarquables, ainsi que des sites archéologiques importants à proximité. Pourtant, c'est surtout la ferveur et le spectacle impressionnant des festivités de la Semaine sainte – réputées dans tout le pays – qui auraient dû faire d'Ayacucho l'un des principaux pôles touristiques du Pérou. Mais son isolement et surtout les terribles années 1980-1990, lorsqu'elle était le fief de la guérilla du Sentier lumineux, ont dépeuplé ses campagnes, provoquant un exode rural massif. Longtemps déshéritée, la région se remet peu à peu des épreuves et des souffrances qu'elle a subies.

Se promener Plan de ville p. 386

★★ PLAZA DE ARMAS A2

La place d'Armes constitue un ensemble homogène de bâtiments datant des 16e et 17e s. Elle est entourée d'arcades de pierre, coiffées au second niveau par un toit de tuiles rouges. En son centre trône la statue équestre du *libertador* Antonio José de Sucre, laquelle commémore la bataille d'Ayacucho.

Une rue du centre d'Ayacucho.
Alexander Pöschel/imagebroker/AGE Fotostock

Construite au 17e s., la **cathédrale** *(lun.-sam. 17h-19h, dim. 9h-10h, 17h-19h)* arbore une façade de transition entre Renaissance et baroque. Tranchant sur la sobriété extérieure, les dix retables en bois doré conservés à l'intérieur rivalisent d'exubérance, en particulier celui du maître-autel, entièrement couvert à la feuille d'or.

Jouxtant la cathédrale, l'université **San Cristóbal de Huamanga** fut fondée en 1677. Abimael Guzmán y fut professeur de philosophie et fonda ici le mouvement du Sentier lumineux en 1976, avant de devenir le « Président Gonzalo » et de disparaître dans la clandestinité.

Au nord de la place (portal Unión) et au coin de la rue Asamblea, l'une des plus belles demeures coloniales d'Ayacucho, la **casa Velarde Álvarez** a fait l'objet d'une campagne de restauration magistrale. Elle voisine avec l'**église San Agustín** annexée à un couvent fondé en 1637. De l'autre côté du portal Unión, toujours au nord de la place, la **casa Chacón**, belle demeure coloniale du 17e s. qui abrite aujourd'hui différents établissements bancaires.

LE RECOIN DES MORTS

Connue à l'époque préhispanique sous le nom de **Huamanga**, Ayacucho fut avant la domination des Incas le berceau de la puissante et belliqueuse nation des Chancas. Le nom d'Ayacucho dériverait du quechua « Ayaq k'uchun » (recoin des morts), en souvenir d'une terrible bataille où les Incas écrasèrent les Chancas. La ville espagnole fut fondée par Pizarro en 1539. Plus près de nous, c'est sous les murs de la cité que se déroula la fameuse **bataille d'Ayacucho**, le 9 décembre 1824. Ce jour-là, l'armée d'émancipation péruvienne, forte de 6 000 hommes conduits par Antonio José de Sucre, originaire du Venezuela, défit les troupes royalistes espagnoles commandées par le vice-roi José de La Serna. Celui-ci rédigea sur le champ de bataille l'acte de capitulation en vertu duquel l'Espagne reconnaissait l'indépendance du Pérou, proclamée trois ans auparavant par José de San Martín.

À l'ouest (portal Constitución), la préfecture occupe la **casa Boza y Solis**, dont le portail du 17e s. s'ouvre sur un patio orné d'une fontaine. Ici, María Parado de Bellido, l'une des héroïnes de l'indépendance du Pérou, fut emprisonnée avant d'être fusillée le 1er mai 1822.

Au sud (portal Independancia) se trouve le **museo de Arte popular Joaquín López Antay** *(entrée libre)*, transféré récemment de la Casa Chacón. Ce musée, aujourd'hui un espace peu amène, porte pourtant le nom d'un grand artiste péruvien, qui fut l'un des maîtres du retable d'Ayacucho *(voir p. 388)*.

Toutes les expressions de l'artisanat d'Ayacucho sont là, mal présentées, mais représentées : retables fourmillant de personnages peints de couleurs vives, santons, sujets en albâtre, argenterie, céramique de Quinua...

LE LONG DE JIRÓN 28 DE JULIO

À une *cuadra* en retrait de la plaza de Armas, l'**église Santo Domingo** *(Jr. 9 de Diciembre - 9h-11h, 16h-19h)* (A1), érigée vers 1550, est la plus élégante et la plus originale d'Ayacucho. Sur la façade se détachent trois arches surmontées d'une galerie où, dit-on, prenaient place les membres du tribunal de l'Inquisition lors des autodafés.

En allant vers le marché, dans la première *cuadra* du jr. 28 de Julio, la **casa Olano** (A2) est un bel exemple d'architecture de style métis de la fin du 16e s. Elle est l'une des rares demeures coloniales d'Ayacucho à présenter un patio à double galerie de pierre. Le portail est sculpté de motifs andins : serpents, pumas, lézards. Une muraille inca y a été mise au jour lors de sa restauration.

Juste en face, on découvre l'**église de la Compañía de Jesús** (A2), érigée par les jésuites au 17e s. Elle présente une belle façade baroque en pierre et brique, entourée de deux puissantes tours décorées de frises florales.

Juste à côté, le **Centro turístico cultural San Cristóbal** occupe une demeure coloniale, où l'on trouve quelques galeries et des boutiques d'artisanat.

Après avoir franchi un arc monumental de l'époque républicaine, on parvient au **marché** (A2) – toujours animé et très pittoresque – dans lequel on verra quelques stands d'artisanat, mais surtout l'extraordinaire spectacle des marchandes de fromages, vieilles Indiennes en costume et chapeau. Elles posent à côté de leurs pyramides de fromages d'un blanc crémeux (avec ceux de Cajamarca, les fromages au lait de vache d'Ayacucho sont parmi les plus réputés du Pérou).

En face du marché, la façade blanche et assez sobre de l'**église San Francisco de Asís** (milieu du 17e s.) cache l'un des plus vastes ensembles conventuels de la ville.

De l'autre côté, sur une placette, se dresse l'**église Santa Clara**, où vint se retirer en 1575 la fameuse monja Alférez (la nonne-lieutenant), sorte de chevalier d'Éon d'origine basque, qui avait fui le couvent pour venir se battre aux côtés des conquistadors. En 1624, elle retourna en Espagne où elle acheva la rédaction de ses mémoires, *Historia de la monja Alférez*, ouvrage qui appartient aujourd'hui aux classiques de la littérature espagnole.

Toujours dans la rue 28 de Julio, on passe devant une belle demeure coloniale du 18e s., la casona Vivanco *(n° 512)*, à l'ample patio entouré de galeries. Elle abrite le **museo Andrés Avelino Cáceres** *(9h-12h, 14h-18h - S/2)* (A3), consacré à la peinture religieuse et au mobilier de l'époque coloniale. Une salle est réservée aux souvenirs de la bataille d'Ayacucho.

En poursuivant toujours tout droit s'ouvre une charmante petite place, ornée d'une fontaine, avec pour toile de fond la rustique façade de l'**église Santa Teresa** (A3), qui marque l'entrée des faubourgs d'Ayacucho.

★ MUSEO ARQUEOLÓGICO HIPOLITO UNANUE B2 en dir.

De la plaza de Armas, suivez la rue Asamblea puis l'av. Independencia qui monte vers l'université. Le musée se trouve 100 m après l'université. Comptez 30mn à pied du centre. Mar.-dim. 9h-13h, 15h-17h - S/2.

Construit à côté des bâtiments modernes de l'université d'Ayacucho, ce très intéressant musée retrace l'histoire des cultures qui se sont succédé dans la

Des artisans dans la montagne

LES POTIERS DE QUINUA

De toutes les régions du Pérou, Ayacucho est certainement l'une de celles qui possèdent les plus riches traditions artisanales, notamment dans le domaine de la céramique, dont le principal centre se trouve à Quinua, à 37 km au nord d'Ayacucho *(voir p. 390)*. Le savoir-faire des potiers remonte à l'âge précolombien. Cette longévité s'explique à la fois par la position stratégique de Quinua dans la vallée d'Ayacucho, laquelle relie les Andes du centre et du sud, et par la situation économique des populations locales, qui trouvent dans la vente des céramiques un complément essentiel à leur subsistance.

LE RETABLE EN BOIS PEINT

Autre grande spécialité artisanale d'Ayacucho, le retable en bois peint est généralement orné d'un décor de motifs floraux rouge et bleu sur fond blanc. À l'intérieur, sur plusieurs niveaux et selon la taille du retable, plusieurs scènes réalisées en pâte vernie fourmillent de personnages : crèches indiennes, scènes de la vie paysanne ou villageoise. Ces retables « laïques » sont de lointains avatars de leur version religieuse, apportée au Pérou par les Espagnols aux 16e et 17e s., en particulier par les missionnaires chargés d'évangéliser les populations indiennes. Au 18e s., les artisans apportent au retable sa spécificité péruvienne : le *cajón de San Marcos*. Il s'agit d'un petit format, généralement réalisé par des artisans métis pour le compte des propriétaires de bétail, dans lequel une scène profane (bergers, animaux) s'inscrit en dessous d'une scène religieuse.

Les maîtres d'Ayacucho

La grande figure du retable d'Ayacucho est **Joaquín López Antay** (1897-1981), dont le grand-père était déjà, au 19e s., un maître du travail sur l'argent. Parmi ses élèves se détache la figure de **Florentino Jimenez** qui inventa une variante « patriotique » du retable, en lui donnant la forme d'un écusson, dans lequel il représente des scènes historiques ou sociales (batailles, travaux des champs, travail dans les mines). Mais l'artiste le plus accompli de cette école est **Jesús Urbano Rojas** (né en 1929), aussi habile à réaliser des grands retables, des santons, que des sujets de terre cuite. En 1963, il fonda sa propre école qui fut officialisée et subventionnée en 1979.

AUTRES TRADITIONS ARTISANALES

Outre la céramique et les retables, Ayacucho possède une intéressante école de **tissus décoratifs**, ornés de motifs géométriques aux couleurs vives ou de paysages andins. Les tisserands d'Ayacucho se regroupent, traditionnellement, dans le quartier de Santa Ana *(voir aussi « Nos adresses » p. 395)*.

Les **santons**, vernis et peints, dérivent de l'art du retable, ainsi que les petits personnages d'une blancheur éclatante, taillés dans la « pierre de Huamanga » (ainsi appelle-t-on localement l'albâtre, du nom préhispanique d'Ayacucho). Les cadres en bois sculpté et doré, le travail de l'argenterie sont également des spécialités locales, tout comme les objets religieux dont l'expression la plus typique est la **Cruz ayacuchana**. Il s'agit d'un crucifix posé sur un socle, où foisonnent une décoration de fleurs, de petits personnages et de symboles magico-religieux du monde paysan.

région depuis la préhistoire. Mais son principal intérêt réside dans sa magnifique **collection de céramiques** de l'époque de Tiahuanaco-Huari.
*En repartant vers le centre-ville, via un combi ou à pied (15mn) gagnez, à l'intersection de l'av. Asamblea, l'av. Quinua. Prenez-la sur votre droite. Vous découvrirez un grand marché d'artisanat couvert (***Galeria central de artisania** *- 9h-18h).*

À proximité Carte de région p. 376-377

Circuit de 75 km AR. Comptez une journée (déjeuner à Quinua).
Les minibus et les colectivos *pour Huanta et Quinua partent de l'av. Mariscal Castilla (trois* cuadras *en descendant du marché) ou du rond-point situé à l'extrémité de l'av. Mariscal Cáceres (à six* cuadras *de la plaza de Armas).*
Au départ d'Ayacucho, la route (en mauvais état) offre sur la droite de belles vues sur la vallée encaissée du Río Occopa, un affluent du Mantaro.

★ RUINES DE HUARI C2

À 22 km d'Ayacucho. Alt. 3 000 m. Prenez un taxi ou un colectivo *pour Quinua, qui dépose à l'entrée du site. Au retour, il faut en arrêter un venant de Quinua (comptez S/5 AR pour Huari, aux alentours de S/10 pour Quinua). 8h-17h - S/5.*
Le site de Huari (ou Wari), dans les hautes terres des Andes centrales, a d'abord été considéré par les archéologues comme un « site-relais » entre la civilisation de Tiahuanaco, pendant son expansion vers la côte, et le reste du Pérou. Cette phase expansionniste (500-700 apr. J.-C.) a donc pris le nom de Tiahuanaco-Huari. Ensuite s'édifie un puissant royaume (700-1000), centralisé et conquérant, dont l'influence s'étend du nord au sud du Pérou. Huari en fut sans doute la capitale: elle aurait alors compté près de 50 000 habitants. Les vestiges actuels révèlent une cité de plan circulaire. Les ruines, très délabrées et envahies par une végétation de maquis et d'épineux, couvrent une superficie de 15 à 20 km², dont seulement une petite partie a été dégagée. À partir du **museo de Sitio**, on peut actuellement accéder à trois secteurs.
Le **Templo mayor** est une structure circulaire encadrée de deux longues murailles creusées de niches sans doute vouées à des rites funéraires.
Dans le **secteur Monqachayuq** ont été dégagées des chambres souterraines aux murs trapézoïdaux, recouverts par des dalles de pierre soigneusement taillées. Sous ces mêmes galeries, au niveau inférieur, des petites constructions aux murs de pierre témoignent des occupations successives de l'endroit.
Le **Cheqo Wasi**, secteur découvert par Julio C. Tello en 1942, devait être le cimetière des dirigeants et des nobles: on y trouve de vastes chambres funéraires à plusieurs étages, coffrées par de grandes pierres rectangulaires, finement taillées et polies.

NOS ANCÊTRES LES HUARPAS

Entre 500 av. J.-C. et 500 ou 600 apr. J.-C. s'est développée dans la région d'Ayacucho la culture huarpa, du nom de la rivière sur les bords de laquelle elle prospéra. Cette culture s'étendit jusqu'à la région de Huancavelica à l'ouest, engloba la vallée du Río Mantaro au nord, celles des affluents du Río Apurímac à l'est et la région du Río Pampas au sud. Bien avant les Incas, les Huarpas construisirent des terrasses agricoles à flanc de montagne, des canaux d'irrigation et des citernes pour les alimenter, ainsi que des silos en pierre destinés à conserver les récoltes. Ils abandonnèrent l'habitat dispersé au profit d'un type d'agglomération plus dense. La culture huarpa servit de fondement au développement ultérieur de l'empire huari, qui rayonna sur l'ensemble du Pérou, à partir du site éponyme, proche d'Ayacucho.

★ QUINUA C2

À 37 km au nord-est d'Ayacucho. Alt. 3 300 m.
Typique village andin niché dans un beau paysage de champs et de bosquets d'eucalyptus, Quinua est célèbre au Pérou pour son artisanat de **céramique** rougeâtre qui donne lieu à une grande variété de formes et de motifs : taureaux, églises, candélabres, plats, cènes, personnages de la crèche, muletiers, musiciens… Les nombreux ateliers de poterie ont pignon sur rue et vendent leur production à des prix très inférieurs à ceux des boutiques d'Ayacucho et de Lima. Les maisons de Quinua présentent toutes, au faîte de leurs toitures en tuiles rouges, de petites figurines en céramique disposées en guise d'offrandes. Sur la place principale, un petit **museo de Sitio** est consacré aux souvenirs de la bataille d'Ayacucho.
À la sortie du village, la route monte jusqu'à la **pampa de Quinua**, vaste plateau herbeux entouré de *cerros* à 3 400 m d'altitude, qui fut le théâtre de la bataille d'Ayacucho en 1824 *(voir l'encadré p. 385)*. En son centre a été érigé en 1974 un grand obélisque commémoratif en pierre blanche. Le socle est décoré d'une statue représentant Sucre et ses généraux, surmontée d'un médaillon à la gloire de Simón Bolívar.

LA ROUTE DE HUANTA C2

En empruntant la même route au départ d'Ayacucho, un peu avant le village de Pacasaya, une bifurcation mène à gauche vers Huanta.
De cette route, 7 km plus loin, un chemin sur la gauche conduit à la **cueva de Piquimachay** (alt. 2 850 m). Découverte par l'archéologue américain Richard Mac Neish, cette grotte a livré un important lot d'outils lithiques, des restes d'ossements humains et d'animaux préhistoriques, tels le tigre aux dents de sabre et le paléo-lama.

Huanta

À 48 km d'Ayacucho. Alt. 2 628 m. 35 248 hab.
Cette petite capitale de province est appelée l'« Émeraude des Andes » en raison de sa large et verte vallée, baignée par le Río Huarpa. Difficile d'imaginer que cette tranquille petite cité ait pu être l'un des fiefs de la guérilla du Sentier lumineux dans les années 1980. Elle possède une belle plaza de Armas, à l'allure méridionale, entourée d'arcades et ombragée de hauts palmiers. Des religieux français, les Pères rédemptoristes, y firent construire en 1904 l'église du **Sagrado Corazón de Jesús**, dans un style néogothique dont on ne trouve que quelques rares exemples au Pérou.

L'HOMME DE PIQUIMACHAY

Vers 200 000 avant notre ère, la région d'Ayacucho était peuplée par des groupes de chasseurs nomades. Entre 4500 et 3500 av. J.-C., l'homme de Piquimachay se fixa sur les bords du Río Huarpa, un affluent du Mantaro. Il domestiqua, outre le lama, le cochon d'Inde *(cuy)* à la viande savoureuse, et cultivait le quinoa, la calebasse, le *mate*, le piment et l'*achiote*, graine rouge utilisée comme colorant. À partir de 2500 av. J.-C., de petites communautés d'agriculteurs s'établirent sur les rives des *ríos* Huarpa et Mantaro, où elles prospérèrent. C'est vers cette date qu'on estime l'apparition, dans la région d'Ayacucho, de la céramique, du tissage, ainsi que les premières traces d'agglomérations sédentaires en dur.

Brebis au pâturage à Choclocha.
S. Torrione / Hemis.fr

★★ VERS VILCASHUAMÁN C2

Circuit de 240 km AR. Alt. maxi : 4 240 m. Les agences de tourisme d'Ayacucho proposent ce circuit en minibus (sous réserve d'un nombre suffisant de participants) pour 25 $ env., guide en espagnol seulement. Départ de la plaza de Armas. Comptez 1 bonne journée (déjeuner à Vilcashuamán).

Sur tout le parcours, la route, parfois très dégradée, présente de fortes déclivités et des courbes très resserrées, tutoyant d'insondables précipices. La sortie d'Ayacucho se fait par la route de Cuzco et entame une vertigineuse montée en lacets à flanc de montagne. En s'élevant, on découvre des vues prodigieuses sur les canyons des *ríos* Occopa et Huatatas, sorte de chaos géographique entrecoupé de failles et de gorges profondes, tandis que l'horizon, au nord, est entièrement barré par la masse colossale de la Cordillère centrale. Après 1h de route, on parvient à une succession de petits plateaux agricoles, peuplés de rares cabanes : c'est la **pampa de Chupas**, là même où, le 15 septembre 1542, se livra la bataille de Chupas entre les forces du vice-roi Vaca de Castro et les troupes de **Almagro El Mozo**, fils de Diego de Almagro (l'ancien associé de Francisco Pizarro). Le parti des almagristes, qui voulait s'affranchir de la tutelle royale espagnole et s'emparer des richesses du Pérou, fut battu et ses chefs exécutés. Quelques centaines de survivants de l'armée d'Almagro parvinrent à s'enfuir vers le sud *(voir l'encadré p. 392)*.

La montée se poursuit encore jusqu'à l'**abra Toccto** (4 240 m, *à 41 km d'Ayacucho*), où la route vers Cuzco bifurque vers l'est. En longeant de nouveaux précipices, on parvient au petit **lac de Condorcocha**, où on laisse à droite la route de Cangallo *(à 60 km au sud d'Ayacucho)*.

★ Pomacocha

À 103 km au sud-est d'Ayacucho (3h) et à 5 km de Vischongo (15mn). Alt. 3 126 m.

Peu avant d'arriver à Vischongo, une mauvaise piste mène à droite vers la **laguna de Pomacocha**, plan d'eau artificiel, sans doute aménagé au temps des Incas.

LES MOROCHUCOS, COW-BOYS DES ANDES

C'est vers les lointaines pampas de Cangallo que quelques centaines de fuyards de l'armée d'Almagro le Jeune, battus à Chupas, allèrent trouver refuge en 1542. Redoutant la vengeance des forces royales, ils y demeurèrent et fondèrent le village de Cangallo au bord du Río Pampas, où ils firent souche : on rencontre encore dans la région de Cangallo des hommes à la peau claire, aux yeux bleus et aux grandes barbes, les Morochucos. Plus guerriers qu'agriculteurs, ils laissèrent aux Indiens le soin de cultiver la terre pour se consacrer à l'élevage, et formèrent une caste de *gardians* ou de *gauchos* un peu bohèmes, inséparables de leurs chevaux, grands buveurs d'*aguardiente* et habiles à trousser des ballades sur leurs guitares… Leurs vêtements sont adaptés au froid des Andes. Ils portent des chapeaux à bords plats semblables à ceux des *gauchos* argentins, au-dessous desquels ils ajoutent un *chullo* (bonnet) et une écharpe en alpaga. Sur le torse, ils arborent un gilet noir ou gris sous un poncho et, aux pieds, des bottes à éperons montant jusqu'aux genoux. Comme les *gauchos* d'Argentine et de Bolivie, les *vaqueiros* du Brésil ou les *llaneros* de Colombie, ces cow-boys organisent régulièrement des rodéos ainsi que des corridas durant les fêtes. À Ayacucho, le samedi de Pâques, ils procèdent à un lâcher de taureaux dans les rues de la ville.

Adossé à une colline, face au lac, se dressait un centre cérémoniel dont on peut encore voir d'intéressants vestiges. Le mieux conservé est l'**Intihuatana** (observatoire solaire), élevé sur un *torreón*, grosse construction semi-circulaire dont les murailles, en appareillage typiquement inca, épousent les courbes de niveau du terrain. En contrebas, une belle fontaine inca à double jet d'eau semble la réplique du Tambomachay proche de Cuzco. Plus loin se dressent les vestiges d'un **acclahuasi** (maison de jeunes filles) et du palais de l'Inca. L'ensemble est isolé du lac par un remarquable mur de contention servant de terrasse ou de parapet, qui ne mesure pas moins de 1 500 m de long.

Vischongo

À 98 km d'Ayacucho. Alt. 3 126 m. 1 273 hab.

Occupant un replat sur la vallée escarpée d'un affluent du Río Pampas, dans un décor enchanteur de petites *chacras* (fermes), de bosquets d'eucalyptus et de figuiers de Barbarie, ce village paisible servira de halte pour ceux qui désirent se rendre vers la réserve nationale de la Puya Raimondi de Tikankayuq (*5 km par un sentier*). Occupant une zone de plus de 450 ha, elle est la plus haute (3 400 m) et la plus vaste forêt de puyas *(voir p. 409)* connue au monde.

★★ Vilcashuamán

À 110 km d'Ayacucho. Alt. 3 600 m. 2 952 hab. Plusieurs bus quotidiens pour Ayacucho.

C'est le parfait bout du monde ! La route se termine dans cette agréable bourgade perchée à flanc de colline. Au temps des Incas, elle fut sans doute un important centre administratif et religieux dont il subsiste d'imposants vestiges.

Le plus monumental est l'**Ushno**, exemple quasi unique de pyramide inca, édifiée en quatre terrasses de blocs de granit soigneusement appareillés. La plate-forme supérieure – où est déposé un trône à deux places, taillé dans un seul bloc – est accessible par un escalier monumental, précédé d'une haute porte à encadrement trapézoïdal. Depuis la plate-forme, on aperçoit une esplanade, en partie occupée par les vestiges d'une vaste demeure rectangulaire qui passe pour avoir été une résidence de l'Inca Túpac Yupanqui. Elle est également pourvue de portes trapézoïdales et d'un bâtiment plus petit, qui devait renfermer la garnison. L'esplanade devait être ceinturée d'une enceinte, comme en témoignent une grande porte et des fragments de murailles incas.

À peu de distance, face à la place principale, l'**église coloniale** est assise sur les vestiges du temple du Soleil, en trois terrasses superposées (les fondations de l'église étant encastrées dans la troisième terrasse). La deuxième est ornée de nombreuses niches trapézoïdales ; au milieu, un grand escalier qui dessert les gradins aboutit devant le portail de l'église. Cet ensemble étonnant fait penser au village de Chinchero, près de Cuzco. Sur la place, on verra également un trône de pierre et un monolithe évidé, baptisé « pierre des Sacrifices ».

En remontant la rue derrière l'église, on parvient à un petit enclos où a été mise au jour la **piedra del Vaticino** (pierre des Augures), sorte d'autel incliné et creusé de petits canaux en zigzag se rejoignant au bord de la pierre. Les sillons devaient recueillir le sang d'un lama sacrifié et, suivant sa trajectoire, les prêtres prédisaient les bonnes ou les mauvaises années, les mariages heureux ou malheureux…

Si vous tombez amoureux de Vilcashuamán et décidez d'y séjourner plus longtemps, vous y trouverez deux ou trois hôtels bon marché et quelques petits restaurants.

NOS ADRESSES À AYACUCHO

Plan de la ville p. 386

INFORMATIONS UTILES

Poste – Correo - *Asamblea 295* (B1) - *✆ (066) 312 224 - lun.-sam. 8h-20h.*

Internet – La plupart des cybercafés sont situés plaza de Armas, sous le Portal Constitución.

Urgences / Santé – Hospital regional de Ayacucho - *Av. Independencia 355 - ✆ (066) 312 180 - 24h/24.*

Police – Policía Nacional de turismo - *2 de Mayo 103 - ✆ (066) 317 846 - 8h-21h.*

TRANSPORTS

Avion – Aeropuerto Alfredo Mendívil Duarte - *Av. del Ejército 950 (à 4 km du centre-ville) - ✆ (066) 312 418 - lun.-dim. 6h-18h.* La compagnie **LC Busre** *(Jr. 9 de Diciembre 160 - ✆ (066) 316 012 - www.lcbusre.com.pe)* assure 1 vol quotidien Ayacucho-Lima (départ à 7h05, arrivée à 8h15) ; de Lima, départ à 16h15 et arrivée à 17h15 à Ayacucho.

Bus – Terrapuertos Plaza Wari - *www.terrawari.com.* Le nouveau terminal terrestre se situe à 5 km au nord du centre-ville. *(environ S/7 et 10mn de trajet en taxi).* Avec 32 comptoirs, la majorité des compagnies y sont représentées (Libertadores, Molina, Los Chancas, Reybus, Ayacucho Express…). Certaines possèdent aussi une agence en centre-ville.

Molina Unión - A1 - *Jr. 9 de Diciembre 459-73 - ✆ (066) 319 989.*

Expresso Turismo Los Chancas - B1 - *Pasaje Cáceres n° 150 - ✆ (066) 312 391.*

D'autres ont leur terminal exclusif comme la puissante **Cruz del Sur** *(Mariscal Cáceres 1264 Av. -* A1 *- ✆ (066) 312 813 - 7h-20h30).*

Ayacucho est à 9h de route de **Lima** par la nouvelle route Los Libertadores (qui se détache à Pisco de la route Panaméricaine). Son point culminant est l'abra Apacheta à 4 750 m. Les meilleures compagnies sont **Cruz del Sur** *(départ de nuit à 21h et 22h - 10h de trajet - S/70-100)*, **Empresa Molina** et **Ormeño** *(www.grupo-ormeno.com.pe)*.

La majorité des trajets se déroule de nuit, mais il existe quelques liaisons de jour si vous préférez voir la route spectaculaire.

Vers Andahuaylas (261 km), Abancay (395 km) et **Cuzco** (590 km), la compagnie **Expreso Los Chankas** *(Jr. Pasaje Cáceres nº 150 - B1 - ✆ (066) 312 391)* assure différents départs par jour (7h, 18h40 et 19h10). Pour Andahuaylas, comptez 9h de trajet *(S/35)*. Nous déconseillons de rejoindre Cuzco d'une seule traite (22h de route, sans les arrêts !), alors qu'il y a tant de choses à voir le long de ce magnifique trajet. *(Voir « Au cœur de l'Apurímac », p. 396)*.

HÉBERGEMENT / RESTAURATION

Bon à savoir – Si vous désirez assister aux festivités de la Semaine sainte, réservez votre bus et votre hébergement au moins 4 mois à l'avance. Les prix sont multipliés par 3, voire 4 ou 5, et ce, dans le forfait pratiqué par la majorité des hôtels qui comprend trois nuitées consécutives en pension complète. La chambre double à S/70 passe ainsi à S/650 pour 3 nuits en pension complète…

PREMIER PRIX

El Mesón – B2 - *Arequipa 273 - ✆ (066) 312 938 - www.hotelelmesonayacucho.com - ✕ - 15 ch. : S/45.* Une vieille maison coloniale avec portail de pierre, petite cour, coursives et terrasse donnant sur les toits. Chambres simples et propres.

Hostal Florida – B2 - *Cuzco 310 - ✆ (066) 312 565 - ⊭ - 12 ch. : S/50.* Un petit *hostal* calme et propre, autour de son patio carrelé. Une bonne adresse à petits prix.

Hotel Yañez – A1 - *Mariscal Cáceres 1210 - ✆ (066) 314 918 - http://yanezinn.com - ✕ CC - 18 ch. : S/70.* Ce petit hôtel confortable au personnel dynamique est bien meublé pour sa catégorie. Accès Internet.

Gran Hotel-Restaurante Los Alamos – B2 - *Cuzco 215 - ✆ (066) 326 080 - www.hotellosalamosperu.com - ✕ CC - S/70-100.* Les chambres donnent sur un patio où se trouve le restaurant du même nom disposant d'une bonne carte régionale. Les chambres sont d'un confort modeste.

El Marqués de Valdelirios – A3 - *Alameda Bolognesi 720 - ✆ (066) 318 994 - ⊭ - 14 ch. : S/70-100.* À 10mn de la plaza de Armas, cette belle maison coloniale agrémentée d'un jardin reposant abrite des chambres de taille variable. Les parties communes de cet *hostal* sont plutôt design et le petit déjeuner est servi en terrasse.

Santa María – B2 - *Arequipa 320 - ✆ (066) 314 988 - ✕ CC - 22 ch. : S/100-130.* Édifice moderne, belles chambres confortables et terrasse sur le toit.

BUDGET MOYEN

Santa Rosa – A2 - *Lima 166 - ✆ (066) 314 614 - www.hotel-santarosa.com - CC - 20 ch. S/115-140.* Tout près de la plaza de Armas, cet hôtel possède des chambres spacieuses mais sombres qui sont disposées autour d'un vaste et élégant patio, au rdc ou à l'étage.

Salles de bains vieillottes mais bon petit déjeuner, servi dès 7h, avec un bruit qui rend toute grasse matinée impossible. Accès Internet. Service inégal.

Via Via – A2 - *Portal Constitución n° 4, Plaza de Armas - ✆ (066) 312 834 - www.viaviacafe.com -* ✕ ▭ *- 10 ch. : S/25-130 (du dortoir à la suite).* Au cœur de la plaza de Armas, cet hôtel très bien entretenu (le label Via Via essaime dans le monde entier) dispose d'une belle terrasse dominant la place. Idéal pour le petit-déj., mais aussi pour prendre un repas complet *(S/9)*. En plus de leur élégance, chaque chambre est décorée selon une thématique géographique (Asie, Europe…). L'hôtel possède également un dortoir *(S/30/pers.)*. Excellente adresse.

ACHATS

Poteries – En descendant le jr. Grau après le marché, une montée assez raide conduit au très pittoresque **barrio Santa Ana** (A3), le quartier des artisans et des potiers d'Ayacucho, où vous trouverez bon nombre de boutiques, d'échoppes et d'ateliers, notamment autour de la place du quartier.

AGENDA

Semaine sainte – De toutes les cérémonies qui se déroulent pendant la Semaine sainte au Pérou, celles d'Ayacucho sont réputées les plus fastueuses, mais aussi les plus poignantes. À Lima, certaines agences de voyages organisent des séjours à Ayacucho pendant les festivités pascales *(voir p. 195)*.

Pilier de l'identité péruvienne, la ferveur déployée lors de la Semaine sainte démontre à quel point le catholicisme imposé par les Espagnols s'est théâtralisé dans la perception indigène. Les cérémonies, qui débutent dès le vendredi avant les Rameaux (Viernes de Dolores), honorent chaque jour un épisode de la vie du Christ ou des saints. Particulièrement spectaculaire, la **procesión del Encuentro** commémore, le mercredi *(20h)*, la rencontre du Christ et de sa mère sur le chemin du Calvaire. L'un des temps forts de la procession : les deux châsses sont doucement balancées l'une vers l'autre au milieu des fumigations d'encens et des cantiques chantés par des milliers de fidèles. Le Vendredi saint (Viernes Santo), la **procesión del Santo Sepulcro y de la Virgen Dolorosa** s'achève sur la plaza de Armas, seulement éclairée par la lueur de milliers de cierges tenus par le public. Après les festivités du samedi, dont le traditionnel **Jala Toros** *(plaza de Armas, 12h)*, ou lâcher de taureaux, les cérémonies culminent le dimanche de Pâques. Le matin, aux premières lueurs de l'aube *(4h)*, les cloches d'Ayacucho carillonnent tandis que s'ouvrent les portes de la cathédrale, dont l'intérieur est entièrement illuminé de cierges. À la fin de la messe apparaît une immense châsse pyramidale blanche, portée par 250 hommes, le **trono Wata'uy**. À son sommet, le Christ ressuscité, auréolé d'une couronne de lumière. L'impressionnante figure fait le tour de la place sous les vivats, alors que se déchaînent les explosions de pétards et de feux d'artifice. Ainsi prend fin la Semana Santa d'Ayacucho.

Au cœur de l'Apurímac

D'Ayacucho à Cuzco par Abancay

Département de l'Apurímac

NOS ADRESSES PAGE 400

S'INFORMER

iPerú à Ayacucho – *Plaza de Armas, Portal municipal 45 - ✆ (066) 318 305 - iperuayacucho@promperu.gob.pe - lun.-sam. 9h-18h, dim. 9h-13h.*

SE REPÉRER

Carte de région CD2, p. 376-377 – *Carte Michelin National 763 HK14.*
Ayacucho-Andahuaylas : 252 km (6h de route, alt. maxi : 4 400 m) - Andahuaylas-Abancay : 157 km (4h de route, alt. maxi : 4 100 m) - Abancay-Cuzco : 202 km (4h de route asphaltée, alt. maxi 3 695 m).

À NE PAS MANQUER

La forteresse de Sondor et le lac de Pacucha ; la route entre Abancay et Cuzco ; la pierre gravée de Sayhuite ; le canyon de l'Apurímac.

ORGANISER SON TEMPS

Suivez les itinéraires connus et fréquentés. Entre Abancay et Cuzco, la route est souvent coupée par les éboulis pendant la saison des pluies.

Ce magnifique itinéraire est certainement le plus méconnu du Pérou. Il est vrai qu'il était jadis tout à fait hasardeux : en raison de l'état des routes (35h de bus entre Ayacucho et Cuzco dans les années 1970) et, plus tard (dans les années 1980), à cause du danger mortel que constituait la traversée de la région, alors en partie contrôlée par la guérilla du Sentier lumineux. Heureusement, ces années d'abandon et de terreur ont pris fin. Peu à peu, la Cordillère centrale s'ouvre au tourisme, grâce aux efforts du gouvernement, des autorités locales et, timidement, des tour-opérateurs. Aujourd'hui, ce long mais somptueux trajet est tout à fait envisageable à partir d'Ayacucho ou de Cuzco, en passant par Abancay. De nombreuses compagnies d'omnibus assurent la liaison entre les trois villes-relais. Les infrastructures routières et hôtelières se sont nettement améliorées, sans pour autant effacer cette étrange et exaltante sensation de se retrouver loin de tout, perdu dans le fin fond des Andes…

Découvrir

Voir aussi le descriptif de la route vers Vilcashuamán (p. 391) jusqu'à l'Abra Toccto (4 240 m), où la route vers Cuzco bifurque vers l'est.

À 62 km d'Ayacucho, la route de Cuzco franchit le point le plus haut du parcours : l'abra Huamina (4 400 m) pour descendre ensuite jusqu'au pont du Río Pampas (1 850 m), où l'on pénètre dans le département d'Apurímac, l'un des plus enclavés et des plus pauvres du Pérou.

La rivière Apurímac.
M. Verin / Tips / Photononstop

CHINCHEROS

À 158 km à l'est d'Ayacucho, 87 km au nord-ouest d'Andahuaylas et 226 km à l'ouest d'Abancay (9h). Alt. 2 800 m. 9 958 hab.
Si vous quittez Ayacucho en début d'après-midi, cette localité peut vous servir d'étape. Attention, cependant, ses quelques hôtels modestes risquent d'afficher complet début septembre, à l'occasion de la **fête de Nuestra Señora de Cocharcas**. Ce pèlerinage catholique est l'un des plus anciens du Pérou (il remonte à 1598). Chaque année, le 8 septembre, il draine une foule de dévots venus de toute la région.
Après Chincheros, la route franchit une nouvelle passe à l'Abra Soraqocha (4 150 m). Cinq kilomètres avant Andahuaylas, on traverse la sympathique bourgade de **Talavera de la Reina**, connue pour sa plaza de Armas que domine un svelte et insolite beffroi en pierre, la torre del Reloj, dont la hauteur semble hors de proportion avec la taille du village.

ANDAHUAYLAS

À 252 km d'Ayacucho et à 157 km d'Abancay (6h). Alt. 2 930 m. 28 560 hab.
Cette capitale de province présente aujourd'hui un visage plus animé et joyeux qu'à l'époque du Sentier lumineux, où elle était quasiment coupée du reste du monde. Deuxième ville du département de l'Apurímac, Andahuaylas est un grand **marché agricole**. Elle s'étend au milieu d'une vallée fertile, partagée entre les champs de blé, de maïs, de pommes de terre et les terres d'élevage, qui ont donné naissance à une petite industrie laitière.
On verra surtout, sur la plaza de Armas, l'imposante **catedral de San Pedro**, achevée en 1633, ornée de portails sculptés et d'une élégante tour-clocher séparée de la nef.

LES CHANKAS

Cette peuplade de la Sierra centrale, aux origines méconnues, occupait une vaste région correspondant aux départements actuels de l'Ayacucho et de l'Apurímac. Réputée belliqueuse, la nation chanka se posa en rivale du royaume naissant des Incas *(voir p. 86)*. Vers 1430, les Chankas menèrent une attaque depuis Andahuaylas contre Cuzco, sous les ordres de leurs chefs Astoyguaraca et Tomayguaraca. Après une féroce bataille, ils furent défaits par le prince Pachacútec, fils de l'Inca Viracocha. Puis ce fut au tour des Chankas de défendre leur territoire avec acharnement contre l'invasion inca, menée vers 1450 par le même Pachacútec et par son frère Túpac Yupanqui. Peine perdue. Passés sous le joug de leurs rivaux, les Chankas se soulevèrent maintes fois, à l'instar de leurs voisins, les Huancas, contre l'autorité de Cuzco. Les historiens modernes ont démontré à quel point l'aide qu'ils apportèrent aux Espagnols lors de la conquête du Pérou fut déterminante dans la chute de l'empire inca. En 1536, ils refusèrent de se joindre à la grande rébellion de Manco Inca qui, en sus des Espagnols, dut encore guerroyer contre eux jusque vers 1540.

PACUCHA

17 km (45mn) après Andahuaylas, prenez la route à gauche.

La route mène à l'un des plus vastes et plus beaux plans d'eau du Pérou central: la **Laguna de Pacucha★★** (3 090 m). Une route en fait le tour, reliant cinq villages.

Le **bourg** de Pacucha est l'un des derniers villages où l'on célèbre, le 28 juillet (jour de la fête nationale du Pérou), la cruelle et très traditionnelle **Yawar Fiesta** ou « fête du sang ». Sur le dos d'un taureau est attaché un condor qui lui pique l'échine de son bec. Le combat des deux animaux symbolise la lutte des Indiens contre les Espagnols, puis la liberté: le condor (que les villageois ont parfois mis des semaines à capturer) est finalement libéré et s'envole majestueusement dans les airs. La fête se poursuit en une liesse collective fortement arrosée.

★★ FORTERESSE DE SONDOR

À 21 km au nord d'Andahuaylas (30mn), on arrive à la laguna de Pacucha d'où part un sentier de 2 km (30mn à pied) jusqu'au site archéologique. Ouvert du lever au coucher du soleil - env. S/3,50.

La mythique forteresse de Sondor fut l'un des principaux bastions de la **nation chanka** qui, à l'époque précolombienne, occupait toute cette région des Andes centrales. C'est une colossale pyramide érigée sur plusieurs plates-formes de pierre. Un escalier monumental relie les différents niveaux pour parvenir au sommet.

Au pied de la pyramide, à l'entrée du site, plusieurs bâtiments de pierre à toiture en chaume (reconstituée) sont postérieurs. Ils datent de l'époque de la domination inca.

ENTRE ANDAHUYLAS ET ABANCAY

Le tronçon très accidenté entre Andahuylas et Abancay *(138 km)* est le plus impressionnant de l'itinéraire. Il culmine à l'**Abra Huayllaccosa** (4 100 m), au milieu des pampas et des *páramos* désolés, parfois noyés dans un glacial brouillard d'altitude, seulement fréquentés par des lamas et quelques rares troupeaux de brebis. La route (de terre et de cailloux) tutoie des abîmes noyés dans les nuages d'où émergent quelques sommets lointains, donnant parfois la curieuse impression d'être en avion… Le clou du spectacle est l'interminable descente d'**Alfapata**, où la route déploie ses lacets pendant des heures avant de laisser à gauche le vieux pont colonial de Pachacaca (2 000 m) jeté sur le *río* du même nom dans une vallée encaissée et chaude, où pousse même la canne à sucre.

ABANCAY

Alt. 2 460 m. 55 945 hab.
Capitale du département d'Apurímac, cet important nœud de communication au climat toujours doux se niche au creux d'une profonde vallée d'eucalyptus, encadrée de hauts sommets, parmi lesquels le nevado Ampay (5 225 m) est le plus imposant. La ville est moderne et ne présente guère de monuments notables : on pourra cependant flâner sur la plaza de Armas, ombragée de palmiers et ornée d'un délicat kiosque à musique. Abancay constitue une bonne étape sur la route de Cuzco, d'autant plus qu'elle est aussi l'une des capitales folkloriques de la Cordillère centrale.

★★ PIERRE DE SAYHUITE

Après Abancay, la route monte en d'innombrables lacets pendant 45 km jusqu'à l'abra Sayhuite (3 695 m), d'où mène à gauche une route de terre vers Cachora. Ce village constitue le point de départ d'un très beau trek vers le pont suspendu du Río Apurímac et le site de Choquequirao, dans la cordillère de Vilcabamba. Du col, on jouit de l'un des plus beaux panoramas des Andes centrales : au nord, les contreforts verdâtres de la cordillère de Vilcabamba couronnés par la masse neigeuse du nevado Salcantay (6 271 m), au-delà duquel se trouve Machu Picchu *(à 80 km à vol d'oiseau)*, et au sud, l'imposant massif du nevado Ampay (5 225 m).
Peu après le col, une petite route à droite mène au **site archéologique** de Sayhuite *(env. S/10)*, lequel, sur 60 ha, présente des traces d'habitations voisinant avec les ruines d'un temple, ainsi que des vestiges d'installations hydrauliques qui comprenaient un système de canaux et de fontaines. La pièce maîtresse est la **pierre de Sayhuite**★★, l'un des monuments mégalithiques les plus étonnants de l'époque inca. Cet imposant bloc isolé pèse plusieurs tonnes et mesure près de 4 m de diamètre. Uniquement sculptée sur sa face supérieure, la pierre présente une abondance de motifs : on y reconnaît des condors, des singes, des serpents et des pumas qui pourraient être des représentations allégoriques de la montagne et des forêts amazoniennes, tandis que les petits personnages ont été identifiés comme des prêtres ou des gardiens. Cette

LE SEIGNEUR QUI PARLE

À mi-chemin de son cours, entre Cuzco et Abancay, le Río Apurímac s'engouffre entre les parois d'un extraordinaire canyon, profondément encaissé au pied du nevado Marcany (5 265 m). Est-ce le grondement qu'il émet en passant dans ces gorges qui lui a donné son surnom quechua ? Le « Seigneur qui parle » ou Apurímac, long de 350 km, prend sa source au nord d'Arequipa, puis creuse un long sillon entre les chaînes occidentale et centrale des Andes méridionales. Il descend ensuite vers le bassin amazonien pour former le Río Ene, à son confluent avec le Río Mantaro. Il est désormais considéré par les géographes comme le plus haut et le plus lointain tributaire de l'Amazone.

TERREUR SUR LE PONT SUSPENDU…

Dans le secteur de l'actuel Puente Cúnyac, se trouvait autrefois le célèbre pont suspendu construit par l'Inca Capac Yupanqui. Il a disparu au 19e s. mais nous le connaissons grâce aux récits et à un dessin assez effrayant qu'en fit l'Anglais George Squier en 1877. Long d'environ 200 m, large de 2 m, il était fait de câbles en fibre d'agave tendus entre des piliers de chaque côté du fleuve. On y cheminait sur un chancelant tablier de planches en bois bordé de garde-fous en paille tressée. Au temps des Incas, des fonctionnaires étaient chargés de son entretien, dont ils répondaient sur leur tête. Plus tard, à l'époque coloniale, il fut la terreur des voyageurs et des *arrieros* (muletiers) qui convoyaient les marchandises entre Lima et Cuzco. Tout aussi vertigineux, le pont suspendu qui relie, un peu en aval, Cachora au site de Choquequirao en est une reconstitution moderne.

pierre, dont on ignore sous quel règne elle a pu être sculptée, passe en général pour une maquette ou, mieux, une sorte de *mapa mundi*, une carte géographique en relief du Tahuantinsuyu – l'empire inca – tel que les hommes de l'époque se l'imaginaient.

★★★ CAÑÓN DEL APURÍMAC

Après le col, la route traverse le bourg de **Curahuasi**, jadis un carrefour de voies incaïques, autour duquel s'étendent des champs vert pâle. C'est la couleur de la plante d'anis, et vous croiserez des gamins qui en vendent de petits sachets au bord de la route.

La descente vers le profond et vertigineux **Cañón del Apurímac** dévoile des panoramas magnifiques *(à gauche de la route)*. Passé le modeste établissement thermal de Ccónoc, suspendu à la pente du ravin, on franchit l'Apurímac au **Puente Cúnyac** (1 800 m), ouvrage d'art moderne à structure métallique, bien plus rassurant que ses prédécesseurs *(voir l'encadré ci-dessus)*.

La route remonte ensuite une gorge étroite vers le village et le site de **Limatambo** *(100 km avant Cuzco)*. Là se dressent, non loin d'une grande terrasse de cultures, les imposants vestiges d'un bâtiment inca construit en gros blocs bien appareillés et polis, percé de niches trapézoïdales. Cette structure est également connue sous le nom de **Tarahuasi**. Selon certaines hypothèses, il s'agit d'une sorte de villa ou de palais ayant appartenu à un important personnage inca.

Plus loin, à Anta *(25 km avant Cuzco)*, on rencontre le chemin de fer de Machu Picchu qui descend vers la cuvette où se niche Cuzco.

NOS ADRESSES DANS L'APURÍMAC

INFORMATIONS UTILES

Andahuaylas

Poste – Correo - *Av. Perú 243 - ✆ (083) 721 062/120 - lun.-sam. 8h-20h, dim. 8h-15h.*

Police – Comisaría de Andahuaylas - *Av. Perú 198 - ✆ (083) 721 671/054.*

Urgences / Santé – Hospital Subregional Chanka - *Av. Hugo Pesce 180 - ✆ (083) 721 020.*

TRANSPORTS

Voir aussi nos adresses à Ayacucho et à Cuzco (p. 393 et 223).

Bus – À **Andahuaylas**, les compagnies de bus sont

regroupées sur le malecón Grau et sur les av. Lázaro Carrillo *cuadra* 1, José María Arguedas *cuadra* 2, Martinelli *cuadra* 1 et Andahuaylas *cuadra* 1. **Señor de Huanca**, **Expreso Molino** et **Expreso Los Chankas** assurent des liaisons quotidiennes vers Ayacucho *(9h - S/35)*, Abancay *(5h - S/15 - départs à 6h30 et 18h45 pour Los Chancas)* et Cuzco *(10h - S/35-40)*. Le confort est moindre qu'avec les grandes compagnies de Lima, mais les chauffeurs sont des as.

Abancay est dotée d'une **gare routière** *(angle Juan Pablo Castro et Pachacútec)*, d'où partent régulièrement des bus pour Cuzco (*via* la sérieuse compagnie **Wari** - *(083) 321 651 - départs quotidiens à 6h, 13h et 20h - 5h de trajet - S/20*).

HÉBERGEMENT / RESTAURATION

La cuisine locale compte plusieurs mets savoureux, dont le *kapchi de chuño* (« piquant de chuño »). C'est une pomme de terre séchée et concassée, servie dans une sauce piquante au fromage, avec des pâtes et un piment farci à la viande. Dans les restaurants populaires, un petit verre d'alcool d'anis aide à faire passer tout ça.

Andahuaylas

PREMIER PRIX

Imperio Chanka – *Cesar Vallejo 384 - (083) 423 065 - - S/50-70.* Un restaurant et quelques chambres au calme dans un hôtel très bien tenu.

El Iguana Grill – *Sur la plaza de Armas, s/n.* Bonnes viandes grillées en plein centre-ville. Menu à S/8.

Abancay

Abancay compte quelques hôtels et des restaurants bon marché.

PREMIER PRIX

Saywa Hotel – *Arenas 302 - (083) 324 876 - CC - S/75-90.* Situé dans l'artère la plus vivante d'Abancay pour ses cafés et restaurants, cet hôtel est très prisé des locaux pour la qualité de ses prestations (bonne literie) et de son service.

BUDGET MOYEN

Hotel Turistas de Abancay – *Diaz Barcenas 500 - (083) 321 017 - www.turismoapurimac.com - CC - S/130.* Le meilleur de la ville, depuis longtemps. Service amical et professionnel. Un peu froid en morte saison mais les chambres sont agréables. Un agréable patio sert de bar et de restaurant.

ACHATS

Marché

Le **marché dominical d'Andahuaylas**, le long de la rivière, est typique des Andes centrales. Il allie maintes formes du petit commerce, depuis le marché aux puces jusqu'à la foire aux bestiaux. Bonnes affaires dans les textiles traditionnels (couvertures, ponchos…).

ACTIVITÉS

Rafting

Le cañón del Apurímac est réputé pour sa grande profondeur et ses rapides de classes II, III et IV. Voir les agences à Cuzco *(p. 238)*.

AGENDA

Le **carnaval d'Abancay**, en février, est célèbre au Pérou, avec ses cortèges endiablés qui traversent les rues de la ville au son des orchestres de quartier.

Cordillère blanche 7

Le mont Huascarán enneigé.

Pep Roig/AGE Fotostock

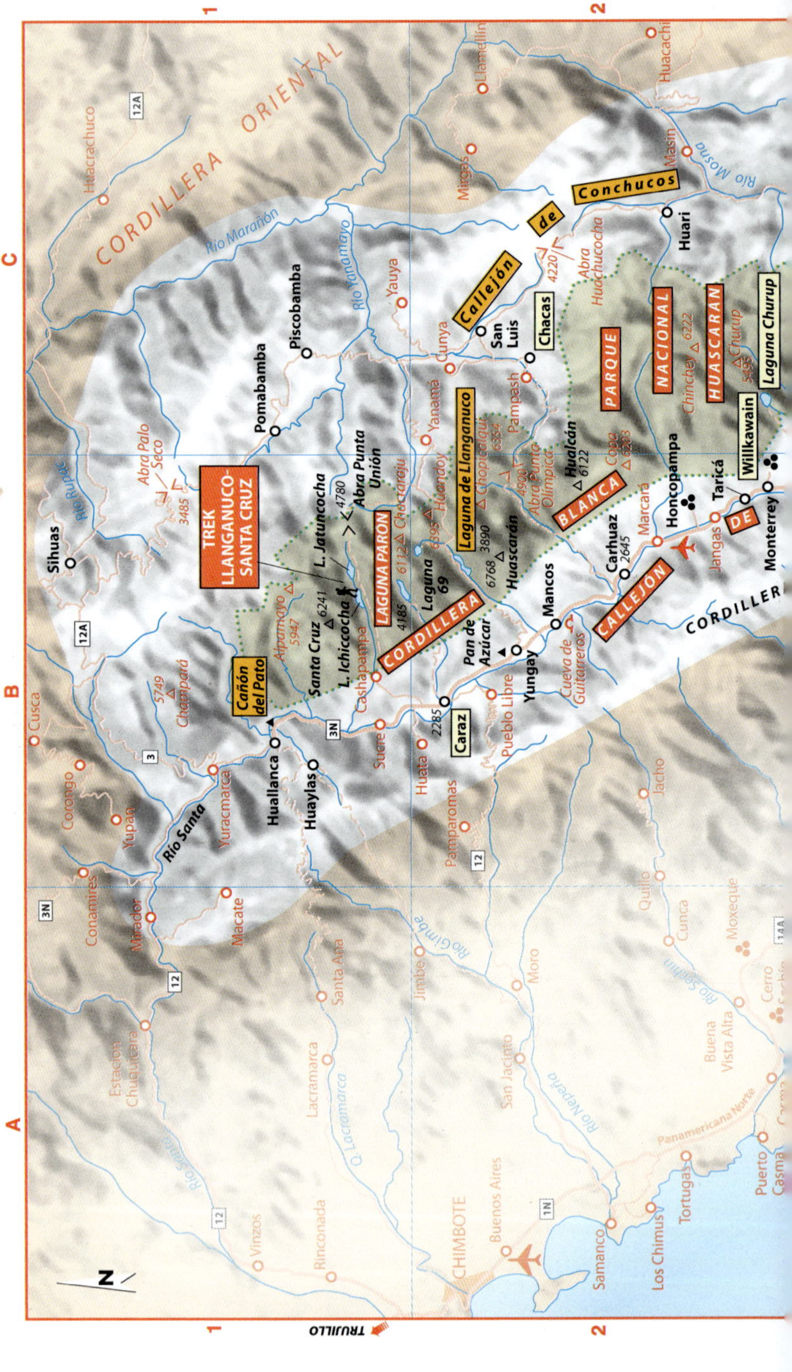
CORDILLERA ORIENTAL
Callejón de Conchucos
TREK LLANGANUCO-SANTA CRUZ
Cañón del Pato
LAGUNA PARON
Laguna de Llanganuco
CORDILLERA BLANCA
CALLEJÓN DE
PARQUE NACIONAL HUASCARÁN
Laguna Churup
Willkawain
Caraz
Chacas
Huacrachuco
Sihuas
Pomabamba
Piscobamba
Yauya
Cunya
San Luis
Pampash
Yanamá
Huari
Masin
Huacachi
Llamellín
Mirgas
Río Marañón
Río Yanamayo
Río Rupac
Río Mosna
Abra Palo Seco
3485
Abra Huachucocha
4220
Chinchey 6222
Churup 5495
Copa 6203
Hualcán 6122
Abra Punta Olímpica 4900
Chopicalqui 6354
Huandoy 6395
Huascarán 6768
3890
Laguna 69
Chacraraju 6112
Abra Punta Unión 4780
L. Jatuncocha
L. Ichiccocha
Santa Cruz 6241
Alpamayo 5947
Champará 5749
4185
Cashapampa
Pan de Azúcar
Yungay
Mancos
Carhuaz 2645
Marcará
Honcopampa
Tarica
Jangas
Monterrey
Cueva de Guitarreros
Pueblo Libre
2285
Sucre
Huata
Huallanca
Huaylas
Yuracmarca
Río Santa
Pamparomas
Cusca
Corongo
Yupan
Conamires
Mirador
Macate
Estación Chuquicara
Lacramarca
Q. Lacramarca
Santa Ana
Jimbe
Río Gimbe
Moro
San Jacinto
Río Nepeña
Jacho
Quillo
Cunca
Moxeque
Río Sechin
Cerro Sechín
Buena Vista Alta
Panamericana Norte
Vinzos
Rinconada
CHIMBOTE
Buenos Aires
Samanco
Los Chimus
Tortugas
Puerto Casma
12A
3N
12
3
1N
14A
N
TRUJILLO
A
B
C
1
2

CORDILLÈRE BLANCHE

Huaraz et le parc national Huascarán

★★★

Alt. 3 091 m – 106 147 habitants – Capitale du département d'Ancash

NOS ADRESSES PAGE 412

S'INFORMER

iPerú – *Pasaje Atusparia (pl. de Armas) - ✆ (043) 428 812 - lun.-sam. 9h-18h, dim. 9h-13h.*

Bureau du Parc national Huascarán – *F. Sal y Rosas 555, Huaraz - ✆ (043) 722 086.* On peut y glaner de nombreux renseignements, consulter des cartes détaillées. Depuis 2011, les randonneurs doivent obligatoirement être accompagnés par une agence agréée par le parc. On ne peut plus pénétrer dans le parc sans accompagnement professionnel.

Casa de Guías – *Parque Ginebra s/n 28 G, Huaraz - ✆ (043) 427 545 - www.casadeguias.com.pe - lun.-sam. 9h-13h, 16h-18h.* Le rôle de la Maison des guides de montagne se limitait jadis à porter secours en cas d'accident, mais la présence d'un guide professionnel est désormais obligatoire pour toute ascension des sommets de la Cordillère blanche.

SE REPÉRER

Carte de région BC2-3, p. 404-405 – *Carte Michelin National 763 E10.* Centre névralgique du Callejón de Huaylas et point de départ des excursions dans la Cordillère blanche, Huaraz se trouve à 420 km au nord de Lima et à 570 km au sud-est de Trujillo.

À NE PAS MANQUER

La vue sur la Cordillère blanche depuis la plaza de Armas; une excursion jusqu'aux lacs de Llanganuco; un trek selon votre niveau.

ORGANISER SON TEMPS

Compte tenu de l'altitude, si vous arrivez de Lima, prévoyez une demi-journée d'adaptation. Pour toute ascension des sommets de la Cordillère blanche, passez par la Casa de Guías. Le climat de la Cordillère blanche et des vallées qui l'entourent est assez contrasté: la saison sèche, d'avril à septembre, est plus accentuée entre juin et août; la saison des pluies, d'octobre à mai, connaît le maximum de précipitations entre janvier et mars.

Pour les andinistes et les amateurs de montagne, Huaraz agit comme un aimant au cœur du Callejón de Huaylas. Arrosée par le Río Santa qui la parcourt du sud au nord, cette vallée se faufile entre une cohorte de 6 000 m considérés comme les plus beaux sommets du monde, avec leurs cousins asiatiques de l'Himalaya. Après avoir été dévastée en 1970 par un tremblement de terre, la capitale du département d'Ancash fut immédiatement reconstruite. Ce n'est donc pas pour ses trésors architecturaux, hélas disparus, que l'on se rendra à Huaraz, mais bien pour son animation. Marcheurs, montagnards, alpinistes et promeneurs aguerris

La *laguna* de Llanganuco.
M. Verin / Tips / Photononstop

sillonnent la petite cité, qui à la recherche d'un bar, qui à la poursuite de l'agence capable de préparer le trek de rêve. Ville tremplin, la cité andine distribue ses visiteurs vers les sites qui jalonnent le Callejón de Huaylas *(voir p. 416)* et vers le Parc national Huascarán. D'une superficie de 340 000 ha et couvrant une distance nord-sud de 158 km, ce dernier protège la Cordillère blanche depuis 1975, année de sa mise en place. Sous le haut patronage du Nevado Huascarán (6 768 m), cimes neigeuses, glaciers et lacs aux eaux turquoise s'enchaînent, entrecoupés de gorges encaissées et profondes. Un paradis pour les marcheurs.

Découvrir Carte de région p. 404-405

HUARAZ

Dévastée par un séisme en 1970 *(voir l'encadré p. 419)*, Huaraz fut rapidement reconstruite et ne présente donc pas d'intérêt particulier, en dehors de son écrin montagneux de toute beauté et de l'animation qui y règne, en particulier pendant la haute saison. Vaste et lumineuse, la **plaza de Armas** prodigue une belle vue sur les plus proches sommets de la Cordillère blanche – Huandoy et Huascarán –, surtout au petit matin ou à la tombée du soir. Sur l'un de ses côtés, une nouvelle cathédrale est en cours de construction, non loin d'un petit **marché** artisanal (souvenirs et articles de laine).

★ Museo arqueológico de Ancash

Av. Luzuriaga 762 (au coin de la plaza de Armas) - ✆ (043) 421 551 - mar.-sam. 8h30-18h30, dim. et j. fériés 8h30-17h - S/10.

Miraculeusement rescapé du désastre de 1970, ce petit musée a été constitué dans les années 1950 par un religieux, le père Soriano Infante. Il réunit dans le jardin une formidable **collection de monolithes** des cultures recuay et huari, caractéristiques du *callejón*. Les statues, hautes de 0,80 à 1,50 m, représentent des personnages aux mains croisées ou des guerriers, parfois quelques félins.

À l'intérieur du musée, on verra des stèles et de grosses têtes humaines en relief *(cabezas claves)*, des exemplaires de céramiques de style recuay et huari ainsi qu'une maquette du temple de Chavín.

Calle José Olaya

Située en hauteur à l'est de la ville *(un taxi vous y conduira pour S/5)*, cette étroite rue pavée est la seule rescapée du tremblement de terre de 1970. Elle constitue un témoignage émouvant du vieux Huaraz, avec ses façades blanches, ses portes et balcons en bois de cèdre peints en vert et ses élégantes lanternes.

★ Monument archéologique Willkawain

À 8 km au nord-est de la ville par une route de terre. Comptez S/20 en taxi AR. 8h-17h - S/5. La visite est commentée par le gardien du site.

Sur une esplanade gazonnée formant un gradin entre les contreforts de la cordillère se dresse un mausolée funéraire bien restauré. Datant de l'époque huari (v. 900), il est construit sur trois plates-formes et entouré d'une épaisse muraille de 90 m de long sur 30 m de large. Les bâtiments sont percés de portes et de fenêtres trapézoïdales. Chaque niveau comprend sept salles recouvertes d'énormes dalles de schiste, reliées entre elles par d'étroits boyaux. Dans ces chambres funéraires étaient jadis déposées les momies dont la conservation était assurée par un ingénieux système de ventilation. D'après la légende, une statue en pierre du dieu Viracocha se dressait au sommet de ce temple-mausolée.

★★★ Punta Callán

60 km AR par la route (asphaltée) de Casma. Un taxi vous y conduira pour S/20-30. On peut aussi monter dans un bus à destination de Casma et descendre en route ; puis attendre le bus du retour.

Pour ceux qui ne se sentent pas l'âme d'un trekkeur, il existe un moyen d'admirer la cordillère sur la quasi-totalité de sa longueur (170 km) sans déployer des trésors d'énergie. Il suffit de se rendre en haut de ce col (alt. 4 210 m) par lequel la route de Casma franchit la Cordillera Negra vers l'ouest. On y découvre le plus splendide **panorama** sur la Cordillère blanche et le Callejón de Huaylas qui puisse être admiré.

★★★ PARQUE NACIONAL HUASCARÁN

Les principales voies d'accès sont équipées d'une guérite et de barrières ouvertes entre 8h et 15h30. Un droit d'entrée est perçu par l'administration du parc, fixé à 20 $.

Répertorié sur la liste du Patrimoine de l'humanité par l'Unesco depuis 1985, le Parc national Huascarán s'étend au cœur de la Cordillera Blanca sur une longueur de 158 km et compte sept sommets à plus de 6 000 m. Parmi ceux-ci, le **Nevado Huascarán** domine le Pérou du haut de ses 6 768 m. À l'intérieur des limites du parc, on ne dénombre pas moins de 663 glaciers s'étendant entre le Nevado Tuco au sud et le Nevado Champará au nord. De petits lacs *(lagunas)* aux eaux turquoise témoignent d'une intense érosion glaciaire. Le réchauffement climatique agissant sur leur masse et leur volume, certains glaciers de la Cordillère blanche ont régressé de plusieurs kilomètres depuis les années 1980.

La flore et la faune du Parc national Huascarán dépendent de l'écosystème de la **puna**, haut pâturage andin qui s'étend à partir de 3 800 m jusqu'aux neiges éternelles. Elles sont particulièrement protégées et toute cueillette est interdite.

LA GÉANTE PUYA RAIMONDI

Survivante des époques préhistoriques, cette plante exceptionnelle doit son nom à Puya Raimondi, un voyageur italien qui la décrivit au 19e s. Elle est apparentée à l'ananas, de la famille des broméliacées. Après une croissance très lente, pouvant durer près d'un siècle, la *puya raimondi* adulte présente un tronc massif, d'une soixantaine de centimètres de diamètre, surmonté d'une rosace de feuilles acérées, longues de 1,5 m et bardées de crochets aigus comme des aiguilles. Pendant sa période de floraison (en général à partir de mai), la puya émet une hampe florale de 4 à 6 m de hauteur, couverte d'innombrables fleurs blanches de la taille d'un glaïeul, où viennent picorer les *picaflores* (oiseaux-mouches). Si le « géant de la puna », comme on l'appelle aussi, est la plante emblématique du Callejón de Huaylas, et notamment de la zone de Carpa *(voir p. 410)* où l'on en trouve une des plus grandes concentrations, de très belles populations se sont développées dans la région d'Ayacucho et dans la cordillère de Vilcabamba, près de Cuzco.

Certaines espèces d'**animaux sauvages** sont en voie d'extinction : le puma, le *gato andino* (chat andin, appelé *chinchay* en quechua), l'ours à lunettes, la viscache (sorte de gros lapin à tête ronde et à queue effilée qui vit dans les rochers). Parmi les 112 espèces d'oiseaux répertoriées ici, on retrouve dans les hauteurs le condor, une variété d'aigle dénommée *aguilucho cordillerano*, au plumage noir et blanc, le *cernicalco*, faucon de montagne, et, plus près du sol, plusieurs variétés de perdrix ainsi que l'aimable *picaflor* ou oiseau-mouche, petite boule de plumes au long bec recourbé.

Très riche, la **flore** se distingue par les deux plantes caractéristiques de la *puna* : près des glaciers et des lagunes, la *yareta*, formant au sol un tapis vert qui ressemble à des pierres couvertes de mousse, et sur les pentes, la *puya raimondi (voir l'encadré ci-dessus).*

RANDONNÉES ET TREKKING

Pour tous les treks, n'oubliez pas qu'il faut être en bonne santé et se munir de l'équipement adéquat. Les possibilités de randonnées à partir de Huaraz et des autres localités du Callejón de Huaylas sont innombrables. On trouvera ici une sélection des itinéraires les plus fréquentés, par ordre croissant de difficulté. Avant toute sortie, renseignez-vous auprès des professionnels de la région (voir « Nos adresses à Huaraz » p. 415). Pour la majorité des treks, les randonneurs doivent désormais faire appel à une agence agréée par les autorités du parc. Préservation des ressources naturelles disent les uns, lobby des agences répondent les autres.

★★ Laguna de Llanganuco

À 80 km de Huaraz (2h30). Alt. 3 890 m. Prévoir un vêtement chaud. Comptez une journée AR. La formule du groupe accompagné reste la plus simple (voir « Nos adresses à Huaraz » p. 415).

C'est l'excursion la plus commode pour accéder au cœur de la Cordillère blanche. À la hauteur de Yungay, un embranchement conduit à l'un des sites naturels les plus spectaculaires du Callejón de Huaylas. Une mauvaise route, en forte déclivité se fraie d'abord un passage dans l'impressionnante **Quebrada de Llanganuco**, cernée de parois vertigineuses, comme si un formidable coup d'épée avait entaillé la cordillère à cet endroit. Cette entaille *(quebrada)* est le résultat du travail d'un glacier du quaternaire qui laissa au pied du défilé d'énormes blocs de moraine. Peu avant d'arriver au lac se trouve un refuge du Parc national Huascarán, servant de point de départ aux ascensions et aux randonnées, dont le fameux trek Llanganuco-Santa Cruz *(voir p. 411)*. Il faut s'acquitter ici du droit d'entrée pour accéder au parc *(voir p. 408)*.

La **Laguna de Llanganuco** est en réalité composée de deux lacs. Le lac inférieur (Chinancocha) est beaucoup plus vaste et plus profond que le petit lac supérieur (Orconcocha), lequel ne le domine que de 5 m. Profondément nichés entre le Huascarán et le Huandoy, dont on aperçoit les glaciers à droite et à gauche, les deux lacs sont de toute beauté avec leur couleur vert émeraude changeant de ton au fur et à mesure que le soleil avance dans la journée. Sur les bords du lac inférieur pousse une variété andine de chêne-liège, la *queñua*, à l'écorce feuillue et aux formes tourmentées, que l'on peut apprécier en suivant un sentier botanique le long des rives du lac.

★★ Nevado Pastoruri

À 55 km au sud de Huaraz (3h de trajet). Alt. 4 780 m. Les agences de tourisme de Huaraz proposent toutes cette excursion. Attention, aucune location de matériel sur place. Comptez une journée AR.

Très connu et fréquenté par les touristes péruviens, le glacier de Pastoruri est l'un des plus accessibles au sud de Huaraz : on s'y rend en toute saison pour y pratiquer le ski, le snowboard ou tout simplement pour se rouler dans la neige. La route passe par le pont de Pachacoto, sur le Río Santa *(au km 161 de la route Pativilca-Huaraz)*, et par la zone de Carpa, là même où croît la *puya raimondi*. On monte ensuite jusqu'à la passe de Huaropasca (4 780 m), au pied du Nevado Pastoruri, pour continuer vers Huallanca.

Avec l'équipement adéquat (anorak, bonnet et bonnes chaussures de marche), on peut atteindre la cime (5 240 m) du Pastoruri en 1h sans trop de difficulté. Tous les ans au mois de juin, des compétitions de ski y sont organisées à l'occasion de la **Semaine de l'andinisme**.

★ Laguna Churup

Niveau moyen, 6h de marche AR, env. 45 $ en groupe accompagné (minibus jusqu'à Llupa, 40mn). Accessible aux marcheurs individuels (en taxi ou en colectivo*). Alt. 4 450 m. Comptez une journée AR.*

Le petit lac glaciaire de Churup est l'un des plus proches de Huaraz. La randonnée commence au village de Llupa (3 300 m) et monte jusqu'au lac, niché au pied du Nevado Churup, dont le sommet culmine à 5 495 m. La montée est assez raide, avec une sévère grimpette sur la digue de moraines qui précède le lac.

★★★ Laguna Parón

À 100 km de Huaraz et à 32 km à l'est de Caraz (de Huaraz, comptez 1h20 jusqu'à Caraz, puis 1h30 jusqu'à Pueblo Parón par une route non asphaltée). Alt. 4 185 m. En individuel (taxis à Caraz sur la plaza de Armas, env. 25 $) ou en groupe. Comptez une journée AR (bien remplie).

C'est l'une des grandes excursions de la région. Relativement facile, l'accès n'en est pas moins impressionnant car la piste serpente au pied d'un étroit canyon aux parois vertigineuses. À partir de Pueblo Parón, on emprunte un sentier *(4h de marche)* pour atteindre la rive du lac, où se trouve un autre refuge du Parc national Huascarán. La Laguna Parón est le lac glaciaire le plus vaste de la Cordillère blanche (3,5 km de long sur 800 m de large). Dans ses eaux vert-bleu, où flottent parfois des blocs de glace, se reflètent les sept cimes enneigées des massifs du Huandoy (6 395 m), du Nevado Artesonraju (6 026 m) et du Nevado Pirámide de Garcilaso (5 885 m).

Llanganuco - Cebollapampa - Laguna 69

Niveau moyen, 7h de marche AR, 70 $ en groupe accompagné. Alt. 4 400 m. Mieux vaut partir en groupe et dormir sur place. Comptez 2 jours.

On se rend d'abord par la route à la Laguna de Llanganuco *(2h30, voir ci-contre)* pour continuer vers le site de campement de Cebollapampa *(30mn de plus)*. C'est ici que démarre la marche vers le petit lac dénommé 69. Il est encadré par un cirque majestueux formé des monts Pisco (5 752 m) et Chacraraju (6 112 m).

★ Olleros - Chavín

Niveau moyen, env. 150 $ en groupe accompagné. Départ d'Olleros (alt. 3 450 m) à 30 km au sud de Huaraz (40mn). Comptez 3 jours.

Ce trek est l'un des plus fréquentés de la région. D'Olleros, petit village sur la rive droite du Río Santa peu avant Recuay, une longue piste empierrée mène au col de Yanashallash (4 700 m, *2 j. de marche*) puis redescend vers Chavín que l'on aura le temps de visiter le troisième jour, avant de revenir à Huaraz par la route du tunnel de Kahuish.

★★ Quebrada Quilcayhuanca

Niveau moyen/difficile, env. 150 $ en groupe accompagné (minibus jusqu'à Llupa, 40mn, puis marche jusqu'au village de Pitec, quelques kilomètres plus loin). Comptez 3 jours.

De Pitec, un sentier remonte la longue et profonde quebrada Quilcayhuanca qui s'enfonce entre les monts Churup et San Juan *(6h de marche)*. Le deuxième jour, montée jusqu'au col de Huapi (5 000 m) pour redescendre dans la quebrada de Cojup *(6h de marche)*, que domine à droite le massif du Nevado Ranrapalca (6 162 m). Le troisième jour, la descente se poursuit et l'on regagne Llupa *(7h de marche)*.

★★★ Llanganuco - Santa Cruz

Niveau moyen (minibus jusqu'à Cashapampa (85 km, 3h). Il se fait en règle générale en 4 jours/3 nuits. env. Comptez env. 250 $/pers.en groupe accompagné sur une base de 5 pers.

Ce trek est le plus demandé auprès des agences, et le plus couru dans la région de Huaraz. Il est même un peu trop encombré en juillet-août, quand la saison touristique bat son plein. Il peut se faire en 4, 5 ou 9 jours selon les variantes ; l'itinéraire suivant correspond à la version de 4 jours, la plus classique.

Le premier jour, on rejoint en minibus, via Yungay, le village de Cashapampa (2 900 m) niché au milieu des eucalyptus dans la **vallée de Santa Cruz**. Un chemin monte jusqu'au plateau de Llamacorral (3 800 m, *5h de marche*).

Le lendemain, sur le versant oriental de la cordillère, on contourne deux beaux lacs glaciaires : **Ichiccocha** et **Jatuncocha** (grand lac et petit lac, en quechua) ; à l'embranchement du chemin menant au camp de base de l'Alpamayo se dévoile un **magnifique panorama** sur les 6 000 m qui dominent la quebrada de Taullipampa (4 200 m), où est dressé le campement du soir.

Le troisième jour *(6-7h de marche)*, on monte jusqu'au col de **Punta Unión**, point culminant du parcours (4 780 m) avec une vue dégagée sur la face ouest du Chacraraju (6 112 m). Après une descente par la quebrada Huaripampa, on atteint le campement de Cachinapampa (3 800 m).

Pour la dernière journée, on rejoint le village de Vaqueria (3 400 m), où l'on retrouve une route carrossable. On peut donc poursuivre à pied ou en combi en franchissant le Portachuelo de Llanganuco (4 767 m). La descente vers la **Laguna de Llanganuco** *(voir ci-contre)* réserve des **vues somptueuses** sur les monts Chopicalqui (6 354 m), Huascarán (6 768 m), Pisco (5 752 m), et les quatre pics du Huandoy (6 356 m). *À Llanganuco, des minibus retournent vers Yungay et Huaraz.*

NOS ADRESSES À HUARAZ

INFORMATIONS UTILES

Poste – Serpost - *Av. Luzuriaga 702.*
Police – Policía de Turismo - *Pl. de Armas (juste à côté de l'office de tourisme) - ✆ (043) 424 146 - 8h-13h, 17h-20h*
Urgences / Santé – Hospital regional - *Luzuriaga, cuadra 13 (à la sortie sud de la ville) - ✆ (043) 424 146.*
Clínica San Pablo - *Huaylas 172 - ✆ (043) 728 811/805 (24h/24).*

TRANSPORTS

En bus – Par le sud, **depuis/vers Lima** *(420 km)*, compter 8h de trajet sur route asphaltée, via Pativilca, et S/60-90 pour un trajet en bus équipé de sièges-couchettes. C'est le moyen le plus commode pour se rendre de Lima à Huaraz. On peut évidemment choisir un horaire de jour pour profiter du paysage, mais les horaires de nuit permettent de gagner une nuit d'hôtel à Lima et de se retrouver au petit matin à Huaraz pour commencer les visites, après un voyage plutôt confortable. Principales compagnies :
Cruz del Sur - *Lúcar y Torre 446 - ✆ (043) 424 615.*
Ormeño - *Av. A. Raimondi 829 - ✆ (043) 721 102.*
Flores - *Av. A. Raimondi 813.*
Movil Tours - *Simón Bolívar 452 - ✆ (043) 342 255.*
Par le nord, **depuis/vers Chimbote** *(env. 210 km - 9h)* par le cañón del Pato, sur route non asphaltée. Principales compagnies :
Yungay Express - *Av. Fitzcarrald 237.*
Expreso Ancash - *Av. A. Raymondi 835.*
Alas Peruanas - *Av. Manco Capac 174 - ✆ (043) 427 507.*
Par l'ouest, **depuis/vers Casma** *(150 km - 6-7h)* par la spectaculaire mais difficile route de Punta Callán (asphaltée uniquement de Huaraz à Punta Callán) : mêmes compagnies.
Pour les autres localités du **Callejón de Huaylas** : mêmes compagnies.
De Huaraz, on peut se rendre directement au nord du **Callejón de Conchucos** en rejoignant Pomabamba, via Yungay *(180 km - 8h)* : compagnies **Transvil** et **Los Andes**, départs quotidiens à 6h du matin.
On peut aussi rejoindre le **Callejón de Conchucos**, au sud, par la route de Chavín de Huántar *(124 km)*, asphaltée, et qui traverse le tunnel de Kahuish : compagnie **Chavín Express** *(Mariscal Cáceres 338 - ✆ (043) 424 652).*
Les liaisons proches sont assurées par des **colectivos** que l'on attrape entre le marché central et l'av. Fitzcarrald, du côté du Río Quilcay.

HÉBERGEMENT

Bon à savoir – Le parc hôtelier de Huaraz ne cesse de se développer et compte un assez grand nombre d'établissements de toutes catégories.

PREMIER PRIX

Hostal Tany – *Lúcar y Torre 468 - (043) 426 594 - - 15 ch. : S/50-80.* Proche de l'arrivée de plusieurs compagnies de bus régionaux, l'Hostal Tany possède de belles chambres (certaines avec vue) et un cybercafé au rez-de-chaussée.

Hostal Schatzi – *Bolívar 419 - (043) 423 074 - www.hostalschatzi.com - - 10 ch. : S/90-105.* Tout proche du terminal de la compagnie d'autobus Cruz del Sur. Son joli patio fleuri et ses chambres au look rustique en font une bonne adresse à prix modiques.

Albergue Churup – *Amadeo Figueroa 1257 - (043) 424 200 - www.churup.com - - 13 ch. (S/99) et 2 dortoirs (S/28/lit).* Cet élégant bed & breakfast aux allures de grand chalet est connu pour son confort et ses chambres impeccables. Son salon-bar est pourvu d'une cheminée et offre une vue panoramique sur la Cordillère blanche. Il possède en outre sa propre agence de voyages, Huaraz Explorer (*(043) 422 584*). Transport gratuit du terminal de bus à l'hôtel.

Monte Blanco – *José de La Mar 620 - (043) 426 384 - www.monteblancohotel.com - - 18 ch. : S/100-120.* À deux blocs de la plaza de Armas, l'un des meilleurs hôtels à petits prix de la ville, jouissant d'une agréable cafétéria au rez-de-chaussée.

BUDGET MOYEN

Hotel Valencia – *Larrea y Laredo 687 - (043) 423 145 - www.hotelvalenciahuaraz.com - - 21 ch. : S/120 (S/70 en basse saison).* Simple, mais propre et bien tenu, cet hôtel vaut surtout pour son excellent petit restaurant où l'on sert un menu copieux à des prix raisonnables.

Hotel Pirámide – *Parque Ginebra U-22 - (043) 428 250/425 801 - - 20 ch. : S/120-160.* Face à la Casa de Guías, cet établissement moderne au confort assez simple procure, depuis sa terrasse vitrée en pyramide, une belle vue sur le Huascarán. Jacuzzi au dernier étage.

Hotel El Tumi – *San Martín 1121 - (043) 421 784 - www.hoteleltumi.com - - 45 ch. : S/160.* À cinq blocs au sud de la plaza de Armas par l'av. Luzuriaga, ce très bon hôtel au décor de montagne propose d'agréables chambres (demandez celles avec vue) et dispose d'un bon restaurant, d'un bar-café et d'un Spa.

UNE FOLIE

Hotel Andino – *Pedro Cochachín 357 (au sud-est de la ville, accès par l'av. 28 de Julio) - (043) 421 662 - www.hotelandino.com - - 54 ch. : S/390.* Le plus bel hôtel de Huaraz jouit d'une vue exceptionnelle sur la Cordillera Blanca ; il est connu pour son excellent restaurant, le Chalet Suisse. Réservation conseillée en haute saison.

RESTAURATION

La plupart des restaurants touristiques de Huaraz s'alignent le long de l'av. Luzuriaga, de part et d'autre de la plaza de Armas.

BUDGET MOYEN

Café-Bistro de los Andes – *Morales 823 - (043) 726 249 - www.huaraz.com/bistro - S/25-50.* On peut déjeuner ou boire un verre dans ce café idéalement situé au premier étage d'un édifice donnant sur la plaza de Armas, en contemplant le paysage depuis un grand balcon vitré. La grande salle possède également un salon de lecture, avec échange de livres et de revues.

El Encuentro – *Av. Luzuriaga 600 - ✆ (043) 427 971 - S/25-50.* L'un des meilleurs parmi les rares restaurants de cuisine péruvienne du centre-ville. Sur la carte, on trouvera du *cuy* (cochon d'Inde) grillé, l'une des grandes spécialités de la région.

La Brasa Roja – *Av. Luzuriaga 919 - S/25-50.* Ici également, plats typiques, grillades et *pollo a la brasa* (poulet à la braise).

El Fogón – *Av. Luzuriaga 928 - S/25-50.* Excellent restaurant de viande, spécialisé dans les *parrilladas* (grillades) et les *anticuchos* (brochettes).

Piccolo – *Morales 632 - ✆ (043) 509 210 - S/25-50.* Ce restaurant italien de pizzas et de pâtes réserve aussi d'autres spécialités, comme le lapin à la moutarde ou l'alpaga braisé à la sauce au vin…

Pizza Bruno – *Av. Luzuriaga 834 - ✆ (043) 425 689 - S/25-50.* Tenu par un couple franco-péruvien, ce restaurant sert de bonnes pizzas et d'excellentes grillades dans un cadre un peu plus raffiné que celui des restaurants voisins. Steaks au poivre plébiscités et desserts délicieux.

EN SOIRÉE, BOIRE UN VERRE

Café Andino – *Lúcar y Torre 530 - www.cafeandino.com.* Ornés de photographies, les agréables salons de ce café moderne et élégant sont propices à la lecture sur fond musical. Surtout fréquenté pour son grand balcon tourné vers la cordillère.

California Café – *28 de Julio 562 - fermé hors saison.* Fondé et tenu par Tim, un Californien, ce rendez-vous des *backpackers* et randonneurs s'est auto-intitulé « La Mecque des trekkeurs ». L'ambiance y est nettement plus anglo-saxonne que péruvienne. Bon lieu de rencontre et petite bibliothèque.

Chilli Heaven – *Plaza Ginebra s/n (juste à côté de la Casa de Guías).* Quelques plats mexicains et un bar à bière assez *cosy* dans ce petit restaurant plutôt insolite pour Huaraz. Très fréquenté en saison.

ACTIVITÉS

Escalade et andinisme

La préparation de raids en haute montagne et la pratique de l'andinisme sur les sommets de la Cordillère blanche dépassent le cadre de ce guide. Cependant, pour ceux qui désirent entreprendre une ascension dans la région, il existe une adresse incontournable: la Casa de Guías *(voir p. 406)*.

La pratique de l'escalade, ou varappe, sur parois aménagées, pour grimpeurs débutants ou confirmés, se développe autour de Huaraz: des murs d'escalade existent près des sources thermales de Monterrey et de Chancos, ainsi qu'à Recuay. Pour se renseigner ou louer l'équipement nécessaire, quelques adresses utiles:

Montañero – *Pl. Ginebra s/n (juste à côté de la Casa de Guías) - ✆ (043) 426 386 - www.trekkingperu.com.* Organise des treks spécialisés, vend ou loue le matériel et l'équipement. Vingt ans d'expérience.

Monttrek – *Av. Luzuriaga 646 - ✆ (043) 421 124.* Depuis 20 ans, cette agence pionnière organise des treks, des sorties en VTT, des stages de parapente, loue et vend du matériel d'escalade.

Andean Kingdom – *Av. Luzuriaga 522 - ✆ (043) 425 555 - www.andeankingdom.com.* Agence de loisirs sportifs appréciée par les *backpackers* pour la qualité de ses services et la modicité des tarifs pratiqués.

Mountain Bike Adventures – *Lúcar y Torre 530 - ✆ (043) 424 259 - www.chakinaniperu.com.* Agence spécialisée dans les excursions et circuits à VTT. Son propriétaire, Julio Olaza, est une des figures de proue du tourisme à Huaraz.

Trekking

Vous trouverez à Huaraz plusieurs magasins spécialisés dans l'équipement de haute montagne pour louer ce qui vous manque. Renseignez-vous auprès des nombreuses agences de tourisme regroupées dans le centre de Huaraz et comparez leurs prestations. Elles proposent notamment des formules de trekking s'adressant aux marcheurs confirmés. Les treks les plus spectaculaires sont ceux de la Cordillère blanche *(11 j.)*, de la cordillère de Huayhuash *(8-12 j.)* et de l'Alpamayo tout au nord du Callejón de Huaylas *(8 j., alt. maxi 5 200 m)*.

Callejón de Huaylas

★★★

Alt. moyenne 2 500 m – Département d'Ancash

NOS ADRESSES PAGE 422

S'INFORMER

iPerú à Huaraz – *Pasaje Atusparia (pl. de Armas) - ☏ (043) 428 812 - www.huaraz.com - lun.-sam. 8h-18h, dim. 8h-14h.*

SE REPÉRER

Carte de région B2-3, p. 404-405 – *Carte Michelin National 763 E10/11.*
Le Callejón de Huaylas est une grande vallée en auge de 180 km de long entourée de cordillères. Principales localités du sud au nord : Recuay, Huaraz, Yungay, Caraz.

À NE PAS MANQUER

Une baignade dans les eaux sulfureuses de Monterrey ; les vestiges de Yungay, la ville ensevelie ; la dégustation de quelques douceurs à Carhuaz ou Caraz.

ORGANISER SON TEMPS

Si vous voulez prendre de belles photos des cordillères, préférez la période avril-septembre.

La large et fertile vallée glaciaire du Callejón de Huaylas (*callejón* signifie « impasse ») s'étire selon un axe nord-sud, entre le cortège étincelant des sommets de la Cordillera Blanca, à l'est, et la barrière sombre de la Cordillera Negra, à l'ouest. De part et d'autre du Río Santa qui se faufile dans le creux, se déploient les paysages les plus somptueux du Pérou, voire de toute l'Amérique du Sud. Éloigné des circuits traditionnels, le Callejón de Huaylas est épargné par les grands flux touristiques. Ce n'est pas pour déplaire à certains voyageurs qui seront heureux d'y trouver le calme, ainsi qu'aux passionnés de trekking et d'andinisme, pour lesquels les versants et les cimes de la Cordillère blanche sont un autre Himalaya. Autour de l'active Huaraz et sous les auspices du Parc national Huascarán, petites villes et villages garantissent des haltes pittoresques.

Découvrir Carte de région p. 404-405

LE SUD DU CALLEJÓN, DE PATIVILCA À HUARAZ

Circuit de 206 km, sans compter le détour par Chiquián. En venant de Lima par la Panaméricaine nord, il faut obliquer à droite juste après Pativilca (km 200), et filer vers le nord pour suivre la vallée du Río Fortaleza.

Après avoir franchi un col à 4 080 m, on arrive au petit village de Conococha, situé près de la **Laguna de Conococha** (4 030 m) qu'alimentent des sources d'eau chaude. Traversé par le Río Santa, le lac s'étend dans la pampa de Lampas, offrant ses champs marécageux aux lamas ainsi qu'à quelques rares troupeaux de moutons. À gauche, on aperçoit les premières cimes enneigées de la Cordillère blanche et à droite celles de la cordillère de Huayhuash.

La puya raimondi.
SIME / M. Pinn / Sime / Photononstop

La route descend ensuite la vallée resserrée du **Río Santa**. Ce fleuve, long de 120 km, prend sa source un peu en amont de la Laguna de Conococha, puis se faufile entre la Cordillère noire et la Cordillère blanche pour aller se jeter dans l'océan Pacifique au nord de Chimbote, après avoir creusé de profondes et spectaculaires gorges dans le **cañón del Pato**.

★ Hatun Machay

À 75 km de Huaraz.

Sur la rive gauche du Río Santa, à la hauteur du village de Ticapampa, se dresse cet insolite *bosque de piedras* (chaos rocheux) où ont été découverts de nombreux pétroglyphes et de petits sanctuaires rupestres pré-incaïques. À Cátac, un embranchement à droite de la route conduit vers Chavín de Huántar et le Callejón de Conchucos *(voir p. 423)*.

Recuay

À 25 km de Huaraz. Alt. 3 394 m.

Cette petite bourgade située sur la rive droite du Río Santa a conservé intacts ses rues étroites, ses toits de tuiles et son cachet traditionnel.

LA CULTURE RECUAY

La petite ville est surtout connue pour avoir donné son nom à une culture régionale, la culture recuay ou santa, qui se développa entre 200 et 700 apr. J.-C. Sa céramique, aux tons noirs et rouges, se caractérise par un décor en négatif, qui consiste à détacher des dessins clairs sur un fond sombre. Un des principaux motifs est le félin stylisé, représenté de profil et portant sur la tête une crête allongée. Le modèle des figures, extrêmement réaliste, diffère du modèle mochica, auquel il reste d'ailleurs inférieur. Un autre aspect de cette culture est représenté par des monolithes figurant des guerriers, des dignitaires assis ou des femmes, statues stylisées et assez rudes de facture auxquelles on a assigné une vocation funéraire qui fait parfois parler, à leur sujet, de « momies de pierre ». Un bel ensemble de ces monolithes est présenté au musée archéologique de Huaraz.

Après Recuay, une petite route mène à droite vers le proche village d'Olleros, point de départ d'un des treks les plus courus de la *région*, qui mène à Chavín de Huántar en trois jours de marche *(voir p. 423)*.

Pour Huaraz et le parc national Huascarán, voir p. 406.

★★★ CORDILLÈRE DE HUAYHUASH

Les passionnés de haute montagne se détourneront vers le sud-est pour rejoindre ce site exceptionnel. Sur le trajet Pativilca-Huaraz, une route à droite (km 122) mène 32 km plus loin à Chiquián.

La bourgade de **Chiquián** est la base de départ fréquentée par les andinistes, les marcheurs (expérimentés), les photographes et les botanistes pour la découverte de la terrible et magnifique **cordillère de Huayhuash** qui, sur 30 km de long, aligne en dents de scie ses sommets immaculés, de type himalayen, à plus de 6000 m d'altitude. Leur ascension est d'ailleurs réputée comme étant encore plus difficile que ceux de la Cordillère blanche. On y trouve le deuxième plus haut sommet du Pérou, le **Nevado Yerupajá** (6634 m).

Au-delà de Chiquían, la piste (très difficile, avec un col à 4500 m) se poursuit vers **La Unión** et **Huánuco**, en passant au pied du site incaïque de **Huánuco Viejo**.

DE HUARAZ À CARAZ

À partir de Huaraz, on pénètre dans le cœur du Callejón de Huaylas : la vallée est close de toutes parts. Elle est fermée à l'ouest par la **Cordillera Negra**, la « Cordillère noire », dont les sommets dépourvus de neige (ils arrêtent les nuages et les masses d'air chaud venant du Pacifique) s'élèvent jusqu'à 5000 m ; et à l'est par la magnifique **Cordillera Blanca**, la « Cordillère blanche », qui compte une trentaine de pics supérieurs à 6000 m, parmi lesquels les monts Huantsán (6410 m), Huandoy (6395 m), Chopicalqui (6354 m) et surtout le **Nevado Huascarán** (6768 m), l'un des trois plus hauts sommets du continent américain.

Dans la Cordillère blanche se trouvent les plus vastes glaciers de la zone tropicale de notre planète. Jadis, ils s'étendaient jusqu'au fond de la vallée et ont laissé, en reculant, d'innombrables lacs appelés **cochas** (lac, en quechua). Ces étendues d'eau d'un bleu profond sont situées à mi-hauteur des contreforts de la chaîne, et ne sont accessibles qu'à des marcheurs aguerris. Situés à 5000 m d'altitude, les **glaciers** sont comme « collés » aux parois des montagnes et risquent d'être précipités dans la vallée au moindre tremblement de terre. Les *cochas* constituent aussi un vrai danger. Elles se forment dans les moraines d'éboulis, qui cèdent lorsque la pression de l'eau devient trop forte. Les dernières catastrophes remontent à 1941, 1962 et surtout 1970, la plus terrible. Des glaciers sont tombés dans des *cochas*. Les moraines ont cédé et des millions de tonnes d'eau, de glace et d'éboulis ont dévasté la vallée *(voir encadré ci-contre)*.

Monterrey

À 6 km de Huaraz.

Dans cette petite station thermale, les eaux sulfureuses à 49 °C soignent les rhumatismes et les maladies nerveuses chroniques. L'établissement thermal (ancien Hotel de Turistas aujourd'hui réaménagé) est équipé d'une piscine d'eau chaude, au milieu d'un parc enchanteur *(accès aux bassins : S/3,50)*.

Taricá

À 8 km de Huaraz. 5394 hab.

Le village est connu pour son **école de poterie et de céramique** administrée par l'État. Encadrés par d'excellents artisans, les élèves confectionnent et

LA CATASTROPHE DE 1970

Dimanche 31 mai 1970, un violent séisme, d'une intensité de 7,75 sur l'échelle de Richter, secoua le nord du Pérou, infligeant de très graves dommages aux villes côtières du département d'Ancash, surtout à Casma et à Chimbote. Dans le Callejón de Huaylas, la secousse tellurique détruisit également Huaraz, mais eut une conséquence encore plus cataclysmique : le Nevado Huascarán fut ébranlé et une partie de son glacier nord se détacha, provoquant une avalanche de 1 000 m de hauteur. Un gigantesque *aluvión* (avalanche de débris) se précipita à 240 km à l'heure dans la vallée du Río Santa, charriant des millions de mètres cubes de pierres, de boue et de glace, qui rasèrent les localités de Yungay et de Ranrahirca. L'*aluvión* poursuivit sa course dévastatrice jusqu'au défilé du cañón del Pato, où elle endommagea la centrale hydroélectrique de Huallanca, à 60 km plus au nord ! Séisme le plus violent du 20e s. au Pérou, la catastrophe de 1970 reste encore dans les mémoires comme un douloureux souvenir : elle coûta près de 70 000 vies humaines et laissa près de 800 000 sans-abri. Ses traces sont aujourd'hui encore bien visibles.

vendent pour une somme modique des reproductions de vases des principales cultures du Callejón de Huaylas.

Sur le trajet vers Carhuaz, à gauche de la route, des guides vous montreront un grand arbre isolé : c'est l'**arbre à quina**, dont il ne reste plus que quelques rares spécimens *(voir l'encadré p. 420)*.

Honcopampa

Du village de Marcará, à 26 km de Huaraz, prenez une piste à droite vers l'hacienda de Vicos.

Parmi les vestiges d'une cité pré-incaïque datant probablement de l'époque huari (v. 900), on dénombre cinq mausolées de 20 à 30 m de long, construits en trois gradins superposés, chacun renfermant des chambres funéraires recouvertes de grandes dalles de pierre, sur un modèle assez proche de celui de Willkawain *(voir p. 408)*. Du secteur résidentiel, très ruiné, ne subsistent que de vastes édifices rectangulaires à plusieurs pièces qui ne conservent plus aucune trace de toiture.

Carhuaz

À 33 km de Huaraz. Alt. 2 645 m.

Très affectée par le séisme de 1970, cette localité parvient néanmoins à se relever de ses ruines. Sa vaste plaza de Armas est dominée par la majestueuse silhouette du **Nevado Hualcán** (6 122 m). Carhuaz est surtout réputée pour ses produits laitiers et la qualité de ses glaces (on en trouvera plusieurs boutiques autour de la place). Du 10 au 24 septembre, pendant les festivités de la **Virgen de Las Mercedes**, les villageois dansent au son des orchestres venus de toute la région.

Après le village de **Mancos**, sur 5 km le paysage parsemé de blocs erratiques, témoigne des deux grandes catastrophes naturelles de 1962 et de 1970 *(voir encadré ci-dessus)*.

Ruines de Yungay

À 55 km de Huaraz.

De l'ancienne Yungay, entièrement rasée en 1970 par le flot de boue et de pierres, seuls restent debout quatre des palmiers de la place d'Armes, leurs

L'ARBRE DE VIE

Sur l'écusson ornant le drapeau péruvien apparaît un arbre fameux pour les maux qu'il a soulagés : la **quina**. Au 17e s., l'épouse d'un vice-roi fut si gravement atteinte du paludisme – alors appelé « fièvre tierce » –qu'on alla chercher en ultime recours un guérisseur indigène. Ce dernier lui sauva la vie en lui prescrivant une poudre faite à partir de l'écorce de cet arbre, qui contient un alcaloïde naturel aux vertus antipaludiques et analgésiques : la quinine. Une fois rétablie, elle en introduisit l'usage médicinal en Europe. Plus connue sous le nom de quinquina, l'écorce de la quina servit aussi dans l'élaboration de vins apéritifs et fut utilisée lors du creusement du tunnel de Panama puis, plus largement encore, pendant les deux guerres mondiales, si bien qu'au début des années 1950 l'arbre avait quasiment disparu au Pérou. Quelques espèces originelles furent heureusement retrouvées dans la province de San Ignacio, près de la frontière équatorienne, permettant ainsi sa culture en serres et sa réintroduction progressive dans les massifs forestiers.

troncs entourés par les sédiments jusqu'à une hauteur de 5 mètres. Tout près des palmiers, on reconnaît les vestiges d'une des tours de l'église et un peu plus loin, la carcasse rouillée d'un vieil omnibus de la compagnie Expreso Ancash. La coulée fit 20 000 morts, rien qu'à Yungay. Le champ désolé qui entoure ces tristes vestiges est parsemé de croix et de petits reposoirs qui furent construits par les parents ou les amis des victimes. À quelques centaines de mètres, sur une butte, a été érigé un grand cimetière, le **Campo Santo** *(entrée S/3,50)*, où reposent les restes des victimes de Yungay et de Ranrahirca. Il est couronné d'une statue du Christ, aux bras ouverts en signe de pitié. Après 1970 fut bâtie une **nouvelle ville** de Yungay, protégée des avalanches par un rempart de collines, quelques kilomètres plus au nord. Elle compte aujourd'hui près de 8 000 habitants.

D'ici part la route qui mène à la Laguna de Llanganuco *(voir p. 409)* puis traverse la cordillère vers Yanamá et Piscobamba.

Après Yungay, en poursuivant la route en direction de Caraz, on aperçoit une colline dénommée **El Pan de Azúcar** : c'est ici qu'eut lieu, le 20 janvier 1839, la bataille de Yungay qui mit fin à l'éphémère Confédération péruviano-bolivienne, par la victoire d'Agustín Gamarra sur les forces du général Santa Cruz. Comme la bataille avait été livrée sur les bords du Río Ancash, ce petit torrent donna dès lors son nom à ce département du Pérou, qui s'appelait auparavant Huaylas.

★ Caraz

À 68 km de Huaraz. Alt. 2 285 m. 13 650 hab.

La route asphaltée se termine ici, dans l'une des localités les plus souriantes du Callejón de Huaylas, dominée par l'écrin splendide que constituent les monts Huandoy, Santa Cruz et Alpamayo, parmi d'autres. Épargnée par le séisme de 1970, Caraz a conservé son **allure coloniale**, ses rues étroites et tortueuses, ainsi qu'une charmante petite plaza de Armas, avec sa fontaine et son élégant kiosque à musique peint en rouge, dissimulé sous les ombrages. Dans les rues du village, on trouvera de nombreuses petites boutiques dédiées à la vente des spécialités laitières de la région : beurre, fromages et surtout le délicieux **manjar blanco**, ou *dulce de leche*, dont la qualité et la saveur rivalisent avec ceux produits à Cajamarca ou Arequipa.

AU NORD DU CALLEJÓN

Vingt-cinq kilomètres après Caraz, avant l'entrée du défilé du cañón del Pato, peu après le village de Sucre, part à gauche une mauvaise route de terre. Étroite et dangereuse, elle semble accrochée au-dessus du précipice et grimpe sur une vingtaine de kilomètres vers Huaylas en offrant des **vues spectaculaires** sur la Cordillère blanche.

Huaylas

À 45 km de Caraz et 112 km de Huaraz. Alt. 2 720 m.

Cette petite localité, qui a donné son nom au *callejón*, se trouve dans une vallée perchée de la Cordillère noire, dans un décor champêtre parsemé d'eucalyptus. On y trouvera quelques *hospedajes* à bon marché pour les voyageurs qui voudront jouir, dans ce bout du monde, du calme absolu et surtout d'un point de vue grandiose sur les cimes des monts Santa Cruz (6 259 m), Champará (5 749 m) et Alpamayo (5 947 m). Ce dernier fut qualifié en 1966, dans un concours de beauté allemand, de « montagne la plus belle du monde » pour la forme parfaite de sa pyramide, qui n'est pas sans évoquer le… mont Cervin.

Huaylas est réputée pour sa fête de **Santa Isabel** *(6-8 juillet)*, qui est l'une des plus courues de la région. Elle commence par un curieux et très coloré concours de grands bateaux à voile – confectionnés en papier dans chaque quartier du bourg –, évoquant l'arrivée des conquistadors espagnols. Le lendemain, les *pashas,* danseurs revêtus de masques et de costumes multicolores, sillonnent les rues en faisant claquer leur long fouet au milieu de la foule, qui hurle. Au milieu des feux d'artifice et au son des orchestres, les festivités s'achèvent généralement dans une vaste beuverie populaire, plutôt bon enfant.

★★ Cañón del Pato

Le meilleur moyen de visiter cet extraordinaire site naturel, aux allures de bouche vers l'enfer, est encore de prendre un bus régional assurant le service Caraz-Huallanca vers Chimbote.

Au nord de Caraz, le Río Santa a creusé des gorges impressionnantes à la jonction des cordillères noire et blanche, créant un canyon étroit et profond de 1 000 m, qui est le plus spectaculaire du nord du Pérou. Pour ouvrir un chemin carrossable – mais assez périlleux – dans les flancs de la montagne, il aura fallu creuser 39 tunnels sur 25 km !

Profitant de la grande chute d'eau (415 m) qui marque le débouché du canyon au nord-ouest, la **centrale hydroélectrique** de Huallanca, construite à flanc de falaise, alimente pour 65 % l'usine sidérurgique de Chimbote et pour le reste, les villes du Callejón de Huaylas, de Chimbote et de Trujillo.

Huallanca

À 113 km de Huaraz. Alt. 1 410 m.

Située au débouché nord du cañón del Pato, la localité est séparée en deux, le conglomérat industriel d'un côté, et un petit village assez pauvre de l'autre. Ici débute la route qui mène à Chimbote *(170 km)*, construite sur l'assiette de l'ancienne voie ferrée détruite en 1970. Cette route bifurque à El Cruce, 12 km plus au nord, avec celle de Sihuas qui conduit vers le Callejón de Conchucos.

NOS ADRESSES AU CALLEJÓN DE HUAYLAS

Voir aussi **Huaraz**, *carrefour central du* callejón, *p. 412.*

TRANSPORTS

Bus ou voiture – Une route asphaltée suit le tracé du *callejón*. Elle rejoint les villes côtières de Pativilca, au sud et de Chimbote, au nord. Le réseau transversal qui coupe les cordillères est plus hasardeux *(voir p. 412)*. De nombreuses **compagnies de bus** relient les différentes localités du *callejón (voir p. 412)*. Plus « couleur locale », des **colectivos**, qui partent une fois remplis, sillonnent la vallée d'un village à l'autre.

HÉBERGEMENT / RESTAURATION

Le long de la route qui relie **Huaraz à Caraz**, nombre de petits restaurants champêtres, très fréquentés en fin de semaine, concoctent quelques spécialités traditionnelles : le **cuy** (cochon d'Inde d'élevage) est l'une des grandes vedettes de la gastronomie des sierras du nord du Pérou. On le sert *chactado* (ouvert en deux, à la plancha et grillé) ou bien mijoté en *picante* (avec une sauce relevée), le plus souvent accompagné de pommes de terre et de *mote* (maïs égrené et bouilli). Autre plat populaire, le **pecan caldo** est une délicieuse soupe de tête de mouton, servie avec les abats et les tripes. Le **llunca cashqui** est une soupe à base de blé, de poulet et de viande de porc séchée, le tout relevé au piment *huacatay* (de couleur verte). Pour faire passer tout ça, une carafe de **chicha de jora** (boisson alcoolisée à base de maïs fermenté).

Caraz

PREMIER PRIX

Grand Hostal Caraz Dulzura – *Saenz Peña 212 - ✆ (043) 391 523 - www.hostalcarazdulzura.com - ✕ - 11 ch. : S/70 - petit-déj. inclus.* À la sortie nord de la ville, près du pont sur le Río Llullan (affluent du Río Santa), ce petit hôtel à l'ambiance champêtre jouit d'une situation au calme. Accès Internet. Prix constants toute l'année.

Café La Terraza – *Sucre 1107 - ✆ (043) 301 226 - S/10-30.* Un restaurant-pizzeria (propriété aussi du Caraz Dulzura) où l'on peut également se régaler de glaces, à l'angle de la place d'Armes.

Chavín de Huántar et le Callejón de Conchucos

★★

Alt. 3 250 m – Département d'Ancash

NOS ADRESSES PAGE 429

S'INFORMER
iPerú à Huaraz – *Pasaje Atusparia (pl. de Armas) - ✆ (043) 428 812 - lun.-sam. 8h-18h, dim. 8h-14h.*

SE REPÉRER
Carte de région C2-3, p. 404-405 - plan du site, p. 426 – *Carte Michelin National 763 E10.* Chavín se trouve à 456 km au nord de Lima et à 124 km à l'est de Huaraz. Le site est le point d'entrée sud du Callejón de Conchucos, vallée parallèle à celle de Huaylas.

À NE PAS MANQUER
La visite des galeries souterraines et l'idole du « Lanzón ».

ORGANISER SON TEMPS
Évitez absolument la saison des pluies pour ce voyage.

Débutant par la visite de Chavín de Huántar, l'un des sites les plus anciens du Pérou précolombien, la découverte de l'extraordinaire vallée de Conchucos, parallèle au Callejón de Huaylas, est réservée à ceux que ne rebute pas l'inconfort des routes ou de l'hébergement, ni la lenteur des transports. Il s'agit là d'une véritable expédition, dont les amateurs d'aventure et de paysages sauvages garderont un souvenir ébloui, mais qui ne pourra évidemment pas se faire en dehors de la saison sèche, en raison de l'état des routes.

Découvrir

★★CHAVÍN DE HUÁNTAR non -

Depuis Huaraz, prenez la route au sud vers Recuay. Au village de Cátac (37 km), une route récemment asphaltée conduit à Chavín par le tunnel de Kahuish. Le site archéologique se trouve à droite à l'entrée du village. 8h-17h - S/10.

Après Cátac, la route traverse une vaste pampa herbeuse qui s'achève à la jolie **Laguna de Querococha**, nichée au pied de l'abrupt Nevado Yanamarey (5 262 m). Elle escalade ensuite la pente en lacets serrés jusqu'au peu engageant **tunnel de Kahuish**, point culminant du parcours à 4 290 m, qui fut percé en 1927 sous la ligne de crête de la Cordillère blanche pour permettre l'accès au Callejón de Conchucos. La route redescend aussitôt après le tunnel en offrant de magnifiques vues sur la vallée du **Río Mosna**, un affluent du Marañón, et le vert damier de ses cultures accrochées à la montagne.

Situées à seulement 200 m du village du même nom, sur la rive gauche du Río Mosna, les ruines de Chavín sont constituées d'un vaste ensemble de terrasses,

de places et de bâtiments pyramidaux dont le plus important, connu sous le nom de **El Castillo**, est également appelé Templo tardio (Temple tardif), par opposition au temple du Lanzón, bien plus ancien.

Du côté du lit du Río Mosna, qu'un important *aluvión* a en partie noyé en 1945, causant des dommages irréparables, se trouve une place surbaissée dite **plaza Cuadrangular Hundida** (Place enfouie), de 48 m de côté. La place, sans doute centre cérémoniel, est flanquée au nord et au sud de deux plates-formes similaires, aujourd'hui très dégradées, qui devaient servir de tribunes pour le public.

Dans l'angle nord-ouest, un escalier monumental de 16 m de large, dénommé **graderia Middendorf**, donnait accès à un édifice plus tardif, détaché du reste de l'ensemble et dénommé pyramide du Nord, hélas assez ruiné.

À l'ouest de la place, en direction du Castillo, on distingue nettement trois plates-formes. La première est accessible par un escalier monumental de cinq marches, larges de 6 m. La seconde est desservie par l'**escalinata de los Jaguares** (escalier des Jaguars), en pierre noire à droite et blanche à gauche, et aux alentours duquel on pourra apprécier plusieurs pierres sculptées, dont un fragment supposé du linteau qui devait couronner un portique aujourd'hui

LES MYSTÈRES DE CHAVÍN

Village perdu dans une haute vallée des Andes du Nord-Pérou, Chavín de Huántar a donné son nom à une importante civilisation précolombienne, la **culture de Chavín**, dont les origines remontent à la période dite formative. Elle associait au culte du jaguar les représentations du serpent et de l'oiseau de proie et se situe chronologiquement entre 1200 et 200 av. J.-C. Grand centre religieux et artistique, Chavín étendit son influence sur un vaste territoire, des Andes du Nord jusqu'à la côte centrale du Pacifique. Toutefois, à l'époque des Incas, le sanctuaire était déjà en ruine et presque abandonné. L'un des premiers chroniqueurs de la conquête espagnole, Antonio Vázquez de Espinoza, qui se rendit sur les lieux en 1616, écrivit : « Tout près du village de Chavín se trouve un grand bâtiment en pierre taillée, d'une hauteur remarquable. C'était l'un des plus célèbres sanctuaires païens – comme le sont pour nous Rome et Jérusalem – où les Indiens venaient offrir leurs sacrifices [...] c'est pourquoi ils venaient des quatre coins du royaume. » Après les descriptions données par les voyageurs du 19e s., le grand archéologue péruvien **Julio C. Tello** commença en 1919 ses recherches sur le site et sur la civilisation de Chavín, dans laquelle il voyait « l'origine de la civilisation andine ».

Chavín de Huántar, têtes en pierre sculptée.
M. Verin / Tips / Photononstop

disparu. La troisième, dénommée **El Zócalo**, sert de base à une pyramide, dont la façade est décorée de dalles, à la façon de planches lithiques qui devaient supporter en frise des pierres sculptées d'êtres anthropomorphes et d'animaux. Quelques fragments découverts dans les ruines ont été déposés dans les galeries souterraines du temple du Lanzón *(voir ci-dessous)*.
Le centre de cette façade est occupé, dans l'axe de la place et des autres escaliers, par un portique monumental, dit la **Portada**, dont les colonnes et les linteaux étaient décorés de félins ; il n'en reste plus que quelques vestiges. Derrière ce portique, deux escaliers latéraux donnent accès au second étage du Castillo à l'intérieur duquel existent plusieurs **salles et galeries souterraines**, dont la chambre des Vigas ornementales (Poutres décorées) où furent sculptés des animaux aquatiques qui conservent quelques vestiges de polychromie. Vers la partie postérieure de la pyramide, les galeries des Piedras labradas (Pierres sculptées), des Columnas (Colonnes) et des Cautivos (Prisonniers) sont également souterraines, la dernière communiquant avec la galerie des Murciélagos (Chauves-souris), sans doute la plus ancienne (v. 1200 av. J.-C.).
Enfin, le Castillo était décoré sur ses quatre côtés par des figures emblématiques du site de Chavín, les **cabezas clavadas** (têtes clouées). Ce sont des têtes sculptées en ronde-bosse, encastrées dans la maçonnerie et dont un seul exemplaire est conservé en place, les autres étant placées à l'abri des intempéries dans les galeries du temple du Lanzón. Beaucoup d'hypothèses ont été émises sur la finalité de ces têtes saillantes et grimaçantes : certains y voient des « gardiens » chargés d'éloigner du temple les mauvais esprits, d'autres les reproductions symboliques des têtes coupées des guerriers ennemis, et les derniers des sortes de potences qui servaient, justement, à pendre ou à accrocher les suppliciés.
Au nord du Castillo, et en partie contiguë à ce dernier, se trouve la partie la plus étonnante et certainement la plus mystérieuse de Chavín. C'est le **temple du Lanzón**, que les archéologues ont dénommé Templo temprano (Temple primitif). Il est précédé d'une autre plaza Hundida, la plaza Circular Hundida, beaucoup plus restreinte que la première, et de forme circulaire, qui ne fut découverte qu'en 1972. En son centre se dressait l'obélisque Tello, aujourd'hui déposé au musée national d'Archéologie à Lima. Quant au sanctuaire lui-même, très dégradé à l'extérieur, il présente une forme de pyramide légèrement inclinée. À partir de deux portes s'ouvrant sur la façade, un escalier central mène à un labyrinthe de **galeries souterraines**, où fut découvert un monolithe de 4,60 m de hauteur, dit le **Lanzón**, encastré dans les dalles du plafond et fiché en terre, comme un poignard. La partie apparente du monolithe figure un

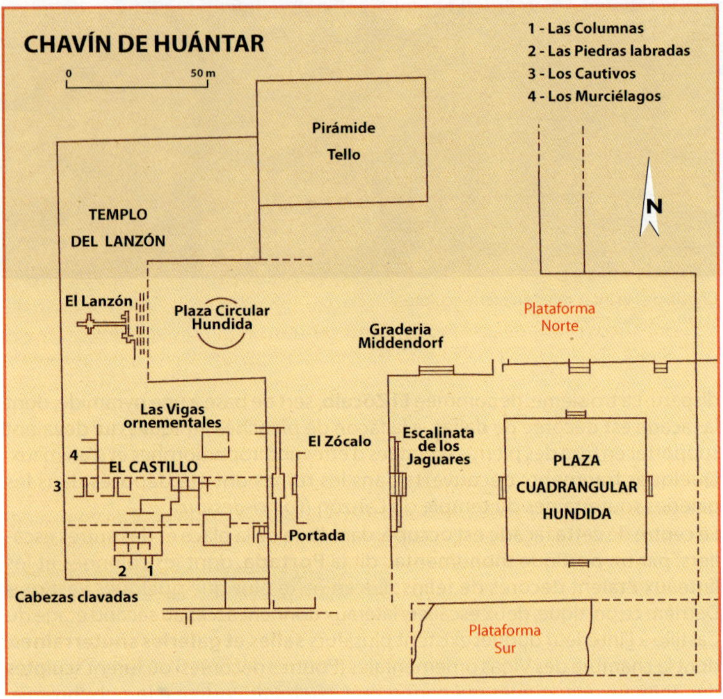

personnage effrayant, bras collés au corps, une main retournée dans le dos. Sa tête de félin arbore une gueule dotée de deux crocs recourbés. Au-dessus de la tête, au centre de la haute partie frontale, est creusée une gouttière qui laisse supposer l'existence d'une chambre de sacrifices au-dessus du monolithe, laquelle devait communiquer avec celui-ci de sorte que le sang des sacrifices, empruntant cette gouttière, devait arroser la tête de l'idole jusqu'aux rainures de la bouche. L'apparition, au milieu des ténèbres, de cette divinité cruelle au rictus atroce, laisse un souvenir inoubliable.

LA STÈLE DE RAIMONDI

Conservée au musée national d'Archéologie à Lima, cette stèle est considérée comme la plus importante pièce d'art lithique de la civilisation de Chavín. Elle fut découverte non loin du site par le voyageur italien Antonio Raimondi, en 1855, dans la maison d'un paysan qui l'avait récupérée pour s'en servir de table ! La pierre mesure 1,95 m de haut sur 74 cm de large. Son épaisseur est de 17 cm. La surface, plate et polie, est entièrement occupée par un personnage à l'apparence humaine, doté d'attributs zoomorphes, et couronné de multiples masques de félin superposés, desquels partent deux rangées de rayons obliques terminés par des têtes de serpent ou des volutes. Il tient dans chaque main deux objets symétriques, en forme de sceptre, à la signification éminemment symbolique, peut-être la pluie ou les éclairs. Un motif semblable apparaît sur la porte du Soleil de Tiahuanaco.

★★ CALLEJÓN DE CONCHUCOS

*De Chavín à Huallanca. Circuit de 450 km. Après avoir passé la nuit à Chavín de Huántar, on pourra d'abord se rendre vers Huari en bus (liaison locale) ou en attrapant les bus venant de Huaraz, voire même de Lima. Il faudra compter ensuite trois jours en se ménageant des étapes à Huari et Pomabamba pour parvenir jusqu'à Sihuas (à 306 km de Chavín), à l'extrémité nord du Callejón de Conchucos, d'où part une mauvaise route qui rejoint Huallanca, tout au nord du Callejón de Huaylas (112 km). Il faut donc ajouter à ce périple deux autres journées pour revenir à Huaraz en traversant le cañón del Pato (**voir p. 421**). Si l'on vient de Lima et que l'on y retourne, ce voyage représente une grande semaine, laquelle ne sera pas de tout repos.*

Traversé par une tortueuse route en terre aux innombrables lacets, le Callejón de Conchucos présente une topographie nettement plus accidentée que celle du Callejón de Huaylas. Ici, au contraire, se succèdent une série de petits bassins cultivés, occupés chacun par une bourgade agricole, unis par des vallées profondes, ou bien séparés par des *punas* sauvages et inhospitalières. À l'ouest se dressent les cimes de la Cordillera Blanca dont les versants sont au moins aussi spectaculaires que ceux qui peuvent être vus depuis Huaraz. À l'est, l'horizon est fermé par un maillon de la longue Cordillère orientale, moins élevée et dépourvue de sommets neigeux (raison pour laquelle elle demeure quasiment inexplorée), qui sépare le *callejón* de la vallée du Río Marañón.

San Marcos

À 8 km de Chavín. Alt. 3 050 m.

Ce petit village fleuri est surnommé dans la région le « paradis des magnolias ». Sa fête la plus réputée est celle du **Corpus Christi**. La route asphaltée s'achève ici.

Huari

À 49 km de Chavín. Alt. 3 160 m. De la place principale, des bus partent quotidiennement pour Huaraz et Lima.

Cette petite capitale de province fut fondée par les Espagnols sous le nom de Santo Domingo del Rey, sur les ruines de Huaritambo, ville incaïque dont il reste quelques vestiges en assez mauvais état. La bourgade, tout en pente, compte quelques pensions et restaurants populaires. Parmi ses nombreuses fêtes, la plus colorée est celle de la **Virgen del Rosario** – également dénommée Fiesta de los Gatos (fête des Chats) – qui dure huit jours, début octobre.

En remontant le cours du Río Mosna, au nord de Huari, la route s'élève vers le col de Huachucocha (4 220 m) qui marque l'entrée de la vallée de Pomabamba. La descente réserve des **vues magnifiques**★★ sur les cordillères blanche et orientale.

★ San Luis et Chacas

À 65 km de Huari et 110 km de Chavín.

Jadis appelée Chuquihuari, San Luis fut aux 17e et 18e s. une importante ville coloniale. Elle semble aujourd'hui un peu assoupie, mais se réveille bruyamment lors de la fête du Señor de Pomallucay, le 14 septembre.

De San Luis, une piste mène au très typique village de **Chacas**★ *(1h de route)*, connu pour sa vaste plaza de Armas engazonnée où ont lieu, lors de la fête locale du 15 août, des lâchers de taureaux au milieu de la foule dans un désordre indescriptible et au son de la musique des orchestres venus des communautés environnantes. L'imposante **église** qui se dresse au bout de la place renferme d'intéressants bois gravés par des artistes locaux depuis l'époque coloniale, représentant des scènes mythiques ou festives. On retrouve ce même genre de bois gravés sur certains balcons des maisons les plus anciennes du village.

De Chacas, on peut écourter le circuit par la difficile route du col de Punta Olímpica (4 900 m) qui franchit la Cordillère blanche en direction de Carhuaz.

Piscobamba

À 61 km de San Luis et 175 km de Chavín. Alt. 3 150 m. De Piscobamba, des bus régionaux partent deux fois par jour (7h et 19h) vers Huaraz, via Yanamá et Yungay.
Cette localité s'étire à flanc de montagne et réserve un magnifique panorama sur la Cordillera Blanca. Son nom est dérivé du quechua *pishccupampa*, qui signifie « plaine des oiseaux ». Aux alentours se livrèrent de féroces batailles entre les tribus des Conchucos, natives de la vallée, et les troupes de l'Inca Túpac Yupanqui, qui finit par les soumettre. Les Incas y installèrent ensuite un *tambo*, dont il reste quelques vestiges.

Pomabamba

À 22 km de Piscobamba et *197 km de Chavín. Alt. 3 060 m. Des minibus (souvent bondés) partent de la plaza de Armas vers Huaraz (via Yanamá et Yungay), Sihuas et Piscobamba.*
Autrefois appelée Pumapampa (la plaine du puma) et aussi connue pour être la « ville des cèdres », cette bourgade de 5 000 habitants, qui compte quelques hôtels et restaurants assez simples, est située dans un secteur archéologique où subsistent plusieurs vestiges de **forteresses** des époques incaïque et pré-incaïque, le site le plus intéressant étant celui de **Yaino**, aux imposantes murailles d'origine chavín. Les deux fêtes principales sont celles de la San Juan – huit jours de danses, au cours desquels est donnée une représentation par des Indiens d'un mimodrame retraçant la conquête du Pérou par Pizarro – et de San Francisco, le 4 octobre.
Aux temps pré-incaïques, Pomabamba fut le centre de la puissante **confédération des Conchucos**, union de tribus locales qui laissa son nom à la région et ne fut soumise par les armées incas qu'après une longue campagne.
Après Pomabamba, on accède à la partie le plus accidentée du Callejón de Conchucos. La Cordillère blanche et la Cordillère orientale y forment un nœud que l'on franchit au col de Palo Seco (3 485 m). La route, très difficile à cet endroit, est souvent impraticable à l'époque des pluies. Sinon, elle réserve sur près de 100 km des vues somptueuses sur les sommets septentrionaux de la Cordillère blanche.

Sihuas

À 109 km de Pomabamba et 306 km de Chavín. Alt. 2 680 m.
Presque entièrement détruite par un *aluvión* en 1933, de nouveau ébranlée par le tremblement de terre de 1946, cette petite ville perchée paraît plus moderne et plus vivante que les autres cités du *callejón*, sans doute grâce à la jeunesse de sa population. Elle jouit d'ailleurs d'un climat plus tempéré que dans les vallées voisines, les influences chaudes du bassin du Marañón s'y faisant déjà sentir. Sur la plaza de Armas, plantée de palmiers, l'église est un curieux mélange d'architecture contemporaine greffée sur des beaux restes de l'époque coloniale. Sihuas est réputée pour son extraordinaire **fête de la Virgen de las Nieves**, le 5 août, qui avait lieu jadis tous les 5 ans, mais est devenue annuelle à cause de son succès.

Vers Huallanca

Une étroite et très spectaculaire route de montagne culminant à près de 3 800 m sépare Sihuas de l'austère **Huallanca** et de sa centrale hydroélectrique creusée dans les versants abrupts du cañón del Pato *(voir p. 421)*.

De Huallanca, on peut boucler la boucle et revenir à Huaraz *(à 113 km)* en prenant la route du cañón del Pato, ou bien redescendre directement vers la côte pacifique jusqu'à Chimbote par la vallée du Río Santa *(170 km)* que longe une route remplaçant l'ancienne voie ferrée détruite par le séisme de 1970.

NOS ADRESSES AU CALLEJÓN DE CONCHUCOS

TRANSPORTS

Bus – Les bus de la compagnie Chavín Express assurent la liaison **Huaraz-Chavín de Huántar** *(voir Huaraz p. 412)*, par le sud. C'est par cette route asphaltée que l'accès au **Callejón de Conchucos** est le plus simple. Au-delà de Chavín, retour sur la piste.

Toutefois, on peut aussi arriver dans le *callejón* par la magnifique route de **Huaraz-Pomabamba**, au nord. Après Yungay, elle escalade la Cordillère blanche vers le bourg de Yanamá et se faufile entre les massifs du Huandoy, du Chopicalqui et du Huascarán par un col à 4 760 m. La route redescend ensuite brusquement vers le *callejón* en atteignant Piscobamba, à 23 km au sud de Pomabamba. De là, on pourra continuer le voyage vers le nord (Sihuas) ou vers le sud (Huari et Chavín), par les petites compagnies de bus locales.

Une autre liaison transversale, tout aussi spectaculaire, relie **Carhuaz**, à 32 km au nord de Huaraz, à **Chacas** par un col encore plus élevé, celui de Punta Olímpica (4 900 m), l'un des cols routiers les plus hauts du Pérou qui, sur 100 m, se fraie un étroit et sinueux passage de seulement 4 m de large, creusé entre deux parois rocheuses de 10 m de haut. Après Chacas, on retrouve ensuite la route du Callejón de Conchucos à San Luis.

HÉBERGEMENT / RESTAURATION

Chavín

Le petit village de Chavín compte quelques hôtels et restaurants modestes et un petit centre artisanal où l'on vend des souvenirs et des objets en pierre taillée dans le style décoratif du lieu.

PREMIER PRIX

Hotel Inca – *Wiracoccha 170 - plaza de Armas - ✆ (044) 754 021 - enrique9541@hotmail.com - ✕ - 18 ch. : S/110.* À quelques minutes du site archéologique. Belle vue sur la plaza de Armas et confort simple. Bar et jardin.

Chacas

PREMIER PRIX

Hostal Pilar – *Ancash 110 - ✆ (043) 723 813 (réserv. à Huaraz)/99 852 038 (mobile) - ✕ - 40 pers. - ch. double : S/100 - petit-déj. non inclus.* Installé dans une jolie maison, cet hôtel propose des chambres charmantes et confortables.

Sihuas

PREMIER PRIX

Hostal Milagritos – *Calle Simón Bolívar - ✆ (043) 441 163 - 15 ch.* Des nombreux hôtels et restaurants très abordables que compte Sihuas, le Milagritos est le meilleur. Récent et confortable.

ACTIVITÉS

Excursions – Les agences de tourisme de **Huaraz** proposent des visites guidées vers le site de Chavín. Compter une journée AR et env. 20 $, entrée du site non comprise.

Panaméricaine nord 8

Les stèles guerrières de Cerro Sechín.

DEA/G DAGLI ORTI/De Agostini Editore/AGE Fotostock

GUAYAQUIL
CUENCA
ECUADOR
Aguas Verdes
Manglares Puerto Pizarro
Tumbes
Zorritos
Caleta de la Cruz
Parque Nacional Cerros de Amotape
Chicama
Cerros de Amotape
Punta Sal
Máncora
Cabo Blanco
Talara
Sullana
Colán
Paita
Catacaos
Piura
Chulucanas
Desierto de Sechura
Bahía de Sechura
Punta Aguja
Isla Lobos de Tierra
Isla Lobos de Afuera
Macará
Ayabaca
Las Huaringas
Huancabamba
Río Huancabamba
Cordillera de Guamaní
Río Piura
Abra de Porculla
2145
3500
Olmos
Batán Grande
Túcume
Ferreñafe
Lambayeque
Pimentel
Monsefú
Chiclayo
Zaña
Pacatnamú
Chepén
Petroglifos de Chongoyape
Reserva Ecológica Chaparrí
Cordillera Occidental
Cajamarca
Acueducto de Cumbe Mayo
Chota
Celendín
Río Marañón
Bagua
Balsas
Kuélap
Chachapoyas
Cordillera Oriental
Río Huambo
Moyobamba
Tarapoto
Cerros Campanquiz
3140
4375
Marañón
Río Cahuapanas
Barranca
Río Pastaza
Río Morona
Cordillera del Cóndor
Cordillera del Condorcillo
Loja
1A
1N
1B
2
4
4A
4B
5N
6A
8
8B
3N
3S
35
92
A
B
C
1
2

PANAMÉRICAINE NORD
CHAN CHAN ★★★ Vaut le voyage
Huanchaco ★★ Mérite un détour
Piura ★ Intéressant
Chimbote À voir
Site inca
0
50 km
Lima
OCÉANO
PACÍFICO
HUÁNUCO
HUÁNUCO
PANAMÉRICAINE SUD
LIMA
Chosica
Río Chancay
Lomas de Lachay
Ancón
Chancay
Huaura
Huacho
Caral
Pativilca
El Áspero
Paramonga
Río Fortaleza
Laguna Conococha
Huascarán
Huaraz
Parque Nacional
Cordillera Blanca
Cordillera Central
Río Huallaga
Abiseo
Huarmey
Cerro Sechín
Moxeque
Casma
Tortugas
Pañamarca
Chimbote
Cordillera Negra
Río Santa
Río Moche
Pirámides Moche
Trujillo
Huaca El Dragón
CHAN CHAN
Huanchaco
El Brujo
Puerto Chicama
Islas Guañape
Isla Chao
1N
3N
10A
10B
12
12A
14
16
18
20
A
B
C
3
4

De Lima à Trujillo

Départements de Lima, Ancash et La Libertad

NOS ADRESSES PAGE 439

S'INFORMER

Office de tourisme (Lima-centre) – *Pasaje Escribanos 145, plaza de Armas* (plan II, C2) - *(01) 315 1542 - www.turismoperu.info ou www.promperu.gob.pe - infoturistica@munlima.gob.pe - lun.-vend. 9h-18h, w.-end 9h-17h.*

SE REPÉRER

Carte de région BC3-4, p. 432-433 – *Carte Michelin National 763 CE9/13.*

À NE PAS MANQUER

Le site archéologique de Caral ; les stèles guerrières de Cerro Sechín.

ORGANISER SON TEMPS

Si vous devez faire étape entre Lima et Trujillo, préférez Chancay ou Casma, et évitez Chimbote. Les liaisons routières étant parfois aléatoires, privilégiez le mode d'excursion organisée pour visiter Caral.

Tracé en plein désert et bordé par les longues plages du Pacifique, le long ruban d'asphalte de la Panaméricaine nord tire un trait de 1 250 km de long entre Lima et la frontière de l'Équateur. Entre dunes et falaises, des sites archéologiques de première importance s'enchaînent comme un chapelet – Caral Paramonga, Cerro Sechín, Chan Chan, El Brujo – et dévoilent des aspects fascinants du passé pré-incaïque du Pérou. Assez semblables à ceux que traverse la Panaméricaine sud, les paysages présentent un plus grand nombre de vallées agricoles et de centres urbains. La magnifique ville de Trujillo mérite le détour. C'est le Pérou écrasé de chaleur, jadis dominé par la tradition créole des planteurs et des grands propriétaires terriens. Le Pérou des haciendas, des plantations de canne à sucre et des gigantesques bananeraies. Aujourd'hui démocratisé, le secteur agricole apporte son activité à une région dont l'économie repose également sur la pêche et sur les industries chimiques et sidérurgiques. Mais la récession des années 1980 et l'exode vers la côte des populations andines ont apporté leur cortège de chômage et de pauvreté, encore aggravés par les catastrophes climatiques du Niño, survenues dans la décennie 1990-2000.

Découvrir

DE LIMA À CASMA

Après la sortie nord de Lima et ses banlieues populaires plutôt lugubres, on laisse à gauche, après 40 km, la station balnéaire d'**Ancón** *(voir l'encadré, ci-contre)*. Très réputée dans les années 1960 et 1970, elle a perdu de son lustre depuis que les plages du sud de la capitale lui ont été préférées.

La ville sacrée de Caral.
D. Barker / U.S. Navy

Chancay

À 78 km de Lima. 57 928 hab.

Chancay est une petite ville animée, dotée d'une jolie plage. On y découvre, perché sur un promontoire rocheux, le **castillo de Chancay** *(9h-18h - entrée S/4,50 - piscine S/5)*, une folie construite en 1924 par la richissime Consuelo Amat y León, descendante directe du vice-roi Amat. Très touristique, ce château d'allure médiévale semble avoir été dessiné par Walt Disney. Sauvé de la ruine et complètement restauré en 1995, il abrite un **musée** assez disparate où sont conservés des meubles et des peintures appartenant à l'ancienne propriétaire, des trophées de chasse, ainsi que des céramiques et d'étonnantes momies de la **culture pré-incaïque Chancay**. Contemporaine de l'époque chimú (12e-14e s.), cette civilisation est justement connue pour ses céramiques et pour ses tissus Depuis la terrasse, jolie vue sur la crique et les bateaux de pêche amarrés au port.

LA NÉCROPOLE D'ANCÓN

Village de pêcheurs pendant la période préhistorique, Ancón fut aussi une importante nécropole précolombienne. Les tombes d'Ancón couvrent plusieurs périodes, depuis la culture maranga-lima (vers 200) jusqu'à la domination inca (1500) en passant par les phases huari, pachacamac et chancay, cette dernière étant la plus représentée. Une grande quantité d'offrandes funéraires furent exhumées : textiles, céramiques, objets en bois sculpté, colliers en pierre ou en os, outils… Toutes ces richesses furent malheureusement saccagées et éparpillées au début du 20e s. par les *huaqueros* (pilleurs de tombes, *voir p. 113*). La proximité de Lima et le développement de la station balnéaire d'Ancón participèrent ensuite à la lente destruction du site.

Lomas de Lachay

Au km 105, prenez l'embranchement vers la réserve (4 km). Les Lomas de Lachay dépendent de l'Inrena (Instituto Nacional de Recursos Naturales) - www.inrena.gob.pe. Bureau à Lima : calle Diecisiete 355, urb. El Palomar, San Isidro - ✆ (1) 224 3298/2858 - 8h-18h.

Sur les collines côtières du piémont andin s'étend cette réserve naturelle de 5 070 ha, créée en 1977. Dû à une couverture nuageuse très importante de juin à novembre, son microclimat particulièrement humide favorise un paysage forestier et verdoyant, rarissime dans les zones côtières du Pérou. Sur les 75 recensées, une vingtaine d'espèces végétales seraient en voie d'extinction si elles n'avaient pas été protégées par la réserve.

Huaura

À 142 km de Lima. 31 565 hab.

La bourgade est célèbre pour le balcon de bois d'où le général San Martín proclama l'indépendance du Pérou en 1821. On peut apercevoir la « cloche de la liberté » qui fut la première à célébrer cet événement.

Au km 175, la route longe un vaste plan d'eau (7 km de long) connu sous le nom d'**albufera de Medio Mundo**. Sur cette lagune, formée il y a une trentaine d'années, on peut faire du canotage et observer les oiseaux.

★ Caral

Au km 184, entre Huaura et Supe, prenez à droite et suivez l'indication « Ciudad Más Antigua de América » ; bus jusqu'à Supe puis taxi. ✆ (01) 495 1515 (à Lima) - www.caralperu.gob.pe - 9h-17h - S/11,20 - visites guidées depuis Lima (voir p. 195). Comptez 1h30 sur place.

La ville sacrée de Caral-Supe a été inscrite sur la liste du Patrimoine mondial de l'Unesco en juin 2009. C'est le centre cérémoniel et urbain le plus ancien de la côte du Pérou. Il remonte à 2600-2000 av. J.-C. Selon les estimations, l'agglomération accueillait 3 000 habitants et dominait les quelque 10 000 habitants qui peuplaient la proche vallée du Río Supe. Elle est à l'origine d'une des civilisations les plus importantes du 3e millénaire av. J.-C. Englobée dans une zone archéologique de 626 ha, Caral regroupe six pyramides tronquées à degrés parmi d'autres constructions rectangulaires, entourant une assez vaste esplanade. La plupart des bâtiments semblent avoir été initialement recouverts d'une couche d'argile peinte (rouge, ocre jaune et blanc, à des époques successives). Haute de 28 m, la pyramide la plus importante, la **Pirámide mayor**, a été construite en pierres liées par un mortier de boue séchée. Elle est précédée d'une petite place ronde à moitié enterrée.

L'amphithéâtre ovale, de vastes dimensions (157 x 81 m), en pierres jointoyées au mortier, également semi-souterrain, est doté d'un large gradin courant sur sa circonférence. Il devait accueillir des cérémonies publiques.

Si aucune trace de céramique n'a été retrouvée sur le site, les archéologues ont exhumé des calebasses, des instruments en os, des fibres de coton, des coquillages, des débris de filets de pêche ou de nattes tressées en jonc, mais également des petites statuettes anthropomorphes de forme féminine. On trouve dans d'autres sites de l'âge pré-céramique de nombreux exemples de ces figurines, lesquelles sont représentatives des sociétés agricoles en formation.

El Áspero

À 185 km de Lima.

Proche de l'embouchure du Río Supe, le site d'El Áspero est protégé et dégagé depuis 2005 par les équipes qui étudient Caral. Remontant à la période dite du pré-céramique tardif (3000-1800 av. J.-C.), il est composé de cinq grandes pyramides construites sur le modèle le plus fréquent à l'époque : une structure quadrangulaire reposant sur des plates-formes superposées. Un escalier monumental au centre de la façade donne accès à une place circulaire semi-enterrée, qui devait servir d'espace public. Les trois principales sont dénommées Huaca Alta, Huaca de los Sacrificios et Huaca de los Idolos. C'est dans cette dernière que furent découvertes de petites idoles de forme humaine, modelées en argile claire, qui sont conservées au museo de la Nación à Lima.

Pativilca

À 200 km de Lima.

Le long de la côte nord, cette agréable petite ville est l'une de celles qui a su le mieux préserver son cachet colonial. On y voit une belle église et d'imposantes maisons des 17e et 18e s., dont l'une abrita Simón Bolívar.

À la sortie nord, bifurcation à droite vers Huaraz et le **callejón de Huaylas** *(voir p. 416)*.

★ Forteresse de Paramonga

4 km après Pativilca.

Poste avancé de l'empire chimú, la forteresse de Paramonga date de 1000 apr. J.-C. Cet édifice militaire, construit en blocs d'adobe et auquel les Incas assignèrent plus tard une fonction religieuse, est l'un des sites archéologiques les mieux conservés de la côte nord du Pérou. À l'intérieur d'une enceinte de 3 à 6 m de hauteur, qui comportait un parapet et un chemin de ronde, se trouvent trois énormes terrasses superposées. Des édifices ruinés les occupent en partie. Sur la deuxième, large de 10 m, subsistent des salles où furent mises au jour des peintures murales en damier rouge et jaune. Les vestiges de la plate-forme supérieure sont interprétés comme les logements des prêtres qui desservaient le temple, sans doute consacré au Soleil à partir de la domination inca. Du sommet de cette dernière terrasse, la vue embrasse la fertile plaine de Pativilca, couverte de champs de canne à sucre.

DE CASMA À TRUJILLO

De Pativilca à Casma, la Panaméricaine longe le rivage du Pacifique sur 90 km. Magnifiques points de vue sur les immenses plages solitaires, perdues dans le paysage désertique, quasiment minéral.

Casma

À 375 km de Lima. 26 430 hab. De Casma vers Trujillo passent des bus en provenance de Lima, souvent pleins. Il vaut mieux se rendre au terminal des colectivos *où l'on empruntera un taxi collectif vers Chimbote (30mn - S/10) en demandant au chauffeur de descendre à la nouvelle gare routière, à l'entrée de cette ville.*

« Ciudad del sol eternal » (ville de l'éternel soleil), Casma bénéficie d'un climat sec et ensoleillé quasiment toute l'année. Elle ne présente guère de monuments notables, hormis les sites archéologiques des alentours, mais convient à une nuit-étape, vu la quantité d'hôtels et de restaurants qu'on y trouve, la plupart assez bon marché. La place centrale est animée d'un marché aux fruits et aux poissons où l'on trouvera jour et nuit des kiosques qui servent de succulents *ceviches*.

À 20 km au nord, la station balnéaire de **Tortugas**, joliment nichée au fond d'une baie, est située sur l'une des plus belles plages de la région.

★★ Cerro Sechín

À 5 km au sud de Casma, en suivant sur 2 km la route qui mène vers Pariacoto et Huaraz (taxis sur la place de Casma). 9h-17h - S/5. Dans le centre-ville de Casma, quelques petites agences de tourisme proposent des visites guidées de Cerro Sechín ou de Moxeque.

Au flanc d'une colline rocheuse connue sous le nom de Cerro Sechín, qui domine la rive gauche du petit fleuve côtier du même nom, l'archéologue Julio C. Tello mit au jour, en 1937, les ruines d'un temple datant de la période formative (1er millénaire av. J.-C.). Sur la face extérieure des quatre côtés de son enceinte (longs de 50 m chacun) sont plaqués des monolithes plats sur lesquels furent gravées des figures en lignes incisives. Elles représentent, en grandeur nature, un défilé de guerriers victorieux dont certains portent des restes humains : jambes, bras, viscères et une grande quantité de têtes coupées gardant des expressions de terreur.

En poursuivant la même route sur une vingtaine de kilomètres, on atteint **Moxeque**, autre site important de la vallée du Río Sechín. Datant de la période formative, ce temple pyramidal de vastes proportions est composé de sept plates-formes superposées dont le sommet devait être couronné de deux adoratoires surélevés, disposés symétriquement. L'archéologue J. C. Tello y mit au jour en 1930 des niches renfermant des reliefs de terre séchée, recouverts d'argile, et des adobes coniques ornés de représentations de félins, de serpents et d'êtres humains dans le style de Chavín, peintes en jaune, blanc, noir et rouge.

À 31 km de Casma, on atteint la vallée du Río Nepeña. Juste après l'avoir franchi, une route à droite mène à l'intérieur des terres (10 km) au site de **Pañamarca**, vaste pyramide à degrés de culture mochica. En dépit des dégâts causés par le séisme de 1970, on peut encore apercevoir des vestiges de fresques murales, réalisées dans les tons ocre et rouge, représentant des cérémonies guerrières et religieuses.

Chimbote

À 427 km de Lima et à 130 km de Trujillo. 335 141 hab. De la moderne gare routière, à la sortie sud, de nombreuses compagnies assurent plusieurs rotations quotidiennes vers Lima et Trujillo. De petites compagnies régionales desservent Huaraz en passant par Casma ou par Huallanca et le cañón del Pato.

Grand port de pêche et important centre sidérurgique, Chimbote est une ville moderne sans grand attrait touristique. Dans les années 1970, elle était la vitrine économique et industrielle du régime militaire du général Velasco, alors que le Pérou était le premier pays du monde pour la pêche. Mais l'exploitation forcenée des ressources et les épisodes climatiques du Niño dans les années 1990 provoquèrent une catastrophe économique : le poisson se raréfia et l'immense flottille de pêche fut laissée à l'abandon dans le port. Aujourd'hui, le secteur a repris de l'activité, mais les quantités pêchées jadis ne sont plus qu'un lointain souvenir. Les principales usines de la périphérie de Chimbote se consacrent à la fabrication d'engrais à partir de farine d'*anchoveta* (une variété d'anchois), d'où l'odeur assez nauséabonde qui plane sur la ville.

À 80 km au nord de Chimbote, la Panaméricaine traverse la fertile vallée côtière du Río Virú, grande productrice de canne à sucre. Cette vallée fut le berceau de la culture dite de **Gallinazo** (300 av. J.-C. - 500 apr. J.-C.), qui succéda à celle de Chavín. De nombreux vestiges d'agglomérations urbaines y ont été mis au jour, certaines comprenant des structures pyramidales qui ont livré une quantité importante de céramiques.

ISLAS GUAÑAPE

À 510 km de Lima. Sur la Panaméricaine, à 35 km avant Trujillo, prenez la direction de Puerto Morin à gauche (5 km).

Accessibles à partir du village de Puerto Morin *(location de barques à moteur)*, ces îles rocheuses constituent l'une des plus belles réserves naturelles de la côte nord. On peut y voir des lions de mer et quantité d'oiseaux marins. L'endroit rappelle beaucoup la réserve naturelle de Paracas *(voir p. 350)*.

NOS ADRESSES ENTRE LIMA ET TRUJILLO

TRANSPORTS

Avion – Aeropuerto internacional Jorge Chávez - Avec la Lan *(www.lan.com)* plusieurs vols quotidiens selon les jours *(1h10 - 275 $), voir Lima p. 179.*

Bus – Nombreux sont les bus qui empruntent la Panaméricaine nord au départ ou à destination de Lima *(voir p. 180)*. Ils déposent ou prennent les passagers dans les principales localités de l'axe routier.

HÉBERGEMENT / RESTAURATION

Casma

BUDGET MOYEN

Hostal El Farol – *Túpac Amaru 450 - ✆ (043) 411 064 - hostalfaro@yahoo.com* - ✕ ≋ - *S/100-200.* Un havre de paix autour d'un joli jardin agrémenté d'un petit kiosque et d'une piscine. Bon restaurant.

Las Poncianas Hotel – *Carr. Panamericana norte, km 379 - ✆ (043) 412 123/411 599 - www.lasponcianashotel.com* - ✕ ≋ CC *- 50 ch. : S/100-200.* Dans un complexe moderne construit autour d'une grande piscine, halte confortable et pratique pour rejoindre les sites archéologiques ou les plages. Sauna.

Hospedaje Las Terrazas – *Av. Antigua Panamericana, manzana H, caleta norte, playa Tortugas - ✆ (043) 943 619 042 - www.lasterrazas.com* - ✕ CC - *8 ch. : S/100-200.* Sur la plage de Tortugas, chambres avec terrasse et vue sur l'océan. Sports nautiques en abondance.

Trujillo

★★

818 000 habitants env. – Capitale du département de La Libertad

NOS ADRESSES PAGE 449

S'INFORMER

iPerú – *Jr. Diego de Almagro nº 420* (A2) - ✆ *(044) 294 561 - lun.-sam. 9h-18h, dim. 9h-13h.*

Visites guidées – **Guía Tours** - *Independencia 580* (B2) - ✆ *(044) 245 170.* Vend une brochure assez détaillée listant les hôtels, restaurants et sites touristiques; propose un tour combiné à Chan Chan, Huanchaco et aux pyramides de Moche *(1 journée - S/15).*

Trujillo Colonial Tours - *Independencia 616* (B1-2) - ✆ *(044) 258 261.* Propose plusieurs circuits dont un *city tour (S/15)*, des visites guidées à Chan Chan *(4h - S/25)*, aux pyramides de Moche *(3h - S/20)* ainsi qu'à El Brujo et la Huaca Cao Viejo *(5-6h - S/50).*

SE REPÉRER

Carte de région B3, p. 432-433 - plans de Trujillo, p. 442 et de Chan Chan, p. 445 – *Carte Michelin National 763 C9.* Trujillo se trouve à 557 km au nord de Lima, à 210 km au sud de Chiclayo, à 300 km au sud-ouest de Cajamarca et à 757 km au sud de Tumbes.

À NE PAS MANQUER

Une promenade à pied dans le vieux centre; les pyramides de Moche; la visite de Chan Chan; la plage de Huanchaco.

ORGANISER SON TEMPS

Afin d'éviter les difficultés de déplacement et d'accès, mieux vaut visiter le site d'El Brujo en excursion organisée.

Troisième ville du Pérou, Trujillo est l'une des plus souriantes de la côte nord. Située près de l'embouchure du Río Moche, à l'endroit où les premiers contreforts des Andes dessinent l'étroite frange côtière, la « ville de l'éternel printemps » jouit d'un climat agréable. Son cœur historique intact lui confère un aspect harmonieux qu'une constante prospérité contribue à entretenir. Fameuse pour ses gracieuses fenêtres de fer forgé, ses balcons de bois sculpté et ses façades aux couleurs vives, l'élégante cité coloniale est un centre touristique et culturel de première importance. Creuset intellectuel et cité rebelle, elle fut la première à proclamer son indépendance en 1820. Non loin, les vestiges des civilisations chimú et mochica, notamment l'immense cité de Chan Chan ou les pyramides de Moche, autant que les haciendas (coton, canne à sucre) qui participèrent à son développement, assoient la région dans le Pérou historique. Cependant, la cité réserve d'autres plaisirs: de belles plages, dont la plus pittoresque est celle de Huanchaco, ainsi que de bons restaurants dans le centre-ville.

Sur la plaza de Armas.
A. Pavan / Sime / Photononstop

Se promener Plan de ville p. 442

★★ CENTRE HISTORIQUE A2

La **plaza de Armas★** enchante le visiteur par son ampleur, l'harmonie de ses couleurs et les lignes pleines de charme de ses façades. Parmi les bâtiments qui l'entourent, on remarque la **casa Urquiaga** *(Pizarro 446 - lun.-vend. 9h30-15h, w.-end 10h-13h30)*, vaste demeure coloniale de style néoclassique où logea Simón Bolívar. On y voit son bureau, quelques meubles de la période coloniale et des objets de la culture chimú. La **cathédrale** (seconde moitié du 17e s. - *7h-12h, 16h-21h*), d'un ocre jaune flamboyant, est abondamment décorée de stucs et de moulures blanches. Au centre de la place, le monument élevé à la gloire des *libertadores* présente, au sommet d'une colonne, un génie de la Liberté tenant une torche allégorique dans un mouvement de contorsionniste assez bizarre.

CITÉ RÉPUBLICAINE

Trujillo fut fondée en 1534, soit un an avant Lima, par Diego de Almagro, l'associé de Pizarro, à proximité de Chan Chan, l'ancienne capitale des Chimús. C'est à Trujillo, sa ville natale, que Víctor Raúl Haya de la Torre (1895-1979) fonda en 1924 l'APRA, grand mouvement de gauche populiste. À l'origine teinté de marxisme, l'APRA s'opposa rapidement aux gouvernements civilo-militaires qui dirigeaient le Pérou à l'époque. En 1932, peu après l'arrestation d'Haya de la Torre et sa détention à Lima, Trujillo se souleva contre le gouvernement militaire du général Sánchez Cerro. Le 7 juillet, la foule s'empara de la caserne de la ville lors d'un assaut sanglant. L'armée reprit la ville après quatre jours de combats de rue et se livra à une féroce répression qui fit entre 3 000 et 6 000 morts. Encore bien vivant dans la mémoire des anciens, le souvenir du massacre de 1932 fortifie la tradition très républicaine de Trujillo. La farouche inimitié entre l'armée et l'APRA perdura jusqu'aux années 1980.

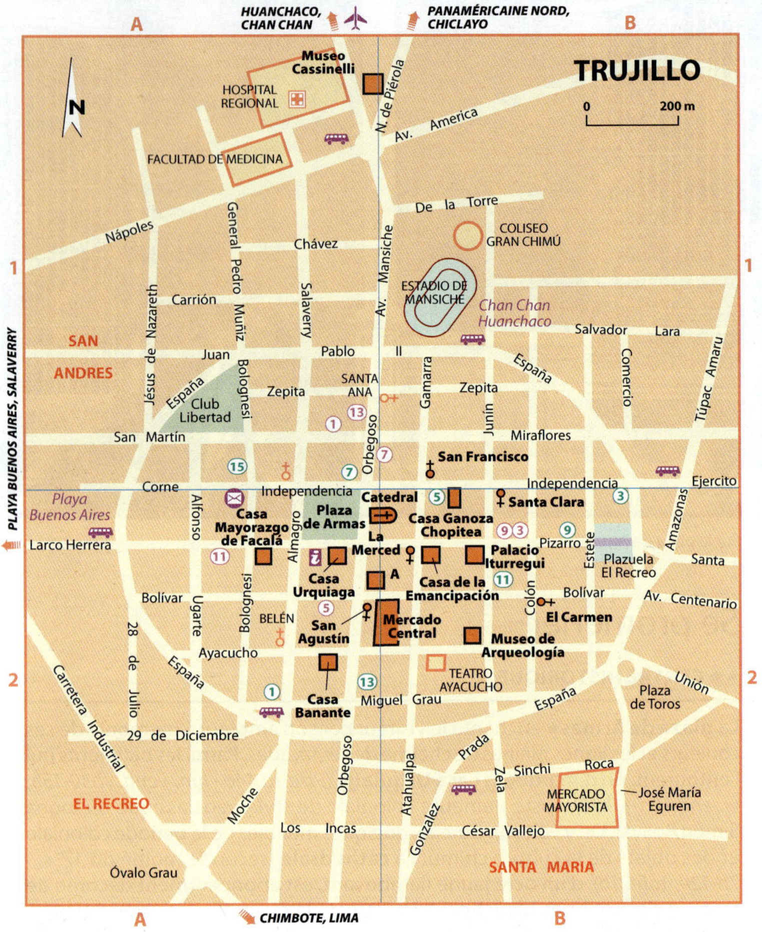

SE LOGER	
Almagro (Hostal)	1
Brujo (El)	3
Colonial (Hostal)	5
Libertador	7
Pullman Hotel	9
Saint Germain Hotel	11
Solari (Hostal)	13
Suite Plaza Hotel	15

SE RESTAURER	
Casa Solaríaga	1
Demarco	3
Mochica (El)	5
Rincón de Vallejo	7
Romano	9
Salon de Té Santo Domingo	11
Valentino (El)	13

Casa del Mariscal de Orbegoso .... **A**

Églises et *casonas* autour de la plaza de Armas B2

En remontant la rue Francisco Pizarro vers le nord à partir de la place, on aperçoit l'**église de La Merced** (17e s. - *8h-12h, 16h-20h*), sur une placette. Dessinée par un architecte portugais, elle recèle un magnifique orgue rococo. En face, la **Casa de la Emancipación** *(Pizarro 610 - tlj sf dim. 9h15-12h30, 16h-18h30)* vit le marquis de Torre Tagle proclamer l'indépendance de la ville, en 1820 et en 1823, et abrita le premier Congrès constituant de la jeune république. Le porche du vestibule est orné d'une paire de fresques de l'époque coloniale. Dans la même rue, le luxueux **Palacio Iturregui** *(Pizarro 688 - tlj sf dim. 11h-18h - S/5)*, construit en 1842, renferme une profusion de dorures et de lustres. Il accueille en outre des expositions temporaires consacrées à la céramique. En continuant par la rue Pizarro, à droite dans l'av. Colón, se détache la façade blanche et rouge de l'**église del Carmen★** (milieu du 18e s. - *✆ (044) 241 823 - tlj sf dim. 9h-13h*), considérée comme la plus belle de Trujillo. Elle possède une impressionnante collection de 150 tableaux de l'école de Cuzco.

En revenant par Independencia, on aperçoit l'**église Santa Clara** *(angle Junín)*, qui possède une belle chaire baroque en bois sculpté. Du même côté de la rue, la **Casa Ganoza Chopitea★** *(Independencia 630, siège de la Policía de turismo - lun.-vend. 9h15-12h30 ou 18h30)* est reconnaissable à son portail au fronton rococo décoré de deux lions. Il était jadis entièrement décoré de fresques aux motifs floraux, qu'une habile restauration a permis de restituer en partie. À gauche de la porte, remarquez l'un des plus parfaits exemples de fenêtre trujillane. Plus bas vers la place d'Armes, l'**église San Francisco** (B1) (18e s. - *angle Gamarra*) renferme un retable baroque en bois doré.

Près du marché central, l'**église San Agustín** (A2) *(Bolívar 508 - tlj sf dim. 8h-12h, 16h-20h)* est l'un des plus anciens sanctuaires de la ville (16e-17e s.). En face, la **casa del Mariscal de Orbegoso** *(Orbegoso 553 - 9h30-20h)* appartint au président Luis José de Orbegoso, autre précurseur de l'indépendance. Bel exemple de style vice-royal (fin 18e s.), elle est reconnaissable à son haut balcon d'angle aux graciles colonnettes. À ce riche inventaire, on peut encore ajouter l'étonnant patio andalou de la **Casa Banante** *(Ayacucho 426)*, sorte de petit Alhambra transporté au Pérou.

De la place d'Armes, on peut descendre la rue Pizarro pour jeter un œil sur la **Casa Mayorazgo de Facalá** *(Pizarro 314 - lun.-vend. 9h15-12h30)*, avec ses belles grilles de fer forgé et son balcon d'angle. Elle est actuellement occupée par la banque Wiese.

★ Museo de Arqueología B2

Junín 682 - ✆ (044) 249 322 - lun. 9h-14h45, mar.-vend. 9h-13h, 15h-19h, w.-end 9h-16h - S/5.

Installé en 1995 dans une belle maison du 17e s., ce musée géré par l'Université nationale de Trujillo présente dans sept salles un parcours didactique et chronologique à travers les cultures précolombiennes du nord du Pérou : collections de poteries cupisnique et salinar, maquette du site de Caballo Muerto, important fonds de céramiques mochica jusqu'à la période inca, idoles en bois chimú, provenant de Chan Chan, ainsi que des objets provenant des fouilles des pyramides de Moche, et notamment de la Huaca de la Luna.

Museo Cassinelli A1

Av. Nicolás de Piérola 607 - ✆ (044) 203 433 - tlj sf dim. 9h30-18h - S/7.

Au nord-ouest de la ville, près du rond-point où s'embranchent la route de Huanchaco et la Panaméricaine, se trouve ce musée privé, unique en son genre. Sous une station-service, une lourde porte de fer donne accès à une petite salle souterraine aux allées fort étroites, où des centaines de poteries chavín, salinar, recuay, huari et surtout mochica sont alignées en rangs serrés sur des étagères en aggloméré ! Certaines pièces mochica sont saisissantes, notamment une série de personnages atteints de maladies ou d'infirmités. Le gardien vous ouvre un placard secret renfermant une collection de *huacos* érotiques et vous montre, conservée sous globe, la momie d'un fœtus atteint de scoliose et d'une déformation crânienne. Deux photos seulement sont autorisées dans ce capharnaüm assez surréaliste.

À proximité Carte de région p. 432-433 et plan du site ci-contre

★★★ CHAN CHAN B3

À 5 km de Trujillo (10mn) par la route de Huanchaco. Une allée tracée en plein désert conduit jusqu'à l'entrée du site. Colectivo *(voir « Transports » p. 449) ou taxi depuis la plaza de Armas. 9h-16h - S/15 - supplément visite guidée (en espagnol ou en anglais), non obligatoire. Comptez 2h.*

Les vestiges de l'ancienne capitale du **royaume chimú** (vers 1300) forment l'un des complexes archéologiques les plus importants de l'Amérique précolombienne. Sur un site d'abord occupé par les Mochicas, puis par un groupe d'influence tiahuanaco-huari, la cité de Chan Chan s'étend en bordure de l'océan, entre les *ríos* Moche et Chicama. Elle occupe une partie de la plaine côtière, jadis irriguée par des canaux reliant les deux fleuves. D'après les chroniqueurs, ce sont ces mêmes canaux que les Incas obstruèrent où détournèrent, lors de leur guerre de conquête au 15e s., en vue d'obtenir la capitulation du royaume chimú. Cinq siècles plus tard, l'antique capitale n'existait plus qu'à l'état de monticules informes, lorsqu'en 1967 le gouvernement péruvien détermina une zone archéologique de 14 km². En 1986, Chan Chan fut décrétée Patrimoine culturel de l'humanité par l'Unesco. Les mesures de protection prises à partir de cette date permirent notamment de limiter les dégâts occasionnés par le phénomène du Niño en 1998.

Entièrement construite en torchis (ou adobe), la capitale se compose d'une dizaine de vastes quartiers, ou **citadelles**, enfermés chacun dans une haute enceinte de terre battue, formant de grands quadrilatères de 400 à 500 m de long sur 200 à 300 m de large. En tenant compte de ses secteurs périphériques, la superficie totale de Chan Chan devait atteindre environ 25 km² à l'époque de son apogée (12e-13e s.). Bâties sur un plan orthogonal, les citadelles regroupent plusieurs bâtiments : une place cérémonielle, enclose d'un haut mur avec des rampes en plan incliné, des plates-formes funéraires, un palais du souverain, les habitations de la cour et de l'administration, des casernements, des magasins et des silos, ainsi qu'un vaste réservoir d'eau potable alimenté par la nappe phréatique. Dans les **structures funéraires** étaient ménagées des chambres à ciel ouvert où était déposée la dépouille du souverain entouré de ses richesses (or, tissus, céramiques) et de victimes sacrificielles, dont le nombre s'élevait à 200 ou 300…

À l'exception d'une hypothèse selon laquelle les citadelles appartenaient chacune à un groupe social distinct, ou à un clan, on suppose d'une façon générale que chaque quartier de Chan Chan a été fondé par un souverain différent. Nommés d'après les patronymes de savants et d'archéologues, ils ont été classés selon une chronologie s'échelonnant entre la fin du 12e s. et 1460 environ, dans l'ordre suivant : Chayhuac, Uhle, Tello, Laberinto, Gran Chimú, Squier, Velarde, Bandelier, Tschudi et Rivero. On peut assigner en moyenne 20 à 30 ans de règne à chaque souverain. Il faut imaginer le formidable

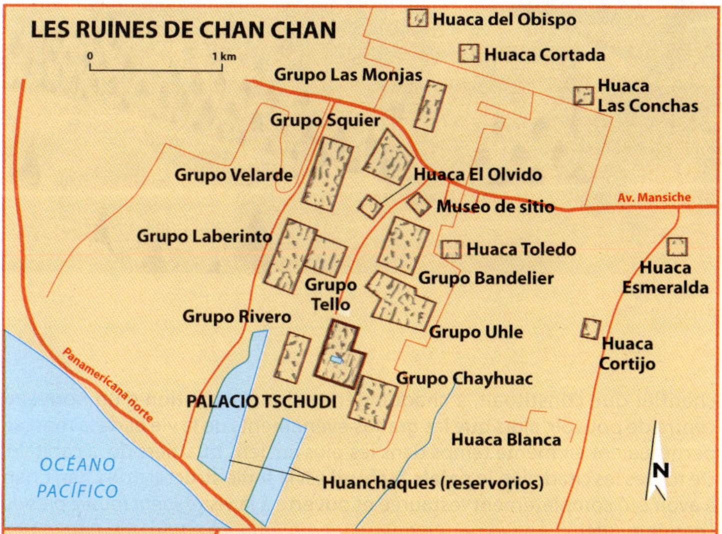
LES RUINES DE CHAN CHAN
0
1 km
Huaca del Obispo
Huaca Cortada
Huaca Las Conchas
Grupo Las Monjas
Grupo Squier
TRUJILLO
Grupo Velarde
Huaca El Olvido
Av. Mansiche
Museo de sitio
Grupo Laberinto
Huaca Toledo
Huaca Esmeralda
Grupo Bandelier
Grupo Tello
Grupo Rivero
Grupo Uhle
Huaca Cortijo
Panamericana norte
Grupo Chayhuac
PALACIO TSCHUDI
Huaca Blanca
OCÉANO PACÍFICO
Huanchaques (reservorios)
N

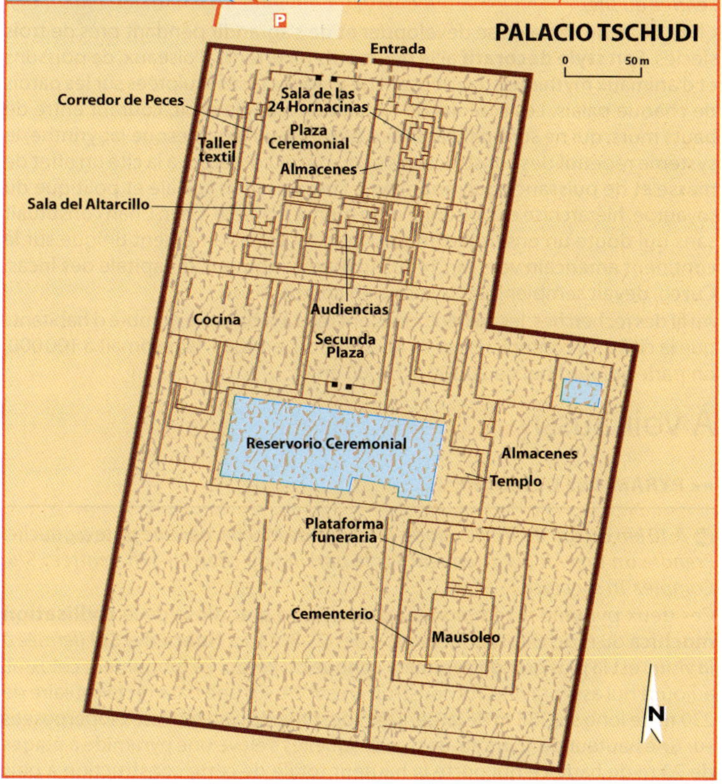
P
PALACIO TSCHUDI
Entrada
0
50 m
Corredor de Peces
Sala de las 24 Hornacinas
Taller textil
Plaza Ceremonial
Almacenes
Sala del Altarcillo
Audiencias
Cocina
Secunda Plaza
Reservorio Ceremonial
Almacenes
Templo
Plataforma funeraria
Cementerio
Mausoleo
N

chantier que constituait, à chaque génération, la création d'un nouveau centre de pouvoir, alors que les grands événements de la vie et de la mort se perpétuaient en même temps dans les plus anciens quartiers de la capitale. De toutes les citadelles, le **palais Tschudi** est la seule structure de Chan Chan à avoir été complètement restaurée et ouverte à la visite *(petit musée près de l'entrée du site)*.

Chan Chan ne cessa de se développer et de s'agrandir pendant près de trois siècles. Son **style décoratif** allie des motifs récurrents d'oiseaux, de poissons et d'animaux mythiques, composant de longues frises sculptées sur les parois de chaque palais. Les couloirs de circulation à angle droit, courant entre de hauts murs, qui ne sont pas sans faire penser à un gigantesque labyrinthe, le système répétitif des constructions et du décor confèrent à la cité un effet de masse et de puissance qui répondait à l'organisation sociale et politique du royaume, hiérarchisé et cloisonné de la même manière. Chan Chan constituait sans nul doute un ensemble impressionnant et certainement unique sur le continent américain vers l'an 1400. Au même moment, la capitale des Incas, Cuzco, devait sembler bien rustique en comparaison.

Au fil des recherches, les archéologues ont revu à la baisse le nombre d'habitants que la cité a pu contenir : Ernst W. Middendorf, en 1894, les estimait à 100 000, on parle aujourd'hui de 20 000 à 30 000 âmes.

À voir aussi Carte de région p. 432-433

★★ PYRAMIDES DE MOCHE B3

À 10 km au sud de Trujillo, après le village de Moche, par une piste à gauche. Prendre un taxi AR (ils attendent sur le parking du site). 9h-17h - entrée : S/5. Comptez 1h sur place.

Ces deux pyramides témoignent d'une façon grandiose de la **civilisation mochica** ou moche (prononcez *mo-ché*) (2e-8e s.). La **Huaca del Sol** *(fermée à la visite)* est la plus grande pyramide connue du Pérou. Ce monument colossal, aujourd'hui assez raviné, fut construit en adobe sur une base rectangulaire de 230 m de long sur 135 m de large. Il est constitué de cinq terrasses superposées sur une hauteur de 18 m, au-dessus desquelles s'élève une pyramide à étages de 23 m de haut, ce qui porte la hauteur totale de cette construction à plus de 40 m. L'ensemble était revêtu d'un enduit argileux peint, dont il reste peu de traces. On estime que près de 200 000 travailleurs y entassèrent à peu près 130 millions de briquettes d'adobe.

Chan Chan.
S. Spiegl / Vario Creative / Photononstop

En face, la **Huaca de la Luna** est constituée de six terrasses superposées, d'une hauteur totale de 21 m, sur une base de 80 m sur 60 ; elle fut aussi bâtie en briques d'adobe recouvertes d'un enduit argileux peint. En cours de restauration depuis plusieurs années, elle recèle de magnifiques reliefs polychromes, dont beaucoup à l'effigie du dieu Aiapaec, appelé aussi le « décapiteur », principale divinité de la culture mochica. *(Petit musée et cafétéria à l'entrée du site.)*

★ HUACA EL DRAGÓN B3

À 4 km au nord de Trujillo, au bord de la route Panaméricaine, près d'un petit musée. Entrée comprise dans le billet d'accès à Chan Chan. Mêmes horaires.

Restauré après les dégâts infligés par le Niño en 1983, ce temple pyramidal en adobe était peut-être consacré à l'arc-en-ciel, comme l'indique son autre nom, la Huaca Arco Iris (temple de l'Arc-en-ciel). Le parement extérieur de son enceinte conserve des restes de frises couvertes de bas-reliefs représentant des guerriers superposés ou des serpents bicéphales. Selon une hypothèse, la pyramide aurait été construite à l'apogée du royaume chimú, entre 1100 et 1450. Selon une autre tradition, elle remonterait plutôt à la culture sicán (entre 700 et 1100, *voir p. 456*). Le temple comprend une double plate-forme dominant trois séries de cellules à ciel ouvert, qui devaient jadis être couvertes. La plate-forme est accessible par une large rampe coudée et dallée.

★★ HUANCHACO B3

À 12 km de Trujillo, au bout de la route qui traverse le site de Chan Chan.

Ce petit port de pêche traditionnel, qui existait déjà à l'époque coloniale, est certainement l'un des endroits les plus photographiés du nord-Pérou. Sur la plage et près de la jetée, on peut apercevoir les pêcheurs partir en mer, assis à califourchon sur leurs esquifs en roseaux tressés. Ces fameux **caballitos de totora** (petits chevaux de roseaux) donnent à Huanchaco tout son cachet. L'usage de ces embarcations remonte à l'époque des Chimús, ce dont témoignent plusieurs poteries où elles sont représentées. Bien que d'une forme plus effilée, elles ne sont pas sans rappeler les *balsas de totora* du lac Titicaca.

Voir aussi « Nos adresses à Trujillo » p. 451.

★ EL BRUJO B3

À 60 km au nord de Trujillo, sur la rive droite du Río Chicama, par la Panaméricaine jusqu'à Chocope (45mn), où une route non asphaltée mène à

LE PAYS DES HACIENDAS

La basse vallée du Río Chicama était autrefois le domaine des grandes haciendas sucrières, devenues des coopératives agricoles après la réforme agraire de 1968. Vaste oasis de plus de 800 km² où s'est développé le village de Chicama, cette vallée côtière fournit les meilleurs rendements sucriers du Pérou. Elle est irriguée par les eaux du Río Chicama, mais aussi par un réseau d'ouvrages hydrauliques dont le plus ancien, le canal de la Cumbre, remonte à l'époque mochica. Long de 1,5 km et empierré sur ses deux rives, il est toujours en usage. On visite encore l'hacienda sucrière de Chiclín *(à 35 km au nord de Trujillo)*, devenue aujourd'hui une petite bourgade agricole. Si elle a conservé de beaux bâtiments, elle a perdu son centre d'intérêt majeur, à savoir le musée que Rafael Larco Hoyle (1901-1966) avait constitué. Directeur de l'hacienda (entre 1923 et 1956) et archéologue, il réunit là une extraordinaire collection issue de ses fouilles. Transférée à Lima dans les années 1950, elle occupe désormais le musée Larco *(voir p. 165)*.

Magdalena de Cao (20mn). Colectivos *depuis Trujillo puis minibus. www.fundacion wiese.com - 9h-17h - S/11 - visites guidées à partir de Trujillo (comptez S/50). Comptez une journée en excursion organisée.*

Tout proche du littoral, ce site connut son apogée pendant les périodes mochica, puis sicán ou lambayeque, jusqu'en 750 de notre ère. Outre la **Huaca Prieta** qui remonte à une époque antérieure (précéramique), il comprend la **Huaca Cao Viejo** et la Huaca Cortada, appelée aussi **El Brujo**. Les fouilles ont permis de mettre au jour des bas-reliefs polychromes, parmi lesquels une représentation du dieu Aiapaec et des scènes de guerriers captifs, dont la fameuse frise en relief dite « des prisonniers » ornant la façade de la pyramide de Cao Viejo.

La pyramide de Cao Viejo a fait la une de l'actualité en avril 2006 lorsque fut découverte, par les archéologues de la fondation Wiese, la tombe d'une princesse (ou reine) guerrière, inhumée vers 250 apr. J.-C., soit en période mochica. Antérieure de 200 ans à la tombe du seigneur de Sipán *(voir p. 454)*, la sépulture comprenait une momie appelée la **Señora de Cao**. Sa découverte a remis en question bon nombre d'idées reçues, et le machisme péruvien (qui existe aussi en archéologie) en a pris un coup.

Exceptionnellement bien conservée lors de son exhumation, la princesse mochica était entourée des attributs du pouvoir royal (pectoraux, colliers et bijoux d'or, d'argent ou de turquoise) et, chose plus étonnante, d'armes de guerre (masses d'arme et propulseurs de javelots).

On estime qu'elle avait une trentaine d'années au moment de son décès. Ses mains portent des traces de tatouages représentant des dessins de serpents et d'araignées. On n'avait jamais découvert jusqu'à présent de tombe semblable, où une femme aurait tenu un rôle prépondérant dans une société aussi ancienne. On peut désormais contempler la princesse dans le cadre d'une muséographie agréable au **museo de sitio Cao**.

VERS CHICLAYO

Les 210 km de route qui relient Trujillo à Chiclayo traversent toujours le même paysage désertique et lunaire. La monotonie est parfois interrompue par les filets verts de quelques rares vallées côtières.

Pacasmayo B2

À 107 km de Trujillo. 27 232 hab.

Située dans une oasis verdoyante et connue pour son port, cette localité bénéficie de la proximité de plusieurs belles plages. Celle de **Malabrigo** est très prisée par les surfeurs en raison de son *break* rarement égalé : 2 km !

Entre la plage et l'embouchure du Río Jequetepeque se trouve **Pacatnamú**, vestige d'une antique cité du royaume chimú, qui fut habitée du 2e jusqu'au 14e s. et compta près de 50 000 habitants au moment de son apogée. Elle était construite en adobe ; on y relève la présence de pyramides tronquées.

À une dizaine de kilomètres au nord, peu avant le village de Guadalupe, bifurque à droite la route de Cajamarca *(voir p. 476)*.

NOS ADRESSES À TRUJILLO

Plan de la ville p. 442

INFORMATIONS UTILES

Poste – *Independencia 286 (angle Bolognesi)* (A2).

Urgences / Santé – **Clínica peruana americana** - *Av. Mansiche 702 - ✆ (044) 231 261.*

Clínica Sanchez Ferrer - *Los Laureles 436 - ✆ (044) 285 541.*

Police – **Policía de turismo** - *Independencia 630* (B1-2) - *✆ (044) 291 705.*

TRANSPORTS

Avion – **Aeropuerto Carlos Martínez de Pinillos** - *À 10 km au nord-ouest par la route de Huanchaco - ✆ (044) 464 013.* Plusieurs vols quotidiens de/vers Lima avec LanPeru *(www.lan.com - 1h05 de trajet)*. Comptez env. 275 $ l'aller simple.

Bus – Trujillo est l'une des villes les mieux desservies de la côte nord du Pérou. Les principales compagnies assurent les liaisons vers Lima *(9h - S/70-100 selon confort - trajet de nuit en général)*, Chiclayo *(3h)*, Piura, Tumbes et Cajamarca.

Parmi celles-ci, **Cruz del Sur** *(Av. Amazonas 447 - ✆ (044) 200 555 - www.cruzdelsur.com.pe)*, **Ormeño** *(Av. del Ejército 223 - ✆ (044) 259 782)*, **Oltursa** *(Av. del Ejército 342 - ✆ (044) 263 055)* et **Flores** *(Av. del Ejército 346 - ✆ (044) 208 250)*.

La liaison avec Cajamarca est assurée par **Emtrafesa** *(Av. Túpac Amaru 165 - ✆ (044) 208 348)* et celle vers la route Transandine (Rioja, Moyobamba, Tarapoto) par **Movil Tours** *(Av. América Sur 3959 - ✆ (044) 286 538)* et **Civa** *(Av. del Ejército 295 - ✆ (044) 251 402)*.

Les *colectivos* pour Chan Chan et Huanchaco partent du carrefour des avenues España et Ejército (B1).

HÉBERGEMENT

PREMIER PRIX

Hostal Colonial – B2 - *Independencia 618 - ✆ (044) 258 261 - www.hostalcolonial.com.pe - ✕ - 25 ch. : S/80 - petit-déj. non compris.* Une des meilleures adresses de la catégorie : hôtel de charme avec patio à galerie, jardin et salon agrémenté d'une cheminée. Les chambres à l'arrière sont plus tranquilles que celles en façade assez bruyantes, mais ces dernières donnent sur le clocher de l'église San Francisco, illuminé la nuit. Vérifiez la literie.

Hostal Almagro – A2 - *Almagro 748 - ✆ (044) 223 845 - ✕ - 20 ch. : S/80.* Dans la même catégorie, établissement plus conventionnel, mais propre et sûr.

BUDGET MOYEN

Suite Plaza Hotel – A1 - *Bolognesi 360 - (044) 298 383 - www.suiteplazahotel.com - - 20 ch. : S/100-150.* Moderne, élégant et confortable, le Suite Plaza est situé dans une rue un peu moins bruyante que les autres, à seulement une *cuadra* de la place.

Pullman Hotel – B2 - *Pizarro 879 - (044) 223 589 - - 35 ch. : S/100-150 - accès Wi-Fi.* Situé dans la rue piétonne proche de la plazuela del Recreo, cet établissement assez chic propose des chambres lumineuses et confortables. Le service attentionné ne gâche rien. Bon rapport qualité-prix. Petit-déj. inclus.

Hostal Solari – A2 - *Diego de Almagro 715 - (044) 243 909 - www.hostalsolari.com.pe - - 25 ch. : S/125.* Hôtel moderne et bien placé, à deux *cuadras* de la plaza de Armas.

Saint Germain Hotel – B2 - *Junín 585 - (044) 250 574 - www.saintgermainhotel.net - - 20 ch. : S/140.* L'un des meilleurs hôtels du centre de Trujillo, bien placé, à quelques pas du palacio Iturregui et du supermarché Metro. Wi-Fi.

POUR SE FAIRE PLAISIR

El Brujo – B2 - *Independencia 978 - (044) 474 545 - www.elbrujohotel.com - - 25 ch. : S/240.* Un peu éloigné de la plaza de Armas, El Brujo présente l'avantage d'être proche des terminaux des principales compagnies d'omnibus. Pratique pour les virées autour de Trujillo. Grand confort et excellent service. Comptez 15 $ pour le transfert de l'aéroport.

UNE FOLIE

Libertador – A1 - *Independencia 485 - (044) 232 741 - www.libertador.com.pe - - 79 ch. : S/430 (160 $).* Installé dans une splendide demeure coloniale donnant sur la plaza de Armas, le Libertador est le plus bel hôtel de Trujillo. Mobilier à l'ancienne dans les chambres. Wi-Fi et sauna dans l'hôtel. Son restaurant, La Boveda, combine cuisine internationale et gastronomie locale.

RESTAURATION

PREMIER PRIX

Romano – B2 - *Pizarro 747 - (044) 252 251 - www.romanogroup.net/cafe/index.html - - 8h-0h - S/10-30.* Le doyen des restaurants de Trujillo vous accueille du petit déjeuner au souper tardif dans une ambiance familiale. Cuisine impeccable, avec de succulents plats de poisson. Propose aussi un menu économique.

Rincón de Vallejo – A2 - *Orbegoso 303 - (044) 476 628 - - S/10-30.* Au rez-de-chaussée d'une vieille maison coloniale, surmontée d'un immense balcon, ce petit restaurant populaire est idéal pour un solide petit déjeuner, avec sandwich de *jamón serrano* et une exquise *yuca rellena* (manioc farci à la viande).

Salon de Té Santo Domingo – A2 - *Pizarro 268 - (044) 474 789 - www.santodomingosalondete.com - - S/10-30.* Dans une belle salle ornée de tableaux, de grosses tables de bois et un comptoir rustique composent un décor des plus chaleureux. À midi, menu économique et copieux.

BUDGET MOYEN

Casa Solaríaga – A1 - *San Martín 425 - (044) 290 126 - - S/30-60.* En salle ou dans un agréable patio ombragé, on déguste des plats typiques du nord, comme le *pato guisado* (canard servi avec du riz et des haricots) ou l'extraordinaire *ceviche a los tres ajíes* (*ceviche* aux trois piments).

El Mochica – A2 - *Bolívar 462 - ✆ (044) 224 401 - www.elmochica.com.pe* - CC - *8h-22h30 - S/30-60.* Dans un cadre spacieux au décor raffiné, ce restaurant se veut la vitrine gastronomique de Trujillo. Le service est soigné et les plats joliment présentés.

Demarco – B2 - *Pizarro 725 - ✆ (044) 234 251* - CC - *7h30-0h - S/30-60.* Que vous soyez un grand matinal ou un noctambule invétéré, le Demarco est toujours ouvert. Cet élégant café, fréquenté par une clientèle plutôt bourgeoise, sert une bonne cuisine locale et italienne. Il est en outre réputé pour ses glaces et ses pâtisseries : le gâteau aux noix et au *dulce de leche* est à se damner.

El Valentino – A1 - *Orbegoso 224 - ✆ (044) 246 643* - CC - *S/30-60.* C'est la taverne italienne chic de Trujillo. On y court pour ses pizzas et ses pâtes. Souvent complet le sam. soir.

ACTIVITÉS

Plages – La plage la plus réputée se trouve à **Huanchaco** *(à 12 km du centre-ville)*. Autour de ce petit village de pêcheurs, les hôtels en bordure d'océan (généralement complets en fin de semaine) ont poussé comme des champignons. D'excellents restaurants et gargotes de poisson méritent le détour. Parmi les autres plages proches de Trujillo, citons celles de **Las Delicias** *(à 8 km au sud de Trujillo)*, de **Buenos Aires** (parfois assez agitée) et de **Puerto Salaverry**, qui est aussi l'avant-port de Trujillo.

Surf – En suivant la Panaméricaine vers le nord, au-delà de Chocope, par une route à gauche à partir de Paiján, on atteint le paradis des surfeurs de la côte nord du Pérou, **Puerto Chicama**, réputé pour son *break* (longueur de la vague). Au fil des ans, cette plage magnifique a perdu son caractère sauvage pour devenir un endroit branché où se retrouve la jeunesse dorée, surtout pendant la saison estivale.

AGENDA

Concurso Nacional de Marinera – *Coliseo Gran Chimú (au nord de la ville)* (B1) *- dernière semaine de janv.* Un gigantesque concours de *marinera*, retransmis à la télévision, réunit pendant trois jours des milliers de couples. Pratiquée à l'époque de la colonie par les Créoles et les métis blancs de la côte, la *marinera* est une danse plus romantique que sensuelle, toujours gracieuse et élégante. Sa singularité satisfaisant l'esprit frondeur de Trujillo, elle fut adoptée, au moment de l'émancipation, comme danse républicaine et nationale.

Festival internacional de la Primavera (festival du Printemps) – *Dernière semaine de sept.* Plusieurs jours de festivités avec groupes folkloriques, danses, concerts, activités culturelles et corso fleuri à travers la ville, au départ du stade de Mansiche. C'est l'occasion d'admirer des démonstrations de **caballo de paso** (cheval de pas), autre tradition particulière à la côte nord du Pérou. Les chevaux de race *paso peruano* ont un pas allongé et souple. Magnifiquement dressés, ils sont montés par les populaires *chalanes*, vêtus d'un costume et d'une cape blanche, un foulard rouge au cou, et coiffés d'un sombrero de paille à larges bords. Si vous êtes un passionné de cheval, la **Asociación de Criadores de Caballos Peruanos de Paso** (association d'éleveurs) fait visiter son haras à la sortie sud de Trujillo. On peut y louer un cheval à l'heure ou assister au dressage *(✆ (044) 674 059)*.

Olimplayas – *Janv. et fév.* Jeux sportifs et aquatiques, incluant des concours, pendant la saison des plages, notamment sur celles de Huanchaco et de Las Delicias.

Chiclayo et ses environs

600 000 habitants env. – Capitale du département de Lambayeque

NOS ADRESSES PAGE 459

S'INFORMER
iPerú – *Av. Sáenz Peña 838* (B1) - *(074) 205 703 - lun.-sam. 9h-18h, dim. 9h-13h.* On trouvera aussi un kiosque d'informations touristiques sur la plaza de Armas (B2).

SE REPÉRER
Carte de région B3, p. 432-433 - plan de ville, p. 453 – *Carte Michelin National 763 C7.* Chiclayo se trouve à 770 km de Lima, 210 km de Trujillo et 272 km de Piura.

À NE PAS MANQUER
La petite ville de Lambayeque et ses musées ; la visite du site de Túcume ; la plage de Pimentel.

ORGANISER SON TEMPS
Chiclayo est un point de départ pour rayonner vers les sites archéologiques de la région. Inutile de s'y attarder.

Active, prospère et remuante, Chiclayo est en passe de devenir l'une des plus grandes villes du pays. Fondé par des franciscains en 1541, ce carrefour du nord-Pérou n'a cessé de se développer. En dépit de son climat semi-tropical agréable, avec une moyenne annuelle des températures autour de 24 °C, la ville ne présente, en elle-même, aucun intérêt pour le touriste, si ce n'est son grand marché, connu pour ses produits miracle et ses potions magiques. En revanche, elle bénéficie du voisinage de localités très attrayantes – telle Lambayeque –, de plages magnifiques et d'un riche patrimoine archéologique, légué par les lointaines cultures mochica, lambayeque et chimú.

Se promener Plan de ville ci-contre

La capitale du département de Lambayeque est située dans l'oasis côtière du Río Chiclayo, grande productrice de canne à sucre, de riz, et de coton. Forte de ses propres ressources, elle bénéficie en outre d'un accès privilégié vers le cœur du pays. Depuis l'ouverture, dans les années 1980, de la route Olmos-Marañón, ou route Transandine, laquelle relie la côte à l'Amazonie (Tarapoto), la ville a pris une part croissante dans le développement économique de l'arrière-pays amazonien. Côté grand large, Chiclayo possède son avant-port, à 20 km au sud, Puerto Eten. C'est l'un des ports de pêche et de marchandises les plus importants de la côte nord du pays.
Pas grand-chose à visiter à Chiclayo. Sur la plaza de Armas, tellement animée qu'il est parfois difficile de trouver un banc pour s'asseoir, la **cathédrale** (B2) de style néoclassique date de 1869. Le flot de circulation intense, la pollution

SE LOGER				SE RESTAURER	
Amigos (Hostal)	1	Real (Hostal)	11	American	1
Eras Hotel	3	Rizzo	13	Hebrón	3
Gran Hotel Chiclayo	5	Santa Rosa	15	Mi Tía	5
Inti Hotel	7	Sicán	17	Parra (La)	7
Plazza Park	9	Sol Radiante	19	Romana	9

et le vacarme harassants n'incitent guère à la flânerie. Tout au plus Chiclayo servira-t-elle de ville étape pour la visite de la région, notamment de sa voisine Lambayeque.

À proximité Carte de région p. 432-433

AU SUD DE CHICLAYO B2

Si vous aimez les longues plages, les déjeuners de poisson, les échoppes d'artisans et les promenades romantiques, il faut consacrer une journée à cette partie du département de Lambayeque.

★ Pimentel

34 493 hab. À 14 km à l'ouest de Chiclayo. Départs fréquents de colectivos *au terminal de l'av. J.L. Ortiz.*

Très réputée, cette station balnéaire a surgi sur le sable fin en 1920. Autour de sa haute jetée sur pilotis (le **muelle**) se pressent des restaurants de poisson et quelques petits hôtels, remplis le week-end. Comme à Huanchaco, des *caballitos de totora* dressés sur la plage voisinent avec de vieux bateaux de pêche tirés sur le sable. La longue plage en demi-lune est très prisée par les surfeurs.

★ Monsefú

À 15 km au sud de Chiclayo, sur la rive droite du Río Reque.

Capitale folklorique du Lambayeque, ce village est fameux pour ses fleuristes et surtout pour son **artisanat** : paille tressée (chapeaux, portefeuilles, sacs…) et broderie au fil d'or ou d'argent (serviettes, blouses, ponchos…). La bourgade organise aussi l'une des plus belles fêtes religieuses de la région. Chaque année, le 14 mars, la **Procesión del Señor cautivo** (procession du Seigneur prisonnier) donne lieu à des concours de fleurs, de danse et de musique, ainsi qu'à l'organisation d'expositions artisanales.

★ Zaña

À 50 km au sud par la Panaméricaine et une route à gauche. Visites guidées depuis Chiclayo.

En remontant le cours du Río Zaña, on traverse une belle forêt tropicale d'où émergent les ruines d'une ancienne cité coloniale, fondée en 1563 par les Espagnols. Saccagée par les pirates à la fin du 17e s., elle fut peu à peu abandonnée, avant d'être rasée par une terrible inondation en 1720. Aujourd'hui, on se promène parmi les ruines de cette ville morte, au milieu des vestiges muets d'églises, de couvents, de rues et de places abandonnés.

★★ LAMBAYEQUE B2

À 15 km au nord de Chiclayo. 53 395 hab. Prendre un taxi ou un colectivo *: départs réguliers du terminal de l'av. J.L. Ortiz à Chiclayo. Comptez une journée.*

Fondée vers 1550, cette ville au cachet espagnol mérite le détour. Son unité architecturale et le charme colonial de ses ruelles pavées, ses grandes *casonas* aux patios fleuris, ses fenêtres aux grilles en fer forgé et ses magnifiques balcons invitent à la flânerie. L'église et deux musées complètent la visite passionnante de Lambayeque.

★★★ Museo Tumbas Reales de Sipán

Av. Juan Pablo Vizcardo y Guzmán s/n - ✆ (074) 283 978 - mar.-dim. 9h-17h - S/15.

Construit dans un vaste parc, le musée évoque par son architecture les pyramides de la côte nord du Pérou. Le bâtiment principal, auquel on accède par une longue rampe en plan incliné, conserve sur trois niveaux le produit des fouilles menées par Walter Alva à Pampa Grande. Ce sont des **parures en or** découvertes dans les tombes du seigneur de Sipán, de l'ancien seigneur de Sipán et du grand prêtre (El Sacerdote). La visite suit un circuit qui explique en détail le travail des archéologues. Dans les vitrines, coiffes, pectoraux, colliers, bracelets, sceptres et autres emblèmes de pouvoir témoignent du sens artistique et du raffinement auxquels étaient parvenus les orfèvres de la **culture mochica** à **Sipán**, l'un des principaux foyers de cette civilisation. Outre les fameuses (et effrayantes) figures de l'Homme-Crabe et de l'Homme-Poulpe, les pièces maîtresses proviennent de la **tombe du seigneur de Sipán★★★** (vers le 3e s.), dont le musée montre une reconstitution. On a retrouvé la dépouille de

Marchand ambulant sur la jetée de Pimentel.
D. Duguay / MICHELIN

ce puissant personnage, ou roi local, entourée de celles de deux hommes, d'un chien et de deux femmes, peut-être des concubines, tous sacrifiés au moment de la mort de leur maître. Ils étaient entourés d'innombrables poteries, dont beaucoup à caractère anthropomorphe. Inhumé en costume de cérémonie, le prince était paré de ses attributs. Une **boucle d'oreille** en or et turquoise compte parmi les plus beaux bijoux connus de l'Amérique précolombienne. Autre objet remarquable, un **sceptre en or** – en fait une sonnette – a été retrouvé à son côté. Symbole de son pouvoir, il est orné de différentes scènes, dont l'une représente un chef guerrier fracassant la tête d'un prisonnier. D'autres objets de très grande valeur composent un ensemble saisissant : un collier de seize grands disques d'or, un autre formé d'éléments en forme de cacahuètes, dont une moitié est en or et l'autre en argent, plusieurs garnitures de tête, plusieurs coiffes en forme de hache et couronnées de petites clochettes, un masque, un couteau, un bouclier en or…

SUR LA PISTE DU SEIGNEUR DE SIPÁN

Très médiatisée, la découverte de la tombe du seigneur de Sipán a marqué l'archéologie de ces deux dernières décennies. L'histoire commence comme un roman policier. Un soir de février 1987, le professeur Walter Alva, 37 ans, grand spécialiste de la culture mochica et directeur du musée Brüning de Lambayeque, est appelé par le chef de la police locale : ses hommes viennent de saisir des objets d'art volés par des *huaqueros* (pilleurs de tombes). Stupéfait par la splendeur du butin, l'archéologue entreprend aussitôt des fouilles sur le site d'où provient le larcin, la Huaca de Sipán, près de Pampa Grande, au sud-est de Chiclayo. Jusqu'alors inexploré, ce site se compose de deux pyramides fortement érodées et d'une grande plate-forme qui était peut-être surmontée d'un petit temple, la Huaca Rajada. C'est à l'intérieur de cette plate-forme, après un an de fouilles laborieuses, que fut mise au jour la tombe du seigneur de Sipán.

LA CULTURE LAMBAYEQUE

On appelle culture lambayeque – ou encore sicán – une expression culturelle du nord du Pérou, qui s'épanouit entre 700 et 1100 apr. J.-C., soit entre la culture mochica et la splendeur de l'empire chimú. Caractérisée par l'habileté de ses orfèvres, elle avait pour siège principal la moyenne vallée du Río La Leche (Batán Grande et Túcume). Vers 1375, les Chimús se rendirent maîtres de la région et déplacèrent ses meilleurs artisans vers leur capitale, Chan Chan. Les potiers et orfèvres sicán produisirent alors des objets pour l'élite chimú, qui sont parfois confondus avec la production lambayeque. L'ingénieur allemand Heinrich Brüning, venu travailler dans les haciendas sucrières du nord du Pérou où il séjourna de 1917 à 1923, laissa sur le sujet une copieuse monographie. Il visita de nombreux sites et réunit une collection d'objets en céramique ou en orfèvrerie aujourd'hui conservés dans le musée qui porte son nom. En 1979, l'archéologue japonais Izumi Shimada, de l'université de Harvard, mit en évidence les particularités de la culture sicán au cours de fouilles concentrées autour du site de Batán Grande.

★★ Museo Arqueológico Nacional Brüning

Av. Huamachuco cuadra 8 s/n - ✆ (074) 282 110 - 9h-17h - S/10.

Exceptionnellement riche, la collection réunie par le fondateur de ce musée de céramique est complétée de façon régulière par le produit des fouilles menées dans la région. Hormis les magnifiques pièces de textile et d'orfèvrerie des cultures sicán et chimú, le musée renferme l'une des plus belles collections de **céramiques mochica** sur les thèmes les plus variés. Les pièces sont d'une rare finesse, la plupart réalistes et fort expressives.

★ Iglesia de San Pedro

Sur la plaza de Armas.

Cette église monumentale (début du 17e s.) domine la ville de ses deux hautes tours octogonales, coiffées de coupoles. Elle abrite dans ses trois grandes nefs un précieux mobilier, dont quatorze retables de bois sculpté.

Sur une petite place à gauche de l'église, quatre chapelles baroques (17e) sont consacrées respectivement à san Francisco, san Roque, santa Catalina et santa Lucia. Elles étaient fréquentées chacune par un groupe social différent: les notables pour la première, les Indiens pour la deuxième, les Créoles pour la troisième et les Noirs, nombreux dans cette province à l'époque coloniale, pour la dernière. En dépit de leur mauvais état, elles forment avec l'église un magnifique ensemble, empreint de sévérité et de mélancolie.

★ Casa de la Logia Masónica

Angle av. 2 de Mayo y San Martín.

C'est dans cette vénérable *casona* du 18e s. que les patriotes de la ville se réunirent pour proclamer l'indépendance de la province en décembre 1820. Remarquez le **long balcon** de bois sculpté. Vieux de 400 ans, il mesure 64 m, un record au Pérou, au dire des habitants de Lambayeque.

AUTOUR DE LAMBAYEQUE B2

Dans les environs immédiats de Lambayeque ont été explorés plusieurs sites archéologiques de grande importance pour l'histoire des cultures moche, lambayeque et chimú, parmi lesquels celui de Pampa Grande, où l'archéologue Walter Alva découvrit la tombe du seigneur de Sipán en 1988.

★ Complejo Arqueológico de Túcume

À 23 km au nord de Lambayeque en direction d'Olmos, près du village de Mochumi. ✆ (074) 800 052 - 8h-16h30 - S/7 - visites guidées depuis Chiclayo (env. 20 $).

Situé dans la basse vallée du Río La Leche, au pied du Cerro La Raya, ce vaste complexe archéologique est également connu sous le nom de **El Purgatorio**. Sur une superficie de 220 ha, on relève la trace de 26 structures pyramidales ainsi que des vestiges d'habitations, de pyramides consacrées aux cultes, de terrasses et de patios. Il devait s'agir d'une petite ville au plan circulaire.

Datant sans doute de 600 à 1000 apr. J.-C., Túcume occupa un rôle notable dans la **culture lambayeque**. Le site présente des traces d'occupation allant de la culture initiale de Lambayeque jusqu'à l'occupation inca, comme en témoignent les deux édifices les plus remarquables: la Huaca Larga, aux dimensions colossales, construite en adobes recouvertes d'un enduit peint, et le petit templo de la Piedra Sagrada, fouillé par l'archéologue Alfredo Narváez, qui livra de nombreuses informations sur les pratiques religieuses de l'époque de Lambayeque. Les objets recueillis ont été réunis dans le petit mais très intéressant musée du site.

Batán Grande

Après la visite de Túcume, reprenez la route Transandine en dir. d'Olmos. À Llimo, tournez à droite sur une route non revêtue (25 km). L'autre accès (direct depuis Chiclayo) consiste à emprunter la route 6A menant vers Chota et Cutervo. Peu après le village de Tumán, une route asphaltée mène à Batán Grande (70 km au total). Mieux vaut opter pour un circuit organisé depuis Chiclayo, incluant la visite de Túcume.

Situé sur les bords du Río La Leche, en amont de Túcume, ce site est l'un des plus vastes ensembles archéologiques du nord du Pérou: il occupe une aire de plus de 50 km^2 où se dressent une vingtaine de pyramides qui furent sans doute le centre de la **culture lambayeque**. La majeure partie des pièces d'orfèvrerie en or de la culture de Lambayeque, parmi lesquelles les *tumi* et le masque d'or conservés au museo de Oro à Lima *(voir p. 165)*, proviennent de ce site. Batán Grande semble avoir été en partie détruit par un phénomène du Niño au début du second millénaire, cause probable de son abandon et de l'essor du site voisin de Tucúme.

Batán Grande fit l'objet de fouilles menées par Izumi Shimada *(voir encadré, ci-contre)*, lequel découvrit de magnifiques sépultures dans la Huaca La Ventana et la Huaca del Loro. Les objets exhumés lors de cette campagne furent présentés à Lima au museo de la Nacíon en 1992. Première occasion publique d'admirer les trésors de la culture sicán ou lambayeque, cette exposition fit sensation.

Ferreñafe

À 17 km au nord de Chiclayo.

Cette bourgade à la jolie plaza de Armas écrasée sous le soleil mérite un détour pour la visite du **Museo Nacional Sicán**★ *(✆ (074) 286 469 - tlj sf lun. 9h-18h - S/8)*. Un parcours didactique retrace les grandes étapes de la culture sicán (ou lambayeque). On découvre les reconstitutions d'une tombe de la Huaca del Loro (Batán Grande), d'ateliers de potiers et d'orfèvres, où sont décrites les différentes techniques de dorure et de laminage. Le clou du musée est sa grande salle obscure d'orfèvrerie, où de splendides parures d'or sont exposées dans des vitrines illuminées.

À L'EST DE CHICLAYO B2

Depuis Chiclayo, en suivant la route de Chota, bourgade andine du département de Cajamarca, on parvient à **Chongoyape** *(à 60 km)*. Près du bourg, les rochers du lieu-dit Cerro Mulato sont couverts de centaines de **pétroglyphes★**, de style chavinoïde, dont les origines remontent à 6 000 ans. Des fouilles effectuées près de ce site en 1928 mirent au jour des bijoux en or ciselé (bagues, anneaux, bracelets) où l'on retrouve des motifs semblables à ceux du temple de Chavín.

Reserva Ecológica Chaparrí

15 km plus loin, dans la communauté Muchik de Santa Catalina. Chiclayo: 80 km (2h). ✆ (074) 452 299/433 194 - 9h-17h - S/10. Guides de l'association Chaparrí : ✆ (074) 978 896 377. Il est également possible de passer une nuit au Chaparrí EcoLodge : ✆ (084) 255 718 (réserv. impérative - env. S/210 par pers.) - www.chaparrilodge.com.

Fondée en 1998, cette réserve abrite sur 34 ha, dans leur milieu naturel (la forêt sèche tropicale), plusieurs espèces de mammifères et d'oiseaux menacées : ours à lunettes, guanacos, fourmiliers, condors andins, vautours papes *(sarcoramphus papa)* ainsi que la rarissime *pava de aliblanca* ou pénélope à ailes blanches, espèce que l'on croyait disparue depuis près d'un siècle…

VERS LE NORD AB2

À la sortie nord de Lambayeque, la route se divise en deux. À droite, l'ancienne route Panaméricaine mène à **Olmos**, traditionnel carrefour avec la route Transandine. Par l'**Abra de Porculla** – le col le plus bas des Andes péruviennes (2 145 m) –, elle mène aux localités amazoniennes du bassin du bas-Marañon : Jaén, Bagua, Chachapoyas, Rioja, Moyobamba, Tarapoto. Cette région aux paysages luxuriants, dite **Selva Alta**, est l'une des principales zones agricoles du Pérou (café, céréales, fruits, bois). Son développement touristique est en plein essor.

En prenant sur la gauche à l'embranchement nord de Lambayeque, la nouvelle route Panaméricaine file droit vers Piura. Tracée dans les années 1980, elle traverse en ligne droite, sur près de 200 km, le **désert de Sechura**, longue succession de dunes arides, poussées par le vent dans un paysage quasiment lunaire. En mars et avril 1998, le phénomène du Niño provoqua des pluies diluviennes, jamais vues dans cette région, lesquelles créèrent dans le désert un lac immense qui fut appelé « Niña Piura ». Les eaux de l'océan s'étant infiltrées, les pêcheurs exploitèrent immédiatement le poisson qui s'y développa en abondance. Avec le retour de la sécheresse, la lagune, peu profonde, se résorbe peu à peu.

NOS ADRESSES À CHICLAYO

Plan de la ville p. 453

INFORMATIONS UTILES

Police – Policía de turismo - *Av. Sáenz Peña 830* (B1) - *✆ (074) 235 181 - 24h/24.*

TRANSPORTS

Avion – Aeropuerto Abelardo Quiñones - *Av. Bolognesi s/n (à 1,5 km à l'est de la ville) - ✆ (074) 233 192.*
Par la compagnie **LAN** *(Manuel María Izaga 770 - ✆ (074) 274 875)*, 3 vols quotidiens pour Lima *(1h15 - env. 275 $)* et 1 vol le matin pour Piura.
TACA *(Centro Comercial Real Plaza, Mariscal Andrés Avelino Cáceres 222)* assure aussi une liaison quotidienne pour Lima.
Bus – Liaisons directes **Chiclayo-Lima** (avec ou sans arrêt à Trujillo) en trajet de nuit par bus-couchettes *(comptez en général 12h de trajet et S/80-120 selon le niveau de confort).*
Cruz del Sur - *Av. Bolognesi 888 - ✆ (074) 225 508.*
Oltursa - *Av. Balta 598 - ✆ (074) 237 789* (sans étape intermédiaire).
Tepsa - *Av. Bolognesi 504 - ✆ (074) 236 981.*
Ces compagnies continuent aussi vers Piura *(3h - 5,50 $)* et Tumbes *(8h)*.
Parmi les compagnies empruntant la **route Transandine** vers Chachapoyas *(12h)* ou Tarapoto *(15h)* :
CIAL - *Av. Bolognesi 15 - ✆ (074) 207 6900.*
Civa - *Av. Bolognesi 714 - ✆ (074) 223 434.*
Movil - *Av. Bolognesi 199 - ✆ (074) 271 940.*
Pour Cajamarca *(6h)* : **Linea** *(Av. Bolognesi 638 - ✆ (074) 232 951/ 233 497)* propose trois départs/j.
Du terminal des **colectivos** *(angle av. J.L. Ortiz et Vicente de la Vega)* (A2) partent les combis vers Lambayeque *(15/20mn - 0,60 $)* et Pimentel *(part quand il est plein - 0,60 $)*. De l'autre côté de la ville, le terminal terrestre Epsel *(angle av. Nicolás de Piérola et Oriente)* (B1) dessert Ferreñafe, Sipán, Monsefú, Zaña et Chongoyape.

HÉBERGEMENT

On ne trouvera guère à Chiclayo que des hôtels modernes, la plupart assez confortables, mais inévitablement situés dans des rues passantes. Notre sélection se limite volontairement au centre-ville.

PREMIER PRIX

Construits sur un modèle commun peu attrayant, ces quatre établissements récents disposent d'un confort minimum et réservent un accueil plutôt agréable. Choisissez les chambres situées aux étages supérieurs :
Hostal Real – B2 - *Elias Aguirre 338 - ✆ (074) 237 829 - ✕ - 20 ch. : moins de S/60.*
Sol Radiante – A2 - *Manuel Maria Izaga 392 - ✆ (074) 237 858 - 20 ch. : moins de S/60.*
Hostal Amigos – A2 - *Juan Cuglievan 616 - ✆ (074) 226 237 - 15 ch. : moins de S/60.*
Sicán – A2 - *Manuel Maria Izaga 356 - ✆ (074) 208 741 - 20 ch. : moins de S/60.*
Santa Rosa – A2 - *Luis González 927 - ✆ (074) 274 411 - www.santarosahotelchiclayo.com - 25 ch. : S/50-135.* L'un des meilleurs établissements de la catégorie moyenne. Service sérieux et attentif.
Rizzo – A2 - *San José 554 - ✆ (074) 232 354 - www.hotelrizzo.com - 33 ch. : S/50-135.* Belles

chambres neuves, tout confort, avec frigo-bar. Petit-déj. inclus.

Plazza Park – B2 - *Vicente de la Vega 843 - ✆ (074) 225 970 - 20 ch. : S/80.* Établissement mitoyen du Eras Hotel, aux vertus comparables…

Eras Hotel – B2 - *Vicente de la Vega 851 - ✆ (074) 236 333/ 235 712 - www.erashotel.com - ✕ - 30 ch. : S/120.* Enfin une rue qui échappe aux flots de circulation, à seulement une *cuadra* de la plaza de Armas. Chambres très propres et personnel agréable. Une aubaine.

BUDGET MOYEN

Inti Hotel – A2 - *Luis Gonzáles 622 - ✆ (074) 235 931 - www.intihotel. com.pe - ▤ ✕ CC P - 65 ch. : S/135-160.* C'est l'un des hôtels les plus modernes du centre de Chiclayo. On apprécie le silence dans les chambres, lesquelles sont par ailleurs spacieuses et confortables.

POUR SE FAIRE PLAISIR

Gran Hotel Chiclayo – A2 - *Federico Villarreal 115 - ✆ (511) 213 9739 - www.casa-andina.com - ▤ ✕ ⛱ CC P - 120 ch. : S/260-330.* Situé un peu à l'écart du centre, à huit *cuadras* de la place principale, le grand palace de Chiclayo, aujourd'hui géré par Casa Andina, souvent gage d'excellence, est pourvu de tous les services attendus dans sa catégorie : piscine, casino, salles de conférences et restaurant gastronomique, la Huaca de Oro. 20 % de réduction *via* Internet.

RESTAURATION

Si Chiclayo est gagnée par les fast-foods en tous genres, quelques adresses traditionnelles subsistent.

PREMIER PRIX

Mi Tía – B2 - *Elias Aguirre 662 - S/6-10.* Ce bon petit bistrot populaire, au coin de la plaza de Armas, propose des menus à S/6.

Romana – B2 - *Balta 512 - ✆ (074) 223 598 - 7h-1h, dim. 7h-20h - S/9-18.* Ce restaurant familial propose un large choix de plats, au menu ou à la carte. Excellents poissons, en particulier l'*enrollado de pescado* (roulé de poisson) ou l'omelette à la raie, une des spécialités de Chiclayo.

American – B2 - *Elias Aguirre 824 - ✆ (074) 209 381 - S/20.* C'est le seul restaurant digne de ce nom donnant sur la plaza de Armas. Il rivalise avec le Romana.

BUDGET MOYEN

La Parra – B2 - *Manuel Maria Izaga 752 - ✆ (074) 227 471 - S/25.* Selon l'humeur, on dîne péruvien (grillades) ou bien chinois dans cet établissement séparé en deux ambiances distinctes. Grillades recommandées.

Hebrón – B2 - *Balta 605 - ✆ (074) 222 709 - www.hebron. com.pe - CC - 7h30-0h - S/18-30.* Restaurant haut de gamme avec grande baie vitrée à l'étage et mobilier contemporain, un peu criard. Très prisé par la clientèle locale. Typiques *parrilladas*.

Pimentel

PREMIER PRIX

La Proa – *Malecón Manuel Seoane 725 - ✆ (074) 452 374 -*. Pour déguster un bon plat de poisson ou un succulent *ceviche* sur une agréable terrasse face à la plage.

Lambayeque

PREMIER PRIX

Pauvre en hôtels, Lambayeque compte heureusement plusieurs petits restaurants dont les plus réputés sont **El Rincón del Pato** *(Leguia 270)* et **El Cantaro** *(2 de Mayo 180)*, qui servent une bonne cuisine traditionnelle et des spécialités locales pour environ S/20 le repas.

ACHATS

Marchés

Mercado Modelo – *Entre les av. Balta et Luis Gonzáles (à six cuadras au nord de la plaza de Armas)* (B1) *- 9h-17h*. On trouve à peu près tout dans le labyrinthe de cet immense marché : des coiffeurs, des tortues et des chiens, des fruits et légumes et, surtout, un quartier d'*herbolaria* (herboristerie) et de **magie populaire**. Vous pourrez vous procurer tous les colifichets, amulettes, herbes et potions imaginables pour vous protéger du mauvais sort. La preuve : les parfums d'encens et de bois de santal parviennent presque à éloigner l'odeur des viandes et des poissons exposés en plein soleil, juste à côté… L'endroit est populeux, soyez vigilant.

Mercado central – *Av. Balta (à deux cuadras au nord de la plaza de Armas, ouvert tte la journée)* (B2). L'ancien marché est plus propre et moins grouillant que le Mercado Modelo. Il regroupe des stands de vêtements et de chaussures de bonne qualité à des prix imbattables. On y trouve aussi des kiosques de jus de fruits.

Confiserie

Llampayec – *Av. Balta 466 (au sud de la plaza de Armas)* (B2). La meilleure confiserie de Chiclayo est réputée pour son **king kong**, un gâteau typique du nord du Pérou. C'est une sorte de gros mille-feuille au *dulce de leche*. De nombreuses boutiques de *king kong* sont regroupées un peu plus bas dans la *cuadra* 6 de l'av. Bolognesi, face aux terminaux des bus. Et ce n'est pas un hasard, car les Péruviens qui vont à Chiclayo se doivent d'en revenir chargés de sacs remplis de *king kong* !

ACTIVITÉS

Excursions touristiques

Moche Tours – *7 de Enero 638* (B2) *- ✆ (074) 224 637.* Parmi les rares agences de tourisme de Chiclayo, cette succursale de Moche Tours de Trujillo est l'une des plus fiables.

Piura

★

407 109 habitants – Capitale du département de Piura

NOS ADRESSES PAGE 468

S'INFORMER

Oficina de Información turística de Piura – *Ayacucho 377, plaza de Armas - ✆ (073) 333 720 - www.turismoperu.info ou www.piuraperu.com.*

SE REPÉRER

Carte de région A1, p. 432-433 – *Carte Michelin National 763 B6*. Piura se trouve à 1 030 km au nord de Lima, à 480 km au nord de Trujillo, à 272 km au nord de Chiclayo et à 283 km au sud de Tumbes.

À NE PAS MANQUER

Une promenade dans Piura, autour de la plaza de Armas ; le marché artisanal de Catacaos ; la plage de Colán.

ORGANISER SON TEMPS

Profitez de la (relative) fraîcheur du matin pour visiter Piura. Attention aux faux *huacos* et aux pseudo-Chulucanas sur les marchés artisanaux !

Posée au milieu du désert de Sechura, à une dizaine de kilomètres du Pacifique, Piura est une étape obligatoire sur la route du nord, vers Tumbes et la frontière équatorienne. Première ville fondée par les conquistadors au Pérou, en 1532, la cité a conservé l'harmonie de son architecture coloniale. Elle s'est développée au milieu d'une riche oasis où l'on cultive le coton, le riz et la banane, un potentiel économique auquel s'ajoutent des ressources pétrolières, découvertes le long de la côte. Arc-boutée sous l'ardent soleil, Piura cultive jalousement son identité, à la *piurana*, comme l'a décrit de façon si subtile Mario Vargas Llosa dans *La Maison verte*. En dépit de ces qualités, le voyageur de passage quitte vite la chaleur accablante de la ville au profit des plages et des riches marchés artisanaux des environs.

Se promener

★ Plaza de Armas

C'est l'endroit le plus charmant de la ville. On s'y rend le soir chercher la fraîcheur sous les grands tamaris. Dans l'angle nord-ouest, la **cathédrale** (1588) *(lun.-vend. 7h-8h, 19h-20h, w.-end 8h-12h)* vaut la peine d'être visitée pour son *Retable de la Virgen de Fátima*, de style churrigueresque, en bois recouvert à la feuille d'or, et pour ses tableaux d'Ignacio Merino, l'un des principaux peintres péruviens du 19e s. (remarquez le *San Martín de Porras y los ladrones* [voleurs]).

Casa-Museo del Almirante Miguel Grau

Tacna 662 - ✆ (073) 326 541 - lun.-vend. 8h-13h, 15h30-18h.

À l'angle opposé de la place, cette belle *casona* du 19e s. appartint à l'amiral Miguel Grau, qui naquit ici. Le héros national résista à la flotte chilienne sur son petit cuirassé, le *Huáscar*, et perdit la vie lors du combat naval d'Angamos,

La plage à Máncora.
H. Hughes / Hemis.fr

livré devant l'escadre ennemie (le 8 octobre 1879). On visite les quatre salles meublées et la bibliothèque. Photographies, documents et cartes d'époque. *Remontez la rue Tacna sur trois cuadras depuis la cathédrale, et tournez à gauche.*

Museo Vicús

Huanuco 893 - ✆ (073) 327 541 - lun.-sam. 8h-20h, dim. 8h-12h.
Appelé aussi museo municipal de Arqueología, ce musée abrite une belle collection de céramiques vicús.

Iglesia del Carmen

Jr. La Libertad - lun.-sam. aux horaires de messe.
L'église du 18e s. conserve une énorme custode d'or et d'argent, et parmi ses nombreuses peintures, quatre grands tableaux représentant les Pères de l'Église (Ambroise, Grégoire, Jérôme et Augustin). Jean-Paul II y célébra la messe lors de sa première visite au Pérou en 1985.

Iglesia de San Francisco

Angle calle Lima et malecón Eguiguren 516 - ✆ (073) 311 111 - 8h-12h, 16h-19h.
C'est en ces lieux que fut proclamée l'indépendance de la ville en 1821. Construite au 18e s., l'église est fameuse pour sa grande cloche de bronze, sur laquelle est gravée l'effigie de saint François.

LA CÉRAMIQUE DE VICÚS

Jusqu'alors oubliée, la culture de Vicús fut découverte en 1963, à la faveur d'un article publié dans la presse, qui se faisait l'écho du pillage de près de 1 500 tombes pré-incaïques situées sur les pentes du Cerro Vicús, près de Piura. Elle connut son apogée vers 500 av. J.-C. et se caractérise par une riche céramique souvent ornée d'animaux figurés de manière assez réaliste. Vicús présente de nombreux points communs avec d'autres cultures de la même période, situées plus au sud, dans les régions de Trujillo et de Lambayeque : cupisnique, salinar, galinazo, et plus tard mochica (qu'elle inspira très certainement), puis lambayeque *(voir p. 456)*.

Dans la *cuadra* suivante, vers la plaza Pizarro, la **Casa Eguiguren** *(Lima 749)* est un bel exemple de *casona* du 17e s., avec patios fleuris et grilles ouvragées aux fenêtres.

À proximité Carte de région p. 432-433

VILLAGES D'ARTISANS ET DE CHAMANS A1

Difficile de traverser Piura sans faire un détour par les petites bourgades situées à moins d'une heure du centre-ville, où l'artisanat réserve des trésors d'invention et de couleurs. Les plus curieux pousseront jusque dans la montagne, au pays des chamans.

★ Catacaos

À 12 km au sud-ouest de Piura (15mn en taxi ou en colectivo*). 68 856 hab.*

Grand centre folklorique de la région, cette bourgade est particulièrement animée les samedi et dimanche pour son **marché artisanal** où se côtoient les orfèvres, les potiers, les vendeurs de *huacos (voir l'encadré ci-contre)* et les fabricants de chapeaux de paille. Une promenade s'impose à l'ombre de ses ruelles pittoresques, où les vétustes maisons en adobe forment des couverts en équilibre précaire sur leurs piliers de bois. Pour se remettre de ses achats, on dégustera une *chicha de jora*, boisson alcoolisée tirée de la fermentation du maïs – à consommer avec modération, surtout s'il règne une chaleur accablante, ce qui est le cas 365 jours par an.

Chulucanas

À 65 km à l'est de Piura par la route d'Olmos (ancienne Panaméricaine), puis par une route à gauche. Bus locaux fréquents entre Piura et Chulucanas (45mn - S/2). 58 615 hab.

Située en amont dans la vallée du Río Piura, cette petite ville est réputée dans tout le Pérou pour la qualité et l'originalité de sa **céramique artisanale**. Cette dernière remonte à une tradition potière très antique, puisque Chulucanas est située dans la région où fleurit la culture de Vicús, l'une des principales cultures formatives de la côte nord du Pérou *(voir l'encadré, p. 463)*. La céramique contemporaine de Chulucanas se distingue par ses formes arrondies, son irréprochable finition et la richesse de ses décors. Peints en couleurs vives, le plus souvent sur des fonds sombres, ces derniers sont en général constitués de motifs géométriques, qui intègrent parfois papillons, feuilles, oiseaux ou scènes populaires, comme des combats de coqs. La production locale est assez limitée, pour ne pas dire exclusive: on trouve dans tout le reste du Pérou nombre de copies et d'imitations qui portent le label « Chulucanas » dont il convient de se méfier.

La meilleure période pour se rendre à Chulucanas est lors de la **Feria del Limón** (fête du Citron, 19 juin-5 juil.). Folklore et présentations de produits artisanaux.

Huancabamba

À 214 km à l'est de Piura, par la route d'Olmos, puis, à 66 km, par une route (non revêtue) à gauche vers Buenos Aires (8-10h en bus local, plusieurs liaisons quotidiennes - 8 $ env.). Alt. 1 930 m. 7 090 hab.

Huancabamba est considérée comme la capitale du chamanisme et de la sorcellerie populaire au Pérou. Dans les faits, cet univers se révèle plutôt hermétique au touriste de passage: incrédules et simples curieux ne sont pas les bienvenus. De quoi faire réfléchir avant d'attaquer les 10h de voyage… Une fois sur place, on trouve à se loger sans difficulté.

HUACA, HUACO, HUAQUERO, VRAI OU FAUX ?

Si la *huaca* est un lieu sacré, symbole du pouvoir des rois et des prêtres, le *huaquero* est le pilleur des tombes des précédents *(voir p. 113)*, et le *huaco* un des innombrables objets en céramique enfouis dans ces mêmes tombes, cibles de toutes les cupidités. Pour se faire une idée de ce qu'est un beau *huaco*, il faut aller à Lima, au musée Larco, qui conserve des quantités de ces pièces en terre cuite, auxquelles les mains habiles des anciens potiers ont donné des formes et des couleurs uniques. Expressions anthropomorphes, scènes érotiques, animaux réels ou imaginaires, fruits, courges, tout un monde modelé continue d'animer la vie de l'ancien Pérou. Ces céramiques occupent une telle place dans la culture précolombienne que les archéologues parlent d'âge pré-céramique pour désigner la période antérieure à 2000 av. J.-C. Il faut donc savoir de quoi vous parlez sur les marchés, où les faux *huacos* sont vendus en quantité. Un authentique objet ne garde pas de marque si vous tentez de le griffer avec l'ongle. Vous pouvez aussi le frotter avec un linge humide pour vérifier qu'il n'a pas été vieilli artificiellement à la fumée ou à la suie. Le mieux est quand même de demander à un spécialiste. De toute façon, sachez que vous ne pourrez pas sortir un véritable *huaco* du Pérou.

Après Buenos Aires, la route remonte le cours supérieur du Río Piura, au milieu des plantations de caféiers et de canne à sucre, dans un paysage de collines et de ravins qui a valu à cette petite région le surnom de « Suiza piurana » (Suisse de Piura). Après le passage d'un col à 3 000 m, on redescend vers Huancabamba, petit chef-lieu de province situé en moyenne montagne, dans la vallée du Río Huancabamba, lequel a la particularité d'être le plus occidental de tous les cours d'eau du bassin amazonien. On a du mal à croire que ses eaux filent vers l'Atlantique, alors que la côte du Pacifique n'est qu'à 150 km à vol d'oiseau !

À Huancabamba, les *brujos* ou guérisseurs ont pignon sur rue, tandis que d'autres se trouvent dans les montagnes au nord. Leur clientèle – de tout âge et de toute condition – vient du Pérou entier, et même d'autres pays. Si l'on s'y rend vraiment pour régler un problème, il faudra être introduit par une personne du cru ou un ancien client du *brujo*.

Un des hauts lieux de cette médecine « naturelle » est la région dite de **Las Huaringas**, située au nord de Huancabamba *(2h de route, puis 1h à dos de mule ou à pied)*. Sur un plateau accidenté, à 3 500 m d'altitude, s'étendent quatorze petits lacs, les plus connus étant El Shimbe et la Laguna Negra.

LES CHAMANS GUÉRISSEURS

Héritiers d'une tradition ancestrale de médecine populaire, souvent transmise de père en fils, les *brujos*, ou chamans, sont réputés pour guérir les maladies d'origine psychosomatique, briser les mauvais sorts, favoriser les retours d'affection ou remédier à la stérilité. Ils utilisent des breuvages curatifs élaborés à partir de plantes médicinales (notamment l'*ayahuasca*, une liane hallucinogène connue depuis l'époque précolombienne, *voir p. 79*) et pratiquent des rites ancestraux, tels que les ablutions rituelles ou même l'hypnose. En cas de succès, les patients leur versent des sommes parfois assez considérables. *(Lire aussi p. 71.)*

Les guérisseurs ont l'habitude d'y conduire leurs patients afin de procéder à des rites de purification.

Ayabaca B1

À 213 km au nord-est de Piura (6h de bus - 5 $) et à 190 km au nord-est de Sullana. Alt. 2 715 m. 5 115 hab.

Proche de la frontière de l'Équateur, le petit bourg d'Ayabaca est connu pour son pèlerinage au **Señor cautivo** (Seigneur prisonnier), coloré et empreint d'une grande ferveur, lequel a lieu du 12 au 15 octobre, autour de sa belle église coloniale. Pendant cette période, les rares petits hôtels de la ville affichent complet.

ROUTE DU PACIFIQUE A1

Si la chaleur, les marchés, le folklore et les guérisseurs vous ont épuisé, alors filez vers le Pacifique. Palmiers, petite brise de l'après-midi, *ceviche*, grandes vagues et longues plages, un bol d'air après la chaleur du désert.

★ Paita

À 58 km à l'ouest de Piura (1h de route, départs de bus toutes les 15mn depuis Piura). 89 815 hab.

Entouré de longues plages de sable fin, ce petit port de pêche a conservé le cachet de ses vieilles maisons coloniales, ornées de balcons. Au temps des Espagnols, les pirates anglais, notamment Cavendish et Francis Drake, lancèrent plusieurs fois leurs boulets sur la ville. Une légende tenace soutient qu'à Paita les clairs de lune sont plus beaux et plus romantiques que partout ailleurs. D'où la très courante expression péruvienne : *estar en la luna de Paita*, littéralement « être dans la lune » (de Paita), c'est-à-dire « être amoureux ».

★ Colán

À 12 km au nord. 11 528 hab.

Du port, une petite route mène vers la longue grève en sable blanc de Colán, réputée comme la meilleure plage des environs de Piura. Cette petite bourgade aux maisons de bois sur pilotis, alignées le long du rivage, est aussi fameuse pour son église, qui serait la toute première que les Espagnols aient construite au Pérou.

Deux kilomètres avant Sullana, à droite, une nouvelle route asphaltée mène vers l'**Équateur**, via les bourgades de Las Lomas et Macará *(poste frontière équatorien, à 160 km de Tumbes)*. On traverse les verdoyantes palmeraies de la vallée du Río Piura avant d'escalader des *cerros* plantés de forêts sèches, où domine le caroubier. Une bonne option pour ceux qui voudraient se rendre en Équateur sans passer par la route de la côte. La première ville importante est **Loja**, distante de 190 km du poste frontière.

En revenant vers la Panaméricaine, on traverse le gros bourg animé de **Sullana** *(326 888 hab. - à 38 km de Piura)*. Cet important carrefour routier dans la vallée encaissée du Río Chira fait figure de fertile oasis au milieu de l'aridité du désert environnant. Le paysage devient nettement tropical, avec des bananiers, des manguiers et des palmiers, qui bordent d'un rideau vert les champs de coton.

SUR LES TRACES D'HEMINGWAY
Devant la baie de Cabo Blanco se dresse le vieil hôtel Merlin qui connut son heure de gloire dans les années 1950 et 1960, à l'époque où la pêche au gros battait son plein et où l'on alignait les records de prises. L'hôtel abrite une salle de musée où sont exposés des merlins gigantesques (le plus grand pesant près d'une tonne), ainsi qu'une collection de photographies où apparaît la figure d'Ernest Hemingway, entre autres célébrités. En effet, c'est probablement dans cet hôtel que le romancier américain, qui y séjourna plusieurs fois dans les années 1950, aurait achevé *Le Vieil Homme et la Mer*. Le film tiré du roman (1955, avec Spencer Tracy) fut quant à lui tourné à Cabo Blanco.

La Panaméricaine file toujours vers le nord. Si la vue sur l'océan est soudain occultée par des raffineries et des docks de tankers, c'est que vous arrivez à **Talara** *(84 832 hab. - à 111 km de Piura)*, le plus grand port pétrolier du nord du Pérou. Il fut créé vers 1940 dans un site imposant, au pied d'une grande falaise.

★ Cabo Blanco

À 159 km au nord-ouest de Piura et à 131 km au sud-ouest de Tumbes.
À la hauteur de la bourgade d'El Alto, sur la Panaméricaine nord, une route descend à travers les collines de sable vers l'immensité marine de la baie de Cabo Blanco, fréquentée par les pêcheurs et les surfeurs expérimentés : de novembre à janvier, les rouleaux peuvent atteindre 3 mètres de haut. À côté, la petite plage de **Restin** est plus calme et mieux abritée.

★ Máncora

À 173 km au nord de Piura et à 92 km au sud-ouest de Tumbes. 9 370 hab.
Jadis paisible petit port de pêche, Máncora est devenu depuis quelques années l'une des cibles préférées des surfeurs sur la côte nord du Pérou. Si les magnifiques rouleaux (spécialement de novembre à janvier) ne vous attirent pas spécialement, vous trouverez l'hôtel de luxe de vos rêves (ils poussent comme des champignons), ou un petit hôtel plus modeste (il en reste).

★ Punta Sal

À 182 km au nord de Piura et à 75 km au sud-ouest de Tumbes. Des colectivos *relient toute la journée Máncora et Punta Sal (25 km - 30mn).*
Dotée de plusieurs hôtels confortables et d'extraordinaires restaurants de poisson, cette station balnéaire est la plus en vogue de la région de Tumbes et passe même pour la plus belle plage du nord du Pérou. Le site est très séduisant : une baie entourée de collines plantées de caroubiers dessine une plage semi-circulaire de sable fin qui fait la joie des baigneurs, mais aussi des amateurs de fruits de mer. L'ambiance y est plus familiale qu'à Máncora. Les pêcheurs de l'endroit utilisent encore des embarcations de type *wampu*, sorte de radeau fait de plusieurs troncs d'arbres liés, d'un mât à voile carrée et d'un gouvernail rustique. C'est ce même genre d'embarcations que les Espagnols rencontrèrent lors de leur premier voyage le long de la côte nord du Pérou, en 1521.

NOS ADRESSES À PIURA

INFORMATIONS UTILES

Police – Comisaría - *Av. Sánchez Cerro, cuadra 12 - ✆ (073) 306 266.*

Poste – Correo - *Calle Ayacucho s/n - ✆ (073) 327 031 - lun.-sam. 8h-16h.*

TRANSPORTS

En avion – Aeropuerto de Piura Carlos Concha Ibérico - *Av. Córpac s/n (à 2 km du centre) - ✆ (073) 344 503/997.* Vols réguliers de/vers Lima *(env. 1h15)*, Trujillo *(40mn)* et Chiclayo *(30mn)*.

Bus – Liaisons quotidiennes avec Lima *(12h)*.

HÉBERGEMENT

Piura

PREMIER PRIX

Hostal El Sol – *Sánchez Cerro 411 - ✆ (073) 324 461 - www.elsolhostal.com - ✕ 🏊 P - 35 ch. : S/110.* Pension propre, aux chambres agréables. Accès gratuit à la piscine.

POUR SE FAIRE PLAISIR

Esmeralda – *Loreto 235 - ✆ (073) 331 205 - www.hotelesmeralda.com.pe - ✕ CC P - S/220.* Dans un bâtiment moderne, cet hôtel sans prétention propose un service attentionné. Accès Internet.

Hotel Los Portales – *Libertad 875, plaza de Armas - ✆ (073) 321 161 - www.losportaleshoteles.com - ✕ 🏊 CC P - 45 ch. : S/200-270 (75-100 $).* Ambiance coloniale dans une belle maison aux chambres agréablement rénovées. Accès Internet.

UNE FOLIE

Costa del Sol – *Loreto 649 - ✆ (073) 302 864 - www.costadelsolperu.com - ✕ 🏊 CC P - 68 ch. : S/315-510 (115-185 $).* Hôtel un peu vieillot mais confortable. Chambres bien équipées, dotées chacune d'un accès Internet.

Colán

PREMIER PRIX

Hotel Sol de Colán – *Costanera s/n, balneario La Esmeralda - ✆ (51) 969 655 455 - www.elsoldecolanhotel.com - ✕ 🏊 CC - 12 bung. (de 4 pers.) : S/160-250 - ch. double : S/110-150.* Pour une étape devant l'océan, dans un bungalow pourvu de tout le confort nécessaire. Repas inclus. Forfaits promotionnels disponibles, vérifiez sur le site Internet de l'hôtel.

BUDGET MOYEN

Playa Colán Lodge – *Costanera Lado sur s/n, balneario La Esmeralda (à 1h30 du centre de Piura) - (073) 328 873/326 778 - www.playacolanlodge.com.pe - ✕ 🏊 CC - S/135-200 (50-75 $).* Bungalows avec petite terrasse, tournés vers l'océan. Matériaux naturels et joli jardin. Tennis. Comptez 65 $ en haute saison, hormis forfaits particuliers pour la traditionnelle Semaine sainte et la fête nationale.

Máncora

PREMIER PRIX

Los Corales – *Antigua Panamericana norte, km 1 215 - ✆ (073) 258 309 - www.loscoralesmancora.com - ✕ 🏊 CC P - S/80-170.* Petit hôtel moderne sur la plage de Pocitas, petites chambres et petite piscine riment avec petits prix et vue sur l'océan.

UNE FOLIE

Las Arenas de Máncora – *Antigua Panamericana norte, km 1 213 - (073) 258 240 - www.lasarenasdemancora.com - - 30 ch. et bung.: S/360-900 (120-300 $).* Installé au calme dans un jardin luxuriant sur lequel donnent les terrasses des chambres, cet hôtel soigné, qui a fait récemment l'objet d'une grande rénovation, propose en outre une large variété de sports et d'excursions.

Punta Sal

Si vous souhaitez séjourner dans l'un des nombreux hôtels-clubs de la plage, il est absolument nécessaire de réserver plusieurs semaines à l'avance en haute saison (mi-déc.-mi-janv., Semaine sainte et fête nationale). Les tarifs varient considérablement d'une saison à l'autre.

BUDGET MOYEN

El Bucanero – *Carr. Panamericana norte, km 1 187 - (073) 960 6910 - www.elbucaneropuntasal.com - - 15 ch.: S/120-240.* Face à l'océan, cet hôtel propose de nombreuses activités (excursions, pêche, surf, jet-ski...).

POUR SE FAIRE PLAISIR

Hua Punta Sal Hospedaje – *Carr. Panamericana norte, km 1187 - (072) 540 043 - www.hua-puntasal.com - - 7 ch.: S/250.* Comme le El Bucanero, hôtel simple et familial, face à l'océan.

Punta Sal Club Hotel – *Carr. Panamericana norte, km 1192 - (072) 596 700 - www.puntasal.com.pe - - à partir de S/285 (105 $) en pension complète.* Ce *beach resort* haut de gamme propose toutes sortes d'activités sportives et nautiques, parmi lesquelles la pêche au gros.

RESTAURATION

Piura

Bon à savoir – Vous trouverez autour de la place d'Armes toutes sortes de gargotes et de restaurants populaires. On y sert les spécialités de la région, telles le *seco de chabelo* (viande grillée à la braise, servie avec des bananes vertes et une sauce oignon, tomate et piment), le *ceviche* typique de la région de Tumbes aux *conchas negras* (coques noires), l'*antecoco*, un dessert traditionnel de Tumbes, fait de maïzena et de noix de coco râpée, cuit au lait, ou la *natilla*, un dessert propre à Piura, assez semblable au *dulce de leche*, préparé à partir de lait de chèvre, de *chancaca* (jus de canne à sucre) et de farine, que l'on fait cuire dans un faitout de bronze.

Máncora

POUR SE FAIRE PLAISIR

Máncora compte de bons **restaurants** pour tous les prix et même quelques night-clubs, certains assez chauds!

Restaurante Espada – *Piura 501 - (073) 258 304 - www.restaurantespada.com.pe.* Très tendance, l'Espada concocte des spécialités de poissons et de fruits de mer (*langosta a lo macho, mero con congrejo* – mérou au crabe), pour un prix moyen (à la carte) de S/50 tout de même.

ACHATS

Produits artisanaux – *Voir plus haut, Catacaos et Chulucanas.*

Tumbes

102 273 habitants – Capitale du département de Tumbes

NOS ADRESSES PAGE 473

S'INFORMER

Office de tourisme – *À l'intérieur du Centro civico, plaza de Armas - www.tumbes.com - lun.-vend. 8h-19h.*

Visites guidées – Tumbes Tours - *Av. Tumbes Norte 341 - (072) 524 837 - www.tumbestours.com.* Organise des visites guidées dans le Parc national Cerros de Amotape et les *manglares* de Puerto Pizarro, des sorties en rafting sur le Río Tumbes…

SE REPÉRER

Carte de région A1, p. 432-433 – *Carte Michelin National 763 B4.* Tumbes se trouve à 283 km au nord de Piura, à 1 256 km au nord de Lima et à 30 km au sud de la frontière équatorienne.

À NE PAS MANQUER

Une promenade dans les *manglares* (mangrove) de Puerto Pizarro ; une excursion dans le parc national Cerros de Amotape.

ORGANISER SON TEMPS

Soyez vigilant à la frontière, où toutes les arnaques sont permises.

Plus que par la ville elle-même, chaude et peu attrayante, Tumbes et son département s'imposent par de belles plages et une géographie variée. Plusieurs écosystèmes se côtoient, tels les marécages et les mangroves du Río Tumbes, la forêt sèche équatoriale (Cerros de Amotape) ou la forêt tropicale du Pacifique. Proches de l'équateur, les plages de Tumbes se prêtent au surf, à la plongée, à la pêche, autant qu'au *farniente*. Au nord, Puerto Pizarro s'est fait une spécialité de l'élevage des crocodiles, et plus au nord encore, le marché de produits détaxés du poste frontalier d'Aguas Verdes fourmille d'une autre variété de crocodiles, dont il convient de se méfier. Aux temps préhispaniques, Tumbes ou Tumbez était une importante agglomération des Indiens cañari en même temps qu'un port actif. Les Incas, sous le règne de Huayna Capac, occupèrent la ville où ils élevèrent des dépôts, des temples et une *acclahuasi* (couvent des vierges du Soleil) dont il ne reste malheureusement aucun vestige.

Se promener

Tumbes, qui passe pour l'une des villes les plus chaudes du Pérou (la moyenne des températures en été ne descend pas au-dessous de 30 °C), ne s'anime vraiment qu'à la tombée du soir. On sortira donc « à la fraîche » (si l'on peut dire), sous les ombrages de la **plaza de Armas** qu'ornent des œuvres du sculpteur contemporain Victor Delfín. Vous passerez sans doute sous un *mata-cojudos* (tue-couillons), arbre qui produit de gros fruits secs et durs, non comestibles mais particulièrement redoutables lorsqu'ils vous tombent sur le crâne ! Deux rues piétonnes et parallèles, Bolívar et San Martín, invitent à poursuivre la promenade. On pourra aussi se balader le long du **malecón Benavides**, tracé sur la rive du Río Tumbes et planté de cocotiers, au milieu d'une végétation luxuriante.

Les plages de Tumbes se prêtent au surf.
H. Hughes / Hemis.fr

À proximité Carte de région p. 432-433

PARQUE NACIONAL CERROS DE AMOTAPE A1

À 36 km au sud de Tumbes (1h20). À la sortie sud de la ville, après l'aéroport, prenez à gauche une route de terre qui remonte la rive gauche du Río Tumbes, jusqu'à Rica Playa. Depuis Piura, quittez la Panaméricaine à Bocapán (6 km avant Zorritos) où une mauvaise piste mène à Rica Playa (40 km). Là se trouvent la guérite d'entrée du parc et un bureau d'information. Entrée : S/5. Sur place, plusieurs loueurs de chevaux à la journée. La réserve dépend de l'Inrena, Bartolomé Zeta 127 (José Lishner Tudela), Tumbes - ✆ (072) 526 489.

Petite chaîne côtière dont le point culminant est le Cerro del Barco (1 663 m), les **Cerros de Amotape** sont en partie couverts d'une forêt sèche représentative de l'éco-région dite **bosque seco ecuatorial**, particulière au département de Tumbes. D'une superficie de 91 300 ha, le parc national est bordé au nord par le Bosque Nacional de Tumbes (72 000 ha) et au sud par El Coto de Caza El Angolo (réserve de chasse de 65 000 ha), avec lesquels il forme la Réserve de biosphère du nord-ouest péruvien, s'étendant sur près de 2 400 km^2, répartis entre les départements de Tumbes et de Piura. Sur les Cerros de Amotape croissent des essences fort nombreuses et assez rares pour la côte péruvienne (dont le spectaculaire *ceibo*, qui peut atteindre 25 m de hauteur). La réserve abrite une faune extrêmement riche (gibier, oiseaux – parmi lesquels des condors – amphibiens et reptiles) qui a été préservée grâce à son statut de Parc national décrété en 1975.

Zorritos

À 28 km au sud de Tumbes.

Cet agréable village de pêcheurs aligne ses petites maisons le long d'une plage de sable fin, bordée de palmiers. Au nord de la bourgade s'étend la **caleta de la Cruz★**, où Francisco Pizarro, à son arrivée sur le littoral de Tumbes, aurait fait planter une grande croix, symbole de la conquête de ces terres sauvages par des chrétiens. Retrouvée à la caleta de la Cruz en 1861, cette croix fut

LES DÉBUTS DE LA CONQUÊTE DU PÉROU

Lorsqu'ils débarquèrent à Tumbes en 1528, les Espagnols découvrirent une ville riche et peuplée. Elle comptait de nombreux édifices incas, parmi lesquels une grande forteresse et un temple monumental dont les murs étaient recouverts de plaques en or. D'habiles orfèvres, voués au culte du Soleil, travaillaient là. Il y avait aussi un *acclahuasi*, temple-couvent où deux cents jeunes vierges filaient de somptueux et délicats tissus. Ainsi était apparue la ville au Grec Pedro de Candia, envoyé en reconnaissance par Pizarro. Après ce premier voyage, le capitaine général **Francisco Pizarro**, accompagné de ses trois frères, revint à Panama en 1530. Vers la fin de l'année, ils mirent la voile vers Tumbes avec une troupe de 180 hommes. Débarqués à cent lieues au nord, ils s'emparèrent de Coaque, d'où ils envoyèrent déjà un chargement d'or et de pierres précieuses vers Panama. Puis, après avoir massacré les habitants de l'île de La Puna (aujourd'hui en Équateur), ils attaquèrent Tumbes, vers le 15 mai 1532, et la mirent à feu et à sang. Ses habitants n'avaient pourtant pas résisté et avaient même offert leurs richesses afin qu'on leur laissât la vie sauve. Peine perdue.

longtemps conservée dans l'église de La Merced à Piura, puis au musée national d'Histoire de Lima, avant de retrouver son emplacement originel en 1990.

Puerto Pizarro

À 14 km au nord de Tumbes. Pour les manglares, *comptez 20 $ la visite en groupe avec un guide.*

Ce petit port de pêche est construit le long d'une plage de sable fin que bordent les eaux du golfe de Guayaquil, lui-même baigné par un courant chaud. De ce petit paradis perdu, on peut partir, en barque ou en canot à moteur, à la découverte de la mangrove. Situés dans le delta du fleuve, les **manglares★★** forment sur près de 3 000 ha un labyrinthe de canaux et d'îlots envahis d'une épaisse végétation semi-aquatique. Les racines des palétuviers émergeant de l'eau, les oiseaux par milliers, le remugle des caïmans (qui n'y sont pas rares) et l'épaisse brume de chaleur composent un fascinant spectacle.

Aguas Verdes

À 30 km au nord de Tumbes.

Poste frontalier avec l'Équateur, la localité se présente comme un gigantesque marché aux puces de **produits détaxés**. En face, le bourg équatorien de Huaquillas se résume aussi à une longue rue encombrée d'étalages. La frontière est matérialisée par le Río Zarumilla, que l'on franchit à pied par un unique pont afin de prendre les omnibus du côté équatorien vers Machala, Guayaquil ou Quito. Désordonné et grouillant, ce quartier est propice au vol à la tire. Surveillez vos bagages et vos biens personnels. Méfiez-vous également des changeurs de billets, des taxis au noir et des « amigos » qui vous proposeront de simplifier le passage de la frontière moyennant commission.

NOS ADRESSES À TUMBES

INFORMATIONS UTILES

Police – Comisaría El Tablazo - *Hilario Carrasco 515 - ✆ (072) 524 823.*

Urgences / Santé – Hospital de Apoyo JAMO - *Calle 24 de Julio 565 et av. Tumbes - ✆ (072) 524 775/522 222.*

TRANSPORTS

Avion – Pedro Canga Rodríguez - *Carr. Panamericana norte, km 1 276 (à 8 km au nord de Tumbes)* - *(072) 525 102*. Vols quotidiens pour Lima *(2h de vol - env. 150 $)*, directs ou avec escale à Piura ou à Trujillo.

Bus – Vers les villes de la **côte péruvienne**, de nombreuses compagnies, dont Tepsa, Ormeño, Cruz del Sur, Otursa, desservent Piura *(5h)*, Chiclayo *(8h)*, Trujillo *(10h)* et Lima. Pour Cruz del Sur, départ quotidien à 15h de Lima *(19h de trajet - S/142-186 selon la classe et le type de confort)*. Vers l'**Équateur**, Civa dessert plusieurs fois par jour Machala *(2h de route)* et Guayaquil *(5h)*. Les *colectivos* pour **Puerto Pizarro** *(15mn de trajet)* partent régulièrement de l'av. Piura, près du marché. D'autres relient le poste frontière d'**Aguas Verdes** *(45mn)*. Toutefois, pour parcourir les 30 km qui vous en séparent, un taxi reviendra autour de S/25 (négociez le tarif au départ) et ira beaucoup plus vite.

HÉBERGEMENT

PREMIER PRIX

Hotel Roma – *Grau 425, Esq. Bolognesi s/n (au coin de la plaza de Armas)* - *(072) 522 494* - *hotelromatumbes@hotmail.com* - *S/100*. Bien situé en centre-ville, cet hôtel est d'un bon rapport qualité-prix, mais l'isolation sonore reste à revoir.

Hotel Lourdes – *Mayor Bodero 118* - *(072) 522 126* - *S/100*. Hôtel tranquille, chambres simples et restaurant au dernier étage.

BUDGET MOYEN

Casa César Tumbes – *Huáscar 311* - *(072) 522 883* - *www.casacesartumbes.com* - CC - *20 ch. : S/165*. Bonne adresse à quelques blocs de la place principale. Petit-déj. et transfert de l'aéroport compris. Wi-Fi.

POUR SE FAIRE PLAISIR

Hotel Costa Del Sol – *San Martín 275* - *(072) 523 991* - *www.costadelsolperu.com* - CC - *55 ch. : S/270 (100 $)*. Cet hôtel de chaîne est le plus coté de la ville. Piscine, jacuzzi, casino et excellent restaurant. Accès Internet. 1 ch. équipée pour handicapé.

Zorritos

ENTRE 100 ET 130 $

Amotape Inka's Resorts – *Carr. Panamericana norte, km 228 (à 28 km au sud de Tumbes, entre le village et la caleta de la Cruz)* - *(072) 542 385* - *www.amotape.com* - CC P - *18 ch. : S/270-350 (100-130 $)*. De petits bungalows face à l'océan, pourvus d'une terrasse pour admirer les couchers de soleil flamboyants. Un environnement propice à la détente. Wi-Fi.

RESTAURATION

On trouve autour de la plaza de Armas de nombreux bars et restaurants à prix doux, où il fait bon prendre un verre à la tombée du soir, dans la moiteur délicieusement provinciale de Tumbes. Les cafés vous serviront un *chinguirito*, cocktail de lait de coco et d'aguardiente ou une petite douceur, l'*antecoco*, sorte de flan au coco râpé et à la maïzena. Les deux restaurants les plus réputés se trouvent sur le même trottoir de la calle Bolívar, le **Si Señor** *(n° 115* - *(072) 521 937)* et le **Latino** *(n° 163* - *(072) 523 198)*, tous deux spécialisés dans la cuisine traditionnelle de la côte (poissons et fruits de mer).

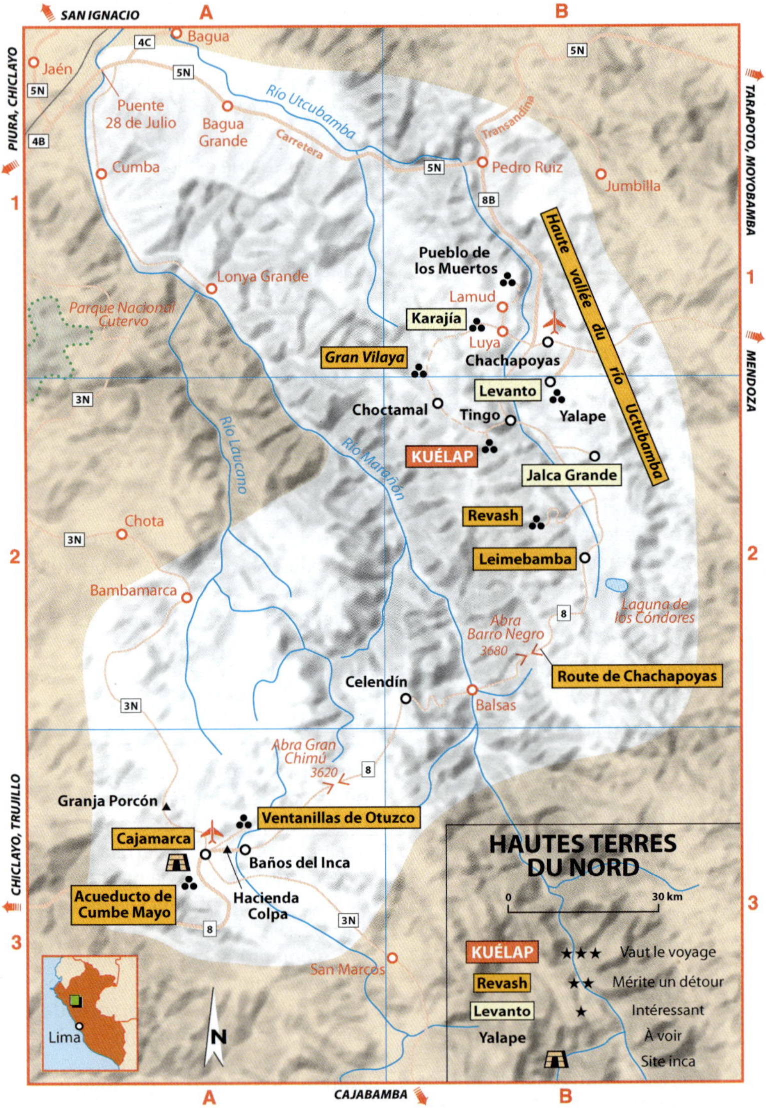
SAN IGNACIO
A
B
1
2
3
PIURA, CHICLAYO
TARAPOTO, MOYOBAMBA
MENDOZA
CHICLAYO, TRUJILLO
CAJABAMBA
Bagua
4C
5N
Jaén
4B
Puente 28 de Julio
Bagua Grande
Río Utcubamba
Carretera
Transandina
Pedro Ruiz
Jumbilla
8B
Cumba
Haute vallée du río Uctubamba
Pueblo de los Muertos
Lonya Grande
Lamud
Parque Nacional Cutervo
Karajía
Luya
Gran Vilaya
Chachapoyas
3N
Levanto
Choctamal
Tingo
Yalape
Río Lucano
Río Marañón
KUÉLAP
Jalca Grande
Chota
Revash
Leimebamba
Bambamarca
Laguna de los Cóndores
8
Abra Barro Negro 3680
Route de Chachapoyas
Celendín
Balsas
Abra Gran Chimú 3620
Granja Porcón
Ventanillas de Otuzco
Cajamarca
Baños del Inca
Hacienda Colpa
Acueducto de Cumbe Mayo
San Marcos
Lima
N
HAUTES TERRES DU NORD
0
30 km
KUÉLAP ★★★ Vaut le voyage
Revash ★★ Mérite un détour
Levanto ★ Intéressant
Yalape À voir
Site inca

Hautes terres du Nord 9

À 857 km au nord-ouest de Lima :

À 330 km au nord-est de Cajamarca :

Cajamarca et ses environs

★★

Alt. 2 750 m – 152 122 habitants – Capitale du département de Cajamarca

NOS ADRESSES PAGE 481

S'INFORMER
Dirección Regional de Industria y Turismo – *Conjunto Monumental Belén - ✆ (044) 822 997.* Certains hôtels proposent des circuits d'1/2 j. en minibus. Départs près de la plaza de Armas. Comptez 10 $/pers.

SE REPÉRER
Carte de région A3, p. 474 – *Carte Michelin National 763 D8.* Cajamarca se trouve à 857 km au nord-ouest de Lima et à 301 km au nord-est de Trujillo.

À NE PAS MANQUER
Un tour dans la ville coloniale ; l'aqueduc de Cumbe Mayo, sur la ligne de partage des eaux entre Pacifique et Atlantique ; les sépultures dites Ventanillas de Otuzco.

ORGANISER SON TEMPS
Prévoyez deux jours sur place. Attention, si vous arrivez d'un plat pays, il faut s'accoutumer à l'altitude…

Paisible et attachante, sertie dans un écrin de montagnes, Cajamarca est considérée comme l'une des plus belles cités coloniales du Pérou. Alors que plane le tumulte assourdi de la chute de l'empire inca, Indiens chamarrés et citadins affairés se croisent sur la plaza de Armas. Ramassé tout autour, le petit centre historique et ses joyaux architecturaux appellent la promenade et les pauses café, loin des grands flux touristiques. Cité prospère grâce à son riche bassin minier, la ville bénéficie de sa situation au cœur d'une région tranquille et florissante malgré les sombres années de guérilla du Sentier lumineux : sa vaste et verdoyante vallée est un des bassins agricoles les plus fertiles des Andes du Nord.

Se promener

★ Plaza de Armas

La ville est organisée selon un plan orthogonal autour de la plaza de Armas, où fut autrefois exécuté l'Inca **Atahualpa**, et aujourd'hui centre animé d'une vie très provinciale. Il faut prendre le temps de s'asseoir sur un banc, au milieu du jardin agrémenté d'arbustes taillés selon l'humeur et la fantaisie du jardinier, de contempler les vieilles demeures à balcons de bois qui bordent la place, d'observer le va-et-vient des paysans qui se rendent au marché, d'admirer le ciel immense au-dessus des montagnes pour comprendre et partager le tranquille bonheur de Cajamarca…

La fontaine coloniale qui en orne le centre fut élevée en 1562. Commencée à la fin du 17e s. dans le style plateresque, la **cathédrale**★★ est célèbre pour sa magnifique façade de style baroque, l'une des plus richement sculptées du

La cathédrale de Cajamarca.
Toño Labra/AGE Fotostock

Pérou. Encadrée par deux tours inachevées, elle renferme un maître-autel en bois sculpté, de style rococo. À côté de la cathédrale, la chapelle du Sagrario (1685) renferme de beaux retables en bois sculpté.

De l'autre côté de la plaza de Armas, en retrait derrière un jardin, l'église **San Francisco★★** à la façade baroque du 17e s., bien plus sobre que celle de la cathédrale, est sans doute le premier sanctuaire chrétien fondé au Pérou. Près du maître-autel, on accède à des catacombes. L'église est annexée à un **couvent** ouvert à la visite, qui occupe l'emplacement d'un temple ou d'un palais que les Espagnols désignaient sous le nom de Fuente del Inca.

Cuarto del Rescate (Chambre du rachat)

Jr. Amalia Puga 750 (en face de l'église San Francisco) - lun.-vend. 8h30-12h30, 15h-17h, dim. et j. fériés 9h-12h.

Ce dernier vestige du palais d'Atahualpa ne devait jadis faire qu'un avec le bâtiment sur lequel fut édifié le couvent *(voir ci-dessus)*. Un passage couvert conduit à un édifice élevé en gros blocs taillés de style typiquement inca : il aurait servi de **prison** à l'Inca Atahualpa. Selon les chroniques, le souverain aurait promis à Pizarro de remplir sa cellule d'or et de lui offrir deux fois ce volume en argent, en échange de sa liberté. Ce que l'Espagnol accepta. De toutes les provinces du Pérou, affluèrent des convois d'or et d'argent, et la rançon fut payée. Cependant, à la différence de l'Inca, les Espagnols ne tinrent pas leur parole. Ils incriminèrent Atahualpa d'une fausse tentative de trahison et, après une parodie de procès, le firent exécuter sur la grand-place de Cajamarca le 29 août 1533.

★ Conjunto Monumental Belén

Constitué d'un ancien hôpital et d'une église, cet autre joyau colonial des 17e et 18e s. se dresse au pied des rues en escalier qui grimpent vers le cerro Santa Apolonia. Depuis une charmante placette où l'on rencontre quelques boutiques d'artisanat, on admire un **portail sculpté★★**, qui passe pour l'un des chefs-d'œuvre de l'art plateresque au Pérou. Il donne accès à un vaste

LE ROYAUME DE CUISMANCU

Vers 1465, les Incas s'établirent dans la région, après avoir vaincu la nation **cajamarca**, industrieuse et bâtisseuse, dont les premières traces de peuplement remontent à 3500 av. J.-C. À partir du 8e s., la culture de Cajamarca avait connu son apogée, qui s'exprima notamment dans une céramique au décor noir et rouge, ou noir et orange, sur des fonds blancs ou crème. Entre 1100 et 1400, les peuplades de l'aire de Cajamarca constituaient un État puissant, que l'on appela plus tard « royaume de Cuismancu », du nom de son dernier roi, **Cuismanco Capac**. Les **Incas** installèrent à Cajamarca une *llacta* (capitale de province) en remodelant l'ancienne ville-capitale. En 1532, c'est au tour des Espagnols, sous la conduite de Francisco Pizarro, de déloger les occupants en massacrant une bonne partie de la population *(voir l'encadré, page de droite)*, et de mettre fin à l'empire inca en exécutant leur souverain, **Atahualpa** en 1533.

cloître orné en son milieu d'une jolie fontaine. De l'autre côté de la calle Santisteban, l'ancien hôpital des femmes, qui faisait partie de l'ensemble, abrite le **Museo de Etnografía**, aux dimensions assez modestes. On y verra tout de même quelques bons exemples de céramiques de la culture pré-incaïque de Cajamarca.

Cerro Santa Apolonia

Cette colline, dominant la ville, fut aux temps pré-incaïques une *huaca* vénérée : on y voit encore un autel de pierre que l'on nomme (abusivement) « chaise de l'Inca ». C'est du haut de cette éminence que les Espagnols pointèrent leurs pièces d'artillerie sur la place de Cajamarca où arrivaient Atahualpa et sa suite *(voir encadré ci-dessus)*. Du belvédère situé au voisinage de la « chaise de l'Inca », on découvre un splendide **panorama** sur la ville, la vallée et les montagnes qui l'entourent.

À proximité

À moins d'une heure du centre-ville, plusieurs sites méritent le déplacement. Si vous ne disposez que de quelques heures, privilégiez la nécropole rupestre d'Otuzco. C'est l'un des sites archéologiques les plus notables du bassin de Cajamarca.

★★ Ventanillas de Otuzco

À 8 km au nord-est.

Au flanc d'une colline dominant la verdoyante vallée du Río Chonta, la **nécropole rupestre** pré-incaïque (600 à 1200 apr. J.-C.) est composée de centaines de tombes à niches. Elles furent creusées dans la paroi rocheuse sur plusieurs étages, d'où le nom de *ventanillas* (petites fenêtres). À l'époque précolombienne, leurs ouvertures étaient fermées par des plaques en or ou en argent, qui furent saccagées au temps de la Conquête. Si certaines niches sont de simples cavités creusées dans le roc, d'autres, plus complexes, présentent un corridor à l'intérieur duquel sont distribuées plusieurs niches de part et d'autre. L'âge de cette nécropole paraît correspondre au développement de la culture de Cajamarca, soit entre 600 et 1200 apr. J.-C., date de sa disparition et de son assimilation par l'empire inca. Dès cette époque, il semblerait que la nécropole ait été abandonnée.

Granja Porcón

À 30 km au nord-ouest. ✆ (076) 976 682 205 - www.granjaporcon.org.pe.
Cette **gigantesque hacienda** (9 500 ha), nationalisée par les militaires en 1968, a été reprise par les évangélistes en 1985 et emploie aujourd'hui près d'un millier de personnes. C'est un véritable village avec sa place d'Armes et son église, sa laiterie et ses ateliers d'artisanat. Elle participe à un ambitieux programme de reforestation (sapins, eucalyptus et cyprès) et exploite le bois, d'où la présence d'une scierie et d'une papeterie. On y trouve également un *lodge* et un très intéressant parc animalier où des espèces en voie de disparition (comme l'ours à lunettes) vivent en semi-liberté.

Baños del Inca

À 6 km à l'est.
Selon la légende, c'est dans cette station thermale, mise en exploitation par les Incas, qu'Atahualpa prenait les eaux pour se remettre d'une blessure, au moment où Francisco Pizarro se présenta devant la ville de Cajamarca (novembre 1532). Il reçut dans cet endroit retiré l'ambassade conduite par Hernando de Soto, venant le prier, de la part de Pizarro, de le retrouver dans l'enceinte de la ville le lendemain *(voir encadré ci-dessous)*.
Dans la station thermale actuelle, toujours en activité, subsiste un bâtiment de dimensions assez réduites, aux murs en gros appareillage, dénommé **Pozo del Inca**. Il est doté d'une porte trapézoïdale et d'un bassin d'eau chaude à l'intérieur. C'est à peu près tout ce qui subsiste de ce « palais » d'été de l'Inca Atahualpa.

Hacienda Colpa

À 13 km à l'est.
Dans cette importante ferme coopérative, consacrée à l'élevage et aux produits laitiers, la grande attraction est le moment où le fermier appelle les vaches par leur nom. Un épisode particulièrement apprécié par les enfants. Une boutique vous propose de la crème, du beurre, des fromages et l'une des spécialités de la région : le **dulce de leche** (ou crème de lait).

LA FIN D'UN EMPIRE

En 1532, **Francisco Pizarro** débarquait au nord du pays, dans l'intention de conquérir l'empire inca. Il savait que le grand Inca Huayna Cápac était mort depuis quelques années, laissant le pays divisé entre deux de ses fils : **Huáscar**, l'enfant légitime, et **Atahualpa**, le fils bâtard, mais préféré, qui avait fini par prendre l'avantage sur son frère. Atahualpa ne semble pas avoir craint l'arrivée des Espagnols. Avec leurs visages barbus, fatigués, et leurs montures épuisées par un voyage harassant de deux mois, ils ne paraissaient guère redoutables lorsqu'ils touchèrent Cajamarca. Suivant les termes d'un accord passé entre Atahualpa et Hernando de Soto *(voir Baños del Inca ci-dessus)*, les deux parties devaient se rencontrer sans armes sur la grand-place de la ville. Brisant leur promesse, les Espagnols tendirent une embuscade aux Incas, qu'ils massacrèrent sans que l'on enregistrât une seule perte du côté des conquistadors. Atahualpa fut capturé par Pizarro lui-même. Cet événement, qui bouleversait le cours du temps en anéantissant à jamais l'un des empires les plus puissants de ce monde, eut lieu dans les derniers jours du mois de novembre 1532. Neuf mois plus tard, le dernier souverain inca était exécuté.

★★ Aqueduc de Cumbe Mayo

À 20 km au sud par la route de la côte. Alt. 3 700 m. Comptez 3h de visite.

Ce canal est l'un des ouvrages d'art hydraulique précolombiens les plus remarquables de l'aire andine. Il fut probablement construit pendant le 1er millénaire av. J.-C. L'aqueduc, dont la longueur (actuellement reconnue) atteint 9 km, conduisait les eaux de ruissellement du versant oriental de la cordillère vers un réservoir situé au pied du cerro Santa Apolonia, avant de servir à l'irrigation des terres arables du bassin de Cajamarca. Le travail de la pierre, comme le tracé, est très élaboré, et de nombreux pétroglyphes, dont on ignore la signification, sont encore visibles.

À l'entrée du site archéologique se dresse un ensemble d'aiguilles rocheuses (ou *bosque de piedra*) dénommées **los Frailones**, leurs formes évoquant un cortège de moines encapuchonnés. On y trouve un sanctuaire rupestre datant de l'époque des Indiens cajamarca, constructeurs de l'aqueduc : il s'agit d'une grotte creusée en demi-cercle, dont la forme évoque une tête d'homme et dont les parois sont ornées de pétroglyphes. À proximité, un tunnel creusé dans la roche était sans doute associé au sanctuaire.

Celendín

À 120 km de Cajamarca (env. 3h30). Alt. 2 620 m. 13 203 hab.

Par une assez bonne route, on parvient à cette jolie et paisible bourgade, réputée pour son **marché du dimanche** haut en couleur et surtout pour sa **fête de la Virgen del Carmen** (16-29 juillet), traditionnellement clôturée par cinq jours de courses de taureaux. Hormis pendant cette période, on ne rencontrera pas de problème pour trouver un hébergement : Celendín compte plusieurs restaurants et hôtels bon marché dont le prix n'excède pas 10 $.

★★ ROUTE DE CHACHAPOYAS

Pour les aventuriers seulement… 230 km. Liaisons en bus (voir p. 487). Comptez 12h.

C'est à partir de Celendín que l'on peut se lancer (mais seulement pendant la saison sèche) sur l'extraordinaire mais très difficile **route de Chachapoyas**. Elle franchit d'abord un col à plus de 3 000 m et, après une longue descente, conduit à Balsas (55 km), village situé au fond de la vallée encaissée et sauvage du Río Marañón. De là, la route escalade la Cordillère centrale jusqu'à l'abra Barro Negro (3 680 m) – littéralement le « col de la boue noire » – en offrant de magnifiques vues plongeantes sur la vallée du Marañón, dans un décor de forêts de nuages. Après ce col, on redescend tout aussi abruptement vers Leimebamba pour rejoindre la vallée du Río Uctubamba, qui marque l'entrée de la région de Chachapoyas *(voir p. 482)*.

NOS ADRESSES À CAJAMARCA

INFORMATIONS UTILES

Urgences / Santé – Hospital regional - *Av. Mario Urteaga 500 - ✆ (076) 822 414/823 864/828 807 - accueil 24h/24.*

TRANSPORTS

Avion – Aeropuerto A. Revoredo Iglesias - *Route Cajamarca-Otuzco (à 3 km) - ✆ (076) 822 523 - 6h-18h.* Liaisons quotidiennes depuis/vers Lima *(1h20).* Comptez 275 $ avec la Lan.

Bus – Pas de gare routière mais les compagnies s'arrêtent sur les av. Atahualpa (2e et 3e rues) et Independencia (2e et 3e rues). Lima-Cajamarca : avec **Cruz del Sur** *(www.cruzdelsur.com.pe)*, départ quotidien à 16h30 *(env. 16h de trajet - S/97-130 selon le niveau de confort).* Liaison aussi assurée, entre autres, par **Transportes Civa** *(www.civa.com.pe).*

HÉBERGEMENT

PREMIER PRIX

Hotel Santa Rosa – *José Sabogal 1279 - ✆ (076) 368 019 - 🍴 - 25 ch. : S/100.* Installé dans une maison coloniale avec un joli patio intérieur. Accueil charmant.

POUR SE FAIRE PLAISIR

El Portal del Marqués – *Comercio 644 - ✆ (076) 368 464 - www.portaldelmarques.com - 🍴 CC P - 20 ch. : S/200.* Des chambres confortables, logées dans une maison coloniale autour d'un patio agréablement planté. Situation centrale. Wi-Fi. Nombreuses propositions de circuits. L'un des meilleurs hôtels de la région (réserv. conseillée).

RESTAURATION

On pourra toujours se restaurer à bon marché sur le **Mercado central** *(Amazonas, cuadra 5).*

PREMIER PRIX

Cascanuez Café Bar – *Amalia Puga 554 - ✆ (076) 366 089 - S/10-20.* Un repas sur le pouce, une excellente tarte ou un café composé à partir des meilleurs crus… Tout ça dans un joli décor, ce qui ne gâche rien.

BUDGET MOYEN

Querubino – *Amalia Puga 589 - ✆ (076) 340 900 - S/25-40.* Une bonne table aux saveurs andines, dans un décor moderne.

El Batán – *Batán 369 - ✆ (076) 366 025 - S/25-50.* Pour prendre un verre ou vous restaurer dans l'agréable cadre d'une demeure à patio. Musique le vend. et le sam. soir.

Chachapoyas et ses environs

★★

Alt. 2 335 m – 24 862 habitants – Capitale du département d'Amazonas

NOS ADRESSES PAGE 487

S'INFORMER

iPerú Amazonas – *Ortiz Arrieta 590, plaza de Armas - ✆ (041) 477 292 - iperuchachapoyas@promperu.gob.pe - lun.-sam. 9h-18h, dim. 9h-13h.*

SE REPÉRER

Carte de région B1, p. 474 – *Carte Michelin National 763 E7.* Chachapoyas se trouve à 1 220 km au nord de Lima, à 330 km au nord-est de Cajamarca et à 484 km de la côte (Chiclayo).

À NE PAS MANQUER

La forteresse de Kuélap ; le museo Mallki de Leimebamba ; les gorges spectaculaires du Río Uctubamba entre la route Transandine et Chachapoyas.

ORGANISER SON TEMPS

Évitez la saison des pluies, de décembre à mars.

La longue route Transandine qui relie la côte nord du Pérou au bassin amazonien, de Chiclayo à Tarapoto, réserve bon nombre de paysages surprenants et très variés. Le bassin du haut Marañón d'abord, et la vallée du Río Uctubamba où se niche Chachapoyas, l'ancien royaume du « peuple des nuages », bâtisseur de l'imposante forteresse de Kuélap, conservent l'aspect sauvage et tourmenté des grandes chaînes andines. Au-delà de Chachapoyas, les versants orientaux accueillent la Selva Alta, terres chaudes où l'on cultive le café et les fruits tropicaux. Les vallées s'élargissent et les impétueux cours d'eau descendus des cordillères s'étalent en paresseux méandres. Au bout du chemin, Moyobamba, Tarapoto et plus loin encore, Yurimaguas, se dressent en sentinelles perdues de l'Amazonie. Petits paradis tropicaux noyés sous les arbres et les fleurs, ils ne semblent vivre et avoir vécu qu'au rythme lent des fleuves.

Se promener

Fondée en 1538 par **Alonso de Alvarado**, cette petite capitale du département d'Amazonas fut d'abord reliée à Lima par l'avion (1930) et beaucoup plus récemment à la côte par la route (1960). Malgré les nombreux sites archéologiques que recèlent ses environs, elle reste encore à l'écart des circuits touristiques classiques et offre une ambiance plus que tranquille. Malheureusement dépourvue de grands bâtiments historiques, elle n'en reste pas moins une charmante petite cité d'allure coloniale, avec ses maisons aux patios noyés sous les fleurs et les plantes exubérantes, où toute la vie vient se concentrer sur la plaza de Armas et les quelques *cuadras* près du marché. Au coin de la place, un **petit musée** *(accès libre)*, ou plutôt une salle d'exposition, présente quelques poteries et ustensiles de la région.

La forteresse de Kuélap.
P. Kennedy / Photononstop

À proximité Carte de région B2 p. 474

★ LEVANTO

À 22 km au sud par une route empierrée. Colectivos *fréquents depuis Chachapoyas (départ du marché). 945 hab.*

L'actuel village de Levanto correspond au site originel de la **première fondation espagnole** de Chachapoyas par le conquistador Alonso de Alvarado en 1538. Ce site occupait une position stratégique sur le grand Chemin de l'Inca qui montait vers le nord, non loin du *tambo*, ou relais de Colla Cruz, que l'on aperçoit sur la route de Chachapoyas à Levanto.

Dans le village, qui possède une des plus vieilles églises coloniales du Pérou, on remarquera plusieurs maisons anciennes construites avec des pierres de réemploi. Elles proviennent du site de **Yalape** *(à 30mn à pied à partir de la place principale)* où se dressent plusieurs constructions circulaires typiques de l'architecture des Chachapoyas, ornées de frises aux motifs géométriques (losanges et zigzags) assez semblables à celles que l'on voit à Kuélap et qui remontent à 1100-1300 de notre ère.

★★★ FORTERESSE DE KUÉLAP

À 72 km au sud de Chachapoyas par une route non asphaltée, en mauvais état (3h30). Alt. 3 072 m. 8h-17h - 4 $. Comptez 4h de visite.

Après la descente en lacets depuis Chachapoyas, on emprunte la route de Leimebamba, difficilement carrossable durant la saison des pluies. Peu avant le village de Tingo *(38 km)*, à droite, une piste en forte déclivité s'élève au-dessus de la vallée du Río Uctubamba jusqu'au hameau de María *(1h de nids-de-poule et de cahots)* et se poursuit jusqu'au pied du site. De là, un sentier mène à la guérite d'entrée *(15mn de marche)*.

Les plus sportifs accéderont à la forteresse par l'ancien chemin, très abrupt mais balisé *(10 km)*, qui part du village de **Tingo** au pied de la montagne *(prévoyez de passer la nuit sur place)*. L'ascension dure env. 6h, sans compter la visite de la forteresse *(emportez des bouteilles d'eau et de la crème antimoustiques)*. Durant la saison des pluies, le chemin devient glissant et dangereux : il vaut mieux y renoncer.

Kuélap fut probablement, sinon la capitale, du moins le plus vaste édifice du royaume des Indiens chachas, ou chachapoyas *(voir l'encadré ci-dessous)*. De proportions colossales, la forteresse occupe un vaste ensemble en forme d'ellipse allongée (600 m dans sa plus grande longueur), orienté nord-sud, qui couronne le sommet d'un *cerro* abrupt. Le site a été découvert en 1843 par Juan Crisostomo Nieto. En 1967, alors que les ruines étaient en partie recouvertes par une épaisse végétation, des travaux de dégagement et des fouilles y furent conduits par l'archéologue A. Ruiz Estrada.

La forteresse de Kuélap est fameuse pour ses trois **portes d'entrée** : il s'agit d'étroits couloirs de 35 m de long, surplombés de remparts et de tourelles, lesquels montent vers la plate-forme supérieure tout en se rétrécissant, de sorte que d'éventuels assaillants n'auraient pu y passer qu'en file indienne, exposés à une grêle de pierres et de flèches lancées des parapets. En supposant qu'ils aient pu franchir ce premier obstacle, une autre difficulté, en forme de piège mortel, avait été ménagée par les architectes de Kuélap : la deuxième porte donne accès à une rampe en forte déclivité qui semble conduire à la plate-forme supérieure de la forteresse, mais s'achève en fait… sur un précipice.

À l'intérieur de l'enceinte subsistent les vestiges de trente-quatre maisons de forme circulaire ou elliptique (certaines ont été restaurées et leur toiture reconstituée). À l'époque de son occupation par les Chachapoyas, le site contenait environ quatre cents maisons de ce genre pour une population d'environ 2 000 habitants.

L'esplanade est surmontée d'une petite tour de guet, le **torreón**, au-dessus du rempart ouest. La vue splendide sur le revers de la Cordillère centrale est aussi une époustouflante leçon de géographie, car on domine une énorme faille géologique. Elle est visible grâce aux reliefs disloqués de la falaise opposée, avec ses couches de calcaire striées en forme de « chapeau de gendarme » qui témoignent de la violence du plissement des couches jurassiques lors du soulèvement andin.

LE PEUPLE DES NUAGES

Les Indiens chachas, ou chachapoyas, furent soumis et intégrés à l'empire inca au prix de longues campagnes, dont la dernière fut menée par Túpac Yupanqui vers 1475. Après cette date, ils continuèrent à se révolter et s'allièrent même aux Espagnols, refusant de prendre part à la grande rébellion de Manco Inca en 1536. Mal connue, la culture des Chachapoyas était, semble-t-il, déjà florissante au début de notre ère : leurs merveilleux artistes en textile et en orfèvrerie étaient aussi adroits que ceux de l'empire chimú. Ils édifièrent l'une des plus formidables forteresses du Pérou précolombien, **Kuélap**, ainsi que des sépultures tout à fait originales, les **purumachus**. Les sites les plus connus sont ceux de Lamud, Karajía et Revash, tous situés sur la rive gauche du Río Uctubamba.

★★ Haute vallée de l'Uctubamba Carte de région p. 474

À partir de Chachapoyas, comptez deux jours pour visiter la partie sud de la vallée, incluant Kuélap le premier matin.

★ Jalca Grande B2

À env. 40 km de Chachapoyas, par une piste en terre qui se détache de la route principale à une dizaine de km au sud de Tingo. Alt. 2 900 m.

Appelé aussi La Jalca, ce joli village est une des localités les plus typiques de la région de Chachapoyas, avec ses petites rues pavées et son église rustique en pierres sèches du 16e s. Bâtie sur des fondations préhispaniques, la bourgade présente encore quelques maisons construites sur un plan circulaire avec un toit de chaume en pointe, dans le plus pur style de Chachapoyas. La population y est presque exclusivement indienne et les femmes portent le costume traditionnel, assorti du haut chapeau de paille. De Jalca, occupant un balcon naturel dominant la rive droite du Río Uctubamba, on aperçoit clairement, de l'autre côté de la vallée, la muraille cyclopéenne qui couronne le *cerro* de Kuélap.

Lors de la fête principale, la **San Juan Bautista** (24-26 juin), on exécute une curieuse danse costumée dite « de l'ours ».

9

★★ Revash B2

À env. 60 km (2h30) au sud de Chachapoyas, toujours en remontant la vallée du Río Uctubamba, à la hauteur du village de Yerbabuena, se détache un sentier à droite (2h de marche).

Le sentier conduit au pied d'une falaise abrupte où se distinguent deux groupes de **mausolées funéraires** peints en rouge et en crème, bâtis dans des cavités creusées à même la roche calcaire tendre. On y accède par un sentier escarpé et assez acrobatique. À l'intérieur, on trouve encore quelques ossements et l'on découvre sur les murs des motifs gravés représentant des félins, des lamas et des personnages, ainsi que des motifs géométriques en forme de croix, de rectangles et de « T ». Les parois rocheuses sont ornées de peintures rupestres. Le long de la falaise apparaissent d'autres ensembles funéraires, certains d'entre eux nichés à une hauteur vertigineuse.

★★ Leimebamba B2

À env. 80 km (3h30) au sud de Chachapoyas. Alt. 2 900 m. Pour accéder au lac des Condors, il faut compter 10h à dos de mule par une piste au sud-est de Leimebamba.

Au bout de la vallée du Río Uctubamba, Leimebamba est une très agréable petite bourgade qui s'enorgueillit de son **museo Mallki** *(à la sortie sud du village - 9h-16h - S/5)*. Cité comme un modèle de « **coopérativisme** », car il fut construit par les artisans locaux avec des matériaux de la région, il conserve les **momies** *(mallki)* du lac des Condors. En raison de la controverse dont ces pièces archéologiques ont fait l'objet *(voir l'encadré, p. 486)*, le musée est aujourd'hui l'une des attractions majeures de la région. Également exemplaire quant à la pédagogie de son parcours, il inclut plusieurs salles préliminaires où la culture chachapoyas est expliquée dans le détail à l'aide de plans, de maquettes et d'objets remarquables. Au vu du résultat, on ne pourra guère reprocher aux actuels descendants des anciens Chachapoyas d'avoir appelé leurs ancêtres à la rescousse, même s'il aura fallu les bousculer un peu.

★ Karajía B1

*À env. 70 km au nord-ouest de Chachapoyas, par la route non asphaltée qui grimpe vers Luya et Lamud (*colectivos *fréquents pour Luya depuis le marché de Chachapoyas, 1h). Après Luya, prenez un* colectivo *ou un taxi vers Luya Viejo, où s'achève la route praticable (1h). 30mn de marche ensuite. Depuis Chachapoyas, comptez 2h de piste en minibus (en saison sèche) et 30mn à pied.*

Dans un style différent de celles de Revash, les sépultures de Karajía se présentent sous la forme de **purumachus**, grands sarcophages anthropomorphes en boue séchée, perchés en position debout sur des balcons creusés dans la falaise. À l'intérieur des *purumachus* se trouvent des momies dont les têtes ou masques décoratifs – également en boue séchée – sont scellés au-dessus du sarcophage et décorés d'une sorte de coiffe ou de casque, ce qui laisse à penser qu'il devait s'agir de sépultures de dignitaires ou de chefs guerriers.

Pueblo de los Muertos B1

Lamud se trouve à env. 30 km au nord-ouest de Chachapoyas. Chemin escarpé en corniche après Lamud (2h de marche). Depuis Chachapoyas, comptez env. 1h de piste puis 2h à pied.

Ce site est encore plus spectaculaire que Karajía. Sur le flanc des falaises abruptes du Río Uctubamba, on aperçoit un ensemble de **purumachus** érigés sur un soutènement de pierre qui forme une étroite terrasse en à-pic sur le vide. Typiques de la culture de Chachapoyas, ces petites maisons aux murs de boue et d'argile séchées renferment des ossements et des sarcophages qui, à la différence de Karajía, ne sont pas visibles de l'extérieur. Le site, redécouvert dans les années 1960, présente malheureusement les traces du passage des pilleurs de tombes.

★★ Trek du Gran Vilaya B1

Niveau de difficulté moyen (altitudes avoisinant les 3 000 m) à condition de supporter la chaleur. Prévoyez 600 $/pers., guide et transports inclus (voir « Nos adresses à Chachapoyas » p. 488). Comptez 4 jours AR à partir de Chachapoyas.

1er jour - On débute généralement cette longue excursion par un transport automobile de Chachapoyas jusqu'à Luya Viejo, village proche du site de Karajía *(voir ci-dessus)*. Le trek commence avec le passage d'un col (3 000 m) qui donne accès à l'étonnante **vallée de Belén**. Il s'agit d'une ancienne vallée

LA GUERRE DES MOMIES

En mai 1997, l'archéologue F. Kauffman Doig découvre une vaste nécropole perchée sur la pente rocheuse dominant la laguna de los Cóndores. Elle abritait de petits mausolées funéraires ou *chullpas* et 280 momies conservées dans leurs *fardos* funéraires. De retour à Lima, l'archéologue présente auprès de l'INC (Institut national de culture du Pérou) un projet de « zone archéologique protégée », où les momies seraient soigneusement maintenues en lieu et place. Pendant ce temps, en octobre 1997, une archéologue native de la région, Sonia Guillén, soutenue par des intérêts locaux, fait enlever la quasi-totalité des momies du site : elles sont emballées dans des sacs de ciment ou de farine et redescendues à dos de cheval et de mule avant d'être entreposées un temps dans une maison particulière de Leimebamba, en attendant la fin du contentieux et la construction du musée Mallki *(voir p. 485)*. Les protagonistes financèrent l'expédition en vendant les droits d'un film réalisé lors de cette opération à la chaîne Discovery Channel.

glaciaire où le Río Huaylla serpente sur plusieurs kilomètres en formant une infinité de méandres.
2e jour - Après une descente vers le village de Vista Hermosa, par un ancien chemin pré-incaïque assez bien conservé, on entre dans le **Gran Vilaya**, typique pays de collines de moyenne altitude, où le climat permet la culture de bananes et de caféiers.
3e jour - La piste pré-incaïque se poursuit à travers une « **forêt de nuages** », paradis des orchidées et des broméliacées, peuplée de différentes variétés de colibris. Cette épaisse végétation recouvre un nombre assez impressionnant (une centaine) de ruines datant de l'époque des Chachapoyas, petits ensembles de bâtiments de forme rectangulaire ou circulaire ornés de motifs ornementaux en losange, qui furent découverts en 1985. Bien que disséminées dans la forêt et parfois assez espacées les unes des autres, ces ruines sont désignées sous le nom générique de **Gran Vilaya**. On en visitera quelques exemples en chemin. On monte ensuite jusqu'à l'**abra Yumal**, point de passage vers la Cordillère centrale, d'où l'on découvre de magnifiques vues plongeantes sur la vallée encaissée de l'Uctubamba à l'est, et la profonde trouée où s'incurve le Río Marañón à l'ouest. Après le col, la descente aboutit au village de **Choctamal**, d'où une piste carrossable mène au hameau de María, tout proche du site de Kuélap.
4e jour - Après avoir passé la nuit dans l'auberge rustique de Choctamal, la journée est consacrée à la visite de **Kuélap** *(voir p. 483)* et au retour à Chachapoyas.

NOS ADRESSES À CHACHAPOYAS

TRANSPORTS

Avion – Bien que dotée d'un aéroport, Chachapoyas ne fait l'objet d'aucune desserte commerciale régulière.
Bus – De nombreuses compagnies relient **Chiclayo** à Chachapoyas *(9-12h de trajet selon la saison - S/30-35)*. Pas de gare routière, mais la plupart des bus ont leur terminal dans la calle Libertad, face au marché. Ils empruntent la **route Transandine**, asphaltée, qui passe par Olmos, Jaén, Bagua Grande, puis file vers Moyobamba. À Pedro Ruiz, on bifurque vers le sud sur une route de terre assez cahoteuse que surplombent les impressionnantes falaises calcaires des gorges de l'Uctubamba sur près de 50 km. On quitte ensuite la vallée et une dernière série de lacets (magnifiques vues sur la Cordillera Central à l'ouest) amène à Chachapoyas.
Pour continuer **vers l'Amazonie**, à partir de Pedro Ruiz, la route est désormais asphaltée jusqu'à Tarapoto. Avant d'atteindre Moyobamba, on passe encore un col à 1 930 m qui franchit la

Cordillera Oriental et marque la limite entre les départements d'Amazonas et de San Martín. De **Cajamarca**, la route de Celendín est la plus spectaculaire et la plus directe, mais elle est très difficile *(230 km)*. La compagnie **Virgen del Carmen** *(Celendín, près du marché)* assure la liaison deux fois par semaine, dim. et jeu. *(comptez près de 12-15h de trajet)*. Mieux vaut repasser par Chiclayo.

HÉBERGEMENT

Chachapoyas

PREMIER PRIX

Hostal Johumaji – *Ayacucho 711 - ✆ (041) 477 279/819 - S/50.* L'une des meilleures adresses pour les petits budgets.

BUDGET MOYEN

Casa Vieja – *Chincha Alta 569 - ✆ (041) 777 353 - www.casavieja peru.com - CC - 10 ch. : S/200.* Dans une charmante demeure coloniale, derrière la place d'Armes, la Casa Vieja conserve un cachet intime, autour d'un patio de verdure. Internet gratuit à toute heure et accueil charmant. Accès Wi-Fi gratuit.

Près de Kuélap

BUDGET MOYEN

Estancia Chillo – *À moins de 10 km au sud-est de Tingo (15mn) - ✆ (041) 832 174 (à Tingo) ou (01) 265 9158 (à Lima) - 18 ch. : S/100-200 (repas compris).* La visite de Kuélap dans la journée depuis Chachapoyas tient du parcours du combattant. Si vous souhaitez dormir sur place, ce *lodge* rustique aux jardins fleuris et aux chambres agréables constitue une des meilleures étapes pour la nuit. Le propriétaire est un fin connaisseur de la région et sa femme prépare les repas avec de bons produits locaux.

RESTAURATION

PREMIER PRIX

La Tushpa – *Ortiz Arrieta 753 - ✆ (041) 803 634 - S/5-15.* À seulement deux *cuadras* de la place, ce restaurant spécialisé dans les viandes et les grillades sert aussi une excellente cuisine régionale. Cadre agréable et service très courtois pour un prix tout à fait modique.

BUDGET MOYEN

El Tejado – *Santo Domingo 424 - ✆ (041) 477 592 - S/20-50.* Le plus fréquenté de la ville : bon choix de plats typiques régionaux et péruviens. Menu à prix fixe et portions copieuses à la carte. L'une des meilleures adresses.

ACTIVITÉS

Excursions

Autour de la plaza de Armas et dans les rues avoisinantes sont concentrées la douzaine de petites **agences de tourisme** locales – la plupart couplées avec les hôtels –, lesquelles proposent des tours vers Kuélap, Revash, Karajía et le musée de Leimebamba. Les excursions d'une journée coûtent entre 20 et 30 $ (avec un guide local et en utilisant les services d'un taxi réservé à la journée, vu l'état des routes), mais on peut largement négocier les tarifs hors saison. Pour les **treks** de plusieurs jours, comme celui du Gran Vilaya, consulter plusieurs agences pour comparer services et tarifs.

Les mausolées funéraires de Revash.
Wild Wonders-Borrero/allphoto/AGE Fotostock

Amazonie 10

Le fleuve Amazone aux environs d'Iquitos.

P. Harris / John Warburton-Lee / Photononstop

Iquitos

★

Alt. 106 m – 405 511 habitants – Capitale du département de Loreto

NOS ADRESSES PAGE 496

S'INFORMER
iPerú – *www.iquitos-peru.com - aéroport - ☏ (065) 260 251 - 8h-13h, 16h-20h; centre-ville, plaza de Armas - ☏ (065) 236 144 - 9h-19h.*

SE REPÉRER
Carte Michelin National 763 J4. Iquitos se trouve à 2h d'avion de Lima et à 4 à 6 jours de Pucallpa par voie fluviale.

À NE PAS MANQUER
La promenade du soir sur le malecón Tarapacá ; une balade en bateau sur l'Amazone ; le quartier flottant de Belén ; goûter au *paiche*, un énorme poisson de l'Amazone, dans un restaurant au bord du fleuve.

ORGANISER SON TEMPS
Séjournez dans un *lodge* au bord du fleuve.

Sur la rive gauche de l'Amazone, à 3 700 km de son embouchure, Iquitos n'est encore accessible que par avion ou par bateau. Elle est sans doute la seule grande ville continentale au monde vers laquelle aucune route terrestre ne conduit. Le survol de la jungle amazonienne depuis Lima révèle une étonnante cartographie de fleuves et de rivières s'étalant en méandres paresseux, interminables serpents d'eau aux couleurs d'ocre, d'argent ou d'émeraude dans un moutonnement vert qui semble infini. Au bout du voyage : une ville étonnante, qui ne ressemble à aucune autre, plantée là presque par hasard au confluent des grands *ríos* qui forment l'Amazone.

Se promener

Comptez une journée à pied dans le centre-ville.

Iquitos est une ville typique de l'Amazonie, avec son agitation, son lot de bruits et d'odeurs, ses pittoresques **marchands de souvenirs** en quête de clients auxquels on propose des objets qui ne semblent pas toujours de première nécessité : des carquois et des flèches, des sarbacanes, de prétendues têtes réduites de Jivaros, des colliers faits de mâchoires de piranhas avec leurs petites dents pointues, des insectes naturalisés – magnifiques papillons, scarabées et hannetons d'une taille extravagante, énormes mygales aux longues pattes velues – tous joliment présentés dans des boîtes en verre.

Dans le quartier du centre, sur la **plaza de Armas** et le long du **malecón Tarapacá** – sorte de *rambla* aménagée au bord de l'Amazone, également appelée El Boulevart –, se dressent encore quelques jolis restes des résidences élevées par les barons du *caucho*, plaquées d'azulejos portugais et de marbres importés d'Italie. Sur la plaza de Armas, à l'angle de la rue Putumayo,

L'Hotel Palace.
Gonzalo Azumendi/AGE Fotostock

se dresse la grande fierté architecturale d'Iquitos : la **Casa de Eiffel**, ou casa de Fierro. Conçue par Gustave Eiffel, cette construction métallique ressemblant à une halle fut acquise par un baron du caoutchouc et expédiée à Iquitos pour y être montée. Sur la même place, on verra la **Casa de Fitzcarraldo** qu'occupa le célèbre et richissime aventurier, héros du film de Werner Herzog.

Au bout de la rue Putumayo et à l'angle du *malecón*, l'**Hotel Palace**, datant de l'époque dorée d'Iquitos, est désormais occupé par les militaires.

Abrité dans une belle demeure néoclassique (1863), le **Museo Amazónico** *(Malecón Tarapacá 386 - ✆ (065) 231 072 - lun.-vend. 8h-13h, 15h-19h, sam. 9h-13h)* conserve 132 sculptures grandeur nature d'Indiens de la forêt amazonienne, tels que Shipibos, Yaguas, Asháninkas et Aguarunas, représentés dans des postures de leur vie quotidienne. Felipe Lettersten réalisa ces œuvres sur le vif, au sein des communautés. Le bâtiment abrite aussi le **Musée militaire**, intéressant pour sa collection de photographies d'Iquitos au début du 19e s.

Le long du malecón Ramirez Hurtado, on ira rêver devant la vue magnifique sur l'Amazone aux eaux brunâtres, si large à cet endroit que l'autre rive ne se signale au loin que par un fin liséré vert, à demi estompé par la brume. Autre spectacle de la nature : à la nuit tombée, les entomologistes pourront admirer les énormes insectes qui viennent buter contre les lampadaires !

Quartier flottant de Belén

Au bout du *malecón* apparaît le quartier de Belén, vaste empilement de baraquements dressés sur des radeaux de balsa et de lianes flottant sur l'eau et amarrés aux rives, pour prévenir les sautes d'humeur du fleuve. Ce **bidonville aquatique** abrite toute une population de pêcheurs, de marchands ambulants et de chômeurs. Sur la terre ferme en face du quartier flottant, au bout de la calle 9 de Diciembre, se tient un **marché** haut en couleur.

En revenant du quartier de Belén vers la plaza de Armas, on rencontre la vaste **plaza 28 de Julio**, l'endroit le plus animé de la ville le samedi soir (orchestres et buvettes, marchands de souvenirs).

LES BARONS DU *CAUCHO*

Au milieu du 19e s., Iquitos n'était qu'une bourgade perdue au fond de la *selva*, au milieu de terres presque vierges, refuge de Créoles sans fortune et d'aventuriers de tout poil. Si l'arrivée des premiers bateaux à vapeur en 1864 provoqua un début d'activité commerciale organisée, la région resta assoupie jusqu'au **boom du caoutchouc** qui, de 1885 à 1912, se répandit sur l'Amazonie. Dès lors, Iquitos se développa à un rythme forcené. Les nouveaux entrepreneurs se constituèrent des fortunes colossales, lesquelles leur permirent d'élever de luxueuses demeures avec des matériaux venus d'Europe, ce qui explique les beaux décors en azulejos de certains immeubles. Mais la fièvre du « caucho » pesait lourdement sur le dos des Indiens, contraints d'aller recueillir le latex dans la forêt vierge, dans des **conditions de travail** et de survie épouvantables. Ils se trouvaient enchaînés par ce cercle infernal de l'exploitation que constituait la « boutique patronale » où l'ouvrier dépensait plus que la totalité de sa paye pour loger et alimenter les siens. En 1913 parut en Angleterre un rapport alarmant sur les atrocités commises dans la région du Río Putumayo, au nord d'Iquitos. Près de 20 000 Indiens du Putumayo avaient payé de leur vie la production de 4 000 t de caoutchouc pendant la décennie 1900-1910, et la population de la région était passée de 50 000 à environ 7 000 Indiens. Bien que la justice ait été saisie, aucun procès n'eut jamais lieu. Ces événements ont plus tard fourni la trame du roman *La Voragine*, œuvre du Colombien José Eustasio Rivera (1924).

À proximité

En sortant d'Iquitos par la route de l'aéroport, avant de vivre l'expérience de la forêt amazonienne, on passe devant le stade municipal, où l'équipe de football locale a coutume de jouer ses matchs du championnat péruvien par 40 °C en fin de soirée.

Laguna de Quistococha

À 14 km au sud de la ville (desserte régulière en minibus depuis la plaza 28 de Julio).

Autour d'un beau lac de 56 ha a été aménagé un vaste parc touristique où l'on trouve un embarcadère, une plage artificielle, des vivariums, des enclos zoologiques et botaniques et des sentiers de découverte.

Santo Tomás

À 16 km au sud d'Iquitos.

Ce charmant village tropical au bord d'un lac est le lieu de repos des habitants d'Iquitos en fin de semaine. Quelques bars et restaurants champêtres, dont certains sur pilotis au bord du lac, assurent un dépaysement absolu au milieu d'une nature touffue et envahissante. Chaleur garantie.

★ Ferme aux papillons de Pilpintuwasi

Mariposario Pilpintuwasi, à Padre Cocha (sur le Río Nanay). À 20mn en bateau d'Iquitos puis 15mn à pied (en saison des pluies, les bateaux vont jusqu'à la ferme). (063) 232 665 - www.amazonanimalorphanage.org - mar.-dim. 9h-16h - 5 $. Beaucoup d'agences incluent Pilpintuwasi dans leur itinéraire. Comptez une journée.

Une visite à la ferme des papillons enseigne au visiteur comment se déroule le cycle de vie complet de ce magnifique insecte en passant par toutes les étapes de son développement spectaculaire. L'Amazonie est riche en variétés de papillons, dont le morpho bleu, aux ailes qui semblent en métal irisé, le peirid caligo (papillon hibou) avec ses grandes taches noires, ou les grands papillons colorés aux ailes « à queue ». Plus de quarante familles prospèrent à la ferme, côtoyant les aras, les perroquets et les singes. On observe aussi les œufs, les chenilles, aux poils urticants ou aux ardillons en forme de corne qui se dressent sous la menace, ainsi que les plantes qui conviennent à chacune. Les chrysalides sont collectées tous les jours et conservées dans une petite pièce. Pilpintuwasi est la seule ferme aux papillons d'Amazonie. Outre le plaisir et l'intérêt qu'elle prodigue aux visiteurs, elle contribue à une meilleure compréhension de la vie amazonienne.

Reserva Nacional Pacaya-Samiria

*À 180 km au sud-ouest d'Iquitos, par une nouvelle route desservant le petit port fluvial de Nauta, au confluent du Marañón et de l'Ucayali qui s'apprêtent à former l'Amazone, puis 2h30 de bateau sur le Río Marañón. Droit d'entrée : 20 $ par adulte. La visite se fait sur réservation et en groupes accompagnés : comptez 5 j. et choisissez de préférence la période située entre mai et octobre. Rens. et réserv. à Iquitos, à l'*__Office de la réserve__ *(Jr. Ricardo Palma 113 - ✆ (065) 232 980). Il gère aussi son propre* lodge, *le Pacaya-Samiria Amazon Lodge, situé au bord du Marañón, peu avant l'entrée de la réserve, où sont organisés des séjours de tourisme de découverte pour les groupes (allant de 3 à 6 j.). Programmes et tarifs sur www.pacayasamiria.com.pe.*

D'une superficie de 2 080 000 ha (21 000 km^2), Pacaya-Samiria est la plus grande **réserve naturelle** du Pérou (comparable à la république du Salvador). Elle fut créée en 1982 pour protéger la faune et la flore de l'immense portion de forêt inondable qui s'étend au sud du confluent des *ríos* Huallaga et Ucayali, comprenant les bassins des *ríos* Samiria et Pacaya, ainsi que celui du canal de Puinahua (un gigantesque bras naturel du Río Ucayali).

La zone comprend encore huit grands lacs et une infinité de marécages et de petites lagunes formées par les crues. Ils servent de refuge à 130 espèces de mammifères (singes, félins et rongeurs), 330 espèces d'oiseaux (dont une vingtaine de migrateurs), 220 espèces de poissons, dont l'énorme *paiche*, le plus grand des poissons amazoniens (il peut atteindre 2 m de long), très apprécié pour sa chair, et surtout 150 espèces de reptiles et d'amphibiens, cétacés, caïmans noirs, tortues, dauphins de rivière, et un grand veau de mer, le *Tichecus inungis* dont on a relevé la présence nulle part ailleurs dans l'Amazonie péruvienne.

LA SOMNOLENCE D'IQUITOS

À la veille de la Grande Guerre en Europe, l'âge d'or du caoutchouc n'était déjà plus qu'un souvenir. Dans les années 1920, Iquitos connut une vertigineuse dégringolade économique, que tenta d'enrayer en août 1921 le capitaine **Guillermo Cervantes** par un coup d'État militaire sans lendemain. Iquitos tomba alors dans une longue somnolence. Vendus pour une bouchée de pain, les magnifiques palais aux décors festonnés de stuc et recouverts d'azulejos tombèrent en décrépitude. Et la lente vie du fleuve reprit le dessus, jusqu'à l'arrivée d'un nouveau boom, celui du **pétrole**, dans les années 1970.

L'AMAZONE, LONGUEURS ET LANGUEURS

Premier fleuve du monde, le plus rapide et le plus abondant (jusqu'à 185 000 m^3/s), l'Amazone est formé par l'union du Marañón et de l'Ucayali. Il mesure près de 7 000 km de long et son bassin s'étend sur environ 7 millions de km^2, soit près de 40 % de la superficie de l'Amérique du Sud. Le volume d'eau douce qu'il déverse dans l'Atlantique est tel que la salinité et la couleur des eaux de mer se trouvent modifiées jusqu'à 300 km des côtes du Brésil. En 1541, lors d'une mission d'exploration, le capitaine espagnol **Francisco de Orellana** fut attaqué par des femmes indiennes, telles les Amazones de la légende… Le grand fleuve avait trouvé son nom. En 1560, une seconde expédition des Andes à l'Atlantique menée par Pedro de Orsua et Lope de Aguirre trouva une issue meurtrière qui inspira le film de Werner Herzog, *Aguirre, la colère de Dieu*. Une nouvelle expédition menée en 2002 par la National Geographic Society mit un terme à une ancienne querelle relative aux sources du fleuve en confirmant que l'Amazone naissait bien dans la région d'Arequipa à 5 597 m d'altitude *(voir p. 331)*.

Bosque tropical de Yanamono

À 80 km au nord-est, par la route de Francisco de Orellana.

Dans ce parc forestier où a été créé un village touristique (Heliconia Amazon River Lodge), dans un méandre au confluent de l'Amazone et du Río Napo, 308 espèces différentes d'arbres selvatiques ont été recensées à l'hectare (ce qui semblerait être un record). Mais le parc est aussi réputé pour être le paradis de l'**héliconia**, une des plus belles fleurs amazoniennes, aux couleurs vives, proche parente de l'orchidée. C'est d'ailleurs dans l'Amazonie péruvienne qu'il en existe le plus grand nombre de variétés : on en dénombre 35 au total, dont sept que l'on ne retrouve nulle part ailleurs.

NOS ADRESSES À IQUITOS

INFORMATIONS UTILES

Poste – **Correo** - *Arica 402 - (065) 223 812/234 091 - lun.-sam. 7h-19h30.*

Urgences / Santé – **Hospital regional de Loreto** - *Av. 28 de Julio s/n - (065) 251 882/252 004 (24h/24).*

Hospital de Apoyo Iquitos - *Cornejo Portugal 1710 - (065) 264 715 (24h/24).*

Police – **Policía de turismo** - *Lores 834 - (065) 242 081 (24h/24).*

TRANSPORTS

Avion – **Aeropuerto internacional** - *Av. Abelardo Quinones km 6 - (065) 260 147.*

Les compagnies LAN, Aero Cóndor et Star Perú effectuent des allers et retours quotidiens depuis Lima *(2h30 de vol - env. 100 $)*. Liaisons régulières vers **Tarapoto** *(1h - 95 $)* et **Pucallpa** *(1h - 95 $)*. Liaisons très irrégulières avec **Yurimaguas** ou **Leticia** en Colombie (se renseigner sur place). Les minibus pour l'aéroport partent de la plaza 28 de Julio.

Bateau – L'Amazone est navigable jusqu'à Iquitos, à 3 700 km de son embouchure. Seuls les petits bateaux peuvent continuer en amont, par le Río Marañón, vers Yurimaguas, et par le Río Ucayali, jusqu'à Pucallpa puis la bourgade d'Atalaya, au confluent de l'Ucayali et du Río Urubamba.

Deux types d'embarcations effectuent le transport de voyageurs : l'aéroglisseur *(dezlizador)*, rapide et d'une petite capacité (10-15 pers.), ou le *motonave*, grand bateau (250 pers.) plus lent. À l'inverse des seconds, les premiers sont gérés par des compagnies privées (tarifs plus élevés). Les sociétés de transport fluvial disposent chacune de leur embarcadère, près du port de marchandises, à 2 km au nord de la ville.

Pour **Yurimaguas** (388 km), en remontant une partie du Marañón et du Río Huallaga, compter 4 à 6 jours. De là, une route rejoint Tarapoto et Moyobamba.

Si vous avez tout le temps devant vous, vous pouvez remonter le Río Ucayali d'Iquitos à **Pucallpa** (990 km en suivant les méandres) trois fois par semaine *(30-50 $)* suivant la classe, pont ou cabine ; trajet de 5 à 7 jours en *motonave* suivant la période. Avant d'emprunter ce moyen de transport, il faut savoir que les repas à bord sont passables et le confort rudimentaire. Pendant la journée, ce long trajet peut paraître monotone, mais le spectacle est particulièrement ensorcelant au lever du soleil et à la tombée de la nuit.

Il n'y a pas de liaison directe vers le **Brésil**, mais on peut descendre l'Amazone jusqu'à Leticia (Colombie) en 2 ou 3 jours en *motonave*. La bourgade brésilienne de Tabatinga se trouve juste en face.

Mototaxis – Ils sont les rois d'Iquitos : une course en ville revient généralement à moins de 1 $. C'est le moyen de transport local par excellence, bien plus utilisé que le taxi (plus rare et plus cher).

HÉBERGEMENT

La ville compte bon nombre d'hôtels de toutes catégories. Cependant, les nuits étouffantes d'Iquitos réclamant une chambre confortable, et surtout climatisée, on est peu tenté de faire des économies sur le budget hôtel…

Iquitos

PREMIER PRIX

Real Hotel Iquitos – *Malecón Tarapacá - ✆ (065) 231 011 - CC - 54 ch. : S/65-215 - petit-déj. inclus.* Un lieu mythique de la ville construit il y a plus de 50 ans, qui présente le grand intérêt de donner sur le fleuve. Dans cette vénérable institution qui eut son heure de gloire (l'hôtel semble presque abandonné), les chambres sont inégales et ne bénéficient pas toujours de la vue sur l'Amazone (demandez impérativement à les voir avant de choisir – la 312 si possible). Un charme désuet, loin des chaînes internationales… et de leur confort. Service à l'avenant.

POUR SE FAIRE PLAISIR

Hotel Victoria Regia – *Ricardo Palma 252 - ✆ (065) 231 983 - www.victoriaregia hotel.com - ✕ ≋ P CC - 42 ch. : S/265.* Établissement aligné sur les standards internationaux de bon niveau. Agréable et sans surprise.

UNE FOLIE

El Dorado Plaza Hotel – *Napo 258 - ✆ (065) 222 555 - www.grupo-dorado.com - ✕ ≋ P CC - 65 ch. : S/595-1 060 (220-390 $).* Le grand cinq étoiles d'Iquitos, avec restaurant, jacuzzi, sauna et piscine. Wi-Fi.

Lodges, hors la ville

Bon à savoir – Plutôt que de réserver votre séjour dans la forêt amazonienne depuis Lima, c'est à

Iquitos que vous trouverez le plus grand choix et les meilleurs tarifs, et cela dès l'aéroport ou dans les **agences de la plaza de Armas**.
Les *lodges* qui ont essaimé autour d'Iquitos dans un rayon de 20 à 50 km offrent tous le même type de services et d'excursions courtes (comme à Pucallpa ou à Puerto Maldonado). Ils ne représentent plus vraiment un tourisme d'aventure comme il y a une trentaine d'années, mais restent un bon moyen d'appréhender l'orée de la grande forêt et de faire un beau trajet sur le fleuve. Vous rencontrerez ensuite la traditionnelle tribu amazonienne costumée pour les heures de visite, qui vous vendra quelques colifichets au tarif syndical, et le guide, en chemin, vous fera peut-être voir quelque singe sautant de branche en branche, ou bien l'inquiétant remugle des piranhas dans une mare ou un bras mort du fleuve.
Si votre guide est savant sur la question, les promenades botaniques et l'observation des innombrables espèces végétales représentent le centre d'intérêt majeur de ces séjours. En outre, les nuits sont inoubliables lorsque, dès la tombée du soir, la forêt révèle une vie insoupçonnable le jour par un formidable concert de hululements, de sifflements, de grattements, de caquètements et autres chuintements, qui se répondent et se recouvrent dans une incroyable symphonie nocturne.

RESTAURATION

BUDGET MOYEN

Restaurant Fitzcarraldo – *Napo 100 (angle malecón) - ✆ (065) 243 434 - S/20-40.* Spécialités locales (bon *ceviche*) et plats internationaux dans ce restaurant chic et populaire, non loin du fleuve.
Antica Pizzeria – *Jr. Napo 159 - ✆ (065) 241 1988 - www.anticapizzeria.com.pe - S/20-50.* Les pizzas au feu de bois (3,50 $) dans un cadre rustique font la réputation de ce restaurant. Délicieuses pâtes, ou steaks si vous préférez.

ACTIVITÉS

Excursions

Regroupées entre la plaza de Armas et le malecón Tarapacá, plusieurs agences de tourisme proposent des séjours dans des **lodges** (hôtels-paillotes plus ou moins luxueux, situés en peine forêt vierge) ou des **croisières** en vapeur sur l'Amazone jusqu'à Tabatinga, au Brésil.
Paseos Amazonicos – *Calle Pevas 246 - ✆ (065) 231 618 - www.paseosamazonicos.com. Bureau également à Lima (Miraflores, Bajada Balta 131, oficina 4 - ✆ (511) 241 7576).* Une agence à recommander. Propose des circuits spécialisés et des séjours en *lodge* dans la région (visite de la réserve de Pacaya-Samiria par ex.). Entre autres originalités, un circuit chamanique de 4 jours en forêt amazonienne à partir de 391 $.
Voir aussi « Aller au Pérou », p. 8.

Pucallpa

294 920 habitants – Capitale du département d'Ucayali

NOS ADRESSES PAGE 500

SE REPÉRER
Carte Michelin National 763 H9. Pucallpa se trouve à 842 km au nord-est de Lima.

À NE PAS MANQUER
Une visite au jardin botanique de la laguna de Yarinacocha.

ORGANISER SON TEMPS
Évitez la saison dite « hivernale », de décembre à mars, aux pluies fréquentes, et parfois torrentielles.

Le département d'Ucayali se situe dans la *selva central*, une gigantesque étendue verte qui occupe toute la partie est du Pérou, à la frontière du Brésil. La région est traversée par le Río Ucayali, un géant de 1 600 km de long qui, en rejoignant le Río Marañón, forme l'Amazone. Pucallpa, dont le nom signifie « terre rouge » en quechua, est une ville active, vivant de l'industrie du bois et de l'agriculture. Fort animée, elle se présente comme un grand bidonville tropical et coloré. À quelques minutes du centre, la vaste lagune de Yarinacocha est l'endroit rêvé pour le repos et les loisirs, ski nautique, aviron ou pêche. Sur place vivent plusieurs groupes ethniques descendant de l'ancien peuple pano, en particulier les Shipibos, dont les produits artisanaux sont réputés.

Se promener

Située sur la rive gauche du Río Ucayali, la ville ne fut fondée que tardivement, en 1888, et ne se développa qu'à partir des années 1930. Point de rencontre entre la circulation routière et le fleuve, Pucallpa est aujourd'hui le **port fluvial** le plus important de la *selva central*, notamment pour le commerce du bois : elle exporte près de la moitié des bois tropicaux du Pérou et compte de nombreuses scieries. À cela s'ajoutent les ressources en pétrole, découvert dans les années 1960, que traite une grande raffinerie.
La **plaza de Armas** et ses alentours connaissent une activité commerciale trépidante. À quatre *cuadras*, sur la **plaza del Reloj público**, se dresse une tour haute de 25 m, couronnée d'une grande horloge. La tour servait autrefois de phare aux vapeurs approchant la nuit de Pucallpa.

À proximité

Parque natural de Pucallpa

Carr. Federico Basadre, km 4,2 - 9h-17h.
Ce grand parc paysager, qui occupe une superficie de 28 ha, a été créé pour protéger diverses **espèces menacées**, telles que singes, lézards, grues, toucans, perroquets… Le parc est jalonné de sentiers de découverte où l'on peut apprécier les effets d'un patient travail de reboisement, ainsi qu'un petit lac servant de réserve de poissons amazoniens.

PEUPLES D'AMAZONIE

La forêt amazonienne du Pérou compterait plus d'une soixantaine de tribus, dont une vingtaine, groupant environ 60 000 individus, fuirait les contacts avec les Blancs et les métis. Jadis fort nombreuse, cette population fut en partie décimée par les expéditions espagnoles entre les 16e et 18e s., avant de subir la férocité des *caucheros* au siècle suivant. Les épidémies, l'enrôlement souvent forcé vers les bassins agricoles ou industriels, la construction des routes, la fièvre de l'orpaillage et surtout la lente dégradation du milieu naturel continuent d'amenuiser ce nombre. Les principales ethnies sont les Arawaks, une des plus vastes peuplades amérindiennes à l'époque de la découverte de l'Amérique, les Jivaros, connus pour leurs anciennes pratiques guerrières qui les firent surnommer les « réducteurs de tête », les Yaguas, les Shipibos, les Cashibos, les Conibos, lesquels, vêtus d'une *cushma* (tunique) souvent décorée de motifs géométriques et de magnifiques coiffes de plumes, se considèrent comme des descendants des Incas, les Amueshas et les Asháninkas, l'une des populations selvatiques les plus nombreuses de l'Amazonie péruvienne.

Le parc abrite le **museo regional de Ucayali** qui conserve quelques espèces représentatives de la flore locale et une grande collection de fossiles découverts dans les *ríos* Ucayali, Pachitea, Aguaytía et Urubamba. On y voit notamment une mâchoire de grand lézard vieille de 10 millions d'années. Le musée renferme également une salle présentant des objets de la **culture shipibo-conibo** (instruments, vêtements traditionnels, céramiques) à des époques diverses.

Laguna de Yarinacocha

À 7 km au nord-ouest (15mn en bus).

Entouré d'une dense végétation tropicale, cet immense plan d'eau a été transformé en **centre récréatif**. On peut y faire des promenades en canot à moteur, pratiquer la pêche ou le ski nautique. Sur les rives, ne manquez pas de visiter le magnifique **jardin botanique** réalisé par l'Institut linguistique de l'université d'Oklahoma. Pendant la saison des pluies, le lac se retrouve connecté au Río Ucayali par un réseau de petits canaux.

NOS ADRESSES À PUCALLPA

INFORMATIONS UTILES

Poste – **Correo** - *San Martín 418 - (061) 571 382 - lun.-sam. 8h-19h.*

Urgences / Santé – **Hospital Regional de Pucallpa** - *Agustín Cauper 285 - (061) 575 209/696.*

Police – **Policía Nacional** - *Independencia, cuadra 3 - (061) 591 433.*

TRANSPORTS

Avion – **Aeropuerto internacional** - *Carr. Federico Basadre, km 5,5 - (061) 572 767.*

Les compagnies **Aero Cóndor**, **LAN** et **Star Perú** assurent chacune un vol quotidien AR depuis **Lima** *(env. 100 $)*. En dépit de la présence d'agences à Pucallpa, il est recommandé de réserver son billet depuis Lima, et surtout de confirmer 48h à l'avance son vol de retour. De petites compagnies locales offrent des liaisons plus ou moins régulières pour **Atalaya**, **Janjui**, **Yurimaguas** ou **Tarapoto**. Les jours de départ et les horaires varient selon la saison (se renseigner sur place).

Bateau – Des ferries relient Pucallpa à **Iquitos** trois fois par semaine *(30-40 $ selon la classe)* en 3 à 5 jours. Il faut compter un ou deux jours de plus dans l'autre sens car les bateaux remontent le fleuve. Escales à **Contamaná** et **Requena**, deux bourgades absolument perdues au bord de l'Ucayali.

Bus – En l'absence de gare routière, la plupart des compagnies partent des rues 7 de Junio (*cuadras* 7-9), Raimondi (*cuadras* 6 et 8) et Tacna (*cuadra* 6). Pucallpa est la seule grande ville amazonienne reliée au reste du pays par la route. Il faut compter 20 à 24h entre Pucallpa et Lima (hors saison des pluies). La meilleure compagnie est **León de Huánuco** *(www.webhuanuco.com - 2 dép./j. - 30 $ env.)* pour affronter cette route des extrêmes – qui de surcroît est parfois la proie des pillards : on passe par Tingo María, bourgade nonchalante et tropicale du Río Huallaga, puis on monte vers Huanuco (1 900 m) dans la Cordillère centrale ; on traverse la triste cité minière de Cerro de Pasco (4 300 m) et les paysages austères de l'immense lac de Junín auxquels succède le bassin sidérurgique de La Oroya, avant de franchir le col de Ticlio (4 818 m) et de dégringoler vers Lima. Dans un sens comme dans l'autre, Huánuco *(voir p. 418)* est la meilleure escale possible au milieu de cet éprouvant périple.

HÉBERGEMENT

BUDGET MOYEN

Hostal Arequipa – *Progreso 573 - ✆ (061) 573 112 - www.hostal-arequipa.com -* ✕ P CC *- S/100-200 - petit-déj. inclus.* Hôtel moderne et agréable offrant de nombreux services et tout le confort souhaité. Les chambres les plus chères sont avec l'air conditionné.

Grand Hotel Mercedes – *Raimondi 610 - ✆ (061) 575 120 - www.grandhotelmercedes.com -* ✕ ≈ P CC *- 50 ch. : S/175 (lits jumeaux)-205 (lit double).* L'ancien grand hôtel de Pucallpa demeure, pour les tarifs pratiqués, une excellente adresse, surtout avec sa piscine et son bar. Wi-Fi. Petit-déj. inclus, ainsi que le transfert AR vers l'aéroport.

UNE FOLIE

Sol del Oriente – *San Martín 552 - ✆ (061) 575 154 - www.soldelorientehoteles.com -* ✕ ≈ P CC *- S/285-600.* Un des meilleurs hôtels de la ville, agrémenté d'un grand jardin.

RESTAURATION

Comme les hôtels, les restaurants de toutes catégories sont nombreux. On trouvera à se restaurer sans difficulté, par exemple au **Los Rosales de Pucallpa** *(Mariscal Cáceres 389 - ✆ (061) 571 246)* pour une cuisine locale et internationale, ou au **Chifa Han Muy** *(Inmaculada 247 - ✆ (061) 574 062)* pour une cuisine chinoise respectable, histoire de changer, tout en restant dans une gamme de prix inférieure à 10 $.

AGENDA

Le meilleur moment pour se rendre à Pucallpa est le mois d'octobre (du 12 au 19) pour la **Semaine touristique** de l'Ucayali : nombreux spectacles de musique et de danse, expositions de peinture et de sculpture, fête artisanale où les Indiens Shipibos viennent vendre leurs céramiques, tissus, parures de plumes…

Puerto Maldonado

58 514 habitants – Capitale du département du Madre de Dios

NOS ADRESSES PAGE 504

S'INFORMER
Informations touristiques – Pour l'accueil et la réservation dans les *lodges*, s'adresser à l'aéroport.

SE REPÉRER
Carte Michelin National 763 MN13. Puerto Maldonado se trouve à 527 km au nord-est de Cuzco.

À NE PAS MANQUER
Un séjour dans un *lodge* en pleine forêt vierge.

ORGANISER SON TEMPS
À l'arrivée, pensez à confirmer votre vol de retour vers Cuzco. Quoique proche de Puerto Maldonado, le parc du Manu n'est accessible que depuis Cuzco.

Situé à l'extrême sud-est de l'Amazonie péruvienne, Puerto Maldonado est la troisième direction touristique en forêt tropicale, après Iquitos et Pucallpa. Le département porte le nom de l'un des principaux affluents de l'Amazone, le Madre de Dios, lequel coule non pas vers le nord-est mais vers le sud-est, et rejoint l'Amazone au Brésil, en aval de Manaus. À Puerto Maldonado, ville animée (pour ne pas dire étouffante) dont le principal intérêt est son rôle de carrefour touristique et commercial, on se trouve non loin des plus importants parcs nationaux péruviens, le Parc national du Manu (accès depuis Cuzco) et la réserve naturelle de Tambopata-Candamo. Ces immenses territoires quasiment vierges sont habités par des tribus amazoniennes, parmi lesquelles les Machiguengas, les Mashcos, les Iñaparis, les Chamas et les Huarayos. Au sud du Río Manu, le piémont andin est constitué par une chaîne de moyenne montagne entièrement recouverte de végétation : c'est la cordillère de Pantiacolla, où les amateurs de mystère situent le royaume légendaire et perdu de Paititi…

Découvrir

EXCURSIONS EN FORÊT AMAZONIENNE

Aux environs immédiats de cette grosse bourgade fondée en 1905, deux courtes excursions mènent aux lacs **Sandoval** et **Valencia**, l'un et l'autre enserrés au plus profond de la forêt vierge : des guides vous emmèneront dans de longues pirogues pratiquer la pêche au piranha (frissons garantis, surtout dans les parties du lac où les eaux dormantes prennent une inquiétante couleur noirâtre et où, sous la coque de la frêle embarcation, on devine toute une vie aquatique particulièrement grouillante). Malgré la chaleur, il faudra prévoir, pour la randonnée pédestre, de bonnes chaussures, de hautes chaussettes et un pantalon long. La crème antimoustiques, même étalée

Le lac Sandoval, dans la réserve de Tambopata.
S. Torrione / Hemis.fr

toutes les dix minutes, ne procure qu'un confort moral et n'a pour résultat qu'une diminution sans doute inférieure à 5 % du nombre total de piqûres que vous infligeront les *mosquitos*.

10

★★★ PARQUE NACIONAL DEL MANU

Le parc est accessible uniquement depuis Cuzco. Par route (env. 12h) via Atalaya ou Shintuya, puis par bateau (env. 6h) sur le haut Madre de Dios puis le Río Manu. Par avion jusqu'à Boca Manu (45mn depuis Cuzco), puis par bateau sur le Río Manu (env. 4h).

Fondé par le gouvernement péruvien en 1973 et déclaré Réserve de biosphère par l'Unesco en 1977, le plus important parc national de l'Amazonie péruvienne a été inscrit au **Patrimoine de l'humanité** en 1987. Situé à l'ouest du département du Madre de Dios, il occupe près de 2 millions d'ha, correspondant au bassin hydrographique du haut Madre de Dios, où coulent les *ríos* Manu, Alto Manu et Providencia, territoire des Indiens machiguengas, piros et mashcos. Il est borné à l'ouest par une faible ligne de crête qui marque la limite du partage des eaux entre les affluents de l'Amazone courant vers le nord-ouest et ceux courant vers le sud-est : c'est l'**isthme de Fitzcarraldo**, immortalisé par le film de Werner Herzog.

Le parc lui-même est entouré d'une zone périphérique de 275 000 ha, destinée à protéger l'accès au cours supérieur du Manu. Dénommée **zone réservée du Manu** *(zona cultural)*, elle est consacrée à la recherche scientifique et au tourisme de découverte.

Sur les limites nord-ouest du parc, un autre secteur, couvrant une superficie de 444 000 ha et remplissant la même fonction, a été érigé en **réserve d'État** pour protéger les tribus nomades kugapakori et nabua. Son but est de garantir à ces tribus une sorte d'intégrité territoriale.

L'exceptionnelle **richesse biosphérique** du Parc national du Manu tient en quelques chiffres : 15 000 espèces de végétaux recensées, pour lesquelles les propriétés curatives ou médicinales n'ont été étudiées qu'à 1 % ; des millions

DESCENTE DU RÍO TAMBOPATA EN RAFTING

Comptez 8 jours en partant de Puno via Juliaca.

Pour les sportifs, il existe un autre moyen de découvrir la réserve : la descente du cours supérieur du Tambopata. Après un jour et demi de route à travers l'*altiplano*, la cordillère et le versant amazonien, on parvient dans la province de Sandia où se situe le pittoresque village de San Juan del Oro, non loin des sources du Río Tambopata. De là, la descente du *río*, émaillée de rapides spectaculaires, de gorges étroites, mais aussi de plages de sable fin propices aux bivouacs, réserve des moments exceptionnels : les paysages de ce secteur à peine exploré sont somptueux, les couchers de soleil extraordinaires, la flore et la faune particulièrement riches. Un certain inconfort et quelques belles frousses sont à prévoir. À recommander à ceux qui n'ont peur de rien.

de variétés d'insectes, dont 1 200 espèces de papillons et 43 de fourmis ; plus de 1 000 espèces d'oiseaux, 200 espèces de mammifères, dont 13 de singes…

Reserva Nacional Tambopata

L'accès à la réserve se fait depuis Puerto Maldonado (4h de barque à moteur). www.tambopata.com - droit d'entrée 10 $.

Au sud de Puerto Maldonado, cette immense réserve forme un triangle de 1 480 km^2 à la frontière de la Bolivie, occupant le bassin des *ríos* Tambopata et Inambari. Cette zone de la forêt amazonienne passe pour en être la partie la plus ancienne et l'une des plus riches en **biosphère** de toute la planète. Trois écosystèmes différents y voisinent : le *llano* (ou plaine amazonienne), la *selva alta* (forêt d'altitude) du versant andin oriental, et un paysage de pampa sylvicole, situé sur la rive gauche du Río Heath. Onze types différents de forêts tropicales y cohabitent. On y a dénombré, jusqu'à présent, 592 espèces d'oiseaux, 1 234 de papillons, 135 de fourmis, 127 d'amphibiens, 103 de mammifères, 94 de poissons, 74 de reptiles, 40 de termites et 39 d'abeilles. Parmi toutes ces espèces, il en est plusieurs, malheureusement, en **voie d'extinction** : le jaguar, le lamantin, l'aigle harpie et le caïman noir.

Sept mille habitants répartis dans plusieurs communautés **indiennes** occupent la zone protégée. Ils se dédient pour la plupart à la cueillette, à la coupe du bois et à la culture des hévéas.

NOS ADRESSES À PUERTO MALDONADO

INFORMATIONS UTILES

Poste – Correo - *Av. León Velarde 675 - ✆ (082) 571 088 - lun.-sam. 8h-20h.*

Urgences / Santé – Hospital Santa Rosa - *Cajamarca 171 - ✆ (082) 571 019/030.*

Police - Policía Nacional - *Daniel Alcides Carrión s/n (angle Puno) - ✆ (082) 803 504/464 - 24h/24.*

TRANSPORTS

Avion – Aeropuerto Internacional - *Carr. La Pastora-La Joya, km 7 - ✆ (082) 571 531/ 532/533.* La ville est desservie par des vols quotidiens depuis Lima *(1h30)* ou Cuzco *(30mn)*. Attention, dès votre arrivée à Puerto Maldonado, confirmez impérativement la date de votre retour, sous peine d'un séjour plus long que prévu dans cette charmante localité où règne la douce et constante température de 40 °C à l'ombre!

Bus – Non asphaltée, la route **Cuzco-Puerto Maldonado** (527 km), passant par Quince Mil, demande entre 30 et 50h de voyage! Déjà infernale pendant la saison sèche, elle est souvent impraticable à la saison des pluies. Une autre, tout aussi épouvantable mais magnifique, bifurque vers le sud et traverse la cordillère de Carabaya pour se diriger vers Azángaro et Juliaca dans le département de Puno, à plus de 600 km de là.

Vers le **Brésil**, la piste actuelle (carrossable en saison sèche) vers Iberia et le poste frontière d'Iñapari (240 km) fait l'objet d'un accord entre le Pérou et le Brésil : elle s'apprête à devenir la **Carretera Interoceánica**, concrétisation d'un projet routier qui restait en sommeil depuis plus de quarante ans!

HÉBERGEMENT

Le voyage jusqu'à Puerto Maldonado est en général motivé par un séjour dans un *lodge*. Certains choisiront de se reposer en centre-ville, mais mieux vaut privilégier la *selva*…

Puerto Maldonado

BUDGET MOYEN

Wasai Maldonado Eco Lodge – *Angle Billinghurst et plaza Grau - (0511) 436 8792 - www.wasai.com* - *- 18 ch. : S/190 (70 $).* Agréable hôtel, dans un décor tropical, avec vue sur le Río Madre de Dios. Nombreuses excursions organisées. Wi-Fi.

Hotel Don Carlos – *Av. León Velarde 1271 - (082) 571 029 - www.hotelesdoncarlos.com* - *- 31 ch. : S/200 (75 $).* Hôtel de bon standing. Petit-déj. continental et service aéroport AR compris. Wi-Fi.

Lodges, hors la ville

UNE FOLIE

Amazonia Lodge – *Rens. (084) 231 370 (Cuzco) - www.amazonialodge.com - - 17 ch. : S/380 (140 $) en pension complète.* Créé en 1984, ce *lodge* est pionnier en son genre. Situé dans le Parc national du Manu, il est construit en dur et dispose d'un mirador pour observer les oiseaux, exercice dont l'établissement s'est fait une spécialité.

Tambopata Jungle Lodge – *Rens. Gonzales Prada 269 - (082) 571 397 - www.tambopatalodge.com* - . En pleine forêt tropicale, bungalows de bois à toits en palmes, moustiquaires, bougies et lampes à pétrole pour une expérience dépaysante. Excursions de découverte de l'écosystème du Tambopata. Comptez selon les circuits 338 $/pers. sur la base de 2 pers. pour 3 j./2 nuits ou 430 $/pers. pour 4 j./3 nuits.

Explorer's Inn – *Rens. (01) 447 8888 (Lima) - www.explorersinn.com - - 7 bung.* Mêmes services que dans le Tambopata Jungle Lodge. Style selvatique et écologique…

ACTIVITÉS

Excursions

Inka Natura Travel – *Manuel Bañon 461, San Isidro, Lima - (01) 440 2022/422 8114 - www.inkanatura.net* - . Agence spécialisée dans le « tourisme vert », notamment dans la région du Madre de Dios. Circuits découverte à partir de *lodges* situés dans la zone périphérique du parc du Manu et de la réserve de Tambopata.

Voir aussi Cuzco, p. 239.

10

VOUS CONNAISSEZ LE GUIDE VERT,
DÉCOUVREZ LE GROUPE MICHELIN

L'Aventure Michelin

Tout commence avec des balles en caoutchouc ! C'est ce que produit, vers 1880, la petite entreprise clermontoise dont héritent André et Édouard Michelin. Les deux frères saisissent vite le potentiel des nouveaux moyens de transport.

L'invention du pneumatique démontable pour la bicyclette est leur première réussite. Mais c'est avec l'automobile qu'ils donnent la pleine mesure de leur créativité. Tout au long du 20e s., Michelin n'a cessé d'innover pour créer des pneumatiques plus fiables et plus performants, du poids lourd à la F 1, en passant par le métro et l'avion.

Très tôt, Michelin propose à ses clients des outils et des services destinés à faciliter leurs déplacements, à les rendre plus agréables... et plus fréquents. Dès 1900, le Guide Michelin fournit aux chauffeurs tous les renseignements utiles pour entretenir leur automobile, trouver où se loger et se restaurer. Il deviendra la référence en matière de gastronomie. Parallèlement, le Bureau des itinéraires offre aux voyageurs conseils et itinéraires personnalisés.

En 1910, la première collection de cartes routières remporte un succès immédiat ! En 1926, un premier guide régional invite à découvrir les plus beaux sites de Bretagne. Bientôt, chaque région de France a son Guide Vert. La collection s'ouvre ensuite à des destinations plus lointaines de New York en 1968... à Taïwan en 2011.

Au 21e s., avec l'essor du numérique, le défi se poursuit pour les cartes et guides Michelin qui continuent d'accompagner le pneumatique. Aujourd'hui comme hier, la mission de Michelin reste l'aide à la mobilité, au service des voyageurs.

MICHELIN AUJOURD'HUI

N°1 MONDIAL DES PNEUMATIQUES

- 69 sites de production dans 18 pays
- 115 000 employés de toutes cultures, sur tous les continents
- 6 000 personnes dans les centres de Recherche & Développement

Avancer
monde où la

Mieux avancer, c'est d'abord innover pour mettre au point des pneus qui freinent plus court et offrent une meilleure adhérence, quel que soit l'état de la route.

LA JUSTE PRESSION

BONNE PRESSION

- Sécurité
- Longévité
- Consommation de carburant optimale

-0,5 bar

- Durée de vie des pneus réduite de 20% (- 8 000 km)

-1 bar

- Risque d'éclatement
- Hausse de la consommation de carburant
- Distance de freinage augmentée sur sol mouillé

ensemble vers un mobilité est plus sûre

C'est aussi aider les automobilistes à prendre soin de leur sécurité et de leurs pneus. Pour cela, Michelin organise partout dans le monde des opérations **"Faites le plein d'air"** pour rappeler à tous que la juste pression est vitale.

L'USURE

COMMENT DETECTER L'USURE ?

Vos pneus MICHELIN sont munis d'indicateurs d'usure : ce sont de petits pains de gomme moulés au fond des sculptures et d'une hauteur de 1,6mm.

Lorsque la profondeur des sculptures est au même niveau que les indicateurs, les pneus sont usés et doivent être remplacés.

Les pneus constituent le seul point de contact entre le véhicule et la route, un pneu usé peut être dangereux sur chaussée mouillée.

PNEU NEUF

PNEU USÉ
(1,6 mm de sculpture)

Ci-contre, la zone de contact réelle photographiée sur chaussée mouillée.

Mieux avancer, c'est développer une mobilité durable.

INNOVATION ET ENVIRONNEMENT

Chaque jour, Michelin innove pour réduire la quantité de matières premières utilisée dans la fabrication des pneumatiques, et développe dans ses usines les énergies renouvelables. La conception des pneus MICHELIN permet déjà d'économiser des milliards de litres de carburant, et donc des milliards de tonnes de CO2.

De même, Michelin choisit d'imprimer ses cartes et guides sur des « papiers issus de forêts gérées durablement ». L'obtention de la certification ISO14001 atteste de son plein engagement dans une éco-conception au quotidien.

Un engagement que Michelin confirme en diversifiant ses supports de publication et en proposant des solutions numériques pour trouver plus facilement son chemin, dépenser moins de carburant.... et profiter de ses voyages !

Comme vous, Michelin s'engage dans la préservation de notre planète.

Chattez avec Bibendum

Rendez-vous sur:
www.michelin.com/corporate/fr
Découvrez l'actualité et
l'histoire de Michelin.

QUIZZ

Michelin développe des pneumatiques pour tous les types de véhicules. Amusez-vous à identifier le bon pneu...

Résultat : A-6 / B-4 / C-2 / D-1 / E-3 / F-7 / G-5

Notes

Notes

INDEX GÉNÉRAL

Lima : villes, curiosités et régions touristiques.
Chambi, Martín : noms historiques ou termes faisant l'objet d'une explication.
Les sites isolés (sites archéologiques, chapelles, grottes…) sont répertoriés à leur propre nom.

A

B

C

D

E

F

G

H

M

N

O

P

Q

R

S

T

U

V

W

Y

Z

Se débrouiller en espagnol

Ou plus exactement en *castellano* (castillan). Les Péruviens tiennent beaucoup à cette différence. Les lettres se prononcent comme en Espagne. Le castillan du Pérou (assez semblable à celui du Mexique) se distingue de l'espagnol contemporain par une prononciation plus lente et plus diphtonguée, hormis peut-être sur l'*altiplano* où le double « rr » de *arriba* devient souvent « ajjiba ». Le **ll** de *llave* se rapproche de notre « y » [*yave*], le tilde **ñ** de *señor* est semblable au « gn » d'agneau [*segnor*], le **v** et le **b** sont très proches (*vaca* et *baca* sont quasiment homophones et se prononcent *baca*), le **j** (la *jota* espagnole) de *joven* se prononce « r » [*roven*], le **r** roulé de *parece* est pour nous presque un « l » [*palece*], le **z** se prononce « s ».

FORMULES DE POLITESSE ET MOTS USUELS

oui / non	sí / no
bonjour (matin)	buenos días
bonjour (après-midi)	buenas tardes
bonsoir	buenas noches
salut !	¡ hola !
au revoir	adiós
à bientôt	hasta luego hasta pronto nos vemos
s'il vous plaît	por favor
merci (beaucoup)	(muchas) gracias
avec (grand) plaisir	con (mucho) gusto
comment ?	¿ perdón ?
excusez-moi	con permiso disculpe
monsieur	señor
madame	señora
mademoiselle	señorita
comment vas-tu ?	¿ qué tal ?
comment allez-vous ?	¿ cómo está ?
je m'appelle...	me llamo...
comment vous appelez-vous / s'appelle-t-il ?	¿ cómo se llama ?
je suis français	soy francés
belge	belgo
suisse	suizo
canadien	canadiense
que se passe-t-il ?	¿ qué pasa ?
pourquoi ?	¿ por qué ?
combien ?	¿ cuánto ?
quand ?	¿ cuándo ?
comment ?	¿ cómo ?
je ne comprends pas	no entiendo
parlez-vous français / anglais ?	¿ habla francés / inglés ?
je ne parle pas espagnol	no hablo español
j'ai faim / soif	tengo hambre / sed
j'ai besoin d'un docteur	necesito un medico
je voudrais aller à la plage	quisiera ir a la playa
pouvez-vous m'aider ?	¿ me puede ayudar ?
portez-vous bien	que le vaya bien
aidez-moi, s'il vous plaît	ayúdame, por favor

S'ORIENTER

où se trouve ?	¿ donde está... ?
à droite	a la derecha
à gauche	a la izquierda
tout droit	de frente
proche / près de	cerca / cerca de
loin de	lejos de
adresse	dirección
angle (de rue)	esquina
carte / plan	mapa (el)
ici	aquí

à côté	al lado
devant	delante
derrière	detrás
pour aller à…	para ir a…
je cherche…	estoy buscando…
les toilettes	el baño

LE TEMPS

Les Péruviens se plaisent à ajouter le diminutif « ito » ou « ita » : *ahorita, la mañanita, la tardecita, la nochecita…*

quand ?	¿ cuándo ?
quelle heure est-il ?	¿ qué hora es ?
maintenant	ahora
aujourd'hui	hoy día
hier	ayer
ce matin	esta mañana
cet après-midi	esta tarde
ce soir	esta noche
date	fecha
demain matin	mañana por la mañana
demain après-midi	mañana por la tarde
demain soir	mañana por la noche

LES TRANSPORTS

billet	boleto
aller-retour	ida y vuelta
entrée	entrada
sortie	salida
aéroport	aeropuerto
avion	avión
arrivée	llegada
départ	salida
horaire	horario
retour	regreso
bagages	equipaje
bateau	barco
barque	lancha
autobus	autobús
arrêt de bus	parada de autobús
gare routière	terminal de omnibuses
embarcadère	muelle
taxi collectif	colectivo
interdit	prohibido

LA TOPOGRAPHIE

pays	país
ville	ciudad
village	pueblo
quartier	barrio
place	plaza
rue	calle
avenue	avenida
pâté de maisons	cuadra
col	abra
pont	puente
mer	mar
plage	playa
château	castillo
grotte	cueva
pharmacie	farmacia
église	iglesia
mairie	municipalidad
fontaine	fuente

LES ACHATS

combien est-ce ?	¿ cuánto es ?
combien coûte… ?	¿ cuánto cuesta… ?
acheter	comprar
avez-vous… ?	¿ tiene… ?
cher (ère)	caro (a)
bon marché	barato (a)
marchander	rebajar
espèces	efectivo
chèque de voyage	cheque de viaje
carte de crédit	tarjeta de crédito
marché	mercado
grand magasin	almacén
boutique	tienda
ouvert	abierto
fermé	cerrado
cadeau	regalo
bijou	joya
acceptez-vous les cartes de crédit ?	¿ acepta tarjetas de crédito ?

LES COMMUNICATIONS

boîte aux lettres	buzón
bureau de poste	oficina de correos
enveloppe	sobre
timbre	estampilla
appel international	llamada larga distancia

À L'HÔTEL

rez-de-chaussée	primer piso
premier étage	segundo piso
salle de bains	baño privado
douche	ducha
toilettes	servicios / baños
drap	sabana
couverture	colcha
matelas	colchón
régler (sa note)	cancelar
petit déjeuner	desayuno
inclus	incluido
eau chaude	agua caliente
eau froide	agua fría
savon	jabón
moquette	alfombra
gérant, patron	gerente, jefe
air conditionné	aire acondicionado
lit (double)	cama (matrimonial)
chambre simple / double	habitación simple / doble
pouvez-vous me réveiller à 9h ?	¿puede despertarme a las nueve?

AU RESTAURANT

manger	comer
boire	beber
déjeuner	comida / comer
dîner	cena / cenar
je voudrais…	quisiera…
carte	lista
menu du jour	menú del día
assiette / plat	plato
table	mesa
vin rouge	vino tinto
vin blanc	vino blanco
un peu	un poco
plus	más
beaucoup	mucho
vite	pronto
la moitié	la mitad
grand (e)	grande
petit (e)	pequeño (a)
sel	sal
poivre	pimienta
sauce piquante	ají
qu'est-ce que c'est ?	¿qué es esto ?
l'addition s'il vous plaît	la cuenta, por favor

À LA BANQUE

argent	dinero / plata
change	cambio
carte de crédit	tarjeta de crédito

LA MÉTÉO

soleil	sol
vent	brisa, viento
nuages	nubes
pluie	lluvia
il fait chaud	hace calor
il fait froid	hace frío

EN VOITURE

voiture	carro/coche
amende	multa
stationnement	parqueo
station-service	grifo
dos-d'âne	tope
route	carretera
péage	peaje
piste	pista
autoroute	autopista
feu tricolore	semáforo
tourner	dar la vuelta
doubler	pasar
essence	gasolina
huile	aceite
louer	alquilar
piéton	peatón
stop	pare
tout droit	todo derecho
loin	lejos
police	policía
garage	taller de repuesto
roue	llanta
danger	peligro
ralentissez	disminuye la velocidad
vitesse limitée	velocidad limitada
réparateur de pneus	repuesto de llantas
défense de stationner	prohibido estacionar

LES JOURS, LES MOIS, LES SAISONS

lundi	lunes
mardi	martes

mercredi	miércoles
jeudi	jueves
vendredi	viernes
samedi	sábado
dimanche	domingo

janvier	enero
février	febrero
mars	marzo
avril	abril
mai	mayo
juin	junio
juillet	julio
août	agosto
septembre	septiembre
octobre	octubre
novembre	noviembre
décembre	diciembre
printemps	primavera
été	verano
automne	otoño
hiver	invierno
jour	día
semaine	semana
mois	més
année	año
siècle	siglo
saison	temporada

LES CHIFFRES

Les nombres se forment par association : *diecisiete* (dix-sept), *veintidós* (vingt-deux), *ciento treinta* (cent trente), etc.

zéro	cero
un	uno
deux	dos
trois	tres
quatre	cuatro
cinq	cinco
six	seis
sept	siete
huit	ocho
neuf	nueve
dix	diez
onze	once
douze	doce
treize	trece
quatorze	catorce
quinze	quince
seize	dieciséis
vingt	veinte
trente	treinta
quarante	cuarenta
cinquante	cincuenta
soixante	sesenta
soixante-dix	setenta
quatre-vingts	ochenta
quatre-vingt dix	noventa
cent	cien
mille	mil

QUELQUES PÉRUANISMES

un petit voleur	una pirañita
la bruine en hiver à Lima	la garúa
donne-moi une bière	dame una chela
une jolie fille	una guapa / una chibola
une jolie métisse	una chinita
un beau garçon	un churro
un gros ennui	una cagada
une épicerie	una bodega
10 sols	una libra
un gardien (de l'anglais *watchman*)	un wachimán
les bas-quartiers	los barrancones
une ruelle	un callejón
les bidonvilles	las barriadas
une maison pauvre	un casuche
un illustre inconnu	un fulano de tal
un jeune homme prétentieux	un mocoso
une fête à tout casser	una jarana
un gamin des rues	un perricote
une Indienne vulgaire	una cholaza
copain, copine	choche / chochera
tout de suite / à l'instant	al toque/ roque
uriner (dans la rue)	hacer una pila
être saoul	estar zampao
un malhonnête	un jodido
un terroriste	un terruco
un montagnard	un serrucho
un martinet (fouet)	un San Martín
zut alors !	pucha !
quelle malchance !	que piña !
un article imité ou de basse qualité	una bamba

CARTES ET PLANS

CARTE GÉNÉRALE

CARTES DES RÉGIONS

PLANS DE VILLE

PLANS DE SITES

Note au lecteur

Michelin a apporté le plus grand soin à la rédaction de ce guide et à sa vérification. Toutefois les informations pratiques (formalités administratives, prix, adresses, numéros de téléphone, adresses Internet...) doivent être considérées comme des indications du fait de l'évolution constante de ces données.

Il n'est pas totalement exclu que certaines d'entre elles ne soient plus, à la date de parution du guide, tout à fait exactes ou exhaustives. N'hésitez pas à nous signaler toute omission ou inexactitude que vous pourriez constater ainsi qu'à nous faire part de vos avis et suggestions sur les adresses contenues dans ce guide.

Avant d'entamer toute démarche de formalités, administratives ou douanières notamment, vous êtes invité à vous renseigner auprès des organismes officiels. Ces informations ne sauraient, de ce fait, engager notre responsabilité.

Collection Le Guide Vert sous la responsabilité d'Anne Teffo

Édition
Florence Dyan, Archipel studio

Rédaction
Daniel Duguay, Philippe Pataud Célérier, Jérôme Saglio
Avec la collaboration de Carlos Cisneros

Cartographie
Stéphane Anton, Michèle Cana, Thierry Lemasson

Relecture
Hélène Nguyen

Remerciements
Didier Broussard, Joëlle Citron

Conception graphique
Christelle Le Déan

Régie publicitaire et partenariats
business-solutions@tp.michelin.com
Le contenu des pages de publicité insérées dans ce guide n'engage que la responsabilité des annonceurs.

Contacts
Michelin
Guides Touristiques
27 cours de l'Île Seguin - 92100 Boulogne-Billancourt
Service consommateurs : tourisme@tp.michelin.com
Boutique en ligne : www.michelin-boutique.com

Parution 2013

Michelin Travel Partner
Société par actions simplifiées au capital de 11 629 590 EUR
27 cours de l'Île Seguin - 92100 Boulogne-Billancourt (France)
R.C.S. Nanterre 433 677 721

Dépôt légal : 11-2012 – ISSN 0293-9436
Imprimeur : Chirat, France - N° 201211.0057
Imprimé en France : novembre 2012

Usine certifiée 14001
Sur du papier issu de forêts gérées durablement (100% PEFC)